KORea Special Education Teacher

김남진

• 영역별 마인드맵 수록 • 2009~2024년 기출문제 수록

KORSET 특수교육학 기출분석 1

특수교사임용시험 대비　김남진 편저

박문각

이 책의 **머리말**

기출문제를 풀고, 분석하고, 이를 토대로 시험을 준비하는 일련의 과정은 시험을 준비하는 수험생들에게는 가장 기본이면서 필수적인 과정에 해당한다. 그만큼 기출문제 풀이 및 분석의 중요성은 아무리 강조해도 지나침이 없는 것이다. 이에 기출문제 분석집을 개정하는 입장에서는 심적으로 상당한 부담이 될 수밖에 없다. 편저자의 문제 풀이 접근 방식 및 제시하는 모범답안이 수험생들에게 절대적인 영향을 미친다는 것을 너무나 잘 알기에 더욱 그러하다. 그간 본인이 보고, 듣고, 생각했던 모든 것을 원형 그대로 교재에 활자로 담아내고자 욕심을 부려 본 적도 있으나 현실적으로 많은 제약이 있을 수밖에 없음을 체득한 만큼 이번 개정판은 다음과 같은 변화에 초점을 두었다.

첫째, 기출문제를 14개 영역별로 구분한 후, 문제를 연도별(2009~2024년)로 제시하였다. 지난 기출분석집의 경우도 영역별로 제시하였으나, 문제를 전체적으로 인용하는 과정에서 관련없는 영역의 문제가 섞여 제시되기도 하는 아주 소소한 문제가 있었다. 그러나 이번 개정판은 하나의 문제를 구성하더라도 서로 다른 영역인 경우는 문제의 흐름을 깨지 않는 선에서 별개로 분리, 제시함으로써 내용 정리 및 기출 동향 파악을 보다 수월하게 할 수 있도록 하였다.

둘째, 내용을 보다 정확하고 명료하게 전달하는 데 초점을 두었다. 이는 기출문제 분석집이 갖추어야 할 기본에 해당하는 것으로, 정답 혹은 모범답안의 내용을 더 깔끔하게 정리하여 제시함과 동시에 정답 또는 모범답안의 근거를 수험생들이 자주 접하는 각론서를 중심으로 명확히 제시하였다.

셋째, 문제 및 해설과 관련하여 반드시 확인해야 할 내용을 보다 간결하게 정리하여 'Check Point'로 제시하였다. 이를 통해 반복학습을 유도함으로써 학습에서의 효율성 증진을 추구하였다.

넷째, 필요한 경우 '지문 돋보기'를 통하여 제시된 지문의 내용을 보다 구체적으로 분석하였다. 이는 문제와 제시된 내용에 대한 분석이 동시에 가능하게 하였다.

수험서를 써 내려가다 보면 뭔가 이전과는 다른 형식에 남들과는 다른 내용으로 채워 넣어야 할 것만 같은 욕심이 마음 한편에 지속적으로 남아 있던 것이 사실이다. 그러나 교재가 목적으로 삼고 있는 바를 고려하여 현재의 범위와 깊이 내에서 마무리 지었다. 끝으로 이 책이 특수교사 임용시험을 준비하고 있는 수험생들이 한 걸음 더 나아갈 수 있도록, 그래서 모두가 바라는 자랑스러운 대한민국 특수교사의 꿈을 이루는 데 조금이나마 도움이 되었으면 하는 바람이다.

Put on your KORSET, Be a KORSET

2024년 3월

김남진

이 책의 **차례**

KORea Special Education Teacher

김남진
KORSET 특수교육학 기출분석 1

KORea Special Education Teacher

PART **01**

행동지원

Mind Map

Chapter 1 긍정적 행동지원의 이론적 배경

1 긍정적 행동지원의 이해 ┬ 긍정적 행동지원의 개념
　　　　　　　　　　　├ 긍정적 행동지원의 특징
　　　　　　　　　　　└ 긍정적 행동지원의 주요 요소

2 긍정적 행동지원의 실행 절차 ┬ 표적행동의 선정
　　　　　　　　　　　　　　├ 표적행동 관련 정보 수집
　　　　　　　　　　　　　　├ 가설 설정 : 학생의 이름, 배경/선행사건, 추정되는 문제행동의 기능, 문제행동
　　　　　　　　　　　　　　├ 긍정적 행동지원 계획의 수립 및 실행 ┬ 배경/선행사건 중재
　　　　　　　　　　　　　　│　　　　(긍정적 행동지원의 요소)　　├ 대체기술 교수
　　　　　　　　　　　　　　│　　　　　　　　　　　　　　　　　├ 문제행동에 대한 반응
　　　　　　　　　　　　　　│　　　　　　　　　　　　　　　　　├ 장기지원
　　　　　　　　　　　　　　│　　　　　　　　　　　　　　　　　└ 중재 방법 선정 시 유의사항
　　　　　　　　　　　　　　└ 행동지원 계획의 평가 및 수정

Chapter 2 학교 차원의 긍정적 행동지원

1 학교 차원의 긍정적 행동지원의 이해 ┬ 학교 차원의 긍정적 행동지원의 개념
　　　　　　　　　　　　　　　　　└ 학교 차원의 긍정적 행동지원의 핵심 요소 : 시스템, 자료, 실제, 성과

2 연속적 행동지원 체계 ┬ 연속적 행동지원의 개념
　　　　　　　　　　　└ 예방적 접근 ┬ 1차 예방(보편적 중재)
　　　　　　　　　　　　　　　　　├ 2차 예방(소집단 중재)
　　　　　　　　　　　　　　　　　└ 3차 예방(개별적 중재)

Chapter 3 행동의 기능평가와 문제행동의 기능

1 행동의 기능평가의 이해 ┬ 행동의 기능평가의 개념
　　　　　　　　　　　　├ 행동의 기능평가의 목적
　　　　　　　　　　　　└ 행동의 기능평가의 이점

2 행동의 기능평가 방법 ─┬─ 간접평가 ─┬─ 개념
             ├─ 종류
             └─ 장단점
         ├─ 직접 관찰 평가 ─┬─ 개념
               ├─ 종류 : 일화기록, 행동분포 관찰, A–B–C 관찰기록,
                    A–B–C 행동관찰 검목표, 행동의 기능평가 관찰지
               └─ 장단점
         └─ 기능분석 ─┬─ 개념
             ├─ 장점
             └─ 제한점

3 문제행동의 기능 ─┬─ 문제행동 기능의 종류 : 관심 끌기, 회피하기, 물건/활동 획득, 자기조절, 놀이나 오락
        └─ 문제행동 기능의 분류

Chapter 4 **바람직한 행동의 증가**

1 강화 ─┬─ 강화의 이해 ─┬─ 개념
     │   └─ 종류
    ├─ 강화제의 이해 ─┬─ 개념
    │   └─ 종류 ─┬─ 근원에 따른 강화제의 분류
    │   └─ 물리적 특성에 따른 강화제의 종류 : 음식물 강화제, 감각적 강화제,
    │   물질 강화제, 활동 강화제, 사회적 강화제
    ├─ 강화제의 판별 및 선정(선호도 평가 방법) ─┬─ 질문하기
    │   ├─ 관찰하기
    │   └─ 시행 기반 평가하기
    ├─ 효과적인 강화제의 특성 및 사용 ─┬─ 효과적인 강화제의 특성
    │   └─ 강화제의 효과적인 사용을 위한 조건
    └─ 강화계획 ─┬─ 연속 강화계획
         └─ 간헐 강화계획 ─┬─ 비율 강화계획 : 고정비율, 변동비율
              ├─ 간격 강화계획 : 고정간격, 변동간격
              └─ 지속시간 강화계획 : 고정 지속시간, 변동 지속시간

2 토큰제도 ─┬─ 토큰제도의 이해 ─┬─ 개념
      │   ├─ 목적
      │   └─ 구성 요소 : 목표행동, 토큰, 교환 강화제
     ├─ 토큰제도의 실행 절차
     ├─ 토큰의 장점
     └─ 토큰제도 실행 시 고려사항

3 행동계약 ─┬─ 행동계약의 이해 ─┬─ 개념
      │   └─ 구성 요소 : 학생의 표적행동, 표적행동의 조건과 준거, 강화내용과 방법,
      │   계약 기간, 계약자와 피계약자의 서명
     └─ 행동계약의 실행 절차

4 집단강화 ─ 집단강화의 이해 ─ 개념
　　　　　　　　　　　　　　　└ 목적
　　　　　　├ 집단강화의 유형 ─ 독립적 집단강화
　　　　　　│　　　　　　　　├ 종속적 집단강화
　　　　　　│　　　　　　　　└ 상호 종속적 집단강화
　　　　　　├ 집단강화 실행을 위한 지침
　　　　　　└ 집단강화의 장단점 ─ 장점
　　　　　　　　　　　　　　　　 └ 단점

5 고확률 요구 연속 ─ 고확률 요구 연속의 개념
　　　　　　　　　　　├ 고확률 요구 연속에 사용되는 과제의 조건
　　　　　　　　　　　├ 고확률 요구 연속의 효과적인 활용법
　　　　　　　　　　　└ 고확률 요구 연속의 사용 시 고려할 점

Chapter 5 바람직하지 않은 행동의 감소

1 행동 감소를 위한 중재 ─ 행동 감소를 위한 수준별 대안
　　　　　　　　　　　　└ 행동 감소를 위한 원칙 ─ 최소 강제성 대안의 원칙
　　　　　　　　　　　　　　　　　　　　　　 └ 행동의 기능에 근거한 중재

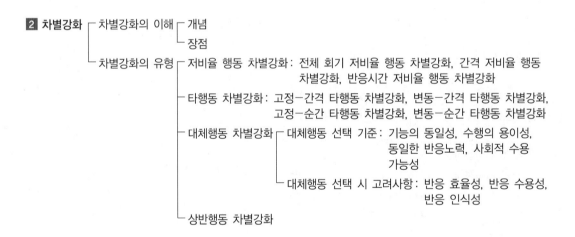

2 차별강화 ─ 차별강화의 이해 ─ 개념
　　　　　　　　　　　　　　 └ 장점
　　　　　└ 차별강화의 유형 ─ 저비율 행동 차별강화 : 전체 회기 저비율 행동 차별강화, 간격 저비율 행동
　　　　　　　　　　　　　　　　　　　　　　　　 차별강화, 반응시간 저비율 행동 차별강화
　　　　　　　　　　　　　 ├ 타행동 차별강화 : 고정─간격 타행동 차별강화, 변동─간격 타행동 차별강화,
　　　　　　　　　　　　　 │　　　　　　　　　 고정─순간 타행동 차별강화, 변동─순간 타행동 차별강화
　　　　　　　　　　　　　 ├ 대체행동 차별강화 ─ 대체행동 선택 기준 : 기능의 동일성, 수행의 용이성,
　　　　　　　　　　　　　 │　　　　　　　　　　　　　　　　　　　 동일한 반응노력, 사회적 수용
　　　　　　　　　　　　　 │　　　　　　　　　　　　　　　　　　　 가능성
　　　　　　　　　　　　　 │　　　　　　　　　 └ 대체행동 선택 시 고려사항 : 반응 효율성, 반응 수용성,
　　　　　　　　　　　　　 │　　　　　　　　　　　　　　　　　　　　　　　　　 반응 인식성
　　　　　　　　　　　　　 └ 상반행동 차별강화

3 비유관 강화 ─ 비유관 강화의 개념
　　　　　　　├ 비유관 강화의 특징
　　　　　　　└ 비유관 강화의 장단점 ─ 장점
　　　　　　　　　　　　　　　　　　└ 단점

4 소거 ─┬─ 소거의 이해 ─┬─ 개념
　　　　　　│　　　　　　　└─ 적용
　　　　　　├─ 소거 사용의 장단점 ─┬─ 장점
　　　　　　│　　　　　　　　　　　└─ 단점
　　　　　　├─ 소거 관련 용어 ─┬─ 소거 폭발
　　　　　　│　　　　　　　　　├─ 자발적 회복
　　　　　　│　　　　　　　　　└─ 소거 저항
　　　　　　└─ 소거 사용 시 고려할 사항

5 벌 ─┬─ 벌의 이해 ─┬─ 개념
　　　　　│　　　　　　　└─ 벌의 효과에 영향을 미치는 요소
　　　　　├─ 부적 벌 ─┬─ 반응대가
　　　　　│　　　　　└─ 타임아웃
　　　　　└─ 정적 벌 ─┬─ 과잉교정
　　　　　　　　　　　├─ 혐오자극 제시
　　　　　　　　　　　└─ 단점과 윤리적 지침

Chapter 6 새로운 행동의 습득

1 변별훈련과 자극통제 ─┬─ 변별훈련 ─┬─ 개념
　　　　　　　　　　　　　│　　　　　　└─ 변별훈련 시 주의사항
　　　　　　　　　　　　　└─ 자극통제 ─┬─ 개념
　　　　　　　　　　　　　　　　　　　└─ 자극통제의 중요성

2 촉진 ─┬─ 촉진의 개념과 목표 ─┬─ 개념
　　　　　│　　　　　　　　　　　└─ 목표
　　　　　├─ 촉진의 종류 ─┬─ 반응촉진 : 시각적, 언어적, 몸짓, 모델링, 신체적 촉진
　　　　　│　　　　　　　├─ 자극촉진 : 자극 내 촉진, 가외 자극촉진
　　　　　│　　　　　　　└─ 자연적 촉진
　　　　　└─ 촉진 적용시 고려사항

3 촉진체계 ─┬─ 촉진의 용암
　　　　　　　├─ 반응촉진의 점진적 변화 방법 ─┬─ 최소−최대 촉구법
　　　　　　　│　　　　　　　　　　　　　　　├─ 최대−최소 촉구법
　　　　　　　│　　　　　　　　　　　　　　　├─ 시간 지연법 : 지속적 시간 지연, 점진적 시간 지연
　　　　　　　│　　　　　　　　　　　　　　　└─ 점진적 안내
　　　　　　　└─ 자극촉진의 점진적 변화 방법 ─┬─ 자극 용암법
　　　　　　　　　　　　　　　　　　　　　　└─ 자극 모양 변형

4 **행동연쇄법** ─ 행동연쇄법의 이해 ┬ 개념
                                 ├ 과제분석
                                 └ 행동연쇄의 효과를 극대화하기 위한 방법
            ├ 성취 수준의 평가 ┬ 단일기회법
                                └ 다수기회법
            ├ 행동연쇄법의 유형 ┬ 전진 행동연쇄법
                                ├ 후진 행동연쇄법
                                └ 전체 과제제시법
            └ 연쇄를 가르치는 방법

5 **행동형성법** ─ 행동형성법의 개념
            ├ 행동형성법의 절차
            ├ 행동형성법의 장단점 ┬ 장점
                                   └ 단점
            └ 행동형성법 대 자극 용암법

6 **모델링** ┬ 모델링의 이해 ┬ 개념
                             └ 모델링이 아닌 경우
      ├ 효과적인 모델링 ┬ 관찰자의 특성
                              └ 최적의 모델이 갖는 특성 : 연령과 특성의 유사성, 문제의 공유성, 능력의 우월성
      └ 비디오 모델링 ┬ 자기 관찰
                          └ 자기 모델링

Chapter 7 유지와 일반화

1 **유지** ┬ 유지의 개념
      └ 유지를 위한 전략 : 과잉학습, 분산연습, 간헐강화, 연습기회 삽입, 유지 스케줄, 자연적 강화의 이용

2 **자극 일반화** ┬ 자극 일반화의 개념 : 장소/상황, 대상/사람, 자료/사물에 대한 일반화
            ├ 자극 일반화에 영향을 주는 요인
            └ 자극 일반화를 위한 전략

3 **반응 일반화** ┬ 반응 일반화의 개념
            ├ 반응 일반화에 영향을 주는 요인
            └ 반응 일반화를 위한 전략

Chapter 8 인지적 행동주의 중재

1 **자기관리 기술에 대한 이해** ┬ 자기관리 기술의 개념
                                       └ 자기관리 기술의 장점

2 자기관리 기술의 유형 ─┬─ 목표설정 ─┬─ 개념
　　　　　　　　　　　　　　│　　　　　　└─ 적용 방법
　　　　　　　　　　　　　　├─ 자기기록 ─┬─ 개념
　　　　　　　　　　　　　　│　　　　　　├─ 적용 방법
　　　　　　　　　　　　　　│　　　　　　└─ 장점
　　　　　　　　　　　　　　├─ 자기평가 ─┬─ 개념
　　　　　　　　　　　　　　│　　　　　　└─ 적용 방법
　　　　　　　　　　　　　　└─ 자기강화/자기처벌 ─┬─ 개념
　　　　　　　　　　　　　　　　　　　　　　　　　├─ 자기강화 적용 방법
　　　　　　　　　　　　　　　　　　　　　　　　　└─ 자기처벌 적용 방법

Chapter 9　행동의 관찰

1 행동의 차원 ─ 행동의 여섯 가지 차원 : 빈도, 지속시간, 지연시간, 위치, 형태, 강도

2 행동목표 ─┬─ 행동목표 세우기의 필요성
　　　　　　　├─ 행동목표의 구성 요소 ─┬─ 일반적인 요소 : 학습자, 조건, 기준, 행동
　　　　　　　│　　　　　　　　　　　　└─ Mager 방식 : 조건, 기준, 행동
　　　　　　　└─ 행동목표 양식

3 행동의 직접 관찰과 측정 ─┬─ 행동의 관찰과 측정
　　　　　　　　　　　　　　　└─ 관찰 및 측정 단위와 요약 ─┬─ 행동의 직접적 측정 단위
　　　　　　　　　　　　　　　　　　　　　　　　　　　　　└─ 측정된 행동의 요약 방법

4 측정의 타당도 ─┬─ 타당도의 개념
　　　　　　　　　　└─ 측정의 타당도를 훼손하는 ─┬─ 간접 측정
　　　　　　　　　　　　요인　　　　　　　　　　　├─ 목표행동의 차원 잘못 측정하기
　　　　　　　　　　　　　　　　　　　　　　　　　└─ 측정의 인위적 산물 : 비연속적 측정, 잘못 선택된 측정기간,
　　　　　　　　　　　　　　　　　　　　　　　　　　　　　　　　　　　　민감하지 않거나 제한된 측정도구

5 측정의 신뢰도 ─┬─ 신뢰도의 개념
　　　　　　　　　　├─ 측정의 신뢰도를 훼손하는 ─┬─ 잘못 고안된 측정체계
　　　　　　　　　　│　　요인　　　　　　　　　　├─ 불충분한 관찰자 훈련 : 관찰자 선정, 관찰자 훈련, 관찰자 표류
　　　　　　　　　　│　　　　　　　　　　　　　　└─ 의도하지 않은 관찰자 영향 : 관찰과 기대, 관찰자 반응성
　　　　　　　　　　└─ 관찰자 간 일치도

3 그래프 그리기와 자료의 시각적 분석 ─┬─ 그래프 그리기 ─┬─ 자료를 그래프로 제시하는 목적
                                                               └─ 그래프의 주요 구성 요소
                                └─ 자료의 시각적 분석 방법 ─┬─ 자료의 수준
                                                       ├─ 자료의 경향
                                                       ├─ 자료의 변화율
                                                       ├─ 상황 간 자료의 중첩 정도
                                                       └─ 효과의 즉각성 정도

4 단일대상연구 설계의 종류 ─┬─ 반전설계 ─┬─ 반전설계의 이해
                                            └─ 반전설계의 하위 유형 : AB 설계, ABA 설계, ABAB 설계
                          ├─ 중다기초선설계 ─┬─ 개념
                                          ├─ 기본 가정
                                          ├─ 내적 타당도를 높이기 위해 반드시 이루어져야 하는 특성
                                          ├─ 장단점
                                        └─ 유형 : 행동 간, 상황 간, 대상자 간 중다기초선설계
                          ├─ 중다간헐기초선설계 ─┬─ 개발 배경
                                             ├─ 중다기초선설계와의 차이점
                                            ├─ 장단점
                                             └─ 유의점
                          ├─ 기준변경설계 ─┬─ 개념
                                          ├─ 실행
                                          ├─ 장단점
                                          └─ 유의점
                          ├─ 조건변경설계 ─┬─ 개념
                                          ├─ 기본형
                                          ├─ 기본형의 문제점
                                          ├─ 변형
                                          └─ 장단점
                          └─ 중재교대설계 ─┬─ 개념
                                          ├─ 특징
                                          ├─ 실행 절차
                                          ├─ 중재 효과의 입증
                                          └─ 장단점

기출문제 다잡기

정답 및 해설 p.4

01

2009 유아1-20

유치원에서 활동에 잘 참여하지 않는 발달지체 유아 지영이에 대한 기능 평가(functional assessment)에 근거하여 문 교사가 적용한 중재 방법과 그에 따른 지원 내용이 바르게 연결되지 <u>않은</u> 것은?

	중재 방법	지원 내용
①	선행사건 조절	지영이를 위하여 칸막이로 활동 공간을 구분하였다.
②	선행사건 조절	30분 정도 진행하던 이야기나누기 시간을 15분으로 줄여 진행하였다.
③	선행사건 조절	등원 시 교실에 들어가기 싫어하는 지영이를 위하여 바깥놀이를 첫 번째 활동으로 제공하였다.
④	후속결과 조절	활동 시작 전에 지영이가 좋아하는 친구를 옆자리에 앉게 하였다.
⑤	후속결과 조절	활동에 잘 참여한 경우 지영이가 원하는 자유놀이를 할 수 있도록 하였다.

02

2009 유아1-22

김 교사는 동료 교사와 함께 유아가 또래와 상호작용하는 행동을 순간표집기록법으로 관찰하고자 한다. 순간표집기록법에 관한 진술로 맞는 것은?

① 순간표집기록법으로는 여러 유아의 상호작용 행동을 관찰할 수 없다.

② 순간표집기록법은 상호작용 행동의 선행사건 및 후속결과에 대한 정보를 제공한다.

③ 상호작용 행동에 대한 조작적 정의 여부는 관찰자 간 신뢰도에 영향을 미치지 않는다.

④ 상호작용 행동이 매 간격의 마지막 순간에 나타났을 때 해당 간격에 행동이 발생한 것으로 기록한다.

⑤ 상호작용 행동 발생률은 행동발생 간격 수를 행동이 발생하지 않은 간격 수로 나누고 100을 곱하여 구한다.

03

다음은 또래에게 물건을 던지는 예림이의 문제행동 분포도이다. 이 자료에 근거하여 파악할 수 있는 것은?

이름: 김예림					
문제행동: 물건 던지기					

활동＼날짜	3/17(월)	3/18(화)	3/19(수)	3/20(목)	3/21(금)
8:30~9:00 도착 및 자유놀이					
9:00~9:15 이야기 나누기	▨	▨			
9:15~10:00 집단 활동	▨	▨	▨	▨	▨
10:00~10:30 미술 활동	▨	▨	▨	▨	▨
10:30~11:00 간식					
11:00~11:30 자유 선택 활동	▨		▨		
11:30~12:00 정리 및 귀가 준비					

▨ =6회 이상 발생   ▨ =1~5회 발생   ☐ =발생하지 않음

① 습득해야 할 새로운 행동
② 문제행동을 대신할 수 있는 대체행동
③ 문제행동 발생 시 사용 가능한 벌 절차
④ 보다 자세한 진단을 실시해야 할 시간대
⑤ 문제행동을 하지 않는 시간에 제공해야 할 강화물

04

〈보기〉는 2007년 개정 유치원 교육과정에 근거하여 김 교사가 발달지체 유아에게 '가위로 색종이 오리기'를 지도할 때 사용한 촉진(촉구)의 예시이다. 김 교사가 사용한 촉진의 유형을 바르게 제시한 것은?

―〈보기〉――
ㄱ. 교사가 종이를 오리는 방법을 보여준다.
ㄴ. 교사가 유아의 손을 잡고 함께 색종이를 오린다.
ㄷ. 가위를 잡고 천천히 색종이를 오려 보라고 말한다.
ㄹ. 교사는 가위와 색종이를 미리 유아 가까이 가져다 놓는다.

	ㄱ	ㄴ	ㄷ	ㄹ
①	신체적 촉진	공간(환경)적 촉진	언어적 촉진	시범(모델링) 촉진
②	신체적 촉진	시범 촉진	언어적 촉진	공간적 촉진
③	언어적 촉진	시범 촉진	신체적 촉진	공간적 촉진
④	시범 촉진	신체적 촉진	언어적 촉진	공간적 촉진
⑤	시범 촉진	동작적 촉진	언어적 촉진	신체적 촉진

05

다음은 초등학교 특수학급에 재학 중인 자폐성장애 학생 순희의 상동행동을 10초 간격으로 2분 동안 관찰한 결과를 도식화한 것이다. 상동행동은 관찰 시작 후 35초부터 85초까지 발생하였다. 이에 대한 설명으로 바른 것은?

① 전체간격기록법은 행동의 발생 여부가 중요한 경우에 사용된다.
② 순간표집기록법에 의해 상동행동을 관찰하면 행동 발생률은 50.0%이다.
③ 전체간격기록법에 의해 상동행동을 관찰하면 행동 발생률은 33.3%이다.
④ 부분간격기록법에 의해 상동행동을 관찰하면 행동 발생률은 66.7%이다.
⑤ 부분간격기록법은 어느 정도 지속되는 안정된 행동을 측정할 때 사용된다.

06

다음은 박 교사가 중도·중복장애 학생 성수에게 2008년 개정 특수학교 기본교육과정 사회과 내용인 '물건 구입하기'를 지도하는 과정을 기술한 것이다. 박 교사가 사용하고 있는 반응 촉진(촉구) 체계는?

> 박 교사: (문구점 안에서 성수에게) 공책을 집으세요.
> 성 수: (아무런 반응 없이 그 자리에 가만히 서 있다.)
> 박 교사: (공책 사진을 보여주며) 공책을 집으세요.
> 성 수: (여전히 움직이지 않고 그대로 서 있다.)
> 박 교사: (성수의 손을 잡고 공책을 함께 집으면서)
>   자, 이렇게 공책을 집으세요.

① 동시 촉진
② 최대-최소 촉진
③ 최소-최대 촉진
④ 고정 시간지연 촉진
⑤ 점진적 시간지연 촉진

07

김 교사는 2008년 개정 특수학교 기본교육과정 실과의 '청소하기'를 지도하기 위한 과제분석표를 작성하여 정신지체 학생 진수가 스스로 청소를 할 수 있도록 하였다. 진수가 사용한 (가)와 (나)의 전략은?

순서	할 일	확인
1	청소에 알맞은 옷차림과 청소용구 준비하기	○
2	창문열기	○
3	의자를 책상 위에 올리고 뒤쪽으로 밀기	○
4	앞 쪽부터 비로 바닥 쓸기	○
5	책상을 다시 앞쪽으로 밀기	○
6	뒤쪽부터 비로 바닥 쓸기	○
7	책상을 제자리로 갖다 놓기	○
8	의자 내려놓기	○
9	청소용구 제자리에 놓기	×

진수는 순서에 따라 청소를 하고 (가) 각각의 순서에 제시된 일을 끝낼 때마다 확인란에 ○표를 하였다. 진수는 청소가 끝난 후에 확인란의 ○표를 세어 (나) 자기가 세운 목표 8개를 달성하였으므로, 청소를 시작하기 전에 정한 대로 컴퓨터 게임을 하였다.

	(가)	(나)
①	자기점검	자기교수
②	자기점검	자기강화
③	자기교수	자기점검
④	자기강화	자기점검
⑤	자기교수	자기강화

08

박 교사는 초등학교 1학년 '즐거운 생활' 시간에 자폐성장애 학생 슬기에게 '가족과 친구' 영역 중 '얼굴표정 나타내기'를 지도하면서 슬기의 반응을 관찰하여 경향선을 그리려고 한다. 반분법에 의해 경향선을 그리는 순서로 바른 것은?

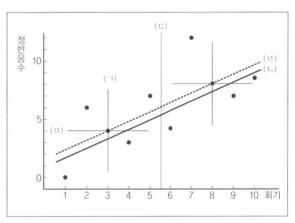

① ㄱ → ㄴ → ㄷ → ㄹ → ㅁ
② ㄱ → ㄷ → ㄹ → ㅁ → ㄴ
③ ㄴ → ㄹ → ㄱ → ㄷ → ㅁ
④ ㄷ → ㄱ → ㄹ → ㅁ → ㄴ
⑤ ㄷ → ㄱ → ㅁ → ㄹ → ㄴ

09 2009 초등1-36

〈보기〉는 임 교사가 초등학교 5학년 영어과 읽기 영역의 '쉽고 간단한 낱말을 소리내어 읽는다.'와 관련하여 학습장애 학생 철수에게 자극용암, 자극외(가외자극) 촉진(촉구), 자극내 촉진을 사용하여 영어 단어의 변별을 지도한 방법이다. 임 교사가 사용한 지도방법의 예가 바르게 제시된 것은?

─〈보기〉─

ㄱ. 컵 그림 위에 글자 cup을 쓰고, 모자 그림 위에 글자 cap을 썼다.

ㄴ. cup의 글자를 cap의 글자보다 크고 진하게 썼다.

ㄷ. 단어장을 보여주며 컵이라고 읽는 시범을 보인 후 따라 읽도록 하였다.

ㄹ. 초기에는 학생이 발음을 하려고만 해도 강화를 제공하였으나, 점진적으로 목표행동에 가까운 발음을 하면 차별적으로 강화하였다.

ㅁ. 학생이 cup과 cap을 변별하여 읽기 시작하면 컵 그림과 모자 그림을 점차 없애가며, cup의 글자 크기와 진하기를 점차 cap의 글자 크기와 진하기처럼 작고 연하게 변화시켰다.

ㅂ. 학생이 카드 위에 쓰인 cup과 cap을 성공적으로 변별하면 다양한 책에 쓰여진 cup을 읽도록 하였다.

	자극용암	자극외 촉진	자극내 촉진
①	ㄷ	ㄹ	ㄱ
②	ㄷ	ㅂ	ㄱ
③	ㅁ	ㄱ	ㄴ
④	ㅁ	ㅂ	ㄴ
⑤	ㅂ	ㄱ	ㄹ

10 2009 중등1-12

〈보기〉는 과학 실험 수업 시 장애학생 A에게 적용가능한 지도 전략들을 나열한 것이다. (가)~(다)에 해당하는 전략의 명칭을 순서대로 바르게 제시한 것은?

─〈보기〉─

(가) 교사는 실험 과제(자연적 단서)를 A에게 제시한 후 반응을 기다리지 않고 바로 교수적 촉진을 제공한다. 다음 시도부터는 자연적 단서 제시 후 A의 반응이 나오기까지 미리 정해둔 계획에 따라 5초 간격을 두고, 5초 안에 정반응이 없으면 교수적 촉진을 제공한다.

(나) 자연적 단서 제시 후 A가 올바른 수행을 하지 못하면 A의 손을 겹쳐 잡고 수행 방법을 가르쳐 준다. 수행의 진전에 따라 교사의 손은 A의 손목, 팔꿈치, 어깨의 순서로 옮겨가며 과제 수행을 유도한다. 독립수행이 일어나면 손을 사용하는 지원은 없앤다.

(다) 자연적 단서를 제시한 다음에는 "자, 이젠 무엇을 해야 하지?"라는 방식으로 묻는다.

	(가)	(나)	(다)
①	진행시간 지연	최소-최대 촉진 (least-to-most prompting)	간접구어 촉진
②	진행시간 지연	점진적 안내 (graduated guidance)	직접구어 촉진
③	0초 시간지연	최소-최대 촉진 (least-to-most prompting)	확산적 발문
④	고정시간 지연	부분적 참여 (partial participation)	확산적 발문
⑤	고정시간 지연	점진적 안내 (graduated guidance)	간접구어 촉진

11

다음 내용에서 사용된 행동수정 기법으로 옳은 것은?

정신지체학생 A는 자주 수업을 방해하는 행동을 하였다. 김 교사는 기능평가를 실시하여 A가 교사로부터 관심을 받기 위해 평균 6분마다 수업방해 행동을 한다는 사실을 알았다. 수업방해 행동을 감소시키기 위해 김 교사는 A에게 매 5분마다 관심을 주었더니 수업방해 행동이 감소하였다. 이때부터 김 교사는 A에게 관심을 주는 시간 간격을 점차적으로 증가시켰다. 학기말에 A는 수업방해 행동을 하지 않았다.

① 소거(extinction)
② 다른행동 차별강화
③ 상반행동 차별강화
④ 대체행동 차별강화
⑤ 비유관 강화(noncontingent reinforcement)

12

다음 그래프는 수업을 방해하는 문제행동을 감소시키기 위한 중재의 결과를 분석한 것이다. 이를 보고 옳은 설명을 〈보기〉에서 고른 것은?

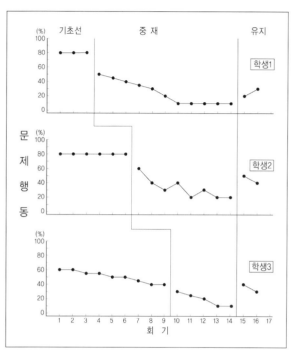

〈보기〉
ㄱ. 대상자 간 중다간헐기초선 설계가 사용되었다.
ㄴ. 이 설계는 다수의 기초선을 동시에 측정해야 한다.
ㄷ. 이 설계는 교사가 실제 교육 현장에서 사용하기 용이하다.
ㄹ. 학생 2와 학생 3의 기초선 자료는 중재를 실시하기에 적합하였다.

① ㄱ, ㄴ   ② ㄱ, ㄷ
③ ㄴ, ㄷ   ④ ㄴ, ㄹ
⑤ ㄷ, ㄹ

13

다음은 자폐성장애 아동의 문제행동을 중재한 사례들을 제시한 것이다. 다음의 사례들에 사용되지 <u>않은</u> 행동수정 전략은?

• 아동이 수업 중 소리를 지르자 교사는 아동으로 하여금 교실 구석에서 벽을 쳐다보고 1분간 서 있게 하였다.

• 울 때마다 과제를 회피할 수 있었던 아동이 싫어하는 과제를 회피하기 위하여 울더라도 교사는 아동이 과제를 끝내도록 하였다.

• 교사는 아동이 5분 간 과제에 집중을 하면 스티커 한 장을 주고, 공격행동을 보이면 스티커 한 장을 회수하여 나중에 모은 스티커로 강화물과 교환하도록 하였다.

• 문제행동을 보일 때마다 교사의 관심을 받았던 아동이 교사의 관심을 끌기 위하여 물건을 집어던지는 행동을 하더라도, 교사는 문제행동에 관심을 기울이지 않고 무시하였다.

---

① 반응대가   ② 소거

③ 과잉(과다)교정   ④ 토큰경제

⑤ 타임아웃(고립)

14

병설유치원 통합학급에 다니는 채원이는 머리를 벽에 부딪치는 문제행동을 보인다. 홍 교사는 긍정적 행동지원을 통해 채원이의 문제행동에 대한 중재계획을 세우고자 한다. 〈보기〉에서 '가설 세우기' 단계 이전에 해야 할 일들을 모두 고른 것은?

〈보기〉

ㄱ. 문제행동의 기능분석을 한다.

ㄴ. 문제행동을 조작적으로 정의한다.

ㄷ. 채원이에게 효과적인 대체행동 기술을 지도한다.

ㄹ. 문제행동의 유발 요인을 미리 제거하거나 수정한다.

ㅁ. 채원이의 선호 활동을 파악하고 채원이의 선택을 존중한다.

---

① ㄱ, ㄴ   ② ㄱ, ㄷ

③ ㄴ, ㅁ   ④ ㄱ, ㄹ, ㅁ

⑤ ㄷ, ㄹ, ㅁ

15

박 교사는 만 4세 발달지체 유아 선우의 활동 참여 시간을 증가시키기 위해 선우가 일정 시간 활동에 참여하면 스티커를 제공하는 중재를 하였다. 다음은 박 교사가 자유놀이, 소집단, 대집단 활동에서 중재를 실시한 과정을 나타내는 '상황 간 중다기초선 설계(multiple baseline design across settings)' 그래프이다. 이 그래프와 관련된 진술로 바른 것은?

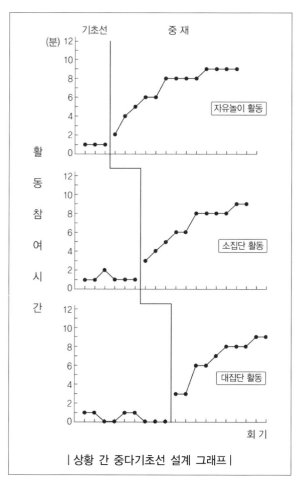

| 상황 간 중다기초선 설계 그래프 |

① 종속변인인 활동 참여 시간은 분으로 측정되었다.
② 기초선에서 선우가 활동에 참여하면 스티커가 제공되었다.
③ 중재는 대집단, 소집단, 자유놀이 활동 순서로 시작되었다.
④ 각 활동에서의 기초선 총 회기 수는 기초선 자료 수집 전에 결정되었다.
⑤ 자유놀이 활동에서 스티커가 제공되자마자 소집단 활동에서 선우의 활동 참여 시간이 증가되었다.

16

홍 교사는 중도·중복장애 학생 민수가 스스로 냉장고에 있는 팩에 든 음료수를 꺼내 마실 수 있도록 지도하고자 한다. 이를 위해 다음과 같이 과제분석을 한 후, 행동연쇄 전략을 사용하여 6단계부터 먼저 지도할 계획이다. 홍 교사가 사용할 지도 전략과 그 특징을 바르게 짝지은 것은?

```
1 단계 : 냉장고 문을 연다.
2 단계 : 음료수 팩을 꺼낸다.
3 단계 : 냉장고 문을 닫는다.
4 단계 : 음료수 팩 겉면에 붙어 있는 빨대를 뜯는다.
5 단계 : 빨대를 음료수 팩에 꽂는다.
6 단계 : 빨대로 음료수를 마신다.
```

	지도 전략	특징
①	전진 행동연쇄	교사의 지원이 점점 증가한다.
②	후진 행동연쇄	교사의 지원이 점점 증가한다.
③	전진 행동연쇄	자연발생적인 강화가 제공된다.
④	후진 행동연쇄	자연발생적인 강화가 제공된다.
⑤	전체 행동연쇄	자연발생적인 강화가 제공된다.

17

임 교사는 2008년 개정 특수학교 기본교육과정 수학과 내용체계의 영역을 정신지체 학생에게 〈보기〉와 같은 다양한 촉진 전략을 사용하여 지도하였다. 임 교사가 사용한 촉진 전략 중 가외자극 촉진(자극 외 촉구 : extrastimulus prompt) 전략을 〈보기〉에서 모두 고른 것은?

─〈보기〉─

ㄱ. 수 영역 Ⅰ단계의 '변별하기'를 지도하기 위해, 축구공과 야구공 중에서 변별해야 하는 야구공을 학생에게 더 가까운 위치에 놓아준 후, 야구공을 찾게 하였다.

ㄴ. 연산 영역 Ⅰ단계의 '구체물 가르기와 모으기'를 지도하기 위해, 여러 개의 사과와 '두 접시에 나눠진 사과 그림'을 함께 제시한 후, 여러 개의 사과를 그림에서처럼 가르게 하였다.

ㄷ. 측정 영역 Ⅰ단계의 '화폐의 종류 알기'를 지도하기 위해, 천 원 크기의 종이와 ○표시 스티커를 붙인 천 원짜리 지폐를 제시한 후, 실제 지폐를 찾게 하였다.

ㄹ. 수 영역 Ⅱ단계의 '한 자릿수의 크기 비교하기'를 지도하기 위해, 비교해야 하는 숫자 9와 6 밑에 각각 그 개수만큼의 바둑알을 놓아준 후, 많은 쪽의 숫자에 동그라미 표시를 하게 하였다.

ㅁ. 측정 영역 Ⅲ단계의 '무게 재기'를 지도하기 위해, 저울을 사용하여 감자 무게를 재는 시범을 보여준 후, 직접 감자 무게를 재게 하였다.

① ㅁ
② ㄱ, ㅁ
③ ㄴ, ㄷ
④ ㄴ, ㄷ, ㄹ
⑤ ㄱ, ㄴ, ㄷ, ㄹ

18

정신지체학생의 교수·학습 과정에서 사용하는 촉진(prompting)과 관련된 설명으로 옳은 것을 〈보기〉에서 고른 것은?

─〈보기〉─

ㄱ. 간단한 언어촉진으로 학생이 정반응을 지속적으로 보이면 과제에 대한 독립적 수행이 이루어진 것으로 본다.

ㄴ. 학생들이 촉진에 고착되거나 의존하는 단점을 보완하기 위하여 촉진을 점진적으로 제거하는 것을 용암이라고 한다.

ㄷ. 최소-최대 촉진체계는 학생들이 기술을 습득하는 초기 단계에서 사용하여 학습과정에서의 오류를 줄이는 데 유용하다.

ㄹ. 촉진은 자연적인 자극하에서 정반응이 일어나지 않을 때 여러 가지 부가 자극을 사용하여 정반응의 발생 가능성을 증가시키는 방법이다.

ㅁ. 점진적 안내(graduated guidance)는 신체적 촉진의 수준을 학생의 수행 진전에 따라 점차 줄여나가다 나중에는 그림자 방법을 사용하는 것이다.

① ㄱ, ㄴ, ㄹ
② ㄱ, ㄷ, ㅁ
③ ㄴ, ㄷ, ㄹ
④ ㄴ, ㄷ, ㅁ
⑤ ㄴ, ㄹ, ㅁ

19

다음은 A-B-C 기술 분석 방법을 사용하여 정신지체 학생의 행동과 그와 관련된 환경 사건에 대한 자료를 수집한 것이다. 이 자료에 근거한 수업방해 행동 중재 방법으로 적절하지 <u>않은</u> 것은?

A-B-C 관찰기록지

학생: ○영희　　　　　　　　　　　　상황: 국어 수업시간
관찰시간: 10:00~10:10

선행사건(A)	행동(B)	후속 결과(C)
교사: "지난 시간에 무엇에 대해 배웠지요?"	"저요. 저요." (큰 소리를 지르며 손을 든다.)	교사: "영희가 한 번 말해 볼래?"
	(답을 하지 못하고 머뭇거린다.)	교사: (영희의 머리를 쓰다듬으며) "영희야, 다음에는 잘 해보자."
	"네, 선생님." (미소를 짓는다.)	
교사: "지난 시간에 무엇을 배웠는지 철수가 한 번 대답해 볼까?"	"저요. 저요." (큰 소리를 지르며 손을 든다.)	교사: (주의를 주듯이) "영희야! 지금은 철수 차례야."
	"선생님, 저요. 저요."	교사: (영희 자리로 다가가 주의를 주듯이) "지금은 철수 차례라고 했지?"
	"네, 선생님." (미소를 짓는다.)	
(철수가 지난 시간에 배운 것을 말하기 시작한다.)	"저요. 저요." (큰 소리를 지르며 손을 든다.)	교사: (야단치듯) "영희야! 조용히 하고 친구 말을 들어 보자."
	(교사를 보며 미소를 짓는다.)	
교사: "그래요, 맞았어요. 자, 그럼 오늘은…"	(교사의 말이 끝나기 전에) "저요. 저요. 저도 알아요."	교사: (영희 옆으로 다가가서) "영희야, 지금은 선생님 차례야."
	"네, 선생님." (미소를 짓는다.)	

① 수업방해 행동이 발생한 직후, 교사가 그 행동에 대하여 긍정적이거나 부정적인 관심을 주지 않는다.
② 수업 시간에 바람직한 행동을 할 때는 교사가 관심을 주고 수업방해 행동을 할 때는 관심을 주지 않는다.
③ 수업방해 행동과는 상관없이 미리 설정된 시간 간격에 따라 교사가 관심을 주되 그 행동이 우연적으로 강화되지 않도록 주의한다.
④ 완전히 제거된 줄 알았던 수업방해 행동이 얼마의 시간이 지난 뒤 다시 발생하더라도 교사는 그 행동에 대하여 관심을 주지 않는다.
⑤ 수업방해 행동을 빠른 시간 내에 감소시키기 위하여 정해진 시간 동안 수업방해 행동이 미리 설정한 기준보다 적게 발생하면 교사가 학생이 좋아하는 활동을 함께 한다.

20

장애학생의 문제행동 지원에 관한 설명으로 옳은 것을 〈보기〉에서 모두 고른 것은?

〈보기〉
ㄱ. 면담은 비형식적 방법으로 면담 대상자는 학생을 잘 아는 사람과 학생 본인이다.
ㄴ. 긍정적 행동지원은 바람직한 행동을 증가시키고, 문제가 되는 행동을 감소 및 제거하는 데 초점을 맞춘다.
ㄷ. 기능평가(functional assessment)는 문제행동의 기능을 검증하기 위해 선행 사건과 후속 결과를 실험·조작하는 활동이다.
ㄹ. 긍정적 행동지원의 목표는 가정, 학교, 지역사회에서 문제행동을 보이는 개인은 물론 행동을 지원하는 사람들의 삶의 질을 높이는 데 있다.
ㅁ. 기능분석(functional analysis)은 특정 행동을 신뢰할 수 있게 예언하고, 그 행동을 지속시키는 환경 내의 사건을 정의하기 위해 이루어지는 일련의 활동 과정이다.

① ㄱ, ㄹ
② ㄱ, ㄴ, ㄹ
③ ㄱ, ㄷ, ㅁ
④ ㄱ, ㄷ, ㄹ, ㅁ
⑤ ㄴ, ㄷ, ㄹ, ㅁ

21

다음의 (가)와 (나)에 적용된 설계에 대한 설명으로 옳지 않은 것은?

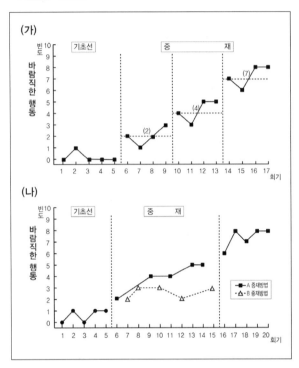

① (가)의 설계는 시급한 행동수정을 필요로 하는 경우에 부적절하다.

② (가)는 중간단계에서 준거에 너무 늦게 도달할지라도 중간준거를 조정하면 안 된다.

③ (가)는 최소한 연속적으로 세 개의 구간에서 단계목표가 달성되면 기능적 인과관계가 입증된 것으로 본다.

④ (나)는 중재의 임의적 배열과 평형화를 통해 중재 간 상호 영향을 최소화한다.

⑤ (나)의 설계는 두 가지 이상의 실험처치 또는 중재 조건이 표적행동에 미치는 효과를 비교할 때 활용한다.

22

다음은 김 교사가 지원이의 책상 두드리기 행동이 과제제시로 인한 것인지를 알아보기 위해 과제제시 상황과 과제철회 상황에서의 행동을 기록하여 그래프로 나타낸 것이다. 이 그래프를 통해 알 수 있는 것을 〈보기〉에서 고른 것은?

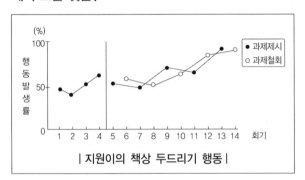

| 지원이의 책상 두드리기 행동 |

〈보기〉

ㄱ. 기초선이 안정적이었다.

ㄴ. AB 설계를 이용하였다.

ㄷ. 지원이의 행동은 강화되고 있다.

ㄹ. 지원이는 과제가 하기 싫어서 책상을 두드리는 것이다.

ㅁ. 김 교사는 과제의 양을 줄이거나 난이도를 낮추어야 한다.

① ㄱ, ㄴ   ② ㄱ, ㄷ
③ ㄴ, ㄹ   ④ ㄷ, ㅁ
⑤ ㄹ, ㅁ

23 _____ 2011 유아2-1

현우는 통합 유치원에 다니는 만 4세 발달지체 유아이다. (가)는 현우의 소리 지르기 행동에 대한 빈도 기록이고, (나)는 현우의 소리 지르기 행동에 대한 ABC 관찰 기록이다.

(가) 현우의 소리 지르기 행동 빈도 기록

조건	기초선				중재							
회기	1	2	3	4	5	6	7	8	9	10	11	12
빈도	12	11	11	12	7	8	10	12	12	14	15	14

(나) 현우의 소리 지르기 행동 ABC 관찰 기록

일시	선행사건(A)	행동(B)	후속결과(C)
9월 27일 10:40	교사가 다른 유아와 대화를 하고 있음.	소리 지름	교사가 "현우야, 이리 와서 같이 이야기하자."라고 하며 현우를 쳐다봄.
9월 28일 10:45	친구들끼리 블록놀이를 하고 있음. 현우는 친구들의 놀이를 쳐다보고 있음.	소리 지름	친구들이 현우를 쳐다보며 "현우야, 왜 그래?"라고 함.
9월 29일 09:00	아침에 등원하여 교실에 들어와 가만히 서 있음. 아무도 쳐다보지 않음.	소리 지름	교사가 쳐다보며 "현우야, 이리 와 앉아라."라고 함.

1) (가)를 보고, 기초선과 중재 기간 동안 나타난 '소리 지르기' 행동의 수준과 경향을 분석하고, 중재 효과와 그 근거를 논하시오.

2) (나)의 ABC 관찰 기록을 근거로 가정할 수 있는 '소리 지르기' 행동의 기능과 유지변인을 밝히고, 앞에서 가정한 기능을 근거로 가설문을 작성하시오.

3) 위의 2)번에서 수립한 가설을 기반으로 선행사건, 후속결과, 대체행동 각각의 측면에서 새로운 중재를 계획하시오. (500자)

24

다음은 특수학급 3학년 정서·행동장애 학생 민지의 어머니가 민지의 문제행동에 대한 분석을 하기 위해 관찰한 내용이다. 특수학급 박 교사가 가정에서 적용하도록 민지 어머니에게 제안할 수 있는 중재로 바르게 짝지어진 것은?

ABC 행동 관찰 기록지

· 학생 : 김민지
· 민지가 선호하는 것 : 스티커, 귤, 장난감 로봇, 텔레비전 시청하기, 그림 그리기

날짜	A(선행사건)	B(행동)	C(후속결과)
9. 15.	어머니가 "숙제 하자."라고 말함.	자기 방으로 뛰어 들어가 버림.	어머니가 민지에게 손을 들고 서 있게 함.
9. 16.	어머니가 숙제를 가지고 민지에게 다가감.	할머니 방으로 뛰어가 할머니와 얘기함.	어머니가 민지에게 손을 들고 서 있게 함.

	선행사건 중재	후속자극 중재	
		전략	적용
①	민지가 숙제를 하지 않을 때 무시한다.	행동 형성	숙제의 난이도를 민지에게 맞게 순차적으로 조정한다.
②	민지와 숙제 일정을 미리 약속한다.	행동 계약	숙제를 하지 않으면 5분 동안 벽을 보고 서 있게 하겠다고 말해준다.
③	가정에서 숙제할 장소를 민지가 선택하도록 한다.	토큰 경제	숙제를 하면 스티커를 1개 주고, 스티커를 3개 모으면 장난감 로봇을 준다.
④	민지가 밤에 잠을 충분히 자도록 한다.	행동 연쇄	매일 5분씩 시간을 늘리면서 그 시간 동안 숙제를 하면 스티커를 준다.
⑤	어머니와 함께 오늘 숙제가 적힌 알림장을 확인한다.	타임 아웃	민지가 숙제를 하지 않으면 텔레비전을 볼 수 없도록 한다.

25

다음은 초등학교 3학년인 진수의 문제행동에 대해 실시한 개별 차원의 긍정적 행동지원 사례의 일부이다.

· 진수의 학습 관련 특성 : 언어 및 지능은 정상 발달 수준이나, 과제 수행 시 집중하는 시간이 짧고 학습 의지가 부족하며 수동적인 태도를 보인다.
· 진수는 새 학년이 되면서 수업시간에 집중하지 못하고 급우들을 귀찮게 하는 등 여러 가지 수업방해 행동을 보였다. 이로 인해 수업시간 및 학급운영에 어려움을 겪던 일반학급 담당 박 교사는 특수학급 담당교사와 학부모와의 면담 및 협의를 통해 긍정적 행동지원을 실시하기로 하고 행동지원팀을 구성하였다.
· 행동지원팀이 문제행동 기능을 파악하기 위해 여러 자료를 수집하던 중, 다음과 같은 수업 상황이 관찰되었다.

(가) 관찰 일지

날짜	주요 관찰 내용
4월 6일	박 교사 : '긴 글을 읽고 질문에 답하기' 과제를 제시함. 진 수 : 책상에 엎드려 몸을 뒤척거리며 머리를 긁기 시작함. 박 교사 : 과제 대신 진수가 좋아하는 책을 꺼내 읽도록 지시함.
4월 7일	박 교사 : 전체 학생에게 과제를 제시한 후 순회하며 모둠별 활동을 지도함. 진 수 : 같은 모둠의 또래들을 건드리며 학습을 방해함. 박 교사 : 진수가 또래를 방해하는 행동을 보고 즉각 관심을 나타냄.

※ 참고 : 일주일 동안 관찰한 결과, 수업시간 진수의 과제이탈 행동과 또래방해 행동, 그리고 이에 대한 교사의 행동이 같은 유형으로 반복되어 나타남.

· 행동지원팀은 기능평가 단계에서 문제행동에 대한 기능분석을 실시했고, 그 결과 (나) 수업시간 진수의 과제이탈 행동은 많은 양의 과제가 한꺼번에 주어질 경우 이를 회피하기 위함이고, 또래방해 행동은 교사의 관심을 끌기 위한 것이었음을 알 수 있었다. 이와 관련하여 행동지원팀은 (다) 수업시간 진수의 과제이탈 행동과 또래방해 행동이 이에 대한 박 교사의 후속조치에 의해 유지되었음을 알게 되었다.
… (중략) …
· 진수가 축구를 좋아하지만 체육 시간이나 쉬는 시간에 친구들이 축구에 잘 끼워 주지 않는다는 것을 행동지원 계획 과정에서 알게 되었다. 이에 행동지원팀은 행동지원 외에도 진수를 지역 스포츠 센터의 축구 교실에 참여시켜, 동네의 또래도 사귀고 건강을 유지할 수 있도록 하였다.

위의 사례와 같이 기능평가의 일환으로 기능분석을 실시하는 이유를 2가지로 논하시오. 또한 위의 사례에서 (가), (나), (다)를 근거로 진수의 과제이탈 행동과 또래방해 행동의 이유를 각각 설명하시오. 그리고 긍정적 행동지원의 주요 요소 중 '진단기반 중재'와 '삶의 방식 변화를 위한 중재'에 해당하는 활동을 위의 사례에서 찾고, 각 요소의 의미를 논하시오. (500자)

26

〈보기〉의 그래프는 수업 중 발생한 학생의 행동에 대하여 중재한 결과를 나타낸 것이다. 종속변인의 변화가 독립변인으로 인해 발생했을 가능성이 높은 것을 고른 것은?

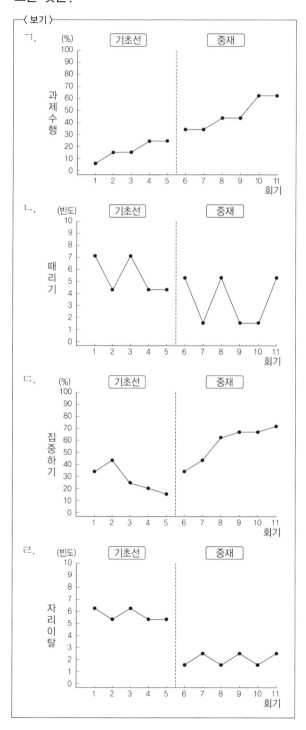

① ㄱ, ㄴ ② ㄱ, ㄹ
③ ㄴ, ㄷ ④ ㄴ, ㄹ
⑤ ㄷ, ㄹ

27

다음은 수업 중에 옆 친구를 방해하는 학생 A의 행동을 담임 교사와 동료 교사가 동시에 관찰하여 기록한 간격기록법 부호형 자료이다. 관찰자 간의 일치율을 바르게 구한 것은? (단, 소수점 이하 첫째자리 반올림)

〈행동 부호〉

H = 때리기 T = 말 걸기 P = 꼬집기

〈담임 교사〉

분 \ 초	10″	20″	30″	40″	50″	60″
1′	T	T	H	TH		
2′		T	T		P	P
3′	H	TH		T	T	
4′	T		PH		T	T
5′	T	T		T		

〈동료 교사〉

분 \ 초	10″	20″	30″	40″	50″	60″
1′	T	T	H	TH		
2′		T	T		P	
3′	H	H		T	T	
4′	T		PT		T	T
5′	T	T		T		

① 83% ② 87%
③ 90% ④ 94%
⑤ 96%

28

다음은 김 교사가 공립 유치원 통합학급에 다니는 발달 지체 유아들의 문제행동 원인을 알아내기 위해 기능 평가를 실시하여 얻은 결과표이고, 〈보기〉는 이 결과표를 바탕으로 실시할 수 있는 긍정적 행동지원에 대한 설명이다. 〈보기〉에서 설명이 옳은 것을 모두 고른 것은?

유아	선행사건	문제행동	후속결과
진국	교실에서 특수교육 보조원과 함께 개별 활동을 함.	특수교육 보조원을 발로 참.	특수교육 보조원과의 활동을 중단함.
경수	교사가 다른 일을 수행하느라 경수에게 관심을 보이지 않음.	소리를 지름.	교사가 경수에게 관심을 보임.
수미	신체적 접촉을 싫어하는 수미에게 친구가 손을 잡거나 안으려고 함.	친구를 과격하게 밂.	친구들이 수미에게 가까이 가지 않음.

〈보기〉
ㄱ. 진국에게 사용할 수 있는 대체 기술 교수의 목표는 문제행동을 대체하면서도 사회적으로 적절한 기술을 가르치는 것이다.
ㄴ. 기능 평가를 통해서 나타난 경수의 문제행동의 기능은 '소리 지르기'이다.
ㄷ. 수미에게 신체적 접촉을 하지 않도록 반 친구들에게 주의시키는 것은 수미의 문제행동에 대한 선행사건 중재에 해당한다.
ㄹ. 긍정적 행동지원의 주된 목적은 문제행동에 대한 예방보다는 처벌에 있기 때문에 선행사건 중재보다는 후속결과 중재에 초점을 둔다.

① ㄱ, ㄷ   ② ㄱ, ㄹ
③ ㄱ, ㄴ, ㄷ   ④ ㄱ, ㄴ, ㄹ
⑤ ㄴ, ㄷ, ㄹ

29

만 5세 발달지체 유아 인애는 주변의 사물 이름을 묻는 직접적인 질문에 대부분 반응을 보이고, 지시에 따라 물건을 가져올 수 있으며, 과일 장난감을 좋아하지만, 장난감 정리에는 어려움이 있다. 다음은 송 교사가 인애에게 장난감 정리하기를 지도하는 과정이다. 송 교사가 사용한 교수 전략은?

[상황] 자유 선택 활동 시간이 끝나고 장난감을 정리하라는 교사의 지시에 따라 또래들이 장난감을 정리하고 있지만, 인애는 가지고 놀던 과일 장난감을 정리하지 않고 그대로 두고 있다.

교사 : 인애야, 사과 장난감을 가져 올래?
인애 : (사과 장난감을 주워서 교사에게 준다.)
교사 : 그래, 잘 했어. 바나나 장난감을 가져 올래?
인애 : (바나나 장난감을 주워서 교사에게 준다.)
교사 : 와! 바나나 장난감도 잘 가져왔어. 오렌지 장난감도 가져 올래?
인애 : (오렌지 장난감을 찾아서 교사에게 준다.)
교사 : 오렌지 장난감도 가져 왔네. 아주 잘 했어. 자, 이제 바구니에 과일 장난감 넣는 것 도와줄래?
인애 : (바구니에 과일 장난감들을 넣는다.)
교사 : 장난감 정리 아주 잘 했어!

① 반응 대가(response cost)
② 토큰 경제(token economy)
③ 부적 강화(negative reinforcement)
④ 점진적 시간지연(progressive time delay)
⑤ 고확률 절차(high-probability procedures)

30

다음은 어느 통합학급에서 유치원 만 3~4세 교육과정 사회생활 영역 '친구와 사이좋게 지낸다.'를 지도하면서 유아특수 교사와 유아 교사가 발달지체 유아인 현주의 목표 행동을 관찰하여 나타낸 관찰 기록지이다. 이에 대한 설명으로 옳은 것은?

관찰 기록지

- 관찰 대상: 김현주(발달지체)
- 목표 행동: 협동 놀이에 참여하기
- 관찰 방법: 순간표집기록법
  - 두 교사가 4분 동안 15초 간격으로 현주의 목표 행동을 관찰하여 목표 행동의 발생은 +, 목표 행동의 비발생은 −로 나타냄.

관찰자 \ 관찰구간	1	2	3	4	5	6	7	8	9	10	11	12	13	14	15	16
유아특수 교사	+	−	+	+	−	+	+	−	+	+	−	−	−	+	+	−
유아교사	+	−	−	+	+	+	−	−	+	+	−	+	−	+	+	−

---

① 두 교사의 관찰자 간 신뢰도는 75%이다.

② 위의 관찰 기록지에서는 현주의 목표 행동 발생 원인을 파악할 수 있다.

③ 각 관찰구간에서 목표 행동이 5초 동안 지속되는 경우에만 +로 표시하였다.

④ 각 관찰구간에서 목표 행동이 15초 동안 지속되는 경우에만 +로 표시하였다.

⑤ 두 교사의 관찰에서 현주의 목표 행동 발생 횟수가 같기 때문에 구인 타당도가 높다고 할 수 있다.

31

다음은 유치원의 역할 놀이 영역에서의 일화기록 자료이다. 이 자료에 대한 분석으로 올바른 것을 〈보기〉에서 모두 고른 것은?

관찰 대상: 이수지
생년월일: 2007. 2. 25. (남 · ㉀)
관찰일: 2011. 10. 12.
관찰자: 정해수

수지는 민국이와 함께 역할 놀이 영역으로 들어온다. 수지가 민국이에게 "우리, 병원 놀이 할까?"라고 말하자, 민국이가 "좋아. 난 의사 할래."라고 말한다. 수지는 "나도 의사 하고 싶어. 그럼, 우리 가위, 바위, 보로 정하자."라고 말한다. 민국이가 좋다고 하여 가위바위보를 하고 수지가 이긴다. 수지는 자기가 이겼으니까 의사라고 말하며 옆에 있던 흰 가운을 입는다. 수지는 민국이에게 너가 졌으니까 환자 해라고 하면서 청진기를 귀에 꽂는다. 민국이는 "나도 의사하고 싶은데…."라고 아쉬운 듯 말한다. 수지가 민국이에게 "빨리 환자 해야지."라고 말하자 민국이가 "의사 선생님, 의사 선생님, 배가 아파요. 안 아프게 해 주세요."라고 말하며 배를 잡고 몹시 아픈 시늉을 한다. 수지는 "그래요? 어디 봅시다."라고 말하면서 바로 청진기를 민국이 배의 이곳저곳에 대어 본다.

〈보기〉

ㄱ. 사건을 일어난 순서대로 기록하였다.

ㄴ. 관찰 내용을 객관적인 언어로 기록하였다.

ㄷ. 관찰 대상 외 다른 유아의 활동 내용도 기록하였다.

ㄹ. 일화기록 시 포함되어야 할 모든 정보가 제시되었다.

ㅁ. 관찰 대상이 한 말을 그대로 인용하면서 말과 행동을 구분하였다.

① ㄱ, ㄷ   ② ㄴ, ㄹ

③ ㄱ, ㄴ, ㅁ   ④ ㄷ, ㄹ, ㅁ

⑤ ㄱ, ㄷ, ㄹ, ㅁ

32

다음은 현장 연구를 하기 위해 모인 교사들이 단일대상
연구 방법에 대해 나눈 대화이다. 대화의 내용 ㉠~㉤
중에서 옳은 것만을 있는 대로 고른 것은?

김 교사 : 중재 효과를 알아보기에 좋은 단일대상연구
방법을 사용해 보셨나요? 반전 설계도 좋던
데요.

민 교사 : 네, 하지만 ㉠반전 설계는 중재를 제공했다가
제거하는 과정을 거치기 때문에, 때로는 윤리
적인 문제가 있다는 점도 고려해야겠지요.

최 교사 : 네, 그래서 저는 ㉡AB설계를 통해 문제행동
에 대한 기능적 분석을 하고, 인과관계도 쉽
게 분석할 수 있어 좋았어요.

박 교사 : ㉢점심시간에 짜증을 내는 것과 같이 위협
적이지 않은 문제행동의 기능적 관계를 알아
보기 위해서는 ABAB설계보다는 BAB설계
가 더 적절한 것 같았어요.

정 교사 : ㉣동시에 3명의 학생을 대상으로 다양한 상
황에서 중재를 실시하여 그 중재 효과를 입
증할 수 있는 '대상자 간 중다기초선 설계'를
실시하는 것도 좋아요.

윤 교사 : ㉤우리 반 학생이 과제에 집중하도록 '생각
말하기(think aloud)' 중재 전략을 사용했다
가 잘 안 되어 '자기점검하기'로 중재 전략
을 바꾸어 시도한 ABC설계도 유용했어요.

---

① ㉠, ㉡   ② ㉠, ㉤

③ ㉠, ㉢, ㉤   ④ ㉡, ㉢, ㉣

⑤ ㉢, ㉣, ㉤

33

다음은 박 교사가 개발한 '현금자동지급기에서 현금 인
출하기'의 과제분석과 그에 대한 철수의 현행 수준을
평가한 결과이다. 이 내용에 대해 두 교사가 나눈 대화
㉠~㉤ 중에서 옳은 것만을 있는 대로 고른 것은?

과제분석과 현행 수준 평가 결과					
이름 : 김철수			평가자 : 박○○		
표적행동 : 현금자동지급기에서 현금 인출하기					
언어적 지시 : "철수야, 현금자동지급기에서 돈 3만 원 찾아볼래?"					
과제분석	하위행동	평가일시			
		10/19	10/20	10/21	10/22
1단계	현금카드를 지갑에서 꺼낸다.	+	+	+	+
2단계	현금카드를 카드 투입구에 바르게 넣는다.	+	+	+	+
3단계	현금 인출 버튼을 누른다.	−	−	+	+
4단계	비밀 번호 버튼을 누른다.	−	−	−	+
5단계	진행사항에 해당하는 버튼을 누른다.	−	−	−	−
6단계	인출할 금액을 누른다.	−	+	+	+
7단계	현금 지급 명세표 출력 여부 버튼을 누른다.	+	+	+	−
8단계	현금 지급 명세표와 현금카드를 지갑에 넣는다.	−	−	−	+
9단계	현금을 꺼낸다.	+	+	+	+
10단계	현금, 명세표, 현금카드를 지갑에 넣는다.	+	+	+	+
정반응의 백분율(%)		50%	60%	70%	70%
비고	기록코드 : 정반응(+), 오반응(−)				

김 교사 : ㉠일련의 복합적인 행동을 가르치기 위해 과제분
석을 할 수 있어요.

박 교사 : ㉡과제분석을 할 때는 과제를 유능하게 수행하는
사람이나 전문가를 관찰해서, 하위행동을 목록화하
는 것이 중요해요.

김 교사 : 박 선생님께서는 ㉢철수가 '현금자동지급기에서 현
금 인출하기'의 모든 하위 행동을 수행할 수 있는지
보기 위해 '단일기회방법'을 사용하여 매 회기마다
평가하셨군요.

박 교사 : 네, ㉣철수가 많은 하위 행동을 이미 수행할 수 있
지만, 순차적으로 수행하는 데는 어려움이 있어 보
여요. 그래서 철수에게 이 과제를 지도하기 위해 행
동연쇄법 중 '전체과제 제시법'을 적용하는 것이 적
절할 것 같아요.

김 교사 : ㉤'전체과제 제시법'을 적용하면, 철수가 각각의 하위
행동을 할 때마다, 교사가 자연적 강화를 주기 때문에
비교적 쉽게 이 과제를 수행할 수 있을 것 같아요.

---

① ㉠, ㉡   ② ㉢, ㉣   ③ ㉠, ㉡, ㉣

④ ㉠, ㉢, ㉤   ⑤ ㉡, ㉣, ㉤

34

다음은 직업교과 시간에 발생한 정신지체학생 A의 문제행동 상황을 정리한 내용이다. 교사가 학생 A의 문제행동을 중재하기 위하여 적용할 수 있는 강화 중심 전략과 각 전략의 특징 및 그에 따른 예가 바른 것은?

교사가 학생 A에게 세탁기에서 옷을 꺼내 건조대에 널라고 지시한다. 학생은 교사를 쳐다보고 얼굴을 찡그리며 소리를 지르고 세탁기를 심하게 내리친다. 교사가 다시 학생에게 다가가 옷을 꺼내 널라고 지시한다. 학생은 또다시 하기 싫은 표정을 짓고, 소리를 크게 지르며 세탁기를 심하게 내리친다. 이러한 상황이 수업 시간에 여러 차례 지속적으로 발생하였다.

	전략	특징	예
①	저비율 행동 차별강화 (DRL)	표적행동의 강도를 감소시키는 데 초점을 둔다.	소리 지르기 및 세탁기 내리치는 강도가 낮아지면 강화한다.
②	상반행동 차별강화 (DRI)	표적행동과 형태적으로 양립할 수 없는 행동을 강화하는 데 초점을 둔다.	소리 지르기 행동 대신 옷을 꺼내 건조대에 널면 그 행동에 대해 강화한다.
③	대체행동 차별강화 (DRA)	표적행동의 발생 빈도를 감소시키는 데 초점을 둔다.	소리 지르기 및 세탁기 내리치는 행동의 발생 횟수가 설정한 기준보다 적게 발생하면 강화한다.
④	비유관 강화 (NCR)	표적행동 대신 바람직한 행동이 발생할 때마다 강화하는 데 초점을 둔다.	학생이 소리 지르기 및 세탁기 내리치는 행동을 하는 대신 "도와주세요."라는 말을 하면 강화한다.
⑤	다른행동 차별강화 (DRO)	표적행동의 미발생에 대해 강화하는 데 초점을 둔다.	정한 시간 간격 내에 소리 지르기 및 세탁기 내리치는 행동이 전혀 발생하지 않으면 강화한다.

35

다음은 학생 A의 문제행동을 개선시키기 위한 긍정적 행동지원 절차이다. 이 절차에 따라 김 교사가 적용한 단계별 예로 옳은 것만을 〈보기〉에서 있는 대로 고른 것은?

- 단계 1: 어떤 행동을 중재할 것인지 결정하기
- 단계 2: 목표행동 관련 정보 수집하기
- 단계 3: 가설 설정하기
- 단계 4: 긍정적 행동지원 계획 수립·실행하기
- 단계 5: 행동지원 계획 평가·수정하기

〈보기〉
ㄱ. 단계 1: 목표행동을 '학생 A는 자신의 옆에 있는 친구를 자주 공격한다'로 진술한다.
ㄴ. 단계 2: 학생 A의 목표행동 기능을 파악하기 위하여 A-B-C 분석을 실행하고, 행동에 영향을 미칠 수 있는 학습 및 행동 발달 수준을 파악하기 위한 다양한 정보를 수집한다.
ㄷ. 단계 3: 이전 단계에서 수집한 개괄적 정보를 요약하고, 행동의 기능적 관계를 파악하기 위하여, '학생 A에게 하기 싫어하는 과제를 주면, 공격행동이 증가할 것이다'로 가설을 설정한다.
ㄹ. 단계 4: 학생 A에게 배경·선행사건 조정, 대체행동 교수, 후속결과 활용 및 행동감소 전략 등과 같은 중재 전략을 구성하여 적용한다.
ㅁ. 단계 5: 중재 계획에 따라 학생 A를 지도한 후, 중재 전략의 성과를 점검하여 수정이 필요한지를 평가한다.

① ㄱ, ㄴ
② ㄴ, ㄹ
③ ㄱ, ㄷ, ㅁ
④ ㄴ, ㄹ, ㅁ
⑤ ㄷ, ㄹ, ㅁ

36 _____

다음의 (가)는 영진이의 행동 목표와 긍정적 행동지원 중재 계획의 일부이고, (나)는 문제행동 관찰 기록지의 일부이다. 물음에 답하시오.

(가) 행동 목표 및 중재 계획

이름	김영진	시행기간	2012. 08. 27.~2013. 02. 15.
행동 목표		중재 계획	
1. 컴퓨터 시간 내내 3일 연속으로 바르게 행동할 것이다. 2. 쉬는 시간에 컴퓨터 앞에 앉아 있는 친구의 손등을 때리는 행동이 감소할 것이다.		1. 바른 행동을 할 때마다 칭찬과 함께 스티커를 준다. 2. ㉠쉬는 시간 컴퓨터 사용 순서와 개인별 제한 시간에 대한 규칙을 학급 전체 유아에게 수업을 마칠 때마다 가르친다.	

(나) 문제행동 관찰 기록지

• 표적 행동 : 친구의 손등을 때리는 행동
• 관찰 방법 : (㉡)

날짜	시간	행동 발생 표시	총 발생 수	비율
9/27	09:40~09:50	////	4	0.4/분
	10:30~10:50	////	4	0.2/분
	11:30~11:40	//	2	0.2/분

1) 메이거(R. F. Mager)의 행동적 목표 진술 방식을 따른다면, (가)의 행동 목표 1과 2가 바람직하지 않은 이유를 각각 쓰시오.

• 행동 목표 1 :

• 행동 목표 2 :

2) (가)에서 교사가 영진이의 표적 행동 발생 전에 ㉠과 같은 보편적 중재를 적용하여 얻고자 하는 목적 1가지를 쓰시오.

3) (나)의 ㉡에 해당하는 관찰 방법을 쓰고, (나)에서 관찰 결과를 비율로 요약하면 좋은 점을 쓰시오.

㉡ :

• 좋은 점 :

37 _____

다음은 통합 유치원의 일반교사인 김 교사가 특수교사인 박 교사에게 발달지체 유아 민기에 대해 자문을 구한 내용의 일부이다. 물음에 답하시오.

> 김 교사 : 박 선생님, 민기는 대집단 활동 시간에 큰 소리로 울어서 수업을 자주 방해해요. 어떻게 하면 좋을까요?
> 박 교사 : 우선 민기가 왜 그런 행동을 하는지 아는 것이 중요해요. 아이들이 문제행동을 하는 이유를 몇 가지로 구분해 볼 수 있어요. 예를 들면, 자신이 원하는 물건을 얻거나 활동을 하려 할 때와 감각자극을 추구하고자 할 때입니다. 그 외에도 (㉠)와(과) (㉡) 을(를) 위해서도 이러한 행동을 합니다.
>
> … (중략) …
>
> 김 교사 : 박 선생님, 민기의 우는 행동을 줄여 주려면 어떻게 해야 할까요?
> 박 교사 : 민기에게 우는 행동 대신 손을 들게 하는 방법을 가르쳐 보세요. 이러한 방법을 (㉢) 지도라고 하지요.
>
>
>
> … (후략) …

1) ㉠과 ㉡에 알맞은 내용을 쓰시오.

㉠ :

㉡ :

2) ㉢에 들어갈 알맞은 말을 쓰고, 방법 선정 시 고려해야 할 사항 2가지를 쓰시오.

㉢ :

• 고려사항 ① :

• 고려사항 ② :

38 _____

유아특수교사인 최 교사는 발달지체 유아 은기에게 '두 손으로 사물을 조작하기'를 가르치기 위해 (가)와 (나)를 구상하였다. 물음에 답하시오.

(가) 단기 교육 목표 구체화하기

> 은기는 ⊙ 유치원 일과 중에 ⓒ 매일 3회 중 2회 이상 ⓒ 한 손으로 물건을 잡고 나머지 한 손으로는 물건을 조작해야 하는 활동 한 가지를 수행할 것이다.

(나) 활동 계획 중 일부

> • 은기에게 일상생활에서 필요한 행동을 우선적으로 가르치려고 한다.
> • 은기의 교육 목표에 해당하는 활동을 유치원 일과 중 다양한 상황에서 여러 번 수행하도록 기회를 주려고 한다.
> • 간식 시간에 은기에게 우유와 컵을 주려고 한다.
> • 간식 시간에 우유 따르는 행동을 지도 시 ⓔ 목표행동을 작은 단계로 나누고 마지막 단계부터 수행하도록 지도하려고 한다.
>
>
>
> • 은기는 간식 시간 활동을 통해 개별화 교육 목표를 연습할 수 있을 것이고, 자신이 좋아하는 우유를 마시고 갈증을 해소하여 기분도 좋아질 것이다.

1) ⊙, ⓒ, ⓒ은 단기 목표 작성 시 필요한 3가지 요소 중 어디에 해당하는지 각각 쓰시오.

   • ⊙ :

   • ⓒ :

   • ⓒ :

2) ⓔ에 해당하는 행동 연쇄 방법을 쓰시오.

39 _____

다음은 특수학교 유치원 과정 5세반 유아의 수업 관찰 내용이다. 물음에 답하시오.

유아	수업 관찰 내용
승호	승호가 미술 활동 중에 물감을 바닥에 뿌리면 교사는 "승호야"라고 이름을 부르며 다가와 흘린 물감을 닦아 주었다. 그러자 승호는 물감을 계속해서 바닥에 뿌렸다. 이러한 행동이 교사의 관심을 받기 위한 것이라고 판단한 교사는 승호가 물감 뿌리는 행동을 해도 흘린 물감을 더 이상 닦아 주지 않았다. 그러자 ⊙ 승호는 물감을 이전보다 더 많이 바닥에 뿌렸다.
다혜	다혜는 협동 그림을 완성하기 위해 자신이 맡은 부분을 색칠하려고 하였다. 그러나 저시력으로 인해 도화지 위에 연필로 그린 밑그림의 경계선이 잘 보이지 않아서 밑그림과 다르게 색칠하였다. 교사는 다혜의 수업 참여를 증가시키기 위하여 ⓒ도안의 경계선을 도드라지게 해 주었고, ⓒ조명이 밝은 곳으로 자리를 옮겨 주었다.
철희	철희는 손 힘이 약해서 그리기 활동에 많은 어려움을 겪었다. 그 결과 자신은 그리기 활동을 잘 할 수 없다고 생각하여 색칠하기를 거부하였다. 교사는 여러 가지 방법으로 지원하면서 "철희야, 너도 잘 할 수 있을 거야."라고 하였다. 그러나 철희는 여전히 "난 잘 할 수 없어요."라고 말하며 그리기를 주저하였다.

1) 승호의 사례에서 ⊙에 해당되는 행동 수정 용어를 쓰시오.

40 _____

특수학교 최 교사는 중도 뇌성마비 학생 민수가 있는 학급에서 '2010 개정 특수교육 교육과정' 중 기본 교육과정 사회과 '우리나라의 풍습' 단원을 지도하고자 한다. (가)는 교수 · 학습 과정안이고, (나)는 본시 평가 계획이다. 물음에 답하시오.

(가) 교수 · 학습 과정안

학습목표	민속놀이의 의미를 알고, 규칙을 지켜 민속놀이를 할 수 있다.	
단계	교수 · 학습 활동	자료 및 유의점
도입	• 영상 자료를 활용하여 다양한 민속놀이 알아보기 • 민속놀이 경험 이야기하기	DVD
전개	• 널뛰기, 씨름, 강강술래 등 민속놀이 알기 • 줄다리기에 담긴 의미 알기 • 탈춤을 통한 서민들의 생활 모습 알기	민속놀이 단원은 (㉠)와(과) 관련지어 지도하는 것이 효과적임.
	• ㉡모둠별로 책상을 붙이고 둘러앉아서 민속놀이 도구 만들기 • 놀이 방법을 알고 규칙을 지키며 윷놀이 하기	㉢양손을 사용하여 활동하도록 지도함.

(나) 본시 평가 계획

• ㉣학생들이 자기의 활동 참여도(예 ☺, ☺, ☹)를 기록지에 표시하도록 함.
• ㉤학생들이 놀이 규칙을 잘 지킨 3명의 친구를 선정하여 칭찬 스티커를 주도록 함.

4) (나)의 ㉣과 같은 평가 방법의 명칭을 쓰시오.

41 _____

다음의 (가)는 통합학급에 입급된 정서 · 행동장애 학생 은수의 특성이다. (나)는 '2007 개정 초등학교 교육과정' 도덕과 4학년 수업을 계획하기 위해 통합학급 교사와 특수학급 교사가 협의한 내용의 일부이다. 물음에 답하시오.

(가) 은수의 특성

• 무단결석을 자주 한다.
• 친구로부터 따돌림을 당한다.
• 교사의 요구를 자주 무시한다.
• 친구들의 학용품이나 학급 물품을 부순다.
• 수업시간에 5분 이상 자기 자리에 앉아 있지 못한다.

(나) 수업 계획 협의 내용

• 단원: 따스한 손길 행복한 세상
• 단원 목표: 남을 배려하는 태도의 중요성을 알고 진정한 배려가 무엇인지 바르게 판단하여, 생활 속에서 실천한다.

〈협의 내용〉
• ㉠따돌림을 당하는 친구의 감정과 정서를 학급 학생들이 느낄 수 있도록 한다.
• ㉡학급 학생들이 서로에게 존중하고 배려하는 말과 행동을 한 가지씩 해 보도록 한다.
• ㉢친구들 간에 배려해야 할 필요성과 실천 방법을 알고, 이에 대한 판단력을 기르도록 한다.
• ㉣역할놀이의 대본을 만들어 배역을 설정하고 직접 시연해 보도록 한다.
• 은수를 위해 표적행동, 표적행동의 조건과 준거, 강화의 내용과 방법, 계약기간, 계약자와 피계약자의 서명란이 포함된 (㉤)을(를) 은수와 함께 작성한다.

4) (나)의 ㉤에 들어갈 말을 쓰시오.

42

발달장애 학생들은 학습한 내용을 일반화(generalization) 하는 데 어려움이 있을 수 있다. 일반화에 대한 내용으로 옳지 <u>않은</u> 것은?

① 자기통제 기술을 지도하면 실생활에서의 독립기능이 촉진될 수 있으므로 일반화에 도움이 된다.

② 교실에서의 수업은 다양한 예시를 활용하되, 제시되는 자극이나 과제 매체는 단순화하는 것이 일반화에 효과적이다.

③ 수업시간에 일과표 작성하기를 배운 후, 집에 와서 가족일과표를 작성할 수 있는 것은 '자극 일반화'에 해당한다.

④ 수업시간에 숟가락으로 밥 떠먹기를 배운 후, 숟가락으로 국을 떠 먹을 수 있는 것은 '반응 일반화'에 해당한다.

⑤ 수업시간에 흰 강아지 그림카드를 보고 '개'를 배운 후, 개가 흰색일 경우에만 '개'라고 말하는 것은 '과소 일반화'에 해당한다.

43

다음은 교사가 강화를 적용한 후, 발생한 문제 상황과 수정한 강화 계획을 나열한 것이다. (가)~(다)에 대한 설명으로 옳은 것만을 〈보기〉에서 있는 대로 고른 것은?

	강화적용 후 발생한 문제 상황	수정한 강화 계획
(가)	학생이 과제를 완성할 때마다 과자를 주었더니 과자를 너무 많이 먹게 되었다.	교사는 학생이 과제를 10개씩 완성할 때마다 과자를 준다.
(나)	학생이 인사를 할 때마다 초콜릿을 주었더니, 초콜릿에 지나친 관심을 보였다.	교사는 학생이 인사할 때마다 칭찬을 한다.
(다)	학생에게 30분 동안 혼자서 책을 읽게 하고, 매 5분마다 점검하여 토큰을 주었더니, 점검할 때만 집중하여 책을 읽는 척하였다.	교사는 3분 후, 5분 후, 2분 후, 10분 후, 4분 후, 6분 후에 집중하여 책을 읽고 있는지 점검하고 토큰을 준다.

〈보기〉
ㄱ. (가)는 강화결핍으로 인해 생긴 문제이다.
ㄴ. (가)는 고정비율 강화 계획으로 수정한 것이다.
ㄷ. (나)는 이차적 강화를 사회적 강화로 수정한 것이다.
ㄹ. (나)는 고정간격 강화 계획으로 수정한 것이다.
ㅁ. (다)는 강화포만으로 인해 생긴 문제이다.
ㅂ. (다)는 변동간격 강화 계획으로 수정한 것이다.

① ㄱ, ㅁ
② ㄴ, ㅂ
③ ㄴ, ㄷ, ㅂ
④ ㄹ, ㅁ, ㅂ
⑤ ㄱ, ㄷ, ㄹ, ㅁ

44 _____ 2013추시 유아A-4

다음은 유아특수학급 교사들의 대화 내용이다. 물음에 답하시오.

김 교사 : 우리 반 정우는 최근 머리를 때리는 자해행동이 점점 심해지고 있어서 이것을 중재하는 것이 급한 것 같아요.

최 교사 : 우리 반 광희와 아주 비슷한 행동이네요. 광희도 머리를 때리는 자해행동을 했었는데, ㉠아래와 같은 양식을 이용해서 유용한 정보를 얻을 수 있었어요. ㉡다른 평가 자료와 종합해 보았을 때, 광희의 행동은 관심이나 과제와도 무관해 보였고 무언가를 요구하는 것도 아니었어요. 결국 주변의 선행자극이나 후속결과와의 연관성은 찾기가 어려웠죠. 단지 처방 받은 두통약을 먹은 후 서너 시간 동안은 머리 때리기가 줄어드는 것으로 관찰되었어요.

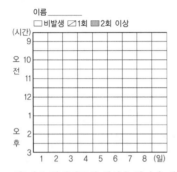

김 교사 : 그런 경우 문제행동의 원인을 찾기가 매우 힘들죠.

1) ㉠을 이용한 관찰 방법을 쓰고, 이러한 방법으로 얻을 수 있는 정보는 무엇인지 쓰시오.

• 관찰 방법 :

• 정보 :

2) ㉡의 다른 평가 방법 중 다음의 설명에 해당하는 평가 방법을 쓰시오.

> • 면담이나 평정척도 등이 활용된다.
> • 평가자의 정보 수준에 의존할 수밖에 없는 단점이 있다.
> • 개인이나 행동에 관한 전체적인 정보를 제공한다는 장점이 있다.

3) 최 교사의 설명에 근거하여 유추해 볼 때 두통약을 먹기 전까지 나타났던 머리 때리기 행동의 유지 변인이 무엇인지 쓰시오.

4) 일반적으로 자해행동은 그 정도가 심각한 경우 기능분석절차가 적용되기 어렵다. 그 이유를 간단히 쓰시오.

45 ___ 2013추시 유아A-6

다음은 교사 협의회 중 2명의 유아특수교사가 나눈 대화 내용이다. 물음에 답하시오.

> 박 교사 : 선생님, 저는 ㉠<u>요즘 혜수를 위해 학급의 일과를 일정하게 하고 등원 후에는 하루 일과를 그림으로 안내해 줘요. 그리고 활동이 끝나기 5분 전에 종을 쳐서 알려 줘요.</u>
>
> 김 교사 : 그래서인지 혜수가 활동에 잘 참여하는 것 같아요. 그런데 걱정하시던 혜수의 언어 평가 결과는 어때요?
>
> 박 교사 : 다른 부분은 다 좋아졌는데, ㉡<u>말의 높낮이, 강세, 리듬, 속도와 같은 언어의 (   )측면에는 전혀 변화가 없어요.</u>
>
> 김 교사 : 그런 부분은 자폐성장애의 특성 중 하나지요.
>
> 박 교사 : 그런데 ㉢<u>제가 계획한 대로 교수 활동이나 중재전략을 정확하고 일관성 있게 적용하고 있는지 객관적으로 점검해 보고 싶은 생각이 들어요.</u>
>
> 김 교사 : 좋은 생각이네요. 교사들도 지속적으로 자신의 교수 실행을 점검할 필요가 있어요. 저는 ㉣<u>부모님이나 주변 사람들이 아이들의 변화를 느끼고 있는지, 이런 변화가 생활 속에서 의미 있다고 생각하는지도 알아보고 있어요.</u>
>
> 박 교사 : 맞아요. 그렇게 하면 우리 아이들의 변화를 좀 더 객관적으로 알 수 있겠네요.

3) ㉢과 ㉣에서 두 교사가 평가하고자 하는 것이 무엇인지 각각 쓰시오.

- ㉢ :

- ㉣ :

46 _____ 2013추시 유아A-7

다음은 발달지체 유아인 민아의 개별화교육계획 목표를 활동중심 삽입교수로 실행하기 위해 박 교사가 작성한 계획안이다. 물음에 답하시오.

유아명	정민아	시기	5월 4주	교수 목표	활동 중에 제시된 사물의 색 이름을 말할 수 있다.
교수활동					
활동	㉠ 학습 기회 조성		㉢ 교사의 교수 활동		
자유선택 활동 (쌓기 영역)	블록으로 집을 만들면서 블록의 색 이름 말하기		㉡ 민아에게 사물을 제시하며 "이건 무슨 색이야?" 하고 물어본다. "빨강(노랑, 파랑, 초록)" 하고 색 이름을 시범 보인 후 "따라 해 봐" 하고 말한다. ㉢ 정반응인 경우 칭찬과 함께 긍정적인 피드백을 제공하고 오반응인 경우 색 이름을 다시 말해 준다.		
자유선택 활동 (역할놀이 영역)	소꿉놀이 도구의 색 이름 말하기				
자유선택 활동 (언어 영역)	존대말 카드의 색 이름 말하기				
대소집단 활동 (동화)	그림책 삽화를 보고 색 이름 말하기				
간식	접시에 놓인 과일의 색 이름 말하기				
실외활동	놀이터의 놀이기구 색 이름 말하기				
㉣ 관찰					
정반응률	월	화	수	목	금
	%	%	%	%	%

3) ㉣과 관련하여 다음 글을 읽고 문장을 완성하시오.

> 관찰을 할 때 목표행동을 조작적으로 정의하는 것은 유아의 행동을 일관성 있게 측정하였다는 것을 나타내는 지표인 (   )을(를)높이기 위한 것이다.

4) ㉤과 관련하여 다음의 글을 읽고 문장을 완성하시오.

> 박 교사는 촉진 의존성을 감소시키기 위한 용암법(fading) 중 기술을 학습함에 따라 촉진의 개입 정도를 체계적으로 줄여 가는 (①)을(를) 적용하기로 하였다. 이 방법은 오류로 인한 좌절을 방지할 수 있기 때문에 4가지 학습 단계(수행수준의 위계) 중 (②)단계에서 주로 적용된다.

• ① 용암법의 종류 :

• ② 학습 단계 :

47 _____ 2013추시 중등B-2

(가)는 자폐성장애 학생 철규의 진단·평가 결과이고, (나)는 김 교사가 수립한 문제행동 중재 및 결과 분석 내용의 일부이다. 물음에 답하시오.

(가) 진단·평가 결과

검사명	결과	해석
적응행동검사 (KISE-SAB)	전체 적응행동지수 62	㉠ 전체 적응행동 지수 62는 1표준편차 범위로 정상 범위의 적응행동을 보인다.
아동기자폐증 평정척도 (CARS)	척도 평정점수 42점	㉡ 척도 평정점수 42점은 아동기 자폐증 평정척도 점수 분류표에서 중증 자폐에 속한다.
한국자폐증 진단검사 (K-ADS)	자폐지수 132	㉢ 자폐지수 132는 2표준편차 이상으로 자폐 확률이 매우 높다
기초학습 기능검사	쓰기 백분위점수 2	㉣ 쓰기 백분위점수 2는 3표준편차 이하로 또래들보다 쓰기 기술이 낮다.

(나) 문제행동 중재 및 결과 분석

- 표적 행동: 손톱 깨무는 행동
- 강화제: 자유 놀이 시간 제공
- 중재 설계: ABAB설계
- ㉤ 중재 방법
  - 읽기 수업 시간 40분 동안, 철규가 손톱을 깨물지 않고 10분간 수업에 참여할 때마다 자유 놀이 시간을 5분씩 준다. 그러나 10분 이내에 손톱 깨무는 행동이 나타나면 그 시간부터 다시 10분을 관찰한다. 이때 손톱 깨무는 행동이 나타나지 않으면 강화한다.
- ㉥ 관찰 기록지

- 관찰 일시: 4월 7일(09:50~10:30)
- 관찰 행동: 손톱 깨무는 행동

관찰자						김 교사(주 관찰자)				최 교사(보조 관찰자)			
관찰 시간 (분)	발생 횟수	시작 시간	종료 시간	지속 시간 (분)	지속시간 백분율 (%)	시작 시간	종료 시간	지속 시간 (분)	지속시간 백분율 (%)
40	1	10:05	10:09	4		10:05	10:08	3	
	2	10:12	10:17	5		10:13	10:18	5	
	3	10:24	10:29	5		10:25	10:29	4	

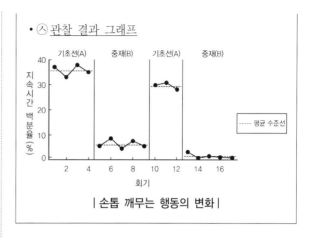

- ㉦ 관찰 결과 그래프

| 손톱 깨무는 행동의 변화 |

1) ㉠~㉣에서 틀린 것 2가지를 찾아 그 기호를 쓰고, 바르게 고쳐 쓰시오.

- 기호와 수정 내용:

- 기호와 수정 내용:

2) ㉤의 중재 방법에 해당하는 차별강화의 명칭을 1가지 쓰시오

- 명칭:

3) ㉥의 관찰 기록지를 보고 지속시간 백분율과 평균 지속시간 일치도를 구하시오.

- 지속시간 백분율 : _____%

- 평균지속시간 일치도 : _____%

4) ㉦의 그래프를 보고 표적 행동의 변화 결과를 해석하시오.

- 해석:

48 _____ 2014 유아A-4

보라는 특수학교 유치부에 다니는 4세의 자폐성장애 여아이다. (가)는 보라의 행동 특성이고, (나)는 보라를 지원하기 위한 활동계획안이다. 물음에 답하시오.

(가) 보라의 행동 특성

- 교실이나 화장실에 있는 ⊙전등 스위치만 보면 계속 반복적으로 누른다.
- ⓒ타인의 말을 반복한다.
- 용변 후 물을 내려야 한다는 것을 모른다.
- 용변 후 손을 제대로 씻지 않고 나온다.
- 배변 실수를 자주 한다.

(나) 활동계획안

활동명	화장실을 사용해요.	
활동 목표	• 화장실을 사용하는 순서를 안다. • 화장실에서 지켜야 할 규칙을 안다.	
활동 자료	PPT 자료	보라를 위한 지원방안
활동 방법	1. PPT 자료를 보며 화장실의 사용 순서에 대해 알아보기 -화장실 문을 열고 들어가요. -문을 닫고 옷을 내려요. -화장실 변기에 앉아 용변을 봐요. -옷을 올리고 물을 내려요. -문을 열고 나가요. -손을 씻어요. 2. 화장실에서 지켜야 할 규칙에 대해 알아보기(화장실로 이동한다.)	• 화장실에 가고 싶을 때 용변 의사를 표현하도록 가르친다. • 화장실 사용 순서 중 옷 올리기 기술을 작은 단계로 나누어 교수한다. • 화장실 변기의 물 내리는 스위치 부분에 스티커를 붙여준다. • ⓒ세면대 거울에 손 씻기 수행 순서를 사진으로 붙여 놓는다. • 손을 씻을 때 교사는 ⓓ물비누통을 세면대 위 눈에 잘 띄는 곳에 놓아둔다.

3) 보라가 배변 실수를 하였을 때 교사는 다음과 같은 후속절차를 실시하였다. 이에 해당하는 행동수정 전략을 쓰시오.

보라를 화장실에 데리고 가 옷을 내리고 5초 정도 변기에 앉아 있게 한 뒤 일어나 옷을 입게 한다. 이러한 절차를 연속적으로 여러 차례 반복하여 실시한다.

- 행동수정 전략 :

4 (나)의 ⓒ과 ⓓ에 해당하는 촉진방법을 각각 쓰시오.

ⓒ :

ⓓ :

49 _____ 2014 유아A-6

통합유치원 5세반에 다니는 진우는 발달지체 유아이다. (가)는 진우의 행동 특성이고, (나)는 유아특수교사인 박 교사가 진우의 문제행동에 대한 긍정적 행동지원을 계획하면서 작성한 ABC 관찰 기록지의 일부이다. 물음에 답하시오.

(가) 진우의 행동 특성

- 핸드벨 소리를 좋아함.
- 교사에게 스티커 받는 것을 좋아함.
- 학급 내에서 역할 맡기를 좋아함.

(나) ABC 관찰 기록지

이름: 김진우 　　　　　　　　　 관찰자: 박 교사

날짜	A(선행사건)	B(행동)	C(후속결과)
9/9 10:20	자유선택활동을 마치고 교사는 정리하는 시간임을 알림.	㉠"싫어, 안 해." 하며 그 자리에 누워 뒹굴며 울음.	교사가 다가가 진우를 일으켜 세우려고 손을 잡자 이를 뿌리침.
9/10 11:00	오전 간식시간을 마무리하고 교사는 이야기 나누기 시간임을 알림.	㉡"싫어, 안 해." 하며 우유곽을 바닥에 집어던짐.	교사가 진우에게 우유곽을 줍게 하고 분리수거함에 담게 함.
9/11 12:20	바깥놀이를 마치고 교사는 손을 씻고 교실로 들어가는 시간임을 알림.	"싫어, 안 가." 하며 교실로 들어가지 않겠다며 바닥에 주저앉음.	교사는 진우를 일으켜 세워 세면대로 데리고 갔으나 ㉢손을 씻지 않아서 학급 규칙에 따라 진우가 모아놓은 스티커 중 2개를 떼어냄.
9/12 10:20	자유선택활동을 마치고 교사는 정리하는 시간임을 알림.	㉣"싫어." 하며 가지고 있던 장난감을 또래들에게 던짐.	교사는 진우의 행동을 제지하며 친구들에게 장난감을 던지면 친구들이 다칠 수 있다고 말함.

1) 긍정적 행동지원을 위해 (나)의 ㉠~㉢에 나타난 진우의 문제행동 중 우선순위를 정할 때 1순위에 해당하는 내용의 기호를 쓰고, 그 이유를 쓰시오.

- 기호 :

- 이유 :

2) 기능평가 결과 진우의 문제행동은 '회피하기'로 나타났다. 긍정적 행동지원을 위해 진우의 문제행동에 대한 가설을 수립하여 쓰시오.

- 가설 :

3) 다음은 박 교사가 (가)를 반영하여 (나)에 나타난 문제행동의 선행사건을 중재한 것이다. 사용된 중재명을 쓰시오.

　활동을 마칠 때 교사가 핸드벨을 흔들어 마치는 시간을 알린다.

- 중재명 :

4) (나)의 ㉢에 박 교사가 적용한 행동수정 전략을 쓰시오.

㉢ :

50 _____ 2014 유아B-2

통합유치원에 다니는 은수는 5세로 정서 및 행동상의 문제를 보이고 있다. (가)는 은수의 행동 특성이고, (나)는 활동계획안의 일부이다. 물음에 답하시오.

(가) 은수의 행동 특성

- 작은 실수에도 안절부절못하면서 울어버림.
- 놀이 활동 시 주의를 기울이지 않고 규칙을 잘 따르지 않음.

(나) 활동계획안

활동명	친구야, 함께 공놀이 하자		
활동목표	• 공놀이에 적극적으로 참여한다. • 공을 다양한 방법으로 전달한다. • 서로 협동하며 함께 하는 즐거움을 느낀다.	누리과정 관련 요소	• 신체운동·건강: ㉠ • 사회관계: 다른 사람과 더불어 생활하기 – 친구와 사이좋게 지내기
활동자료	고무공		
활동방법	• 공을 탐색하고 공을 전달하는 다양한 방법에 대해 이야기를 나눈다. – 4~5명이 같은 방향을 바라보고 한 줄로 서서 머리 위로 공을 전달한다. – 공을 전달받은 마지막 사람은 줄의 제일 앞으로 뛰어가 다시 머리 위로 공을 전달한다. – 처음 섰던 줄 순서가 될 때까지 계속한다. … (중략) …		
활동관찰내용	• ㉡은수가 차례를 기다리지 못하고 친구를 밀어버림. • 은수는 머리 위로 공을 전달하다 갑자기 ㉢공을 떨어뜨리자 "나는 바보야"라고 울며 공놀이를 하지 않겠다고 함.		

2) (나)의 ㉡과 같이 행동한 은수를 위해 교사는 다음과 같이 지도하였다. 다음에서 사용된 교수전략 2가지를 쓰시오.

> 교사는 차례 지키기를 잘 하는 친구의 모습을 찍은 동영상을 은수와 함께 보면서 순서와 기다리기에 대한 이야기를 나누었다. 교사는 은수에게 친구를 밀어버리는 자신의 모습을 촬영한 동영상을 관찰하게 한 후 고쳐야 할 행동을 찾게 하고, 친구의 바람직한 행동을 따라해 보게 하였다. 그 후 바깥놀이를 할 때, 은수가 운동장에서 줄을 서서 기다리자 교사는 웃으면서 칭찬하였다.

- 교수전략 ① :

- 교수전략 ② :

51

다음은 발달지체 유아 도형이의 또래 상호작용을 증진시키기 위해 담임교사가 순회교사에게 자문을 구하면서 나눈 대화 내용이다. 물음에 답하시오.

담임교사 : 선생님, 도형이가 또래들과 상호작용을 거의 하지 않고 있어요. 매일 혼자 놀고 있어서 안타까워요. 몇 가지 방법을 써 봤는데 별 효과가 없어요.

순회교사 : 네. 그럼 그동안 선생님은 도형이에게 어떻게 하셨는지 말씀해 주시겠어요?

담임교사 : 먼저 도형이가 또래들에게 관심을 갖도록 ㉠혼자 놀 때는 강화를 하지 않고, 도형이가 친구들에게 다가가거나 놀이에 관심을 보이면 "도형아, 친구들이 뭐하고 있는지 궁금하지? 같이 놀까?"라며 어깨를 두드려 주었어요. 도형이는 제가 어깨를 두드려 주는 걸 좋아하거든요.

순회교사 : 잘 하셨어요. 그럼 ㉡도형이가 친구들에게 관심을 보일 때 강화하시고, 그 다음엔 조금씩 더 진전된 행동을 보이면 강화해 주세요. 마지막 단계에서는 도형이가 또래와 상호작용할 때 강화해 주세요. 그리고 강화제도 다양하게 사용하면 더 효과적일 수 있답니다.

담임교사 : 도형이가 ㉢금붕어에게 먹이주기를 좋아하는데 강화제로 쓸 수 있을까요?

순회교사 : 네, 가능해요. 다른 방법도 적용하신 게 있으세요?

담임교사 : 도형이가 가끔 관심을 보이는 정아를 통해 도움을 주고 싶었어요. 그래서 얼마 전부터 ㉣정아에게 일치훈련을 적용하고 있어요. 그 밖에 제가 도형이의 또래 상호작용을 도와줄 수 있는 방법은 없을까요?

순회교사 : 그럼, ㉤아이들이 역할을 정해서 극놀이를 할 때 도형이를 정아와 함께 참여시켜 보세요.

---

1) ㉠과 ㉡에서 담임교사가 적용한 행동지원전략을 쓰시오.

㉠ :

㉡ :

2) ㉢에 해당하는 강화제 유형을 쓰시오.

㉢ :

52 _____ 2014 초등A-2

(가)는 정우의 문제행동에 대한 기능평가 결과이고, (나)는 정우의 문제행동 지도를 위해 특수학급 최 교사와 통합학급 강 교사가 나눈 대화 내용이다. 물음에 답하시오.

(가) 문제행동 기능평가 결과

성명	황정우	생년월일	2005. 06. 03.	장애유형	정신지체

- 정우는 자신이 좋아하는 물건을 친구가 가지고 있으면, 그 친구를 강하게 밀치고 빼앗는 행동을 자주 보임.
- 정우가 친구의 물건을 빼앗을 때마다, 교사는 물건을 빼앗긴 친구를 다독거려 달래 줌.
- 정우는 교사의 별다른 제지 없이 빼앗은 물건을 가짐.
- 정우가 가진 문제행동의 기능은 (㉠)(이)라고 할 수 있음.

(나) 대화 내용

최 교사: 강 선생님, 지난번 부탁으로 제가 정우의 문제행동을 평가해 보니 기능이 (㉠)인 것 같아요.

강 교사: 그렇군요. 그럼 제가 어떻게 해야 할까요?

최 교사: 여러 가지 방법이 있겠지만, 이렇게 문제행동의 원인이 파악된 상태에서는 ①친구를 밀치고 빼앗는 문제행동보다는 바람직한 행동으로 자신의 의사를 표현할 수 있도록 도와주는 것이 좋아요.

강 교사: 아, 그래요. 그런데 제가 정우에게 어떤 행동을 가르쳐야 할까요?

최 교사: 문제행동에 대한 대체행동을 선정할 때에는 정우가 이미 할 수 있는 행동 중에서 선택하는 것이 좋아요. 그리고 ㉡이 외에도 고려할 점이 몇 가지 더 있어요.

··· (중략) ···

강 교사: 그런데, 대체행동을 가르쳐 주기만 하면 정우가 할 수 있을까요?

최 교사: 아니죠. 우선 ②정우가 새로 배운 대체행동으로 친구에게 물건을 달라고 할 때에는 요청한 물건을 가지게 해 주고 칭찬도 해 주세요. 그리고 ③정우가 밀치는 행동으로 친구의 물건을 빼앗으려 할 때에는 정우의 행동을 못 본 체하세요. 또한 ④정우가 좋아해서 빼앗을 만한 물건을 학급에 미리 여러 개 준비해 두시면 문제행동을 예방하는 데 도움이 될 거예요.

··· (중략) ···

강 교사: 최 선생님, 요즘 정우가 보이는 문제행동 때문에 모둠 활동에서 친구들로부터 배제되는 경우가 자주 있어요.

최 교사: 네, 그런 경우에는 (㉢)(이)라는 강화 기법을 적용해 보세요. 이 기법은 정우가 속한 모둠이 다 같이 노력해서 목표에 도달하면 함께 강화를 받을 수 있고, 정우가 목표에 도달하면 정우가 속한 모둠의 모든 학생들이 강화를 받을 수도 있어요.

1) (가)와 (나)의 ㉠에 해당하는 정우의 문제행동 기능을 쓰시오.

2) (나)의 ㉡을 대체행동의 효율성 측면에서 1가지 쓰시오.

3) (나)의 ①~④ 중에서 정우의 문제행동에 대한 지도 방법으로 적절하지 않은 제안 1가지를 찾아 번호를 쓰고, 그 이유를 쓰시오.

- 번호와 이유:

4) (나)의 ㉢에 알맞은 강화 기법을 쓰고, 이 기법을 적용할 때 나타날 수 있는 문제점을 정우와 관련지어 1가지 쓰시오.

㉢ :

- 문제점:

53

(가)는 특수학교에 재학 중인 자폐성장애 학생 동호의 행동 특성이고, (나)는 초등학교 2학년 미술과 '즐거운 미술관 구경' 단원의 교수 · 학습 과정안이다. 물음에 답하시오.

(가) 동호의 행동 특성

- 사진 찍히기를 싫어하여 사진 찍기 활동의 참여도가 낮음.
- 놀이실에 있는 트램펄린에서 뛰는 활동을 매우 좋아함.

(나) 교수 · 학습 과정안

단원명	즐거운 미술관 구경	제재	미술 작품 감상하기
학습 목표	작품 속 주인공의 모습을 흉내 내며 화가의 마음을 느껴 볼 수 있다.		
단계	학습 내용		교수 · 학습 활동
1	시각적 대상이나 현상 탐색을 통한 경험과 사전 지식 자극하기		• 작은 미술관으로 꾸며진 교실에 전시된 명화 속에 무엇이 있는지 탐색한다. • 개인의 경험과 사전 지식을 떠올려 미술 작품의 특징을 찾아본다.
2	질문, 토의, 반성의 상호작용하기		• 참고 미술 작품 속 주인공의 모습을 흉내 내어 본다. • 미술 작품 속 주인공이 되려면 준비하고 만들어야 하는 것이 무엇인지 질문에 답하고, 친구들과 토의한다.
3	관련 미술 작품을 탐색하고, 참고 미술 작품을 새로운 시각으로 표현 활동과 연계하기		• 관련 미술 작품을 탐색하고 참고 미술 작품을 새로운 시각으로 표현할 방법을 구상한다. • 여러 가지 재료와 표현 기법을 활용하여 작품 속 주인공의 의상, 소품, 액자 등을 만든다. • 참고 작품에 새로운 생각을 추가하거나 독특한 표현으로 유사한 작품을 그린 후, 작품 속 주인공의 모습을 흉내 내거나 작품의 일부가 되어본다.
4	완성 작품에 의미와 가치 부여하기		• 자신이 좋아하는 미술 작품 옆에 색종이로 접은 꽃이나 스티커를 붙인다. • ㉠작품 속 주인공처럼 꾸민 후 액자 틀을 들고 친구들과 미술 작품의 배경 앞에서 즉석 사진을 찍는다.

3) (나)의 ㉠에서 동호의 사진 찍기 활동 참여를 위해 교사가 동호의 행동 특성을 활용하여 지도할 수 있는 정적 강화 기법을 쓰고, 이를 적용한 지도 내용을 쓰시오.

- 정적 강화 기법 :

- 지도 내용 :

54

다음의 (가)는 자폐성장애 학생 A의 자리이탈 행동을 감소시키기 위해 단일대상연구를 실시하여 그 결과를 그래프로 나타낸 것이고, (나)는 이 그래프를 보고 특수교사들이 나눈 대화 내용이다. (나)의 ⊙~ⓔ 중 틀린 것 2개를 찾아 기호를 쓰고, 그 이유를 각각 쓰시오.

(가) 단일대상연구 결과 그래프

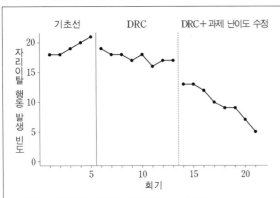

*DRC: 의사소통 차별강화(Differential Reinforcement of Communication)를 의미함.

(나) 대화 내용

⊙ 김 교사: 'DRC+과제 난이도 수정'이 'DRC'보다 더 효과가 있으니까, 'DRC+과제 난이도 수정'과 자리이탈 행동 간에 기능적 관계가 있다고 할 수 있어요.

ⓒ 박 교사: 이 연구에서는 첫 번째 중재를 통해 학생 A의 자리이탈 행동 변화가 적어서 두 번째 중재를 투입한 거군요.

ⓒ 강 교사: 이 그래프에서 기초선을 보면, 종속변인이 꾸준히 증가하고 있는 추세이기 때문에 첫 번째 중재를 시작하기에 적절하지 않았던 것 같아요.

ⓔ 민 교사: 'DRC+과제 난이도 수정'이 'DRC'보다 효과가 있지만, '과제 난이도 수정'이 'DRC'보다 더 효과적이라고 말할 수는 없어요.

55

다음의 (가)는 학교 차원의 긍정적 행동지원(Positive Behavior Support; PBS)의 4가지 구성 요소를 나타내는 그림이고, (나)는 ○○학교가 실행하고 있는 PBS의 3차적 예방 내용이며, (다)는 ○○학교에 재학 중인 정서·행동장애학생 A의 행동 특성 및 위기관리 계획의 일부이다. (가)의 ⊙~ⓔ 중 (나)에 잘못 반영된 것 2가지를 찾아 쓰고, 그 이유를 (가)와 (나)에 근거하여 각각 쓰시오. 그리고 '위기관리 계획'을 수립하는 일반적인 목적을 설명한 후, (다)의 밑줄 친 ⑩의 잘못된 점을 지적하고 바르게 수정하시오.

(가) 학교 차원의 PBS 4가지 구성 요소(Sugai & Homer, 2002)

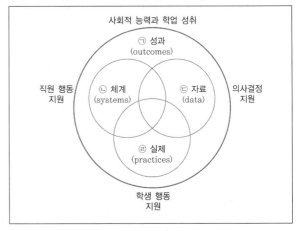

(나) ○○학교가 실행하고 있는 3차적 예방 내용

- 긍정적 행동지원팀의 지원을 통해 심각한 문제행동을 지닌 개별 학생의 사회적 능력과 학업 성취에 대한 성과를 강조한다.
- 교사의 지도 경험을 바탕으로 심각한 문제행동이 여전히 지속되고 있다고 생각되는 개별 학생을 중재 대상으로 선정한다.
- 심각한 문제행동을 지닌 개별 학생에게 교사의 개인적 경험에 비추어 효과가 있었던 중재를 실시한다.

(다) 학생 A의 행동 특성 및 위기관리 계획

⟨행동 특성⟩
- 화를 참지 못한다.
- 다른 사람을 위협하고 협박한다.
- 친구와 싸울 때 위험한 물건을 사용한다.
- 화가 나면 학교에 있는 기물을 파손한다.
- 신체적 공격을 통해 친구들에게 싸움을 건다.

⟨위기관리 계획⟩
- 위험한 물건을 미리 치운다.
- 위기상황 및 대처 결과를 기록에 남긴다.
- ⑩교사는 교실에서 학생 A의 문제행동에 대해 집중적으로 대처하고, 위기상황이 종료될 때까지 다른 학생들은 교실에서 자습하게 한다.

··· (하략) ···

56 _____ 2015 유아A-4

김 교사는 특수교육지원센터의 순회교사이고, 박 교사는 통합유치원의 유아특수교사이다. 다음의 (가)는 김 교사와 박 교사의 대화 내용이고, (나)는 김 교사와 은지 어머니의 대화 내용이다. 물음에 답하시오.

(가) 김 교사와 박 교사의 대화 내용

김 교사 : 박 선생님, 개별화교육계획 다 작성하셨어요? 어떻게 하셨어요?

박 교사 : ㉠저는 통합학급 교사로부터 각 유아에 대한 발달과 학습에 대한 정보를 받고, 유아가 다니는 치료실의 치료사나 심리학자, 의사 등으로부터 진단 결과나 중재 목표를 받아서 부모의 요구와 우선순위를 파악하여 작성했어요.

김 교사 : 아, 그러셨군요. 저는 영아를 담당하고 있는데, ㉡각 영아의 교육적 요구에 따라 여러 관련서비스 영역의 전문가들과 심리학자, 사회복지사, 부모, 그리고 제가 한 팀이 되어 교육진단을 계획했어요. 교육 진단 시에는 팀 구성원들이 동시에 관찰하며 평가했는데, 그때 제가 촉진자의 역할을 했어요. 그리고 나서 팀이 합의한 평가 결과에 따라 다 같이 개별화교육계획을 수립했어요.

박 교사 : 네, 그런데 그렇게 하면 시간도 많이 걸리고 힘드셨겠어요. 그럼 그 다음에 중재는 어떻게 하세요?

김 교사 : 각 영아에 따라 팀원 중 한 사람이 영아의 가정을 방문해서 개별화교육계획의 목표 성취를 도울 수 있도록 부모를 지원해요. 주로 부모가 자녀와 상호작용하는 방법을 알려드려요.

박 교사 : 가정 방문도 하시는군요.

김 교사 : ㉢우리 특수교육지원센터에서는 영유아를 위한 순회교육, 특수교육 관련서비스 지원 등을 하고 있어요. ㉣특수교육지원센터에서는 순회교육 이외에도 센터 내의 교실에서 장애 영아를 가르칠 수 있어요.

박 교사 : 저도 영아를 담당해 보고 싶은데, 그러려면 ㉤제가 특수학교 유치원교사 자격증을 가지고 있으니까 3년의 유치원 과정 담당 경력을 쌓아야겠네요. 장애 영아의 수업일수는 어떻게 되나요?

김 교사 : ㉥장애 영아의 수업일수는 매 학년도 180일을 기준으로 해서 필요에 따라 30일의 범위에서 줄일 수 있어요.

(나) 김 교사와 은지 어머니의 대화 내용

은지 어머니 : 선생님, 지난번에 가르쳐 주신 대로 은지와 상호작용을 하려고 했는데 효과가 별로 없는 것 같아요. 왜 그럴까요?

김 교사 : 어머니들께서 자녀에 대한 중재를 실행하는 것이 쉬운 일은 아니에요. 그래서 ⒜은지 어머니께서 배운 방법대로 정확하게 하고 있는지, 그리고 이것을 일관성 있게 하는지 점검하고 모니터링해야 해요. 그래서 이미 개별화교육계획을 작성할 때 이를 위한 절차와 점검표를 계획해 놓았어요. 그럼 이것을 실시해 보도록 하지요.

은지 어머니 : 선생님, 한 가지 더 의논드릴 일이 있어요. 우리 이웃집에 은지 또래의 아이가 있는데 발달이 더딘 것 같아 그 아이의 엄마가 걱정하고 있더라구요.

김 교사 : 그래요? 그럼 먼저 ⒝선별검사를 해 보는 것이 좋겠군요.

4) ⒜은 무엇을 측정하고자 한 것인지 쓰시오.

57

진희는 경직형 뇌성마비를 가진 5세 유아이다. 특수학교 강 교사는 신변처리 기술을 지도하기 위해 2주 동안 자료를 수집하였다. 다음은 진희의 배뇨와 착탈의 기술에 대한 현재 수준과 단기목표의 일부이다.

구분	현재 수준	단기목표
배뇨	• 배뇨와 관련된 의학적 질병은 없음. • 1일 소변 횟수는 13~17회임. • 소변 간격은 10~60분임.	㉠유아용 변기에 앉아 있을 수 있다.
착탈의	• 옷을 입거나 벗는데 도움이 필요함. • 고무줄 바지를 내릴 수 있음. • 바지춤을 잡고 있으나 올리지는 못함.	㉡혼자서 고무줄 바지를 입을 수 있다.

3) 강 교사는 단기목표 ㉡을 과제 분석하여 4 → 3 → 2 → 1단계의 순으로 지도하였다. 이 교수전략이 무엇인지 쓰고, 장점 1가지를 쓰시오.

> 1단계 : 바지에 발 넣기
> 2단계 : 무릎까지 바지 올리기
> 3단계 : 무릎에서 엉덩이까지 바지 올리기
> 4단계 : 엉덩이에서 허리까지 바지 올리기

① 전략 :

② 장점 :

58

(가)는 자폐성장애 유아 경수에 대한 김 교사의 행동 관찰 내용이고, (나)는 경수에 대한 행동지원 절차 중 일부이다. 물음에 답하시오.

(가) 행동 관찰 내용

장면 1	비가 와서 바깥놀이 시간에 놀이터에 못나가게 되자, 경수는 "바깥놀이 시간, 바깥놀이 시간이에요." 하며 계속 울었다.
장면 2	찰흙놀이 시간에 평소 물컹거리는 물건을 싫어하는 경수가 찰흙을 만지지 않으려 하자, 김 교사는 경수에게 찰흙 한 덩어리를 손에 쥐어 주고, 찰흙놀이를 하도록 하였다. 그러자 경수는 찰흙을 친구에게 던지고 소리를 질렀다.
장면 3	이야기나누기 시간에 경수는 부드러운 천으로 만들어진 자신의 옷만 계속 만지고 있었다.

(나) 행동지원 절차

> 1단계 : 문제행동을 정의하고 ㉠우선순위화한다.
> 2단계 : 기능 진단을 실행한다.
> 3단계 : 가설을 개발한다.
> 4단계 : 포괄적인 행동지원 계획을 개발한다.
> 5단계 : 행동지원 계획을 실행하고, 평가하고, 수정한다.

1) 경수의 행동지원팀이 ㉠을 할 때, (가)에 나타난 경수의 행동 중 우선적으로 지도해야 할 순서를 장면의 번호에 따라 차례로 쓰고, 그와 같이 선정한 이유 1가지를 쓰시오.

① 장면 번호 :

② 이유 :

2) 행동지원팀이 경수를 위한 포괄적인 행동지원 계획을 수립할 때, 고려해야 하는 경수의 행동 특성 2가지를 (가)에서 찾아 쓰시오.

3) (나)에서 경수에게 가르칠 대체행동을 선정할 때, 대체행동의 효율성 측면에서 김 교사가 고려할 사항 1가지를 쓰시오.

59

철수는 유아특수학교에 다니는 5세 지체장애 유아이다. (가)는 철수의 현재 수준이고, (나)는 김 교사의 중재 연구 설계안의 일부이며, (다)는 지도상의 유의점이다. 물음에 답하시오.

(가) 철수의 현재 수준

- 실제로는 네모가 아닌 경우에도 상자를 닮은 것은 모두 네모라고 말함.
- 도형의 속성(뾰족한 점, 구부러진 선, 닫힌 상태 등)을 인지하지 못함.
- 외견상 비슷한 도형끼리 짝을 지을 수 있음.

(나) 중재 연구 설계안

목표	도형의 속성에 관하여 말 또는 행동으로 표현할 수 있다.
연구 절차	• 도형 속성 인식률 80%를 최종 목표 수준으로 설정한다. • 각 단계별로 성취 수준을 연속 2회기 유지할 경우에 다음 단계로 진행한다. • 다음의 순서대로 목표를 변경한다. 　－1단계 기준: 도형 속성 인식률 10% 성취하기 　－2단계 기준: 도형 속성 인식률 20% 성취하기 　… (후략) …
결과 기록	 │ 중재 A에 의한 철수의 도형 속성 인식률 변화 │

(다) 지도상의 유의점

- ㉠ 여러 가지 놀이 활동을 통하여 도형의 속성에 관심을 가지도록 한다.
- ㉡ 구체물을 관찰하고 조작함으로써 도형의 속성을 이해하고 표현하도록 한다.
- ㉢ 도형의 속성을 인식하기 위해서 입체도형보다 평면도형을 먼저 소개한다.

2) (나)에서 김 교사가 계획한 연구 설계의 명칭을 쓰고, 중재 A의 효과를 판단할 수 있는 근거 1가지를 쓰시오.

① 명칭:

② 근거:

60 _____ 2015 초등A-2

다음은 민수의 교실 이탈 행동에 대해 저학년 특수학급 김 교사와 고학년 특수학급 정 교사가 나눈 대화이다. 물음에 답하시오.

김 교사 : 민수의 ㉠교실 이탈 행동이 가장 많이 일어나는 시간대를 한눈에 파악할 수 있도록 관찰 기록지를 작성해 봤어요. 그랬더니 하루 중 민수의 교실 이탈 행동은 과학 시간대에 가장 많이 발생하더군요. 그래서 과학 시간에 일화기록과 ABC관찰을 통해 교실 이탈 행동에 대한 보다 자세한 정보를 수집했어요. 기능평가 결과, 민수의 교실 이탈 행동은 어려운 과제가 주어지면 회피하기 위해 나타난 것이었어요. 그래서 민수에게 ㉡과제가 어려우면 "쉬고 싶어요."라는 말을 하도록 지도하고, ㉢교실 이탈 행동이 일정 시간(분) 동안 발생하지 않으면 강화제를 제공해 볼까 합니다.

정 교사 : 네, 그 방법과 함께 과학 시간에는 ㉣민수의 수준에 맞게 과제의 난이도와 분량을 조절해 주거나 민수가 선호하는 활동과 연계된 과제를 제시하면 좋겠네요.

김 교사 : 그래서 민수의 중재계획에도 그런 내용을 포함했어요.

---

1) ㉠을 하기 위해 사용한 관찰(기록) 방법을 쓰시오.

2) ㉡에 해당하는 지도법을 쓰시오.

3) ㉢과 같은 차별강화를 적용했을 때의 문제점을 1가지 쓰시오.

4) ㉣과 같이 문제행동 유발의 요인이 되는 환경을 재구성하는 중재가 무엇인지 쓰시오.

5) 다음은 김 교사가 지속시간 기록법을 사용하여 민수의 행동을 관찰하여 작성한 기록지의 일부이다. ㉤의 명칭과 ㉥에 기입할 값을 쓰시오.

날짜	시간	문제행동 지속시간		관찰 결과 요약	
11/6	1:00~1:40	#1	8분	총관찰시간	40분
		#2	4분	총지속시간	24분
		#3	7분	평균지속시간	6분
		#4	5분	㉤	㉥
11/7	1:10~1:40				

㉤ :

㉥ :

61 _____ 2015 초등B-3

민호는 뇌성마비와 최중도 정신지체의 중복장애 학생으로 그림이나 사진을 이해하지 못하며, 구어로 의사소통이 어렵다. (가)는 교사와 민호의 상호작용 기록의 일부이다. 물음에 답하시오.

(가) 교사와 민호의 상호작용

> (교사는 민호가 볼 수 있으나 손이 닿지 않는 책상 위에 장난감 자동차가 움직이도록 태엽을 감아 놓아 두고 다음 시간 수업을 준비하고 있다. 장난감 자동차가 소리 내며 움직이다 멈춘다.)
>
> 민호: (교사를 바라보며 크게 발성한다.) 으으~으으~
> 교사: 민호야, 왜 그러니? 화장실 가고 싶어?
> 민호: (고개를 푹 떨구고 가만히 있다.)
> 교사: 화장실 가고 싶은 게 아니구나.
> 민호: (고개를 들고 장난감 자동차와 교사를 번갈아 바라 보며 발성한다.) 으으응~응~
> 교사: (장난감 자동차를 바라보며) 아! 자동차가 멈추었구나.
> 민호: (몸을 뒤로 뻗치며) 으으응~으으응~
> 교사: 자동차를 다시 움직여 줄게. (장난감 자동차가 움직이도록 해 주고 잠시 민호를 보고 있다.) ㉠이번에는 민호가 한번 해 볼까? (교사는 장난감 자동차에 스위치를 연결하여 휠체어 트레이 위에 놓은 뒤 민호의 손을 잡고 함께 스위치를 누른다.)
> 민호: (오른손으로 천천히 스위치를 눌러 자동차가 움직이자 교사를 바라보며 웃는다.)
> 교사: 민호 잘하네. ㉡(강아지와 고양이 장난감이 놓인 책상에서 강아지 장난감을 집어 들고) 민호야, 이것도 한번 움직여봐. (강아지 장난감을 스위치에 연결해 준다.)
> 민호: (㉢고양이 장난감 쪽을 바라본다.)

1) (가)의 ㉠에서 교사는 다음과 같은 순서로 지도하였다. 교사가 사용한 촉구(촉진) 체계를 쓰시오.

〈스위치 사용 지도 순서〉

- 교사가 민호의 손을 잡고 민호와 함께 스위치를 누르며 장난감 자동차가 움직이도록 한다.
- 교사가 두 손가락을 민호의 손등에 올려놓고 1초간 기다린다.
- 교사가 스위치를 누르는 모습을 보여 주고, "선생님처럼 해 봐."라고 말한 후 잠시 기다린다.
- 교사가 "민호가 눌러 볼까?"라고 말한 뒤 잠시 기다린다.
- 교사의 촉구 없이 민호 스스로 스위치를 누르도록 기다린다.

62 _____

(가)는 특수학교 김 교사가 색 블록 조립하기를 좋아하는 자폐성장애 학생 준수에게 '2011 개정 특수교육 교육과정' 중 기본 교육과정 수학과 3~4학년군 '지폐' 단원에서 '지폐 변별하기'를 지도한 단계이고, (나)는 이에 따른 준수의 수행 관찰 기록지이다. 물음에 답하시오.

(가) '지폐 변별하기' 지도 단계

단계	교수·학습 활동
주의집중	교사는 준수가 해야 할 과제 수만큼의 작은 색 블록이 든 투명 컵을 흔들며 준수의 이름을 부른다.
㉠	교사는 1,000원과 5,000원 지폐를 준수의 책상 위에 놓는다. 이때 ㉡교사는 1,000원 지폐를 준수 가까이에 놓는다. 교사는 준수에게 "천 원을 짚어 보세요."라고 말한다.
학생 반응	준수가 1,000원 지폐를 짚는다.
피드백	교사는 색 블록 한 개를 꺼내, 준수가 볼 수는 있으나 손이 닿지 않는 책상 위의 일정 위치에 놓는다. (오반응 시 교정적 피드백 제공)
시행 간 간격	교사는 책상 위 지폐를 제거하고 준수의 반응을 기록한다.

* 투명 컵이 다 비워지면, 교사는 3분짜리 모래시계를 돌려놓는다. 준수는 3분간 색 블록을 조립한다.

(나) 수행 관찰 기록지

날짜	11/10	11/11	11/12	11/13	11/14	11/17	11/18	11/19	11/20	11/21	
시행	⑩	⑩	⑩	⑩	⑩	⑩	⑩	⑩	⑩	⑩	100
	9̸	9̸	⑨	9̸	⑨	⑨	⑨	⑨	⑨	⑨	90
	⑧	8̸	8̸	⑧	8̸	⑧	8̸	⑧	⑧	⑧	80
	7̸	⑦	7̸	7̸	7̸	⑦	⑦	⑦	⑦	⑦	70
	6̸	6̸	⑥	6̸	⑥	⑥	6̸	⑥	⑥	6̸	60
	5̸	5̸	5̸	⑤	5̸	5̸	⑤	⑤	⑤	⑤	50
	4̸	4̸	4̸	4̸	④	④	4̸	④	④	④	40
	3̸	③	③	③	3̸	③	③	③	3̸	③	30
	②	2̸	②	2̸	②	②	②	②	②	②	20
	1̸	1̸	1̸	①	①	①	①	①	①	①	10
회기	1	2	3	4	5	6	7	8	9	10	%

/ 오반응
○ 정반응
□ 회기 중 정반응 시행의 수

- 표적 기술: 지폐 변별하기
- 자료: 1,000원 지폐, 5,000원 지폐
- 구어 지시: "_____원을 짚어 보세요."
- 기준: 연속 3회기 동안 10번의 시행 중 9번 정반응

1) (가)의 ㉠단계의 명칭과 ㉡에서 적용한 촉구(촉진)의 유형을 쓰시오.

㉠ :

㉡ :

4) (나)에 근거하여 준수의 학습 목표를 메이거(R. F. Mager)의 목표 진술 방식에 따라 쓰시오.

준수는 _____

_____

5) (나)에서 김 교사가 준수의 수행을 관찰하여 기록한 방법의 명칭을 쓰시오.

63

자폐성장애 학생의 바람직하지 않은 행동인 '손바닥을 퍼덕이는 상동행동'의 손바닥을 퍼덕이는 횟수를 관찰·측정하여 행동을 수정하고자 한다. 이 행동을 빈도(사건)기록법으로 측정하는 것이 <u>부적합한</u> 이유를 쓰고, 이에 적합한 관찰기록 방법의 명칭을 쓰시오.

64

〈보기〉는 정신지체 학생의 일상생활 기술 중에서 상차리기 기술을 지도한 사례이다. 〈보기〉에 적용된 행동수정 기법을 쓰고, 이 기법과 행동형성법(shaping)의 개념을 각각 설명하시오. 그리고 〈보기〉에 적용된 기법이 행동형성법이 <u>아닌</u> 이유를 〈보기〉의 내용에 근거하여 쓰시오.

〈보기〉

• 상 차리기 기술 지도

1단계: 식사 도구 사진이 실물 크기로 인쇄되어 있는 식사용 매트 위에 해당 식사 도구를 올려놓는다.

2단계: 식사 도구 모양이 실물 크기로 그려진 식사용 매트 위에 해당 식사 도구를 올려놓는다.

3단계: 식사 도구를 놓을 자리에 식사 도구 명칭이 쓰여 있는 식사용 매트 위에 해당 식사 도구를 올려놓는다.

4단계: 식사 도구를 놓을 자리에 동그라미 모양이 그려진 식사용 매트 위에 해당 식사 도구를 올려놓는다.

5단계: 특별한 표시가 없는 식사용 매트 위에 해당 식사 도구를 올려놓는다.

65

다음은 김 교사가 학생 A의 바람직하지 않은 행동을 감소시킨 결과이다. 이 단일대상연구 설계의 명칭을 쓰고, 김 교사가 적용한 단일대상연구에서 나타난 오류를 1가지 찾고, 그 이유를 2가지 쓰시오. 그리고 중 다간헐기초선설계가 이 연구 설계의 단점을 보완할 수 있는 이유를 1가지 쓰시오.

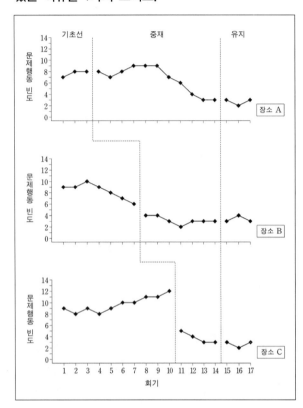

66

다음은 통합학급 유아교사인 김 교사와 유아특수교사인 박 교사의 대화이다. 물음에 답하시오.

> 김 교사: 선생님, 현수가 근래에 들어서 자꾸 친구를 때리는데, 걱정이 많아요. 장점이 참 많은 아이인데…. 그런 행동만 하지 않으면 좋을 텐데요. 게다가 곧 초등학교에 입학해야 하는 상황이라….
>
> 박 교사: 현수 부모님과 상담은 해 보셨나요?
>
> 김 교사: 네. 어머니 말씀을 들어 보니, 현수가 아기일 때 가족과 떨어져 친척 집에 머물면서 ㉠심리적으로 무척 위축되고 불안한 시기를 보낸 것 같아요. 그러한 부정적인 경험들이 내재되어 있다가 지금 친구를 때리는 공격 행동으로 나타나는 것은 아닌가 생각되더군요.
>
> 박 교사: 그럴 수도 있지만, 현수의 행동을 어느 한 가지 이유가 아니라 ㉡가족 관계, 또래 관계, 유치원 생활, 지역사회 환경 등 현수와 직·간접적으로 연결되어 있는 다양한 환경 맥락과 상황 속에서 이해하는 것이 필요할 수도 있어요.
>
> 김 교사: 그렇군요. 그런데 당장 입학을 앞두고 있고, 친구를 때리는 행동이 본인뿐 아니라 다른 유아들에게도 영향을 미칠 수 있으니, 빨리 그 원인을 알고 싶어요. 방법이 없을까요?
>
> 박 교사: 그러면 현수가 보이는 행동의 원인과 의도를 파악하기 위한 (㉢)을/를 해 보면 좋겠어요. 이를 위해서 현수의 행동을 관찰해 볼 수 있는 ABC평가, 면접, 질문지 등 다양하고 체계적인 방법을 사용할 수 있어요.
>
> 김 교사: 아, 그런 방법이 있군요. 현수의 행동 문제가 개선되어 내년에 초등학교에 가서도 잘 적응했으면 좋겠네요.
>
> 박 교사: 사실 지난해에 초등학교에 들어간 문주가 비슷한 상황이었어요. 그때 담임 선생님과 함께 행동 중재를 해서, 초등학교에 입학할 즈음에는 행동이 좋아졌어요.
>
> 김 교사: ㉣초등학교 취학 과정에서 아이들은 많은 변화를 경험하기 때문에 새로운 환경에서 잘 적응할 수 있도록 유치원에서부터 지원을 하는 것이 필요해요. 현수처럼 행동 문제를 보이는 아이들에게는 더욱 중요하지요.
>
> 박 교사: 그래요. 그리고 문주의 경우에는 그 마지막 단계로 ㉤초등학교에 입학한 이후에 잘 적응하고 있는지 몇 회에 걸쳐 방문하여 점검했고, 담임 선생님과 상담도 했어요.

2) ㉢에 들어갈 용어를 쓰시오.

67

(가)는 박 교사가 3명의 유아를 대상으로 실시한 중재 결과를 보여주는 그래프이고, (나)는 중재 시 활용한 활동계획안의 일부이다. 물음에 답하시오.

(가) 중재 결과 그래프

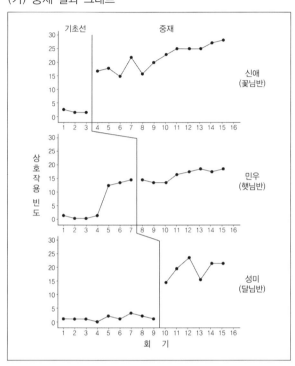

(나) 활동계획안

활동명	투호놀이	대상 연령	3세
활동 목표	• 투호놀이를 경험해 본다. • 투호놀이 방법을 익히고 즐겁게 놀이한다.		
활동 자료	화살, 항아리, 투호놀이 영상		

활동 방법	신애를 위한 지원
1. 투호놀이 영상을 보며 투호 놀이에 대해 이야기 나눈다. 2. 투호놀이를 잘 할 수 있는 방법을 생각해 본다. 3. 놀이하는 순서를 정한다. 4. 출발선에 차례대로 줄을 서게 한 후 화살을 나누어 준다. 5. 화살을 항아리 안에 들어가도록 던진다. 6. 활동을 하고 난 후 생각과 느낌을 이야기 나눈다. 	• 친구들에게 화살을 나누어 주게 하고, 친구들도 신애에게 화살을 건네게 한다. • 화살을 던지는 거리를 짧게 조절하고 잘 던질 수 있도록 ㉠어깨를 잡아 몸의 방향을 조정해 준다. • 친구들의 투호놀이를 보며 놀이 방법을 익히도록 신애의 참여 순서를 약간 뒤쪽으로 한다. • 두 명이 한 팀이 되어 화살을 던지게 하고, ㉡활동 중에 서로 격려하며 신체 접촉을 자주 하게 한다. • "투호놀이는 재미있었니?"라고 수렴적 질문을 한다.

1) (가)에서 ① 사용한 연구 설계 방법의 명칭을 쓰고, ② 중재를 시작한 시점과 관련한 교사의 오류 2가지를 쓰시오.

① :

② 오류 ⓐ :

　 오류 ⓑ :

68 _____ 2016 유아B-4

다음은 김 교사가 작성한 활동계획안의 일부이다. 물음에 답하시오.

활동명	식빵 얼굴	활동 형태	대·소집단 활동	활동 유형	미술
대상 연령	4세	주제	나의 몸과 마음	소주제	감정 알고 표현하기
활동 목표	\multicolumn{5}{l}{• 얼굴 표정을 보고 어떤 감정인지 안다. • 친구들과 협동하며, 도움이 필요할 때 도움을 주고받는다. • 미술 재료를 이용하여 다양한 표정의 얼굴을 표현한다.}
누리과정 관련요소	\multicolumn{5}{l}{• 사회관계 : 나와 다른 사람의 감정 알고 조절하기 − 나와 다른 사람의 감정 알고 표현하기 • 사회관계 : 다른 사람과 더불어 생활하기 − (㉠) … (생략) …}
활동 자료	\multicolumn{5}{l}{얼굴 표정 가면, 다양한 표정의 반 친구 사진, 식빵, 여러 색깔의 초콜릿펜}

활동 방법	발달지체 유아 효주를 위한 활동 지원
• 얼굴 표정 가면을 이용하여 나의 감정에 대해 이야기 나눈다. • 다양한 표정의 반 친구 사진을 보며, 친구의 감정에 대해 이야기 나눈다.	… (생략) …
• 활동 방법을 소개한다. − 식빵과 그리기 재료를 나눈다. − 식빵에 초콜릿펜을 이용하여 얼굴 표정을 그린다.	• 좋아하는 친구와 짝이 되어 협동 활동을 하도록 한다. • 초콜릿펜 뚜껑을 열기 어려워할 경우, 도움을 요청하도록 한다.
• 식빵에 다양한 표정의 얼굴을 그린다. − 어떤 표정을 그렸니? − 누구의 사진을 보고 표정을 그렸니? • ㉡ '식빵 얼굴'을 들고 앞으로 나와 친구들에게 보여준다.	• 상호작용을 촉진하기 위해 각각 다른 색깔의 초콜릿펜을 주고, 친구와 바꿔 쓰게 한다. • ㉢얼굴 표정 전체를 그리기 어려워하는 경우, 얼굴 표정의 일부를 표현하게 한다.
• 활동에 대해 평가한다. − 무엇이 재미있었니? − 어려운 점은 없었니?	• 활동 후 성취감을 느끼도록 친구들과 서로 칭찬하는 말이나 몸짓을 주고받을 수 있게 한다.

발달지체 유아 효주를 위한 행동 지원
㉣현재 효주는 자신의 요구를 표현하기 위해 책상 두드리기 행동을 하는데, 이 행동은 다른 유아들이 활동에 집중하는 데 방해가 된다. 그러므로 효주가 바람직한 요청하기 행동을 습득하도록 책상 두드리기 행동에 대해서는 강화하지 않고, 손을 들어 요청할 경우에만 반응하고 강화한다.

4) ㉣에서 김 교사가 적용하고자 하는 강화는 무엇인지 쓰시오.

69 _____

다음은 ○○특수학교의 담임교사와 교육 실습생이 나눈 대화 내용이다. 물음에 답하시오.

실 습 생: 선생님, 그동안 은수의 의사소통 지도를 어떻게 해 오셨는지 궁금해요.

담임교사: 은수처럼 비상징적 언어 단계에 있는 아이들의 경우에는 먼저 부모와 ㉠면담을 하거나 ㉡의사소통 샘플을 수집하여 아이가 어떻게 의사소통을 하는지 분석하는 것이 중요하답니다.

실 습 생: 그렇군요.

담임교사: 저는 은수의 의사소통 샘플을 수집하던 중, 은수의 이름을 부르면 은수가 어쩌다 눈맞춤이 된다는 것을 알게 되었어요. 그래서 눈맞춤 빈도를 증가시키기 위한 중재를 실시했지요. 비록 기능적인 관계를 입증할 수는 없지만 ㉢이 그래프에 나타난 결과를 보면 중재가 효과적이었다는 것을 알 수 있어요.

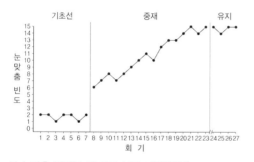

※ 눈맞춤 기회를 매 회기 15번 제공하였음.

실 습 생: 정말 효과가 있었네요.

담임교사: 네, 이제는 ㉣은수가 학급 친구들과도 눈맞춤을 한답니다.

---

1) ㉠과 관련하여, 비구조화된 면담과 반구조화된 면담의 차이점을 1가지 쓰시오.

3) ㉢이라고 판단한 근거를 그래프의 시각적 분석 측면에서 2가지 쓰시오.

① :

② :

4) 중재를 통하여 ㉣과 같은 효과가 나타나는 것을 무엇이라고 하는지 쓰시오.

70 2016 초등A-6

다음은 자폐성장애 학생을 지도하기 위해 작성한 '2011 개정 특수교육 교육과정' 중 기본 교육과정 사회과 1~2학년군 '마음을 나누는 친구' 단원의 교수·학습 과정안의 일부이다. 물음에 답하시오.

단원	마음을 나누는 친구	제재	친구의 표정을 보고 마음 알기
단계	교수·학습 활동		자료(자) 및 유의 사항(유)

전개	〈활동 1〉 • 같은 얼굴 표정 그림카드끼리 짝짓기 • 같은 얼굴 표정 상징카드끼리 짝짓기 〈활동 2〉 • 같은 얼굴 표정 그림카드와 상징카드를 짝짓기 • 학습지 풀기	자 얼굴 표정 그림카드 얼굴 표정 상징카드 자 ㉠ 바구니 2개, 학습지 4장 유 (　　㉡　　) 자 〈학습 활동 순서〉 책상에 앉기 학습지 준비하기 [A] 연필 준비하기 학습지 완성하기
	〈활동 3〉 … (생략) …	유 ㉢학생이 학습 활동 순서에 따라 학습지를 완성할 수 있도록 시각적 단서를 제공한다.
정리 및 평가	• 학습 내용 정리하기 • 형성 평가: 실제 학교생활에서 친구의 얼굴을 보며 친구의 마음을 표정으로 표현하기	유 ㉣학생의 일상생활 및 학교생활 등 실제 생활 장면과 연계하는 다양한 평가 방법을 활용한다.

1) 다음은 교사가 〈활동 1〉에서 학생이 촉진 없이 스스로 같은 얼굴 표정 상징카드끼리 짝지을 수 있도록 가르치기 위해 사용하려는 전략의 예이다. ① 이 전략이 무엇인지 쓰고, 이 전략을 사용할 때 ② 기대할 수 있는 효과를 쓰시오.

• 교사는 "같은 얼굴 표정 상징카드끼리 짝지어 보세요."라고 말한 후 바로 촉진을 제공한다. 학생이 정반응을 보이면 강화한다. 정해진 수행 기준을 달성하면 다음으로 넘어간다.

• 교사는 "같은 얼굴 표정 상징카드끼리 짝지어 보세요."라고 말한 후 3초간 학생의 반응을 기다린다. 학생이 반응을 보이지 않으면 그때 촉진을 제공한다. 학생이 정반응을 보이면 강화한다. 정해진 수행 기준을 달성하면 다음으로 넘어간다.

• 교사는 "같은 얼굴 표정 상징카드끼리 짝지어 보세요."라고 말한 후 7초간 학생의 반응을 기다린다. 학생이 반응을 보이지 않으면 그때 촉진을 제공한다. 학생이 정반응을 보이면 강화한다. 정해진 수행 기준을 달성하면 다음으로 넘어간다.

… (하략) …

① :

② :

71 _____ 2016 초등B-2

(가)는 정서 · 행동장애로 진단받은 영우에 대해 통합학급 김 교사와 특수학급 최 교사가 나눈 대화의 일부이고, (나)는 영우의 행동에 대한 ABC 관찰기록의 일부이다. 물음에 답하시오.

(가) 대화 내용

> 김 교사 : 영우는 품행장애로 발전할 수 있는 적대적 반항장애가 있다고 하셨는데, 이 둘은 어떻게 다른가요?
>
> 최 교사 : DSM-IV-TR이나 DSM-5의 진단기준으로 볼 때, 적대적 반항장애는 품행장애의 주된 특성인 (㉠)와/과 (㉡)이/가 없거나 두드러지지 않는다는 점이 달라요. 그래서 적대적 반항장애를 품행장애의 아형으로 보기도 하고, 발달 전조로 보기도 해요.
>
> … (중략) …
>
> 최 교사 : 제가 지난번에 말씀드린 대로 ㉢학급 규칙을 정해서 적용해 보셨나요?
>
> 김 교사 : 네, 그렇게 했는데도 ㉣지시를 거부하는 영우의 행동은 여전히 자주 발생하고 있어요.
>
> … (하략) …

(나) ABC 관찰기록

> 학생 : ○영우   날짜 : 2015. 9. 18.
>
> 관찰자 : ○○○
> 장소 : ○○초등학교 6학년 5반 교실
>
> 상황 : 통합학급의 수학 시간

	시간	선행사건	행동	후속결과
	10:20	교사는 학생들에게 학습지를 풀도록 지시함.	영우는 교사를 향해 큰 소리로 "이런 걸 왜 해야 돼요?"라고 함.	교사는 "오늘 배운 것을 잘 이해했는지 보려는 거야"라고 함.
		✓	영우는 책상에 엎드리며 "안 할래요!"라고 함.	교사는 "그러면 좀 쉬었다 하거라."라고 함.
[A]	10:30	교사는 옆 친구와 짝을 지어 학습 활동을 하도록 지시함.	영우는 "하기 싫어요!" 하면서, 활동 자료를 바닥으로 던져버림.	교사는 "영우야, 자료 올려놓고, 교실 뒤로 가서 서 있어."라고 단호히 말함.
		✓	영우는 그대로 즉시 일어나서 뒤로 감.	
	10:35	㉮영우가 의자 위로 올라 앉아 교실을 둘러봄.	㉯진성이는 "야, 너 때문에 안 보여."라고 함.	㉰교사는 "영우야 바르게 앉아."라고 함.

※ ✓는 바로 앞의 후속결과가 그다음 행동의 선행사건도 됨을 의미함.
※ [A]는 반복되는 영우의 문제행동 발생 상황임.

2) (가)의 ㉢이 학급 차원의 '긍정적 행동 지원 3단계 예방 모델' 중 ① 어디에 해당하는지 쓰고, ② 그렇게 판단한 이유를 해당 모델의 개념적 특성과 관련하여 쓰시오.

① :

② :

3) (가)의 ㉣과 같은 상황이 나타나고 있는 이유를 (나)의 [A]에 근거하여 쓰시오.

4) (나)의 ㉮~㉰ 중에서 잘못된 위치에 기록된 내용의 기호 2가지를 찾아 쓰고, 각 기호의 내용이 ABC 관찰 요소(선행사건, 행동, 후속결과) 중 어디에 해당하는지 〈예시〉와 같이 쓰시오.

> ─〈예시〉─
> ㉰ → 행동

① :

② :

72 _____

다음은 김 교사가 정신지체 중학생 A의 연산 수행능력 향상을 위해 '수행 자기점검 중재'와 '주의집중 자기점검 중재'를 실시하고 그 결과를 나타낸 그래프이다. 이 단일대상설계의 명칭을 쓰고, 이 설계의 내적 타당도를 높이기 위한 방법을 쓰시오.

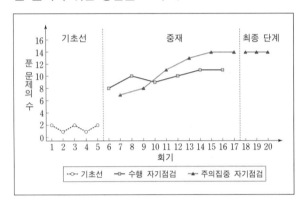

73 _____

다음은 정서장애학교에 재직 중인 교사 A가 학생의 행동 관리를 위하여 1주차에 밑줄 친 ⊙을 실행하고, 2주차에 밑줄 친 ⊙과 ⓒ을 함께 적용한 과정을 요약한 것이다. 교사 A가 이와 같은 중재를 실시한 이유를 2가지 쓰시오. 그리고 밑줄 친 ⓒ과 ⓔ에서 교사 A가 효과적인 행동 중재를 하기 위해 개선해야 할 점을 순서대로 각각 1가지 쓰시오.

교사 A는 행동 관리를 위해서 2가지 중재 방법을 함께 실행하기 위한 간단한 점수 체계를 만들었다. 첫 1주일 간 학생들은 ⊙ 바람직한 수업 행동에 상응하는 점수를 얻었다. 학생 모두가 이 점수 체계에 익숙해진 2주차에, 학생들은 ⓒ 수업 방해 행동을 할 시 점수를 잃었다. 매일 종례 후 학생들은 획득한 점수를 자기가 원하는 활동으로 교환할 수 있고, 다음 날 자기가 더 좋아하는 활동과 교환하기 위해서 점수를 모아 둘 수도 있다. 점수의 교환은 5점부터 가능하다. 2주차에 지수의 점수는 ⓒ 수요일 오전에 0점이었고, ⓔ 금요일 종례 전에는 1점이었다.

74

다음은 정서·행동문제를 가진 5세 유아 영우에 대해 방과 후 과정 교사인 민 교사, 통합학급 교사인 박 교사, 그리고 유아특수 교사인 강 교사가 나눈 대화이다. 물음에 답하시오.

민 교사: 자유놀이 시간에 영우가 색칠하기를 하고 있었어요. 그런데 색칠하던 크레파스가 부러지자 옆에 있던 민영이에게 "야, 네가 방해해서 크레파스가 부러졌잖아." 하고 화를 내면서 들고 있던 크레파스를 교실 바닥에 내동댕이쳤어요. 영우는 자신의 실수로 크레파스가 부러진 것을 민영이 탓으로 돌리며 화를 낸 거죠.

박 교사: 우리 반에서도 자신이 실수할 때면 항상 다른 친구들이 방해했기 때문이라며 화를 내고 물건을 던졌어요. 영우의 이런 행동을 지도하기 위해 ㉠영우가 물건을 던질 때마다 달력에 스스로 표시하도록 가르치려고 하는데, 이 방법이 영우에게 도움이 될까요?

강 교사: 박 선생님께서 선택하신 중재방법은 영우의 귀인 성향으로 보아 ㉡영우에게 바로 적용하기는 어려울 것으로 보여요. 영우의 행동은 누적된 실패 경험에서 비롯된 것일 수 있어요. 그러므로 성공 경험을 통해 ㉢영우의 귀인 성향을 바꿀 수 있도록 지도하는 것이 우선되어야 해요.

1) ㉠에 해당하는 자기 관리 기술을 쓰시오.

75

다음은 4세 통합학급에서 홍 교사의 수업을 관찰한 후, 김 원장과 장학사가 나눈 대화 내용의 일부이다. 물음에 답하시오.

장학사: 오늘 홍 선생님의 수업은 발달지체 유아 준서의 참여가 돋보이는 수업이었습니다.

김 원장: 홍 선생님이 지금까지 많은 노력을 기울여 온 결과라고 볼 수 있습니다. 홍 선생님은 지난해부터 직무연수를 받은 대로 ㉠우수한 여러 연구에서 효과가 있는 것으로 입증된 교육 방법을 적용해 오고 있습니다.

장학사: 선생님들께서 많은 노력을 기울이고 계시는군요. 그런데 이런 방법을 적용할 때 선생님들이 ㉡각각의 교육 방법에서 제시하고 있는 절차, 시간, 적용 지침을 제대로 따르고 있는지 점검하는 것이 중요합니다.

김 원장: 네. 우리 선생님들은 그 지침을 잘 따르고 있을 뿐만 아니라 유아들이 유치원 생활에 잘 적응할 수 있도록 도와주고 있어요. 예를 들어, 홍 선생님의 경우 준서에게 도움을 요청하는 방법도 알려 주고, 좋아하는 활동 자료를 선택할 수 있게 하며, 차별강화를 사용하기도 합니다. 어제는 활동 중에 쉬는 시간을 자주 제공했더니 준서가 이전보다 적극적으로 활동에 참여했어요. ⌉ [A]

장학사: 그렇군요. 오늘은 교사의 교육 역량이 중요하다는 것을 확인할 수 있었던 시간이었습니다. 자, 이제 교수활동에 대한 세부적인 의견을 말씀드릴게요. 이 교수활동은 ㉢여러 가지 물건을 탐색하고 분류해 보는 활동이었지요?

… (하략) …

1) ㉠과 ㉡이 지칭하는 용어를 각각 쓰시오.

㉠ :

㉡ :

2) [A]는 홍 교사가 실시한 긍정적 행동지원 방법이다. 이 중 선행사건 조절에 해당하는 내용 2가지를 찾아 쓰시오.

① :

② :

76 2017 유아B-1

5세 발달지체 유아 선우의 긍정적 행동지원 계획 수립을 위해 (가)는 통합학급 최 교사가 수집한 일화기록 자료의 일부이고, (나)는 선우의 행동에 대한 영상 분석 자료의 일부이다. 물음에 답하시오.

(가)

장면	점심시간	원아명	정선우
관찰 일자	2016년 ○월 ○일	관찰자	최 교사

㉠ 점심식사 시간에 선우는 기분이 안 좋은지 식사를 하지 않고 앉아 있다. 옆에 앉은 혜미가 선우에게 "밥 먹어, 선우야."라고 하자 반찬 가운데 계란말이만 먹고, 혜미에게 무엇인가 말을 하려고 한다. ㉡ 혜미가 선우에게 "뭐라고? 밥을 먹어야지."라고 이야기한다. 그러자 앞에 앉아 있던 지수도 "맞아! 점심시간에는 밥 먹는 거야."라고 말한다. 김 선생님께서 ㉢ "선우야, 밥 먹고 있니?"라고 묻자 선우는 숟가락을 쥐고 일어난다. ㉣ 선우는 소리를 지르며 숟가락으로 식판을 두드린다. ㉤ 선우의 편식으로 점심식사 시간에 이런 일이 자주 발생하고 있다.

(나)

장면	자유놀이	원아명	정선우
관찰 일자	2016년 △월 △일	분석자	최 교사

블록 놀이 영역에서 3명의 유아들(혜미, 지수, 영석)이 탑을 쌓고 있고, 선우가 블록 놀이 영역으로 간다. 선우는 가장 높은 교구장 위로 기어 올라가 점프하여 뛰어내린다. 선우는 블록 위로 떨어지면서 얼굴을 다쳐 피가 난다. 선우는 벌떡 일어나더니 지수를 밀쳐 넘어뜨리고, 영석의 팔을 문다. 그리고 소리를 지르며 교구장을 밀어서 넘어뜨리려고 한다.

··· (하략) ···

1) (가)의 ㉠~㉤ 중 일화기록 방법으로 잘못 기술된 것 2가지를 찾아 기호와 그 이유를 각각 쓰시오.

①:

②:

2) (나)에서 최 교사는 선우의 행동이 자신과 타인의 안전을 위협하는 위험한 상황을 초래한다고 판단하였다. 최 교사가 이러한 상황에 대비하여 계획해야 하는 긍정적 행동지원의 요소를 쓰시오.

3) 다음은 선우에게 긍정적 행동지원을 했을 때 수집된 자료이다. ① 그래프에서처럼 문제행동이 일시적으로 증가하는 현상을 지칭하는 용어와 ② 이러한 현상이 나타날 때 최 교사가 취해야 할 적절한 대응 방안 1가지를 쓰시오.

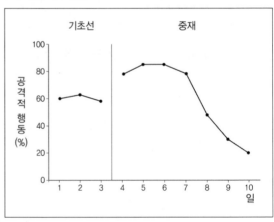

①:

②:

77 _____ 2017 초등A-5

(가)는 2011 개정 특수교육 교육과정 중 기본 교육과정 미술과 5~6학년 '소통하고 이해하기' 단원 교수 · 학습 과정안이고, (나)는 자폐성장애 학생 지혜의 특성을 고려하여 보완 · 대체 의사소통 체계(AAC)를 활용한 의사소통 지도계획이다. 물음에 답하시오.

(가)

학년	단원	소단원	제재	차시
6	7. 소통하고 이해하기	7.2 생활 속 여러 알림 메시지	1) 우리 주변의 알림 메시지	9/12

	교수 · 학습 활동	자료(㉩) 및 유의점(㉭)
활동 1	• 여러 가지 픽토그램 살펴보기 • ㉠ 픽토그램이 갖추어야 할 조건 알아보기	㉩ 여러 가지 픽토그램 [A] 예 :  ㉭ 수업 중 활용한 픽토그램을 의사소통 지도에 활용한다.
활동 2	• (　　㉡　　)	
활동 3	• 여러 가지 픽토그램을 보고 느낀 소감 말하기	

(나)

지혜의 특성	의사소통 지도 계획
• 시각적 자극을 선호함. • 소근육이 발달되어 있음. • 태블릿PC의 AAC 애플리케이션을 사용함. • 일상생활과 관련된 어휘를 제한적으로 이해하고 사용할 수 있음. • 질문에 대답은 하지만 자발적으로 의사소통을 시도 하지 않음.	• 미술시간에 배운 [A]를 ㉢ AAC 어휘목록에 추가하고, [A]로 의사소통 할 수 있다는 것을 지도한다. • [A]를 사용하여 ㉣ 대화를 시도하고 대화 주제를 유지할 수 있도록 지도한다. • ㉤ '[A]를 사용한 의사소통하기'를 습득한 후, 습득하기까지 필요했던 회기 수의 50% 만큼 연습기회를 추가로 제공하여 [A]의 사용을 유지할 수 있게 한다.

4) (나)의 ㉤에 해당하는 전략을 쓰시오.

78 _____ 2017 초등B-1

(가)는 특수교사가 일반교사에게 정서·행동 문제를 가진 학생에 대해 자문한 내용이고, (나)는 특수교사가 정서·행동장애 학생 현수를 위해 실시한 행동중재 내용의 일부이다. 물음에 답하시오.

(가)

일반교사 : 우리 반에 또래와 다르게 문제행동을 자주 보이는 학생이 있어요. 이 학생이 혹시 정서·행동장애가 있는 것은 아닌지 궁금합니다.

특수교사 : 정서·행동장애 학생으로 진단하기 위해서는 문제행동의 발생 빈도나 강도가 높은 심각성, (㉠), 교육적 성취의 어려움을 종합적으로 고려해요.

일반교사 : 그렇군요. 정서·행동장애로 진단받지는 않았지만 지금 문제행동을 보이는 학생이나 앞으로 보일 가능성이 있는 학생도 도움을 받을 수 있으면 좋겠어요.

특수교사 : 그래서 학교의 모든 학생들에게 질 높은 학습 환경을 제공하고, 문제행동 위험성이 있는 학생에게는 소집단 중재를 하고, 지속적으로 문제행동을 보이는 학생에게는 개별화된 중재를 제공하는 (㉡)을(를) 갖추는 것이 필요합니다.

… (하략) …

(나)

| **표적행동** | 연필 부러뜨리기 |

… (중략) …

기록지

수학 시간(40분)에 현수가 부러뜨린 연필의 개수

[자료 1]

회기	조건	부러뜨린 연필의 개수
1	기초선	11
2	기초선	12
3	기초선	11
4	기초선	12
5	기초선	12
6	기초선	12
7	자기점검	9
8	반응대가	12

그래프

[자료 2]

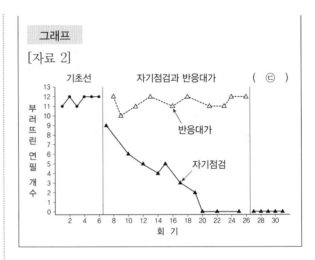

1) (가)의 ① ㉠에 들어갈 말을 문제행동 양상(차원) 측면에서 쓰고, ② ㉡에 들어갈 말을 쓰시오.

① :

② :

2) (나)의 [자료 1]은 현수가 수학 시간에 부러뜨린 연필을 교사가 수업 후 개수를 세어 작성한 기록지의 일부이다. ① 교사가 사용한 기록법이 무엇인지 쓰고, ② 이 기록법의 단점 1가지를 쓰시오.

① :

② :

3) (나)의 ① [자료 2]를 보고 이 설계법의 장점을 반전설계법(ABAB)과 비교하여 쓰고, ② ㉢에 들어갈 말과 그 이유를 쓰시오.

① :

② :

79 _____

(가)는 특수교육 수학교육연구회에서 계획한 2015 개정 특수교육 교육과정 중 기본 교육과정 수학과 1~2학년 '측정' 영역에 해당하는 수업 개요이고, (나)는 자폐성장애 학생에게 (가)를 적용할 때 예측 가능한 학생 반응을 고려하여 구상한 수업 시나리오의 일부이다. 물음에 답하시오.

(가)

┌───┐
◦공부할 문제: 물의 양이 같은 것을 찾아보아요.
◦학습 활동

〈활동 1〉 같은 양의 물이 들어 있는 컵 살펴보기
• 같은 양의 물이 들어 있는 2개의 컵 살펴보기
• 준비물: 투명하고 ㉠모양과 크기가 같은 컵 2개, 물, 주전자

〈활동 2〉 컵에 같은 양의 물 따르기
• ㉡같은 위치에 표시선이 있는 2개의 컵에 표시선까지 물 따르기
• 준비물: 투명하고 모양과 크기가 같은 컵 2개, 물, 주전자, 빨간색 테이프, 파란색 테이프, 빨간색 사인펜, 파란색 사인펜

〈활동 3〉 컵에 같은 양의 물이 들어 있는 그림 찾기
• 2개의 그림 자료 중 같은 양의 물이 들어 있는 그림 자료 찾기
• 준비물:

[그림 자료 1]

같은 양의 물이 들어 있는
컵 2개가 그려진 자료

[그림 자료 2]

다른 양의 물이 들어 있는
컵 2개가 그려진 자료
└───┘

(나)

┌───┐
〈활동 2〉
교사: (컵 2개를 학생에게 보여주며) 선생님이 컵에 표시선을 나타낼 거예요. (책상 위에 놓여 있는 빨간색 테이프, 파란색 테이프, 빨간색 사인펜, 파란색 사인펜을 가리키며) ㉢테이프 주세요.
학생: (색 테이프 하나를 선생님에게 건네준다.)
교사: (2개의 컵에 색 테이프로 표시선을 만든다.) 이제 표시선까지 물을 채워 봅시다.
            … (중략) …
〈활동 3〉
교사: (학생에게 [그림 자료 1]과 [그림 자료 2]를 제시하며) 물의 양이 같은 것은 어느 것인가요?
학생: (머뭇거리며 교사를 쳐다본다.)
교사: (㉣학생에게 [그림 자료 1]과 [그림 자료 2]를 다시 제시하며) 물의 양이 같은 것은 어느 것인가요?
└───┘

3) (나)의 〈활동 3〉에서 교사가 ㉣을 할 때 학생의 정반응을 이끌어 내기 위해 사용할 수 있는 ① 자극 내 촉진의 예와 ② 자극 외 촉진의 예 1가지를 각각 쓰시오.

①:

②:

80 _____ 2017 중등A-6

(가)는 수업 시간에 확인하는 질문을 과도하게 하는 정서·행동장애 학생에 대한 행동관찰 기록의 일부이고, (나)는 이 행동을 중재한 결과를 나타낸 그래프이다. (가)의 직접관찰법 명칭과 (나)의 연구설계법 명칭을 순서대로 쓰시오.

(가) 행동관찰 기록

관찰 대상 : 학생 B		날짜 : 5월 20일	
관찰자 : 교사		장소 : 미술실	
시간	선행사건	행동	결과
09:05	교사가 학생들에게 수업 자료를 꺼내라고 말한다.	B가 "꺼낼까요?"라고 질문한다.	교사가 "그래요."라고 말한다.
09:12	교사가 준비된 재료들을 하나씩 말해 보라고 한다.	B가 "하나씩요?"라고 질문한다.	교사는 "네."라고 대답한다.
09:16	교사가 책상 위에 준비물을 올려놓으라고 말한다.	B가 "책상 위로 올려요?"라고 질문한다.	교사는 "그래요."라고 답한다.

… (하략) …

(나) 중재 결과

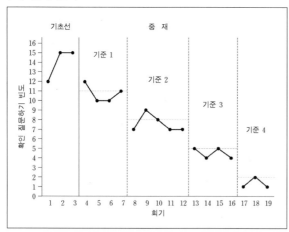

81 _____ 2017 중등A-13

다음은 중도·중복장애 학생을 위한 '손 씻기' 지도 계획이다. 촉진 방법 A의 명칭을 쓰고, 촉진 방법 B가 갖는 장점 2가지를 서술하시오. 그리고 촉진 방법 C의 밑줄 친 '자연적 촉진'의 예를 1가지 제시하시오.

(가) 촉진 방법 A

세면대 앞에서 학생의 손을 잡고 '수도꼭지 열기 → 흐르는 물에 손대기 → 비누 사용하기 → 문지르기 → 헹구기 → 수도꼭지 잠그기 → 수건으로 닦기' 순서로 지도한다. 처음에는 손을 잡고 지도하다가, 자발적 의지가 보이면 교사 손의 힘을 풀면서 손목 언저리를 잡고 도와준다. 손목을 잡고 도움을 주다 점차 어깨 쪽에 손만 살짝 접촉하고 지켜보다가, 서서히 그림자(shadowing) 방법으로 가까이에서 언제든 지원할 동작을 취한다.

(나) 촉진 방법 B

교실 내 세면대 앞에 '청결한 손 씻기' 그림을 붙여 놓는다.

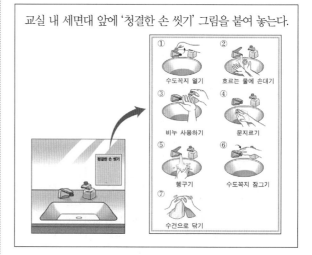

(다) 촉진 방법 C

언제 손을 씻어야 하는지 알도록 <u>자연적 촉진(natural prompts)</u>을 이용하여 지도한다.

82

다음은 정서·행동장애 학생 A에 대해 교사들 간에 나눈 대화 내용이다. 최 교사가 A에게 적용하고자 하는 차별강화기법을 쓰고, 이 기법의 장점을 1가지 제시하시오.

김 교사: A는 생후 13개월 즈음에 위탁 가정에 맡겨져, 4살 때 지금의 가정으로 입양되어 성장했다고 합니다. A는 영아기 때 정서적 박탈을 경험하면서 불안정한 심리와 정서를 갖게 되었고, 유아기 때 안정애착이 형성되지 않아서 수업 시간에 이상한 소리를 내며 주변 사람들의 주의를 끌려고 한 것 같습니다.

박 교사: A가 영유아기에 자신이 한 행동에 적절한 반응을 받지 못한 것 같아요. 잘 지내고 있을 때보다 부적절한 행동을 했을 때 선생님에게 관심을 더 받는다는 것을 알고, 지금의 부적절한 행동이 계속 유지되고 있는 것 같습니다.

최 교사: 두 분의 말씀 잘 들었습니다. 이제부터는 교사의 주의를 끌기 위해 A가 소리를 내면 반응해 주기보다, 손을 들도록 가르치고 손드는 행동에 반응을 해 줘야겠어요.

83

다음은 태희의 공격적 행동을 관찰하기 위하여 두 교사가 나눈 대화이다. 물음에 답하시오.

홍 교사: 선생님, 우리 반 태희가 공격적인 행동을 보여요. 아무래도 태희의 공격적 행동을 자세히 관찰해 보아야겠어요.

강 교사: 네, 그게 좋겠네요. 태희의 행동을 정확히 관찰하려면 ⊙먼저 태희의 공격적 행동을 관찰 가능한 구체적인 형태로 명확히 정하셔야 하겠군요.

홍 교사: 그렇죠. 저는 태희가 물건을 던지는 행동과 다른 친구의 물건을 빼앗는 행동을 공격적 행동으로 보려고 해요. 그런데 저 혼자 관찰하기보다는 강 선생님과 함께 관찰했으면 해요.

강 교사: 네, 그러죠. ⓒ선생님과 제가 태희의 공격적 행동을 동일한 방법으로 관찰했을 때 결과가 서로 어느 정도 일치하는지를 보는 것도 중요하니까요.

홍 교사: 저는 태희의 공격적 행동특성을 조금 더 지켜본 후에 ©전체간격기록법이나 부분간격기록법 중에서 적절한 방법을 선택하려고요.

강 교사: 네. 태희만 관찰할 때는 그럴 수도 있겠네요. 만약 선생님께서 수업을 진행하시면서 여러 유아들의 행동을 동시에 관찰하실 때는 말씀하신 시간간격기록법의 두 가지 방법보다 ( )이/가 효과적일 겁니다.

1) 밑줄 친 ⊙과 ⓒ에 해당하는 용어를 각각 쓰시오.

⊙:

ⓒ:

2) 밑줄 친 ©의 행동발생 기록 방법을 쓰시오.

3) ① ( )에 적합한 관찰 기록법의 명칭을 쓰고, ② 해당 기록법의 행동발생 기록 방법을 쓰시오.

①:

②:

84

(가)는 유치원 통합학급 5세반 교사의 수업 관찰 기록 일부이고, (나)는 발달지체 유아를 위한 지원 계획이다. 물음에 답하시오.

(가)

관찰 기록(현행 수준)	
선아	• 교사 또는 또래 지원을 받을 때만 정리를 함. • 과제 수행 시 시각적 자료에 관심을 보임.
지혜	• 평소에 정리하기 활동에 잘 참여하지 않음. • 교사가 언어적 촉진을 하면 정리하기 과제 일부를 수행할 수 있음. • 교사의 관심을 끌기 위해 정리 활동 시간에 교실 전등 스위치를 껐다 켰다 하는 행동을 반복함.

(나)

지원 계획	
선아	• 개인 물건(가방, 실내화/신발)이 있어야 할 두 곳에 선아가 좋아하는 분홍색, 연두색 스티커로 표시해 주고 사물 사진을 붙여 주어 정리하게 함.
지혜	• 색 테이프로 구역을 정해 주고 그 안에 놀잇감을 정리하도록 함. • 전등 스위치를 껐다 켰다 하는 행동에 대해 차별강화 방법을 적용하기로 함.

1) ① (나)에서 교사가 선아에게 적용한 촉진 방법을 쓰고, ② 그것을 적용한 이유를 (가)에 근거하여 쓰시오.

①:

②:

2) 차별 강화의 하위 유형인 '다른 행동 차별강화'와 '대체행동 차별강화'의 차이점을 ① 강화받는 행동 차원과 ② 목적 차원에서 쓰고, ③ 두 유형 중 지혜의 문제행동 기능에 비추어 효과적인 차별강화 유형과 그 이유를 쓰시오.

①:

②:

③:

85

2018 초등A-2

(가)는 정서·행동장애 학생 정우의 행동 특성이고, (나)는 정우의 행동 지원을 위한 통합교사와 특수교사의 대화이다. 물음에 답하시오.

(가)

- 친구들을 자주 때리고 친구들에게 물건을 집어던짐.
- 교사의 지시에 대해 소리 지르고 거친 말을 하며 저항함.
- 수업 시작종이 울려도 제자리에 앉지 않고 교실을 돌아다님.

(나)

통합교사 : 저희 학급에서는 ㉠시작종이 울리자마자 제자리에 앉는 학생은 누구나 토큰을 받도록 하는 방법을 쓰고 있는데, 정우에게는 그 방법이 효과가 없는 것 같아요.

… (중략) …

특수교사 : 현재 정우가 시작종이 울린 후에 제자리에 앉기까지 걸리는 평균 시간이 어느 정도죠?

통합교사 : 대략 5분은 되는 것 같아요.

특수교사 : 그렇다면 ㉡처음에는 정우가 시작종이 울린 후 제자리에 앉기까지 걸리는 현재의 평균 시간보다 약간 짧은 시간 내에 자리에 앉으면 토큰을 주고, 그것이 성공하면 그 시간을 단계적으로 단축해 가면서 토큰을 주는 방법을 적용할 수 있어요.

통합교사 : 아! 그 방법이 좋겠네요. 한번 사용해 볼게요.

2) ① (나)의 밑줄 친 ㉠과 같은 집단 강화 방법의 명칭을 쓰고, ② 이 방법이 다른 집단 강화 방법들과 구별되는 점을 쓰시오.

①:

②:

3) 다음은 통합교사가 (나)의 밑줄 친 ㉡을 수행하는 과정을 보여 주는 기준 변경 설계 그래프이다. 이 설계를 사용할 때 ① 정우의 행동을 측정할 수 있는 관찰 기록 방법 명칭을 쓰고, ② 내적 타당도를 높이기 위해 [A]에서 적용할 수 있는 방법 1가지를 쓰시오.

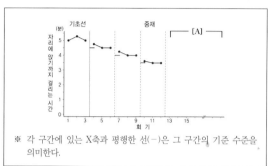

※ 각 구간에 있는 X축과 평행한 선(−)은 그 구간의 기준 수준을 의미한다.

①:

②:

86 2018 초등A-4

(가)는 자폐성장애 학생 지호의 특성이고, (나)는 최 교사가 2015 개정 특수교육 교육과정 중 기본 교육과정 과학과 3~4학년 '지구와 우주' 영역을 주제로 작성한 교수·학습 과정안의 일부이다. 물음에 답하시오.

(가)

- 모방이 가능함.
- 낮과 밤을 구분할 수 있음.
- 동적 시각 자료에 대한 주의집중이 양호함.

(나)

영역	일반화된 지식
지구와 우주	지구와 달의 운동은 생활에 영향을 준다.

단계	활동	자료 및 유의점
탐색 및 문제 파악	• ⓐ<u>실험실에서 지켜야 할 일반적인 규칙 상기하기</u> • 낮과 밤의 모습 살펴보기 • 낮과 밤이 생기는 까닭 예측하기	ⓑ<u>실험실 수업 규칙 영상</u>
가설 설정	• 가설 수립하기 수립한 가설 (ⓒ)	다양한 의견을 수렴하고 교사 안내로 가설 수립
실험 설계	• 실험 과정 미리 안내하기 • 실험 설계하기 −같게 할 조건과 다르게 할 조건 알아보기	모형 실험 영상, 지구의, 손전등
실험	• 지구의를 돌리며 모형 실험하기	
가설 검증	• 실험 결과에 따라 가설 검증하기 • ⓓ<u>지구 자전 놀이로 알게 된 내용 정리하기</u>	대형 지구의, 손전등
적용	(ⓔ)	가설 검증 결과와 연결 지을 수 있도록 지도

1) 최 교사는 (가)를 고려하여 (나)의 밑줄 친 ⓐ을 습득시키고자 실험실에서 이루어지는 수업을 할 때마다 지호에게 (나)의 밑줄 친 ⓑ을 보며 따라 하도록 지도하였다. 이 전략의 명칭을 쓰시오.

87

(나)는 가정 실습형 모형에 따라 자폐성장애 학생을 위해 작성된 '손빨래하기' 수업 활동 개요의 일부이다. 물음에 답하시오.

(나)

차시		5/10	학습 주제	손빨래하기
목표		• 손수건을 빨 수 있다. • 손걸레를 빨 수 있다.		
장소	단계	교수·학습 활동		
학교	문제 제기	• 손빨래와 관련된 경험 상기 • 손빨래가 필요한 상황에 대하여 이야기하며 학습 목표 제시 및 확인 • 손빨래를 위한 개별화된 과제 제시		
	실습 계획 수립	• 손빨래 실습 계획 수립 • 손빨래에 필요한 준비물(빨랫비누, 빨래통, 빨래판 등) 준비 및 기능 설명 • 손빨래 방법 안내		
	시범 실습	• 손빨래 순서에 따른 시범 • ⓛ 시각적 단서를 활용하여 순서에 따라 학생이 직접 손빨래하기 • 손빨래 시 유의할 점 안내		
	ⓒ	• 부모와 함께 학생이 손빨래를 해 보도록 활동 요령 지도		

※ 유의 사항: ② 학생에게 그림교환의사소통체계(PECS)를 통해 '문장으로 의사소통하기' 지도

4) 다음은 (나)의 밑줄 친 ②에서 사용한 과제분석 내용과 후진형 행동 연쇄(backward chaining) 지도 순서의 예이다. ① [A]의 올바른 지도 순서를 기호로 쓰고, ② 후진형 행동 연쇄의 특징을 학생의 강화제 획득 빈도 측면에서 1가지 쓰시오.

> • 과제분석 내용
>   −1단계 : '빨랫비누' 그림카드를 떼기(스스로 할 수 있음)
>   −2단계 : '빨랫비누' 그림카드를 '주세요' 그림카드 앞에 붙여 문장띠 완성하기
>   −3단계 : 완성된 문장띠를 교사에게 전하기
> • 후진형 행동 연쇄 지도 순서
>   −ⓐ : 2단계를 지도한다. ⎤
>   −ⓑ : 2단계까지는 필요한 도움을 주고, 3단계를 지도한다. ⎬ [A]
>   −ⓒ : 모든 단계를 학생 혼자 하게 한다. ⎦
> ※ 후진형 행동 연쇄를 이용하여 요구하기 반응 기회를 15회 제공함.

① :

② :

88

다음은 특수교사와 교육실습생이 나눈 대화의 일부이다. ⓒ에 들어갈 내용을 쓰시오.

> 특수교사 : 관찰을 할 때에는 관찰자들의 평가 결과가 얼마나 유사한지 관찰자 간 일치도를 파악해야 합니다. 이 자료는 반응기회 기록 방법으로 두 사람이 함께 관찰한 결과예요. 그럼 관찰자 간 일치도를 계산해 볼래요?
>
> | 행동 관찰지 | | | | | | | | | | |
> |---|---|---|---|---|---|---|---|---|---|---|
> | 기회
관찰자 | 1 | 2 | 3 | 4 | 5 | 6 | 7 | 8 | 9 | 10 |
> | 관찰자 1 | × | × | ○ | ○ | × | ○ | × | × | ○ | ○ |
> | 관찰자 2 | × | × | ○ | ○ | ○ | ○ | × | ○ | ○ | ○ |
> | 정반응 = ○, 오반응 = × | | | | | | | | | | |
>
> 교육실습생 : 예, 관찰자 간 일치도는 (ⓒ)%입니다.

89

(가)는 주의력결핍과잉행동장애 학생 H와 관련하여 특수교사와 통합학급 교사가 나눈 대화이고, (나)는 특수교사가 학생 H의 문제행동을 관찰한 결과이다. 〈작성 방법〉에 따라 서술하시오.

(가) 특수교사와 통합학급 교사의 대화

> 통합학급 교사 : 「정신장애의 진단 및 통계 편람 제5판(DSM-5)」에서 주의력결핍과잉행동장애의 진단준거가 바뀌었다면서요?
>
> 특 수 교 사 : 예, 주의력결핍과잉행동장애의 진단준거가 「정신장애의 진단 및 통계 편람 제4판 개정판(DSM-Ⅳ-TR)」에 비해 DSM-5에서는 ㉠ 몇 가지 변화가 있습니다.
>
> … (중략) …
>
> 통합학급 교사 : 학생 H가 통합학급에서 수업 중에 자리 이탈 행동을 종종 보입니다. 이에 대한 적절한 지원방법이 없을까요?
>
> 특 수 교 사 : 예, 학생 H의 문제행동에 대한 긍정적 행동지원을 할 수 있습니다. 이를 위해 먼저 학생 H의 문제행동을 관찰하는 것이 필요합니다. 이때에는 (나)와 같은 관찰기록 방법을 사용할 수 있습니다.
>
> 통합학급 교사 : 그렇다면 (나)의 관찰기록 결과만 살펴보면 될까요?
>
> 특 수 교 사 : 아니요. ⓒ(나)의 관찰기록 결과를 분석한 다음에 다른 방식의 직접 관찰을 할 필요가 있습니다.

(나) 학생 H의 문제행동 관찰기록 결과지

> ○이름: 학생 H ○ 문제행동: 수업 중 자리이탈 행동
>
> 미발생: □ 1회: ◫ 2회: ⊠ 3회 이상: ▨
>
> | 시간 | 일자
내용 | 11/13
월 | 11/14
화 | 11/15
수 | 11/16
목 | 11/17
금 | 11/20
월 | 11/21
화 | 11/22
수 | 11/23
목 | 11/24
금 |
> |---|---|---|---|---|---|---|---|---|---|---|---|
> | 09:00~09:50 | 1교시 | | | | | | | | | | |
> | 10:00~10:50 | 2교시 | | | | | | | | | | ◫ |
> | 11:00~11:50 | 3교시 | ▨ | ▨ | ▨ | | ▨ | ▨ | ▨ | | ▨ | ▨ |
> | 12:00~12:50 | 4교시 | ▨ | ▨ | ▨ | ▨ | ▨ | ▨ | ▨ | ◫ | ▨ | ▨ |
> | 13:40~14:30 | 5교시 | ◫ | ⊠ | | ⊠ | | ◫ | ◫ | | ⊠ | ◫ |
> | 14:40~15:30 | 6교시 | | | | | | | | | | |
> | 15:40~16:30 | 7교시 | | | | | | | | | | |

〈 작성 방법 〉
- (나)에 제시된 관찰기록 방법의 명칭을 적고, 그 목적을 1가지 쓸 것
- 밑줄 친 ⓒ을 실시하는 이유를 1가지 서술할 것

90   2018 중등B-5

(가)는 중도·중복장애 학생 G의 특성 및 이 닦기 지도 시 유의사항이고, (나)는 학생 H의 이 닦기 지도 방법 이다. 〈작성 방법〉에 따라 서술하시오.

(가) 학생 G의 특성 및 이 닦기 지도 시 유의사항

특성	지도 시 유의사항
• 입 주변에 사물이 닿으면 깜짝 놀라면서 피함. • 거친 질감의 음식물이나 숟가락 등의 도구가 입에 들어오면 거부하는 반응을 보임.	학생의 ㉠감각적 측면과 ㉡도구적 측면을 고려하여 지도할 것

(나) 학생 H의 이 닦기 지도 방법

- 이 닦기를 6단계로 과제분석한 후, 처음부터 마지막 단계까지 수행하도록 지도함.
- 전체 6단계 중 독립적인 수행이 어려운 2, 4, 5단계는 촉구 및 교정적 피드백 등을 사용하여 지도함.
- 2, 4, 5단계를 스스로 수행할 수 있도록 촉구를 용암시켜 나감.
- 처음부터 마지막 단계까지 수행한 후에 자연적 강화(청결함 등)를 경험할 수 있도록 지도함.

┌─〈 작성 방법 〉─
- (나)에 사용된 행동연쇄법은 다른 유형의 행동연쇄법에 비해 어떠한 장점이 있는지 2가지 서술할 것

91

2019 유아A-4

(가)는 밀가루 탐색활동과 그 과정에서 나타난 지후와 교사의 행동이고, (나)는 발달지체 유아 지후가 가진 행동 문제의 기능을 평가한 자료의 일부이다. 물음에 답하시오.

(가)

활동과정	ⓐ 지후 행동/교사 행동
• 밀가루를 관찰하고, 탐색한다. －밀가루를 만지니 느낌이 어떠니? • 도구를 사용해 밀가루를 탐색한다.	• 밀가루를 탐색하며 논다. • 도구를 사용해 밀가루를 탐색한다.
• 밀가루 반죽을 만드는 방법을 이야기 나눈다. －밀가루와 물을 섞으면 어떻게 될까?	• 밀가루 반죽을 만드는 방법을 이야기하려고 할 때, ⓑ 소리를 지르며 짜증을 낸다. / 소파에 앉아 있도록 한다.
• 밀가루와 물을 섞어 반죽을 만든다. －밀가루에 물을 섞으니 어떻게 모양이 변하고 있니?	• 반죽 만들기가 시작되자 자리로 돌아와 즐겁게 참여한다.
• 밀가루 반죽을 관찰하고, 탐색한다.	• 밀가루 반죽을 탐색하며 논다.
• 밀가루와 밀가루 반죽의 다른 점을 이야기 나눈다. －밀가루와 밀가루 반죽의 느낌이 어떻게 다르니?	• 밀가루와 밀가루 반죽의 다른 점을 이야기하려고 하자, 소리를 지르며 짜증을 낸다. / 소파에 앉아 있도록 한다.

… (하략) …

(나)

시간	선행사건	행동	후속결과
11:00	이야기 나누기가 시작된다.	소리를 지르며 짜증을 낸다.	소파에 앉아 있도록 한다.
11:05	반죽 만들기가 시작된다.	자리로 돌아와 즐겁게 참여한다.	－
11:20	이야기 나누기가 시작된다.	소리를 지르며 짜증을 낸다.	소파에 앉아 있도록 한다.

2) ⓐ의 내용에 대하여 지후의 행동을 기능 평가한 후, 유아의 삶의 질 향상을 목적으로 제공하는, 행동 문제에 대한 예방과 대처 그리고 대안 행동(alternative behavior) 교수를 포함하는 장기적이고 생태학적인 행동 중재 및 지원은 무엇인지 쓰시오.

3) (나)의 관찰 결과를 볼 때, 지후가 '소리를 지르며 짜증을 내는' 행동의 기능은 무엇인지 쓰시오.

4) (나)의 내용을 고려할 때, (가)의 ⓑ을 대신해 교사가 지후에게 가르칠 수 있는 대안 행동(alternative behavior)을 1가지 쓰시오.

92

다음은 4세 발달지체 유아 승우의 어머니와 특수학급 민 교사 간 대화의 일부이다. 물음에 답하시오.

민　교　사 : 승우 어머니, 요즘 승우는 어떻게 지내나요?

승우 어머니 : 승우가 말로 의사 표현을 하지 못하니 집에서 어려움이 많아요. 간단하게라도 승우가 원하는 것을 알고 상호작용을 할 수 있으면 좋겠는데, 어떻게 해야 할지 모르겠어요. 유치원에서는 승우를 어떻게 지도하시는지요?

민　교　사 : 유치원에서도 ㉠승우에게는 아직 의도적인 의사소통 행동이 명확하게 잘 나타나지 않아서, 승우의 행동이 뭔가를 의미한다고 생각하고 반응해 주고 있어요. 그리고 ㉡승우가 어떤 사물을 관심을 가지고 바라보고 있을 때, 그것을 함께 바라봐 주는 반응을 해 주고 있어요.

승우 어머니 : 그렇군요. 저는 항상 저 혼자만 일방적으로 말하고 있는 것 같아서 답답했어요.

민　교　사 : 집에서도 승우와 대화할 때 어머니의 역할이 중요해요. 그럴 때는 ㉢어머니께서 승우가 의사를 표현할 수 있을 거라는 기대를 가지고 기회를 제공하여, 의사를 표현하는 동안 충분히 기다려 주는 것이 필요하지요. 승우에게 필요한 표현을 ㉣간단한 몸짓이나 표정, 그림 등으로 나타낼 수 있도록 만들어 가면 어떨까요? 예를 들면, ㉤간식 시간마다 승우가 먼저 간식을 달라는 의미로 손을 내미는 행동을 정해서 자신의 의도를 표현할 수 있도록 하는 것이지요.

승우 어머니 : 아, 그렇군요. 원하는 것을 표현하면 얻을 수 있다는 것도 가르쳐야 하는군요.

3) 다음은 ㉤을 위해 계획한 촉구 전략 절차이다. 어떤 촉구 전략인지 용어를 쓰시오.

1. 승우에게 간식을 보여 주고 3초를 기다린다.
2. 정반응이 없으면, 승우에게 "주세요 해 봐"라고 말한다.
3. 또 정반응이 없으면, 승우에게 "주세요 해 봐"라고 말하면서 간식을 달라고 손을 내미는 시범을 보인다.
4. 또다시 정반응이 없으면, 승우에게 "주세요 해 봐"라고 말하면서 승우의 손을 잡아 내밀게 한다.

93

다음은 5세 주의력결핍과잉행동장애 유아 상희에 대해 통합학급 김 교사와 특수학급 박 교사가 나눈 대화의 일부이다. 물음에 답하시오.

김 교사 : 선생님, 다음 달에 공개 수업을 하려고 하는데 좀 걱정이 됩니다. 상희가 교실에서 자기 자리에 앉지 않고 계속 돌아다니고, 또 ㉠선택적 주의력도 많이 부족합니다.

박 교사 : 그래서 제 생각에는 먼저 상희에게 수업 시간에 지켜야 할 약속이나 규칙을 이해할 수 있도록 지도하는 것이 필요합니다.

김 교사 : 그게 좋겠습니다. 그런데 상희를 자기 자리에 앉게 만드는 좋은 방법은 없을까요?

박 교사 : 네. 그때는 이런 방법이 있는데요. 일단 ㉡'자기 자리에 앉기'라는 목표 행동을 정하고, '책상 근처로 가기, 책상에 가기, 의자를 꺼내기, 의자에 앉기, 의자에 앉아서 의자를 당기기'로 행동을 세분화합니다. 이때 단계별로 목표 행동을 성취했을 때마다 강화를 주는데, ㉢칭찬, 격려, 인정을 강화제로 사용하는 것도 좋겠습니다.

김 교사 : 아, 그리고 상희가 활동 중에 자료를 던지는 공격적인 행동을 하는데 이에 대해서는 어떻게 할까요?

박 교사 : 우선 상희의 행동을 ㉣ABC 서술식 사건표집법이나 ㉤빈도 사건표집법으로 관찰해 보는 것이 좋겠습니다.

2) ① ㉡의 행동 중재 전략을 쓰고, ② ㉢에 해당하는 강화제 유형을 쓰시오.

① :

② :

3) ㉣과 ㉤의 장점을 각각 1가지 쓰시오.

㉣ :

㉤ :

94

(가)는 통합학급 김 교사의 반성적 저널의 일부이고, (나)는 특수학급 박 교사의 수업 장면의 일부이다. 물음에 답하시오.

(가)

일자 : 2018년 ○○월 ○○일

박 선생님과 함께 '코끼리의 발걸음' 음악을 듣고 다양한 방법으로 표현하기를 했다. 우리 반은 발달지체 유아 태우를 포함해 25명으로 구성되어 있어 음악과 관련된 활동을 할 때마다 늘 부담이 되었다. 이런 고민을 박 선생님께 말씀드렸더니 (㉠)을/를 제안해 주었다.

유아들은 세 가지 활동에 모둠으로 나누어 참여했다. 나는 음악에 맞추어 리듬 막대로 연주하기를 지도하고, 박 선생님은 음악을 들으며 코끼리처럼 움직이기를 지도해 주었다. 다른 모둠은 원감 선생님께서 유아들끼리 자유 [A] 롭게 코끼리 그림을 그릴 수 있도록 해 주었다. 그리고 한 활동이 끝나면 유아들끼리 모둠별로 다음 활동으로 이동해 세 가지 활동에 모두 참여할 수 있도록 해주었다.

(나)

박 교사 : 선생님과 '코끼리의 발걸음' 음악을 들으면서 움직여 볼 거예요.

유 아 들 : 네.

박 교사 : 선생님을 잘 보세요. 한 발로 땅을 딛었다가 가볍고 빠르게 뛰어오르고, 다시 다른 발로 땅을 딛었다가 뛰어오르는 거예요. 한번 해 볼까요?

시 율 : 선생님, 저 보세요. 코끼리가 뛰는 거 같지요?

박 교사 : 아기 코끼리 한 마리가 신나게 뛰고 있네요.

태 우 : (친구들을 따라 ㉡몸을 움직여 본다.)

박 교사 : 태우야, 선생님이 하는 것을 보고 따라 해 볼 ┐
까요? 이렇게 하는 거예요. 한번 해 볼까요? [B]

태 우 : (교사의 행동을 보고 따라 한다.) ┘

… (하략) …

---

3) (나)의 [B]에서 박 교사가 사용한 교수 전략을 쓰시오.

95 2019 초등A-1

다음은 ○○초등학교 연수자료 「통합교육 실행 안내서」의 일부이다. 물음에 답하시오.

통합교육 실행 안내서

○○초등학교

1. 학교 차원의 긍정적 행동지원
1.1 학교 차원의 긍정적 행동지원의 개념

… (중략) …

1.2 학교 차원의 긍정적 행동지원의 연속체

1차 지원 단계: ㉠ <u>보편적 지원</u>

• 학교 차원의 기대 행동 결정하고 정의하기
 － 기대 행동 매트릭스

	기본예절 지키기	안전하게 행동하기	책임감 있게 행동하기
교실	• 발표할 때 손들기 • 바른 자세로 앉기	• 차례 지키기	• 수업 준비물 챙기기

• 학교 차원의 기대 행동과 강화체계 가르치기

… (중략) …

3.4 중재 방법 선정 시 유의 사항
3.4.1 (㉡) 고려하기
－중재 목표가 사회적으로 얼마나 중요한가? ⎤
－중재 과정은 사회적으로 수용 가능하고 합리적 ⎬ [A]
　인가? ⎜
－중재 효과는 개인의 삶을 개선할 수 있는가? ⎦

… (중략) …

5.3.3 검사의 종류
－(㉢)은/는 피험자가 사전에 설정된 성취 기준에 도달했는지에 대한 정보를 제공하는 검사
－(㉣)은/는 피험자 간의 상대적인 위치를 평가하며, 상대평가 혹은 상대비교평가라고 부르기도 함. 상대적 서열에 대한 변환점수의 예로 표준점수, 스테나인 점수, (㉤) 등이 있음.

… (하략) …

---

1) 다음은 ○○초등학교에서 실시한 학교 차원의 긍정적 행동지원의 ㉠단계 활동이다. 적절하지 <u>않은</u> 것 1가지를 골라 기호와 이유를 쓰시오.

ⓐ 학교 차원의 기대 행동은 '기본예절 지키기', '안전하게 행동하기', '책임감 있게 행동하기'의 3가지로 정하였다.

ⓑ 문제행동이 심한 학생들에게 개별화된 집중 교육을 실시하였다.

ⓒ 학교 차원의 기대 행동을 시각 자료로 제작하여 해당 장소에 게시하였다.

ⓓ 학교 차원의 기대 행동을 가르친 후, 학생들이 지키고 있는지 지속적으로 관찰했고, 이러한 점검이 이루어지고 있음을 학생들에게 알려 주었다.

---

2) [A]를 고려하여 ㉡에 들어갈 말을 쓰시오.

96 _____

(가)는 중복장애 학생 경수의 특성이고, (나)는 특수교사가 작성한 2015 개정 기본 교육과정 수학과 5~6학년 수와 연산영역 교수·학습 과정안의 일부이다. 물음에 답하시오.

(가) 경수의 특성

- 경직형 사지 마비로 미세소근육 사용이 매우 어려움.
- 의도하는 대로 정확하게 응시하거나 일관된 신체 동작으로 반응하기 어려움.
- 발성 수준의 발화만 가능하고, 현재 인공와우를 착용하고 있음.
- 받아올림이 없는 두 자리 수 + 한 자리 수의 덧셈을 할 수 있음.
- 범주 개념이 형성되어 있음.
- 주의집중 시간이 짧고, 시각적 피로도가 높음.

(나) 교수·학습 과정안

단계	교수·학습 활동	자료(재) 및 유의점(유)
도입	필요한 의자의 수를 구하는 상황 제시	
새로운 문제 상황 제시	• 교실에 22명의 학생이 있고, 학생 12명이 더 오면 의자는 모두 몇 개가 필요할까요? −필요한 의자의 개수 어림해 보기 −학생들의 인지적 갈등 유도하기	재 그래픽 조직자
수학적 원리의 필요성 인식	• 22 + 12를 계산하는 방법 생각하기 −모든 의자의 수 세기, 22 다음부터 12를 이어 세기 등 • 좀 더 효율적인 방법의 필요성 인식하기	재 구체물
수학적 원리가 내재된 조작 활동	• 수모형으로 22 + 12 나타내기 −십모형과 일모형으로 나타내기 22 + 12 = 34	재 수모형 유 학생들이 ㉠숫자를 쓸 때, 자리에 따라 숫자가 나타내는 값이 달라지므로 정확한 자리에 쓰게 한다.
수학적 원리의 형식화	• 22 + 12의 계산 방법을 식으로 제시하기 • 22 + 12를 세로식으로 계산하기 22 ➡ 22 ➡ 22 +12 ➡ +12 ➡ +12 ____ 4 ____ 34	유 ㉡순서에 따라 더하는 숫자를 진하게 다른 색으로 표시한다.
익히기와 적용하기	• 덧셈 계산 원리를 다양한 문제에 적용하여 풀기 −같은 계산식 유형의 문제 풀기 −문장제 문제 풀기 [A] −문제 조건을 바꾸어 새로운 문제 만들어 보기 −실생활 문제 상황에 적용해 보기	유 경수의 보완·대체 의사소통(AAC) 도구에 수 계열 어휘를 추가한다. 유 ㉢경수의 AAC 디스플레이 형태를 선형 스캐닝에서 행렬 스캐닝으로 변경한다.
정리 및 평가	학습 내용 정리 및 차시 예고하기	

3) (나)의 ㉡에서 사용한 자극 촉진 유형을 쓰시오.

97 _____

(가)는 정서 · 행동장애 학생 민규의 특성이다. 물음에 답하시오.

(가) 민규의 특성

- 자주 무단결석을 함.
- 주차된 차에 흠집을 내고 달아남.
- 자주 밤늦게까지 집에 들어오지 않고 동네를 배회함.
- 남의 물건을 함부로 가져간 후, 거짓말을 함.
- 반려동물을 발로 차고 집어던지는 등 잔인한 행동을 함.
- 위와 같은 행동이 12개월 이상 지속되고 있음.

4) 다음은 민규의 행동 관찰 기록지이다. 부분간격기록법에 따라 행동 발생률(%)을 구하시오.

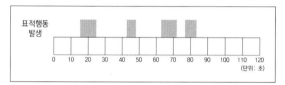

98 _____ 2019 초등B-2

(가)는 지적장애 학생 은지의 통합학급 담임인 윤 교사가 특수교사인 최 교사와 실과 수업에 대하여 나눈 대화이고, (나)는 최 교사가 은지의 행동을 관찰한 결과이다. 물음에 답하시오.

(가) 대화 내용

> 윤 교사: 다음 ㉠실과 수업 시간에는 '생활 속의 동물 돌보기' 수업을 하려고 합니다. 그때 은지에게는 국어과 목표인 '여러 가지 동물의 이름 말하기'를 지도하려고 해요. 은지가 애완동물이나 반려동물뿐만 아니라, ㉡소·돼지·닭과 같이 식품과 생활용품의 재료 등을 얻기 위해 기르는 동물의 이름에 대해서도 알았으면 좋겠습니다.
>
> 최 교사: 그렇지 않아도 특수학급에서 은지에게 '여러 가지 동물의 이름 말하기'를 지도하고 있어요. 지난 시간에는 ㉢햄스터가 그려진 카드를 은지에게 보여주면서 이름을 물어보며 '햄'이라고 언어적으로 즉시 촉진해 주었더니 '햄스터'라고 곧잘 말하더라고요.
>
> ··· (중략) ···
>
> 윤 교사: 선생님, 은지가 수업 중에 보이는 문제행동을 어떻게 해야 할지 고민입니다.
>
> 최 교사: 마침 제가 통합학급 수업 시간에 나타나는 은지의 문제행동 기능을 알아보기 위해서 관찰 결과를 요약해 보았습니다.

(나) 행동 기록 및 관찰 결과

학생	○은지	관찰 장소	통합학급
관찰자	최 교사	관찰 기간	3월 첫째 주

㉣ 주간 행동 관찰 기록	(관찰 기록표)

□ 1회   ⊠ 2회   ▨ 3회 이상

시간 \ 요일	월	화	수	목	금
8:30~ 9:00 수업준비					
9:00~ 9:40 1교시	□				
9:50~10:30 2교시					
10:40~11:20 3교시			⊠		
11:30~12:10 4교시	⊠	▨			
12:10~13:00 점심시간					
13:00~13:40 5교시	⊠			▨	

- 행동 관찰 결과: 실과 시간에 문제행동이 자주 발생함.

㉤ 행동 관찰 결과 (실과 시간)	• 다른 학생들이 앉아 있는 동안에도 자주 교실 안을 돌아다님. • 교사가 주의를 주지 않으면 계속 돌아다니는 행동을 보임. • 교사가 은지의 이름을 부르면서 지적을 해야 자리에 앉음. • 교사가 다른 학생을 지도하는 동안에 돌아다니는 행동이 잦음.

3) (가)의 ㉢과 같이 변별자극과 반응촉진을 함께 제시하는 촉진 방법의 명칭을 쓰시오.

4) 은지의 행동을 관찰·분석하기 위하여 (나)의 ㉣과 같은 방법을 사용하는 목적을 1가지 쓰시오.

5) (나)의 ㉤의 내용에 근거하여 다음의 행동 가설을 수립하였다. ⓐ와 ⓑ에 들어갈 내용을 각각 쓰시오.

학생	은지는
배경/선행사건	(ⓐ)
추정되는 행동의 기능	(ⓑ)
문제행동	교실 안을 돌아다닌다.

ⓐ:

ⓑ:

99

다음은 정서·행동장애 학생 S를 위해 작성한 긍정적 행동지원 내용의 일부이다. 〈작성 방법〉에 따라 서술하시오.

- **문제행동**
  - 학급에서 컴퓨터 게임을 하기 위해 욕을 하는 행동
- **기능적 행동평가 실시**
  - 동기평가척도(MAS)와 ABC 관찰을 실시함.
- **가설 설정**
  - 학급에서 컴퓨터 게임을 하기 위해 또래나 교사에게 욕을 한다.
- **지원 계획**
  - 학생 S의 문제행동을 대신할 수 있는 ㉠교체기술, (㉡), 일반적 적응기술을 지도함.
  - 교체기술을 사용하더라도 컴퓨터 게임을 할 수 없는 상황에서 사용할 수 있는 (㉡)을/를 지도함.
  (예) 스트레스 상황 속에서 안정을 취하는 방법)

… (중략) …

- **평가 계획**: 단일대상연구설계(AB 설계) 사용
  - 행동 발생량을 시각화한 그래프를 이용하여 기초선과 중재선(긍정적 행동지원 적용) 간 문제행동 발생 ㉢수준의 변화, 경향의 변화, 변동성의 변화, ㉣변화의 즉각성 정도를 분석함.

┌─〈 **작성 방법** 〉
- 밑줄 친 ㉠의 특성을 행동 기능 측면에서 서술하고, 괄호 안의 ㉡에 해당하는 기술의 명칭을 쓸 것
- 밑줄 친 ㉢을 분석하는 방법 1가지를 서술할 것
- 밑줄 친 ㉣의 방법을 기초선과 중재선의 자료점 비교 측면에서 서술할 것

100

(가)는 자폐성장애 학생 J를 위한 기본 교육과정 고등학교 과학과 '주방의 전기 기구' 수업 지도 계획의 일부이다. 〈작성 방법〉에 따라 서술하시오.

(가) '주방의 전기 기구' 수업 지도 계획

학습 목표	주방에서 사용하는 전열기의 이름을 안다.
〈비연속 시행 훈련(DTT) 적용〉	〈유의 사항〉
• ㉠수업 차시마다 주방 전열기 사진 5장을 3번씩 무작위 순서로 제시하여 총 15번의 질문에 학생이 바르게 답하는 빈도를 기록함. 　- ㉡점진적 시간 지연법을 이용함.	• 학생이 선호하는 강화제 사용 • 학생에게 익숙한 주방 전열기 사진 제시

┌─〈 **작성 방법** 〉
- 밑줄 친 ㉠에서 사용한 사건(빈도)기록법의 유형을 쓰고, '촉진의 형태가 바뀌는 용암 체계'에 비해 밑줄 친 ㉡이 갖는 특성 1가지를 서술할 것

101 _____

다음은 통합유치원 4세반 교사들의 대화이다. 물음에 답하시오.

김 교사 : 지난주에는 북소리에 맞추어 ㉠ 걷기, 구부리기, 뻗기, 한 발 뛰기, 두 발 모아 뛰기, 뛰어넘기, 회전하기, 흔들기를 했는데 주하가 잘 참여했어요. 주하가 선을 따라 걷는 활동도 잘 하는 것으로 보아 ㉡ 움직이거나 정지한 상태에서 몸의 균형을 유지하는 능력이 발달한 것 같아요. 이렇게 쉬운 활동은 잘 참여 하는데 자기가 어려워하는 활동은 안 하려고 해요. 내일은 공 던지기 활동을 할 예정인데 주하가 걱정이네요. 어떻게 하면 잘 가르칠 수 있을까요?

송 교사 : 먼저 공을 던지는데 필요한 단위행동을 생각해 보세요. ㉢ 첫 번째 단계에서는 공을 두 손으로 잡고, 두 번째 단계에서는 공을 가슴까지 들어 올리고, 세 번째 단계는 팔을 뻗고, 마지막으로 공을 놓는 단계로 나눌 수 있어요. 이와 같이 나눈 기술들은 행동연쇄로 가르칠 수 있어요.

김 교사 : ㉣ 행동연쇄도 여러 가지 방법이 있지요?

… (중략) …

김 교사 : 공 주고받기할 때 짝을 어떻게 정할지 걱정이에요. 친구들은 주하랑 짝이 되는 것을 꺼려해요. 평소 주하가 활동에 잘 참여하지 않고 돌아다녀서 친구들은 주하가 왜 그러는지 궁금해 해요.

송 교사 : 그러면 이렇게 해 보세요. 예를 들면 ㉤ 아이들이 좋아하는 과일을 모두 물어보고, 같은 과일을 좋아 하는 유아들끼리 모둠을 이루어 그 과일에 대해 이야기를 나누도록 해 보세요. 주하도 자연스럽게 그 속에서 어울릴 수 있을 거예요. 활동 이후에 아이들은 주하와 자신들이 같은 것을 좋아한다는 것을 깨닫게 되겠지요.

김 교사 : 알겠습니다. 해 볼게요.

송 교사 : 다음에는 과일 말고도 좋아하는 만화 캐릭터 등을 활용해 다양하게 모둠을 정해보세요.

2) ① ㉢에 해당하는 용어를 쓰고, ② ㉣의 중재를 할 때, 중재 단계의 시작점이나 방향에 따른 중재방법의 유형을 2가지 쓰시오.

　①:

　②:

102

(가)는 ○○유치원의 1차 교직원협의회 내용이고, (나)는 2차 교직원협의회 내용이다. 물음에 답하시오.

(가)

> 양 원장 : 요즘 우리 유치원의 유아들이 차례 지키기를 잘 하지 않는 것 같아요. 차례 지키기를 하도록 가르칠 수 있는 방법이 없을까요?
>
> 신 교사 : 네. 그렇지 않아도 유아들이 차례를 지키지 않는 행동을 자주 보이는 것 같아 ㉠3단계로 구성된 유치원 차원의 긍정적 행동지원을 해 보자고 건의하려고 했어요.
>
> 김 교사 : 유치원 차원의 긍정적 행동지원은 모든 유아들에게 규칙을 잘 지킬 수 있도록 보편적 중재를 제공하는 것이 우선이에요.
>
> 민 교사 : 구체적으로 어떻게 하면 될까요?
>
> 김 교사 : 우리 유치원에서 지켜야 할 약속을 정하는 거예요. 원장 선생님께서 말씀하신 '차례 지키기'가 해당 되겠죠.
>
> 임 교사 : 지켜야 할 약속을 몇 가지 더 정해도 좋겠네요.
>
> 김 교사 : 네, 맞아요. 우리 유치원 모든 유아들에게 차례 지키기를 하자고 약속하고, 차례 지키는 행동을 구체적으로 가르쳐요. 예를 들어, 차례 지키기를 해야 하는 공간에 발자국 스티커 같은 단서를 제공해서 차례를 잘 지킬 수 있도록 해요.
>
> 신 교사 : 유아들이 차례를 잘 지켰을 때 강화를 해주어요. 이때 모든 교직원이 차례를 지킨 유아를 보면 칭찬을 해주는 거예요. 부모님도 함께 해야 해요.
>
> 김 교사 : 전체 유아들의 차례 지키기 행동의 변화를 유치원 차원의 긍정적 행동지원 실시 전후로 비교해서 그 다음 단계를 결정해요.
>
> … (중략) …
>
> 신 교사 : 여전히 차례 지키기가 안 되는 유아들은 소집단으로 릴레이 게임을 연습시켜요. 예를 들면 '말 전하기', '줄서서 공 전달하기', '이어 달리기' 등의 활동으로 차례 지키기를 연습하게 할 수 있어요.
>
> … (하략) …

(나)

> 민 교사 : 유치원 차원의 긍정적 행동지원 2차 협의회를 시작하겠습니다.
>
> … (중략) …
>
> 양 원장 : 유치원 차원의 긍정적 행동지원을 실시하려면 특수교육대상 유아를 고려한 계획이 필요하지 않나요? 유아별 개별화교육지원팀이 있잖아요. 그 팀 간의 협력도 필요할 것 같고…. 팀 협력도 여러 가지 방법이 있지 않나요?
>
> 신 교사 : 보라의 ㉡개별화교육지원팀의 구성원들은 진단과 중재를 각각 하지만 팀 협의회 때 만나서 필요한 정보들을 공유해요. 보라가 다니는 복지관의 언어재활사는 팀 협의회 때 보라의 진단 결과와 중재 방법을 알려줄 수 있어요. 유치원 차원의 긍정적 행동지원과 관련해서는 언어재활사에게 차례 지키기 연습을 할 기회가 있으면 복지관에서도 할 수 있도록 협조를 부탁드리면 좋겠어요.
>
> 이 원감 : 건하의 ㉢개별화교육지원팀은 함께 교육진단을 하고, 그 진단을 바탕으로 유아특수교사와 통합학급교사가 교육을 계획한 후 실행하고 평가하는 전 과정에서 함께 협력해요. 두 선생님은 물리치료사에게 알맞은 자세잡기를 배워서 건하에게 적용할 수 있어요.
>
> … (하략) …

1) ㉠을 실시할 때, ① 1단계의 중재 대상과 ② 2단계의 중재 방법을 (가)에서 찾아 쓰시오.

① :

② :

103 _____ 2020 유아B-1

다음은 5세 발달지체 유아 민수의 통합학급 김 교사와 유아특수교사 박 교사의 대화이다. 물음에 답하시오.

김 교사 : 선생님, 자유선택활동 시간에 난타 놀이를 하는데 아이들이 웃으며 재미있게 하고 있어요. 난타 도구를 서로 바꾸면서 상호작용했어요.

박 교사 : 아이들이 참 재미있어 했겠네요. 민수는 어떻게 하고 있나요?

김 교사 : 민수는 난타 놀이를 재미있어 해요. 민수가 좋아하는 가영이, 정호, 진아와 한 모둠이 되어 난타를 했어요. 그런데 다른 아이들만큼 잘 안 될 때는 무척 속상해 했어요.

박 교사 : 생각만큼 난타가 잘 안 돼서 민수가 많이 속상 했겠네요.

김 교사 : 민수를 관찰하려고 표본기록이 아니라 ㉠일화기록을 해 보았어요. 제가 일주일간 자유선택활동 시간에 기록한 일화기록을 한번 보시겠어요?

박 교사 : 이게 민수의 일화기록이군요. 민수가 난타를 잘 하는 가영이 옆에서 따라 했네요. 그런데 그 정도로는 난타 실력이 많이 늘지는 않았나 봐요.

김 교사 : 맞아요. 그래서 저도 걱정이에요.

… (중략) …

김 교사 : 아까 말한 것처럼 민수는 난타 놀이를 더 잘 하고 싶어 해요. 민수가 연습할 시간이 더 많았으면 좋겠는데, 현실적으로 힘든 점이 있네요. 이럴 때는 어떻게 하면 좋을까요?

박 교사 : 시간이나 비용 면에서 경제적이고 반복해서 연습할 수 있는 비디오 모델링을 추천해드려요. 민수는 컴퓨터로 학습하는 것을 좋아하니 더 주의집중해서 잘 할 거예요. 일화기록을 보니 ㉡가영이를 모델로 하면 좋겠네요.

---

1) 표본기록에 비해 ㉠이 실시 방법 측면에서 갖는 장점을 2가지 쓰시오.

2) 대화에서 ㉡의 이유를 2가지 찾아 쓰시오.

3) 다음의 ⓐ에 해당하는 개념을 쓰시오.

이후 민수는 비디오 모델링으로 난타 놀이를 연습하였으며, 점점 더 잘 하게 되었다. ⓐ민수는 통합학급에서 친구들과 함께 다양한 도구로 재미있게 난타 놀이를 할 수 있게 되었다. 뿐만 아니라 집이나 놀이터에서도 동네 친구들과 난타 놀이를 하였다.

104

다음은 통합학급 4세반 교사들이 협의회에서 나눈 대화이다. 물음에 답하시오.

김 교사: 요즘 준우가 자유선택활동 시간에 너무 자주 "아" 하고 짧게 소리 질러요. 제가 준우에게 가서 "쉿"이라고 할 때만 멈추고 제가 다른 영역으로 가면 또 소리 질러요. 소리를 길게 지르지는 않지만, 오늘도 스무 번은 지른 것 같아요. 소리 지르는 횟수가 줄었으면 좋겠어요. ⎤ [A]

이 교사: 그럼 제가 자유선택활동 시간에 준우가 ㉠ 몇 번이나 소리 지르는지 관찰하면서 기록할게요.

… (중략) …

박 교사: 준우가 ㉡ 소리 지르지 않고 친구와 이야기하거나 노래 부르면, 제가 관심을 보이며 칭찬해 주는 것이 어떨까요?

김 교사: 네. 알겠습니다.

이 교사: 그런데 준우가 넷까지 수를 알고 세는 거예요? 얼마 전에 준우가 수·조작 영역에서 자동차를 세 개 들고 있어서 모두 몇 개인지 물어보았더니 대답을 못하더라고요.

김 교사: 준우는 자동차와 수 이름을 하나씩 대응하면서 수세기를 하고, 항상 동일한 순서로 안정적으로 수를 셀 수 있어요. 그런데 넷까지 세고 난 후 모두 몇 개인지 물어보면 세 개라고 할 때도 있고, 두 개라고 할 때도 있어요. 준우의 개별화교육계획 목표가 "다섯 개의 사물을 보고 다섯까지 수를 정확하게 센다."인데 어떻게 지도하는 것이 좋을지 고민하고 있어요.

이 교사: ㉢ 수를 셀 때 준우와 같이 끝까지 세고, 교사가 "모두 몇 개네."라고 말한 후 준우에게 "모두 몇 개지?"라고 물어요. 예를 들어 자동차를 셀 때 준우와 같이 하나, 둘, 셋, 넷, 다섯까지 세고, 교사가 "자동차가 모두 다섯 개네."라고 말한 후 준우에게 "자동차가 모두 몇 개지?"라고 물어요.

김 교사: 수 세기를 다양한 활동에서도 가르치고 싶은데 어떻게 할까요?

이 교사: 준우에게 ㉣ 간식시간, 자유선택활동 시간, 미술활동 시간에 사물을 세게 한 후 모두 몇 개인지 묻고 답하게 하여 준우의 개별화교육계획 목표가 달성될 수 있도록 해보세요.

1) [A]에 근거하여 ① ㉠에 해당하는 관찰기록 방법이 측정하고자 하는 행동의 측면을 쓰고, ② 그 행동의 특성을 1가지 찾아 쓰시오.

①:

②:

2) ㉡에 해당하는 차별강화 전략을 쓰시오.

105

다음은 통합학급 김 교사와 유아특수교사 강 교사가 나눈 대화이다. 물음에 답하시오.

김 교사: 다음 주에 학부모 공개 수업을 하는데 특수교육대상인 수희와 시우가 수업에 잘 참여할지 걱정이 되네요.

강 교사: 그래서 저희는 또래주도 전략을 사용해 보려고 해요. 모둠별로 '경단 만들기' 요리 수업을 할 거예요. ㉠ 수희와 시우가 참여하여 경단을 완성했을 때, 모둠 전체를 강화하려고 해요. 또 수희의 상호작용 증진을 위해서 자유선택활동 시간에 ㉡ 훈련받은 민수가 수희에게 "블록쌓기 놀이 하자."라고 하면서 먼저 블록을 한 개 놓으면, 수희가 그 위에 블록을 쌓아요. 그러면서 둘이 계속 블록쌓기 놀이를 하게 하려고요.

김 교사: 선생님, 시우는 자기도 참여하고 싶은 것이 있으면 큰 소리를 질러요. 시우를 어떻게 도울 수 있을까요?

강 교사: 선생님, 우선 시우에게 ㉢ 대체행동 교수를 실시하면 어떨까요?

김 교사: 네. 좋은 생각이네요. 그럼 혹시 시우가 집에서는 어떤지 좀 아세요?

강 교사: 네. 시우 어머니와 면담 시간을 가졌어요. 시우 부모님은 시우가 갓난아기 때부터 맞벌이를 하였고 주 양육자도 자주 바뀌었대요. 그래서 ㉣ 시우가 평소에 엄마랑 떨어지지 않고 꼭 붙어 있으려고 했대요. 엄마가 자리를 비우면 심하게 불안해하면서 울지만, 막상 엄마가 다시 돌아오면 반가워하기보다는 화를 냈대요. 그리고 엄마가 달래려 하면 엄마를 밀어내서 잘 달래지지 않았다고 해요.

… (하략) …

2) ㉢을 선택할 때 고려해야 할 점을 2가지 쓰시오.

106 _____ 2020 유아B-5

(가)는 5세 발달지체 유아들의 행동특성이고, (나)는 음악활동 자료이며, (다)는 활동계획안이다. 물음에 답하시오.

(가)

민정	• 활동 시 교사의 말에 집중하는 시간이 짧음. • 대집단 활동 시 활동영역을 떠나 돌아다니는 경우가 많음.
주하	• 음악활동은 좋아하나 활동 참여시간이 짧음. • 일상생활에서 자주 사용하는 3음절의 단어(사람, 사물 이름)로 말함.
소미	• 수줍음이 많고 활동 참여에 소극적임. • 수업 중 앉아 있는 시간이 짧음.

(나)

○○○ 옆에 누가 있나요?

작사/작곡 방은영

○○○옆에 누가 있나 요? ○○○있어 요

○○○옆에 누가 있나 요? ○○○있어 요

○○○옆에 누가 있나 요? ○○○있어 요

(다)

활동 목표	… (생략) …	
활동 방법		**자료(재) 및 유의점(유)**
활동 1	• '○○○ 옆에 누가 있나요?' 노래를 듣는다. 　－노래 전체 듣기 　－노랫말 알아보기	재 '○○○ 옆에 누가 있나요?' 노래 음원, 그림 악보 유 ㉠ 민정, 주하, 소미가 일정 시간 동안 활동에 참여하면 각자 원하는 놀이를 하게 해준다.
활동 2	• 다양한 방법으로 노래를 부른다. 　－한 가지 소리(아아아~)로 불러 보기 　－친구 이름 넣어서 노래해 보기 　－유아들을 나누어 불러 보기 　－다함께 불러 보기 　… (중략) …	유 민정이는 좋아하는 또래들과 어깨동무를 하고 노래 부르게 한다. 유 주하는 ○○○에만 친구 이름을 넣어 부르게 한다. 유 바닥에 원형 스티커를 붙여 놓고 자리를 이동하며 노래 부르게 한다.
활동 3	• 리듬악기를 연주해 본다. 　－리듬패턴 그림을 보며 리듬 알아보기 　－리듬에 맞추어 손뼉 치기 　－리듬에 맞추어 리듬악기 연주하기 　… (하략) …	유 리듬패턴은 그림악보로 제공한다. 유 유아가 익숙하게 다룰 수 있는 리듬악기를 제공한다. 유 소미가 친구들에게 리듬악기를 나누어 주도록 한다.

2) ① 프리맥(D. Premack)의 원리를 적용한 (다)의 ㉠에서 고빈도 행동을 찾아 쓰고, ② 물리적 특성(강화 형태)에 근거하여 ㉠에 제시된 강화제의 유형은 무엇인지 쓰시오.

①:

②:

107 _____ 2020 초등A-4

(가)는 초등학교 6학년 자폐성장애 학생 민호의 특성
이고, (나)는 '지폐 변별하기' 지도 계획의 일부이다.
물음에 답하시오.

(가) 민호의 특성

- 물건 사기와 같은 일상생활의 문제를 해결하기 위해
  스스로 계획하고 수행하는 데 어려움이 있음.
- 점심시간과 같이 일상적으로 반복되던 시간에 작은
  변화가 생기면 유연하게 대처하기보다 우는 행동을 [A]
  보임.
- 수업시간 중 과자를 먹고 싶을 때 충동적으로 과자를
  요구하거나 자리이탈 행동을 자주 보임.
- 다른 사람의 감정과 사고를 파악하는 데 어려움이 있음.
- 시각적 자극으로 이루어진 교수 자료에 관심을 보임.
- 지폐의 구분과 사용에 어려움이 있음.

(나) '지폐 변별하기' 지도 계획

- 표적 학습 기술: 지폐 변별하기
- 준비물: 1,000원짜리 지폐, 5,000원짜리 지폐
- 학습 단계 1
  - 교사가 민호에게 "천 원 주세요."라고 말했을 때, 1,000원
    짜리 지폐를 찾아 교사에게 주도록 지도함.
  - 교사가 민호에게 "오천 원 주세요."라고 말했을 때, 5,000원
    짜리 지폐를 찾아 교사에게 주도록 지도함.
  - 민호가 정반응을 보일 때마다 칭찬으로 강화함.
  - 민호가 정해진 수행 기준에 따라 '지폐 변별하기'를 습득
    하면 다음 학습 단계로 넘어감.
- 학습 단계 2
  - ㉠민호가 '지폐 변별하기' 반응을 5분 내에 15번 정확
    하게 수행할 수 있도록 지도한 다음, 더 짧은 시간 내에
    15번 정확하게 수행할 수 있도록 연습하게 함.

    … (중략) …
- 유의 사항
  - ㉡민호가 습득한 '지폐 변별하기' 기술을 시간이 지난
    뒤에도 수행할 수 있도록 '학습 단계 1'의 강화 계획(스
    케줄)을 조정함.
  - 민호가 ㉢습득한 '지폐 변별하기' 기술을 일상생활에서
    사용할 수 있도록 다양한 실제 상황(편의점, 학교 매점,
    문구점 등)에서 1,000원짜리 지폐와 5,000원짜리 지폐를
    변별하여 민호가 좋아하는 과자를 구입하도록 지도함.

3) ① (나)의 ㉡을 위한 강화 계획(스케줄) 종류를 쓰고,
   ② ㉢의 이유를 강화제 측면에서 쓰시오.

   ① :

   ② :

108 _____

2020 초등B-1

다음은 준수를 위해 작성한 문제행동중재 내용의 일부이다. 물음에 답하시오.

- 표적행동 : 수업 시간에 소리를 지르는 행동
- 기능적 행동평가 및 가설 설정
  - ABC 관찰을 통해 가설을 설정함.
- 가설 검증
  - ⊙<u>명확한 가설 검증과 구체적인 표적행동 기능 파악을 위해 표적행동에 대한 선행사건과 후속결과를 실험적이고 체계적으로 조작하는 기능적 행동평가 절차를 실시함.</u>
  - 이 절차에 대한 '결과 그래프 및 내용'은 다음과 같음.

[결과 그래프 및 내용]

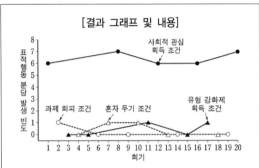

- 각 회기를 15분으로 구성하고, 불필요한 자극이 제거된 교실에서 하루 4회기씩 평가를 실시함.
- 4가지 실험 조건을 각 5회기씩 무작위 순서로 적용함.
- 각 실험 조건에서 발생하는 표적행동의 분당 발생 빈도를 기록하고 그래프로 시각화하여 분석함.

··· (중략) ···

- 중재 계획
  - 표적행동 감소 전략 : 표적행동 발생을 예방하기 위해 ⊙ <u>비유관 강화(Noncontingent Reinforcement ; NCR)를 사용함.</u>
  - 대체행동 지도 전략 : '반응 효율성 점검표'를 이용하여 표적행동을 대신할 수 있는 교체기술을 선택하여 지도함.

〈반응 효율성 점검표〉

교체기술 선택 기준	반응 효율성 점검 내용	점검 결과
노력	(ⓒ)	예 / 아니오
결과의 일관성	표적행동을 할 때보다 더 일관되게 사회적 관심을 얻을 수 있는 교체기술인가?	예 / 아니오
결과의 질	표적행동을 할 때 얻을 수 있는 사회적 관심보다 준수가 더 좋아하는 사회적 관심을 얻을 수 있는 교체기술인가?	예 / 아니오

··· (하략) ···

1) ① ⊙에 해당하는 방법의 명칭을 쓰고, ② [결과 그래프 및 내용]에 해당하는 단일대상연구 방법의 설계 명칭을 쓰시오.

   ① :

   ② :

2) 준수의 표적행동과 관련하여 ⓒ의 방법을 쓰시오.

3) ⓒ에 들어갈 반응 효율성 점검 내용을 쓰시오.

109 _____

(가)는 자폐성장애 학생 K의 특성이고, (나)는 고확률(high-p)요구연속 방법에 사용할 과제 목록이다. (다)는 이것을 적용한 사례이다. 〈작성 방법〉에 따라 서술하시오.

(가) 학생 K의 특성

- 일반적인 지시 따르기가 가능함.
- 선생님과 친구들을 만나면 하이파이브나 악수하기를 좋아함.
- 의자에 앉기 싫어해서 주로 교실 바닥에 앉아 생활하려고 함.

(나) 과제 목록

과제 목록 \ 회기	1	2	9	10
고확률	손뼉치기	하이파이브	점프하기	손뼉치기
	하이파이브	점프하기	하이파이브	악수하기
	악수하기	손뼉치기	손뼉치기	하이파이브
	점프하기	악수하기	악수하기	점프하기
저확률	의자에 앉기	의자에 앉기	의자에 앉기	의자에 앉기

- 고확률: 고확률(high-p)요구, 순응하는 과제
- 저확률: 저확률(low-p)요구, 거부하는 과제

(다) 고확률요구연속 적용 사례(10회기)

이 교사: K야, 손뼉 치자.
학생 K: (손뼉 친다.)
이 교사: 잘했어. (손 내밀며) 악수할까?
학생 K: (악수한다.)
이 교사: 참 잘했어! (손을 들어) 하이파이브!
학생 K: (하이파이브 한다.)
이 교사: 좋아요. 이제 점프!
학생 K: (점프한다.)
이 교사: 멋지다. 의자에 앉자.
학생 K: (의자에 앉는다.)
이 교사: 우와! 멋지다. 최고!

┌〈작성 방법〉
- 고확률요구연속 방법의 장점을 1가지 서술할 것
- 고확률요구연속 방법에 사용되는 과제의 조건을 2가지 쓸 것
- 고확률요구연속 방법 적용 시, 학생 K가 저확률요구에 계속해서 순응하는 행동을 보일 때, 교사가 변경해야 할 사항을 1가지 서술할 것

110 _____

(가)는 자폐성장애 학생 C를 위한 행동지원 계획안의 일부이고, (나)는 목표 행동을 관찰 기록한 결과이다. 〈작성 방법〉에 따라 서술하시오.

(가) 행동지원 계획안

목표 행동	ⓐ 수업시간에 15분 동안 계속해서 의자에 앉아 있기	
중재 방법	(㉠)	
중재 단계 및 내용	**고려 사항**	

중재 단계 및 내용	고려 사항
• 목표 행동의 조작적 정의 • 목표 행동의 시작 행동 정의 • 목표 행동에 근접한 단기 목표(중간 행동) 결정 − 1분 30초 동안 계속해서 의자에 앉아 있기 − 2분 동안 계속해서 의자에 앉아 있기 − 2분 30초 동안 계속해서 의자에 앉아 있기 … (중략) … − 14분 동안 계속해서 의자에 앉아 있기 − 15분 동안 계속해서 의자에 앉아 있기 • 강화제 선택 − 효과적인 강화제 파악 및 선택	• 시작 행동: 관찰 기록 결과에 근거하여 설정함. • 단기 목표 변경 기준: 3번 연속 단기 목표 달성 • 강화 계획: 초기에는 ㉡ 의자에 1분 30초 동안 지속해서 앉아 있을 때마다 강화를 제공하고, 이후에는 강화 계획에 변화를 줌. • 강화제: 단기 목표에 도달하면 학생 C가 선호하는 활동을 할 수 있게 함. • 토큰 강화 등과의 연계 방안을 모색함.

(나) 관찰 기록 결과

대상 학생 : 학생 C						관 찰 자 : 교육실습생	
관찰 행동 : 의자에 앉아 있기						관찰 장소 : 중학교 2-1 교실	

날짜	시간	행동 발생					관찰 결과 요약	
5/6 (월)	13:05 ~ 13:35	#1 1분 40초	#2 1분 30초	#3 1분 50초	#4 1분 30초	#5 1분 40초	전체 관찰시간	30분
		#6	#7	#8	#9	#10	전체 지속시간	8분 10초
							지속시간 백분율	27.2%
							평균 지속시간	1분 38초

┌〈작성 방법〉
- (가)의 괄호 안의 ㉠에 해당하는 행동중재 방법을 쓸 것
- (가)의 밑줄 친 ㉡에 해당하는 강화 계획을 쓸 것
- (나)에서 사용한 관찰기록법의 유형을 쓰고, 이 방법이 적절한 이유를 (가)의 밑줄 친 ⓐ의 목표 행동 특성과 관련하여 1가지 서술할 것

111

(가)는 지적장애 학생 G의 학부모가 특수교사와 상담한 내용의 일부이고, (나)는 기본 교육과정 중학교 사회과 '마트에서 물건 구입하기'를 주제로 지역사회 중심 교수에 기반하여 작성한 수업 지도 계획의 일부이다. 〈작성 방법〉에 따라 서술하시오.

(가) 상담

학 부 모: 안녕하세요. 학생 G의 엄마입니다. 우리 아이와 같은 증후군의 아이들은 15번 염색체 이상이 원인인데, 가장 큰 특징은 과도한 식욕으로 인한 비만이라고 해요. 그래서 저는 늘 우리 아이의 비만과 합병증이 염려됩니다. ┐ㄱ

특수교사: 가정에서도 식단 관리와 꾸준한 운동으로 체중 조절을 해 주시면 좋겠어요. 학교에서도 학생 G를 위해 급식 지도와 체육 활동에 신경 쓰겠습니다.

학 부 모: 네, 그리고 교과 공부도 중요하지만 학생 G가 성인기에 지역사회에서 살아가기 위해 필요한 실제적인 기술을 지도해 주시면 좋겠어요.

특수교사: 알겠습니다. 학급에서 배운 기술을 지역사회 환경에 적용할 수 있도록 ㉡'영수준 추측'과 '최소위험가정기준'을 바탕으로 지역사회 중심 교수를 하려고 합니다.

(나) 수업 지도 계획

학습 주제	마트에서 물건 구입하기
지역사회 모의수업	• 과제분석하기 필요한 물건 말하기 → 구입할 물건 정하기 → 메모하기 … (중략) … → 거스름 돈 확인하기 → 영수증과 구매 물건 비교하기 → 장바구니에 물건 담기 • 과제분석에 따라 ㉢전진형 행동연쇄법으로 지도하기 • 교실에서 모의수업하기
(㉣)	• 학교 매점에서 과제 실행하기 ─학교 매점에서 판매하는 물건 알아보기 ─학교 매점에서 구입할 물건 정하기 ─학교 매점에서 물건 구입하기
지역사회 중심 교수	• 마트에서 과제 실행하기

─〈작성 방법〉─
• (나)의 밑줄 친 ㉢의 지도 방법을 서술할 것

112

(가)는 정서·행동장애 학생 I, J, K에 대한 김 교사의 행동 중재 지도 내용이다. (나)는 학생 I의 행동계약서 예시이고, (다)는 행동계약 규칙이다. 〈작성 방법〉에 따라 서술하시오.

(가) 행동 중재 지도 내용

• 표적행동 선정
 ─학생 I: 지시 따르기 행동
 ─학생 J: 지시 따르기 행동
 ─학생 K: 지시 따르기 행동
• 표적행동 수행률

회기 학생	기초선			중 재											
	1	2	3	4	5	6	7	8	9	10	11	12	13	14	15
학생 I	10	10	10	70	80	90	90	90	90	90	90	90	90	90	90
학생 J	10	10	10	10	10	70	80	90	90	90	90	90	90	90	90
학생 K	10	10	10	10	10	10	10	70	80	90	90	90	90	90	90

… (하략) …

(나) 학생 I의 행동계약서 예시

우리의 약속

학생 I는 수학 수업 시간에 지시 따르기 행동을 하면, 김 교사는 학생 I에게 점심시간에 5분 동안 컴퓨터 게임을 하게 해준다.
(기간: 2019. ○○. ○○. ~ 2019. ○○. ○○.)
학생 학생 I 서명   날짜 2019. ○○. ○○.
교사 김 교사 서명   날짜 2019. ○○. ○○.

〈과제 수행 기록〉

회기	1	2	3	4	5	6	7	8	9	10	11	12	13	14	15
학생															
교사															

(다) 행동계약 규칙

㉠ 계약조건은 계약 당사자 모두에게 공정해야 한다.
㉡ 계약 초기에는 높은 기준을 설정하여 목표가 달성되도록 한다.
㉢ 표적행동이 수행된 후에 보상한다.
㉣ 계약서는 비공개적으로 보관한다.

─〈작성 방법〉─
• (가)에서 사용된 단일대상설계를 1가지 쓸 것
• (나)에서 제시되지 않은 행동계약의 구성 요소를 1가지 쓸 것
• (다)에서 잘못된 내용을 2가지 찾아 기호를 쓰고, 바르게 고쳐 쓸 것

113

다음은 유아특수교사 최 교사가 통합학급 김 교사와 나눈 대화의 일부이다. 물음에 답하시오.

최 교사 : 오늘 활동은 어땠어요?

김 교사 : 발달지체 유아 나은이가 언어발달이 늦어 활동에 잘 참여하지 못했어요.

최 교사 : 동물 이름 말하기 활동은 보편적 학습 설계를 적용하여 계획하면 어떤가요?

김 교사 : 네, 좋아요.

최 교사 : 유아들이 동물 인형을 좋아하니까, 각자 좋아하는 동물 인형으로 놀아요. ㉠나은이뿐만 아니라 유아들의 관심과 흥미를 유도할 수 있도록 유아들이 좋아하는 동물 인형을 준비하고, 유아들이 직접 골라서 놀이를 하게 하면 좋을 것 같아요.

김 교사 : 다른 유의 사항이 있을까요?

최 교사 : 네, 모든 문제를 해결하기는 어렵겠지만 나은이가 재미있게 놀이 활동을 할 수 있게 하면 될 것 같아요. 그리고 ㉡나은이의 개별화교육목표는 선생님이 모든 일과 과정 중에 포함시켜 지도할 수 있어요. 자유놀이 시간에 유아들이 동물 인형에 관심을 보이고 놀이 활동에 열중할 때 나은이에게 동물 이름을 말하게 하는 거예요. 예를 들어, "이건 뭐야?"라고 물어보고 "호랑이"라고 대답하면 잘 했다고 칭찬을 해요. 만약, 이름을 말하지 못하면 ㉢"어흥"이라고 말하고 ㉣호랑이 동작을 보여주면, 호랑이라고 대답할 거예요.

3) ㉢과 ㉣의 촉구 유형을 쓰시오.

㉢ :

㉣ :

114

다음은 유치원 초임 유아특수교사 김 교사와 동료 유아특수교사 박 교사가 나눈 대화 내용의 일부이다. 물음에 답하시오.

박 교사 : 선생님, 우현이의 1학기 개별화교육지원팀 협의회 준비는 잘 되고 있나요?

김 교사 : 네, 등원에서 하원까지의 전체 일과에서 우현이의 적응 정도를 잘 살펴보고 있어요.

박 교사 : 요즘 우현이는 등원할 때 울지 않고 엄마와 잘 헤어지던데, 우현이의 IEP 목표는 무엇이 좋을까요?

김 교사 : 우현이는 교사가 제시하는 놀잇감에는 1~2분 정도 관심을 보이지만, 또래가 같이 놀자고 해도 반응을 잘 보이지 않아요. 그리고 스스로 놀잇감을 선택하지는 않지만, 친구들이 노는 것을 바라보고 있는 시간이 많아요. 그래서 ㉠'우현이는 제시된 2가지의 놀잇감 중 1가지를 스스로 선택하여 친구 옆에서 3분 이상 놀 수 있다.'를 우선적인 목표로 설정하려고 해요.

박 교사 : 우현이가 목표 행동을 습득했다는 것을 확인하려면 평가 기준을 구체적으로 세워야 하는데, 어떻게 할 계획인가요?

김 교사 : ㉡1시간 동안의 자유놀이 시간 중 선택하는 기회를 제공하였을 때 스스로 몇 번 선택했는지 빈도를 기록하여 비율을 측정하려고 해요. ㉢이 목표 행동 습득을 확인할 수 있는 또 다른 측정 차원으로 무엇이 있을까요?

1) 김 교사가 바깥 놀이터에서 ㉠의 목표 행동을 유발할 수 있는 발문의 예를 1가지 쓰시오.

2) ㉠의 목표를 평가할 때 ㉡을 고려하여 ㉢을 2가지 쓰시오.

115 _____ 2021 유아A-3

(가)는 유아특수교사 박 교사와 최 교사, 통합학급 김 교사가 5세 발달지체 유아 지호에 대해 나눈 대화이고, (나)는 지호의 울음 행동 원인을 알기 위해 실시한 실험적 기능평가 결과이다. 물음에 답하시오.

(가)

[9월 7일]
김 교사: 신입 원아 지호가 일과 중에 갑자기 울음을 터뜨리는 일이 많은데 기질상의 문제일까요?

박 교사: 글쎄요. 지호가 울기 전과 후에 어떤 일이 있었는지 자세히 살펴봐야 할 것 같아요.

최 교사: 지호를 둘러싼 사회적 맥락과의 상호작용도 중요한 것 같아요. 지호가 다녔던 기관은 소규모이고 굉장히 허용적인 곳이었다니, 지호에게 요구하는 것이 크게 달라진 것이죠. 지호뿐만 아니라 ㉠지호 어머니도 새 선생님들과 관계를 맺고 소통하는 것이 큰 부담이시래요. 이런 점도 영향이 있겠지요? [A]

박 교사: 네, 다양한 관점을 통합하여 봐야 할 것 같습니다. 다음 회의 때까지 울음 행동 자료를 직접 관찰 방법으로 수집해 볼게요.

[9월 14일]
김 교사: 박 선생님, 지호의 울음 행동이 주로 어떤 시간에 발생하던가요?

박 교사: 어느 시간에 많이 발생하는지, 또 혹시 발생하지 않는 시간은 있는지 시간대별로 알아본 결과 큰 책 읽기 시간에 울음 행동이 가장 많이 발생하고, 실외 활동 시간에 가장 적었어요. [B]

최 교사: 큰 책 읽기 시간에는 아마도 유아들이 붙어 앉다 보니 신체적 접촉이 생겨서 그러는 것 같아요.

김 교사: 지호가 좋아하는 박 선생님이 앞에서 책 읽어주시느라 지호와 멀어지게 되는 것도 이유인 것 같아요.

박 교사: 그럼, 두 가지 이유 중 어떤 것이 맞는지 가설로 설정하여 검증해 봐야겠어요.

(나)

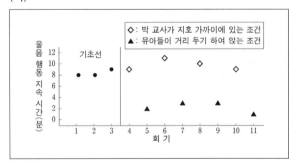

2) ① [B]에서 박 교사가 사용한 직접 관찰 방법은 무엇인지 쓰고, ② 지호의 울음 행동 기능은 무엇인지 (나)에 근거하여 쓰시오.

①:

②:

116

(가)는 통합학급 박 교사와 최 교사, 유아특수교사 김 교사가 지적 장애 유아 은미와 민수의 행동에 대해 협의한 내용의 일부이고, (나)는 민수의 관찰 기록지이다. 물음에 답하시오.

(가)

[3월 23일]

김 교사 : 은미와 민수가 통합학급에서 또래들과 잘 어울리고 있는지 궁금해요.

박 교사 : 은미는 혼자 있는 걸 좋아하고 자기표현이 거의 없어요. 그래서인지 친구들도 은미와 놀이를 안 하려고 해요. 오늘은 우리 반 현지가 자기 장난감을 은미가 가져갔다고 하는데 은미가 아무 말도 하지 않아서 오해를 받았어요. 나중에 찾아보니 현지 사물함에 있었어요.

김 교사 : 은미가 많이 속상해 했겠네요. ㉠은미가 자신에게 억울한 상황을 자신의 입장에서 분명하게 이야기할 수 있도록 지도해야겠어요. 최 선생님, 민수는 어떤가요?

최 교사 : 민수가 활동 중에 갑자기 자리를 이탈해서 아이들이 놀라는 경우가 많아요. 그래서 친구들이 민수 옆에 앉지 않으려고 해요. 민수의 이런 행동은 이야기 나누기 활동에서 많이 나타나는 것 같아요.

김 교사 : 선생님들의 말씀을 듣고 보니, 은미와 민수가 속해 있는 통합학급 유아들을 대상으로 ㉡또래지명법부터 해 봐야겠다는 생각이 들어요.

박 교사 : 네, 좋은 생각이네요.

최 교사 : 그런데 김 선생님, 요즘 민수가 자리이탈 행동을 더 많이 하는 것 같아서 걱정이 되네요.

김 교사 : 그러면 제가 민수의 행동을 관찰해 보고 다음 주에 다시 협의하는 건 어떨까요?

최 교사 : 네, 그렇게 하는 것이 좋겠어요.

[4월 3일]

최 교사 : 선생님, 지난주에 민수의 행동을 관찰하기 위해 이야기 나누기 활동을 촬영하셨잖아요. 결과가 궁금해요.

김 교사 : 네, ㉢민수의 자리이탈 행동의 원인이 선생님의 관심을 얻기 위한 것으로 확인되었어요.

최 교사 : 그렇군요. 그러면 민수의 자리이탈 행동을 줄이려면 어떻게 해야 할까요?

김 교사 : ㉣자리이탈을 하지 않고도 원하는 강화를 받을 수 있게 하여 문제 행동의 동기를 제거할 수 있는 전략을 적용해 보는 것도 좋을 것 같아요.

(나)

- 아동 : 김민수
- 관찰자 : 김○○
- 관찰 장면 : 이야기 나누기 활동
- 관찰 행동 : 자리이탈 행동

날짜	시간	행동 발생	계	관찰 시간	분석
3/26	10:00~10:15	✓✓✓✓	5	15분	약 3분마다 1회씩 발생함
3/27	10:00~10:14	✓✓✓✓	4	14분	
3/30	10:00~10:16	✓✓✓✓✓✓	6	16분	
3/31	10:00~10:15	✓✓✓✓✓	5	15분	

3) ① ㉢과 (나)를 활용하여 ㉣의 구체적인 방법을 쓰고, ② ㉣을 사용할 때 나타날 수 있는 문제점을 1가지 쓰시오.

① :

② :

117 _____ 2021 유아B-2

(가)는 5세 통합학급 박 교사와 유아특수교사 윤 교사의 대화 내용이고, (나)는 토큰 경제를 활용하여 발달지체 유아 건우의 행동을 중재하기 위한 자료이다. 물음에 답하시오.

(가)

박 교사: 오늘 술래잡기 놀이에 다른 유아들은 재미있게 참여했는데, 수지는 잘 참여하지 못하더라고요. 왜 그랬을까요?
윤 교사: ㉠수지가 또래에 비해 체력이 약해서 달리기를 조금만 하면 금방 힘들어 해요.
… (중략) …
박 교사: 윤 선생님, 건우가 자동차나 좋아하는 물건을 차지하기 위해 또래를 밀쳐서 다툼이 잦아요. [A]
윤 교사: 그래요?
박 교사: 친구를 아프게 하려고 일부러 그러는 것 같지는 않아요.
윤 교사: 그렇군요. 그런 공격성은 유아가 성장하면서 타협이라는 것을 알게 되면 감소한다고 해요. 그런데 연령이 많아짐에 따라 점차 ㉡적대적 공격성이 나타날 수 있어요.

(나)

3) ① (나)와 ② ㉢은 어떤 행동중재전략인지 각각 쓰시오.

①:

②:

118

다음은 5세 발달지체 유아 슬비의 통합학급 박 교사와
유아특수 교사 최 교사의 대화이다. 물음에 답하시오.

박 교사: 선생님, '과일'이 놀이 주제인데 어떤 활동이 좋을
까요?

최 교사: 네, '과일 꼬치 만들기'를 하면 어떨까요?

박 교사: 재미있겠네요. 활동 과정을 이야기해 주시겠어요?

최 교사: 우선 사과와 배의 맛을 보며 동기 유발을 해요. 그
러고 나서 깍두기 모양의 조각난 사과와 배를 가
지고 자유롭게 과일 꼬치를 만들게 하면 좋을 것
같아요.

박 교사: 그런데 저는 수학적 탐구 활동도 경험하게 해 주
고 싶은데요. 이와 관련된 활동은 어떤 것이 있을
까요?

최 교사: 슬비와 유아들이 자유롭게 과일 꼬치를 만들어 봤
으니까 이번에는 규칙성을 경험할 수 있게 패턴
꼬치를 만들어 보게 하면 되겠지요. 예를 들면,
㉠'사과-배/사과-배/사과-배'와 같은 과일 꼬치
를 만들어 보는 거예요. 그 다음에 긴 꼬챙이를 가
지고 ㉡'사과-배/사과-배-배/사과-배-배-배/사
과…'와 같은 형태의 패턴을 만들게 해 주세요. 그
러면 유아들이 여러 가지 패턴을 경험할 거예요.

박 교사: 선생님, 그런데 슬비는 협응과 힘 조절에 어려움
이 있어서 과일을 꼬챙이에 끼울 때 많이 힘들어
할 것 같아요. 어떻게 하면 슬비가 활동에 보다 더
쉽게 참여할 수 있을까요?

최 교사: 선생님께서 ㉢반응촉구로 지원하면 좋겠네요.

박 교사: 선생님, '과일 꼬치 만들기'와 관련해서 확장 활동
으로 추천할 만한 과학적 탐구 활동이 있을까요?

최 교사: 그러면 확장 활동은 사과를 활용해서 ㉣물리적 변
화와 ㉤화학적 변화를 경험할 수 있게 하면 좋겠네
요. ㉥필요한 준비물은 믹서와 강판 그리고 과일
깎는 칼과 그릇이에요. 이 활동을 할 때 슬비가 활
동 도우미로 참여하면 좋겠고요 활동이 2개이니 저
와 함께 진행해요.

2) 슬비의 특성을 고려하여 ㉢의 유형을 쓰시오.

119

다음은 5세 통합학급 발달지체 유아 민지와 또래들의
바깥놀이 중 대화이다. 물음에 답하시오.

(유아들이 바깥 놀이터에서 모래에 물을 섞어서 공 모양의
아이스크림 만들기 놀이를 하고 있다.)

지우: 아이스크림이 열 개나 돼. 더 많이 만들어서 아이스크
림으로 성을 만들자.

서준: 그럼 문부터 만들자.

민지: 응. 문 하자.

지우: 그래. (손으로 문을 가리키며) 문 앞에 연결해서
만들자. 민지야, 여기 문 앞에 놓아.

민지: 응. (민지는 자기 앞에 놓는다.)

서준: 아니. 민지야, 문 앞에 놓는 거야.

지우: 선생님, 민지가 아이스크림을 자꾸 자기 앞에만
놓아요.   [A]

교사: 그래요? 민지는 문 앞에 놓는 걸 자기 앞에서부
터 놓기 시작하는 줄 알았나 보네요.
문 앞에 놓는 것을 누가 보여 줄까요?

지우: 제가 보여 줄게요. 민지야, 여기야 여기. 여기에
다 놓아.   [B]

교사: 민지야, 지우가 아이스크림을 어디에 놓고 있어
요? 지우가 놓는 것을 보고 민지도 놓아 봐요.

민지: (아이스크림을 문 앞에 놓고) 됐다!

교사: 잘했어요. 민지야, 잘할 때마다 선생님이랑 어떻
게 하기로 약속했지요?   [C]

민지: (엄지를 추켜세우며) 민지 최고! 민지 잘했다!

… (중략) …

지우: 아, 이제 집에 갈 시간이야. 우리 다 못 만들었는
데, 내일 계속해서 성을 완성하자.

서준: 비가 와서 망가지거나 다른 애들이 부수면 어떻
게하지?

교사: 다 부서져도 다시 만들 수 있도록 선생님이 사진   [D]
을 찍어 놓으면 어떨까요?

민지: 네, 찍어요.

서준: 선생님, 여기 좀 잘 찍어 주세요.

지우: ㉠얘들아, 내일 계속 또 만들자.

2) [C]에서 나타난 자기관리 유형을 쓰시오.

120 _____ 2021 초등A-4

(가)는 사회과 수업 설계 노트의 일부이고, (나)는 상황 간 중다기초선설계 그래프이다. 물음에 답하시오.

(가) 수업 설계 노트

○ 기본 교육과정 사회과 분석
　• 내용 영역: 시민의 삶
　• 내용 요소: 생활 속의 질서와 규칙, 생활 속의 규범
　• 내용 조직: ㉠나선형 계열구조
○ 은수의 특성
　• 3어절 수준의 말과 글을 이해함.
　• 말이나 글보다는 그림이나 사진 자료의 이해
　　도가 높음.　　　　　　　　　　　　　　　[A]
　• 통학버스 승하차 시, 급식실, 화장실에서 차
　　례를 지키지 않음.
○ 목표
　• 순서를 기다려 차례를 지킬 수 있다.
○ 교수·학습 방법
　• '사회 상황 이야기'

문제 상황
은수는 수업을 마치고 통학버스를 타러 달려 간다. 학생들이 통학버스를 타려고 줄을 서서 기다 리고 있을 때 맨 앞으로 끼어든다.

[B]

○ 평가 방법
　• 자기평가
　　− 교사에 의해 설정된 준거와 비교하기
　　− (㉡)와/과 비교하기
　　− 다른 학생들의 수준과 비교하기
　• 교사 관찰: ㉢상황 간 중다기초선설계
　• 부모 면접

(나) 상황 간 중다기초선설계 그래프

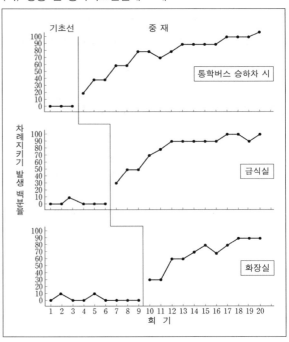

3) ① ㉡에 들어갈 비교 준거의 예를 1가지 쓰고, ② ㉢
과 대상자 간 중다기초선설계를 비교하여 차이점을
1가지 쓰며, ③ (나)에서 첫 번째 중재 후 두 번째
중재의 투입 시점을 결정하는 기준을 1가지 쓰시오.

①:

②:

③:

121 _____

(가)는 중도중복장애 학생 건우의 현재 담임 김 교사와 전년도 담임 이 교사가 나눈 대화이고, (나)는 김 교사가 작성한 수업 계획안의 일부이다. 물음에 답하시오.

(가) 김 교사와 이 교사의 대화

김 교사: 건우를 위한 실과 수업은 어떤 방향으로 지도하면 좋을까요?
이 교사: 건우에게 어릴 때부터 지역사회 기술을 직접 가르치는 것이 좋습니다. 이번 마트 이용하기 활동부터 계획해 보세요.
김 교사: 네, 좋아요. 그런데 요즘 ⊙코로나 19 때문에 밖에 나가기 어렵고, 그렇다고 학교에 마트가 있는 것도 아니에요.
이 교사: 지난번 구입한 머리 착용 디스플레이(Head Mounted Display ; HMD)를 활용하는 것이 좋을 것 같아요.
김 교사: 그 방법으로는 부족하지 않을까요?
이 교사: 맞아요. ⓒ최대한 지역사회 기술 수행 환경과 유사하도록 학습 환경을 구성해야 해요. 그리고 다양한 사례를 가르쳐 배우지 않은 환경에서도 수행할 수 있도록 계획해야 해요.
… (중략) …
김 교사: 건우가 실습수업에 잘 참여하지 않아서 걱정이에요.
이 교사: 초등학교 저학년 때부터 매번 실패를 경험하다 보니 이제는 할 수 있는 것조차 하지 않으려 한답니다.
김 교사: 그렇다면 성공 경험을 주는 것이 필요하겠군요.
이 교사: 과제를 잘게 쪼갠 후, ⓒ일의 순서와 절차에 따라 수행하도록 지도하는 것이 도움이 될 겁니다.

(나) 수업 계획안

활동주제	쇼핑 카트에 물건 담기
단 계	내 용
활동 1	○ 신체적 도움으로 연습하기 1. 교사는 힘을 주어 학생의 손을 잡고, 학생은 교사의 도움을 받아 카트에 물건을 담는다. ↓ 2. 교사는 힘을 주어 학생의 손목을 잡고, 학생은 교사의 도움을 받아 카트에 물건을 담는다. ↓ [A] 3. 교사는 힘을 주어 학생의 팔꿈치를 잡고, 학생은 교사의 도움을 받아 카트에 물건을 담는다. ↓ 4. (ⓔ)
활동 2	○ 독립적으로 연습하기

3) (나)의 [A]에서 적용한 용암법(fading)의 유형을 쓰고, [A]의 마지막 단계인 ⓔ에 들어갈 교사와 학생의 행동을 각각 1가지씩 쓰시오.

① 유형 :

② 교사 행동 :

③ 학생 행동 :

122 _____

다음은 정서·행동장애 학생 A에게 '책상 닦기' 기술을 지도하기 위해 두 교사가 나눈 대화이다. 괄호 안의 ㉠, ㉡에 해당하는 내용을 순서대로 쓰시오.

> 김 교사 : 학생 A는 산업체 현장실습 기간 중에 '책상 닦기' 과제를 잘 수행하지 못했습니다.
>
> 박 교사 : 네, 그런데 학생 A는 '책상 닦기'를 할 때, 하위 과제 대부분을 습득하여 새로 가르칠 내용이 없는데도 전체적인 업무 완성도가 다소 부족합니다.
>
> 김 교사 : 그렇다면 과제 분석을 통해 하위 과제들을 일련의 순서대로 수행할 수 있게 (㉠)을/를 적용하는 것이 좋을 것 같습니다. 하위 과제의 수가 많지도 않고 비교적 단순한 과제여서 적용하기 적합한 방법입니다.
>
> 박 교사 : 그렇군요. 이뿐만 아니라 학생 A는 '책상 닦기'를 언제 시작해야 할지 잘 모르고 있습니다.
>
> 김 교사 : 그와 같은 경우에는 선생님이 손뼉을 쳐서 신호를 주는 방법이 있습니다. '책상 닦기' 행동에 앞서 '손뼉 치기'라는 일정한 행동을 지속적으로 반복해 '손뼉 치기'가 '책상 닦기' 행동 시작에 관한 단서임을 제공하는 것입니다.
>
> 박 교사 : '손뼉 치기'가 '책상 닦기'를 시작하게 하는 (㉡)이군요.

123 _____

다음은 자폐성장애 학생 B에게 저비율행동 차별강화(DRL)를 적용하기 위해 두 교사가 나눈 대화이다. 밑줄 친 ㉠과 ㉡에 해당하는 DRL의 유형을 순서대로 쓰시오.

> 백 교사 : 선생님, 학생 B가 수업 시간에 질문을 너무 많이 합니다.
>
> 천 교사 : 수업 시간에 평균 몇 번 정도 질문을 합니까?
>
> 백 교사 : 약 20번 정도 합니다.
>
> 천 교사 : 그렇다면 백 선생님은 학생 B가 수업 시간에 몇 번 정도 질문하는 것이 적당하다고 생각하십니까?
>
> 백 교사 : 저는 전체 수업 시간 동안 약 5회 정도면 적당하다고 생각합니다.
>
> 천 교사 : 그러면 학생 B에게 ㉠전체 수업 시간 45분 동안에 평균 5회 또는 그 이하로 질문을 하면, 수업을 마친 후에 강화를 해 준다고 말하십시오. 학생 B에게 이런 기법이 잘 적용될 것 같습니다.
>
> 백 교사 : 제 생각에는 전체 수업을 마친 후에 강화를 하는 것보다 ㉡학생 B가 한 번 질문을 한 후, 8분이 지나고 질문을 하면 즉시 강화하는 것이 좋겠습니다.

124

(가)는 ABC 분석 방법으로 학생 F의 문제행동을 수집한 자료의 일부이고, (나)는 학생 F에 대하여 두 교사가 나눈 대화이다. 〈작성 방법〉에 따라 서술하시오.

(가) 문제행동 수집 자료

피관찰자: 학생 F
관찰자: 김 교사
관찰일시: 2020. 11. 20.

시간	선행 사건(A)	학생 행동(B)	후속 결과(C)
13:00	"누가 발표해 볼까요?"	(큰 소리로) "저요, 저요."	"그래, F가 발표해 보자."
13:01		"어… 어….” (머뭇거린다.)	"다음에는 대답을 제대로 해 보자, F야."
13:02		(웃으며 자리에 앉는다.)	
13:20	"이번에는 조별로 발표를 해 봅시다."	(큰 소리로) "저요, 저요."	(F에게 다가가서) "지금은 다른 조에서 발표할 시간이에요."
13:21		(교사를 바라보며 미소 짓는다.)	
13:40	"오늘의 주제는 …."	(교사의 말이 끝나기도 전에) "저요, 저요." (자리에서 일어난다)	"지금은 선생님이 말하는 시간이에요."
13:41		(교사를 바라보며 미소 짓는다.)	

(나) 대화

김 교사: 선생님, 지난 수업에서 학생 F의 문제행동을 평가해 보니 그 기능이 (㉠)(으)로 분석되었습니다.
박 교사: 그렇다면 문제행동을 줄이기 위해 어떻게 하면 될까요?
김 교사: 몇 가지 방법 중 하나는 ㉡학생 F가 그 행동을 하더라도 반응하지 않는 것입니다. 그렇지만 이 방법은 ㉢문제행동이 일시적으로 더 심해지는 현상이 나타날 수 있기 때문에 예방적 차원의 접근이 필요합니다.
박 교사: 예방적 차원의 행동 중재 방법으로는 무엇이 있나요?
김 교사: ㉣문제행동을 예방하기 위해 학생 F의 문제행동을 유지시키는 요인을 미리 제공하는 방법입니다.

〈 작성 방법 〉
• (나)의 괄호 안의 ㉠에 해당하는 내용을 (가)를 참고하여 쓸 것
• (나)의 밑줄 친 ㉡에 해당하는 중재 방법을 쓰고, ㉢의 상황이 발생하는 이유를 1가지 서술할 것
• (나)의 밑줄 친 ㉣에 해당하는 중재 방법의 명칭을 쓸 것

125

(가)는 지적장애 학생 F에 대한 지도 중점 사항이고, (나)는 교육 실습생이 기록한 학생 F의 수행 점검표이다. (다)는 학생 F의 문제 행동 중재 결과이다. 〈작성 방법〉에 따라 서술하시오.

(가) 지도 중점 사항

• 독립적인 자립생활을 위해 적응행동 기술 교수
• 수업 중 소리 지르기 행동에 대해 지원

(나) 수행 점검표

상위 기술	하위 기술	수행 점검
컵라면 구입하기	컵라면 가격 알기	×
	종업원에게 인사하기	○
	종업원에게 질문하기	○
	계산하고 구입하기	×
컵라면 조리하기	컵라면 뚜껑 열기	○
	컵 안쪽에 보이는 선까지 물 붓기	○
	면이 익을 때까지 기다리기	○
정리하기	빈 용기 정리하기	○

(다) 문제행동 중재 결과

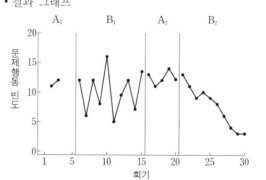

• 문제행동: 소리 지르기
• 중재 방법: ㉠타행동 차별강화(DRO)
• 결과 그래프

〈 작성 방법 〉
• 학생 F의 문제행동에 근거하여 (다)의 밑줄 친 ㉠이 적용된 예시를 1가지 서술할 것
• (다)의 ABAB 설계 적용 과정에서 나타난 오류를 2가지 서술할 것

126

(가)는 교사가 학생 I의 부모에게 요청한 내용을 메모한 것이며, (나)는 학생 I의 부모가 3일 동안 작성한 행동 관찰 결과이다. 〈작성 방법〉에 따라 서술하시오.

(가) 메모

〈주요 내용〉
- 표적 행동: 지시에 대한 반응 지연 시간 줄이기
- 선행 사건: 컴퓨터 사용을 중지하라는 지시
- 학생 행동 목표: 컴퓨터 끄기
- 유의 사항
  ㉠ 의도하지 않은 측정 방법의 오류 또는 기준이 변경되지 않도록 유의함.
  ㉡ 관찰자 반응성에 유의함.

(나) 행동 관찰 결과

반응 관찰자	반응 지연 시간(분)		
	11월 1일	11월 2일	11월 3일
아버지	6	10	9
어머니	6	8	10

┌〈작성 방법〉
- (가)의 밑줄 친 ㉠에 해당하는 용어를 쓰고, (가)의 밑줄 친 ㉡의 의미를 1가지 서술할 것
- (나)에서 알 수 있는 '총지연 시간 관찰자 일치도'와 '평균 발생당 지연 시간 관찰자 일치도'를 각각 계산하여 쓸 것

127

(가)는 지적장애를 동반한 건강장애 학생 K의 특성이고, (나)는 학생 K에 대한 건강관리 지도 계획이다. 〈작성 방법〉에 따라 서술하시오.

(가) 학생 K의 특성

- 의사소통에 어려움이 있음.
- 지속성 경도 천식 증상이 있음.
- 흡입기 사용 시 도움이 필요함.

(나) 지도 계획

○㉠최대호기량측정기 사용 지도
- 매일 일정한 시간에 측정하고 결과를 기록하도록 지도

○'도움카드' 사용 지도
- '도움카드' 사용 방법을 학습하기 위해 '1:1 집중시도' 연습 지도
- 일반화를 위해 다음과 같이 자연스러운 환경에서 '도움카드' 사용하기 연습 지도

  - 환기가 필요할 때 '도움카드'를 이용하여 도움 요청하기
  - 체육 활동 시 '도움카드'를 이용하여 휴식 시간 요청하기
  - 수업 시간에 갈증을 느낄 때 '도움카드'를 이용하여 물 마시기 요청하기
  - 흡입기 사용 시 '도움카드'를 이용하여 교사에게 도움 요청하기 ㉡

○기타 교육적 지원
  ㉢ 교실에 천식 유발인자가 재투입되지 않는 특수 필터가 장착된 공기청정기를 사용한다.
  ㉣ 학생이 천식 발작의 징후인 흉부 압박, 연속적으로 터져 나오는 기침 등의 증상을 자각할 수 있도록 지도한다.
  ㉤ 천식 발작이 나타나면 증상이 잠잠해질 때까지 기다린 후에 조치를 취하도록 한다.
  ㉥ 학교의 모든 사람이 천식에 대한 지식을 갖출 수 있도록 교육을 실시한다.
  ㉦ 천식 발작이 일어났을 때 대개는 앉은 자세보다 누운 자세를 취하도록 하는 것이 바람직하다.
  ㉧ 일반적으로 적절한 운동은 도움이 되므로 준비 운동 후 운동에 참여하도록 한다.

┌〈작성 방법〉
- (나)의 ㉡에 해당하는 목표 기술 연습 방법을 1가지 쓸 것

128

다음은 통합학급 김 교사와 유아특수교사 박 교사가
나눈 대화의 일부이다. 물음에 답하시오.

박 교사

김 교사

선생님, 유아들이 '색깔 빙고놀이'와 같은 색 관련
놀이를 자주 하는데 수미가 색을 구분하지 못해서
놀이 참여에 어려움이 있는 것 같아요.

네. 요즘 수미가 친구들과 함께 하는 놀이에 관심을 보이기
시작하니 색깔을 잘 구분해서 즐겁게 놀이에 참여할 수
있도록 지원해야겠어요. 그런데 놀면서 자연스럽게 색깔을
알도록 하기에는 한계가 있는 것 같아요.

네. 수미가 놀이 속에서 자연스럽게 알게 되면 참
좋겠지만, 필요한 경우에는 비연속시행교수와
같이 구조화된 중재 방법을 적용해서 새로운
행동을 습득하도록 지도할 수 있어요.

그러면 수미가 노랑반이 되었으니 노란색부터 알게
하고 싶은데 비연속시행교수는 어떻게 하는 건가요?

먼저, 파란색 블록과 노란색 블록을 수미 앞에 놓고
선생님이 "수미야!"하고 부른 후, "선생님 보세요."
라고 말해요. 그 다음 "노란색 주세요."라고 해요.
수미가 제대로 노란색을 주는 정반응을 보이면
바로 "잘했어요."라고 칭찬하면서 수미가 좋아하는
동물 스티커를 주면 돼요.

[A]

동물 스티커는 매번 주어야 하나요?

네. 새로운 행동을 습득하는 초기에는 ㉠ 수미가
정반응을 할 때마다 동물 스티커를 주세요. 그러다가
수미가 습득 기준에 도달하면 점차 강화 스케줄을
변경하시면 됩니다. ㉡ 예를 들어, 정반응이 세 번
나올 때마다 혹은 평균 세 번 정반응이 나타날 때
동물 스티커를 주는 거죠.

그 외에 또 유의할 점은 없을까요?

이 방법을 적용하는 초기에는 동일한
변별자극을 사용해야 해요.

[B]

2) ① ㉠에 해당하는 강화 스케줄이 무엇인지 쓰고,
   ② ㉡과 같은 강화 스케줄을 사용하는 이유를 1가
   지 쓰시오.

   ① :

   ② :

129 _____ 2022 유아A-2

(가)와 (나)는 유아특수교사가 윤희와 경호에게 실행한 중재 기록의 일부이다. 물음에 답하시오.

(가) 윤희

- 친구와의 상호작용 향상을 위해 3가지 목표행동을 선정하여 또래교수를 실시함.
- ㉠ 중재 종료 한달 후 각각의 목표행동 빈도를 측정함.
- ㉡ 도움 요청하기는 기초선 단계에서 목표행동이 증가함.

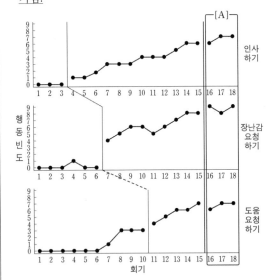

(나) 경호

- 경호가 자유놀이 시간에 음성출력기기를 사용하여 "같이 놀자"라고 말하도록 지도함.
- 경호가 "같이 놀자"라고 말하면 또래들이 같이 놀이하도록 지도함.
- 음성출력기기 사용 기술은 아래와 같이 지도함.

활동시간	자유놀이	날짜	2021년 ○월 ○일	
목표행동	음성출력기기 스위치를 눌러 또래에게 놀이 요청하기			
지도내용	신체적 도움	시각적 도움	언어적 도움	단서
	경호의 손을 잡고 스위치를 함께 누름.	(생략)	(㉢)	스위치를 가리킴.

- 중재 결과, 경호가 또래에게 놀이를 요청하는 행동이 증가함.
- 바깥놀이 시간에도 경호가 음성출력기기를 자발적으로 사용하여 또래와 놀이하는 행동이 관찰됨.

1) (가)에서 ① 중재를 위해 사용한 설계 방법을 쓰고, ② ㉠에 해당하는 [A]단계의 목적을 쓰시오. ③ 그래프에 근거하여 ㉡의 이유를 쓰시오.

①:

②:

③:

2) (나)에서 ① ㉢에 해당하는 지도내용을 쓰고, ② 경호의 목표 행동을 증가시킨 자연적 강화 요인이 무엇인지 쓰시오.

①:

②:

130 _____

(가)는 자폐성장애 유아 재우의 행동 특성이고, (나)는 유아특수 교사 최 교사와 홍 교사가 나눈 대화 내용이다. 물음에 답하시오.

(가)

> ⓐ 매일 다니던 길로 가지 않으면 울면서 주저앉는다.
> ⓑ 이 닦기, 손 씻기, 마스크 쓰기를 할 수 있지만 성인의 지시가 있어야만 수행한다.
> ⓒ 이 닦기 시간에 "이게 뭐야?"라고 물으면 칫솔을 아는데도 칫솔에 있는 안경 쓴 펭귄을 보고 "안경"이라고 대답한다.
> ⓓ 1가지 속성(예: 색깔 또는 모양)만 요구하면 정확히 반응하는데 2가지 속성(예: 색깔과 모양)이 포함된 지시에는 오반응이 많다.

(나)

> 최 교사: 선생님, 재우에 대한 가족진단 내용을 보면서 지원 방안을 협의해 봐요.
> 홍 교사: 네. 재우 부모님은 재우의 교육목표에 대해 다양한 요구가 있으신데, 그중에서도 재우가 혼자 할 수 있는 일은 시키지 않아도 스스로 하기를 가장 원한다는 의견을 주셨어요. [A]
> 　　　　 그리고 교육에도 적극적이셔서 가정에서 사용할 수 있는 지도방법에 관심이 많으세요.
> 최 교사: 그럼, 부모님의 의견을 반영해서 개별화교육계획 목표를 '성인의 지시 없이 스스로 하기'로 정해요. 재우의 행동특성을 고려해 보면 중심축반응훈련을 적용해서 지도하면 좋을 것 같아요.
> 홍 교사: 네. 지시가 있어야만 행동하는 특성에는 중심(축)반응 중에서 자기관리 기술을 습득하도록 지도해야겠지요?
> 최 교사: 네. 먼저 이 닦기부터 적용해 보죠. 재우가 이 닦기 그림을 보고 이를 닦고 난 후, 스티커를 붙여서 수행 여부를 확인하는 시각적 자료를 활용하면 좋을 것 같아요. [B]
>
>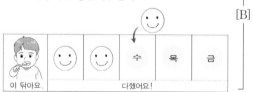
>
> 홍 교사: 이 자료를 재우 어머니에게 보내 드려서 가정에서도 지도할 수 있게 해야겠어요.
> 최 교사: 좋아요. 그리고 재우는 ㉠제한적인 자극이나 관련 없는 자극에 반응하는 특성이 있기 때문에 중심(축) 반응 중 (㉡)을/를 증진시켜야겠어요.
>
> 　　　　　　… (하략) …

2) ① (나)의 [B]에서 재우에게 적용하고자 하는 자기관리 전략의 유형을 쓰고, ② 이 전략의 지도 목적을 재우의 행동 특성에 근거하여 1가지 쓰시오.

① :

② :

131　　　　　　　　　　2022 유아A-6

(가)는 유아특수교사 최 교사가 작성한 일지이고, (나)는 교사들이 통합교육협의회에서 나눈 대화의 일부이다. 물음에 답하시오.

(가)

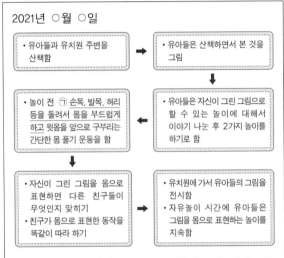

2021년 ○월 ○일

- 유아들과 유치원 주변을 산책함 ➡ 유아들은 산책하면서 본 것을 그림
- 놀이 전 ① 손목, 발목, 허리 등을 돌려서 몸을 부드럽게 하고 윗몸을 앞으로 구부리는 간단한 몸 풀기 운동을 함 ⬅ 유아들은 자신이 그린 그림으로 할 수 있는 놀이에 대해서 이야기 나눈 후 2가지 놀이를 하기로 함
- 자신이 그린 그림을 몸으로 표현하면 다른 친구들이 무엇인지 맞히기 / 친구가 몸으로 표현한 동작을 똑같이 따라 하기 ➡ 유치원에 가서 유아들의 그림을 전시함 / 자유놀이 시간에 유아들은 그림을 몸으로 표현하는 놀이를 지속함

- 허수아비를 표현했던 유아들은 ① 양 팔을 벌리고 한 다리로 서 있는 것이 힘들지만 재미있다고 함.
- 방아깨비를 그린 그림을 보며 놀이했던 유아들은 자신을 사마귀와 개구리라고 하면서 ⓒ 제자리멀리뛰기를 함.
- 내일은 모둠별로 허수아비를 만들고 ② 허수아비 반환점 돌아오기 활동을 하기로 함.
- 자유놀이 시간에 관찰한 영수의 행동을 기록함.

참여관찰 기록표
- 관찰대상: 영수　　· 장소: 교실
- 상황: 자유놀이　· 관찰기간: □□~□□

참여시간 참여대상	거의 참여하지 않음	짧은 시간	긴 시간	대부분의 시간
교사				√
또래	√			
놀잇감			√	

[A]

(나)

김 교사: 선생님, 연우가 신체활동에 더 많이 참여하면 좋겠어요. 어떻게 하면 좋을까요?

최 교사: ⑩ 연우가 점토를 가지고 노는 것을 좋아하니까 프리맥 원리를 적용해 보는 것이 적절할 것 같은데요.

김 교사: 네, 알겠습니다. 그리고 연우가 음식을 먹기 전에 손을 씻었으면 좋겠는데 어떻게 지도하면 좋을까요?

최 교사: 연우의 여러 특성을 고려해 볼 때 토큰강화 방법이 적절할 것 같은데요. 토큰강화를 하려면 먼저 연우가 수행해야 할 (⑭)을/를 알려주셔야 해요. 그리고 토큰을 모았을 때 무엇으로 교환하고 싶은지 연우와 함께 정하면 됩니다. 그 다음에 몇 개의 토큰을 모아야 교환할 수 있는지와 교환 시기를 알려 주세요.

3) (나)에서 ① ⑩을 고려하여 연우를 신체활동에 참여시키는 방법의 예를 쓰고, ② ⑭에 들어갈 토큰강화체계의 구성요소를 쓰시오.

①:

②:

132

다음은 통합학급 김 교사와 유아특수교사 박 교사가 나눈 대화의 일부이다. 물음에 답하시오.

박 교사: 선생님, 우리 아이들의 노는 모습이 참 다양하죠?

김 교사: 오늘 수희와 영미는 병원놀이를 했고, 재우와 인호는 퍼즐놀이를 했어요. 민우는 혼자서 종이 블록을 가지고 쌓기놀이를 하고 있었어요. 마침 지수가 그 옆을 지나가다 민우 옆에 앉더니 자기도 민우처럼 종이 블록을 가지고 쌓기놀이를 하더라고요. 그런데 지수와 민우는 서로 상호 작용을 하지는 않았어요. [A]

…(중략)…

김 교사: 지수가 '같은 그림 찾기' 놀이를 할 때에 좀 어려워 하던데, 이런 경우에는 어떻게 가르칠 수 있을까요?

박 교사: 네, 촉구법을 사용할 수 있어요. ㉠ 지수가 '같은 그림 찾기' 놀이를 할 때, 찾아야 하는 그림카드는 지수가 잘 볼 수 있도록 가까이에 두고 다른 그림카드는 조금 멀리 두는 거예요.

김 교사: 아, 그렇군요. 전에 태호가 좀 충동적이고 산만했었는데, 최근에는 ㉡ 태호가 속삭이듯 혼잣말로 "나는 조용히 그림책을 볼 거야."라고 말하며 그림책을 꽤 오랫동안 잘 보더라고요.

박 교사: 네. 사실은 얼마 전부터 태호에게 자기교수법으로 가르치고 있었어요. 자기교수법은 충동적이고 주의 산만한 아이에게 효과가 있다고 해요.

김 교사: 그럼 자기교수법은 어떻게 가르치나요?

박 교사: 자기교수법에는 5단계가 있어요. 첫 번째 인지적 모델링 단계에서는 교사가 유아 앞에서 "나는 조용히 그림책을 볼 거야."라고 말하며 책을 보는 거예요. 두 번째 외적 모방 단계에서는 교사가 말하는 자기 교수 내용을 유아가 그대로 따라 말하면서 그림책을 보는 것입니다. …(중략)… 마지막으로 다섯 번째는 ㉢ 내적 자기교수 단계가 있어요.

2) ㉠에 해당하는 촉구(촉진, prompt) 유형을 쓰시오.

133

(나)는 유아특수 교사가 작성한 일지의 일부이다. 물음에 답하시오.

(나)

현장체험학습 사전답사를 가 보니, '미션! 지도에 도장 찍기' 코너가 인기가 있었다. 도장 찍기에 어려움이 있는 현서를 위해 아래와 같이 도장 찍기 기술을 세분화하고 연쇄법을 적용하여 지도하였다.

지도 꺼내기 → 지도 펼치기 → 도장 찍을 곳 확인하기 → 도장에 잉크 묻히기 → 도장 찍기 → 지도 접기 → 지도 넣기 [B]

현장체험학습에 필요한 기술을 연습할 수 있도록 교실 환경을 꽃 축제의 코너와 유사하게 꾸몄다. 그리고 '미션! 지도에 도장 찍기' 활동에 필요한 자료를 구비하여 현서가 연습할 수 있게 하였다. [C]

3) (나)에서 교사가 실시한 [B]가 무엇인지 쓰시오.

134 _____ 2022 유아B-7

(가)는 유아특수교사 김 교사가 발달지체 유아 민아의 놀이를 지원하는 모습이고, (나)는 김 교사와 통합학급 최 교사가 나눈 대화의 일부이다. 물음에 답하시오.

(가)

> 김 교사: 동그라미 모둠 친구들은 무슨 놀이를 하고 있어요?
>
> 상　우: 구슬로 목걸이 만들고 있어요.
>
> 지　수: 우리 나이만큼 구슬을 끼워서 만든 나이 구슬 목걸이예요.
>
> 김 교사: 민아야, 구슬 한번 세어 볼까요?
>
> 민　아: 하나, 둘셋, 넷다섯, 여섯, 일곱.
>
> 　　　　하나　둘셋　　넷다섯　여섯　일곱　 [A]
>
> 김 교사: 민아야, 구슬이 몇 개예요?
>
> 민　아: 일곱 개.
>
> 김 교사: 민아야, 선생님이랑 같이 세어 볼까요?
>
> 민　아: (교사와 함께 왼쪽에서부터 구슬을 세며) 하나, 둘, 셋, 넷, 다섯, 여섯.
>
>
> 하나　둘　셋　넷　다섯　여섯
>
> 김 교사: 민아야, 구슬이 몇 개예요?
>
> 민　아: 여섯 개.
>
> 은　영: 민아 잘한다. 성공!
>
> 김 교사: 민아야, 이번에는 선생님과 같이 오른쪽에서부터 세어 볼까요?
>
> 민　아: (교사와 함께 오른쪽에서부터 구슬을 세며) 하나, 둘, 셋, 넷, 다섯, 여섯.
>
>
> 여섯　다섯　넷　셋　둘　하나
>
> 상　우: ㉠ 구슬 개수가 이쪽에서부터 세어도 똑같고, 반대쪽부터 세어도 똑같다!
>
> 민　아: 똑같다.
>
> 지　수: 우와, 이제 민아도 나이 구슬 목걸이 잘 만들 수 있겠다.

(나)

> 김 교사: 선생님, 오늘 동그라미 모둠은 나이 구슬 목걸이를 만들었어요.
>
> 최 교사: 맞아요, 예쁘게 잘 만들었더라고요. 그런데 목걸이를 만들던 자리가 정리되지 않았어요. 어떻게 하면 동그라미 모둠 친구들이 놀던 자리를 정리할 수 있을까요?
>
> 김 교사: 음, 그러면 ㉡ 모둠의 모든 유아가 정해진 기준에 도달했을 때, 모둠 전체를 강화하는 방법을 적용해서 유아들과 약속해 보세요. 혹시 동그라미 모둠 친구들 모두가 좋아하는 것이 있을까요?
>
> 최 교사: 네, 요즘 터널놀이를 너무너무 좋아해요. 그러면 ㉢ 유아들과 어떤 약속을 하면 좋을까요?

2) (나)의 ① ㉡에 해당하는 강화 방법이 무엇인지 쓰고, ② ㉡을 적용하여 ㉢에서 최 교사가 동그라미 모둠 유아들과 약속할 내용을 쓰시오.

① :

② :

135 _____

(가)는 특수학교 독서 교육 교사 학습 공동체 협의회에 참여한 교사들의 대화 내용의 일부이고, (나)는 지수의 행동 관찰 기록이다. 물음에 답하시오.

(가) 대화 내용

> 김 교사 : 우리 반 학생들의 생활지도를 위해서 저는 그림책을 활용해 볼 계획이에요. 학생들 수준과 상황에 맞는 그림책을 선정하고 교육과정을 재구성하려고 해요.
>
> 박 교사 : 독서 활동을 통해서 생활지도를 교과 지도와 연계 하는 것은 좋은 시도예요. 그림책을 교과 지도에 활용하면 ㉠학생들이 글을 재미있게 읽으면서 문학이 주는 즐거움을 경험할 수 있어요.
>
> 김 교사 : 그런데 우리 반 지수가 요즘 놀이실에서 친구들을 자주 괴롭혀서 어떻게 생활지도를 해야 할지 고민이에요.
>
> 이 교사 : 그러면 현재 지수의 행동이 어느 정도 수준인지를 알아보기 위해서 놀이 상황에서 관찰해 보세요.
>
> 김 교사 : 아, 그럼 관찰 결과를 보고 지수를 어떻게 지도할지 구체적인 계획을 세우는 게 좋겠네요.
>
> (며칠 뒤)
>
> 박 교사 : 선생님이 지수와 함께 그림책을 읽으면서 선생님의 사과하는 말을 따라해 보게 하는 식으로 ㉡비계를 제공(scaffolding) 하는 건 어때요?
>
> 김 교사 : 좋은 방법인 것 같아요. 문장 완성 카드 같은 전략도 활용해 봐야겠어요.
>
> 이 교사 : 그리고 ㉢학생들의 생활 속에서 일어나는 다양한 경험을 중심으로 주제를 선정하고 교과를 연결해서 수업을 해 보면 어떨까요?
>
> …(하략)…

(나) 지수의 행동 관찰 기록

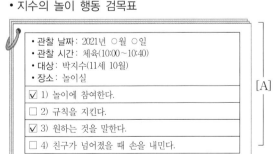

• 지수의 놀이 행동 검목표

• 관찰 날짜 : 2021년 ○월 ○일
• 관찰 시간 : 체육(10:00~10:40)
• 대상 : 박지수(11세 10월)
• 장소 : 놀이실
☑ 1) 놀이에 참여한다.
☐ 2) 규칙을 지킨다.
☑ 3) 원하는 것을 말한다.
☐ 4) 친구가 넘어졌을 때 손을 내민다.

[A]

• 지수의 일화 기록

• 관찰 날짜 : 2021년 ○월 ○일
• 관찰 시간 : 체육(10:00~10:40)
• 대상 : 박지수(11세 10월)
• 장소 : 놀이실

⊙ 기록
지수가 볼풀장에서 놀다가 옆에 있던 현우에게 "비켜!"라고 소리치며 밀었다. 현우는 넘어져서 소리를 지르며 울기 시작했다. 지수는 공을 던지면서 놀고 있었다.
내(교사)가 "지수야, 현우가 아파서 울고있잖아. 사과해야지." 하고 말하자 지수는 현우를 잠시 쳐다보다가 "싫어!" 하고 다시 공을 던지기 시작했다.

⊙ 요약	⊙ 수행 목표
말을 할 수 있지만 상황에 맞는 말을 하지 않는 것이 지수의 실제적 수준이다.	친구의 마음을 이해하고 자기의 잘못을 친구에게 사과하는 수준에 도달할 수 있다.

[B]

2) (나)의 [A]와 [B]를 통해서 지수에 대해 수집한 행동 정보의 기록 방식이 어떻게 다른지 차이점을 쓰시오.

136 _____ 2022 초등A-5

다음은 4학년 자폐성 장애 학생 성규의 통합학급 수업 지원을 위한 통합학급 교사와 특수교사의 협의록 일부이다. 물음에 답하시오.

〈통합교육 지원 협의록〉

…(중략)…

❑ 교과: 사회
단원명: 지역의 위치와 특성

가. 통합학급 수업 운영 및 지원
　○이번 주 수업 중 행동 관찰

학습 활동	• 지도의 기본 요소 알아보기
성규의 수업 중 수행특성	－ 지도 그리기에 관심이 없고 자신이 좋아하는 위치에만 스티커를 붙이려고 고집함. － 함께 사용하는 스티커를 친구가 가져가면 소리를 지름. [A] － 친구들의 농담에 무표정하고 별다른 반응이 없음. － 활동 안내를 그림 카드로 제시했을 때 활동의 참여도가 높아짐.

　○다음 주 수업지원 계획

학습 활동	• 우리 생활에서 지도를 어떻게 활용하는지 알아보기 • 우리 지역의 중심지 알아보기 　－ ㉠3학년 사회과에서 다루는 학교 주변의 '우리 고장'에서 범위를 넓혀, 4학년 때는 '시·도' 규모의 지역 중심지를 탐색하고 답사하기
성규를 위한 수정계획	• 지도의 주요 위치에 스티커로 표시해주기 • 시각적 일과표와 방문하게 될 장소에 대한 안내도 제시하기 • 현장학습 시, 친구들과의 상호작용을 돕고 지켜야 할 규칙을 알 수 있도록 ㉡상황이야기 또는 좋아 하는 캐릭터를 삽입한 파워카드 적용하기

나. 수업 참여를 위한 행동지원
　○사회과 수업 중 소리 지르기 행동에 대한 행동지원 계획 수립
　○성규의 소리 지르기 행동 기능분석

㉢ ABC 분석

선행사건	행동	후속결과
수업 중 제공된 스티커를 모두 사용해버림.	소리 지르기	스티커 제공
스티커를 사용하지 않는 다음 활동을 위해 스티커를 회수함.	소리 지르기	계속 수업 진행

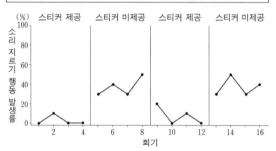

〈성규의 소리 지르기 행동 기능분석 그래프〉

　○중재 내용
　　－ 선행사건 중재: 스티커의 일일 사용량을 미리 정함. 스티커를 사용하는 활동을 사전에 안내함.
　　－ ㉣대체행동 중재
　　－ 강화 계획: ㉤대체행동의 교수 초기에는 변동간격강화를 사용함.

3) ① ㉢에 근거하여 성규에게 적용한 ㉣의 기능을 쓰고, ② 반응 효율성을 고려하여 ㉤이 적절하지 않은 이유를 쓰시오.

①:

②:

137

다음은 특수학교에 근무하는 최 교사의 수학 수업에 대한 성찰 일지이다. 물음에 답하시오.

성찰 일지	
성취기준	[4수학04-03] 반복되는 물체 배열을 보고, 다음에 올 것을 추측하여 배열한다.
단원	㉠ 9. 규칙 찾기
학습목표	ABAB 규칙에 따라 물건을 놓을 수 있다.

　오늘은 모양을 ABAB 규칙에 따라 배열하고 규칙성을 찾는 수업을 하였다.
　㉡규칙성이라는 추상적 개념 지도를 위해 구조적으로 동형이면서 다양한 구체물을 활용하는 수업이었다.

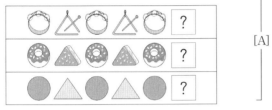

[A]

　구체물을 이용한 수업이라서 그런지 학생들이 흥미 있게 참여하였다.
　오늘 연습 문제에서 대부분의 학생들은 물건을 잘 배열하는 것으로 보아 이제 ABAB 규칙을 익숙하게 다룰 수 있는 것으로 판단된다. 그런데 나영이는 ㉢ABAB 규칙을 습득하였으나 가끔 순서가 틀리고, 모양을 찾는 데 시간이 오래 걸렸다. 나영이도 ABAB 규칙에 익숙해지려면 많은 연습이 필요할 것 같다.
　하지만 나영이는 주의 집중력이 부족하여 오래 연습하기가 어렵다. 그래서 ㉣나영이가 좋아하는 스티커를 활용하여 나영이에게 고정비율강화 계획을 적용하면 좀 더 적극적으로 수업에 참여할 수 있을 것 같다.
　내일은 다양한 규칙에 대해 배우게 되는데 학생들의 흥미를 높이고 학생들이 다양한 자극에 반응할 수 있도록 여러 가지자료를 사용해야겠다. 이렇게 하면 우리 학생들이 ㉤수업 시간에 사용한 상황과 자료가 아닌 다른 상황과 자료에서도 규칙대로 배열할 수 있지 않을까 생각해 본다.

2) ㉣을 적용한 예를 쓰시오.

3) ㉤에 해당하는 일반화의 유형을 쓰시오.

138

다음은 중도중복장애 학생 A에게 신발 신기 및 신발 정리하기를 지도하기 위해 특수 교사가 작성한 지도 계획의 일부이다. ㉠에 해당하는 지도 전략을 쓰고, 밑줄 친 ㉡의 촉진 유형을 쓰시오.

❏ 신발 신기
• 과제분석 : 찍찍이가 부착된 신발 신기

1단계	신발장에서 신발 가져오기
2단계	신발의 찍찍이 떼기
3단계	신발에 발 넣기
4단계	신발의 뒷부분을 잡고 발꿈치를 신발 안에 넣기
5단계	신발의 찍찍이 붙이기

• 지도 방법

교사가 1단계에서 4단계까지 미리 해 준 상태에서 학생 A에게 5단계의 과제를 제시하여 지도함.
⇩
학생 A가 5단계의 행동을 습득하면, 교사가 3단계까지를 미리 해 준 상태에서 4단계의 과제를 지도하고, 학생 A가 5단계를 수행하도록 함.
⇩
학생 A가 4단계의 행동을 습득하면, 교사가 2단계까지를 미리 해 준 상태에서 3단계의 과제를 지도하고, 학생 A가 4단계와 5단계를 수행하도록 함.　㉠
… (중략) …
학생 A가 2단계의 행동을 습득하면, 교사가 1단계의 과제를 지도하고, 학생 A가 2단계부터 5단계까지를 수행하도록 함.
⇩
최종적으로 학생 A가 모든 단계를 스스로 할 수 있도록 함.

… (중략) …

❏ 신발 정리하기
• 학생 A가 신발장에 자신의 신발을 넣을 수 있도록 신발장 위 벽에 ㉡신발을 넣는 순서를 나타내는 그림을 붙여 놓음.

139

다음은 품행장애 학생 D에 관해 통합 교사와 특수 교사가 나눈 대화의 일부이다. 〈작성 방법〉에 따라 서술하시오.

통합 교사: 선생님, 우리 반에 전학 온 학생 D에게 품행장애가 있다고 합니다. 품행장애는 어떤 건가요? 특수 교사: 품행장애는 다른 사람의 기본 권리를 침해하고 나이에 맞는 규범과 규칙을 지속적이고 반복적으로 위반하는 행동을 하는 것을 말합니다. 통합 교사: 품행장애로 진단하기 위한 구체적인 기준이 있나요? 특수 교사: 예, 품행장애로 진단하려면 (㉠), 재산 파괴, 사기 또는 절도, 심각한 규칙 위반에 포함된 하위 15가지 항목 중에서 3가지 이상의 행동을 12개월 동안 보이고, 이로 인해 학업적·사회적으로 현저한 손상이 있어야 합니다. 통합 교사: 그렇군요. 품행장애는 아동기 발병형이 청소년기 발병형보다 예후가 더 안 좋다고 하던데요. 그 둘은 어떻게 구분하나요? 특수 교사: 예, 이 둘은 증상이 나타나는 시기로 구분할 수 있습니다. 아동기 발병형은 (㉡)에 품행장애의 특징적인 증상을 한 가지 이상 보이는 경우를 말합니다. …(중략)… 통합 교사: 선생님, 학생 D가 보이는 문제행동의 원인이 ㉢<u>부모의 부적절한 양육 태도나 또래와의 부정적 경험</u>과 관련이 있나요? …(중략)… 특수 교사: 그리고 학급에서 학생 D가 모둠별 활동에 참여할 때에는 ㉣<u>독립적 집단유관</u>을 사용하는 것이 좋을 것 같습니다.

┌〈 **작성 방법** 〉
• 밑줄 친 ㉣과 '종속적 집단유관'과의 차이점을 성취 기준 측면에서 1가지 서술할 것

140

(가)는 지적장애 학생 D에 관해 통합 교사와 특수 교사가 나눈 대화의 일부이고, (나)는 행동지원 계획의 일부이다. 〈작성 방법〉에 따라 서술하시오.

(가) 대화

통합 교사: 선생님, 요즘 학생 D가 책상에 머리를 부딪치는 행동을 자주 하고, 또 자기 자리에서 일어서서 교실을 돌아다녀요. 특수 교사: 책상에 머리를 부딪치는 행동은 (㉠)에 해당하고요, 교실을 돌아다니는 행동은 방해 행동에 해당합니다. 통합 교사: 그럴 땐 어떤 것을 먼저 중재해야 할까요? 특수 교사: (㉠)을/를 우선적으로 중재해야 합니다. 통합 교사: 그렇군요. 그러면 학생 D의 문제행동은 '책상에 머리를 부딪친다.'가 되는 건가요? 특수 교사: 아닙니다. 문제행동은 ㉡<u>조작적 정의</u>의 방법으로 진술해야 합니다. 예를 들어, 학생 D가 '책상에 머리를 부딪치는 행동'을 조작적으로 정의하면, (㉢)와/과 같이 표현할 수 있습니다. … (중략) … 통합 교사: 선생님, 학생 D는 수학 학습지를 받으면 문제행동을 하는 것 같아요. 특수 교사: 그것을 정확히 알기 위해서 기능 평가를 실시할 필요가 있어요. … (중략) … 특수 교사: 기능 평가 결과, 수학 학습지가 어려워서 과제를 회피하기 위하여 그런 문제행동이 나타나는 것으로 보입니다. 우선, 문제행동을 촉발하는 요인을 변화시키거나 제거하는 (㉣) 중재를 계획할 필요가 있습니다.

(나) 행동지원 계획

〈행동지원 계획〉	
배경사건 중재	• 충분한 휴식 시간 부여
(㉣) 중재	• 과제 난이도 조정 • 과제 선택 기회 부여
대체행동 교수	• 기능적 의사소통 훈련 실시
후속결과 중재	• 타행동 차별강화 실시

┌〈 **작성 방법** 〉
• (가)의 괄호 안 ㉠에 공통으로 들어갈 문제행동 유형을 쓸 것
• (가)의 밑줄 친 ㉡의 개념을 서술하고, 괄호 안의 ㉢에 해당하는 예를 1가지 서술할 것
• (가), (나)의 괄호 안 ㉣에 공통으로 들어갈 용어를 쓸 것

141 _____

(가)는 지적장애 학생 E의 문제행동에 관해 초임 교사와 경력 교사가 나눈 대화의 일부이고, (나)는 학생 E의 표적행동을 관찰한 결과이다. 〈작성 방법〉에 따라 서술하시오.

(가) 대화

| 초임 교사: | 선생님, 학생 E가 수업 시간에 앉아 있지 못하고, 교실을 돌아다니거나 산만하게 행동하더라고요. 학생 E의 문제행동 변화를 위해 관찰 결과표를 작성하여 먼저 기초선을 측정해야 할 것 같은데요. |

… (중략) …

경력 교사: 학생 E에게 그 중재 방법이 효과가 있을 것 같아요. 그렇다면 표적행동에 대한 중재 효과는 어떻게 평가해 볼 계획인가요?

초임 교사: 중재를 실시하면서 착석행동 시간이 얼마나 증가하는지 지속해서 측정해 볼까 해요. 그런데 목표수준은 어떻게 잡으면 좋을까요? 지금은 착석행동 시간이 매우 짧아요.

경력 교사: 그렇게 표적행동이 지나치게 낮은 비율이나 짧은 지속시간을 보이는 경우에는 최종 목표를 정하고, 이에 도달하기 위한 중간 목표들을 세우고 단계적으로 성취하도록 하여 중재 효과를 극대화하는 방법을 사용할 수 있어요.

초임 교사: (㉠)을/를 말씀하시는 건가요?

경력 교사: 네, 맞아요. 성취수행 수준의 단계적 변화에 맞게 일관성 있게 표적행동이 [A] 변화한다면, 행동의 변화는 중재 때문이라고 볼 수 있겠지요.

초임 교사: 착석 행동을 보이기는 하지만, 자세의 정확도가 떨어지고 지속시간이 짧은 학생 E에게는 유용하겠네요. 처음부터 90~100%를 목표 수준으로 잡지 않고 단계별로 목표달성 수준을 점차적으로 늘려 간다면, 학생 E도 성취감을 느낄 수 있을 것 같아요.

(나) 관찰 결과

관찰 대상자	학생 E	관찰자	초임 교사
관찰 환경	• 특수학교 중학교 2학년 3반 교실, 교탁을 정면으로 바라보는 자리 • 국어 시간		
표적행동	• 착석행동: 자신의 등을 의자에 붙이고 다리를 아래로 내린 상태로, 교탁 방향으로 책상과 의자를 정렬하여 앉아 있는 행동		

시간	행동 발생			
	횟수	시작 시간	종료 시간	지속 시간
09:30 ~ 10:00 (30분)	1	9시 35분 25초	9시 36분 15초	50초
	2	9시 42분 05초	9시 42분 45초	40초
	3	9시 50분 20초	9시 51분 05초	45초
	4	9시 55분 40초	9시 56분 25초	45초
관찰 결과 요약		지속시간 백분율 (㉡)		

┌ 〈 작성 방법 〉 ─────────────
• (가)의 괄호 안 ㉠에 해당하는 단일대상설계 방법의 명칭을 [A]에 근거하여 쓸 것
• 괄호 안 ㉠의 장점을 반전설계(reversal design)와 비교하여 윤리적 측면에서 이로운 이유를 1가지 설명할 것
• (나)에서 사용한 관찰 기록법 명칭을 쓰고, 괄호 안의 ㉡에 해당하는 지속시간 백분율을 쓸 것
└────────────────────────

142 _____ 2023 유아A-2

다음은 발달지체 유아 서우를 위한 행동지원계획서의 일부이다. 물음에 답하시오.

• 기본정보

이름	서우	생년월일	2017. ○. ○.
기능평가	2022. 4. 4.~4. 15.	행동지원계획	2022. 4. 18.
의사소통 특성	• 간단한 단어로 표현 가능함 • 일상적인 말을 이해하고 간단한 지시 따르기가 가능함		

… (하략) …

• ABC 관찰 요약

A	B	C
교사가 다른 유아와 상호작용 하고 있음	소리 내어 울기	교사가 서우를 타이르고 안아 줌

• 문제행동 동기평가척도(MAS) 결과

구분	감각	회피	관심 끌기	선호물건/ 활동
문항점수	1. 1 5. 1 9. 2 13. 1	2. 1 6. 2 10. 1 14. 4	3. 5 7. 4 11. 5 15. 5	4. 1 8. 3 12. 3 16. 2
전체점수	5	8	19	9
평균점수	1.25	2	4.75	2.25

* 평정척도: 전혀 그렇지 않다 0점 ~ 항상 그렇다 6점

• 기능평가 결과를 토대로 설정한 가설

가설	㉠

• 기능분석 결과: 변인 간 기능적 관계가 입증됨

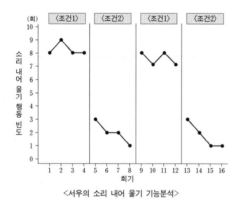

<서우의 소리 내어 울기 기능분석>

• 행동지원계획

…(하략)…

---

1) 가설 설정의 구성 요소를 포함하여 ㉠에 들어갈 가설을 쓰시오.

2) '서우의 소리 내어 울기 기능분석' 그래프를 보고, ① 기능 분석을 위해 사용한 연구 설계 방법을 쓰고, ② 〈조건2〉는 무엇인지 쓰시오.

①:

②:

3) 서우를 위한 행동지원계획 수립 시, ① 중재과정 중 서우의 소리 내어 울기 행동이 나타날 때 적용해야 하는 행동지원 방법의 명칭을 쓰고, ② 서우에게 지도할 교체기술 (replacement skills)의 예를 1가지 쓰시오.

①:

②:

143 _____

(가)는 유아특수교사가 자폐성장애 유아 지수를 위해 작성한 지원 계획이며, (나)와 (다)는 교사가 제작한 그림책이다. 물음에 답하시오.

(가)

> • 지수의 특성
>   – 그림책 읽기를 좋아함
>   – 공룡을 좋아하여 혼자만 독차지하려고 함
>   – 얼굴 표정(사진, 그림, 도식)을 보고 기본 정서를 말할 수 있음
> • 지원 계획
>   – 상황이야기 그림책과 마음읽기 그림책으로 제작하여 지도하기
>   – 교사가 제작한 그림책을 ㉠ <u>매일 지수가 등원한 직후와 놀이 시간 직전에 함께 읽기</u>
>   – 참여도를 높이기 위해 지수가 그림책을 읽을 때마다 공룡 스티커를 주어 5개를 모으면 ㉡ <u>공룡 딱지로 바꾸어 주기</u>

1) (가)의 ① ㉠에서 교사가 적용한 중재 방법의 장점을 집중 시행과 비교하여 1가지 쓰고, ② ㉡은 토큰강화체계의 구성 요소 중 무엇에 해당하는지 쓰시오.

  ① :

  ② :

144 _____

(나)는 유아특수교사 강 교사와 통합학급 최 교사가 나눈 대화의 일부이다. 물음에 답하시오.

(나)

> 최 교사 : 선생님, 놀이 참여도가 낮은 유아를 위해 강화 방법을 적용해 봐요.
> 강 교사 : 그러면 좋겠어요.
> 최 교사 : 먼저, 강화에 대해 정리해 볼게요. ㉡ <u>정적강화는 행동 결과로 원하는 것을 주어 그 행동이 증가되거나 유지되게 하는 것을 말해요.</u> ㉢ <u>부적강화는 행동 결과로 싫어하는 자극을 피하게 되어 행동이 감소하는 것을 말해요.</u> 그리고 ㉣ <u>강화제를 제공할 때 유아가 포만 상태이면 효과를 높일 수 있어요.</u> 마지막으로 ㉤ <u>강화제를 효과적으로 사용하기 위해서는 주기적으로 강화제를 재평가하면 좋아요.</u>
>   … (하략) …

3) (나)의 ㉢~㉤ 중 잘못된 내용을 2가지 찾아 그 기호를 쓰고, 각각을 바르게 고쳐 쓰시오.

  ① :

  ② :

145 _____

(다)는 병설유치원 개별화교육지원팀 협의 내용의 일부이다. 물음에 답하시오.

(다)

임 교사 : 동호에게 좋아하는 자동차를 보여 주면, 동호는 '주세요'라는 의미로 양손을 내미는 동작을 하였어요. 그리고 "이에"라는 음성을 내는 모습이 자주 관찰되었어요. 　　　　최근 교사가 들려주는 "주세요" 소리의 입 모양을 동호가 모방하면 강화하고, 양손을 내미는 행동만 할 때는 강화하지 않았더니 점차 "주세요"를 '주'라는 한 음절 [A] 로 표현하기 시작했어요. 차별강화를 통해 동호가 점차 "주세요"를 2음절을 거쳐 한 단어로 표현하게 하려고 해요. 권 교사 : 유치원에서 입 모양을 따라 하도록 보여 주면 동호가 모방하려고 애쓰는 모습이 보여서 대견해요.

3) [A]의 행동지원 방법이 무엇인지 쓰시오.

146

(나)는 통합학급 김 교사와 순회교육을 담당한 유아특수교사 박 교사의 대화 내용이며, (다)는 인공와우를 한 청각장애 유아 현우에 대한 관찰 기록의 일부이다. 물음에 답하시오.

(나)

김 교사: 선생님, 이전에는 유아들이 현우의 인공와우를 궁금해하고, 현우가 뭐라고 하는지 잘 몰라서 저에게 물어보곤 했었거든요. 요즘은 서로 표정이나 손짓, 몸짓 등에도 관심을 가지면서 보다 수월하게 소통하고 있어요.
박 교사: 네, 모든 유아가 현우와 의사소통하는 모습을 보이니 좋은 변화입니다. '단짝친구기술훈련(Buddy Skills Training)'을 받은 상미도 친구 역할을 참 잘하고 있네요.
김 교사: 그렇죠. 모든 유아에게 현우 특성과 현우와 의사소통할 수 있는 다양한 방법이 있다는 것을 알려주고, 평소에 현우를 좋아하는 상미에게 단짝친구기술을 훈련시킨 것이 효과적이었어요. 선생님이 순회교육을 나오셔서 함께 고민하고 제시했던 지원 방법이 아이들의 변화에 긍정적으로 작용했어요.
박 교사: 네, 단짝친구기술과 같은 또래 지원 방법은 유아의 행동 변화 측면에서도 의미 있고, 유치원 일과 중에 자연스럽게 적용할 수 있기 때문에 방법적으로도 타당하지요. 그러면 '또래 상호작용 행동 관찰표'도 한번 살펴볼까요?
김 교사: 네, 원감 선생님과 제가 현우의 또래 상호작용 행동을 관찰했어요. 그런데 우리 둘의 관찰 결과에 차이가 있어요.
박 교사: 아, 행동 관찰 시에는 관찰해야 할 행동의 명칭뿐 아니라, 행동에 대한 구체적인 (ⓒ)을/를 해야 합니다.

(다)

또래 상호작용 행동 관찰표			
유아명	현우	생년월일	2017.○.○.
관찰자	김 교사, 원감	관찰 기간	2022.4.11.~4.15.
관찰 시간	10:00~10:30	관찰 장소	통합학급
관찰 행동	또래 상호작용 행동	관찰 방법	빈도 기록

관찰 결과 요약		
관찰 행동	평균 행동 발생 빈도(회)	
	김 교사	원감
시작행동	4	7
반응행동	11	15
확장된 상호작용	3	8

3) (나)와 (다)에 근거하여 ① ⓒ에 제시되어야 하는 내용이 무엇인지 쓰고, ② ⓒ이 필요한 이유를 1가지 쓰시오.

①:

②:

147

(가)는 유아특수교사 강 교사가 발달지체 유아 예지의 통합학급 놀이를 지원하는 모습이고, (나)는 강 교사와 통합학급 박 교사가 나눈 대화의 일부이다. 물음에 답하시오.

(가)

(예지와 또래들이 바깥놀이터에서 물모래 놀이를 하고 있다.)

유 아 들: 생일 축하합니다~♪ 생일 축하합니다~♪

강 교사: 무슨 놀이 하고 있어요?

현　　지: 생일 파티 하고 있어요.

예　　지: 나 아기 때 생일 파티 했어.

다　　은: 내 생일은 3월 7일이에요.

현　　지: 선생님, 바깥놀이 끝나면 밥 먹어요?

다　　은: 오늘은 바깥놀이 끝나고 책 놀이 하고 나서 밥 먹을 거야.　　[A]

강 교사: 맞아요. (물모래 반죽을 가리키며) 이건 뭐예요?

현　　지: 예지가 좋아하는 초코 케이크예요. 예지 거랑 내 거랑 두 개 만들었어요.

강 교사: (물모래 반죽 위에 꽂힌 나뭇가지를 가리키며) 그럼, 이건 뭐예요?

예　　지: 촛불.

강 교사: 촛불이 예지 케이크에는 두 개, 현지 케이크에는 네 개가 있네요. 촛불은 전부 몇 개예요?

다　　은: ㉠ 네 개, 다섯 개, 여섯 개, 그러니까 전부 여섯 개예요.

강 교사: (물모래 반죽 위에 기울어져 있는 나뭇가지를 더 길고 두꺼운 나뭇가지로 바꾸어 꽂아 주며) 이번에는 예지가 촛불이 전부 몇 개인지 말해줄래요?

예　　지: ㉡ 하나, 둘, 셋, 넷, 다섯, 여섯 개. 전부 여섯 개.

강 교사: 여섯 개. 딩동댕.　　[B]

현　　지: 자, 이제 다 같이 '후~' 하고 촛불 끄자. 하나, 둘, 셋!

유 아 들: (나뭇가지를 불면서) 후~

현　　지: (접시 위에 물모래 반죽을 담아 주며) 내가 케이크를 나누어 줄게. (야외 테이블을 가리키며) 저기 위에 접시 올려 줘.

강 교사: (야외 테이블 위에 붙어 있는 접시 스티커를 가리키며) 예지도 올려 주세요.

다　　은: 짠, 케이크 접시 다 올렸다.

현　　지: 자, 그럼 이제 케이크 먹기 시작! 냠냠 맛있다.

예　　지: 냠냠 맛있다. (양말을 만지며) 축축해.

다　　은: 선생님, 그런데 나도 양말 축축해요.

강 교사: 그러면 바깥놀이 정리하고 교실에 가서 양말을 갈아 신을까요?

(나)

박 교사: 선생님, 오늘 물모래 놀이 하고 나서 양말을 갈아 신었잖아요. 예지가 양말 벗기는 잘했는데 양말 신기는 어려워했어요. 어떻게 지도하면 좋을까요?

강 교사: 네, 선생님. 처음에는 예지의 손을 힘주어 잡고 양말 신기를 지도해 주세요. 그러다가 예지가 혼자서 양말 신기를 시작하면, 점차적으로 손에 힘을 빼면서 손으로 제공하는 물리적 도움을 줄여 주세요. 다음으로는 예지 가까운 곳에서 가벼운 접촉으로 지도해 주다가 마지막에는 예지 몸에서 손을 떼고 예지 가까이에서 지켜보면서 예지가 도움이 필요하면 언제든지 도움을 제공해 주는 방법을 사용해서 예지의 양말 신기를 지도해 주시면 좋을 것 같아요.

3) ① (가)의 [B]에서 가외자극 촉구(extrastimulus prompt)에 해당하는 내용을 찾아 쓰고, ② (나)에서 신체적 촉구의 용암(fading)을 위해 강 교사가 설명한 지도 방법이 무엇인지 쓰시오.

①:

②:

148

(나)는 교사들이 나눈 대화 내용의 일부이다. 물음에 답하시오.

(나) 대화 내용

> 김 교사 : 학기 초라서 그런지 동호가 학교생활에 적응을 잘 못 하네요.
>
> 최 교사 : 예를 들면, 어떤 문제가 있나요?
>
> 김 교사 : 교실도 못 찾고, 자기 책상도 못 찾고, 신발도 제자리에 못 넣습니다.
>
> 최 교사 : 그러면 동호에게 가외자극 촉구를 적용해서 ㉠ 신발장에 신발을 제자리에 놓을 수 있도록 도와주는 방법을 한번 써 보면 좋을 것 같아요.
>
> 김 교사 : 감사합니다.
>
> … (중략) …
>
> 김 교사 : 다음 주 슬기로운 생활 수업 주제는 '학교에서 보내는 하루'예요. 어떤 방식으로 수업을 하면 좋을까요?
>
> 최 교사 : 제 경험에 비춰 보면, 그 수업에서 ㉡ 학생들이 자신의 주변 장소나 사람, 환경과 같은 주변의 모습에 관심을 가지고 이해하도록 학교에서의 일과를 사진 찍는 활동으로 하니 참 좋아했습니다.
>
> 김 교사 : 그렇군요. 그리고 ㉢ 동호는 수업이 끝나고 쉬는 시간마다 가방을 메고 집에 가겠다고 해요.
>
> … (중략) …
>
> ㉣ 급식실에서 밥을 먹고 나면 어디로 가야 할지 몰라 복도를 서성거려요.
>
> 최 교사 : 그럼, 동호에게 시각적 일과표를 한번 활용해 보는 건 어떨까요?
>
> 김 교사 : 좋은 생각이네요. 동호는 시각적인 자료를 사용하면 더 쉽게 이해하니까요.

2) (나)의 ㉠에 해당하는 가외자극 촉구의 예를 1가지 쓰시오.

149

(나)는 수업 설계 노트이다. 물음에 답하시오.

(나) 수업 설계 노트

> • 수업 개요
>   - 단원(제재)명 : 소중한 생명(반려견 돌보기)
>   - 수업 목표 : ㉠ 반려견 돌보기 활동을 통해 생명의 소중함을 알고 실천한다.
>   - 수업 활동
>
> > [활동 1] 반려견 돌보는 방법 알기
> > [활동 2] 반려견 돌보기 사회상황 이야기(social story) 스크립트 만들기
> >
> > 〈반려견 돌보기 사회상황 이야기 스크립트 초안 일부〉
> >
> > | 우리 집에는 강아지가 살고 있다. 학교에서 돌아오면 강아지가 반갑다고 꼬리 치며 자꾸 나에게 다가온다. |
> > | --- |
> >
> > |  | 강아지가 내 앞에 앉아 있고, 나는 강아지를 쓰다듬고 있다. | (㉡) |
> > | --- | --- | --- |
> > | | 내가 강아지를 쓰다듬으면 강아지의 기분이 좋아진다. | 조망문 |
> >
> > [활동 3] 스크립트를 통해 반려견 돌보기 실천하기
>
> • 가정과의 수업 연계 및 협조 사항
>   - 가정통신문을 통한 사전 동의 및 안내
>   - ㉢ 가정으로 학습의 장소를 확대하여 실생활에서 적용·실천할 수 있는 관찰, 실습, 조사 등의 활동으로 구성
>   - 사회상황 이야기 자료를 활용하여 지우가 반려견 돌보기 행동을 실천하도록 안내
>   - 행동계약서를 만들고 규칙을 실천할 때마다 (㉣) 을/를 제공하면 효과적임을 안내

3) ㉣에 들어갈 말을 쓰시오.

150

다음은 학생 A의 행동을 위해 특수 교사와 통합학급 교사가 나눈 대화이다. 밑줄 친 ㉠에 해당하는 전략의 명칭을 쓰고, 괄호 안의 ㉡에 공통으로 해당하는 강화 계획의 명칭을 순서대로 쓰시오.

통합학급 교사

학생 A가 수업 시간에 선생님의 관심을 얻기 위해 책상을 긁는 행동을 자주 해요. 어떻게 지도하는 것이 좋을까요?

㉠문제행동과 동시에 발생할 수 없는 행동을 할 때, 선생님이 관심을 주며 강화하는 방법을 사용할 수 있어요.

특수 교사

통합학급 교사

그럼, 학생 A가 '무릎 위에 손을 가지런히 두고 있는 행동'을 할 때마다 관심을 주며 강화해 주면 되나요?

네. 처음에는 '무릎 위에 손을 가지런히 두고 있는 행동'을 할 때마다 강화할 수 있어요. '무릎 위에 손을 가지런히 두고 있는 행동'이 충분히 증가했을 때 점차 간헐적인 강화계획인 (㉡)(으)로 강화 계획을 변경할 수 있어요.
(㉡)의 예를 들어보면, 학생 A가 '무릎 위에 손을 가지런히 두고 있는 행동'을 처음 했을 때 교사는 이 행동을 강화합니다. 이후 평균 5분의 시간이 지난 후 학생 A가 '무릎 위에 손을 가지런히 두고 있는 행동'을 처음 했을 때 교사는 이 행동을 다시 강화합니다.

특수 교사

151

(나)는 학생 A의 행동에 대한 관찰 기록 자료의 일부이고, (다)는 부분간격기록법을 사용한 관찰자 A와 B의 자료를 비교한 결과이다. 〈작성 방법〉에 따라 서술하시오.

(나) 학생 A의 행동 관찰 기록 자료

- **목표행동**: 갑자기 손목을 꺾으면서 앞·뒤로 빨리 반복적으로 파닥거리는 행동
- **관찰 기록 방법**: 전체간격기록법, 부분간격기록법
  (실제 행동 발생: ▨)

실제 행동 발생												
간격	1	2	3	4	5	6	7	8	9	10	11	12

- 전체간격기록법 사용 시 행동발생비율: 25% ⎤
- 부분간격기록법 사용 시 행동발생비율: 100% ⎦ [㉠]

(다) 부분간격기록법을 사용한 관찰자 A와 B의 자료 비교

- **기록 자료**

간격 관찰자	1	2	3	4	5	6	7	8	9	10	11	12
관찰자 A	+	+	+	−	+	+	+	+	−	+	+	+
관찰자 B	+	+	+	+	+	+	+	+	+	+	+	+

※ 행동 발생: +, 행동 비발생: −

- 관찰자 간 자료 비교를 위한 계산식과 결과

$$\frac{\text{관찰 일치 간격 수}}{\text{관찰 일치 간격 수} + \text{관찰 불일치 간격 수}} \times 100 = 83.33\%$$

──〈 작성 방법 〉──
- (나)의 ㉠에서 사용한 2가지 기록법의 특성을 순서대로 서술할 것[단, 실제 행동 발생과 비교한 기록의 정확성 측면에서 쓸 것]
- (다)의 과정이 필요한 이유를 1가지 서술할 것

152

다음은 자폐성장애 학생 A에게 일상생활 활동 기술을 지도하기 위해 특수 교사가 작성한 수업 구상 메모의 일부이다. 〈작성 방법〉에 따라 서술하시오.

〈수업 구상 메모〉

○ 목적: 일상생활 활동 기술 지도
○ 수업 시간에 사용할 전략과 유의사항
　－ 전략: 중심축 반응 훈련(PRT)
　－ 유의사항
　　• 학생의 특성과 흥미를 고려하여 다양한 수업 자료를 준비함
　　• ㉠ PRT의 중심축 반응 중 '동기(motivation)'를 향상시키기 위해 준비한 수업 자료를 사용함
　　• PRT의 중심축 반응 중 '동기'를 향상시키기 위해 수업 활동 중 다음 요소를 고려하여 지도함

요소	지도 중점
(㉡)	• 질문에 응답하기 위한 모든 노력에 칭찬하기 • 질문에 응답하기 위한 비언어적 행동에도 긍정적으로 반응하기 • 틀린 반응이더라도 학생의 노력에 긍정적으로 반응하기

○ 촉진 감소 방법: (㉢)
　－ 학생이 정반응만 보일 수 있는 자극 촉진을 사용함
　－ 반복된 오반응으로 인한 학생의 좌절감 발생을 예방하도록 자극 촉진을 사용함
　－ 최대－최소 촉진을 이용한 용암법을 통해 촉진을 제거함
○ 최대－최소 촉진 적용 시 (㉣)을/를 예방하기 위한 고려사항
　－ 촉진은 가능한 빨리 제거함
　－ 촉진의 수준과 양을 너무 빠르거나 느리지 않게 점진적으로 감소시킴
　－ 촉진을 필요 이상으로 제공하지 않음
　　　　… (하략) …

─〈 작성 방법 〉─
• 괄호 안의 ㉢과 ㉣에 해당하는 용어를 순서대로 쓸 것

153 _____ 2024 유아A-1

(가)는 자폐성장애 유아 동주의 특성이고, (나)와 (다)는 유아특수교사 임 교사와 유아교사 배 교사가 동주의 놀이를 지원하는 장면과 임 교사의 지도 노트이다. 물음에 답하시오.

(가)

- 곤충을 좋아함
- 동영상 보기를 좋아함
- 상호작용을 위한 말을 거의 하지 않음
- 상호작용 중 상대방이 가리키거나 쳐다보는 사물, 사람, 혹은 사건을 함께 쳐다볼 수 있음

(나)

동　주: (배 교사를 쳐다보지만 통을 보여 주지는 않는다.)
배 교사: 동주 왔구나.
동　주: (반응하지 않는다.)
임 교사: 동주야, 무당벌레 보여 드리자.
동　주: (반응하지 않는다.)
임 교사: (통을 든 동주의 팔꿈치를 살짝 밀어 주며) 보여 드리자.
동　주: (반응하지 않는다.)
임 교사: (동주의 손을 겹쳐 잡아 통에 든 무당벌레를 배 교사에게 보여주며) 보여 드리자.
배 교사: 와, 동주가 좋아하는 무당벌레구나!
동　주: (교사를 쳐다보며 환하게 웃는다.)

동주의 손을 잡아 곤충을 보여 주도록 지도한 날로부터 2주가 지났다. 촉구가 성공적으로 용암되고 있다. 오늘 내가 팔꿈치를 살짝 밀어 주며 "보여 드리자."라고 말해 주는 단계까지 진행 했을 때 동주가 배 선생님에게 곤충을 보여 주었다. 마지막 단계가 용암되어 기뻤다. 나와 배 선생님이 일과 중 자연스럽게 대화 상대자와 촉구 제공자의 역할을 바꾸어 가며 지도해 온 결과이다.

(다)

동　주: (배 교사의 손을 잡아 그림책에 있는 곤충에 갖다 댄다.)
배 교사: 무당벌레.
동　주: (책장을 넘겨 배 교사의 손을 잡아 곤충 그림에 갖다 댄다.)
임 교사: 뭐예요?
동　주: 뭐예요?
배 교사: 사슴벌레.
동　주: (책장을 넘긴다.)
임 교사: 뭐예요?
동　주: 뭐예요?
배 교사: 애벌레.
동　주: (책장을 넘긴다.)

동주에게 제공하고 있는 구어 시범을 용암시키기 위해 며칠 전 놀이시간에 찍어 둔 동영상을 편집했다. 동영상 내용 중에서 내가 구어 시범을 제공하는 장면만 삭제하여 동주가 독립적이고 성공적으로 수행하는 모습이 되도록 했다. 동영상은 동주가 곤충 그림책을 보며 책장을 넘길 때마다 스스로 교사에게 "뭐예요?"라고 묻고 배 선생님이 대답해 주는 장면으로 구성되었다. 내일부터 놀이시간 직전에 동주와 이 동영상을 함께 시청하며 지도해야겠다. [A]

1) (나)에서 교사들이 실시하고 있는 촉구 용암 절차가 무엇인지 쓰시오.

2) (나)에서 두 교사가 서로 역할을 바꿔 지도함으로써 얻을 수 있는 효과를 유아 측면에서 쓰시오.

3) (다)의 [A]에서 임 교사가 사용할 중재기법이 무엇인지 쓰시오.

154   2024 유아A-4

다음은 유아특수교사 최 교사와 박 교사가 나눈 대화이다. 물음에 답하시오.

[11월 ○○일]

최 교사: 다음 달에 진행할 카드 만들기는 잘 준비되고 있나요?

박 교사: 네. 다양한 재료와 도구를 활용하여 크리스마스 카드를 꾸미려고 해요. 그래서 소윤이가 모양펀치를 활용하여 스티커를 만들어 붙이는 방법을 미리 연습하고 있는데 어려움이 있어요.

최 교사: 어떤 어려움인가요?

박 교사: 단계를 나누어서 관찰해 보니 각각의 단계는 잘 수행하지만 순서대로 수행하는 걸 계속 어려워해요.

최 교사: 소윤이가 단계를 순서대로 수행하는 데만 어려움을 보이고 과제도 복잡하지 않으니 연쇄법 중에서 (㉠)을/를 적용해 보면 좋을 것 같아요. 이 연쇄법은 매 회기마다 모든 단계를 수행하도록 하면서 어려움을 보이면 촉구를 제공하여 지도하는 방법이에요. 모든 단계를 다 수행했을 때는 강화하면 돼요.   [A]

[12월 □□일]

최 교사: 이번 크리스마스 카드 만들기는 어땠어요?

박 교사: 유아들이 정말 즐거워했어요. 특히 소윤이가 모양 스티커를 활용해 카드를 잘 꾸몄어요. 그동안 소윤이의 자율성이 향상된 것이 더 도움이 된 것 같아요.

최 교사: 어떤 방법을 사용하셨어요?

박 교사: 먼저 순서에 따라 카드를 완성하면 좋아하는 트램펄린 타는 것을 약속했어요. 활동 중에는 각 단계마다 그림과제분석표에 동그라미를 그려 점검하게 했고요. ㉡ <u>활동이 끝난 후에는 스스로 그림과제 분석표를 보고, 사전에 정한 기준대로 모든 단계에 동그라미가 있으면 웃는 강아지 얼굴에 스탬프를 찍게 했어요.</u> 그랬더니 카드 만들기 활동 후 소윤이가 웃는 강아지 얼굴에 표시한 걸 가지고 와서 "소윤이 트램펄린 탈래."라고 말하더라고요.

최 교사: 정말 기특하네요.

박 교사: 네. 그리고 ㉢ <u>소윤이가 친구들에게 "이것 봐, 이거 내가 했어. 혼자 만든 거야, 많이 연습했어. 잘했지? 예쁘지?"라고 자랑했어요. 소윤이가 자신의 노력 덕분에 잘 완성했다고 생각하더라고요.</u>

최 교사: 소윤이의 자신감이 높아진 것 같아 기쁘네요.

… (중략) …

박 교사: 마지막으로 말씀드릴 내용은 진우 이야기예요. 진우가 ㉣ <u>어른에게 '안녕하세요'라고 인사를 해야 한다고 배웠잖아요.</u> 그런데 또래나 어린 동생에게도 '안녕하세요'라고 인사를 하더라고요.

최 교사: 그럼 ㉤ <u>또래나 어린 동생에게 적절히 인사를 할 수 있도록 변별훈련을 하면 되겠어요.</u>

---

1) [A]의 ㉠에 해당하는 용어를 쓰시오.

2) ㉡에서 박 교사가 지도한 자기관리 기술을 쓰시오.

3) ㉤의 예를 1가지 쓰시오.

155 _____ 2024 유아A-8

(가)는 유아특수교사 김 교사가 쓴 반성적 저널의 일부이다. 물음에 답하시오.

(가)

[4월 ○○일]

한 달 동안 연우의 대화를 관찰한 결과, 어휘와 문법에서는 연령에 적합한 발달을 보였다. 그러나 연우는 ㉠ 상황과 목적에 맞게 말을 하는 데 어려움을 보였다. 또한 친구들과 대화할 때 대화 순서를 지키거나 적절한 몸짓과 얼굴 표정을 나타내는 것에도 어려움을 보였다.

연우의 의사소통 능력의 향상을 위하여 유치원과 가정에서 보다 체계적인 지원이 필요하다고 생각했다. 이를 위해 ㉡ 연우의 의사소통 장면을 주의 깊게 관찰하여 그 내용을 간결하고 객관적인 글로 기록하려 한다. 이 자료는 연우의 의사소통 발달 정도를 파악하고 중재를 계획하는 데 도움이 될 것이다. 그리고 연우가 가정에서 보이는 의사소통의 특징을 파악하기 위해 보호자와 ㉢ 비구조화된 면담을 실시하려고 한다.

---

2) (가)에서 ㉡에 해당하는 관찰 기록법을 쓰시오.

156

(가)는 유아특수교사 강 교사와 박 교사가 나눈 대화의 일부이고, (나)는 강 교사가 발달지체 유아 현수의 놀이행동을 관찰 기록한 자료이다. 물음에 답하시오.

(가)

> 강 교사: 선생님, 우리 반 현수가 매일 작은 포클레인 장난감만 가지고 놀아요.
>
> 박 교사: 그런 것 같더라고요.
>
> 강 교사: 그래서 다른 놀이나 놀잇감을 제안해 보았는데 전혀 관심을 갖지 않네요.
>
> 박 교사: 가끔이라도 가지고 노는 놀잇감이 있나요?
>
> 강 교사: 드물지만 탈 수 있는 자동차를 타기는 해요.
>
> 박 교사: 그럼 자동차를 좀 더 자주 타고 놀게 하면 좋겠네요.
>
> 강 교사: 어떤 방법으로 지도할 수 있을까요?
>
> 박 교사: 현수가 좋아하는 작은 포클레인과 탈 수 있는 자동차를 이용해 ㉠ 프리맥 원리(Premack principle)로 지도하면 좋을 거 같아요.
>
> 강 교사: 이 두 가지 놀이의 순서를 안내해 주는 시각적 자료를 만들어서 사용하면 현수에게 도움이 되겠네요.

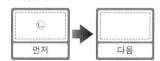

㉡	→	
먼저		다음

〈놀이 순서 안내 자료〉

(나)

아동	현수	관찰자	강○○
중재 시작	4월 7일	중재 종료	4월 25일
목표 행동	탈 수 있는 자동차를 스스로 선택하여 타면서 논다.		
종료 준거	㉢		
관찰 행동	P(촉진), (독립적 수행)		

날짜\기회	4/7	4/8	4/9	4/10	4/21	4/22	4/23	4/24	4/25	%*
10	I	I	P	P	I	I	P	I	I	100
9	P	P	P	I	I	P	I	I	P	90
8	P	P	P	P	I	I	I	I	I	80
7	P	P	P	P	P	I	I	I	I	70
6	P	P	I	P	P	I	I	I	I	60
5	P	I	P	I	I	I	P	I	I	50
4	P	P	I	I	I	I	I	I	I	40
3	P	P	I	P	P	I	I	P	I	30
2	P	P	P	P	P	I	I	I	P	20
1	P	P	P	I	I	I	I	I	I	10

[A]는 4/23, 4/24, 4/25 구간

—●— 독립적 수행 비율

*날짜별 독립적 수행 비율

---

1) (가)에서 ① 박 교사가 ㉠을 제안한 이유를 쓰고, ② ㉡에 들어갈 시각적 자료의 내용을 쓰시오.

①:

②:

2) (가)에서 강 교사가 사용할 강화제 유형을 쓰시오.

3) (나)에서 ① 교사가 사용한 관찰 기록 방법이 무엇인지 쓰고, ② 목표행동과 [A]에 근거하여 ㉢에 들어갈 내용을 쓰시오.

①:

②:

157 _____

(가)는 학습 공동체에서 정서·행동장애 학생 영지에 대해 두 교사가 나눈 대화의 일부이고, (나)는 담임 교사가 실시한 중재의 결과 그래프이다. 물음에 답하시오.

(가)

〈중재 실시 전〉

담임 교사 : 우리 반의 영지는 과제를 제시하면 다른 사람을 때리거나 침을 뱉고, 교실 밖으로 이탈 하는 행동을 하곤 해요.
요즘 들어서 자리 이탈이 점점 더 심해지고 수업 방해와 다른 갈등 상황으로 이어져서 긍정적 행동 지원 계획을 세워야 할 것 같아요. 교실 밖으로 뛰쳐나가는 돌발적인 행동으로 인해 위험한 상황이 발생할 수도 있어서 급히 대응할 수 있도록 (㉠) 계획도 수립해야 되겠어요. ⌉[A]

수석 교사 : 영지가 나타내는 행동의 원인이 무엇인지 살펴 보셨나요?

담임 교사 : 네, 행동과 관련된 다양한 정보를 수집하고, 수업 시간에 영지의 행동 관찰을 통해 행동과 전후 상황과의 상관관계를 파악했어요. 그리고 과제 난이도를 조작하거나 관심을 적게 두는 조건 등을 설정하여 (㉡)을/를 실시한 결과, 영지가 과제를 회피하고자 할 때 문제 행동을 나타낸다는 것을 알 수 있었어요. ⌉[B]

수석 교사 : 그렇군요. 그러면 어떤 중재를 사용하실 건가요?

담임 교사 : ㉢ 지금까지의 강화 요인을 즉시 제거하는 비처벌적 접근을 통해 영지의 문제 행동을 줄일 생각이에요.

〜〜〜〜〜〜〜〜〜〜〜

수석 교사 : 어떤 연구 설계를 적용하실 건가요?

담임 교사 : AB 연구 설계로 중재할 계획이에요.

수석 교사 : AB 연구 설계는 중재 효과의 입증에 어려움이 있어요. 영지의 세 가지 문제 행동에 동일한 중재를 실시할 때, 기초선 기간이 길어지거나 문제 행동이 고착되지 않도록 (㉣) 설계로 계획하는 것이 좋지 않을까요? ⌉[C]

담임 교사 : 네, 반영하여 실시할게요.

〈중재 실시 후〉

담임 교사 : 선생님, 영지의 때리기와 침 뱉기 행동이 감소했어요. 그런데 자리 이탈 행동에 대해서는 중재효과가 나타나지 않았어요.

(나)

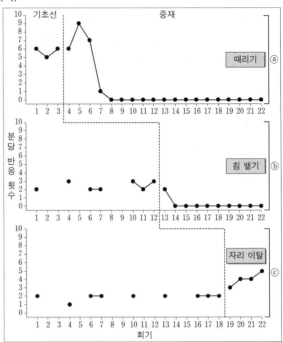

1) ① (가)의 [A]를 근거로 ㉠에 들어갈 긍정적 행동 지원의 요소를 쓰고, ② (가)의 [B]를 근거로 ㉡에 해당하는 용어를 쓰시오.

① :

② :

2) ① (가)의 [C]와 (나)를 근거로 ㉣에 해당하는 용어를 쓰고, ② (나)의 ⓐ를 근거로 (가)의 ㉢에 해당하는 용어를 쓰시오.

① :

② :

3) (나)의 ⓒ에서 중재 효과가 나타나지 않은 이유를 (나)의 ⓐ, ⓑ와 비교하여 행동의 기능 측면에서 1가지 쓰시오.

158   2024 초등B-5

(가)는 특수교사와 통합학급 교사가 실과 6학년 수업 계획에 대해 나눈 대화의 일부이고, (나)는 특수교사가 민우의 '프로그래밍 요소와 구조' 수업을 위해 만든 수업 자료의 일부이다. 물음에 답하시오.

(가)

> 통합학급 교사: 이번 수업에서는 간단한 음식 만드는 순서를 알고리즘과 함께 지도하고, 학생들이 코딩 연습을 해 보게 하려고요.
>
> 특 수 교 사: 좋은 생각입니다. 학생들이 재미있어 하겠어요.
>
> 통합학급 교사: 전자레인지로 간단한 음식 만들기 활동을 하려니 ㉠ 교차 오염이 걱정되어서, 학생들이 수업 전 자기점검법을 사용하도록 해야겠어요.

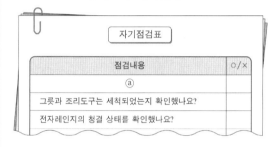

점검내용	O/×
ⓐ	
그릇과 조리도구는 세척되었는지 확인했나요?	
전자레인지의 청결 상태를 확인했나요?	

자기점검표

… (중략) …

> 통합학급 교사: 민우가 움직임에 제한이 많아서 간단한 음식 만들기 활동에 참여할 수 있을지 고민이에요.
>
> 특 수 교 사: ㉡ 과제분석이 된 각 단계를 '완료되면 음식 꺼내기'부터 하나씩 배울 수 있도록 지도하면 될 거예요.
> 그리고 민우가 전체 활동에 항상 동일하게 참여해야 하는 것은 아니에요. 민우가 최대한 독립적으로 참여할 수 있도록 각 단계를 조정해 주면, 민우가 적극적으로 참여할 수 있을 거예요. 민우가 전자레인지에 시간 설정하는 방법을 배우는 것은 의미 있을 것 같아요.   [A]
>
> 통합학급 교사: 그럼 ㉢ 다른 학생들이 간단한 음식 만들기를 하는 동안 민우는 시간 설정을 하기 위해 숫자 쓰기를 연습할 수 있도록 해야겠어요.
>
> 특 수 교 사: 선생님, 그것은 적절한 활동이 아닌 것 같아요.

(나)

- 전자레인지로 간단한 음식 만들기 활동 속에서 프로그램의 구조 익히기

		[B]
① 전자레인지 문을 연다.	④ 시간을 설정한다.	
② 음식을 넣는다.	⑤ 시작 버튼을 누른다.	
③ 전자레인지 문을 닫는다.	⑥ 완료되면 음식을 꺼낸다.	

- 전자레인지로 간단한 음식 만들기 순서 나열하기

… (중략) …

- 음식 만들기 로봇이 다음과 같이 움직이도록 블록을 조립하고 실행하기

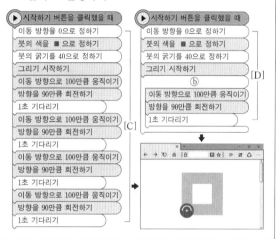

1) (나)의 [B]를 고려하여 (가)의 ㉡에 해당하는 행동지도 방법의 명칭을 쓰시오.

159 _____ 2024 초등B-6

(가)는 2015 개정 특수교육 기본 교육과정 미술과 5~6학년군 '눈이 즐거운 평면 표현' 수업 활동에 대한 아이디어 노트의 일부이다.

(가)

○ 자폐성장애 학생 희주의 특성

- 촉감을 느끼기 위해서 책상 모서리를 계속 문지름
- 장난감 자동차 바퀴의 회전하는 모습을 보려고 바퀴를 지속적으로 돌림   [A]
- 끈적임을 느끼기 위해 풀의 표면을 손으로 계속 문지름

○ 수업 방향

- ⊙ 미술 수업 시간에 물감을 감각적으로 탐색하는 다양한 미술 활동을 지도하고자 함

○ 수업 활동 계획

- 활동 1: ⓛ 물감 표면의 촉각적인 느낌 탐색하기
  ↳ ⓒ 물감을 손으로 만지는 활동하기
  … (중략) …
- 활동 2: ⓔ 실그림 기법으로 작품 완성하기
- 활동 3: (ⓜ) 기법으로 작품 완성하기

2) (가)의 ⓒ을 후속 강화제로 사용한 프리맥의 원리(Premack principle)를 적용해서 ⓔ을 지도할 때, ⓒ과 ⓔ로 활동을 구성하여 쓰시오.

160 _____ 2024 중등A-12

다음은 정서·행동장애 학생 A에 대한 특수 교사 A와 B의 대화이다. 〈작성 방법〉에 따라 서술하시오.

특수 교사 A: 선생님, 우리 학교에 재학 중인 학생 A가 최근 운동장에서 흙을 입에 넣는 모습을 봤어요. 바로 뛰어갔는데, 벌써 삼켜서 말릴 수가 없었어요. 그런 행동을 예전에도 여러 번 봤어요. ⊙ 학생 A와 같은 행동이 나타나면 의사와 먼저 상담을 하고 진단을 받아 봐야 할 것 같아요. 혹시 특정 영양소가 결핍되어 그런 행동이 발생할 수도 있지 않나 싶습니다.

특수 교사 B: 그럴 수도 있겠네요. 일전에 학생 A의 담임 선생님과 이야기 나눌 기회가 있었는데 ⓛ 학생 A가 2개월 전부터 갑자기 그런 행동을 했다고 하더라고요. 담임 선생님도 걱정이 많아요. 혹시 학생 A가 그 행동을 했을 때 누군가 관심을 줬고, 그 행동이 계속 관심을 받아서 지속되는 건 아닐까 하는 생각도 들어요. 일단 그 행동의 기능을 파악하는 것이 좋겠습니다.

특수 교사 A: 일단 원인이 파악되면 시급하게 중재를 시작해야 할 것 같아요.

특수 교사 B: 네, 그런데 아무리 시급한 상황이라 할지라도 어떤 중재를 도입하고 실행할 때에는 중재 목표의 중요성, ⓒ 중재 절차의 적절성, (ⓔ) 측면에서 사회적 타당도를 살펴보는 것이 필요하지요

〈 작성 방법 〉

- 교사가 학생 A의 행동 특성을 고려하여 밑줄 친 ⓒ의 측면에서 점검해야 할 내용을 1가지 서술하고, 괄호 안의 ⓔ에 해당하는 내용을 순서대로 쓸 것

161

(가)는 ○○특수학교 고등학교 과정에 재학 중인 자폐성장애 학생 A의 특성이고, (나)는 교감과 담임 교사의 대화이다. 〈작성 방법〉에 따라 서술하시오.

(가) 학생 A의 특성

- 모방이 가능함.
- 시각적 자료 처리에 강점을 보임.
- 동영상 보는 것을 좋아하고, 영상에 자신이 나오면 흥미를 보임.

(나) 교감과 담임 교사의 대화

담임 교사: 교감 선생님, 제가 요즘 학생 A에게 비디오 모델링 중재법으로 '진공청소기로 청소하기'를 가르치고 있습니다. ㉠ 우선 제가 모델이 되어 우리 교실에서 교실에 있는 진공청소기로 청소하는 과정을 동영상으로 제작했습니다. 그리고 학생에게 그것을 시청하게한 후 우리 교실에서 그 진공청소기로 청소를 하도록 연습시켰습니다. 학생이 청소를 완료하면 매번 좋아하는 활동을 하게 했고요. ㉡ 중재 단계를 사전에 계획한 대로 실시한 정도도 확인했습니다.

교   감: 학생의 행동에 변화가 있나요?

담임 교사: 교실에서는 진공청소기로 청소합니다. 얼마 전 학생A의 학부모와 상담을 해 보니 ㉢ 집에서는 진공청소기를 사용하여 청소하지 못한다고 하시더라고요. 왜 일반화가 일어나지 않는 걸까요?

교   감: 학생 A의 '진공청소기로 청소하기' 행동의 일반화를 촉진하기 위해서는 여러 요소를 고려해 봐야 합니다. 먼저 비디오 모델링에는 선생님께서 모델을 보여 주신 것처럼 ㉣ 성인 비디오 모델링 중재법도 있지만, ㉤ 비디오 자기 모델링 중재법이라는 것도 있어요. 학생 A의 특성을 보니 비디오 자기 모델링 중재법의 활용도 고려해 보면 좋겠네요.

〈작성 방법〉
- (나)의 밑줄 친 ㉡의 개념에 해당하는 용어를 쓸 것
- (나)의 밑줄 친 ㉢의 이유를 밑줄 친 ㉠에서 2가지 찾고, 그에 대한 일반화 촉진 방안을 각각 서술할 것 [단, '이유-방안' 형식으로 쓸 것]
- (나)의 밑줄 친 ㉣과 비교하여 밑줄 친 ㉤의 장점을 심리·정서적 측면에서 1가지 서술할 것

162

(가)는 학생 A에 대한 교육 실습생의 관찰 기록이고, (나)는 학생 A에 대한 행동 중재 계획의 일부이다. 〈작성 방법〉에 따라 서술하시오.

(가) 학생 A에 대한 교육 실습생의 관찰 기록

- 관찰 행동 : 자리 이탈 행동
  수업 시간에 선생님의 허락 없이 일어나서 엉덩이가 의자에서 떨어진 상태(예 다른 자리로 이동하기, 서서 돌아다니기)
- ㉠ 관찰 기록지

날짜	관찰 시간	행동 발생				합계
		1	2	3	4	
5/16	10:00~10:40	/	//	//	//	7
5/17	10:00~10:40	//	/	/	/	6
5/18	10:00~10:40	/	//	/	/	5
5/19	10:00~10:40	/	/	/	/	4

* note : ㉡ 관찰 기록 결과를 보니 행동 발생이 줄어드는 것처럼 보이나, 학생 A는 여전히 자리에 앉아 있지 않고 돌아다님. 수업 시간 중 자리 이탈 행동이 얼마나 개선되었는지 정확히 파악해야 함.

(나) 학생 A에 대한 행동 중재 계획

- 행동 목표 : ㉢ 학생 A는 수업 시간에 자리에 앉아 있을 수 있다.
- 중재 계획 :
  - 상반 행동 차별 강화
  - 토큰 강화

〈작성 방법〉
- (가)의 밑줄 친 ㉠에 해당하는 관찰 기록법의 명칭을 쓸 것
- (가)의 ㉡을 참고하여 학생 A의 행동 특성에 적합한 관찰 기록법의 명칭을 쓰고, 그 이유를 1가지 서술할 것
- (나)의 밑줄 친 ㉢의 행동 목표 진술에서 빠진 요소를 1가지 포함하여 학생 A의 행동 목표를 바르게 고쳐 쓸 것 [단, 메이거(R. F. Mager)의 행동 목표 진술에 근거하여 쓸 것]

163

다음은 ○○특수학교의 특수 교사와 교육 실습생 A와 B가 중도 뇌성마비 학생 A의 식사 기술 지도에 대해 나눈 대화이다. 〈작성 방법〉에 따라 서술하시오.

교육 실습생 A : 학생 A는 목 조절이 힘들고 위식도 역류가 심합니다. 그래서 씹기를 거부하고 구토 증상도 나타나요.

교육 실습생 B : 그런 경우에는 ㉠ <u>음식을 작은 조각으로 잘라서 조금씩 자주 제공해야 합니다.</u> ㉡ <u>식사를 마친 후에도 곧바로 눕지 않고 앉아 있도록</u> 하는 게 좋겠네요.

교육 실습생 A : 학생 A는 기도 폐쇄 현상이 자주 나타납니다.

교육 실습생 B : 그럴 경우 ㉢ <u>죽(퓌레) 형태로 음식물을 수정하여 제공</u>해야 합니다.

교육 실습생 A : 그렇군요. 그런데 학생 A는 혼자 숟가락을 사용하지 못해서 식사 보조를 해 주는데, 그럴 때 숟가락을 강하게 물고 있어서 치아가 손상될까 봐 걱정이에요.

교육 실습생 B : 우선 숟가락을 바꿔 보는 것은 어떨까요? ㉣ <u>부드러운 실리콘 소재의 숟가락을 사용</u>하는 것이 좋겠네요. 그리고 ㉤ <u>교사가 식사 보조를 할 때는 학생 A의 앞에 앉아 지원해야 해요.</u>

교육 실습생 A : 선생님, 학생 A가 혼자 식사를 할 수 있도록 숟가락 홀더(utensil holder) 사용하는 방법을 지도 하려는데 간격 시도와 (㉥) 중에 어느 것이 더 적절할까요?

특 수 교 사 : 식사 기술 지도에는 간격 시도가 적절하지 않습니다. 그리고 학생 A는 숟가락 홀더 사용을 새로 배워야 하므로 익숙해지기까지 많은 시간이 걸릴 수 있습니다. 그래서 정해진 점심 시간 이외에도 자연스러운 환경 속에서 간식 시간 등을 이용하여 추가로 지도하는 것이 바람직합니다.

교육 실습생 B : 식사 장소도 고민 중입니다. 식사 중에 친구들이 갑자기 큰 소리를 내거나 뛰면 학생 A는 무척 놀라고 ㉦ <u>갑작스러운 목 신전 반사가 나타나며 팔을 쭉 벌리면서 무언가를 잡으려 하는 자세를 취하게 됩니다.</u>

특 수 교 사 : 주변 상황 변화에 대해 과도한 반사행동을 가진 학생에게는 편안하고 안정된 느낌을 제공해 주는 것도 필요합니다.

┌─〈작성 방법〉────────
• 괄호 안의 ㉥에 해당하는 연습 방법을 쓸 것

김남진

KORSET 특수교육학 기출분석 1

PART **02**

통합교육

Mind Map

Chapter 1 통합교육의 이해

1 통합교육의 개념 ┬ 통합 ┬ 통합
                    └ 교육에서의 통합
           └ 통합교육 ┬ 통합교육
                     └ 장애의 사회적 모형

2 통합교육의 목적 및 형태 ┬ 통합교육의 목적 : 다양성의 인정 및 수용, 교육의 평등성 추구,
                                    교육의 수월성 추구, 조화의 극대화
                        └ 통합교육의 형태 : 물리적, 사회적, 교육과정적 통합

3 통합교육의 필요성 ┬ 법적 측면
                ├ 사회 · 윤리적 측면
                └ 교육성과 측면

Chapter 2 통합교육과 협력

1 협력의 개념 및 필요성 ┬ 협력의 개념
                     └ 협력의 필요성 ┬ 일관성 있는 교수 제공
                               ├ 일반교사와 특수교사 간 책임과 역할 명확화
                               ├ 최적의 교수방법 결정
                               └ 예방적 차원의 교육적 접근

2 협력의 특징 ┬ 공동의 목적 정의
           ├ 상호의존과 동등한 공유
           ├ 자원의 상호작용적 교환
           └ 공동의 의사결정

3 협력적 팀 접근의 형태 ┬ 다학문적 접근 ┬ 개념
                               └ 장단점
                     ├ 간학문적 접근 ┬ 개념
                               └ 장단점
                     └ 초학문적 접근 ┬ 개념
                               ├ 초학문적 접근의 주요 원리 ┬ 원형진단
                                             ├ 역할방출
                                           └ 통합된 치료
                               └ 장단점

4 통합교육을 위한 협력 방법 ┬ 협력교수 ┬ 개념
                               ├ 특성
                               └ 유형
                 ├ 협력적 자문 ┬ 개념
                               └ 과정
                 └ 중재 팀 ┬ 중재의 개념
                               └ 통합교육을 위한 중재 팀

Chapter 3 교수적 수정

1 교수적 수정의 이해 ┬ 교수적 수정 관련 용어의 구분
                       ├ 교수적 수정의 원칙
                       ├ 교수적 수정의 고안 및 적용을 위한 기본 지침
                       └ 교수적 수정의 절차 ┬ 1단계 : 장애학생의 IEP 장단기 교수목표 검토
                                         ├ 2단계 : 일반학급 수업참여를 위한 특정 일반교과의 선택
                                         ├ 3단계 : 일반학급 환경에 대한 정보 수집
                                         ├ 4단계 : 일반 교과수업에서 장애학생의 학업수행과 행동 평가
                                         ├ 5단계 : 장애학생의 개별화된 단원별 학습목표 결정
                                       ├ 6단계 : 교수적 수정 유형의 결정 및 고안
                                       └ 7단계 : 교수적 수정의 적용 및 평가

2 교수적 수정의 유형 ┬ 교수환경의 수정 ┬ 물리적 환경의 수정
                               └ 사회적 환경의 수정
                 ├ 교수내용의 수정 ┬ 개념
                               └ 수정 단계
                 ├ 교수방법의 수정 ┬ 교수활동
                               ├ 교수전략
                               └ 교수자료
                 ├ 교수집단의 수정
                 └ 평가방법의 수정 ┬ 평가조정
                               └ 대안적 평가

3 통합교육 장면에 적용 가능한 교육과정 ┬ 중다수준 교육과정
                                             └ 중복 교육과정

Chapter 4 차별화 교수

1 차별화 교수의 이해 ┬ 차별화 교수의 개념
                       └ 차별화 교수의 특징

2 차별화 교수의 기본 가정과 원리 ─┬─ 차별화 교수의 기본 가정 ─┬─ 아동의 적극적인 학습
                                                                                  ├─ 아동에 대한 높은 기대
                                                                                  └─ 학습의 사회적 맥락
                                                              └─ 차별화 교수의 원리

3 차별화 교수의 계획 및 실천 ─┬─ 학습자의 특성 ─┬─ 학습자의 준비도
                                                                          ├─ 학습자의 흥미
                                                                          └─ 학습자의 학습 양식
                                              └─ 차별화 교수의 요소 ─┬─ 교수내용의 차별화 : 교수목표 수정 전략, 교수내용 수정 전략
                                                                              ├─ 교수과정의 차별화 : 아동집단의 융통성 있는 구성, 교수 진도와 발문 조절, 인적·물적 자원 제공, 학습전략 지원
                                                                              └─ 교수결과의 차별화 : 표현양식의 변경, 숙달수준의 조정, 빈번한 평가

Chapter 5 협력교수

1 협력교수의 이해 ─┬─ 협력교수의 개념
                              ├─ 협력교수의 기본 원리
                              ├─ 협력교수의 장점
                              └─ 협력교수의 효과

2 협력교수의 유형 ─┬─ 팀티칭(팀교수) ─┬─ 장점
                              │   └─ 단점
                              ├─ 교수─지원 ─┬─ 장점
                              │   └─ 단점
                              ├─ 스테이션 교수 ─┬─ 장점
                              │   └─ 단점
                              ├─ 평행교수 ─┬─ 장점
                              │   └─ 단점
                              └─ 대안교수 ─┬─ 장점
                                                └─ 단점

Chapter 6 또래교수

1 또래교수의 이해 ─┬─ 또래교수의 개념
                              ├─ 또래교수의 특징
                              ├─ 또래교수 시 교사의 역할
                              ├─ 또래교수 실행 절차
                              ├─ 또래교사 측면에서의 장점
                              └─ 또래학습자 측면에서의 장점

2 또래교수의 유형 ┬ 동급생 또래교수
├ 상급생 또래교수
├ 전문가 또래교수
├ 역할반전 또래교수
├ 분리된 또래교수
├ 전학급 또래교수
├ 또래지원 학습전략 : 파트너 읽기, 단락 요약, 예측 릴레이
└ 전학급 학생 또래 교수팀

상보적 또래교수

Chapter 7 협동학습

1 협동학습에 대한 이해 ┬ 협동학습의 개념
├ 협동학습의 특징
├ 협동학습의 구성 요소 및 ┬ 구성 요소
│ 기본 원리 └ 기본 원리 : 긍정적 상호 의존, 개인적 책임, 동등한 참여,
│ 동시다발적인 상호작용
├ 협동학습의 성공 요인 ┬ 협동학습을 위한 집단 구성
│ └ 협동학습의 효율적 운영을 위한 요소
├ 협동학습의 효과
└ 협동학습에서의 문제행동과 해결 전략

2 협동학습의 유형 ┬ 모둠 성취 분담 모형 ┬ 개념
│ └ 절차
├ 토너먼트식 학습 모형 ┬ 개념
│ └ 절차
├ 과제분담 협동학습 모형 ┬ 개념
│ └ 모형별 특징 및 절차 : Jigsaw Ⅰ, Ⅱ, Ⅲ, Ⅳ 모형
├ 집단조사 모형 ┬ 개념
│ └ 절차
├ 자율적 협동학습 모형 ┬ 개념
│ └ 절차
├ 팀 보조 개별학습 모형 ┬ 개념
│ └ 절차
└ 함께 학습하기 모형 ┬ 개념
└ 절차

기출문제 다잡기

정답 및 해설 p.65

01
2009 유아1-5

통합교육 상황에서 아동의 장애유형(중복장애 제외)을 고려한 학습지원 전략으로 적절한 것은?

① 정서·행동장애 아동의 경우 문제행동에 대해서는 일차적으로 벌을 준다.

② 정신지체 아동의 경우 항상 또래교수를 통해 보충 설명과 피드백을 받도록 한다.

③ 시각장애 아동의 안전을 위해 교실 내 물리적 환경을 일관성 있게 구성·배치한다.

④ 유창성장애 아동이 말을 더듬을 때마다 교사가 아동이 하려고 하는 말을 대신해 준다.

⑤ 청각장애 아동을 위해 수화통역자를 활용할 경우 질문을 통역자에게 하고 아동에게 직접 하지 않는다.

02
2009 유아1-27

김 교사는 통합학급에 있는 만 5세 발달지체 유아 민주를 대상으로 다음 사항을 고려하여 탐구생활의 교수적합화(교수수정)를 하고자 한다. 교수적합화의 예시로 적절한 것을 〈보기〉에서 모두 고른 것은?

통합학급 탐구생활 학습목표	세 가지 유형의 색나무조각 40~50개를 크기·색·모양에 따라 분류하고 각 집합에 속한 수를 세어 그 수량을 말할 수 있다.
개별화교육계획의 장기목표	1~5까지 수를 셀 수 있다.
민주의 탐구생활 관련 특성	새로운 것에 대한 호기심이 많음. 지시가 주어지면 물건을 '위·아래·안·밖'에 놓을 수 있음. 두 단어 문장의 언어 표현을 함. 블록 쌓기에 관심이 많음. 간단한 색(빨강·파랑·노랑)을 구분할 수 있음.

〈보기〉

ㄱ. 학습목표 수정: 3가지 색의 블록 3개씩 색깔별로 쌓으면서 촉진(촉구) 없이도 수를 셀 수 있다.

ㄴ. 교수활동 수정: 교사가 시범을 보인 후에 교사의 촉진에 따라 활동을 반복하도록 하고 교사의 촉진 없이 활동을 하게 한다.

ㄷ. 교수자료 수정: 색 블록을 활용한다.

ㄹ. 교수평가 수정: 블록을 쌓을 수 있는지와 1~3까지 수를 셀 수 있는지를 준거로 하여 평가한다.

① ㄱ, ㄴ   ② ㄷ, ㄹ

③ ㄱ, ㄴ, ㄷ   ④ ㄴ, ㄷ, ㄹ

⑤ ㄱ, ㄴ, ㄷ, ㄹ

03

윤 교사는 초등학교 1학년 일반학급에 통합된 정신지체 학생 주호에게 수학과 측정 영역에서 '시각 읽기' 지도를 위해 교수적합화(교수 수정)를 적용하려고 한다. 다음 (가)와 (다)에 들어갈 요소를 〈보기〉에서 고른 것은?

(가) _____
(나) 일반학급 환경에 대한 정보 수집
(다) _____
(라) 주호에게 적합한 학습목표 설정
(마) 주호의 수업참여를 위한 교수적합화 유형의 결정 및 실제 고안
(바) 교수적합화의 적용과 교수적합화가 적용된 수업 참여의 양과 질의 평가

〈보기〉
ㄱ. 주호에 대한 가족지원 필요성 검토
ㄴ. 주호의 개별화교육계획 교수목표의 검토
ㄷ. 일반학급에서 주호의 학업수행 관련 특성 분석
ㄹ. 일반학급 학생들에 대한 수학성취도 검사 실시

① ㄱ, ㄴ   ② ㄱ, ㄹ
③ ㄴ, ㄷ   ④ ㄴ, ㄹ
⑤ ㄷ, ㄹ

04

다음은 중도·중복장애 학생 민호와 영미를 통합학급 수업에 참여시키기 위해 송 교사와 박 교사가 나눈 대화이다. 밑줄 친 (가)~(다)에 해당하는 내용과 〈보기〉의 내용이 바르게 짝지어진 것은?

송 교사: 내일 인터넷 자료를 가지고 '여러 동물의 한살이'를 지도하려고 해요. (가) 다른 친구들이 모둠별로 모여 동물의 한살이에 관한 조사 활동을 할 때 민호는 친구들의 이름을 알기 위해 다양한 활동을 할 거예요. 다음 주에는 동물원에 가기 전에 민호가 학교 사육장에 있는 동물들을 직접 관찰하게 하려고 해요.

박 교사: 저는 '여러 곳의 기온재기'를 지도하려고 해요. 먼저 우리 반 친구들이 각자 자기의 모형 온도계를 만들 때 (나) 영미의 것은 제가 만들고 색칠하기는 영미에게 시키려고요. 그리고 (다) 우리 반 친구들이 실제 온도계로 교실 안 여러 곳의 온도를 재는 동안 영미는 모형 온도계 눈금을 읽게 할 거예요.

〈보기〉
ㄱ. 부분참여
ㄴ. 삽입교수
ㄷ. 중다수준 교육과정
ㄹ. 교육과정 중복(중첩)

	(가)	(나)	(다)
①	ㄷ	ㄱ	ㄴ
②	ㄷ	ㄱ	ㄹ
③	ㄷ	ㄴ	ㄹ
④	ㄹ	ㄱ	ㄷ
⑤	ㄹ	ㄴ	ㄷ

05

다음의 대화 내용을 읽고 두 교사가 선택한 협력교수 유형의 특징을 〈보기〉에서 모두 고른 것은?

일반교사 : 이번 국사시간은 '우리나라 유적지' 단원을 배울 차례인데, 수업을 어떻게 할까요?

특수교사 : 지난 시간에는 소집단으로 모둠별 수업을 했으니까 이번 시간에는 프로젝트 중심 수업이 좋을 것 같은데요.

일반교사 : 좋아요. 그럼 주제별로 하고 학습영역은 몇 개로 나눌까요?

특수교사 : 학습영역은 3개로 나누는 게 좋을 것 같아요. 첫째 영역은 선생님이 맡고 두 번째는 제가 맡을게요. 세 번째 영역은 학생들끼리 신문 기사를 읽고 독립운동가 후손들의 삶에 대해 토론하도록 해요.

일반교사 : 그래요. 선생님은 우리나라 시대별 유적지에 대한 내용을 맡고, 제가 시대별 사상들에 대한 내용을 가르칠게요.

특수교사 : 각 영역별로 학생들이 15분씩 돌아가면서 학습을 하면 되겠네요.

〈보기〉

ㄱ. 심화학습 기회를 제공한다.

ㄴ. 전략적으로 집단을 구성한다.

ㄷ. 학생들의 반응을 증가시킨다.

ㄹ. 능동적인 학습 형태를 제시한다.

ㅁ. 모델링과 역할놀이 기술을 필요로 한다.

ㅂ. 결석한 학생에게 보충학습 기회를 제공한다.

ㅅ. 집단으로 활동하는 기술과 독립적인 학습 기술이 필요하다.

① ㄱ, ㄴ, ㅁ   ② ㄱ, ㄹ, ㅁ

③ ㄴ, ㄷ, ㄹ, ㅁ   ④ ㄴ, ㄷ, ㄹ, ㅅ

⑤ ㄷ, ㄹ, ㅁ, ㅂ, ㅅ

06

다음은 통합교육 상황에서 교사 간 협력적 접근 방법을 적용한 예이다. 초학문적 접근의 근간이 되는 개념으로서 밑줄 친 부분이 의미하는 것을 가장 적절하게 표현한 것은?

경도 정신지체 중학생 A는 친구들과 대화하거나 학습할 때 급우의 신체를 부적절하게 접촉한다. 특수교사는 통합학급에서 A의 부적절한 사회적 관계 유형을 분석하고, 바람직한 대인관계 형성을 위한 교수계획을 수립하였다. 특수교사는 교과 담당 교사들로 구성된 협력적 팀원들에게 A의 교수계획을 설명하고, <u>수업활동 시 지도할 수 있도록 구체적인 교수전략을 안내하였다. 특히 특수교사는 A를 지도할 수 있도록 자신이 알고 있는 전문적 지식, 정보 및 전략을 각 팀원들에게 자문하였다.</u>

---

① 비계설정(scaffolding)

② 역할양도(role release)

③ 책무성(accountability)

④ 역량강화(empowerment)

⑤ 사회적 지원망(social support networks)

07

다음 글을 읽고 물음에 답하시오.

일반교사 A는 경도 장애학생이 포함된 통합학급에서 수업을 진행할 때 학생들의 개인차 때문에 어려움을 겪었다. A교사는 이 문제를 해결하기 위해 특수교사의 제안에 따라 협동학습 방법을 적용했으나, 같은 수준의 학생들을 모아 직접 지도하는 동안 나머지 학생들이 학습 활동에 충실하지 못하는 문제를 발견하였다. A교사가 지적한 문제점을 들은 특수교사는 이를 보완하기 위해 자기교수법을 함께 적용하는 것이 좋겠다는 의견을 추가로 제안하였다.

특수교사가 A교사에게 협동학습 방법과 자기교수법을 함께 적용하도록 제안한 이유를 다음 조건에 따라 논하시오.

조건 1. 협동학습 방법과 자기교수법의 이론적 특성과 기대 효과를 포함할 것
조건 2. 두 교수법을 시행하는 과정에서 교사의 역할을 포함할 것

08

다음은 B초등학교 병설유치원 특수학급의 강 교사와 일반학급의 민 교사가 언어 생활 영역 중 '정확하게 발음해 보기'의 지도를 위해 나눈 대화이다. 대화 내용에 해당하는 협력 방법으로 가장 적절한 것은?

강 교사: 은주는 인공와우를 했지만 어릴 때부터 언어 훈련을 잘 받았다고 들었는데, 잘 지내고 있나요?
민 교사: 네. 청각장애가 있다고 생각되지 않을 정도로 은주는 학습을 잘 하고 있어요. 그런데 초성 /ㄷ/발음을 약간 /ㅈ/처럼 발음하는 문제가 있는 것 같아요. 조금만 신경 써서 연습하면 금방 좋아질 것 같은데요.
강 교사: 선생님, 잘 관찰하셨어요.
민 교사: 제가 '말하기'영역 수업 중에 이 문제에 대한 언어 지도를 구체적으로 하고 싶은데 어떻게 하면 될까요?
강 교사: 네, /ㄷ/발음은 앞 윗니 안쪽에 혀 끝 부분이 닿았다가 떨어지면서 나는 소리거든요. 그러니까 쌀과자 조각을 앞 윗니 안쪽에 붙이고 혀 끝 부분이 그 조각에 닿도록 놀이하면서 발음하게 해 보세요. 거울을 보면서 연습시키면 더 좋고요.
민 교사: 네, 그렇게 해 볼게요.

① 조정(coordination)
② 자문(consultation)
③ 순회(itinerant) 교육
④ 스테이션(station) 교수
⑤ 팀 티칭(team teaching)

09 _____ 2010 초등1-29

일반학교에서 장애학생을 과학 수업에 통합시키고자 할 때, 학습자의 장애특성에 따라 중다수준 교수(multi-level instruction)를 적용한 것으로 가장 적절한 것은?

구분	학습자	통합학급 교육 활동	학습자를 위한 적용
①	건강장애 학생	햇빛에 비친 그림자 길이 재기	휠체어 사용을 고려하여 앉아서 햇빛에 비친 그림자 길이를 재게 함.
②	자폐성 장애 학생	고무 찰흙을 사용하여 배설기관의 구조 만들기	화장실에 가고 싶다는 의사표현 방법을 지도함.
③	뇌성마비 학생	젓는 속도에 따라 설탕이 물에 녹는 속도를 비교하는 실험하기	실험 중에 손잡이가 있는 비커를 제공하여 젓기 활동을 하게 함.
④	정신지체 학생	같은 극과 다른 극의 자기력 모양을 비교하는 활동하기	자석에 붙는 것과 붙지 않는 것을 구별하는 활동을 하게 함.
⑤	쓰기장애 학생	실험 보고서 작성하기	실험 보고서 내용을 말로 녹음하여 제출하게 함.

10 _____ 2010 초등2B-1

윤 교사는 경도 정신지체 학생인 종수를 포함하여 30명으로 구성된 통합학급의 사회 시간에 (나)의 수업을 실시할 예정이다. (가)와 같은 학습 특성을 보이는 종수를 위해서는 이 수업에 대한 교수적 수정(instructional adaptation)이 필요하다. 1) 학습자의 입장에서 교수적 수정의 필요성 3가지를 제시하시오. 2) 종수의 학습 특성과 관련하여 교수 내용, 교수 방법, 평가 측면에서 수업 계획 중 적절하지 않은 것을 1가지씩 찾아 각각의 이유를 들고, 각 문제점에 대한 교수적 수정 방안을 논하시오. (500자)

(가) 종수의 본시 관련 학습 특성

- 학교 주변의 모습을 살펴보고, 이를 말로 표현할 수 있다.
- 학습 내용을 기억하는 데 심각한 어려움을 갖는다.
- 기호에 대한 이해력이 부족하다.
- 상호작용 활동에 참여하는 것이 소극적이다.

(나) 통합학급 본시 수업 계획

단계	주요 학습 내용	교수·학습 활동	비고
도입	전시 학습 확인	• 지난 시간에 그림 지도에 필요한 기호들을 정하고 익혔음을 확인한다.	
	수업 목표 확인	• 기호를 사용하여 학교 주변의 모습을 그림 지도로 나타내고 설명할 수 있다.	
전개	<활동 1> 그림 지도 그리는 순서 알기	• 학생들이 정한 그림 지도의 기호를 확인한다. • 그림 지도 그리는 순서를 확인한다.	전체 학습
	<활동 2> 기호를 사용하여 그림 지도 그리기	• 교사는 그림 지도 그리는 과정을 시범을 통해 보여준다. • 학생들은 각자 조사한 학교 주변의 모습을 그림 지도로 그린다.	전체 학습
	<활동 3> 그림 지도로 학교 주변 모습 발표하기	• 교사는 시범으로 그린 지도에 나타난 마을의 모습을 설명해 준다. • 학생이 완성한 그림 지도 중 잘된 것을 2~3개 선정하여 발표하게 한다.	전체 학습 발표
	<활동 4> 그림 지도와 실제 지도 비교하기	• 그림 지도와 실제 지도를 비교해 본다.	
정리	학습 활동 정리	• 자신의 그림 지도를 확인하고, 각자의 활동을 정리한다.	
평가		• 기호를 사용하여 그리는 순서에 맞게 그림 지도를 완성하였는가? • 그림 지도를 보고 학교 주변의 모습을 설명할 수 있는가?	

11

다음은 중학교 통합학급에서 특수교사와 일반교사가 협력하여 체육수업을 실시하기 위해 작성한 협의안의 일부이다. (가)~(다)에 대한 설명으로 옳은 것을 〈보기〉에서 고른 것은?

학습 단계	학습 과정	교수 · 학습활동	활동 시 유의점	협력 교수 모형
전 개	자연을 신체로 표현 하기	• 교사의 시범에 따라 신체를 이용하여 자연물(나무, 꽃 등) 표현하기 – 교사 A는 시범을 보이고, 교사 B는 교사 A의 교수 활동을 명료화한다. • 교사의 시범에 따라 신체를 이용하여 자연현상(소나기, 천둥 등) 표현하기 – 교사 B는 시범을 보이고, 교사 A는 교사 B의 교수 활동을 명료화한다.		(가)
	신체 표현 작품 만들기	• 모둠별로 창작한 동작을 연결하여 작품 만들기 – 교사는 각자 맡은 모둠에서 교수하고 학생 활동을 지원한다.	학생은 두 모둠 으로 구성	(나)
	신체 표현 작품 발표 하기	• 모둠별로 작품 발표와 감상 소감 발표하기 – 교사 A는 전체 활동을 진행한다. – 교사 B는 학생들을 개별적으로 지원한다.	한 모둠이 발표 하는 동안 다른 모둠은 감상	(다)

〈 보기 〉

ㄱ. (가)는 교사들이 역할을 분담하므로 교수내용 및 자료를 공유하기가 어렵다.

ㄴ. (가)에서 교사 간 상호작용은 학생들에게 학습활동이나 사회적 상황에서 수행할 행동의 중요한 본보기가 된다.

ㄷ. (나)는 전체 학급 활동에 비해 학생들의 반응을 이끌어 내는 데 효과적이다.

ㄹ. (나)에서 교사는 학생들의 학습 수준을 고려하여 모둠을 동질적으로 구성한다.

ㅁ. (다)에서는 교과 및 수업내용에 관한 전문성을 고려하여 교사의 역할을 정할 수 있다.

ㅂ. (다)는 학생들의 학습 수행에 대한 자료를 수집하거나 적절한 도움을 주는 데 어려움이 있다.

① ㄱ, ㄷ, ㅁ　　　② ㄱ, ㄹ, ㅂ
③ ㄴ, ㄷ, ㅁ　　　④ ㄴ, ㄷ, ㅂ
⑤ ㄴ, ㄹ, ㅁ

12

다음은 만 5세 통합학급 풀잎반 미술수업에서 유아특수교사인 민 교사와 유아교사인 김 교사가 '공룡 표현하기' 활동을 전개한 내용이다. 이 수업에 대한 설명으로 옳은 것을 〈보기〉에서 모두 고른 것은?

단계	교수 · 학습 활동	진행 교사 김	진행 교사 민
도입	• 공룡 사진을 보여 주며 설명한다.	○	
	• 교실 벽에 4장의 전지를 붙여 놓고 OHP로 공룡 사진을 투사 확대한다.	○	
	• 일반 유아 1명과 장애 유아 1명이 확대된 공룡을 선 따라 그리게 한다.	○	
	• 공룡의 일부분이 그려진 4장의 전지를 조별로 나누어 준다.		○

	빨강 조	노랑 조	파랑 조	보라 조	
전개	• 여러 가지 종이를 구겨 붙인다. • 신문지 구기기를 좋아하는 발달지체 유아 민수에게 신문지를 구기도록 한다.	• 색연필, 크레파스, 물감으로 칠한다. • 지체장애 유아 미이에게 스펀지가 달린 막대로 물감을 칠하도록 한다.	• 자유롭게 그린다. • 자폐성장애유아효주에게 자신이 좋아하는 세밀화를 그리도록 한다.	• 여러 가지 모양을 오려 붙인다. • 가위질이 서툰 일반 유아 선미에게 보조 손잡이가 달린 가위로 교사와 함께 오리도록 한다.	두 교사가 두 조씩 맡아 조별 활동 지도

정리 · 평가	• 조별 활동에 대해 자신의 생각이나 느낌을 말하도록 한다.		○
	• 완성된 공룡 작품을 보고 생각나는 것을 이야기하도록 한다.		○

〈 보기 〉

ㄱ. 전개 단계에서 교육과정 수정 전략을 사용하였다.

ㄴ. 빨강 조 민수에게 부분 참여 전략을 사용하였다.

ㄷ. 도입 단계에서는 대안적 교수 방법을, 전개 단계에서는 평행교수 방법을 사용하였다.

ㄹ. 다양한 학습 표현 방법을 동등하게 인정해 주는 실제적 다수준 포함 교수법(authentic multilevel instruction)을 사용하였다.

① ㄱ, ㄴ　　　　② ㄱ, ㄷ
③ ㄷ, ㄹ　　　　④ ㄱ, ㄴ, ㄹ
⑤ ㄴ, ㄷ, ㄹ

13

다음은 학습장애 학생 은지를 통합학급 사회시간에 참여시키기 위하여 특수학급 교사와 통합학급 교사가 협력하여 작성한 통합교육 계획표와 교수·학습과정안의 일부이다. ㉠~㉤에 대한 바른 설명은?

〈통합교육 계획표〉

좌석 배치	• ㉠은지의 좌석을 앞에 배치하여 특수교사가 효율적으로 지도할 수 있도록 한다.	
	또래	은지
학습 참여	• 은지에게 지시사항을 알려 준다. • 은지의 과제수행을 도와준다.	• ㉡참여 전략 ─교사와 행동계약서를 작성한다. ─교사가 제시한 과제를 완성한다. ─계약에 따라 과제를 완성하면 강화를 받는다.
평가 계획	• ㉢교육과정 분석 → 측정할 기술 확인 → 목표 설정 → 문항 제작 → 은지의 수행 기준 결정 → 검사 실시 및 자료 해석	

〈교수·학습과정안〉

단원	여러 지역의 생활			
제재	도시와 촌락의 생활모습			
일반 수업		은지를 위한 교수 적합화(교수적 수정)		
목표	학습 활동	목표	학습 활동	교수·학습 자료
도시와 촌락 생활모습의 특징을 비교하여 설명할 수 있다.	• 도시와 촌락 생활모습의 특징을 조사하여 발표하기	㉣도시와 촌락의 생활모습을 구별할 수 있다.	• 도시와 촌락 생활모습사진 구별하기 • ㉤짝의 도움을 받아 과제 수행하기	도시와 촌락의 사진이나 그림

① ㉠은 스테이션 교수를 위한 좌석 배치이다.
② ㉡에서 은지에게 적용한 전략은 자기교수이다.
③ ㉢의 평가 유형은 준거참조─교육과정중심사정(CR─CBA)이다.
④ ㉣은 기능적 기술 습득을 위한 교수목표 적합화이다.
⑤ ㉤은 프로젝트 수업을 위한 협력교수이다.

14

다음은 특수학급 최 교사가 정서·행동장애 학생 민재의 통합학급 김 교사와 협의하여 작성한 사회과 현장학습 계획서이다. 현장학습 계획서의 ㉠~㉤에 대한 설명 중 가장 적절한 것은?

장소	해양수산 박물관
대상	5학년 36명(정서·행동장애 학생 1명 포함)
인솔 교사	특수학급 교사, 통합학급 교사
사전 활동	• 박물관에 가 본 경험 이야기하기 • 박물관 이용 시 지켜야 할 규칙에 대해 자유롭게 발표하기 • 해양수산 박물관 관련 자료를 찾아 사전 조사학습지 완성하기 　※ ㉠민재는 통합학급 교사의 도움을 받아 인터넷에서 해양수산 박물관 관련 자료를 찾아 사전 조사학습지를 완성한다. • 해양수산 박물관 견학 시 주의사항 지도하기 　※ ㉡특수학급 교사는 민재가 해양수산 박물관을 견학할 때 다음과 같은 내용을 혼자 할 수 있도록 지도하고 점검하게 한다. 　─해양수산 박물관 전시물 알아보기 　─해양수산 박물관에서 지켜야 할 규칙 알기
㉢견학 활동	• ㉣학급을 두 집단으로 나누어 민재가 속한 집단은 특수학급 교사가 인솔하여 지도한다. • 주의사항을 주지시키면서 질서 있게 관람할 수 있도록 지도한다.
평가	• ㉤박물관에 무엇이 전시되어 있는지 아는가? • 박물관에서 지켜야 할 규칙을 아는가?

① ㉠은 지그소우 I(Jigsaw I)을 활용한 협력학습이다.
② ㉡은 비연속 시행 훈련을 활용한 지도이다.
③ ㉢은 지역사회 참조 교수법을 활용한 수업이다.
④ ㉣은 평행교수법을 적용한 협력교수이다.
⑤ ㉤의 평가방법은 학습목표 달성을 확인하기 위한 생태학적 목록검사이다.

15

통합교육을 위한 교수적 수정의 유형별 방법과 내용이 바르게 연결된 것을 고른 것은?

	유형	방법	내용
(가)	교수 환경 수정	사회적 환경 조성	장애학생 개개인의 소속감, 평등감, 존중감, 협동심, 상호의존감 등을 고려한다.
(나)	교수 집단 수정	성취－과제 분담(STAD)	학업 수준이 비슷한 학생 4~6명의 구성원이 과제를 완성하는 데 필요한 일을 분배하고 자료를 구한 후, 과제가 완성되면 집단에게 보고하고 피드백을 받는 협동학습 방법을 사용한다.
(다)	교수 방법 수정	평행교수	두 교사가 동등한 책임과 역할을 분담하여 같은 학습 집단을 맡아서 가르치는 것으로, 수업 내용을 공동으로 구안하고 지도하는 협력교수 방법을 사용한다.
(라)	교수 내용 수정	중첩 교육과정 (curriculum overlapping)	장애학생을 일반학생과 같은 활동에 참여하게 하되, 각각 다른 교육과정 영역에서 다른 교수 목표를 선정하여 지도한다.
(마)	평가 방법 수정	다면적 점수화	학생의 능력, 노력, 성취 등의 영역을 평가한다.

① (가), (나), (라)　　② (가), (나), (마)

③ (가), (라), (마)　　④ (나), (다), (마)

⑤ (다), (라), (마)

16

다음은 특수학급 유 교사와 일반학급 최 교사가 협력하여 장애이해교육을 실시하기 위해 나눈 대화이다. 두 교사가 계획하는 협력교수(co-teaching)의 형태를 바르게 짝지은 것은?

(가) 유 교사 : 이번 장애이해교육의 주제는 '장애인에 대한 에티켓'이에요. 먼저 제가 청각장애인에 대해 설명하면 선생님께서 시범을 보이시고, 선생님께서 지체장애인에 대해 설명하시면 제가 시범을 보일게요. 시각장애인과 정신지체인의 경우도 마찬가지 방법으로 번갈아 가면서 하고요.

(나) 최 교사 : 그러지요. 그런 다음 두 집단으로 모둠을 나누어 선생님과 제가 각각 한 모둠씩 맡아서 같은 내용으로 아동들이 역할 놀이를 통해 장애인에 대한 에티켓을 연습해 볼 수 있도록 지도하지요.

(다) 유 교사 : 좋은 생각이네요. 모둠별 학습이 끝나면 선생님께서 마무리 평가를 진행해 주세요. 저는 그동안 정신지체 아동인 경수도 평가에 참여할 수 있도록 경수 옆에서 개별적으로 도울게요.

	(가)	(나)	(다)
①	팀교수	평행교수	대안교수
②	팀교수	스테이션 교수	대안교수
③	팀교수	평행교수	교수－지원
④	평행교수	스테이션 교수	대안교수
⑤	평행교수	팀교수	교수－지원

17

특수학급의 박 교사는 읽기에 어려움을 보이는 지수와 읽기를 잘하는 환희를 짝지어 아래와 같은 전략으로 읽기 지도를 하였다. 박 교사가 적용한 전략에 대한 설명으로 적절하지 <u>않은</u> 것은?

1. 파트너 읽기
- 박 교사: 학생의 수준에 맞게 선정한 읽기 자료를 제시하고 학습 활동을 자세히 안내한다.
- 환희, 지수: 환희가 자료를 먼저 읽고 지수가 뒤이어 읽는다.
- 환희: (지수가 읽기에서 오류를 보일 때) "잠깐, 잘못 읽었네. 무슨 단어인지 알아?" 라고 묻는다.
- 환희: (지수가 대답을 못하면, 몇 초 후) "_____라고 읽는 거야." 라고 말한다.
- 환희, 지수: 함께 읽은 후 지수가 읽은 내용을 간략히 다시 말한다.

2. 단락 요약
- 환희: 지수에게 읽은 내용을 짧게 요약하도록 요구한다.
- 환희: 지수: 계속해서 소리 내어 본문을 읽는다.
- 지수: 문단이 끝나는 부분에서 멈추고 내용을 요약한다.
- 환희: 지수의 요약에 대해서 오류가 있을 경우 이를 수정해 준다.

3. 예상 릴레이
- 환희: 다음 페이지에 나올 내용에 대해서 예측하고, 그 내용을 소리 내어 말한다.
- 지수: 예측한 내용이 맞는지 확인하고, 내용을 요약한다.
- 환희, 지수: 역할을 교대로 돌아가며 수행한다.

① 개념과 원리를 발견하는 데 초점을 둔다.

② 정해진 단계와 절차에 따라서 이루어진다.

③ 학습자의 수행 결과에 대해 동료의 교정적 피드백이 제공된다.

④ 학습자가 문제를 해결하도록 참여자 간 비계활동이 이루어진다.

⑤ 학습 내용과 수준을 다양화할 수 있는 차별화 교수(differential instruction) 접근이라 할 수 있다.

18

장애학생들이 통합되어 있는 2학년 일반학급의 박 교사는 슬기로운 생활 '이웃 놀이' 수업을 하려고 한다. (가)는 장애학생들의 특성이고, (나)는 '이웃 놀이' 수업에 사용할 역할극 대본의 일부이다. 이에 대한 설명으로 적절하지 <u>않은</u> 것은?

(가)

수지: 의사소통장애(언어 표현에 어려움이 있음)
민지: 정신지체(수 개념은 없으나 같은 숫자를 찾을 수는 있음)

(나)

학생 1: 아악, 아야! (계단 아래에서 넘어진 상태로 다리를 잡고 울고 있다.)
학생 2: (학생 1에게 급히 다가가서) 다리를 많이 다쳤나봐. 어떡하지?
학생 3: 119 구급대에 연락해야 해.
학생 4: (전화기의 119 숫자를 누른다.)

① 본 수업의 활동 주제는 '소중한 우리 이웃'이다.

② 수지가 '학생 2'의 역할을 할 경우, 대사의 어휘 수준을 수지에게 맞춘다면 교수환경을 수정하는 것이다.

③ 수지가 '학생 3'의 역할을 할 경우, 보완·대체의사소통 기구로 대사를 표현하도록 한다면 학생의 과제 수행방법을 수정하는 것이다.

④ 민지가 '학생 4'의 역할을 할 경우, 119 숫자를 정확하게 누를 수 있도록 숫자 1, 9에 표시가 되어 있는 전화기를 준다면 교수자료를 수정하는 것이다.

⑤ 민지가 '학생 4'의 역할을 할 경우, '학생 2'가 민지에게 119 숫자를 하나씩 알려주어 민지가 119에 전화를 걸도록 한다면 또래지원 전략을 적용하는 것이다.

19

다음은 일반 중학교의 일반학급에 배치된 학습장애학생 A의 특성이다. 학생 A의 효과적인 통합교육을 위해 교수적 수정(교수 적합화)을 할 때 고려할 사항으로 적절하지 <u>않은</u> 것은?

> - 수업 중 자주 주의가 흐트러진다.
> - 그림을 보고 그리는 데 어려움을 보인다.
> - 또래 일반학생들에 비해 필기 속도가 느리다.

① 과제를 나누어 제시하는 과제 제시 수정 방법을 고려한다.

② 교사가 판서한 내용을 유인물로 제작하여 학생에게 제공한다.

③ 교육과정 내용을 먼저 수정한 후, 교수 방법의 수정을 고려한다.

④ 지필 고사 시 시험 시간을 연장하는 평가 조정 방법을 고려한다.

⑤ 학습 자료를 제시할 때 주요 내용에 밑줄을 그어주는 등 시각적 단서를 제공한다.

20

다음은 정신지체학생이 통합되어 있는 중학교 1학년 학급에서 사회과 '다양한 기후 지역과 주민 생활' 단원을 지도하기 위해 직소(Jigsaw)Ⅱ 모형을 적용한 수업의 예이다. 바르게 적용한 내용만을 있는 대로 고른 것은?

> (가) 장애학생을 포함한 모든 학생들을 기후에 대한 사전지식과 학업 수준을 고려하여 5명씩 4개 조를 동질집단으로 구성하였다.
> (나) 각 조의 구성원들은 다섯 가지 기후(열대, 온대, 냉대, 한대, 건조) 중 서로 다른 한 가지 기후를 선택하였다.
> (다) 다섯 가지 기후 중에 동일한 기후를 선택한 학생들끼리 전문가 그룹이라는 이름으로 헤쳐 모여 그 기후에 대해 학습하였다.
> (라) 각각의 학생 전문가는 자신의 소속 조로 돌아가 같은 조의 구성원들에게 자신이 학습한 기후에 대해 가르쳤다.
> (마) 원래의 조별로 학습 성과를 평가하기 위하여, 같은 조의 구성원들이 서로 협력해서 공동답안을 만들게 한 후 조별 점수를 산출하였다.

① (가), (마)

② (나), (다)

③ (가), (라), (마)

④ (나), (다), (라)

⑤ (나), (다), (라), (마)

21
2012 중등1-34

다음은 정신지체학생 A의 언어 지원을 위한 협력적 접근 사례이다. 사례에서 나타나는 협력적 접근 모델 및 방법만을 〈보기〉에서 있는 대로 고른 것은?

특수교사, 언어재활사(치료사), 부모는 학생 A의 의사 표현이 가장 활발히 나타나는 사회 시간에 함께 모여 학생 A의 활동을 관찰하면서 언어평가를 실시하였다. 평가 후에 특수교사, 언어재활사, 부모는 평가 결과를 바탕으로 장·단기 목표 및 지원 방법에 대해 함께 논의하였다. 언어중재는 한 학기 동안 특수교사가 혼자 맡아서 교실에서 실시하기로 결정하였다. 정기적인 모임을 통해 언어재활사는 특수교사가 지도할 때에 필요한 구체적인 언어중재 전략에 관한 정보를 제공하기로 하였고, 부모는 가정에서의 언어능력 향상 정도를 특수교사에게 알려 주기로 하였다.

〈보기〉
ㄱ. 팀 교수(team teaching)
ㄴ. 역할 양도(role release)
ㄷ. 원형 평가(arena assessment)
ㄹ. 간학문 접근(inter-disciplinary approach)
ㅁ. 초학문 접근(trans-disciplinary approach)

① ㄴ, ㅁ   ② ㄷ, ㄹ
③ ㄱ, ㄴ, ㅁ   ④ ㄱ, ㄷ, ㄹ
⑤ ㄴ, ㄷ, ㅁ

22
2013 유아B-2

다음은 유아특수교사인 김 교사가 만 5세 발달지체 유아 태호를 위해 전문가와 협력한 활동이다. 물음에 답하시오.

(가)

김 교사는 언어치료사, 작업치료사, 사회복지사 등 전문가들과 교육진단을 실시하였다. 교육진단은 인사하기와 분위기 조성하기, 과제중심 진단, 휴식시간, 이야기 시간과 교수 시간, 자유놀이, 회의 단계로 구성되었다. 촉진자로 선정된 전문가는 태호와 어머니와의 상호작용을 유도하였고, 다른 전문가들은 태호와 어머니와의 상호작용을 관찰하였다. ㉠ 태호 어머니는 결혼 이민자로 우리 말을 잘 하지 못하기 때문에 회의 시간에는 통역사가 참여하였다.

(나)

김 교사는 간식 시간에 작업치료사로부터 턱 주변의 근긴장도가 낮은 태호의 턱을 지지해주는 손동작을 배우고 있다. 김 교사는 작업치료사의 지원을 받으며 태호의 앞과 옆에서 턱을 보조하는 방법에 대해 배우는 중에, 한쪽이 낮게 잘린 컵에 담긴 물을 먹이고 있다. 이때 ㉡ 컵의 낮게 잘린 쪽이 코 반대 방향으로 향하고 있다.

1) 김 교사가 다른 전문가와 협력하여 실시한 교육진단이 무엇인지 쓰시오.

3) 다음 문장의 괄호 안에 들어갈 알맞은 말을 쓰시오.

(가)와 (나)에서 김 교사가 전문가와 협력한 방법은 (㉢) 접근법이다. 이 접근법은 자신의 전문 영역에 대한 진단은 각자 진행하지만 정기적 모임을 통해 다른 분야 전문가와 의견을 교환하는 (㉣) 접근법의 제한점을 보완한 것이다.

㉢ :

㉣ :

23

다음은 특수학교 유치원 과정 5세반 유아의 수업 관찰 내용이다. 물음에 답하시오.

유아	수업 관찰 내용
승호	승호가 미술 활동 중에 물감을 바닥에 뿌리면 교사는 "승호야"라고 이름을 부르며 다가와 흘린 물감을 닦아 주었다. 그러자 승호는 물감을 계속해서 바닥에 뿌렸다. 이러한 행동이 교사의 관심을 받기 위한 것이라고 판단한 교사는 승호가 물감 뿌리는 행동을 해도 흘린 물감을 더 이상 닦아 주지 않았다. 그러자 ㉠승호는 물감을 이전보다 더 많이 바닥에 뿌렸다.
다혜	다혜는 협동 그림을 완성하기 위해 자신이 맡은 부분을 색칠하려고 하였다. 그러나 저시력으로 인해 도화지 위에 연필로 그린 밑그림의 경계선이 잘 보이지 않아서 밑그림과 다르게 색칠하였다. 교사는 다혜의 수업 참여를 증가시키기 위하여 ㉡도안의 경계선을 도드라지게 해 주었고, ㉢조명이 밝은 곳으로 자리를 옮겨 주었다.
철희	철희는 손 힘이 약해서 그리기 활동에 많은 어려움을 겪었다. 그 결과 자신은 그리기 활동을 잘할 수 없다고 생각하여 색칠하기를 거부하였다. 교사는 여러 가지 방법으로 지원하면서 "철희야, 너도 잘 할 수 있을 거야."라고 하였다. 그러나 철희는 여전히 "난 잘 할 수 없어요."라고 말하며 그리기를 주저하였다.

2) 교사가 ㉡과 ㉢에서 사용한 교수적 수정 방법은 무엇인지 쓰시오.

㉡ :

㉢ :

24

다음은 김 교사가 초등학교 4학년 수학 시간에 실시한 협동학습과 관련된 내용이다. 이 수업에 통합되어 있는 경아는 특수교육대상학생으로 수학에 어려움을 보이고 있다. 물음에 답하시오.

〈집단 구성 및 학습 자료〉
• 학급 학생을 대상으로 개별 진단 및 배치 검사를 실시함.
• 4~5명씩 이질적인 학습 집단(A, B, C, D)으로 구성함.
• 각 학생의 학습 속도 및 수준에 적합한 학습 자료를 제공함.

〈학습 집단〉
• 학생은 각자 자기 집단에서 개별 학습 과제를 수행함.
• 문제 풀이에 어려움이 있으면 자기 집단의 친구에게 도움을 청함.
• 학습 과정이 끝난 후, 학생은 자신의 학습 정도를 평가하기 위해 준비된 문제지를 풂.
• 집단 구성원들은 답지를 교환하고 답을 점검한 후, 서로 도와 틀린 답을 고침.

〈교수 집단〉
• 교사가 각 집단에서 같은 수준의 학생을 불러내어 5~15분간 직접 가르침.

〈평가〉
• ㉠각 학생의 수행 결과는 학생이 속해 있는 집단과 학생 개인의 평가에 반영함.

1) 위에서 실시한 협동학습 유형이 무엇인지 쓰시오.

2) 위의 협동학습 유형이 수학에 어려움을 보이는 경아와 같은 학생들에게 적절한 이유 2가지를 쓰시오.

3) 위의 ㉠에 나타난 협동학습 요소(원리)를 쓰시오. 그리고 이 요소(원리) 때문에 방지될 수 있는 '협동학습 상황에서의 문제점'은 무엇인지 쓰시오.

• 요소(원리) :

• 문제점 :

25

다음은 중학교에서 통합교육을 받고 있는 중도·중복 장애 학생 A~E를 위해 교사들이 실행한 수업 사례이다. 각각의 사례에 대한 설명으로 옳은 것만을 〈보기〉에서 있는 대로 고른 것은?

> 박 교사: 과학시간에 심장의 구조와 생리를 지도하면서 학생 A에게는 의사소통 기술을 지도하였다.
> 이 교사: '지역의 문화재 알기' 주제로 모둠별 협동학습을 실시하였는데, 학생 B가 속한 모둠은 '문화재 지도 만들기'를 하였다.
> 김 교사: 사회과 수업목표를 지역사회 공공기관에서 일하는 사람들의 역할 익히기에 두고, 학생 C는 지역사회 공공기관 이름 익히기에 두었다.
> 정 교사: 체육시간에 농구공 넣기를 평가하기 위해 학생 D의 능력, 노력, 성취 측면을 고려하여 골대의 높이를 낮춰 수행 빈도를 측정하였다.
> 신 교사: 글을 읽지 못하는 학생 E를 위해 교과서를 텍스트 파일로 변환하고, 화면읽기 프로그램을 실행하여 교과서의 내용을 듣게 하였다.

〈보기〉
ㄱ. 학생 A에게 설정된 교육목표는 과학 교과 안에서의 교육목표 위계 개념에 기초하여 작성하였다.
ㄴ. 과제를 하는 동안 학생 B와 모둠 구성원 간에 상호의존성이 작용한다.
ㄷ. 학생 C에게는 '중첩교육과정'을 적용한 것이다.
ㄹ. 수업을 계획하는 과정에서 학생 D에게 적절한 성취 준거를 설정하여 규준참조평가를 실시한다.
ㅁ. 학생 E에게 적용한 보편적 학습설계 원리는 '다양한 정보 제시 수단의 제공'에 해당한다.

① ㄱ, ㄹ
② ㄴ, ㅁ
③ ㄷ, ㄹ
④ ㄱ, ㄴ, ㅁ
⑤ ㄴ, ㄷ, ㅁ

26

경도 정신지체 학생이 통합된 학급에서 교사가 또래교수(peer tutoring)를 실시하고자 한다. 또래교수에 대한 특성과 유형에 대한 설명으로 옳은 것을 〈보기〉에서 고른 것은?

〈보기〉
ㄱ. 또래교수는 장애학생의 학업과 사회적 수용을 향상시키기 위하여 학급 교사의 역할과 책임을 또래교사를 하는 학생에게 위임하는 것이다.
ㄴ. 또래교수를 실시하기 위해 교사는 또래교사 역할을 할 학생을 훈련시키고, 역할을 수시로 변경할 경우 누가 먼저 또래교사가 되고 학습자가 될 것인지 결정한다.
ㄷ. 또래교수에서 또래지도를 받던 장애학생이 특정 영역에서 뛰어난 능력을 보이는 경우, 역할을 바꾸어 또래교사가 되어 일반학생을 돕도록 하는 것은 상보적 또래교수 방법의 예이다.
ㄹ. 또래지원 학습전략(PALS)은 비상보적 또래교수전략 중의 하나로 학급에서 자연스럽게 또래교수의 형성이 이루어지지 않을 때, 고학년 일반학생이 저학년 장애학생의 짝이 되도록 지도하는 것이다.
ㅁ. 전학급또래교수(CWPT)는 교사가 학생들에게 개별적인 지도를 하기 어려운 학급에서 모든 학생들이 일대일 방식의 지원을 받을 수 있도록 하는 방법으로, 학생들이 짝을 지어 역할을 바꾸어 가면서 서로를 가르친다.

① ㄱ, ㄴ, ㄷ
② ㄱ, ㄷ, ㄹ
③ ㄱ, ㄹ, ㅁ
④ ㄴ, ㄷ, ㅁ
⑤ ㄴ, ㄹ, ㅁ

27 _____

다음은 중학교 통합학급에서 참관실습을 하고 있는 A 대학교 특수교육과 2학년 학생의 참관후기와 김 교사의 피드백 일부이다. 물음에 답하시오.

통합학급 국어 시간에 은수의 학습보조를 했다. 은수와 같은 중도 정신지체 학생이 왜 통합학급에서 공부하는지, 그리고 이 시간이 은수에게 무슨 의미가 있는지 의문이 들 때가 많다. 은수가 과연 무엇인가를 배울 수는 있는 것일까?

중도 정신지체 학생들을 위해 ㉠확실한 자료나 근거가 없다면 혹시 잘못된 결정을 하더라도 학생의 미래에 가장 덜 위험한 결과를 가져오는 교수적 결정을 해야 해요. 학생의 잠재력을 전제하여 통합 상황에서 또래와 함께 공부할 수 있는 기회를 제공하는 것이 중요합니다.

다음주부터 중간고사다. 은수가 통합학급의 친구들과 똑같이 시험을 볼 수 있을지 걱정이다. 초등학생이라면 간단한 작문 시험이나 받아쓰기 시험 시간에 특수교육보조원이 옆에서 대신 써줄 수 있을 것 같은데, 은수와 같은 장애학생들에게는 다른 시험 방법을 적용해 주면 좋을 것 같다.

또래와 동일한 지필 시험을 보기 어려운 장애학생들을 위해서 시험 보는 방법을 조정해 줄 수 있어요. 예를 들면, ㉡구두로 답하거나 컴퓨터를 사용하여 답하기, 대필자를 통해 답을 쓰게 할 수 있어요. 다만 ㉢받아쓰기 시험시간에 대필을 해 주는 것은 적절하지 않습니다.

통합학급 국어시간의 학습 목표와 내용이 은수에게 너무 어려웠다. 어떻게 하면 통합학급에서 친구들과 함께 공부하도록 하면서 은수에게 필요한 것을 지도할 수 있을지 궁금하다. 내가 특수교사가 되면 이것을 위해 일반교사와 어떻게 협력해야 할지 생각해 봐야겠다.

국어시간에 일반교사와 특수교사가 중다수준 교육과정/교수를 적용하여 은수에게 학습 자료를 제공한다면 통합학급에서도 은수의 개별적 요구에 맞는 지도를 할 수 있어요. 이때, 두 교사가 적용할 수 있는 협력교수의 형태로 교수-지원, ㉣대안적 교수, 팀티칭 등을 고려할 수 있습니다.

3) ㉢이 적절하지 <u>않은</u> 이유를 쓰시오.

4) 은수에게 적용된 중다수준 교육과정/교수의 특성을 고려하여 ㉣이 적절할 수 있는 이유를 쓰시오.

28 _____ 2014 유아A-2

다음은 5세 유치원 통합학급에서 유아특수교사와 유아교사가 쿡과 프렌드(L. Cook & M. Friend)의 협력교수 유형을 적용하여 작성한 활동계획안의 일부이다. 물음에 답하시오.

○ 대집단-일반 유아 21명
● 소집단-발달지체 유아(나리)/일반 유아(서영, 우재, 민기)

소주제	우리 동네 사람들이 하는 일	활동명	일하는 모습을 따라 해 봐요
활동 목표	• 다양한 직업에 대해 관심을 갖는다. • 직업의 특징을 몸으로 표현한다.		
활동 자료	다양한 직업(버스기사, 교통경찰, 미용사, 요리사, 화가, 발레리나, 의사, 사진기자, 택배기사, 축구선수)을 가진 사람들의 모습이 담긴 사진 10장		
㉠ 나리의 IEP 목표 (의사소통)	• 교사의 질문에 사물을 손가락으로 가리킬 수 있다. • 자신의 느낌과 생각을 손짓이나 몸짓으로 표현할 수 있다.		

교수·학습 활동내용	
○ 대집단-유아교사	● 소집단-유아특수교사
○ 다양한 직업의 모습이 담긴 사진을 보면서 이야기 나누기 　- 다양한 직업의 특징을 말하기 ○ 직업을 신체로 표현하는 방법에 대해서 이야기 나누기 　- 이 사람은 무엇을 하고 있니? 　- 이 사람은 일을 할 때 어떻게 움직이고 있니? ○ 직업을 다양하게 몸으로 표현하고 알아맞히기 　- 사진 속 직업을 몸으로 표현해 보자. ○ 직업을 가진 사람들의 움직임을 창의적인 방법으로 표현해 보기 　- 또 다른 방법으로 표현해 볼 수 있을까?	● 유아가 자주 접하는 직업의 모습(동작)이 담긴 5장의 사진을 보면서 이야기 나누기 　- ㉡ 사진(의사, 버스기사, 요리사)을 보여주면서 "맛있는 음식을 만드는 사람은 누구니?" 　- ㉢ 사진(축구선수, 미용사)을 보여주면서 "축구공은 어디 있니?" 　- "요리사는 음식을 만들 때 어떻게 움직이고 있니?" ● 유아가 자주 접하는 직업의 모습(동작)이 담긴 사진을 보면서 손짓이나 몸짓으로 표현하기 　- (교통경찰 사진을 보며) "손을 어떻게 움직이고 있니?"

활동평가		평가방법
○	• 다양한 직업에 대해 관심을 갖고 있는가? • 직업의 특징을 다양하게 몸으로 표현할 수 있는가?	• 관찰 • (㉣)
● (나리)	• 직업의 특징을 손짓이나 몸짓으로 표현할 수 있는가?	

2) 위 활동계획안에서 적용하고 있는 협력교수 유형을 쓰고, 이 협력교수를 실행할 때 나타나는 문제점 1가지를 쓰시오.

　• 협력교수 유형 :

　• 문제점 :

29

다음의 (가)는 통합학급에 입급된 특수교육대상학생 A
의 특성이고, (나)는 (가)를 바탕으로 학생 A가 정규 평
가에 참여할 수 있도록 특수교사가 평가를 조정한 예
이다. 평가 조정(test accommodation) 유형 중 (나)
의 ㉠과 ㉡에 해당하는 평가 조정 유형을 각각 쓰시오.

(가) 학생 A의 특성

- 한꺼번에 많은 정보가 주어졌을 때, 정보에 주의를
  기울이는 데 어려움이 있음.
- 소근육에 문제가 있어 작은 공간에 답을 표시하는
  데 어려움이 있음.

(나) 학생 A를 위한 평가 조정의 예

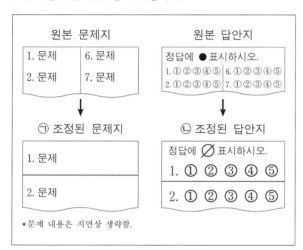

30 _____

김 교사는 특수교육지원센터의 순회교사이고, 박 교사는 통합유치원의 유아특수교사이다. 다음의 (가)는 김 교사와 박 교사의 대화 내용이다. 물음에 답하시오.

(가) 김 교사와 박 교사의 대화 내용

> 김 교사 : 박 선생님, 개별화교육계획 다 작성하셨어요? 어떻게 하셨어요?
> 박 교사 : ㉠저는 통합학급 교사로부터 각 유아에 대한 발달과 학습에 대한 정보를 받고, 유아가 다니는 치료실의 치료사나 심리학자, 의사 등으로부터 진단 결과나 중재 목표를 받아서 부모의 요구와 우선순위를 파악하여 작성했어요.
> 김 교사 : 아, 그러셨군요. 저는 영아를 담당하고 있는데, ㉡각 영아의 교육적 요구에 따라 여러 관련서비스 영역의 전문가들과 심리학자, 사회복지사, 부모, 그리고 제가 한 팀이 되어 교육진단을 계획했어요. 교육 진단 시에는 팀 구성원들이 동시에 관찰하며 평가했는데, 그때 제가 촉진자의 역할을 했어요. 그리고 나서 팀이 합의한 평가 결과에 따라 다 같이 개별화교육계획을 수립했어요.
> 박 교사 : 네, 그런데 그렇게 하면 시간도 많이 걸리고 힘드셨겠어요. 그럼 그 다음에 중재는 어떻게 하세요?
> 김 교사 : 각 영아에 따라 팀원 중 한 사람이 영아의 가정을 방문해서 개별화교육계획의 목표 성취를 도울 수 있도록 부모를 지원해요. 주로 부모가 자녀와 상호작용하는 방법을 알려드려요.
> 박 교사 : 가정 방문도 하시는군요.
> 김 교사 : ㉢우리 특수교육지원센터에서는 영유아를 위한 순회교육, 특수교육 관련서비스 지원 등을 하고 있어요. ㉣특수교육지원센터에서는 순회교육 이외에도 센터 내의 교실에서 장애 영아를 가르칠 수 있어요.
> 박 교사 : 저도 영아를 담당해 보고 싶은데, 그러려면 ㉤제가 특수학교 유치원교사 자격증을 가지고 있으니까 3년의 유치원 과정 담당 경력을 쌓아야겠네요. 장애 영아의 수업일수는 어떻게 되나요?
> 김 교사 : ㉥장애 영아의 수업일수는 매 학년도 180일을 기준으로 해서 필요에 따라 30일의 범위에서 줄일 수 있어요.

1) ㉠에 해당하는 팀 협력 모델명을 쓰시오.

2) ㉡의 팀에서 주로 사용하는 진단 방법을 쓰시오.

31

(나)는 '2009 개정 교육과정' 과학과 3~4학년군 '식물의 생활' 단원의 교수·학습 과정안의 일부이다. 물음에 답하시오.

(나) 교수·학습 과정안

단원	식물의 생활		
제재	특이한 환경에 사는 식물의 특징 알아보기		
학습목표	일반학생	채은수	
	사막 식물의 특징을 사는 곳과 관련지어 설명할 수 있다.	선인장의 특징을 설명할 수 있다.	
전개	교수·학습 활동	교수·학습 활동	자료 및 유의점
	… (중략) … 〈활동〉 사막 식물 관찰하기 • 겉 모양 관찰하기 • 속 모양 관찰하기 • 수분 관찰하기 • 사막 식물의 공통점 알아보기 • 사막에서 살아가는 데 이로운 점 생각해보기 • 관찰 기록지 완성하기 … (생략) …	… (중략) … 〈활동〉 선인장 관찰하기 • 겉 모양 관찰하기 • 속 모양 관찰하기 • 수분 관찰하기 • 그래픽 조직자 완성하기 … (생략) …	－ ⓒ 기록지 제공 － 활동 단계별로 자료 구분하여 제공 － 그래픽 조직자 형식 제공

3) (나)를 '중다수준 교육과정/교수(multilevel instruction)'가 적용된 교수·학습 과정안이라고 볼 수 있는 ⓐ 근거를 1가지 쓰고, '중다수준 교육과정/교수'와 '중복 교육과정(curriculum overlapping)'의 ⓑ 차이점을 1가지 쓰시오.

ⓐ :

ⓑ :

32 _____

다음은 특수학급 박 교사와 통합학급 임 교사의 대화 내용이다. 물음에 답하시오.

> 박 교사: 선생님도 잘 아시다시피 민우는 글을 유창하게 읽지 못하고 읽기 이해 능력도 매우 떨어져요. 그래서 국어 시험을 보면 낮은 점수를 받지요.
>
> 임 교사: 제가 국어시간에 읽기 활동을 할 때 협동학습의 한 유형인 ⑦모둠성취분담모형(Student Teams-Achievement Division; STAD)을 적용하려고 해요. 그런데 민우는 모둠활동에서 초반에는 관심을 보이지만, 이내 싫증을 내곤 해요. 그래서 끝까지 참여하는 데 어려움이 있어서 조금 걱정이 돼요.
>
> 박 교사: 그렇다면 민우에게는 모둠성취분담모형(STAD)과 함께 또래교수의 한 유형인 (ⓒ)을/를 적용해 보면 어떨까요? (ⓒ)은/는 ⓒ파트너 읽기, 단락(문단) 줄이기, 예측 릴레이 단계로 진행되는데, 민우의 읽기 능력 향상에 도움이 될 거예요.

1) 임 교사가 ⑦을 적용하고자 하는 이유를 민우의 특성과 연결하여 1가지 쓰시오.

2) ⓒ의 ⓐ명칭을 쓰고, ⓒ의 주요 활동 단계마다 또래교수자가 ⓑ공통으로 수행하는 활동을 1가지 쓰시오.

   ⓐ :

   ⓑ :

3) 민우가 ⓒ단계에서 읽기 이해 능력 향상을 위해 수행해야 하는 세부 활동을 1가지 쓰시오.

33 _____

(나)는 최 교사가 작성한 '2009 개정 교육과정' 실과 교수ㆍ학습 과정안의 일부이다. 물음에 답하시오.

(나) 교수ㆍ학습 과정안

학습 목표	• 여러 가지 직업을 조사하여 특성에 따라 분류할 수 있다. • 여러 가지 직업이 있음을 설명할 수 있다.	
단계	ⓒ 교수ㆍ학습 활동	보편적학습설계(UDL) 지침 적용
도입	(생략)	
전개	〈활동 1〉 전체학급 토의 및 소주제별 모둠 구성 • 전체학급 토의를 통해서 다양한 직업분류기준 목록 생성 • 직업분류기준별 모둠을 생성하고 각자 자신의 모둠을 선택하여 참여	• 직업의 종류와 특성을 토의할 때 필수적으로 알아야 할 어휘를 쉽게 설명한 자료를 제공함. • ⓡ흥미와 선호도에 따라 소주제를 스스로 선택하게 함.
	〈활동 2〉 모둠 내 더 작은 소주제 생성과 자료 수집 분담 및 공유 • 분류기준에 따라 조사하고 싶은 직업들을 모둠 토의를 통해 선정 • 1인당 1개의 직업을 맡아서 관련된 자료 수집 • 각자 수집한 자료를 모둠에서 발표하고 공유	• 「인터넷 검색절차지침서」를 컴퓨터 옆에 비치하여 자료수집에 활용하게 함. • ⓜ발표를 위해 글로 된 자료뿐만 아니라 사진과 그림, 동영상 자료 등 다양한 매체를 이용하게 함.
	〈활동 3〉 모둠별 보고서 작성과 전체학급 대상 발표 및 정보 공유 • 모둠별 직업분류기준에 따른 직업 유형 및 특성에 대한 보고서 작성 • 전체학급을 대상으로 모둠별 발표와 공유	모둠별 발표 시 모둠에서 한 명도 빠짐없이 각자가 할 수 있는 역할을 갖고 협력하여 참여하게 함.

3) (나)의 ⓒ에서 적용한 협동학습의 명칭을 쓰시오.

34

다음은 ○○특수학교에 다니는 5세 중복장애 유아들을 위한 지원 방안이다. 물음에 답하시오.

유아	특성	지도 방법	전문가 협력
수지	• 시각정신지체 중복장애 • 촉지각 능력이 뛰어남.	㉠ 네모와 같은 단순한 그림을 촉각 그래픽 자료로 지도함.	… (생략) …
인호	• 농맹중복장애 • 4세 중도 실명 • 수화를 모국어로 습득함. • 촉독(촉각) 수화를 사용함.	㉡ 수지와 의사소통할 때 촉독수화를 사용하게 함. ㉢ 다양한 사물을 손으로 느껴 체험하도록 지도함.	• 유아특수교사, 청각사 등 다양한 영역의 전문가들이 참여함. • 전문가별로 중재 계획을 개발하고 정보를 서로 공유함. • 인호의 부모가 팀원임. • 때때로 팀원 간에 인호의 문제를 논의함.
은영	• 청각정신지체 중복장애 • 보완대체 의사소통체계(AAC)를 활용하여 주변 사람과 의사소통함.	㉣ AAC의 일환으로 단순화된 수화를 지도함. ㉤ 구어 중심의 중재를 함.	… (생략) …

2) 인호를 위한 전문가 팀의 ① 협력 모델명을 쓰고, 진단 측면에서 이 협력 모델의 ② 장점과 ③ 단점을 쓰시오.

①:

②:

③:

35

다음은 중학교 1학년 통합학급에서 일반교사와 특수교사가 협력 교수를 실시하기 위해 작성한 사회과 교수·학습 지도안의 일부이다. 협력교수의 장점과 차이점, 특수교사의 지원 내용을 〈작성 방법〉에 따라 논하시오.

단원명	일상 생활과 법	대상	중 1-3, 30명 (장애학생 2명 포함)	교사	일반교사 김○○ 특수교사 박○○
주제 (소단원)	개인의 권리 보호와 법			차시	6 / 9
학습 목표	• 권리와 의무의 관계를 설명할 수 있다. • 자신의 권리를 정당한 절차와 방법을 통해 주장할 수 있다.				
수정된 학습 목표	• 일상생활에서 자신의 권리와 의무를 말할 수 있다. • 권리 구제에 도움을 주는 기관을 말할 수 있다.				

〈사회과 교수·학습 지도안〉

학습 단계	교수 · 학습 활동	교수·학습 방법	자료 및 유의점
도입	- 전시 학습 확인 - 학습목표 제시		
전개	활동 1: 개인의 권리와 의무 - 일상생활에서 자신의 권리를 행사한 경험을 발표하기 - 권리와 의무의 관계 알기	㉠ 평행교수	- 자기 점검표
	활동 2: 권리 침해를 구제받는 방법 - 개인의 권리 보호가 어떻게 이루어지는지 알기 - 침해된 권리를 찾는 방법 알기 - 정부 기관과 시민 단체를 통한 권리 구제의 방법을 담은 안내 노트 작성하기	㉡ 스테이션 교수	- 안내 노트 - 스테이션을 3개로 구성함.
	활동 3: 권리 구제에 도움을 주는 기관 조사 - 권리 구제에 도움을 주는 기관과 해당 기관의 역할을 모둠별로 조사하기 - 모둠별로 조사한 내용을 전체 학생을 대상으로 발표하기	㉢ 협동학습	- 권리 구제 관련 기관의 목록

〈 작성 방법 〉

• ㉠과 ㉡의 장점을 학습자 입장에서 각각 2가지 제시할 것
• 사회과 교수·학습 지도안에 제시된 '대상', '교수·학습 활동', '자료 및 유의점' 등을 참고하여 ㉠과 ㉡의 차이점을 교수 집단의 구성과 교수·학습 활동의 내용 측면에서 각각 1가지 설명할 것
• ㉢에서 장애학생이 집단의 구성원으로서 긍정적인 역할을 할 수 있도록 사회적 환경을 조성하기 위해 특수교사가 지원해야 할 내용 2가지를 설명할 것
• 서론, 본론, 결론의 형식을 갖출 것

36 _____

(가)는 학습장애 학생 준수의 특성이고, (나)는 2009 개정 사회과 교육과정(교육과학기술부 고시 제2012-14호) 3~4학년 '나는 미래에 어떤 일을 하면 좋을지 생각해 봅시다.'를 지도하기 위해 특수교사와 일반교사가 협의하여 작성한 교수·학습 과정안이다. 물음에 답하시오.

(가)

• 준수 　－단어와 정의를 연결할 수 있음. 　－어휘의 의미를 깊이 이해하는 데 어려움이 있음. 　－수업 내용을 요약하는 데 어려움이 있음. 　－글자를 쓰는 데 많은 노력이 필요함.

(나)

단원	경제생활과 바람직한 선택	차시	11~12/20
제재	나는 미래에 어떤 일을 하면 좋을지 생각해 봅시다.		
학습 목표	미래에 자신이 하고 싶은 일을 결정하고 행동계획을 세울 수 있다.		

㉠ 단계	학생 활동	자료(ᄌ) 및 유의점(ᄋ)
A	• 각 직업의 장·단점 분석하기 • 갖고 싶은 직업을 평가하여 점수를 매기고 순서 결정하기	ᄌ 평가기준표
B	• 직업 선택 시 고려할 조건을 찾아서 평가 기준 만들기 • 사실적 기준과 가치 기준을 골고루 포함하기	ᄋ 중요하다고 생각하는 기준에 가중치를 부여하게 한다. ᄋ ㉡과제분담 협동학습(Jigsaw II)을 실시한다.
C	• 주변에서 볼 수 있는 직업에 대해 자유롭게 이야기하기 • 장래 직업을 고민하는 학생의 영상 시청하기	ᄌ ㉢안내노트, 그래픽 조직자, 동영상 자료 ᄋ ㉣의미지도 전략을 활용하여 미래 직업에 대해 알아본다.
D	• 갖고 싶은 직업과 이유 발표하기 • 대안에 대한 브레인 스토밍 후 후보 결정하기	ᄌ 직업분류표
E	• 갖고 싶은 직업 결정하기 • 행동계획 수립하기	ᄋ 의사결정의 목적은 행동을 실천하는 데 있음을 알게 한다.

2) 다음은 (나)의 ㉡을 할 때 수행한 절차이다. ⓐ~ⓓ에서 (나)의 ㉡의 원리에 부합하지 <u>않는</u> 기호와 그 이유를 쓰시오.

ⓐ 학습 절차와 보상 설명하기 ⓑ 이질적인 학생들로 집단 구성하기 ⓒ 각 집단의 구성원들은 서로 다른 한 가지 조건 선택하기 　　　　　… (중략) … ⓓ 각 구성원이 획득한 점수의 평균으로 집단별 점수 산출하기

37 _____ 2017 초등B-4

(가)는 지적장애 학생 윤후의 특성이고, (나)는 경험학습 수업 모형을 적용하여 계획한 2011 개정 특수교육 교육과정 중 기본 교육과정 과학과 3~4학년 '식물이 사는 곳' 교수·학습 과정안이다. 물음에 답하시오.

(가)

- 윤후
  - 그림을 변별할 수 있음.
  - 구어로 의사소통하는 데 어려움이 있음.
  - 손으로 구체물을 조작하는 것을 좋아함.

(나)

단원	7. 식물의 생활	소단원	2) 식물이 사는 곳
제재	땅과 물에 사는 식물	차시	6~8/14
장소	학교 주변에 있는 산, 들, 강가		
교수·학습 자료	사진기, 필기도구, 돋보기, 수첩, 식물도감, 채점기준표(루브릭)		
학습 목표	○식물의 모습을 여러 가지 방법으로 살펴볼 수 있다. ○식물의 모습을 비교하여 공통점과 차이점을 찾을 수 있다. ○식물을 사는 곳에 따라 분류할 수 있다.		

단계	교수·학습 활동 (○: 교사 활동, ●: 학생 활동)	자료(자) 및 유의점(유)
도입	○학습 목표와 학습 활동 안내하기 ○ⓛ채점기준표(루브릭) 안내하기	유 (ⓒ)
전개 — 자유 탐색	○자유롭게 탐색하게 하기 ●식물에 대해 자유롭게 이야기 나누기 ●식물의 모습을 여러 가지 방법으로 살펴보기	자 사진기, 필기도구, 돋보기, 수첩
전개 — 탐색 결과 발표	○탐색 경험 발표하게 하기 ●숲·들·강가에 사는 식물을 살펴본 내용 발표하기 ●친구들의 발표 내용 듣기	유 ② 식물 그림카드를 제공한다.
전개 — ⑤ 교사 인도에 따른 탐색	○교사의 인도에 따라 탐색하게 하기 ●여러 가지 식물의 모습을 자세히 살펴보고 공통점과 차이점 찾기 ●여러 가지 식물을 사는 곳에 따라 분류하기	자 식물도감, 돋보기
정리 및 평가	○학습 결과 정리하게 하기 ●친구들과 학습 결과를 공유하고 발표하기	자 채점기준표(루브릭)

4) 교사가 (가)를 고려하여 (나)의 ②에 적용한 교수적 수정의 유형을 쓰시오.

38

(가)는 학생 P의 특성이고, (나)는 중학교 1학년 기술·가정과 '건강한 식생활과 식사 구성'을 지도하기 위하여 통합학급 교사와 특수교사가 협의한 내용이다. ㉠에 해당하는 교수법의 명칭을 쓰고, 모둠별 활동을 하는 동안 통합학급 교사의 역할 1가지를 ㉡에 제시하시오.

(가) 학생 P의 특성

- 상지의 소근육 운동 기능에 어려움이 있는 지체장애 학생으로 경도 지적장애를 동반함.
- 특별한 문제행동은 없으며, 학급 친구들과 원만한 관계를 유지하고 있음.

(나) 통합학급 교사와 특수교사의 협의 내용

관련 영역	수업 계획	특수교사의 제안 사항
학습 목표	• 탄수화물이 우리 몸에서 하는 일을 설명할 수 있다.	• 본시와 관련된 핵심 단어는 특수학급에서 사전에 학습한다.
교수·학습 방법	• 우리 몸에서 필요한 영양소의 종류 및 기능 –㉠모둠 활동을 할 때 튜터와 튜티의 역할을 번갈아 가면서 한다. –(㉡)	• P에게 튜터의 역할과 절차를 특수교사가 사전에 교육한다.
평가 계획	• 퀴즈(지필 평가) 실시	• ㉢UDL의 원리를 적용하여 P의 지필평가 참여 방법을 조정한다.

39

다음은 3명의 교사들이 학생 A의 수학여행 참여 여부에 대해 대화한 내용의 일부이다. 대화 내용을 참고하여 장애 개념에 대한 의료적 모델, 사회적 모델, '국제 기능·장애·건강 분류(ICF)' 체계의 모델을 비교·설명하고, 본인의 생각을 〈작성 방법〉에 따라 논하시오.

김 교사: 학생 A는 중도장애로 인해 적응행동에 어려움도 있고, 휠체어를 타고 가기에 힘든 곳이 많아 수학여행에 참여하는 것은 무리라고 생각됩니다. 때에 맞춰 약을 먹어야 하는 개인적인 문제도 있고요.

이 교사: 글쎄요, 인식의 차이라고 생각합니다. 학생이 아무리 행동에 어려움이 있고 휠체어를 타고 있더라도 어디나 갈 수 있어야죠. 그런 사회적 환경을 만들어야 한다고 생각해요.

김 교사: 그래도 외부로 나가면 일이 생겼을 때 혼자 해결하기도 어렵고, 스스로 할 수 없으면 자칫 다른 사람에게 피해도 주게 되어서요. 게다가 장애가 있으니 매사 어려움이 많고, 아무래도 친구들과 어울리기도 힘들더라고요.

최 교사: 그렇게 생각하실 수도 있지만, 국제적으로 장애에 대한 인식이 변해 가는 것 같아요. 얼마 전 교사 연수에서 WHO의 ICF 모델에 대해 알게 되었는데, 환경적 요인이 장애인의 신체 기능과 구조, 활동, 참여와 상호작용 한다고 하네요.

… (하략) …

┌─ 〈 작성 방법 〉 ─

- 서론, 본론, 결론의 형식으로 작성할 것
- 장애를 바라보는 관점으로서 의료적 모델과 사회적 모델을 장애의 원인론 측면에서 비교하여 설명할 것
- 의료적 모델과 사회적 모델을 설명할 때 위 대화의 내용을 예로 인용할 것
- ICF 체계의 모델을 설명할 때 장애를 바라보는 관점과 장애의 제한을 최소화하는 방법을 제시할 것
- 장애의 개념에 대한 본인의 생각을 특수교육에 주는 시사점과 관련하여 논할 것

40 _____

(가)는 통합학급 학생의 현재 학습 수준이고, (나)는
(가)를 고려하여 특수교사와 일반교사가 수립한 컴퓨
터 보조 수업(CAI) 기반 협력 교수 계획의 일부이다.
물음에 답하시오.

(가)

학생	현재 학습 수준
일반 학생	두 자리 수 × 한 자리 수 문제를 풀 수 있음.
지혜, 진우 (학습부진)	한 자리 수 × 한 자리 수 문제를 풀 수 있음.
세희 (지적장애)	곱셈구구표를 보고 한 자리 수 곱셈 문제를 풀 수 있음.

(나)

교사의 역할 \ 협력 교수의 유형	(㉠)
일반교사	• 수업의 시작과 정리 단계에서 학급 전체를 대상으로 진행함. • 전개 단계 중 지혜, 진우, 세희로 구성된 소집단을 제외한 나머지 학생을 지도함. • 교육용 소프트웨어를 활용하여 연습하도록 지도함.
특수교사	• 수업의 전개 단계에서 ㉡지혜, 진우, 세희를 소집단으로 구성하여 지도함. • 교육용 소프트웨어를 통하여 현재 학습 수준에 적합하게 연습하도록 지도함.

1) ① (나)의 ㉠에 들어갈 협력 교수의 유형을 쓰고, ②
(나)의 밑줄 친 ㉡을 반복할 경우 발생할 수 있는 문
제를 예방하기 위한 방법 1가지를 교사 역할 측면에
서 쓰시오.

①:

②:

41 _____

다음은 A중학교에서 학기 초 교직원 연수를 위해 준비
한 통합교육 안내자료 중 일부이다. 〈작성 방법〉에 따
라 서술하시오.

〈2017학년도 A중학교 1학년 통합교육 계획안〉

1. 특수교육대상학생 현황

반	이름	장애 유형	행동 특성
2	B	지적 장애	• 교사의 지시를 잘 따르고 적극적임. • 주변 사람들과 친하게 잘 지냄.
4	C	자폐성 장애	• 수업에 별다른 관심이 없어 보임. • 하나의 활동이나 장소에서 다른 활동이나 장소로 옮겨 가는 데 문제를 보임. • 모둠 활동 시 또래도우미의 도움에 의존함.

2. 교수 적합화 계획

학생 B	과목: 수학	방법: 교수 집단 적합화

팀 보조 개별학습(TAI)

① 모둠 구성: 개별학생의 수준을 파악한 후, 4~6명의 이질적인 학생들로 모둠을 구성함.
② 학습지 준비: (㉠)
③ 학습 활동: 모둠 내에서 학습지 풀이를 하는 동안 필요 시 교사와 또래가 도움을 제공함.
④ 개별 평가: (㉡)
⑤ 모둠 평가 및 보상: 모둠 점수를 산출하고 기준에 따라 모둠에게 보상을 제공함.

학생 C	과목: 과학	방법: 교수 자료 및 방법 적합화

㉢ 모둠활동 시간에 또래도우미는 학생 C에 대한 언어 촉진을 점진적으로 증가시킴.
㉣ 전체 일과와 세부 활동에 대하여 시각적 단서를 제공함.
㉤ 수업 시작 전이나 수업이 끝난 후 수업내용을 칠판에 적어 놓거나 관련 자료를 제공함.
㉥ 모둠 활동 시 학생의 자리는 수시로 바꾸어 가며 진행함.

… (하략) …

─〈 작성 방법 〉─
• ㉠에 들어갈 학습지의 특성을 1가지 제시할 것
• ㉡에 들어갈 개별 평가 방법을 1가지 서술할 것
• 학생 C의 특성에 근거하여 ㉢~㉥ 중 적절하지 않은 것 2가지의 기호를 적고, 그 이유를 각각 1가지 서술할 것

42 _____

다음은 뇌성마비 학생 E와 F의 특성과 지원 계획이다. 〈작성 방법〉에 따라 서술하시오.

학생	구분	내용
E	특성	• 경직형 뇌성마비 학생임. • 워커를 사용하여 이동하기 시작함.
	지원 계획	• 교사, 부모, 물리치료사, 작업치료사 등 다양한 전문가들이 팀을 이루고 함께 모여 동시에 학생 E를 진단함. • 교사는 촉진자로서 학생 E의 움직임과 행동을 유도해 내고, 팀원들은 학생의 행동을 관찰하면서 각자의 전문영역과 관련한 평가를 함. ⓛ • 평가결과에 기초하여 팀원들은 "워커를 사용하여 목표지점까지 이동할 수 있다."는 목표를 설정하고 공유한 후, 개별화교육 계획에 반영함. ㉠ • 교사와 부모는 물리치료사와 작업치료사에게 다음의 내용을 배워 학생을 지도함. －바른 정렬을 유지하며 워커로 걷는 방법 －적절한 근긴장도를 유지하며 걷는 방법 －방향 전환 방법 • 교사는 학생 E가 학교 일과 중 자연스러운 환경에서 '워커를 사용하여 이동하기'를 연습할 수 있도록 계획하고 지도함.
F	특성	• 경직형 뇌성마비 학생임. • ⓐ대칭성 긴장형 목반사(STNR)를 보임. • 식사를 한 후, ⓑ위식도 역류가 자주 발생함.
	지원 계획	• 흡인을 예방하기 위해 ⓒ한쪽이 낮게 잘린 컵을 사용하여 물을 마시도록 지도함. • 학생의 특성에 맞는 적절한 유형의 음식을 제공하고, ⓓ식사 후 적절한 자세를 취하도록 지도함.

┌〈 작성 방법 〉────────────
• ㉠에 해당하는 팀 협력 모델 명칭을 쓰고, 이 모델에서 사용하는 ⓛ에 해당하는 진단방법을 제시할 것

43 _____

(가)는 통합학급 김 교사의 반성적 저널의 일부이다. 물음에 답하시오.

(가)

┌──────────────────────────┐
일자 : 2018년 ○○월 ○○일

박 선생님과 함께 '코끼리의 발걸음' 음악을 듣고 다양한 방법으로 표현하기를 했다. 우리 반은 발달지체 유아 태우를 포함해 25명으로 구성되어 있어 음악과 관련된 활동을 할 때마다 늘 부담이 되었다. 이런 고민을 박 선생님께 말씀드렸더니 (㉠)을/를 제안해 주었다.

유아들은 세 가지 활동에 모둠으로 나누어 참여했다. 나는 음악에 맞추어 리듬 막대로 연주하기를 지도하고, 박 선생님은 음악을 들으며 코끼리처럼 움직이기를 지도해 주었다. 다른 모둠은 원갑 선생님께서 유아들끼리 자유 [A] 롭게 코끼리 그림을 그릴 수 있도록 해 주었다. 그리고 한 활동이 끝나면 유아들끼리 모둠별로 다음 활동으로 이동해 세 가지 활동에 모두 참여할 수 있도록 해주었다.
└──────────────────────────┘

1) (가)의 [A]에 근거해 ① ㉠에 해당하는 협력 교수의 유형을 쓰고, ② ㉠과 같은 유형으로 수업을 할 때의 장점을 1가지 쓰시오.

① :

② :

44 _____

(가)는 정서 · 행동장애 학생 민규의 특성이고, (나)는 2015 개정 사회과 교육과정 5~6학년 정치 · 문화사 영역 교수 · 학습 과정안의 일부이다. 물음에 답하시오.

(가) 민규의 특성

- 자주 무단결석을 함.
- 주차된 차에 흠집을 내고 달아남.
- 자주 밤늦게까지 집에 들어오지 않고 동네를 배회함.
- 남의 물건을 함부로 가져간 후, 거짓말을 함.
- 반려동물을 발로 차고 집어던지는 등 잔인한 행동을 함.
- 위와 같은 행동이 12개월 이상 지속되고 있음.

(나) 교수 · 학습 과정안

단계	교수 · 학습 활동	유의 사항
도입	• 조선 시대 국난을 극복한 인물 알아보기 −임진왜란, 병자호란 등 역사적 사건 살펴보기 −임진왜란과 병자호란에서 활약한 인물 중 내가 알고 있는 인물 발표하기	
전개	〈학습 활동 1〉 • 이순신 장군의 업적 살펴보기 −이순신 장군의 일화 살펴보기 −이순신 장군과 관계있는 장소 살펴보기	
	〈학습 활동 2〉 • 모둠별 학습 계획 수립하기 −모둠별 학습 주제 정하기 −모둠별 학습 방법 정하기 −모둠원 역할 정하기	• ⊙ 또래교수를 활용함.
	〈학습 활동 3〉 • 모둠별 학습 활동하기 −이순신 장군 되어 보기 　1모둠: 난중일기 다시 쓰기 [A] 　2모둠: 적장에게 편지 쓰기 　3모둠: 거북선 다시 설계하기	• 표적행동을 관찰 기록함.
정리 및 평가	• 활동 소감 발표하기 • 차시 예고하기	

3) 다음은 (나)의 ⊙에 대한 설명이다. ⓐ와 ⓑ에 들어갈 말을 각각 쓰시오.

유형	개념
(ⓐ)	• 학급 구성원을 2~3개의 모둠으로 나누어 또래교수에 참여하도록 함. • 학생의 과제 참여 시간, 연습 및 피드백 기회가 증가됨. • 모든 학생의 학업적 행동에 관심을 갖게 되며 수업 시간 중에 상호작용이 증가됨.
일대일 또래교수	• 특별한 지원이 필요한 학생에게 효과적인 전략임. −역할 반전 또래교수: 일반적으로 학습자 역할을 하는 학생이 특정 영역에서는 교수자 역할을 함. −(ⓑ): 학습 수준이 높은 학생이 낮은 학생을 가르치는 교수자 역할을 함.

ⓐ:

ⓑ:

45

(가)는 지적장애 학생 은지의 통합학급 담임인 윤 교사가 특수교사인 최 교사와 실과 수업에 대하여 나눈 대화이다. 물음에 답하시오.

(가) 대화 내용

> 윤 교사: 다음 ㉠실과 수업 시간에는 '생활 속의 동물 돌보기' 수업을 하려고 합니다. 그때 은지에게는 국어과 목표인 '여러 가지 동물의 이름 말하기'를 지도하려고 해요. 은지가 애완동물이나 반려동물뿐만 아니라, ㉡소·돼지·닭과 같이 식품과 생활용품의 재료 등을 얻기 위해 기르는 동물의 이름에 대해서도 알았으면 좋겠습니다.
>
> 최 교사: 그렇지 않아도 특수학급에서 은지에게 '여러 가지 동물의 이름 말하기'를 지도하고 있어요. 지난 시간에는 ㉢햄스터가 그려진 카드를 은지에게 보여주면서 이름을 물어보며 '햄'이라고 언어적으로 즉시 촉진해 주었더니 '햄스터'라고 곧잘 말하더라고요.
>
> … (중략) …
>
> 윤 교사: 선생님, 은지가 수업 중에 보이는 문제행동을 어떻게 해야 할지 고민입니다.
>
> 최 교사: 마침 제가 통합학급 수업 시간에 나타나는 은지의 문제행동 기능을 알아보기 위해서 관찰 결과를 요약해 보았습니다.

1) (가)의 ㉠을 중복 교육과정(curriculum overlapping)의 적용 사례로 볼 수 있는 근거를 1가지 쓰시오.

46 ⎯⎯⎯⎯⎯⎯⎯⎯⎯⎯ 2019 중등B-8

(가)는 ○○중학교에 재학 중인 장애학생에 관한 특성과 배치 형태이고, (나)는 교수적 수정을 적용하고자 하는 국어과 교수·학습 지도안의 일부이다. (다)는 이에 대한 국어교사와 특수교사의 대화 내용이다. 통합교육 상황에서 '교수적 수정'의 필요성, 적용 사례 및 시사점을 〈작성 방법〉에 따라 논술하시오.

(가) 학생의 특성 및 배치 형태

학생 (원적 학급)	특성	배치 형태
학생 A (2학년 1반)	• 시각장애(저시력) • 18 point 확대자료를 요구함. • 시각적 수행능력의 변화가 심하여 주의가 필요함.	일반학급
학생 B (2학년 4반)	• 청각장애(인공와우 착용) • 대화는 큰 어려움이 없음. • 듣기나 동영상 자료를 접근할 때 어려움이 있음.	일반학급
학생 C (2학년 6반)	• 경도 자폐성장애 • 어휘력이 높으며, 텍스트에 그림이 들어갈 때 이해를 더 잘함. • 많은 사람과 같이 있거나, 한꺼번에 너무 많은 자극이 있는 상황을 어려워함.	특수학급

(나) 국어과 교수·학습 지도안

단원명	논리적인 말과 글		
제재	'이 문제는 이렇게'	차시	4 / 5
학습 목표	생활주변의 요구사항을 담은 건의문을 다양한 방식으로 작성한다.		

교수·학습 활동	자료 및 유의점
… (상략) … 〈활동 1〉 － 교사가 준비한 건의문 예시 자료를 함께 읽는다. 〈활동 2〉 － 각 모둠에서 만든 우리 동네의 문제점(잘못된 점자 표기, 주차난, 음식물 쓰레기)이 담긴 동영상 자료를 함께 살펴보고, 지역사회에 건의할 문제에 대해 모둠별로 토론한 후, 아이디어를 발표한다.	－ 신문에 나타난 3가지 형식의 건의문 준비하기 － 학생들이 준비한 동영상 자료를 미리 점검하기

(다) 대화 내용

> 국어교사: 다양한 학생들을 하나의 내용과 방법으로 지도하고 있어서 늘 신경 쓰였어요.
>
> 특수교사: 이 고민은 '교수적 수정'을 통해 풀어보면 좋을 것 같아요. 많은 시간 통합학급에서 학습하는 학생 A, B, C를 위해 교수적 수정을 하여 통합교육을 지원해 볼 수 있어요.
>
> … (중략) …
>
> 국어교사: 지금까지 교육 환경, ㉠교수 집단화, 교육 방법, 교육 내용 측면에서의 '교수적 수정' 그리고 평가 방법 차원의 수정 방법을 설명해 주셨는데요, ㉡평가 수정 방법에서 시간을 연장하는 것 외에 구체적인 수정 방법으로 무엇이 있을까요?
>
> … (중략) …
>
> 특수교사: 잘 들어 주셔서 감사합니다. 하지만 통합교육 상황에서 '교수적 수정'으로 접근할 때도 한계가 있어 '보편적 학습설계'의 원리 적용이 필요하다는 견해가 있습니다.

┌ 〈 작성 방법 〉 ─────────────┐
• 서론, 본론, 결론의 형식으로 작성할 것
• 서론에는 통합교육 장면에서 '교수적 수정'의 필요성을 서술할 것
• 본론에는 아래 내용을 포함하여 작성할 것
  － 밑줄 친 ㉠의 적용 사례를 (나)의 수업 상황과 연관지어 각 1가지씩 작성할 것(단, 학생 A, B, C의 특성을 고려하여 작성하되 한 사례에 1명의 학생을 반영하여 제시할 것)
  － 밑줄 친 ㉡의 예를 3가지 제시하되, 학생 A에게는 '반응 형태의 수정', 학생 B에게는 '제시 형태의 수정' 그리고 학생 C에게는 '시간 조정(단, 시간 연장 방법은 제외)'에 대해 제시할 것
• 결론에는 통합교육에서 '교수적 수정'이 지닌 한계를 쓰고 '보편적 학습설계'가 주는 시사점을 서술할 것

47 _____

(나)는 2차 교직원협의회 내용이다. 물음에 답하시오.

(나)

민 교사: 유치원 차원의 긍정적 행동지원 2차 협의회를 시작하겠습니다.

… (중략) …

양 원장: 유치원 차원의 긍정적 행동지원을 실시하려면 특수교육대상 유아를 고려한 계획이 필요하지 않나요? 유아별 개별화교육지원팀이 있잖아요. 그 팀 간의 협력도 필요할 것 같고…. 팀 협력도 여러 가지 방법이 있지 않나요?

신 교사: 보라의 ⓒ개별화교육지원팀의 구성원들은 진단과 중재를 각각 하지만 팀 협의회 때 만나서 필요한 정보들을 공유해요. 보라가 다니는 복지관의 언어재활사는 팀 협의회 때 보라의 진단 결과와 중재 방법을 알려줄 수 있어요. 유치원 차원의 긍정적 행동지원과 관련해서는 언어재활사에게 차례 지키기 연습을 할 기회가 있으면 복지관에서도 할 수 있도록 협조를 부탁드리면 좋겠어요.

이 원감: 건하의 ⓔ개별화교육지원팀은 함께 교육진단을 하고, 그 진단을 바탕으로 유아특수교사와 통합학급교사가 교육을 계획한 후 실행하고 평가하는 전 과정에서 함께 협력해요. 두 선생님은 물리치료사에게 알맞은 자세잡기를 배워서 건하에게 적용할 수 있어요.

… (하략) …

2) (나)의 ① ⓒ과 ⓔ에 해당하는 팀 접근의 유형을 각각 쓰고, ② ⓒ과 비교하여 ⓔ이 갖는 장점을 1가지 쓰시오.

　① ⓒ :

　　ⓔ :

　② :

48 _____

(가)는 정서·행동장애 학생 성우의 사회과 수업 참여 방안에 대해 특수교사와 일반교사가 나눈 대화의 일부이다. 물음에 답하시오.

(가) 대화 내용

일반교사: 성우는 교실에서 자주 화를 내고 주변 친구를 귀찮게 합니다. 제가 잘못된 행동을 지적해도 자꾸 남의 탓으로 돌려요. 그리고 교사가 어떤 일을 시켰을 때 무시하거나 거부하기도 합니다. 이 모든 문제 행동이 7개월 넘게 지속되고 있어요. 성우가 품행장애인지 궁금합니다. 〕[A]

특수교사: 제 생각에는 ㉠품행장애가 아닙니다. 관찰된 행동만으로 판단하는 것은 어렵지만, '아동·청소년 행동 평가척도(CBCL 6-18)' 검사 결과를 참고하면 좋겠어요.

… (중략) …

일반교사: 성우는 성적도 낮은 편이라 모둠 활동을 할 때 환영받지 못하는 경우가 많아서 사회과 수업에 협동학습을 적용하려고 해요. 그런데 협동학습에서도 ㉡능력이 뛰어난 학생이 모둠 활동에 지나치게 개입하여 주도하려는 현상이 나타날 수 있어요.

특수교사: 맞습니다. 교사는 그러한 현상을 방지하기 위해서 ㉢과제 부여 방법이나 ㉣보상 제공 방법을 면밀하게 고려해 보아야 하지요.

일반교사: 그렇군요. 집단 활동에서 성우의 학습 수행을 평가할 수 있는 방법은 무엇인가요?

특수교사: 관찰이나 면접을 활용하여 성우의 ㉤공감 능력, 친사회적 행동 실천 능력의 변화를 평가하면 좋을 것 같습니다.

… (하략) …

2) (가)의 ㉡을 방지하기 위해 교사가 할 수 있는 ㉢과 ㉣의 구체적인 내용을 각각 쓰시오.

　㉢ :

　㉣ :

49

다음은 읽기 학습장애 학생 J가 있는 통합학급에서 교사가 활용할 교수·학습 활동의 예시이다. 〈작성 방법〉에 따라 서술 하시오.

내용 요소		글의 주요 내용 파악하기
주제		설명하는 글을 읽고 구조화하여 글의 내용 이해하기
학습 모형		학생집단 성취모형(Student Teams Achievement Division ; STAD)
모둠 구성		• 이전 시간에 성취한 점수 확인하기 • (㉠)
모둠 읽기 활동	읽기 전	• 브레인스토밍 : 읽을 글에 대해 알고 있는 내용을 생성하고, 조직화한 후, 정교화하기 • ㉡ 글의 제목, 소제목, 그림 등을 훑어보고 글의 내용 짐작하기
	읽기 중	• 모둠원의 개별 수준에 맞는 글 읽기 • 단서 단어 및 중요한 단어 학습하기 〈수준별 읽기 자료 예시〉 **미래 직업** 변화하는 미래에 기대되는 직업은 환경의 중요성이 커짐에 따라 생기는 직업, 로봇을 이용한 작업이 많아짐에 따라 생기는 직업 등으로 나눌 수 있다. 그중 환경의 중요성이 커짐에 따라 생기는 직업에는 기후변화 전문가, 에코제품 디자이너 등이 있다. 그리고 로봇을 이용한 작업이 많아짐에 따라 생기는 직업에는 로봇 디자이너, 로봇 공연 기획자 등이 있다. … (하략) … • 글의 구조를 고려하여 주요 단어를 기록하기 ㉢ 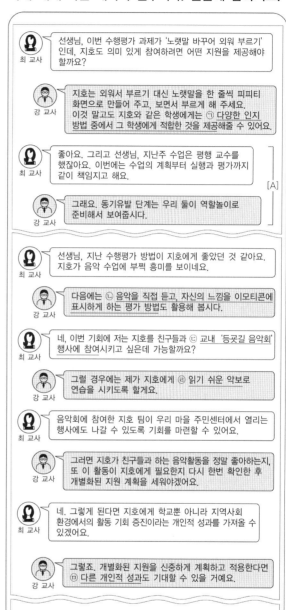
	읽기 후	• 글 이해에 대한 개별 평가 후 채점하기 • ㉣ 모둠 성취 평가하기
유의할 점		• 교사는 모둠원들이 서로 도우며 주어진 읽기 자료를 이해하도록 지도한다.

〈 작성 방법 〉
• 괄호 안의 ㉠에 들어갈 모둠 구성 방법을 서술할 것
• 밑줄 친 ㉣을 수행하기 위한 방법을 서술할 것

50

다음은 통합학급 교사인 최 교사가 특수교사인 강 교사와 교내 메신저로 지적장애 학생 지호의 음악과 수행평가에 대해 나눈 대화의 일부이다. 물음에 답하시오.

> **최 교사**: 선생님, 이번 수행평가 과제가 '노랫말 바꾸어 외워 부르기'인데, 지호도 의미 있게 참여하려면 어떤 지원을 제공해야 할까요?
>
> **강 교사**: 지호는 외워서 부르기 대신 노랫말을 한 줄씩 피피티 화면으로 만들어 주고, 보면서 부르게 해 주세요. 이것 말고도 지호와 같은 학생에게는 ㉠ 다양한 인지 방법 중에서 그 학생에게 적합한 것을 제공해줄 수 있어요.
>
> **최 교사**: 좋아요. 그리고 선생님, 지난주 수업은 평행 교수를 했잖아요. 이번에는 수업의 계획부터 실행과 평가까지 같이 책임지고 해요. [A]
>
> **강 교사**: 그래요. 동기유발 단계는 우리 둘이 역할놀이로 준비해서 보여줍시다.
>
> **최 교사**: 선생님, 지난 수행평가 방법이 지호에게 좋았던 것 같아요. 지호가 음악 수업에 부쩍 흥미를 보이네요.
>
> **강 교사**: 다음에는 ㉡ 음악을 직접 듣고, 자신의 느낌을 이모티콘에 표시하게 하는 평가 방법도 활용해 봅시다.
>
> **최 교사**: 네, 이번 기회에 저는 지호를 친구들과 ㉢ 교내 '등굣길 음악회' 행사에 참여시키고 싶은데 가능할까요?
>
> **강 교사**: 그럴 경우에는 제가 지호에게 ㉣ 읽기 쉬운 악보로 연습을 시키도록 할게요.
>
> **최 교사**: 음악회에 참여한 지호 팀이 우리 마을 주민센터에서 열리는 행사에도 나갈 수 있도록 기회를 마련할 수 있어요.
>
> **강 교사**: 그러면 지호가 친구들과 하는 음악활동을 정말 좋아하는지, 또 이 활동이 지호에게 필요한지 다시 한번 확인한 후 개별화된 지원 계획을 세워야겠어요.
>
> **최 교사**: 네. 그렇게 된다면 지호에게 학교뿐 아니라 지역사회 환경에서의 활동 기회 증진이라는 개인적 성과를 가져올 수 있겠어요.
>
> **강 교사**: 그렇죠. 개별화된 지원을 신중하게 계획하고 적용한다면 ㉤ 다른 개인적 성과도 기대할 수 있을 거예요.

1) [A]와 같은 협력교수 형태를 쓰시오.

51 _____

(가)는 ○○중학교에서 통합교육을 받고 있는 학생 D와 E에 대해 담임교사와 특수교사가 나눈 대화의 일부이고, (나)는 특수교사가 작성한 수업 지원 계획의 일부이다. 〈작성 방법〉에 따라 서술하시오.

(가) 대화

> 특수교사: 학생 D와 E의 특성에 대해 이야기해 보고, 수업에서 지원할 수 있는 방법을 의논해 볼까요?
>
> 담임교사: 네, 먼저 학생 D는 ⓐ <u>수업의 주제를 도형이나 개념도와 같은 그림으로 표현하는 것을 좋아한다</u>고 합니다. 자신이 지각한 것을 머릿속에서 시각화하고, 이것을 창의적으로 표현하는 능력이 뛰어난 학생입니다. 그리고 학생 E는 체육 활동에 적극적으로 참여하고, 수행 수준도 우수하다고 해요. 하지만 제 수업인 국어 시간에는 흥미가 없어서인지 활동에 잘 참여하지 않아서 걱정입니다.
>
> 특수교사: 두 학생의 장점이나 흥미를 교수·학습 활동에 반영하고, 선생님과 제가 수업을 함께 해보면 어떨까요?
>
> 담임교사: 네, 좋은 생각입니다. 제 수업 시간에는 ⓑ <u>제가 반 전체를 맡고, 선생님께서는 학생 D와 E를 포함하여 4~5명의 학생을 지도해 주시면 좋겠어요.</u>
>
> … (중략) …
>
> 특수교사: 네, 그리고 ㉠ <u>수업의 정리 단계에서 학생 D에게는 시간을 더 주고, 글보다 도식과 같은 그림으로 표현하게 하여 그 결과를 확인하는 것이 좋겠습니다.</u>

(나) 수업 지원 계획

수업 지원 교과		국어	
수업 주제		상대의 감정을 파악하며 대화하기	
학생	다중지능 유형	학생 특성을 반영한 활동 계획	협력교수 모형
D	(㉡)	상대의 감정을 시각화하여 창의적으로 표현하기	(㉢)
E	신체운동 지능	상대의 감정을 신체로 표현하기	

┌─〈작성 방법〉─
• (가)의 밑줄 친 ㉠에서 사용한 교수적 수정(교수 적합화)의 유형을 1가지 쓸 것
• (가)의 밑줄 친 ⓑ를 참고하여 (나)의 괄호 안의 ㉢에 해당하는 용어를 쓰고, ㉢과 '교수-지원(one-teach, one-assist) 모형'의 차이점을 학습 집단 구성 측면에서 1가지 서술할 것

52 _____

다음은 4세반 통합학급 서 교사와 유아특수교사 박 교사가 나눈 대화이다. 물음에 답하시오.

> 서 교사: 선생님, 몸으로 표현하는 활동으로 어떤 활동을 계획하세요?
>
> 박 교사: 저는 지금까지 해 왔던 '곰 사냥을 떠나자' 활동을 하려고 해요.
>
> 서 교사: 곰 사냥 가는 길의 풀밭, 강물, 진흙, 숲, 동굴 상황을 ㉠ <u>'흔들기'나 '들어올리기'</u>와 같은 동작으로 표현하는 거예요?
>
> 박 교사: 네, 그 동작도 좋지만, 이번에는 ㉡ <u>테이프로 바닥에 곰 사냥 가는 길을 만들고, 그 테이프 선을 따라 '달리기', '껑충 뛰기', '밀기', '당기기', '회전하기', '구부리기'와 같은 활동</u>을 해 보려고요.
>
> 서 교사: 그 방법도 참 좋겠네요. '선 따라가기 활동'에서 '밀기', '당기기'와 같은 동작을 하면 ㉢ <u>무게나 힘 등의 저항에 대해 한 번에 최대한 힘을 낼 수 있는 능력</u>을 기를 수 있어요.
>
> 박 교사: 그런데 뇌성마비 유아 아람이가 잘 참여할 수 있을지 걱정이 되네요.
>
> 서 교사: 그러네요. 아람이는 대근육운동기능분류체계(GMFCS, 4~5세) 2수준이라고 하셨으니까 또래 유아들과 같은 동작을 하는 데 어려움이 있을 수 있겠네요.
>
> 박 교사: 네, 그래서 ㉣ <u>달리기를 힘들어하는 아람이도 참여할 수 있는 방법</u>을 고민하고 있어요.

3) ㉡ 활동을 할 때 ㉣을 위한 교수적 수정을 ① 활동과 ② 교육 자료 측면에서 각각 쓰시오.

① :

② :

53 _____

다음은 5세 발달지체 윤아의 통합학급 민 교사와 유아 특수 교사 송 교사가 나눈 대화이다. 물음에 답하시오.

민 교사 : 선생님, 내일 우리 반 유아들과 함께 독감과 코로나-19 예방을 위해 '마스크 쓰기'와 '비누로 손 깨끗하게 씻기'를 알아보려고 해요. 그런데 윤아는 마스크 쓰기를 싫어해서 벗고 있을 때가 많고, 비누를 사용하지 않으려고 해요. 윤아도 질병을 예방하는 방법을 알고 꼭 실천하게 해 주고 싶어요. [A]

송 교사 : 윤아는 얼굴에 물건 닿는 것을 싫어해서 마스크를 쓰지 않으려고 해요. 그리고 ㉠비누의 거품은 좋아하지만 꽃 향기를 싫어하고, 소근육 발달이 늦어서 손으로 비누 잡는 것을 어려워해요. 그래서 꽃 향기가 나는 비누 사용을 힘들어하는 것 같아요.

민 교사 : 선생님, 그러면 협력교수를 통해 함께 지도하면 어떨까요?

송 교사 : 내일 ㉡민 선생님께서 전체 유아를 대상으로 비누로 손 깨끗하게 씻기를 지도하시면, 저는 윤아뿐만 아니라 특별히 도움이 필요한 다른 유아들도 활동에 효과적으로 참여할 수 있도록 도울게요. 만약, ㉢윤아와 몇몇 유아들이 마스크 쓰기와 손 씻기를 계속 많이 어려워하는 경우, 이들을 별도로 소집단을 구성해서 특별한 방법으로 집중 지도를 해 보도록 할게요.

2) 송 교사가 ㉡의 상황에서 윤아의 ㉠ 문제를 해결하기 위해 적용할 수 있는 ① 교수적 수정 유형 1가지와 ② 이에 해당하는 예를 1가지 쓰시오.

3) 민 교사와 송 교사가 적용하려는 ㉡과 ㉢의 협력교수 유형을 쓰시오.

54 _____

2022 초등B-1

(가)는 세희의 특성이고, (나)는 통합학급 교사와 시각장애거점 특수교육지원센터 특수교사의 협의 내용이다. 물음에 답하시오.

(가) 세희의 특성

• 초등학교 6학년 저시력 학생임.   • 피질시각장애(Cortical Visual Impairment ; CVI)로 인해 낮은 시기능과 협응능력의 부조화를 보임.   • 눈부심이 있음. ⎤   • 글씨나 그림 등은 검은색 배경에 노란색으로 제 [A]   시했을 때에 더 잘 봄. ⎦   • 원근 조절이 가능한 데스크용 확대독서기를 사용하지만 읽는 속도가 느림.   • 기초학습능력검사(읽기) 결과, ㉠학년등가점수는 4.4임.

(나) 특수교사의 순회교육 시, 협력교수를 위한 통합학급 교사와 특수교사의 협의 내용

협의 내용 요약		점검사항
통합학급 교사	특수교사	공통사항 : [공] 세희지원 : [세]
• 전체 수업 진행 － 구체적인 교과 내용을 지도함. • 팀별 학습 활동 － 팀의 학생들은 상호작용을 하며 과제를 해결함.	• 학급을 순회하며 전체 학생 관찰 및 지원 － 학생들에게 학습진략을 개별 지도함 － 원거리 판서를 볼 때 세희에게 확대독서기의 초점 조절법을 개별 지도함.	[공] 팀별 활동 자료
• 팀 활동 후 평가 실시 － 평가지는 ㉡ 평가 문항들이 단원의 목표와 내용을 충실하게 대표하는 지를 같은 학년 교사들이 전문성을 바탕으로 이원분류표를 활용해서 비교·분석하여 확인함.	• 학급을 순회하며 학생 요구 지원 － 세희가 평가지를 잘 볼 수 있게 ㉢ 확대독서기 기능 설정을 확인함. － 시험시간을 1.5배 연장함.	[공] 이원분류표 [세] ㉣ 수정된 답안지와 필기구 제공
• 팀 점수 산출 • 팀 점수 게시 및 우승팀 보상	• 팀 점수 산출 시 오류 확인 － 학급을 순회하며 필요한 도움을 제공함.	

3) ① (나)에 적용된 협력교수 유형의 명칭을 쓰고, ② 이 협력 교수와 대안교수의 차이점을 교사의 역할 측면에서 쓰시오.

① :

② :

55

다음은 통합학급 교사들이 준우에 관해 나눈 대화의 일부이다. 물음에 답하시오.

박 교사 : 선생님, 준우가 듀센형 근이영양증(Duchenne's muscular dystrophy)인데, 신체 활동할 때 고려할 점에 관해 협의해 보아요.

김 교사 : 네, 준우가 ㉠ 걷기 능력을 가능한 한 오랫동안 유지할 수 있도록 해요.

박 교사 : 그리고 ㉡ 근력 약화도 지연되도록 해야겠어요.

김 교사 : 근력 운동은 무게가 있는 물건을 사용하면 어떨까요?

박 교사 : 네, 하지만 너무 무거운 것은 피해야 할 것 같아요. 그리고 ㉢ 가성비대가 나타나는 근육은 사용하지 않도록 하는 것이 중요해요.

김 교사 : 근력 운동뿐만 아니라 유산소 운동도 꼭 포함해야겠어요. 준우가 비만이 심해질수록 움직이기 더 힘들어하는데, 고정형 자전거를 타게 하면 어떨까요?

박 교사 : 좋아요. 준우가 타다가 ㉣ 힘들어서 피로하다고 하더라도 몇 분 더 타도록 지도 할게요. 그리고 준우뿐만 아니라 다른 유아들도 타다가 넘어질 수 있으니, ㉤ 고정형 자전거 주변의 물리적 환경을 수정해야겠어요.

… (중략) …

---

2) ㉤에 해당하는 예를 1가지 쓰시오.

56

(가)는 작은 운동회를 위한 특수학교 교사들의 사전 협의회의 일부이다. 물음에 답하시오.

(가)

김 교사 : 10월에 실시할 작은 운동회를 위한 협의회를 시작하도록 하겠습니다.

… (중략) …

김 교사 : 이제 작은 운동회 내용을 정리해 보겠습니다.

이 교사 : ㉠ 축구 코스에서는 아이들이 발로 미니 골대 안에 공을 넣도록 해요. 지수는 다리에 힘이 조금 부족하지만 워커로 이동할 수 있으니 (㉡).

홍 교사 : ㉢ 뽕뽕 코스에서는 의자 위에 올려놓은 뽕 과자를 엉덩이로 부숴 봐요.

박 교사 : 터널 코스에서는 유아들이 터널을 기어서 통과하도록 하겠습니다.

김 교사 : 그리고 ㉣ 출발점부터 도착점까지 유아들이 걷거나 달려도 되는데 너무 빨리 달리지 않도록 지도해 주세요.

교사 들 : 네, 알겠습니다.

김 교사 : 그런데 홍 선생님 반의 진서가 갑자기 강당 밖으로 뛰어나간 적이 있었는데 선생님은 어떻게 지도하세요?

홍 교사 : 로봇 그림을 사용한 파워카드 전략으로 강당에 올 때마다 지도하고 있어요. 작은 운동회 때도 파워카드를 사용하도록 하겠습니다.

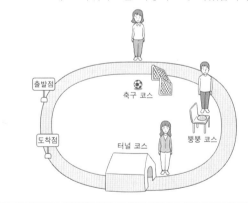

---

2) ㉡에 들어갈 교수적 수정의 예를 자료 측면에서 1가지 쓰시오.

57

(가)는 통합학급 과학 놀이의 한 장면이고, (나)는 통합학급 김 교사와 유아특수교사 박 교사의 바깥놀이 활동 후 대화이다. 물음에 답하시오.

(가)

> (유아들이 미끄럼틀에서 공 굴리기 놀이를 하고 있다.)
>
> 은　우: 선생님, 동하가 공을 가지고 미끄럼틀에 올라갔어요.
>
> 박 교사: 동하도 미끄럼틀에 공 굴리고 싶은가 보다.
>
> 동　하: ㉠ (럭비공을 신기하게 보며) 이거 뭐지? 공이 길쭉하네. 이상하게 생겼네.
>
> 동　우: 동하야, 굴려 봐. 우와 재미있겠다. 나도 해 볼래.
>
> 성　재: 정말 재밌겠는걸. 나도 굴릴 거야.
>
> … (중략) …
>
> 민　수: 그런데, 미끄럼틀에 큰 비닐을 깔면 공이 더 먼저 내려올 것 같아. 비닐은 미끌미끌하니까.
>
> 성　재: 아니야, 더 늦게 내려올 것 같은데.
>
> 미　주: 선생님, 미끄럼틀에 비닐을 깔면 공이 더 먼저 내려와요, 늦게 내려와요?
>
> 김 교사: 선생님도 잘 모르겠는걸. 그럼 우리 내일 다 같이 미끄럼틀 공놀이해 볼까요?
>
> 유 아 들: 네.
>
> 박 교사: 김 선생님, 바깥놀이터에 같은 미끄럼틀 2개가 있으니까 잘됐네요. 미끄럼틀의 경사면 높이와 길이가 같으니까 같은 공으로 굴리도록 하면 비교할 수 있겠어요.　[A]
>
> 김 교사: 그러면 우리가 미끄럼틀 한쪽 경사면에 비닐을 깔고 다른 쪽에는 비닐을 깔지 않도록 해요. 이렇게 조건을 다르게 하여 비교할 수 있도록 해요.
>
> 박 교사: 선생님, 좋은 생각이네요. (유아들에게) 얘들아, 그럼 내일 바깥놀이터에서 미끄럼틀 공놀이를 해 볼까요?
>
> 유 아 들: (박수 치며) 네, 좋아요.
>
> 김 교사: 선생님, 그런데 내일 유아들이 미끄럼틀 공놀이할 때 많이 기다리지 않고 잘 관찰할 수 있게 하는 방법이 있을까요?
>
> 박 교사: 음 …. 그럼 내일 바깥놀이 미끄럼틀 공놀이 때 ㉡ 평행교수(parallel teaching)를 활용하면 좋을 것 같아요.
>
> 　
>
> 빨간 팀　　　파란 팀

(나)

> 박 교사: 선생님, 오늘 바깥놀이터 미끄럼틀 공놀이는 어떠셨어요? 저희 빨간 팀은 비닐을 깐 경사면에서 공이 더 늦게 내려오는 걸 확인했어요.
>
> 김 교사: 아, 그렇군요. 저희 파란 팀 친구들은 아직 모르겠다고 했어요.
>
> 박 교사: 그래요? 파란 팀 친구들이 정말 재미있게 놀이를 하던데요?
>
> 김 교사: 처음에는 우리 팀 유아들이 3~4회 정도 비닐의 유무에 따라 비교하면서 놀았어요. 그런데 유아들이 여러 색의 공을 한꺼번에 굴리는 새로운 놀이를 하더라고요. 놀이를 마무리하면서 우리 팀 유아들에게 비닐을 깐 경사면과 비닐을 깔지 않은 경사면 중 어느 쪽에서 굴린 공이 먼저 내려왔냐고 물었어요. 그랬더니, 유아들이 모르겠다고 하더라고요.
>
> 박 교사: 선생님과 함께 미끄럼틀 공놀이를 준비하면서 사전에 구체적인 계획도 세우고 놀이 진행에 대한 충분한 협의를 했었는데 ….
>
> … (하략) …

3) ① (가)의 ㉡을 적용할 때 집단 구성 시 고려 사항을 쓰고, ② (나)에 근거하여 ㉡의 단점을 1가지 쓰시오.

①:

②:

58 _____

(가)는 지적장애 학생 민호 부모의 요구이고, (나)는 특수교사가 작성한 요구 분석 및 지원 계획이다. 물음에 답하시오.

(가) 부모의 요구

> • 본인의 방을 스스로 청소하고 간단한 식사 준비 하기 ⎤
> • 스마트폰을 활용하여 혼자 지하철 타기 ⎦ [A]
> • 친구들과 함께하는 활동에서 소외되지 않고 즐겁게 참여하기
> • 자기가 원하는 것을 말로 표현하기
> • 독립적으로 학교생활 하기

(나) 요구 분석 및 지원 계획

1. ㉠ 기능적 생활 중심 교육과정을 계획할 때, 민호의 발달연령보다 생활연령을 고려할 것

2. ㉡ 일상생활 속에서 민호에게 도움을 줄 수 있는 사물이나 사람(예 같은 반 친구 등)을 파악하여 수업과 생활환경에서 활용할 것

3. 민호가 수업에서 배운 기능적 기술들을 여러 환경에서 일반화 할 수 있도록 지도할 것
   - ㉢ 수업에서 배운 기능적 기술을 실생활에 모두 적용할 수 없다는 점을 전제하여, 민호가 배운 내용을 다양한 환경에서 일반화할 수 있는지 확인하고 평가해 볼 필요가 있음

4. 현재는 ㉣ 과제분담학습 I(Jigsaw I)을 적용하고 있으나, 민호와 같은 팀이 되는 것을 학급 친구들이 좋아하지 않음
   - 협동학습의 유형 중 ㉤ 능력별 팀 학습(Student Teams-Achievement Divisions : STAD)을 적용해 볼 필요가 있음

5. 협동학습 수업의 '모둠별 학습' 단계에서 모둠 구성원들이 협동해서 과제를 해결해야 하는데 민호가 잘 참여하지 않는 경우가 많음
   - ㉥ 민호가 집단의 구성원으로 협동학습 과정에서 자신의 역할을 제대로 알고 집단의 문제해결 과정에 적극적으로 참여해야 함을 알려 줄 필요가 있음

3) (나)의 ㉣과 비교하여 민호에게 ㉤이 효과적인 이유를 보상의 측면에서 1가지 쓰시오.

59 _____

(가)는 ○○중학교에 배치된 특수교육대상 학생에 대한 정보이고, (나)는 체육 교사가 작성한 수업 계획의 일부이다. (다)는 두 교사가 나눈 대화의 일부이다. 〈작성 방법〉에 따라 서술하시오.

(가) 학생의 정보

학생 A	• 시각장애 학생 • 활발하고 도전정신이 강하고, 급우들과의 관계가 원만함
학생 B	• 지체장애 학생으로 휠체어를 사용함 • 자신감은 부족하지만 급우들과 어울리고 싶어함

(나) 체육 수업 계획

과목	체육	영역	경쟁	장소	운동장
주제	• 티볼을 활용한 팀 경기하기				
절차	사전 학습		본 수업		
내용	• 티볼 경기 영상 시청 • 팀 경기 전략 생각하기		• 팀별 역할 및 전략 토론 • 팀 경기 실시		
준비 사항	• 티볼 경기 영상(시각장애인을 위한 화면 해설 포함) • 티볼 경기 규칙과 기술에 대한 학습지		• 변형 경기장 조성 및 팀 구성 • ㉠ 준비물 : 티볼 공, 배트, 탬버린		

(다) 특수 교사와 체육 교사의 대화

> … (중략) …
> 체육 교사 : 학생 A와 B가 체육 수업에 원활히 참여하기 위해 어떻게 지원하면 좋을까요?
> 특수 교사 : 팀의 감독 역할을 할 수 있는 기회를 주시면 좋겠습니다. 경기 시 넓은 공간을 확보하여 이동을 원활하게 해 주면 좋겠어요. 그리고 ㉡ '타격' 동작을 가르칠 때, 다른 학생들보다 과제를 더욱 세분화하거나 구체적으로 가르쳐 주세요. 더 자세한 사항은 학년도 시작 후 2주 이내에 구성되고, 학생의 보호자, 특수 교사, 담임 교사, 진로담당 교사 등이 참여하여 실시한 (㉢) 협의 결과를 확인하여 지원해 주시면 좋겠습니다.

〈 작성 방법 〉
• (다)의 밑줄 친 ㉡에 해당하는 교수적 수정의 유형을 쓰고, 학생 A의 수업 참여를 위한 물리적 환경 수정의 예시 1가지를 서술할 것[단, (나)의 밑줄 친 ㉠을 활용할 것]

60 _____

(나)는 통합학급의 놀이 장면이며, (다)는 또래교수 전략을 적용한 과정의 일부이다. 물음에 답하시오.

(나)

> 미   나: (나무 블록으로 쌓기놀이를 하고 있다.)
> 상   우: 재희야, 무슨 놀이 해?
> 재   희: (상우를 바라보며) 기차놀이!
> 박 교사: (재희를 보며) 기차놀이 해.   [A]
> 재   희: 기차놀이 해.
> 상   우: 재희야, 오늘도 나랑 같이 놀까?
> 재   희: (반기는 듯 미소 짓는다.)

… (중략) …

(유아들의 기차놀이에 대한 관심과 흥미가 커짐에 따라 교사는 새 노래로 '간다 간다'를 알려 주고, 노랫말에 따른 그림 만들기 활동을 한다.)

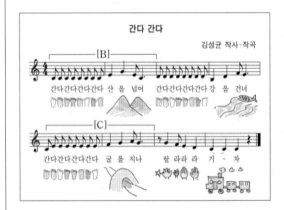

간다 간다
김성균 작사·작곡
[B]
간다간다간다간다 산 을 넘어   간다간다간다간다 강 을 건너
[C]
간다간다간다간다 굴 을 지나   랄 라라 라 기 - 차

> 김 교사: 우리 아이들이 '간다 간다 기차놀이'라고 이름까지 붙여 가며 놀이를 계속 발전시켜 가네요. 놀이를 할 때 재희는 주로 상우만 바라보며 참여하더라고요.
> 박 교사: 재희가 기차놀이에 조금이나마 참여할 수 있는 것은 상우의 역할이 커요.
> 김 교사: 네. 상우는 아이들과 기차놀이를 할 때 바닥에 종이테이프로 기찻길을 만드는 아이디어를 내기도 하고, 친구들과 역할 [D] 을 나누기도 했지요. 놀이 규칙을 정할 때에도 친구들이 의견을 낼 수 있게 잘 배려했어요. 이런 모습 때문인지 우리 반 아이들이 모두 상우를 좋아해요.
> 박 교사: 그런데 얼마 전에 상우가 재희랑 놀 때 어떻게 해야 하는지 궁금해했어요. 재희가 다른 친구들 하고도 즐겁게 놀이할 수 있는 방법을 알려주고 싶대요.

(다)

또래교수 적용 과정	교사의 행동
목표 설정	(생략)
또래교수자 선정	• 상우를 선정함
또래교수자 훈련	• 상우에게 또래교수자 역할을 명시적으로 지도함
실행	• 상우가 또래교수를 실행하는 동안 (㉠)
평가	• 재희의 놀이 기술 향상도를 분석함

3) ① (나)의 [D]를 참고하여 교사들이 상우를 또래교수자로 선정할 때 고려한 기준을 1가지 쓰고, ② (다)의 ㉠에 해당하는 교사의 행동을 쓰시오.

①:

②:

61

(나)는 유아특수교사 박 교사와 유아교사 김 교사, 최 교사의 대화이다. 물음에 답하시오.

(나)

박 교사: 유아들의 관심사를 반영하여 다람쥐반과 토끼반이 함께 나뭇잎으로 다양하게 확장된 놀이를 하기로 했잖아요. 최 교사: 네. 두 반이 함께 나뭇잎과 관련하여 물감 찍기, 그래프 활동을 하고 동화책 듣기도 하기로 했었죠. 김 교사: 유아들이 각 활동에 좀 더 잘 참여할 수 있도록 두 반의 유아들을 세 모둠으로 나누어 활동하는 것은 어떨까요? 최 교사: 그러면 세 모둠의 유아들이 한 모둠씩 3가지 활동을 돌아가면서 할 수 있겠어요. 박 교사: 협력교수 중 (㉠)을/를 말씀하시는 거군요. 최 교사: 네. 김 선생님이 물감 찍기, 박 선생님이 그래프 활동, 제가 동화책 듣기를 진행하면 되겠어요. 김 교사: 좋은 생각이네요. 　　　　　　　　　　… (하략) …

3) (나)의 ㉠에 해당하는 명칭을 쓰고, ㉠을 실시할 때 고려할 점 1가지를 시간 측면에서 쓰시오.

62

(가)는 2015 개정 도덕과 교육과정 6학년 '공정한 생활' 단원 수업 준비를 위해 통합학급 교사와 특수교사가 협의한 내용의 일부이다. 물음에 답하시오.

(가)

○ 통합학급에서 관찰된 지수의 특성 　• 친구들이 학용품을 빌려 달라고 할 때마다 자신의 심부름을 해 달라고 함 　• 자신에게 유리할 때만 학급 규칙을 지킴　[A] 　• 교사가 도움을 요청하면 자신의 부탁을 먼저 들어 달라고 함 ○ 지도의 중점 　• 지수가 현재 도덕성 단계에서 다음 도덕성 단계로 발달할 수 있도록 공정함의 의미와 중요성에 대해 충분히 인식하게 함 ○ 수업 지원 방법

수업 중 행동		지원 방법
• 오전에 집중력이 높음		• 도덕 수업을 오전에 배치함
• 수업 중 쉽게 산만해짐	➡	• 교탁과 가까운 곳에 좌석을 배치하고, 주의집중 방해 요인을 제거함　[B]
• 여기저기를 돌아다니며 모둠 활동을 하거나 다른 모둠의 활동을 방해함		• 바닥에 색 테이프를 붙여 모둠 간의 영역을 분명하게 구분하고 해당 모둠 영역 안에서만 활동을 하게 함

1) (가)의 [B]에 해당하는 교수적 수정의 유형을 쓰시오.

63 _____

다음은 지적장애 학생 A와 B를 지도하는 특수 교사와 통합학급 교사의 대화이다. 〈작성 방법〉에 따라 서술하시오.

> **통합학급 교사**: 사회 수업 시간에 우리나라의 세계 자연 유산과 매력적인 자연 경관에 대해 조사하는 것을 목표로 자료 수집 활동을 하는데, 학생 A는 의사소통이 쉽지 않아 수업 참여를 잘 하지 못합니다. 학급의 전체 학생이 동일한 목표로 같은 활동에 참여하면 좋겠는데, 학생 A는 어려움이 많네요.
>
> **특 수 교 사**: 그러시군요. 학생 A의 경우에는 같은 활동에 참여하더라도 동일한 교과 목표를 가질 필요는 없습니다. 사회과의 목표는 아니더라도 수업 시간에 같은 [A] 활동을 하면서 친구들과 말을 주고받는 의사소통 능력 향상에 목표를 둘 수 있습니다.
>
> **통합학급 교사**: 네, 그럴 수 있겠군요. 그런데 우리 반에 학생 A뿐만 아니라 학생 B도 있어요. 학생 B는 소극적이고 사람들 앞에서 말하는 것을 힘들어해요. 선생님께서 얼마 전 협동 학습 연수를 받으셔서 여쭙고 싶습니다. 세계 자연 유산을 조사하는 시간에 학생 B가 참여할 수 있는 협동 학습 방법이 있을까요?
>
> **특 수 교 사**: 네, 호기심과 흥미를 가지고 적극적으로 참여할 수 있는 협동 학습이 있어요. '(ⓒ)'은/는 교사와 학생이 토의하여 학습할 주제를 선정합니다. 그리고 자신이 원하는 주제를 선택하고, 원하는 모둠에 들어가서 소주제를 분담한 후 조사한 결과를 발표합니다. 그런 다음 전체 학급에서 발표할 보고서를 준비하여 전체 학생들 앞에서 발표합니다.
>
> **통합학급 교사**: 그러면 평가는 어떻게 하나요?
>
> **특 수 교 사**: 평가는 교사가 학생들의 소주제에 대한 학습 기여도를 평가하고, 학생들은 모둠 내 기여도 평가와 전체 동료에 의한 모둠 보고서 평가를 할 수 있습니다.
>
> **통합학급 교사**: 학생 B가 적극적으로 참여하여 발표할 수 있도록 하는 방법이 있을까요?
>
> **특 수 교 사**: ⓒ <u>학생 B가 사진이나 그림, 영상 등을 가지고 전체 학생 앞에서 발표를 하거나 결과물을 제시할 수 있도록 지원하면 좋을 것</u> 같습니다.

─〈 작성 방법 〉─
- ⊙과 같은 교육과정 운영 방식을 쓰고, '대안 교육과정'과의 차이점을 1가지 서술할 것
- 괄호 안의 ⓒ에 해당하는 협동 학습의 유형을 쓸 것

김남진
KORSET 특수교육학 기출분석 1

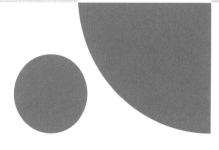

PART **03**

특수교육평가

Mind Map

Chapter 1 진단 및 평가의 개념

1 특수교육대상자의 판별·배치 과정 ─┬─ 선별 : 위양, 위음, 의뢰전 중재
                          ├─ 진단
                          ├─ 적부성
                          ├─ 배치 및 프로그램 계획 ─┬─ 배치
                                                      └─ 프로그램 계획
                          └─ 평가 ─┬─ 형성평가
                                   └─ 총괄평가

2 사정방법의 분류 ─┬─ 공식적 사정과 비공식적 사정
               ├─ 전통적 사정과 대안적 사정
               └─ 정규사정과 대체사정

Chapter 2 사정 방법

1 검사 ─┬─ 규준참조검사
      └─ 준거참조검사

2 관찰 ─┬─ 관찰의 유형
      └─ 관찰의 기록방법

3 면담 ─┬─ 구조화 정도에 따른 유형 ─┬─ 비구조화 면담
                                  ├─ 반구조화 면담
                                  └─ 구조화 면담
      ├─ 피면담자에 따른 유형
      ├─ 기타 유형
      └─ 면담의 장·단점 ─┬─ 장점
                            └─ 단점

PART
03

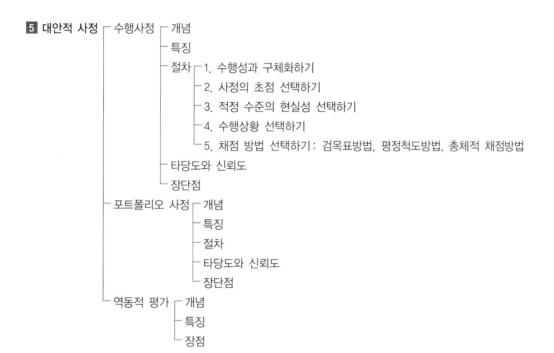

4 교육과정
중심사정
- 교육과정중심사정에 대한 이해
  - 개념
  - 유형 : 교육과정중심측정, 준거참조－교육과정중심사정, 교육과정 교수중심사정, 교수설계용 교육과정중심사정, 교육과정중심평가
  - 특징
- 교육과정중심측정(CBM)
  - 개념
  - 특징
  - 절차
  - 타당도와 신뢰도
- 준거참조－교육과정중심사정(CR－CBA)
  - 개념
  - 절차
  - 타당도와 신뢰도

5 대안적 사정
- 수행사정
  - 개념
  - 특징
  - 절차
    - 1. 수행성과 구체화하기
    - 2. 사정의 초점 선택하기
    - 3. 적정 수준의 현실성 선택하기
    - 4. 수행상황 선택하기
    - 5. 채점 방법 선택하기 : 검목표방법, 평정척도방법, 총체적 채점방법
  - 타당도와 신뢰도
  - 장단점
- 포트폴리오 사정
  - 개념
  - 특징
  - 절차
  - 타당도와 신뢰도
  - 장단점
- 역동적 평가
  - 개념
  - 특징
  - 장점

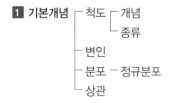

Chapter 3 검사도구의 이해

1 기본개념
- 척도
  - 개념
  - 종류
- 변인
- 분포 － 정규분포
- 상관

2 표준화검사의 이해 ┬ 표준화검사의 개념
　　　　　　　　　　├ 생활연령
　　　　　　　　　　├ 기저점과 최고한계점
　　　　　　　　　　├ 결과 산출을 위한 점수 유형 ┬ 원점수
　　　　　　　　　　　　　　　　　　　　　　　　└ 변환점수 ┬ 백분율점수
　　　　　　　　　　　　　　　　　　　　　　　　　　　　　└ 유도점수 ┬ 발달점수
　　　　　　　　　　　　　　　　　　　　　　　　　　　　　　　　　　└ 상대적 위치점수
　　　　　　　　　　└ 기타 ┬ 신뢰수준
　　　　　　　　　　　　　　└ 신뢰구간

3 타당도와 신뢰도 ┬ 타당도 ┬ 개념
　　　　　　　　　　　├ 종류 : 내용타당도, 준거타당도(공인타당도, 예언타당도), 구인타당도
　　　　　　　　　　　└ 타당도 계수
　　　　　　　　├ 신뢰도 ┬ 개념
　　　　　　　　　　　　├ 종류
　　　　　　　　　　　　└ 신뢰도 계수
　　　　　　　　└ 타당도와 신뢰도의 관계

Chapter 4　지능 영역 진단 · 평가도구

1 한국 웩슬러 아동지능검사-4판(K-WISC-Ⅳ) ┬ 목적 및 대상
　　　　　　　　　　　　　　　　　　　　　├ 검사도구의 구성
　　　　　　　　　　　　　　　　　　　　　└ 결과 및 해석

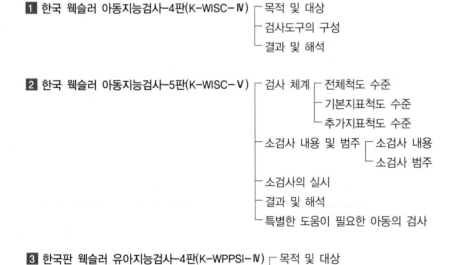

2 한국 웩슬러 아동지능검사-5판(K-WISC-Ⅴ) ┬ 검사 체계 ┬ 전체척도 수준
　　　　　　　　　　　　　　　　　　　　　　　　　　├ 기본지표척도 수준
　　　　　　　　　　　　　　　　　　　　　　　　　　└ 추가지표척도 수준
　　　　　　　　　　　　　　　　　　　　├ 소검사 내용 및 범주 ┬ 소검사 내용
　　　　　　　　　　　　　　　　　　　　　　　　　　　　　　└ 소검사 범주
　　　　　　　　　　　　　　　　　　　　├ 소검사의 실시
　　　　　　　　　　　　　　　　　　　　├ 결과 및 해석
　　　　　　　　　　　　　　　　　　　　└ 특별한 도움이 필요한 아동의 검사

3 한국판 웩슬러 유아지능검사-4판(K-WPPSI-Ⅳ) ┬ 목적 및 대상
　　　　　　　　　　　　　　　　　　　　　　├ 검사도구의 구성
　　　　　　　　　　　　　　　　　　　　　　└ 결과 및 해석

4 한국판 카우프만 지능검사 2판(KABC-Ⅱ) ┬ 목적 및 대상
　　　　　　　　　　　　　　　　　　　├ 이론적 모델 및 특징
　　　　　　　　　　　　　　　　　　　├ 검사도구의 구성
　　　　　　　　　　　　　　　　　　　└ 결과 및 해석

3 기초학습기능검사 ─┬─ 목적 및 대상
                  ├─ 검사도구의 특징
                  ├─ 검사도구의 구성
                  └─ 결과 및 해석

4 기초학습기능 수행평가체제(BASA) ─┬─ 목적 및 대상
                                 ├─ 검사도구의 특징
                                 ├─ 검사도구의 구성
                                 ├─ 개별화교육계획 및 그래프의 작성 ─┬─ 기초선 설정 – 기초평가의 실시
                                                         ├─ 목표 세우기
                                                           ├─ 형성평가 실시
                                                         └─ 검사점수를 활용한 진전도 분석방법
                                 └─ 결과 및 해석

Chapter 7 정서 · 행동 영역 진단 · 평가도구

1 ASEBA 한국판 유아 행동평가척도(CBCL 1.5–5) ─┬─ 목적 및 대상
                                         ├─ 검사도구의 구성 ─┬─ CBCL 1.5–5
                                                                 └─ C–TRF
                                         └─ 결과 및 해석

2 ASEBA 한국판 아동 · 청소년 행동평가척도(CBCL 6–18) ─┬─ 목적 및 대상
                                           ├─ 검사도구의 특징
                                           ├─ 검사도구의 구성 ─┬─ 문제행동척도
                                                                └─ 적응척도
                                           └─ 결과 및 해석

3 한국판 정서행동문제 검사(K–SEAD) ─┬─ 목적 및 대상
                               ├─ 검사도구의 구성
                               ├─ 점수의 해석 및 심각도의 판정
                               └─ 결과 및 해석

4 한국판 정서–행동 평가시스템(K–BASC–2) ─┬─ 목적 및 대상
                                     ├─ 검사도구의 구성 ─┬─ 보고자 유형별, 연령대별 구성
                                                        └─ 교사보고형 검사의 구성
                                     └─ 결과 및 해석

Chapter 8 자폐성장애 영역 진단 · 평가도구

1 한국판 아동기 자폐 평정척도 2판(K-CARS2)
- 목적 및 대상
- 검사도구의 특징
- 검사도구의 구성 : 표준형 평가지, 고기능형 평가지, 부모/양육자 질문지
- K-CARS2-ST와 K-CARS2-HF 점수 해석
- 결과 및 해석

2 한국 자폐증 진단검사(K-ADS)
- 목적 및 대상
- 검사도구의 구성
- 검사의 실시
- 결과 및 해석

3 이화 – 자폐아동 행동발달 평가도구(E-CLAC)
- 목적 및 대상
- 검사도구의 구성
- 결과 및 해석

Chapter 9 언어 및 의사소통 영역 진단 · 평가도구

1 우리말 조음 · 음운평가(U-TAP)
- 목적 및 대상
- 검사의 구성
- 검사의 실시
  - 그림낱말검사
  - 그림문장검사
  - 오류분석 기록하기
- 결과 및 해석

2 취학전 아동의 수용언어 및 표현언어 발달척도(PRES)
- 목적 및 대상
- 검사도구의 구성
- 검사의 실시
- 결과 및 해석

3 구문의미 이해력검사(KOSECT)
- 목적 및 대상
- 검사도구의 구성
- 검사의 실시
- 검사점수의 처리
- 결과 및 해석

Chapter 10 운동 및 지각 영역 진단 · 평가도구

1 한국판 오세레츠키 운동능력검사 ┬ 목적 및 대상
├ 검사도구의 구성 및 실시
└ 결과 및 해석

2 한국판 아동 시지각발달검사 ┬ 목적 및 대상
(K-DTVP-3) ├ 검사도구의 구성
├ 종합척도지수 ┬ 시각-운동 통합(VMI) 지수
│ ├ 운동축소-시지각(MRVP) 지수
│ └ 일반시지각(GVP) 지수
└ 결과 및 해석

Chapter 11 아동발달 영역 진단 · 평가도구

1 한국판 DIAL-3(K-DIAL-3) ┬ 목적 및 대상
├ 검사도구의 구성
├ 검사의 실시
└ 결과 및 해석

기출문제 다잡기

정답 및 해설 p.90

01

2009 유아1-36

포트폴리오 평가에 대한 바른 설명을 〈보기〉에서 모두 고른 것은?

〈보기〉

ㄱ. 풍부한 자료 수집이 가능하므로 신뢰도와 타당도 확보가 용이하다.

ㄴ. 활동 사진, 비디오 테이프, 활동 결과물과 같은 다양한 자료를 활용할 수 있다.

ㄷ. 활동 내용, 개별화교육계획의 목표, 활동 주제에 따라 다양하게 조직될 수 있다.

ㄹ. 발달지체 유아의 발달적 변화를 파악하기에 적합한 방법이다.

ㅁ. 유아의 수행에 기초한 평가의 한 형태이며, 유아의 강점과 약점을 파악하는 데 필요한 근거를 제공한다.

① ㄱ, ㄴ, ㄷ 　　② ㄴ, ㄷ, ㄹ
③ ㄷ, ㄹ, ㅁ 　　④ ㄱ, ㄴ, ㄷ, ㄹ
⑤ ㄴ, ㄷ, ㄹ, ㅁ

02

2009 유아1-11

다음은 정서 및 행동 문제를 보이는 11세 은비에 대해 부모가 작성한 아동·청소년 행동평가척도(K-CBCL) 검사 결과 프로파일의 일부이다. 이 프로파일에 대한 해석으로 적절하지 <u>않은</u> 것은?

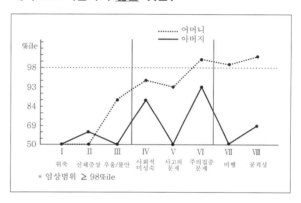

① 아버지와 어머니 반응의 차이는 두 정보 제공자의 관점의 차이로도 볼 수 있다.

② 전반적으로 아버지보다 어머니가 은비의 행동을 더 우려하고 있는 것으로 보인다.

③ 어머니가 작성한 프로파일에 의하면 은비는 3개의 척도에서 임상범위 내에 있다.

④ 어머니가 작성한 프로파일에 의하면 은비는 외현화 문제보다 내재화문제를 더 많이 나타내는 것으로 보인다.

⑤ 은비의 정서 및 행동 문제에 대한 판단을 내리기 위해서는 다른 검사들을 통해 더 많은 정보를 수집할 필요가 있을 것으로 보인다.

03

특수교육에서의 진단 · 평가 단계에 관한 진술로 바른 것은?

① 교육프로그램 계획은 학생의 장애 여부와 특성 및 정도에 관한 정보를 파악하는 것이다.

② 선별(screening)은 개별화교육계획 작성에 필요한 학생의 현행 수준을 파악하는 것이다.

③ 진도 점검 및 프로그램 평가는 학기 초에 학생의 잠재능력에 관한 정보를 파악하는 것이다.

④ 적격성 판정은 학생의 장애 유형과 정도가 특수교육대상자 선정기준에 부합한지를 결정하는 것이다.

⑤ 진단은 프로그램 실시 중 프로그램의 효과를 파악하기 위하여 필요할 때마다 학생의 진전에 관한 정보를 수집하는 것이다.

04

다음은 특수교육대상자의 선정 · 배치와 교육지원에 관한 내용이다. 현행 장애인 등에 대한 특수교육법에 근거할 때, ㉠~㉤ 중 바른 설명을 고른 것은?

> 진희의 어머니는 진희가 장애를 가지고 있다고 의심되어 교육장에게 진단 · 평가를 의뢰하였다. 교육장은 진단 · 평가를 의뢰받은 후, ㉠즉시 특수교육지원센터에 회부하여 진단 · 평가를 실시하고 그 결과를 진희 어머니에게 통보하였다. ㉡교육장은 특수교육지원센터로부터 최종 의견을 통보받은 후, ㉢특수교육운영위원회의 심사를 거쳐, 10일째 되던 날 진희를 특수교육대상자로 선정하였다. 그리고 선정 결과를 진희의 어머니에게 통보한 후, 진희를 진희의 집에서 가장 가까운 초등학교에 배치하였다. ㉣교육장은 진희를 위한 개별화교육지원팀을 구성하였고, ㉤매 학년 시작일로부터 30일 이내에 개별화교육계획을 작성하도록 하였다.

① ㄱ, ㄴ, ㄷ ② ㄱ, ㄷ, ㄹ
③ ㄴ, ㄷ, ㅁ ④ ㄴ, ㄹ, ㅁ
⑤ ㄷ, ㄹ, ㅁ

05

다음은 2008년 개정 특수학교 기본교육과정 과학과 '건강한 생활' 수업에서 실시한 평가 결과이다. 이에 근거하여 바르게 설명한 것은?

평가 결과지

이름: 김수민

모둠: (구름)조

주제: 이를 건강하게 관리하기 위한 방법

1. 모둠활동 평가

평가요소	못함	보통	잘함
자기 의견을 분명히 말한다.	○		
조사활동에서 맡은 역할을 완수한다.		○	
모둠활동 시 친구들과 적절한 상호 작용을 한다.			○

2. 종합평가
- 수민이는 이가 썩으면 발생되는 결과에 대해 정확히 알고 있었음.
- 이를 건강하게 할 수 있는 방법 2가지(식후 이 닦기, 사탕 먹지 않기)를 조사하였으나 발표 시 내용을 분명하게 전달하지 못하였음.
- 개인 실천계획표 검토 결과, 식후 이 닦기 내용만 기록되어 있었음.

---

① 결과중심의 평가를 실시하였다.
② 평가의 일차적 목적은 진단과 배치이었다.
③ 평가과정에서 교사의 주관적인 판단이 배제되었다.
④ 학생의 수행 과정과 결과에 초점을 두어 평가하였다.
⑤ 평가의 일차적 목적이 학생의 상대적 위치를 파악하는 데 있었다.

06 _____

특수학교 중학부 1학년에 재학중인 정신지체학생 A의 개별화교육계획과 평가도구를 보고 적절한 것을 〈보기〉에서 모두 고른 것은?

〈개별화교육계획〉

인 적 사 항			
이름: A 학교: K학교 중학부 1학년 2반 작성일자: 00년 0월 0일 작성자: 000			
구 분	내 용	구 분	내 용
생년월일	1995년 1월25일	주소	경기도 S시
전(前)학교명		전화번호	031-500-XXXX
IEP 시작일	00년 0월 0일	IEP 종료일	00년 0월 0일
장애상황	1. 장애유형: 정신지체 2. 장애원인: 조산 및 원인불명 3. 특이사항: 경기(소발작) -약물복용	학교장: 교 감: 교 무: 학부모:	

진단평가	영역	도구명	검사일	검사결과
	지능		00년 0월 0일	
	학습		00년 0월 0일	
	행동		00년 0월 0일	
	발달		00년 0월 0일	
	운동		00년 0월 0일	

학업특성	강 점	보완할 점
		글을 읽는 데 유창성이 낮으며, 말할 때 문장으로 자신의 의사를 표현하는 데 어려움이 있다. 숫자 쓰기나 문자 변별 과정에서 반전(reversal) 현상이 나타난다.

학부모 요구: 사회성 기술 향상, 쓰기 자신감 향상, 일상생활 독립기술 향상, 미술 활동 기회화기...

〈평가도구〉

영역	지도요소	평가항목 ※성취준거 3/3은 완성	평가일 0월0일	
말하기	간단한 문장으로 질문하기	① 질문이 있으면 손을 들어 표시하기	√	
		② 질문 내용을 분명한 발음으로 표현하기	√	
		③ 알고 싶은 것과 모르는 것을 낱말을 사용하여 질문하기	√	
		④ 알고 싶은 것과 모르는 것을 문장을 사용하여 질문하기		
	상대에 맞게 말하기	① 나, 너, 우리 등의 대명사를 상황에 맞게 사용하기	√	
		② 상대에 따라 주어와 동사를 구분하여 말하기		
		③ 적절한 예사말과 높임말을 상대에 맞추어 사용하기		
	이어진 그림을 보고 그 내용 말하기	① 그림을 보고 물음에 맞게 그림내용을 말하기	√	
		② 그림을 일의 순서대로 배열하기		
		③ 그림을 일의 순서대로 배열하고 내용을 차례대로 말하기		
		④ 그림을 보고 사건의 인과관계를 설명하기		
듣기	남의 말을 끝까지 듣기	① 말하는 사람을 바라보며 듣기	√	
		② 말하는 사람의 표정을 살피며 듣기	√	
		③ 말하는 사람을 바라보며 관심을 가지고 듣기		
		④ 말하는 사람을 바라보며 끝까지 듣기		
	남의 말을 주의해서 듣고 잘못 들은 말을 되묻기	① 상대방이 하는 말을 주의를 집중하여 듣기		
		② 상대방이 하는 말을 차례를 생각하며 듣기		
		③ 하는 말을 인과과... 듣기		

〈보기〉

ㄱ. A의 학업특성상 시지각검사를 실시할 필요가 있다.

ㄴ. 포테이지 발달검사는 A의 현재 발달 정도를 측정하기에 적합하다.

ㄷ. K-WISC-Ⅲ 검사를 통해 A의 동작성 지능과 언어성 지능을 측정한다.

ㄹ. 오세레츠키 운동능력검사는 A의 전반적인 운동 능력을 측정하기에 적합하다.

ㅁ. 학습준비도검사는 A의 읽기, 쓰기 및 수학 학습 성취수준을 측정하기에 적합하다.

ㅂ. 아동·청소년행동평가척도를 통해 A의 SA(사회연령)와 SQ(사회성 지수)를 측정한다.

ㅅ. 앞에 제시한 〈평가도구〉의 유형은 교육과정중심평가이며, 이는 교육과정에 근거한 규준참조 검사도구이다.

ㅇ. 적응행동검사를 통해 A의 적응행동능력을 측정할 수 있으며, 이 검사는 6가지 행동 영역(자조, 이동, 작업, 의사소통, 자기관리, 사회화)을 측정한다.

① ㄱ, ㄷ, ㄹ

② ㄱ, ㄹ, ㅇ

③ ㄱ, ㄷ, ㄹ, ㅇ

④ ㄴ, ㄹ, ㅂ, ㅅ

⑤ ㄷ, ㅁ, ㅂ, ㅅ

07

「장애인 등에 대한 특수교육법」 및 관련 법령에 근거한 특수교육대상자 선정 및 배치 절차에서 보호자 권리에 대한 설명으로 거리가 먼 것은?

① 보호자는 특수교육대상자 학교 배치에 의견을 제시할 수 있다.

② 심사 결정에 이의가 있는 보호자는 행정심판을 제기할 수 있다.

③ 특수교육지원센터는 진단·평가 계획을 2주 이내에 보호자에게 통보한다.

④ 각급 학교장이 진단·평가를 의뢰하는 경우 보호자에게 사전 동의를 받아야 한다.

⑤ 교육장 혹은 교육감은 특수교육대상자 선정여부 및 교육지원 내용을 보호자에게 서면으로 통지한다.

08

특수교사가 일반교사에게 설명하고 있는 언어평가 방법으로 적절한 것을 〈보기〉에서 모두 고른 것은?

┌─〈보기〉───────────────────

일반교사: A가 무슨 말을 하는지 잘 모르겠어요. 이 학생을 평가해 주실 수 있나요?

특수교사: 예, 할 수 있어요. 제가 ㉠'그림어휘력검사'를 사용하여 낱말표현력을 평가해 보겠습니다. 그리고 ㉡A의 발음이 명료하지 않지요? 혀, 입술, 턱의 움직임에도 문제가 있는지 관찰해 보겠습니다.

일반교사: 예, 고맙습니다.

특수교사: 그런데 혹시 ㉢선생님이 부모님에게 집에서 A의 자발화 표현력이 어떤지 여쭤 봐 주시겠어요?

일반교사: 예, 마침 잘 되었네요! 내일 아침에 학부모 회의가 있어요. 그때 부모님에게 여쭤 볼게요.

특수교사: ㉣A의 언어이해력은 어떻습니까? 만약 이해력이 부족하다면, '구문의미이해력검사'를 실시하여 원인추론 이해력을 측정할 수도 있어요. ㉤선생님은 교실에서 학생의 자발화 표현력을 관찰해 주실 수 있겠어요?

일반교사: 예, 그렇게 하죠.

└──────────────────────────

① ㉠, ㉣

② ㉢, ㉤

③ ㉡, ㉢, ㉤

④ ㉡, ㉣, ㉤

⑤ ㉠, ㉡, ㉢, ㉣, ㉤

09

초등학교 병설유치원에 다니는 보영이의 부모는 2009년 9월 6일 보영이에 대한 특수교육대상자 진단·평가 의뢰서를 해당 교육청에 제출하였다. 〈보기〉는 보영이의 부모가 진단·평가 결과 통지서를 받기까지의 진행 과정을 기술한 것이다. 현행 장애인 등에 대한 특수교육법에 근거하여 바르게 시행된 것을 모두 고른 것은?

〈보기〉
ㄱ. 보영이의 부모는 A초등학교장의 의견서와 동의를 받아 진단·평가 의뢰서를 제출하였다.
ㄴ. 진단·평가는 특수교육지원센터에서 실시되었다.
ㄷ. 진단·평가 중 보영이의 의료적 진단서가 없어, 교육감은 지역의 병원에 보영이의 의료적 진단을 의뢰하였다.
ㄹ. 진단·평가기관은 2009년 9월 22일에 진단·평가를 실시하여, 그 결과를 보영이 부모에게 직접 서면 통지하였다.
ㅁ. 교육감 또는 교육장은 보영이가 발달장애로 진단되어 특수교육대상자라는 통지서를 보영이 부모에게 보냈다.

① ㄱ, ㄷ
② ㄴ, ㄷ
③ ㄷ, ㄹ
④ ㄱ, ㄴ, ㅁ
⑤ ㄴ, ㄹ, ㅁ

10

곽 교사는 장기간 입원 후 유치원에 입학한 만 6세 정우가 탐구생활 '수학적 기초 능력 기르기' 학습에서 어려움이 있다는 것을 알고, 학습 수준과 전반적인 발달 정도를 알아보기 위해 진단이 필요하다고 판단하였다. 〈보기〉에서 곽 교사가 실시할 수 있는 진단에 관한 설명으로 바른 것을 모두 고른 것은?

〈보기〉
ㄱ. 기초학습기능검사를 통해 수 기능, 언어 기능, 정보 처리기능을 알아볼 수 있다.
ㄴ. 기초학습기능검사는 준거참조검사이므로 준거를 통해 각 영역별 연령점수와 상대적인 현재수준을 알 수 있다.
ㄷ. 비형식적 검사 시 관찰 결과가 관찰자들 사이에서 얼마나 일치하는지를 알아보는 타당도 검증이 필요하다.
ㄹ. 교육과정 중심 진단을 위해 K-DIAL-3(Korean Developmenral Indecators for the Assessment of Learning-3)를 활용한다.
ㅁ. 전반적인 발달 수준을 알아보기 위해 AEPS(Assessment, Evaluation, and Programming System for Infants and Children)를 활용한다.

① ㄱ, ㄷ
② ㄱ, ㅁ
③ ㄱ, ㄷ, ㅁ
④ ㄴ, ㄷ, ㄹ
⑤ ㄴ, ㄹ, ㅁ

11

다음은 정신지체 학생 예지의 지역사회 적응검사(CIS-A) 결과를 기록한 검사지의 일부이다. 이 결과에 대한 해석으로 가장 적절한 것은?

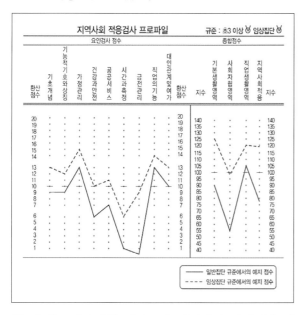

① 예지는 기본생활 영역보다 사회자립 영역에서 더 높은 수준을 보인다.

② 임상집단 규준에서의 예지 점수는 모든 장애학생을 대상으로 한 상대적 적응행동 수준을 보여준다.

③ 직업생활 영역의 경우 일반집단 규준에 기초한 예지의 지수점수는 105로 평균으로부터 1 표준편차 범위 안에 있다.

④ 일반집단 규준에 근거하여 예지의 종합 점수를 볼 때, 지역사회통합 훈련에서는 기본생활 영역을 우선 지도해야 한다.

⑤ 사회자립 영역의 경우 예지의 지수 점수는 임상집단 규준에서는 적응행동지체 수준을 보이지만, 일반집단 규준에서는 평균의 수행수준을 보인다.

12

다음은 두 교사가 학생 A의 진단·평가 결과보고서에 관해 나눈 대화이다. M검사는 표준화검사이며 점수가 정규분포를 이루고, 평균이 50점이며 표준편차가 10점이다. ㉠~㉣ 중 옳은 것을 모두 고른 것은?

김 교사 : 학생 A의 진단·평가 결과보고서인데, 한 번 보실래요?

이 교사 : M검사에서 받은 점수가 39점이니, ㉠이 학생의 점수는 규준의 하위 16퍼센타일 이하에 위치한다고 볼 수 있군요.

김 교사 : 그러면 이 학생이 받은 점수는 진점수인가요?

이 교사 : 이 학생의 점수는 획득점수로, 진점수라고는 말할 수 없지요. ㉡진점수는 획득점수를 측정의 표준오차로 나누어 산출합니다.

김 교사 : 그런데 만약 이 학생이 M검사에서 평균점을 받았다면 백분위점수(순위)는 얼마나 됩니까?

이 교사 : 만약 그렇다면, ㉢이 학생의 백분위점수는 50이 되지요.

김 교사 : 그럼, 이 학생에게 실시한 M검사는 타당한 도구인가요?

이 교사 : ㉣이 검사와 동일한 능력을 측정하고 타당성이 인정된 다른 검사와의 상관계수가 .90이므로 공인타당도가 매우 높다고 말할 수 있지요.

① ㉠, ㉢
② ㉢, ㉣
③ ㉠, ㉡, ㉣
④ ㉠, ㉢, ㉣
⑤ ㉠, ㉡, ㉢, ㉣

13

다음은 특수교육지원센터에서 인수에게 실시한 표준화 검사 결과의 일부이다. 이 결과에 대한 설명으로 옳은 것은?

- 발달검사 – DQ 85
- 사회성숙도검사 – SQ 95
- 한국 웩슬러 유아지능검사 – IQ 85
- 아동·청소년행동평가척도(K-CBCL)
  - 위축척도 – 70 T
  - 주의집중문제척도 – 백분위 65

---

① 인수는 발달연령에 비해 생활연령은 더 낮고 사회연령은 더 높다.

② 인수는 발달수준과 지능수준이 같고 발달수준에 비해 적응행동수준은 더 높다.

③ 인수보다 지능이 높은 유아의 비율과 발달이 빠른 유아의 비율은 약 84%로 같다.

④ 인수의 적응행동수준은 평균보다 조금 낮으며, 인수보다 주의 집중 문제가 더 심각한 유아의 비율은 약 35%이다.

⑤ 인수보다 위축 문제가 더 심각한 유아의 비율은 약 2%이며, 주의집중 문제가 더 심각한 유아의 비율은 약 35%이다.

14

다음은 경도 정신지체로 진단된 수미에게 실시한 한국판 K-ABC(Korean Kaufman Assessment Battery for Children) 지능 검사 결과의 일부이다. 올바른 해석을 〈보기〉에서 고른 것은?

인지처리 하위검사 평균 = 10/ 표준편차 = 3	원점수	척도점수			백분위
		순차처리	동시처리	비언어성	
1. 마법의 창	5		7		16
2. 얼굴기억	2		7		16
3. 손동작	7	11			63
4. 그림통합	9		14		91
5. 수회생	5	11			63
6. 삼각형	3		7		16
7. 단어배열	1	4			2
8. 시각유추					
9. 위치기억					
10. 사진순서					
척도점수 합계		26	35		

습득도 하위검사 평균 = 100/ 표준편차 = 15	원점수	표준점수 ± 측정오차	백분위
		95% 신뢰수준	
11. 표현어휘	4	67 ± 11	1
12. 인물과 장소	2	85 ± 13	16
13. 산수	1	71 ± 8	3
14. 수수께끼	1	90 ± 11	25
15. 문자해독		±	
16. 문장이해		±	
표준점수 합계		313	

종합척도 평균 = 100/ 표준편차 = 15	척도점수/ 표준점수 합계	표준점수 ± 측정오차	백분위
		95% 신뢰수준	
순차처리척도	26	91 ± 8	27
동시처리척도	35	88 ± 8	21
인지처리과정척도	61	87 ± 7	19
습득도척도	313	67 ± 8	1
비언어성척도		±	

종합척도간의 비교 > · = · < ( )안은 유의수준	순차처리 = 동시처리 (유의차: 없음, 5%, 1%)	동시처리 > 습득도 (유의차: 없음, 5%, ①%)
	순차처리 > 습득도 (유의차: 없음, 5%, ①%)	인지처리 > 습득도 (유의차: 없음, 5%, ①%)

〈보기〉
ㄱ. 인지처리과정척도 [마법의 창] 검사와 [수회생] 검사에서의 수행능력은 동일한 수준이다.
ㄴ. 습득도척도 [인물과 장소] 검사결과의 표준점수 85점이 진점수가 될 확률은 95%이다.
ㄷ. 습득도척도 [산수] 검사에서의 수행능력은 규준집단의 평균 수준에 못 미친다.
ㄹ. 검사한 결과, 습득한 지식과 기술에 비해 정보처리 및 문제 해결 능력이 더 우수함을 알 수 있다.
ㅁ. 검사한 결과, 정보를 동시에 처리하는 능력이 순차적으로 처리하는 능력보다 더 우수함을 알 수 있다.

① ㄱ, ㄴ　　　　② ㄱ, ㅁ
③ ㄴ, ㄷ　　　　④ ㄷ, ㄹ
⑤ ㄹ, ㅁ

15

정신지체로 의심되는 학생을 특수교육대상자로 선정할 것인지의 여부를 결정하기 위하여 특수교육지원센터에서는 진단·평가를 실시하려고 한다. 장애인 등에 대한 특수교육법(시행규칙 포함)에 제시된 선별검사 및 진단·평가 영역과, 각 영역에 적절한 검사 도구 및 검사 내용이 바르게 짝지어진 것은?

	선별 검사 및 진단·평가 영역	검사 도구	검사 내용
①	지능검사	한국 웩슬러 아동지능검사 (K-WISC-III)	언어성 검사와 동작성 검사로 구성되어 있으며, 결과는 지수점수와 백분위점수로 제시된다.
②	적응행동 검사	KISE 적응행동검사 (KISE-SAB)	개념적 적응행동, 사회적 적응행동, 실제적 적응행동 검사로 구성되어 있으며, 결과는 지수점수로 제시된다.
③	기초학습 검사	기초학습 기능검사	정보처리기능, 언어기능, 수기능을 측정하도록 구성되어 있으며, 결과는 연령점수와 T점수로 제시된다.
④	행동발달 검사	아동·청소년 행동평가척도 (K-CBCL)	사회능력척도와 문제행동증후군척도로 구성되어 있으며, 결과는 백분위점수와 T점수로 제시된다.
⑤	운동능력 검사	오세르츠키 운동능력검사	소근육 운동기술과 대근육 운동기술을 측정하도록 구성되어 있으며, 결과는 운동연령과 정신연령으로 제시된다.

16

다음은 특수교사 연구회 모임에서 포트폴리오 사정에 대해 나눈 대화이다. ㉠~㉤에서 옳은 것만을 모두 고른 것은?

김 교사 : 저는 학생들이 작성한 쓰기 표본, 녹음 자료, 조사 보고서 등을 수집해서 실시하는 포트폴리오 사정을 하려고 해요.

박 교사 : 저도 ㉠우리 반 학생들은 장애 정도가 다양하고, 오랫동안 외국에서 생활하고 온 학생도 있어서 포트폴리오 사정이 효과적이라고 생각해서 사용하고 있어요.

이 교사 : 그런데 ㉡포트폴리오에는 학생의 과제수행 표본뿐만 아니라 교사가 요약한 자료도 포함된다고 하는데 시간이 많이 걸리지 않나요?

정 교사 : 그럴 수도 있어요. 그래서 저는 ㉢체크리스트와 평정척도를 포트폴리오 사정에 활용해서 시간을 효율적으로 쓰고 있어요.

양 교사 : 맞아요. ㉣수행사정에는 필수적으로 포함되어 있는 자기평가가 포트폴리오 사정에는 제외되어 있어서 시간이 절약되더라고요.

최 교사 : 그런데 이 평가 방법은 타당도에 문제가 있을 수 있잖아요. ㉤타당도를 높이기 위해서는 두 명 이상이 채점한 결과를 비교하는 것이 필요하다고 생각해요.

① ㉠, ㉡   ② ㉠, ㉤

③ ㉠, ㉡, ㉢   ④ ㉡, ㉢, ㉣

⑤ ㉢, ㉣, ㉤

17

김 교사는 학습장애가 의심되는 학생 A를 대상으로 계산 유창성 훈련을 실시하고 그 결과를 교육과정중심측정(curriculum-based measurement; CBM) 방식으로 평가하고 있다. 학생 A에게 실시하는 CBM 방식에 대한 설명으로 적절한 것만을 〈보기〉에서 모두 고른 것은?

〈보기〉
ㄱ. CBM 방식은 계산 유창성 문제의 원인을 밝히는 데 유용하다.
ㄴ. CBM 방식은 준거참조검사의 대안적인 방법으로 비형식적인 사정에 속한다.
ㄷ. CBM 결과는 교수법을 변경하거나 수정하기 위한 자료로 활용될 수 있다.
ㄹ. CBM 결과로 계산 유창성의 수준뿐만 아니라 효율적인 계산 전략의 적용 여부를 파악할 수 있다.
ㅁ. CBM 결과로 계산 유창성의 진전 여부를 확인할 수 있지만, 또래의 성취 수준과 비교는 할 수 없다.
ㅂ. CBM 방식에서 계산 유창성 점수는 일정 시간 동안 계산 문제의 답을 쓰게 한 후 정확하게 쓴 숫자를 세어 산출할 수 있다.

① ㄱ, ㄴ
② ㄷ, ㅂ
③ ㄱ, ㄴ, ㅁ
④ ㄴ, ㄷ, ㅂ
⑤ ㄷ, ㄹ, ㅁ, ㅂ

18

다음은 연지에게 한국판 DIAL-3(Korean Developmental Indicators for the Assessment of Learning-Third Edition)을 사용하여 선별 검사를 실시한 결과이다. 이 검사도구와 결과에 대한 설명으로 옳은 것은?

- 검사 일자 : 2011년 9월 5일
- 생년월일 : 2007년 4월 25일
- 측정 영역 : 5개 발달 영역
  (운동, 인지, 언어, 자조, 사회성)
- 검사 결과 : 전반적으로 잠재적 지체

① 이 검사도구에서는 연지의 생활 연령을 4년 5개월로 계산해야 한다.
② 이 검사도구는 관찰과 질문지를 통해 평가가 이루어지므로 6개월 미만인 영아에게도 사용할 수 있다.
③ 이 검사도구에서 교사는 질문지를 통해 연지와 부모를 평가하고, 부모는 관찰을 통해 연지를 평가한다.
④ 연지의 평가 결과가 '전반적으로 잠재적 지체'로 나타났기 때문에 별도의 진단·평가 없이 특수교육대상자로 선정한다.
⑤ 5개의 발달 영역 중 교사는 운동 영역, 인지 영역, 언어 영역을 평가하고, 부모는 자조 영역과 사회성 영역을 평가한다.

19

다음은 한국 웩슬러 아동지능검사(K-WISC-III)의 검사결과를 통해 알 수 있는 점수 유형들이다. 〈보기〉에서 이에 대한 설명으로 적절한 것을 모두 고르면?

원점수, 백분위점수, 환산점수, 지표점수, 지능지수점수

〈보기〉

ㄱ. 소검사 원점수가 0점이라면, 그 소검사에서 측정하는 수행 능력이 완전히 결핍되었다고 볼 수 있다.

ㄴ. 백분위점수를 통해 동일연령대에서 학생의 지적 능력의 상대적인 위치를 파악할 수 있다.

ㄷ. 소검사의 환산점수는 표준점수이므로 이를 통해 학생의 환산점수가 각 소검사에서 동일 연령대의 환산점수 평균과 얼마나 차이가 나는지 알 수 있다.

ㄹ. 지표점수 간 비교를 통해 개인 내 강점과 약점을 파악할 수 있다.

ㅁ. 전체 지능지수점수는 비율점수이므로 이를 통해 학생의 발달비율을 알 수 있다.

① ㄱ, ㄴ 　　　　　② ㄴ, ㄷ
③ ㄱ, ㄹ, ㅁ　　　　④ ㄴ, ㄷ, ㄹ
⑤ ㄱ, ㄷ, ㄹ, ㅁ

20

다음은 중학교 1학년 학생 A의 읽기 능력과 행동 특성을 진단한 결과의 일부이다. 옳은 것만을 〈보기〉에서 있는 대로 고른 것은?

• 읽기 검사 결과 : 학년점수(2.5), T점수(35)
　　　　　　　　　　[검사도구 : BASA-Reading)]
• 행동 진단 결과 : [검사도구 : 아동청소년　행동평가 척도(K-CBCL)]

| K-CBCL 중의 문제행동척도 결과 |

〈보기〉

ㄱ. 학생 A의 읽기 능력은 일반적인 초등학교 2학년의 여섯 번째 달에 해당하는 학생 수준이다.

ㄴ. 읽기 검사 결과의 T점수는 원점수이므로 Z점수로 환산 하였을 때 집단 내에서의 학생 A의 읽기 수준을 알 수 있다.

ㄷ. 학생 A의 내재화 문제 정도는 상위 3% 안에 포함되며, 일반적으로 보았을 때 임상범위 내에 속한다.

ㄹ. 학생 A의 주의집중 문제는 ±1 표준편차 범위 안에 들어, 심각하지 않은 편이다.

ㅁ. K-CBCL은 위에 제시한 문제행동척도 이외에도 사회능력척도가 포함되어 있다.

① ㄱ, ㄴ　　　　　　② ㄷ, ㅁ
③ ㄱ, ㄷ, ㅁ　　　　④ ㄴ, ㄷ, ㄹ
⑤ ㄷ, ㄹ, ㅁ

21

다음은 장애 영아의 교육 지원에 관한 내용이다. 물음에 답하시오.

> (가) 「국민건강보험법」의 '영유아건강검진'의 선별검사 결과, 지우의 발달에는 특별한 문제가 없는 것으로 나타났다. 그런데 지우 어머니는 여전히 지우가 2세의 또래 영아에 비해 발달이 지체되었다고 생각하여 장애진단 검사를 받았다. 그 결과 지우는 장애가 있는 것으로 밝혀졌다.

1) (가)에 나타난 선별검사의 오류 종류를 쓰고, 그로 인해 야기될 수 있는 문제점을 쓰시오.

   • 오류 종류 :

   • 문제점 :

22

A는 만 13세의 중학교 1학년 학생으로 정신지체가 의심된다. (가)~(라) 중 「장애인 등에 대한 특수교육법」의 특수교육대상자 선별 검사 및 진단·평가 영역에 근거하여 A에게 실시할 수 있는 적절한 검사도구명과 해당 특성이 바르게 제시된 것만을 있는 대로 고른 것은?

	검사도구	검사도구의 특성
(가)	한국웩슬러 지능검사 (K-WISC-IV)	• 언어이해지표, 지각추론지표, 작업기억지표, 처리속도지표로 구성된다. • 영역별 합산 점수와 전체적인 인지능력을 나타내는 IQ를 알 수 있다.
(나)	국립특수교육원 기초학력검사 (KISE-BAAT)	• 읽기, 수, 정보처리 영역으로 구성된다. • 하위검사별 백분위점수, 학력지수, 학년규준점수를 알 수 있다.
(다)	국립특수교육원 적응행동검사 (KISE-SAB)	• 개념적 기술, 사회적 기술, 실제적 기술로 구성된다. • 하위검사별 적응행동지수와 전체적응행동지수를 알 수 있다.
(라)	한국판 시지각발달검사 (K-DTVP-2)	• 일반시지각, 운동-감소시지각, 시각-속도통합으로 구성된다. • 하위검사별 연령지수, 백분위점수를 알 수 있다.

① (가), (다) ② (나), (라)
③ (다), (라) ④ (가), (나), (다)
⑤ (가), (나), (라)

23

장애학생의 진단·평가를 위해 활용하는 방법 및 특징에 대한 설명으로 옳은 것만을 〈보기〉에서 있는 대로 고른 것은?

─〈 보기 〉─
ㄱ. '표준화 검사'의 장점 중 하나는 측정 영역에 대한 학생의 수준을 객관적으로 볼 수 있다는 점이다.
ㄴ. '준거참조평가(criterion-referenced evaluation)'는 학생의 점수를 또래 집단과 비교함으로써 집단 내 학생의 상대적 위치에 대한 정보를 제공한다.
ㄷ. '관찰'은 일상적인 상황에서 나타나는 학생의 행동을 기록함으로써 특정현상에 대한 자료를 수집하는 방법이다.
ㄹ. '관찰'에서 사용하는 '시간표집법'은 일정 관찰기간 동안 지속적으로 관찰하여 관찰 대상 행동이 발생할 때마다 기록하는 방법이다.
ㅁ. '구조화 면접'은 질문의 내용과 순서를 미리 준비하여 정해진 방식대로 질문해 나가는 면접이다.

① ㄱ, ㄴ, ㄹ
② ㄱ, ㄷ, ㅁ
③ ㄴ, ㄷ, ㅁ
④ ㄴ, ㄹ, ㅁ
⑤ ㄱ, ㄷ, ㄹ, ㅁ

24

다음은 일반 유아와 정신지체 유아 집단을 규준집단으로 하여 동희의 적응행동 수준을 작성한 적응행동 검사(KISE-SAB) 프로파일이다. 물음에 답하시오.

1) A는 동희의 소검사 환산점수선이다. 어떤 집단을 규준집단으로 한 프로파일인지 쓰시오.

2) 동희의 적응행동지수를 해석한 다음의 문장을 완성하시오.

동희의 전체 적응행동지수는 115이다. 이는 (①) 유아규준집단의 약 (②)%가 동희보다 낮은 적응행동 점수를 받았음을 의미한다.

3) 이 적응행동 검사는 규준집단의 평균으로부터 적어도 2표준편차 이하의 수행을 나타낼 때 적응행동에 유의미한 제한성을 지닌 것으로 해석한다. 이와는 달리 개인의 수행을 규준집단의 수행수준과 비교하지 않고, 개인이 일정 숙달수준에 도달했는지의 여부를 알아볼 수 있는 검사 유형을 무엇이라고 하는지 쓰시오.

25

다음은 5세 유치원 통합학급에서 유아특수교사와 유아교사가 쿡과 프렌드(L. Cook & M. Friend)의 협력교수 유형을 적용하여 작성한 활동계획안의 일부이다. 물음에 답하시오.

○ 대집단-일반 유아 21명
● 소집단-발달지체 유아(나리)/일반 유아(서영, 우재, 민기)

소주제	우리 동네 사람들이 하는 일	활동명	일하는 모습을 따라 해 봐요
활동 목표	• 다양한 직업에 대해 관심을 갖는다. • 직업의 특징을 몸으로 표현한다.		
활동 자료	다양한 직업(버스기사, 교통경찰, 미용사, 요리사, 화가, 발레리나, 의사, 사진기자, 택배기사, 축구선수)을 가진 사람들의 모습이 담긴 사진 10장		
⊙나리의 IEP 목표 (의사소통)	• 교사의 질문에 사물을 손가락으로 가리킬 수 있다. • 자신의 느낌과 생각을 손짓이나 몸짓으로 표현할 수 있다.		

교수·학습 활동내용	
○ 대집단-유아교사	● 소집단-유아특수교사

○ 다양한 직업의 모습이 담긴 사진을 보면서 이야기 나누기
  – 다양한 직업의 특징을 말하기
○ 직업을 신체로 표현하는 방법에 대해서 이야기 나누기
  – 이 사람은 무엇을 하고 있니?
  – 이 사람은 일을 할 때 어떻게 움직이고 있니?
○ 직업을 다양하게 몸으로 표현하고 알아맞히기
  – 사진 속 직업을 몸으로 표현해 보자.
○ 직업을 가진 사람들의 움직임을 창의적인 방법으로 표현해 보기
  – 또 다른 방법으로 표현해 볼 수 있을까?
	● 유아가 자주 접하는 직업의 모습(동작)이 담긴 5장의 사진을 보면서 이야기 나누기
	  – ⓛ 사진(의사, 버스기사, 요리사)을 보여주면서 "맛있는 음식을 만드는 사람은 누구니?"
	  – ⓒ 사진(축구선수, 미용사)을 보여주면서 "축구공은 어디 있니?"
	  – "요리사는 음식을 만들 때 어떻게 움직이고 있니?"
	● 유아가 자주 접하는 직업의 모습(동작)이 담긴 사진을 보면서 손짓이나 몸짓으로 표현하기
	  – (교통경찰 사진을 보며) "손을 어떻게 움직이고 있니?"

활동평가		평가방법
○	• 다양한 직업에 대해 관심을 갖고 있는가? • 직업의 특징을 다양하게 몸으로 표현할 수 있는가?	• 관찰 • (㉣)
● (나리)	• 직업의 특징을 손짓이나 몸짓으로 표현할 수 있는가?	

3) 유아특수교사는 수행평가 방법의 하나인 ㉣을 다음과 같이 실시하였다. ㉣에 들어갈 말을 쓰시오.

> 유아특수교사는 하루 일과 내 계획된 활동이 끝나면 활동에서 산출된 모든 작업샘플들(사진, 일화기록 등)을 분석한 후 나리의 발달영역과 IEP 목적 및 목표에 따라 분류하여 각각의 서류파일 안에 넣어 저장하였다. 수집한 자료는 정기적인 회의에서 유아의 진도를 점검하는 자료로 사용하였다.

26 _____

다음의 (가)는 중학교 2학년에 재학 중인 특수교육대상 학생 A의 기초학력검사-쓰기 검사 결과의 일부이고, (나)는 이 검사 결과에 대해 특수교육지원센터의 진단·평가 팀장과 신임 특수교사가 나눈 대화 내용의 일부이다. 괄호 안의 ㉠과 ㉡에 해당하는 평가 용어를 각각 쓰시오.

(가) 학생 A의 기초학력검사-쓰기 검사 결과

원점수	백분위 점수	학력 지수	95% 신뢰 수준 (㉠)
47	6	72	68~76

(나) 대화 내용

> 특수교사 : 이 학생의 학력 지수는 72점으로 나왔어요. 그러면 68~76은 어떻게 해석해야 할까요?
>
> 팀　　장 : 이번 결과에서 이 학생이 획득한 점수는 72점이지만, 이는 이 학생의 (㉡)이/가 68점과 76점 사이에 있을 확률이 95%라는 뜻입니다. (㉠)을/를 구하기 위해서는 학생 A의 획득 점수, 95% 신뢰 수준에 해당하는 z점수, 이 검사의 측정의 표준오차가 필요합니다.

27 _____

(나)는 김 교사와 은지 어머니의 대화 내용이다. 물음에 답하시오.

(나) 김 교사와 은지 어머니의 대화 내용

> 은지 어머니 : 선생님, 지난번에 가르쳐 주신 대로 은지와 상호작용을 하려고 했는데 효과가 별로 없는 것 같아요. 왜 그럴까요?
>
> 김 교사 : 어머니들께서 자녀에 대한 중재를 실행하는 것이 쉬운 일은 아니에요. 그래서 Ⓐ은지 어머니께서 배운 방법대로 정확하게 하고 있는지, 그리고 이것을 일관성 있게 하는지 점검하고 모니터링해야 해요. 그래서 이미 개별화교육계획을 작성할 때 이를 위한 절차와 점검표를 계획해 놓았어요. 그럼 이것을 실시해 보도록 하지요.
>
> 은지 어머니 : 선생님, 한 가지 더 의논드릴 일이 있어요. 우리 이웃집에 은지 또래의 아이가 있는데 발달이 더딘 것 같아 그 아이의 엄마가 걱정하고 있더라구요.
>
> 김 교사 : 그래요? 그럼 먼저 ⊚선별검사를 해 보는 것이 좋겠군요.

5) ⊚의 선별 과정에서 나타날 수 있는 음성 오류(부적 오류, false negative)를 장애 진단과 관련하여 1가지 쓰시오.

28

영수는 ○○유치원 5세 반에 다니고 있다. (나)는 박 교사와 특수교육지원센터 순회교사인 최 교사와의 대화 내용이다. 물음에 답하시오.

(나) 두 교사의 대화

> 박 교사: 선생님, 지난번 특수교육지원센터에서 영수의 발달 문제로 검사를 하셨잖아요.
> 최 교사: 네. ⓒ 한국 웩슬러유아지능검사(K-WPPSI)와 ② 한국판 적응행동검사(K-SIB-R)를 했어요. 그 외 여러 가지 장애진단 검사들도 실시했어요.
> 박 교사: 그래요? 그럼 결과는 언제쯤 나오나요?
> 최 교사: 다음 주에 나올 것 같아요.
> 박 교사: ⑩ 검사 결과가 나오면 그것을 토대로 개별화교육지원팀이 영수의 개별화교육계획을 수립할 수 있겠네요.

3) ⓒ과 ②의 하위 검사 영역 2가지를 각각 쓰시오.

ⓒ :

② :

4) ⑩이 적절하지 않은 이유 1가지를 쓰시오.

29

(가)는 단순언어장애 학생 정우에 대한 검사 결과이다. 물음에 답하시오.

(가) 검사 결과

- 생활연령 : 7세 2개월
- K-WISC-III 결과 : 동작성 지능지수 88,
  언어성 지능지수 78
- ㉠ 취학 전 아동의 수용언어 및 표현언어 발달 척도 (PRES) 결과 : 수용언어 발달연령 64개월, 표현언어 발달연령 58개월, 통합언어 발달연령 61개월
- 언어 문제 해결력 검사 결과 : 원점수 17점, ㉡ 백분위 9
- 순음청력검사결과 : 양쪽 귀 모두 10 dB
- 사회성숙도 검사 결과 : 사회성 지수 90
- 구강조음기제에서 특이사항 관찰되지 않음.
- 사회·정서적 문제를 보이지 않음.

1) 다음은 (가)의 ㉠을 실시하는 절차이다. 괄호 안의 ⓐ 와 ⓑ에 들어갈 말을 쓰시오.

| 생활연령을 산출한다. |
| 일·월·년의 순으로 검사일에서 출생일을 뺀다. |

⇩

| 시작점을 찾는다. |
| 검사 설명서에 나온 연령층에 적합한 시작점에서 검사를 시작한다. |

⇩

| 기초선(기저선)을 설정한다. |
| 아동이 그 이전의 낮은 단계 문항들을 모두 맞힐 수 있다고 확신할 수 있는 지점을 정한다. |

⇩

<중략>

⇩

| (ⓐ)을/를 설정한다. |
| 아동이 그 이상의 높은 문항들은 모두 못 맞힐 것이라고 확신할 수 있는 지점을 정한다. |

⇩

| 획득점수(원점수)를 산출한다. |
| (ⓑ) 문항에서부터 (ⓐ)까지 아동이 맞힌 문항에 부여된 배점을 합산한다. |

ⓐ :

ⓑ :

2) 다음은 (가)의 ㉡에 대한 설명이다. 괄호에 들어갈 말을 쓰시오.

정우의 원점수가 아동이 속한 연령 집단과 비교하여 ( )에 해당한다는 것을 의미한다.

30

다음은 통합학급 유아교사인 김 교사와 유아특수교사인 최 교사의 대화이다. 물음에 답하시오.

김 교사 : 최 선생님, 오늘 은미가 교실에서 말을 많이 했어요.
최 교사 : 와! 우리 은미 멋지네요.
김 교사 : 실은 오늘뿐 아니라 요즘 계속 말을 많이 해서 얼마나 달라졌는지 알아보고 싶어요. 어떤 방법이 있을까요?
최 교사 : 언어 발달 평가에는 여러 가지가 있지만, 자발화 평가를 해도 좋을 것 같아요.
김 교사 : 그러면 ㉠은미가 가장 말을 많이 하는 영역인 도서 영역 한 곳에서 자발화 수집을 하면 되겠네요. ㉡은미는 좋아하는 동화책을 외워 그 내용을 혼자 계속 중얼거리는데, 그것도 자발화 수집에 포함시켜야겠어요. 그런데 은미가 하는 말이 계속 같은 낱말을 반복하는 것인지 아니면 여러 가지 어휘를 사용하는 것인지도 알아보고 싶어요. 그것은 어떻게 알 수 있을까요?
최 교사 : 아, 그건 은미가 ㉢사용한 총 낱말 중에서 서로 다른 낱말의 비율을 산출해보면 알 수 있어요.
김 교사 : 네, 잘 알겠습니다. 그리고 저번에 말씀드렸던 지호에 대해서도 의논드릴 일이 있어요. 내일 지호 어머님과 상담하기로 했는데, 어머님께서 지호에 대해 걱정이 많으세요. 저도 지호가 다른 친구들과 달리 가르치기 힘들다는 생각이 들어서요. 내일 어머님께 지호가 특수교육대상자인지 진단·평가를 받으라고 말씀드리는 것이 좋겠지요?
최 교사 : ㉣그 전에 일반 학급에서 교수 방법 등을 수정하여 지도해 보면서, 지호의 발달에 변화가 있는지 살펴보는 것이 우선인 것 같아요. 저도 도와드릴게요. 그렇게 해도 지속적으로 어려움이 있을 경우 특수교육대상자 선정을 의뢰해야겠지요.

3) ㉣에서 ① 최 교사가 제안한 절차의 명칭을 쓰고, ② ㉣의 목적 1가지를 쓰시오.

① :

② :

31

다음은 진단과 중재 체계를 제시한 그림이다. 유진이는 이 체계에 따라 진단과 중재를 받게 되었다. 물음에 답하시오.

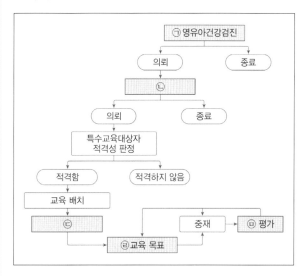

1) ㉠ 단계에서 유진이가 받은 발달평가의 목적을 쓰시오.

2) ㉡과 ㉢에 들어갈 내용을 각각 쓰시오.

3) 유진이는 위 체계를 거치면서 여러 가지 검사를 받았다. 그중에서 '한국웩슬러유아지능검사(K-WPPSI)' 결과와 '유아행동 평가척도(CBCL 1.5-5)' 결과로 ㉣을 작성한다면, 이때 발생할 수 있는 문제점 1가지를 쓰시오.

4) ㉤을 실시하는 이유 2가지를 쓰시오.

32 _____

(나)는 교육실습생과 지도교사가 학습장애 학생 은미의 검사 결과에 대해 나눈 대화 내용의 일부이다. 물음에 답하시오.

(나)

> 교육실습생 : ㉠K-WISC-Ⅳ는 같은 연령의 또래와 비교하여 은미 지능의 상대적 위치를 알 수 있는 준거참조검사로 알고 있어요. 이 검사 결과를 보면, ㉡은미의 전체 지능지수는 4개 지표 합산점수의 평균인 91이에요. ㉢4개 지표 합산점수들은 71에서 102 사이에 분포하고 있어 전체 지능지수가 은미의 전반적인 지적 능력을 반영한다고 단정 짓기는 어려운 것 같습니다. 또한 ㉣'처리속도 지표' 합산점수는 71로 −1 표준편차에서 −2 표준편차 사이에 위치하는 것을 알 수 있어요.

은미의 'K−WISC−Ⅳ' 결과 요약

지표	합산점수
언어이해	98
지각추론	102
작업기억	93
처리속도	71

… (중략) …

> 교육실습생 : BASA 읽기 검사 결과를 바탕으로 은미의 읽기지도 계획을 수립하려고 하는데 어떻게 해야 하는지 궁금해요.
>
> 지도 교사 : 이 검사는 교육과정중심측정(CBM)을 활용한 검사예요. 이 검사에서는 3회에 걸쳐 실시한 읽기 검사 원점수의 중앙치로 기초선을 설정하는데 은미의 경우 (㉤)이 되겠지요. 기초선 설정 후 목표수준을 정하고 ㉥읽기 중재를 하면서 매주 2회 정도 읽기 검사를 해요.

은미의 '기초학습기능 수행평가체제(BASA) : 읽기 검사' 결과 요약

읽기 검사 1회	원점수 : 63
읽기 검사 2회	원점수 : 68
읽기 검사 3회	원점수 : 66

2) (나)의 ㉠~㉣에서 틀린 것을 2가지 찾아 기호와 이유를 각각 쓰시오.

① :

② :

3) (나)의 ① ㉤에 들어갈 점수를 쓰고, ② ㉥의 이유 1가지를 쓰시오.

① :

② :

33

(가)는 5세 유아 민지의 한국판 웩슬러 유아 지능검사 (K–WPPSI–Ⅳ) 결과의 일부이고, (나)는 특수학급 김 교사와 통합학급 최 교사가 민지의 검사 결과에 대해 나눈 대화이다. 물음에 답하시오.

(가)

척도	환산 점수 합	지표 점수	백분위	95% 신뢰 구간	분류 범주
언어이해	10	71	3.0	61~81	경계선
시공간	6	58	0.3	45~71	매우 낮음
유동추론	8	66	2.0	58~74	매우 낮음
작업기억	8	64	1.0	54~74	매우 낮음
처리속도	10	73	3.0	61~85	경계선
전체척도	26	60	0.5	47~73	매우 낮음

(나)

> 최 교사: 민지 어머니께서 지능검사 결과를 민지 편에 보내셨어요.
>
> 김 교사: 이 검사는 ㉠민지의 지능을 또래와 비교하여 상대적인 위치를 보여 주는 검사예요.
>
> 최 교사: 그럼, 비교할 수 있는 점수표가 있나요?
>
> 김 교사: 네, ㉡민지와 같은 또래들과 비교할 수 있도록 규준이 만들어져 있고, 실시 방법과 채점 방법 등이 정해져 있어요.
>
> 최 교사: 그럼, ㉢각 지표마다 백분율 점수를 산출하는 것이 중요하겠네요.
>
> 김 교사: ㉣민지의 검사 결과 프로파일을 보니 민지는 시공간 능력이 제일 낮아요.
>
> 최 교사: 그러면 민지의 시공간 능력 발달 정도를 알려면 ㉤매달 이 검사를 실시해서 시공간 능력이 향상되었는지 살펴보아야겠어요.

1) (가)에서 민지의 '처리속도' 분석 결과를 ① 백분위와 ② 신뢰구간에 근거하여 해석하시오.

①:

②:

2) (나)의 밑줄 친 ㉠~㉤ 중에서 틀린 내용 2가지를 찾아 기호와 그 이유를 각각 쓰시오.

①:

②:

34

다음은 특수교육지원센터 홈페이지 질의·응답 게시판의 일부이다. 물음에 답하시오.

Q	우리 아이는 오랜 외국 생활로 한국어 사용이나 한국 문화에 익숙하지 않습니다. 이런 경우 사용할 수 있는 지능검사가 있나요?
A	지능검사는 여러 유형이 있습니다. 특수교육지원센터에서는 학생의 문화·언어적 배경에 영향을 받지 않는 ⊙마임과 몸짓으로 실시하는 비언어성 지능검사를 받을 수 있습니다.

Q	국립특수교육원 적응 행동 검사(KISE-SAB) 결과에서 '일반 학생 적응 행동 지수'와 '지적장애 학생 적응 행동 지수'를 동시에 명시하고 있는데 이해가 어렵습니다. 두 지수의 차이점이 무엇인가요?
A	일반적으로 ⓛ지적장애 학생을 진단할 때, 먼저 '일반 학생 적응 행동 지수'를 활용하여 해석한 후 '지적장애 학생 적응 행동 지수'를 해석합니다.

1) 밑줄 친 ⊙의 예 1가지를 쓰시오.

2) 밑줄 친 ⓛ을 하는 이유 1가지를 규준 참조 검사의 특성을 고려하여 쓰시오.

35

다음은 특수교사와 교육실습생이 나눈 대화의 일부이다. ⊙에 들어갈 내용을 쓰시오.

교육실습생 :	선생님, 검사도구를 선택할 때에는 타당도를 고려하라고 하는데 타당도에 대해 설명해 주시겠어요?
특수교사 :	타당도는 검사도구의 적합성이라고 생각하면 돼요. 여러 가지 종류가 있는데, (⊙)은/는 검사도구가 얼마나 검사의 목적을 달성할 수 있는 문항으로 구성되었는지를 나타내는 것입니다. 즉 측정하고자 하는 영역을 검사 문항이 얼마나 충실하게 대표하는가를 의미합니다. 그리고 예언타당도는 검사를 통해 얻어진 결과가 향후 학생의 행동이나 특성을 얼마나 정확하게 예측할 수 있는지를 나타내는 것이랍니다.

36 _____

다음은 ○○초등학교 연수자료 「통합교육 실행 안내서」의 일부이다. 물음에 답하시오.

통합교육 실행 안내서

○○초등학교

1. 학교 차원의 긍정적 행동지원
 1.1 학교 차원의 긍정적 행동지원의 개념

… (중략) …

 1.2 학교 차원의 긍정적 행동지원의 연속체

| 1차 지원 단계: ㉠ 보편적 지원 |

• 학교 차원의 기대 행동 결정하고 정의하기
 − 기대 행동 매트릭스

	기본예절 지키기	안전하게 행동하기	책임감 있게 행동하기
교실	• 발표할 때 손들기 • 바른 자세로 앉기	• 차례 지키기	• 수업 준비물 챙기기

• 학교 차원의 기대 행동과 강화체계 가르치기

… (중략) …

3.4 중재 방법 선정 시 유의 사항
 3.4.1 (㉡) 고려하기
 −중재 목표가 사회적으로 얼마나 중요한가?
 −중재 과정은 사회적으로 수용 가능하고 합리적인가? ⎤ [A]
 −중재 효과는 개인의 삶을 개선할 수 있는가? ⎦

… (중략) …

5.3.3 검사의 종류
 −(㉢)은/는 피험자가 사전에 설정된 성취 기준에 도달했는지에 대한 정보를 제공하는 검사
 −(㉣)은/는 피험자 간의 상대적인 위치를 평가하며, 상대평가 혹은 상대비교평가라고 부르기도 함. 상대적 서열에 대한 변환점수의 예로 표준점수, 스테나인 점수, (㉤) 등이 있음.

… (하략) …

---

3) ㉢과 ㉣에 들어갈 검사 종류의 명칭을 각각 쓰시오.

 ㉢ :

 ㉣ :

4) 다음은 ㉤에 대한 설명이다. ㉤에 들어갈 말을 쓰시오.

> • 전체 학생의 점수를 크기순으로 늘어놓고 100등분하였을 때의 순위
> • 특정 점수 이하의 점수를 받은 학생 사례 수를 전체 학생 사례 수에 대한 백분율로 나타낸 것
> • 상대적 위치 점수

37 ____

다음은 학생 A를 위한 평가 계획에 대하여 김 교사와 박 교사가 나눈 대화의 일부이다. 괄호 안의 ㉠, ㉡에 해당하는 내용을 순서대로 쓰시오.

> … (상략) …
>
> 김 교사: K-WISC-IV와 같은 규준참조검사 이외의 다른 평가방법도 있나요?
>
> 박 교사: 예. (㉠)이/가 있어요. (㉠)은/는 정적 평가(static assessment)와는 달리 학생에게 자극이나 촉진이 주어졌을 때 학생의 반응을 통해 향상 정도를 알아보는 대안 평가 방법입니다.
>
> 김 교사: 이 평가 방법은 어떤 특징이 있나요?
>
> 박 교사: (㉠)은/는 학생의 근접발달영역(zone of proximal development)을 알아보는 평가 방법으로 학생의 가능성과 강점을 확인해 볼 수 있어요. 또한 학습 과제를 하는 동안 학생에게 적절한 피드백을 주면서 문제를 어떻게 해결하는지 확인하기 때문에 학습의 결과보다는 (㉡)을/를 강조하는 특징이 있습니다.
>
> 김 교사: 학생 A의 개별화교육에 활용할 수도 있겠군요.

38 ____

(나)는 '아동·청소년 행동평가척도(Child Behavior Checklist; CBCL 6-18)' 문제행동증후군 하위 척도와 설명이다. 물음에 답하시오.

(나) 'CBCL 6-18' 문제행동증후군 하위 척도와 설명

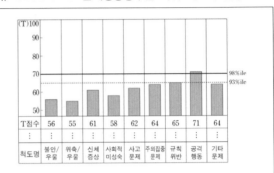

척도명	불안/우울	위축/우울	신체증상	사회적미성숙	사고문제	주의집중문제	규칙위반	공격행동	기타문제
T점수	56	55	61	58	62	64	65	71	64

〈 설명 〉
- ㉠ 70은 T점수를 의미하고 98%ile에 해당됨.
- ㉡ 93%ile은 표준편차(SD)를 활용하면 +1 SD에 해당됨.
- ㉢ '불안/우울', '위축/우울', '신체증상' 척도는 내재화 요인에 해당됨.
- ㉣ '신체증상' 척도는 특정한 의학적 원인으로 인해 두통, 복통, 구토 등과 같은 신체증상을 호소하는 정도를 반영함.
- ㉤ 막대그래프가 점선 위로 올라오면 '준 임상' 범위이며, 실선 위로 올라오면 '임상' 범위라고 볼 수 있음.

4) (나)의 ㉠~㉤ 중 적절하지 않은 내용 2가지를 골라 기호를 쓰고 바르게 고쳐 쓰시오.

39

(가)는 특수교육지원센터에서 실시한 학생 H의 한국 웩슬러 아동용 지능검사 4판(K-WISC-IV) 결과의 일부이고, (나)는 김 교사와 이 교사가 나눈 대화의 일부이다. 〈작성 방법〉에 따라서 서술하시오.

(가) 검사 결과

지표	환산점수 합계	지표 점수	백분위	95% 신뢰구간	질적분류 (수준)
언어이해	7	56	0.2	52~68	매우 낮음
지각추론	17	72	2.9	66~83	경계선
작업기억	11	73	3.8	68~85	경계선
처리속도	17	92	28.9	83~103	평균

(나) 대화

김 교사 : 이 검사는 학생의 지적 능력을 또래와 비교하여 학생의 상대적 위치를 알 수 있게 해 주는 (㉠) 참조 검사이지요. 특수교육에서는 주로 장애 진단을 목적으로 많이 사용합니다.

이 교사 : 네, 그렇군요. 이 검사에서 사용된 점수에 대해서도 설명해 주세요.

김 교사 : 이 점수는 대표성을 띠는 피검자 집단으로부터 구한 평균과 표준편차를 가지고 정규분포를 이루도록 변환한 점수입니다. 정규분포에서 특정 원점수가 평균으로부터 얼마나 떨어져 있는지를 표준편차 단위로 환산한 점수로 Z점수, T점수, 지표점수 등이 이에 해당합니다. ㉡

─〈작성 방법〉─
• (가)의 작업기억의 검사 결과를 신뢰구간에 근거하여 해석하여 서술할 것
• (나)의 괄호 안의 ㉠과 ㉡에 해당하는 용어를 순서대로 쓸 것

40

(가)는 수학 학습에 어려움이 있는 초등학교 2학년 영호의 검사 결과이고, (나)는 일반 교사와 특수 교사가 나눈 대화이다. 물음에 답하시오.

(가) 검사결과

• K-WISC-V 검사결과 : 지능지수 107
• KNISE-BAAT(국립특수교육원 기초학력검사) 수학 검사 결과 : 학력지수 77

(나) 대화 내용

특수 교사 : 영호의 검사결과를 검토해보니 한 가지 문제점이 예상되네요. 수학 검사에서 받은 77점은 영호의 실제 수행수준보다 낮은 것 같아요.

일반 교사 : 왜 그렇게 생각하시죠?

특수 교사 : 두 검사 점수 간의 상관계수는 1이 아니기 때문에 지능점수가 (㉠) 이상이더라도 학업점수는 낮게 추정될 수 있어요. 이러한 문제 때문에 두 점수 간의 불일치된 (㉡) 점수를 이용하는 능력-성취 불일치 모형에서는 영호를 학습장애로 과잉 진단할 수 있어요.

일반 교사 : 학습장애가 아닐 수 있는 영호를 학습장애로 진단하는 것은 큰 문제네요.

특수 교사 : 네, 그렇죠.

일반 교사 : 다른 대안은 없을까요?

특수 교사 : 다단계 중재반응모형이 대안이 될 수 있어요. 이 모형에서는 ㉢교육과정중심측정을 사용하여 학생의 반응을 지속적으로 점검해요. 이러한 검사 결과를 고려하면 과잉진단의 문제점을 어느 정도 예방할 수 있어요

2) (나)의 ㉢을 장기교육목표 성취도 평가 방법으로 사용하는 이유를 쓰시오.

41 _____ 2022 초등B-1

(가)는 세희의 특성이고, (나)는 통합학급 교사와 시각장애거점 특수교육지원센터 특수교사의 협의 내용이다. 물음에 답하시오.

(가) 세희의 특성

- 초등학교 6학년 저시력 학생임.
- 피질시각장애(Cortical Visual Impairment ; CVI)로 인해 낮은 시기능과 협응능력의 부조화를 보임.
- 눈부심이 있음.　　　　　　　　　　　　　┐
- 글씨나 그림 등은 검은색 배경에 노란색으로 제　[A]
　시했을 때에 더 잘 봄.　　　　　　　　　　┘
- 원근 조절이 가능한 데스크용 확대독서기를 사용하지만 읽는 속도가 느림.
- 기초학습능력검사(읽기) 결과, ㉠학년등가점수는 4.4임.

(나) 특수교사의 순회교육 시, 협력교수를 위한 통합학급 교사와 특수교사의 협의 내용

협의 내용 요약		점검사항 공통사항 : 곰 세희지원 : 세
통합학급 교사	특수교사	
• 전체 수업 진행 　─ 구체적인 교과 내용을 지도함. • 팀별 학습 활동 　─ 팀의 학생들은 상호작용을 하며 과제를 해결함.	• 학급을 순회하며 전체 학생 관찰 및 지원 　─ 학생들에게 학습 전략을 개별 지도함 　─ 원거리 판서를 볼 때 세희에게 확대독서기의 초점 조절법을 개별 지도함.	곰 팀별 활동 자료
• 팀 활동 후 평가 실시 　─ 평가지는 ㉡ 평가 문항들이 단원의 목표와 내용을 충실하게 대표하는지를 같은 학년 교사들이 전문성을 바탕으로 이원분류표를 활용해서 비교·분석하여 확인함.	• 학급을 순회하며 학생 요구 지원 　─ 세희가 평가지를 잘 볼 수 있게 ㉢확대독서기 기능 설정을 확인함. 　─ 시험시간을 1.5배 연장함.	곰 이원분류표 세 ㉣수정된 답안지와 필기구 제공
• 팀 점수 산출 • 팀 점수 게시 및 우승팀 보상	• 팀 점수 산출 시 오류 확인 　─ 학급을 순회하며 필요한 도움을 제공함.	

1) ① (가)의 ㉠을 해석하여 쓰고, ② (나)의 ㉡에 해당하는 타당도의 유형을 쓰시오.

①:

②:

42 _____

(가)는 의사소통장애 학생 I의 기본 정보 및 현행 언어 수준의 일부이고, (나)는 우리말 조음·음운평가 (U-TAP)의 실시 방법이다. 〈작성 방법〉에 따라 서술하시오.

(가) 기본 정보 및 현행 언어 수준

1. 기본 정보
- 현재 13세 여학생으로 통합교육을 받고 있음.
- 주 양육자인 어머니의 보고에 의하면 첫 돌 무렵에 첫 낱말을 산출하였으나, 두 낱말 표현은 36개월경에 나타났음.
- 오랫동안 조사나 연결어 등을 생략하고 명사와 동사 중심으로 짧게 말하는 (㉠)(으)로 말을 하는 경향이 있었음.

… (중략) …

2. 언어 수준
- 우리말 조음·음운평가(U-TAP) 결과, 낱말 수준에서 자음 정확도는 65.1%이며 모음정확도는 90%임.
- 음절 수준의 음세기 과제에서는 총 20문항 중 19개에서 정반응을 보임.
- 모방이나 청각적 혹은 시각적 단서를 주었을 때, 정조음 하는지를 알아보는 (㉡) 검사에서 /ㄱ/ 음소는 10회 중 6회 정반응을 보임.

(나) 실시 방법

㉢ 정반응을 하면, "정답이야."라고 말해 준다.
㉣ 적절한 유대관계를 형성한 후 검사를 실시한다.
㉤ 단어의 이름을 모를 때에는 유도 문장을 말해 준다.
㉥ 반응을 보이지 않으면 단어를 따라 말해 보도록 한다.
㉦ 정반응을 보인 단어는 '+'로, 오조음을 보인 단어는 '－'로 표기한다.

- (나)의 ㉢~㉦ 중 틀린 것 2가지를 찾아 기호와 함께 바르게 고쳐 각각 서술할 것

43 _____ 2023 유아A-1

(가)는 선우 어머니와 유아교사 강 교사가 나눈 대화의 일부이고, (나)는 강 교사와 특수교육지원센터 유아특수교사 송 교사가 나눈 대화의 일부이다. 물음에 답하시오.

(가)

강 교사: 안녕하세요, 선우 어머님. 어 머 니: 네, 선생님, 안녕하세요. 아무래도 우리 선우의 발달이 걱정돼요. 강 교사: 그러시군요. 선우는 ㉠ <u>석 달 전 선별검사에서 특별한 문제가 없었지요. 그래서 진단·평가에 의뢰하지 않았지요.</u> 어 머 니: 그동안 선우를 지켜봤는데, 선우가 또래 친구들에 비해 발달이 느린 것 같아요. 말도 느리고요. 그래서 전문적인 검사를 받아 보고, 선우에게 필요한 교육과 도움을 받을 수 있으면 좋겠어요. 강 교사: 그러시면 특수교육지원센터에 의뢰해서 진단·평가를 받아 보는 방법이 있어요. 어 머 니: 저는 선우가 ㉡ <u>장애인으로 등록되어야 특수교육지원 센터에 진단·평가를 의뢰할 수 있다고</u> 알고 있어요. 그러면 특수교육지원센터에서 선우를 진단·평가하, 선우에게 특수교육이 필요하다고 판단되면 ㉢ <u>특수교육진단·평가위원회에서 특수교육대상자로 선정하는 것으로 알고 있거든요.</u> 강 교사: 아, 그런데 선우 어머님께서 잘못 알고 계시는 부분이 있어요. … (중략) … 선우가 특수교육대상자로 선정되면, 선우에게 필요한 특수교육과 특수교육 관련서비스를 받을 수 있답니다. 어 머 니: 그렇군요. 그럼 진단·평가를 신청하고 싶어요. 강 교사: 네. 신청 서류를 준비해 드릴게요.

(나)

송 교사: 선생님, 선우가 발달지체를 가진 특수교육대상자로 선정되었어요. 강 교사: 네, 그래서 선우 어머님이 선우의 전반적인 양육과 교육에 대해 많이 궁금해하셨어요. 송 교사: ㉣ <u>다음 달에 특수교육지원센터에서 발달지체 유아 학부모 대상 연수가 있는데,</u> 선우 어머님께 안내해야겠어요.

1) (가)와 (나)의 대화 내용에 근거하여 ① (가)의 ㉠에 해당하는 선별검사의 오류 유형을 쓰고, ② 그로 인해 선우가 겪게 된 어려움을 교육적 측면에서 쓰시오.

①:

②:

44

(가)는 은주의 시지각발달검사(K–DTVP–3) 결과의 일부이고, (나)는 특수 교사가 은주와 현우에게 적용한 수행사정(performance assessment) 절차이다. (다)는 은주의 수행 채점기준표이고, (라)는 현우의 수행 채점표이다. 물음에 답하시오.

(가) 은주의 시지각발달검사 결과 일부

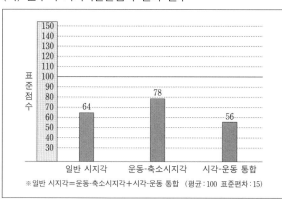

※일반 시지각=운동-축소시지각+시각-운동 통합 (평균 : 100 표준편차 : 15)

(나) 수행사정 절차

단계	수행사정 절차 내용
1단계	수행성과 구체화하기
2단계	㉠ 수행사정의 초점 선택하기
3단계	적정 수준의 현실성 선택하기
4단계	수행 상황 선택하기
5단계	채점 방법 선택하기

(다) 은주의 수행 채점기준표

※ 해당 점수에 ○표 하시오.

3 ___
- 교사가 보여 주는 모양과 같은 드라이버를 매우 잘 꺼냄
- 교사가 나사못에 드라이버를 맞추어 주면 매우 잘 돌림
- 건전지 교체를 매우 잘함
- 공구함 정리와 끝마무리가 전반적으로 매우 깔끔함

2 ___
- 교사가 보여 주는 모양과 같은 드라이버를 대체로 잘 꺼냄
- 교사가 나사못에 드라이버를 맞추어 주면 대체로 잘 돌림
- 건전지를 대체로 잘 교체함
- 공구함 정리와 끝마무리가 대체로 깔끔함

1 ___
- 교사가 보여 주는 모양과 같은 드라이버를 잘 꺼내지 못함
- 교사가 나사못에 드라이버를 맞추어 주어도 잘 돌리지 못함
- 건전지를 잘 교체하지 못함
- 공구함 정리와 끝마무리가 거의 깔끔하지 못함

(라) 현우의 수행 채점표

※ 다음과 같이 1~3점으로 판단하여 해당 숫자에 ○표 하시오.

	문항	못함	보통	잘함
1	사운드 북의 나사못 형태(+/−)에 맞는 드라이버를 공구함에서 찾아 꺼낸다.	1	2	③
2	사운드 북의 나사못에 드라이버를 수직으로 맞추고 드라이버를 왼쪽(시계 반대 방향)으로 돌려 나사못을 푼다.	1	②	3
3	사운드 북의 뚜껑을 열어 건전지를 꺼낸다.	1	②	3
4	새 건전지의 +/−를 확인하고 건전지를 교체한다.	1	2	③
5	사운드 북의 뚜껑을 덮고 나사못을 구멍에 맞춘다.	1	②	3
6	㉡	1	②	3
7	사운드 북 뚜껑에 나사못이 정확히 끼워져 있다.	1	②	3
8	공구함 정리와 끝마무리가 깔끔하다.	1	②	3

요약 : $[(2 \times 6) + (3 \times 2)] \div 8 = 2.25$

1) (가)에서 시지각발달검사 표준점수의 평균과 표준편차에 의거하여 은주의 일반 시지각 지수가 어느 정도인지 쓰시오.

2) (다), (라)와 같이 채점 문항을 구성한 이유를 ㉠과 연관시켜 쓰시오.

3) ① (다)와 (라)의 수행 채점 방법의 명칭을 각각 쓰고, ② (라)의 ㉡에 알맞은 문항 예시를 작성하시오.

① (다) :

　(라) :

② :

45 _____

다음은 특수교육대상 학생 진단을 위해 두 교사가 나눈 대화의 일부이다. 〈작성 방법〉에 따라 서술하시오.

> 교사 A : 학습장애 학생 진단을 위해서 학업 성취 수준과 지능에 대한 정보를 확인할 필요가 있습니다.
>
> 교사 B : 학업 성취 수준을 파악하기 위해서 주로 국립특수교육원의 기초학력검사(KISE-BATT)나 기초학습능력검사(NISE-B·ACT)를 사용하고 있습니다. 두 검사는 어떠한 특성이 있나요?
>
> 교사 A : 두 검사 모두 규준참조검사로 구성되어 있으며, 영역별 백분위 점수, (㉠), 학년 규준을 제공합니다. 특히 학업의 수행이나 발달 정도를 나타내는 (㉠)에 대한 진단적 분류를 제공하고 있어 검사 결과를 해석하는 데 도움을 줍니다.
>
> … (중략) …
>
> 교사 B : 지적 능력을 측정하는 검사도구로 최근 개정된 한국 웩슬러지능검사 5판(K-WISC-V)을 사용하려고 합니다. 기존의 한국웩슬러지능검사 4판(K-WISC-Ⅳ)과는 어떤 차이가 있나요?
>
> 교사 A : K-WISC-V는 전체척도, 기본지표척도, 추가지표척도로 구성되어 있습니다. 특히 K-WISC-Ⅳ의 지각추론 지표가 (㉡)지표와 ㉢유동추론지표로 나뉘어져 K-WISC-V의 기본지표척도를 구성하고 있습니다. K-WISC-V에 새롭게 추가된 소검사는 (㉣), 퍼즐, 그림기억 3가지가 있습니다.
>
> … (하략) …

┌─〈 작성 방법 〉─────────────
│ • 괄호 안의 ㉠에 공통으로 해당하는 용어를 쓸 것
│ • 괄호 안의 ㉡에 해당하는 명칭을 쓰고, 밑줄 친 ㉢이 측정하고자 하는 지적 능력의 내용을 서술할 것
│ • 괄호 안의 ㉣에 해당하는 소검사의 명칭을 쓸 것

46 _____

(가)는 유아특수교사 김 교사가 쓴 반성적 저널의 일부이다. 물음에 답하시오.

(가)

┌──────────────────────────────
│ **[4월 ○○일]**
│ 한 달 동안 연우의 대화를 관찰한 결과, 어휘와 문법에서는 연령에 적합한 발달을 보였다. 그러나 연우는 ㉠상황과 목적에 맞게 말을 하는 데 어려움을 보였다. 또한 친구들과 대화할 때 대화 순서를 지키거나 적절한 몸짓과 얼굴 표정을 나타내는 것에도 어려움을 보였다. 연우의 의사소통 능력의 향상을 위하여 유치원과 가정에서 보다 체계적인 지원이 필요하다고 생각했다. 이를 위해 ㉡연우의 의사소통 장면을 주의 깊게 관찰하여 그 내용을 간결하고 객관적인 글로 기록하려 한다. 이 자료는 연우의 의사소통 발달 정도를 파악하고 중재를 계획하는 데 도움이 될 것이다. 그리고 연우가 가정에서 보이는 의사소통의 특징을 파악하기 위해 보호자와 ㉢비구조화된 면담을 실시하려고 한다.
└──────────────────────────────

2) ㉢의 장점을 정보 수집 측면에서 구조화된 면담과 비교하여 1가지 쓰시오.

47 _____ 2024 초등A-4

(가)는 지적장애 학생 수아에 대해 담임 교사와 수석 교사가 나눈 대화의 일부이고, (나)는 수아의 읽기 평가 과정 및 결과의 일부이다. 물음에 답하시오.

(가)

담임 교사 : 이번 국어 수업의 목표는 '탈것의 이름 읽기'입니다.

[낱말 카드의 예시] 버스 자전거 지하철

수아에게 이러한 ⊙ 낱말을 여러 번 보여 주면서 자동적인 낱말 읽기를 지도하려고 해요. 예를 들어, ⓛ '지하철' 낱말을 보았을 때 'ㅈ', 'ㅣ', 'ㅎ', 'ㅏ', 'ㅊ', 'ㅓ', 'ㄹ'로 분절하기보다 눈에 익어서 보자 마자 빠르게 읽는 것이지요.

수석 교사 : 이 낱말이 수아에게 어떤 도움이 될까요?

담임 교사 : 수아가 성인이 되었을 때 스스로 대중 교통을 이용하려면 이 낱말을 배우는 것이 꼭 필요해요. 수아가 지역사회 내 에서 가능한 독립적으로 적응하기 위해 필요한 것을 지도해야 한다고 생각해요. ⎫[A]

(나)

담임 교사 : 선생님이 글을 읽어 줄게요. 수아는 눈으로 따라 읽다가 낱말이 빠진 곳이 있으면 해당되는 낱말 카드를 찾아서 읽어 주세요.

… (중략) …

부릉 부릉, (　　　　)가 지나가요.
따르릉 따르릉, (　　　　)도 달려가요.
철컹 철컹, (　　　　)도 지나가네요.

… (중략) … ⎫[B]

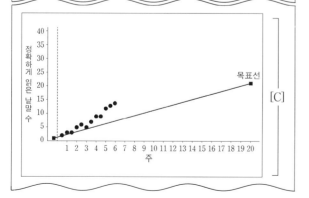

[C]

2) (나)의 [C]에 근거하여 6주차 평가가 종료된 시점에서 교사가 해야 할 교육적 의사 결정의 내용을 1가지 쓰시오.

48 _____

다음은 특수교육지원센터 특수 교사 A와 B의 대화이다. 괄호 안의 ㉠에 해당하는 명칭을 쓰고, 괄호 안의 ㉡에 해당하는 점수의 유형을 쓰시오.

특수 교사 A : 안녕하세요? 지난번에 「한국판 아동기 자폐 평정 척도 2(Korean Childhood Autism Rating Scale, 2nd Edition : K-CARS2)」에 대한 연수를 받으셨지요? 어떠셨어요?

특수 교사 B : 네, 도움이 많이 됐어요.

특수 교사 A : 기존의 「아동기 자폐 평정 척도(Childhood Autism Rating Scale : CARS)」와 비교해서 달라진 점이 있나요?

특수 교사 B : 네, K-CARS2는 표준형 평가지, (㉠) 평가지, 부모/양육자 질문지로 개발되어 있어요. (㉠) 평가지는 IQ가 80 이상이면서 구어 기술이 비교적 양호한 6세 이상의 피검자를 대상으로 합니다.

특수 교사 A : 그렇군요. 검사 결과는 어떻게 제공되나요?

특수 교사 B : 이번 도구는 표준화되었기 때문에 원점수 이외에 (㉡), 백분위 점수가 제공돼요. 예를 들어 (㉡)이/가 45~54 사이에 있다면 자폐로 진단된 사람과 비교할 때 평균 수준의 자폐 관련 증상을 보인다는 의미예요.

---

49 _____

(가)는 지적장애 진단 시 사용할 수 있는 적응 행동 진단 도구를 소개한 내용이고, (나)는 적응 행동 검사 결과 해석 중 일부이다. 〈작성 방법〉에 따라 서술하시오.

(가) 적응 행동 진단 도구 소개

사회성숙도 검사 (Social Maturity Scale: SMS)	
검사 대상	0세부터 만 30세
검사 영역 구성	자조, 이동, 작업, 의사소통, (㉠), 사회화
검사 실시 방법	피검자를 잘 아는 부모나 형제, 친척, 후견인과의 면담
검사 결과 제공 점수	원점수, 사회연령, 사회지수

지역사회 적응 검사 (Community Integration Skills Assessment-2: CISA-2)	
검사 대상	만 5세 이상의 지적장애인과 자폐성장애인을 포함한 발달장애인
검사 영역 구성	기본생활, 사회자립, 직업생활
검사 실시 방법	(㉡)
검사 결과 제공 점수	원점수, 환산점수, 영역별 (적응)지수, 적응지수

(나) 적응 행동 검사 결과 해석

㉢ 사회성숙도 검사에서 정보 제공자의 응답을 믿기 어려운 경우에는 직접 만나서 행동을 관찰하고 판단하는 것이 좋음.

㉣ 사회성숙도 검사 결과에서 '사회지수'가 70(점)이라면 평균에서 대략 -2 표준 편차에 해당하는 점수라고 볼 수 있음.

㉤ 지역사회 적응 검사 결과를 통해 일반 규준과 임상 규준에서의 적응 수준과 강·약점을 파악할 수 있음.

㉥ 지역사회 적응 검사에서는 원점수를 백분위 점수인 영역별 (적응)지수, 적응지수로 변환하여 산출함.

〈 작성 방법 〉

- (가)에서 괄호 안의 ㉠에 해당하는 영역을 쓸 것.
- (가)에서 괄호 안의 ㉡에 해당하는 내용을 서술할 것.
- (나)의 ㉢~㉥ 중 틀린 내용을 2가지 찾아 기호를 쓰고, 그 이유를 각각 서술할 것.

김남진
KORSET 특수교육학 기출분석 1

PART 04

지적장애아교육

Mind Map

Chapter 1 **지적장애의 이해**

1 **지적장애의 개념** ┌ 장애인 등에 대한 특수교육법의 정의
└ 미국 지적 및 발달장애협회(AAIDD)의 지적장애 정의 ┌ 10차(2002년)
├ 11차(2010년)
└ 12차(2021년)

2 **지적장애에 대한 조작적 정의의 핵심 구성요인** ┌ 지적 기능성의 유의한 제한성 ┌ 지적 기능성의 구인
└ 지적 기능성의 심각한 제한성 기준
├ 적응행동의 유의한 제한성 ┌ 적응행동의 구인 ┌ 개념적 적응기술
├ 사회적 적응기술
└ 실제적 적응기술
└ 적응행동의 심각한 제한성 기준
└ 시작 연령

3 **인간 기능성의 다차원적 모델** ┌ 인간 기능성에 대한 다차원적 모델에 대한 이해
└ AAIDD의 다차원적 모델을 구성하는 요인 ┌ 차원 1: 지적 기능성
├ 차원 2: 적응행동
├ 차원 3: 건강
├ 차원 4: 참여
└ 차원 5: 맥락

4 **지원에 대한 이해** ┌ 지원의 개념
├ 지원의 종류 ┌ 자연적 지원
└ 서비스를 중심으로 제공되는 지원
└ 강도에 따른 지원의 유형 ┌ 간헐적 지원
├ 제한적 지원
├ 확장적 지원
└ 전반적 지원

5 **지원체계에 대한 이해** ┌ 지원체계의 개념
├ 효과적인 지원체계의 특성 ┌ 개인 중심성
├ 종합성(포괄성)
├ 협응성
└ 성과 지향성
├ 지원체계의 요소 ┌ 통합 환경
├ 선택 및 개인적 자율성
├ 일반적인 지원
└ 전문화된 지원
└ 지원체계에 관한 실행 지침

6 지원모델에 대한 이해 ┬ 지원모델에 대한 표면적 설명
　　　　　　　　　　├ 지원모델의 함축성
　　　　　　　　　　└ 지원의 평가 및 계획과 실행과정 ┬ 1단계 : 원하는 삶의 경험과 목표 확인하기
　　　　　　　　　　　　　　　　　　　　　　├ 2단계 : 지원요구 평가하기
　　　　　　　　　　　　　　　　　　　　　　├ 3단계 : 개별화된 계획 개발하고 실행하기
　　　　　　　　　　　　　　　　　　　　　　├ 4단계 : 진전 점검하기
　　　　　　　　　　　　　　　　　　　　　　└ 5단계 : 개인적 성과 평가하기

Chapter 2 지적장애의 원인과 예방

1 다중 관점 접근 ┬ 생의학적 관점
　　　　　　　├ 심리교육적 관점
　　　　　　　├ 사회문화적 관점
　　　　　　　└ 사법적 관점

2 생의학적 원인 ┬ 상염색체 우성유전 장애 ┬ 결절경화증
　　　　　　　　　　　　　　　　　　├ 신경섬유종
　　　　　　　　　　　　　　　　　　└ 아퍼트 증후군
　　　　　　　　├ 상염색체 열성유전 장애 ┬ 갈락토스 증후군
　　　　　　　　　　　　　　　　　　├ 후를러 증후군
　　　　　　　　　　　　　　　　　　├ 단풍나무시럽병
　　　　　　　　　　　　　　　　　　├ 페닐케톤뇨증
　　　　　　　　　　　　　　　　　　└ 테이 삭스병
　　　　　　　　├ 성염색체 이상 관련 원인 ┬ 약체 X 증후군
　　　　　　　　　　　　　　　　　　├ 레쉬-니한 증후군
　　　　　　　　　　　　　　　　　　└ 레트 증후군
　　　　　　　　├ 염색체 수 이상 관련 원인 ┬ 상염색체 ┬ 다운증후군 ┬ 삼염색체성
　　　　　　　　　　　　　　　　　　　　　　　　　　　　├ 전위(전좌)
　　　　　　　　　　　　　　　　　　　　　　　　　　　　└ 섞임증(모자이키즘)
　　　　　　　　　　　　　　　　　　　　　├ 에드워드 증후군
　　　　　　　　　　　　　　　　　　　　　└ 파타우 증후군
　　　　　　　　　　　　　　　　　　└ 성염색체 ┬ 클라인펠터 증후군
　　　　　　　　　　　　　　　　　　　　　　├ 터너 증후군
　　　　　　　　　　　　　　　　　　　　　　└ 5염색체 X 증후군
　　　　　　　　└ 염색체 구조 이상 관련 원인 ┬ 윌리엄스 증후군
　　　　　　　　　　　　　　　　　　　├ 프래더-윌리 증후군
　　　　　　　　　　　　　　　　　　　├ 엔젤만 증후군
　　　　　　　　　　　　　　　　　　　├ 스미스-마제니스 증후군
　　　　　　　　　　　　　　　　　　　└ 묘성 증후군

3 행동표현형에 대한 이해 ┬ 행동표현형의 개념
　　　　　　　　　　　└ 증후군별 행동표현형

4 지적장애 예방을 위한 지원 ┬ 1차 예방
                          ├ 2차 예방
                          └ 3차 예방

5 지적장애의 진단 및 평가 ┬ 장애인 등에 대한 특수교육법 : 지능검사, 사회성숙도검사, 적응행동검사,
                      │   기초학습검사, 운동능력검사
                      ├ 지적 기능성
                      ├ 적응행동
                      └ 지원정도척도 ┬ 특징
                                   ├ 강점
                                   ├ 구성 ┬ 지원요구척도
                                   │   ├ 보호·권리주장척도
                                   │   └ 의료·행동특별지원요구
                                   └ 평가 척도 ┬ 지원 빈도
                                             ├ 일일 지원시간
                                             └ 지원 유형

6 지적장애의 분류 ┬ 지적장애 분류의 전제
              └ 분류 체계 ┬ 지원요구 강도에 따른 분류
                        ├ 지적 기능성의 제한성 정도에 따른 분류
                        └ 적응행동의 제한성 정도에 따른 분류

Chapter 3 지적장애 학생의 특성

1 지적장애 학생의 인지 및 학습 특성 ┬ 인지 발달 특성 ┬ 발달론
                               │   └ 차이론
                               └ 학습 특성 ┬ 주의집중
                                         ├ 기억
                                         └ 일반화 : 습득 → 숙달 → 유지 → 일반화

2 지적장애 학생의 언어 및 의사소통 특성 ┬ 언어 발달 특성
                                  └ 의사소통 특성

3 지적장애 학생의 사회 심리적 특성 ┬ 외적 통제소재
                              ├ 외부 지향성
                              ├ 학습된 무기력
                              ├ 실패에 대한 높은 기대
                              └ 지적장애 아동의 심리적 특성을 고려한 교수방법

Chapter 4 교육과정의 구성과 선택

1 지적장애 학생의 교육과정 구성을 위한 접근
- 발달론적 접근
  - 개념
  - 장점
  - 단점
  - 발달적 교육과정
- 생태학적 접근
  - 개념
  - 특징
  - 장점
  - 기능적 교육과정(기능적 생활 중심 교육과정)

2 지적장애 학생의 교육과정 구성 및 운영을 위한 기본 전제
- 연령에 적합한 교육과정
- 궁극적 기능성의 기준
- 최소위험 가정 기준
- 영수준의 추측
- 자기결정 증진

3 기능적 생활 중심 교육과정
- 기능적 생활 중심 교육과정의 이해
  - 개념
  - 특징
  - 교육 프로그램의 주요 내용
- 기능적 기술
  - 특징
  - 형식과 기능
  - 기능적 기술의 우선순위 결정
  - 선정 시 고려사항
    - 사회적 타당도
    - 경험적 타당도
- 생태학적 목록
  - 1단계 : 교육과정 영역 정하기
  - 2단계 : 각 영역에서 현재 환경과 미래 환경 확인하기
  - 3단계 : 하위 환경으로 나누기
  - 4단계 : 하위 환경의 활동 결정 및 활동 목록 만들기
  - 5단계 : 각 활동을 위해 필요한 기술 정하기

Chapter 5 교육적 접근

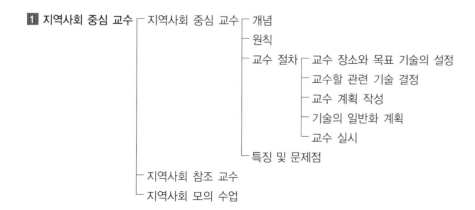

1 지역사회 중심 교수
- 지역사회 중심 교수
  - 개념
  - 원칙
  - 교수 절차
    - 교수 장소와 목표 기술의 설정
    - 교수할 관련 기술 결정
    - 교수 계획 작성
    - 기술의 일반화 계획
    - 교수 실시
  - 특징 및 문제점
- 지역사회 참조 교수
- 지역사회 모의 수업

2 일반사례 교수법 ─┬─ 일반사례 교수법의 개념
　　　　　　　　　　└─ 일반사례 교수법의 절차 ─┬─ 교수 영역 결정하기
　　　　　　　　　　　　　　　　　　　　　　　├─ 지도할 기술을 과제분석하고 관련된 모든 자극과 반응을 조사하기
　　　　　　　　　　　　　　　　　　　　　　　├─ 교수와 평가에 사용될 교수의 예 결정하기
　　　　　　　　　　　　　　　　　　　　　　　├─ 교수 순서를 계열화하고 교수하기
　　　　　　　　　　　　　　　　　　　　　　　└─ 비교수 상황에서 평가하기

3 부분 참여의 원리 ─┬─ 부분 참여의 이해 ─┬─ 개념
　　　　　　　　　　　│　　　　　　　　　　└─ 부분 참여 원리의 핵심
　　　　　　　　　　　└─ 잘못된 부분 참여의 원리 적용 유형 ─┬─ 수동적 참여
　　　　　　　　　　　　　　　　　　　　　　　　　　　　　├─ 근시안적 참여
　　　　　　　　　　　　　　　　　　　　　　　　　　　　　├─ 단편적 참여
　　　　　　　　　　　　　　　　　　　　　　　　　　　　　└─ 참여기회 상실

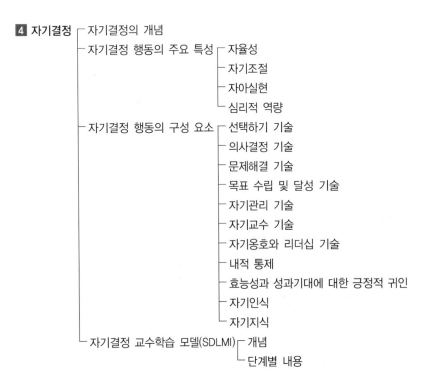

4 자기결정 ─┬─ 자기결정의 개념
　　　　　　　├─ 자기결정 행동의 주요 특성 ─┬─ 자율성
　　　　　　　│　　　　　　　　　　　　　　├─ 자기조절
　　　　　　　│　　　　　　　　　　　　　　├─ 자아실현
　　　　　　　│　　　　　　　　　　　　　　└─ 심리적 역량
　　　　　　　├─ 자기결정 행동의 구성 요소 ─┬─ 선택하기 기술
　　　　　　　│　　　　　　　　　　　　　　├─ 의사결정 기술
　　　　　　　│　　　　　　　　　　　　　　├─ 문제해결 기술
　　　　　　　│　　　　　　　　　　　　　　├─ 목표 수립 및 달성 기술
　　　　　　　│　　　　　　　　　　　　　　├─ 자기관리 기술
　　　　　　　│　　　　　　　　　　　　　　├─ 자기교수 기술
　　　　　　　│　　　　　　　　　　　　　　├─ 자기옹호와 리더십 기술
　　　　　　　│　　　　　　　　　　　　　　├─ 내적 통제
　　　　　　　│　　　　　　　　　　　　　　├─ 효능성과 성과기대에 대한 긍정적 귀인
　　　　　　　│　　　　　　　　　　　　　　├─ 자기인식
　　　　　　　│　　　　　　　　　　　　　　└─ 자기지식
　　　　　　　└─ 자기결정 교수학습 모델(SDLMI) ─┬─ 개념
　　　　　　　　　　　　　　　　　　　　　　　　└─ 단계별 내용

5 모델링 ─┬─ 모델링의 개념
　　　　　　└─ 모델링의 기능 ─┬─ 반응 촉진
　　　　　　　　　　　　　　├─ 금지/탈금지
　　　　　　　　　　　　　　└─ 관찰학습 ─┬─ 주의집중
　　　　　　　　　　　　　　　　　　　　├─ 파지
　　　　　　　　　　　　　　　　　　　　├─ 재생
　　　　　　　　　　　　　　　　　　　　└─ 동기화

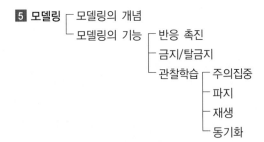

6 삽입교수 ─┬─ 삽입교수의 개념
　　　　　　　├─ 삽입교수의 장점
　　　　　　　└─ 삽입교수의 실행 절차

7 자기옹호 기술 ┬ 자기옹호의 개념
└ 자기옹호의 구성 요소 ┬ 자신에 대한 이해
├ 권리에 대한 이해
├ 의사소통
└ 리더십

8 일상생활 기술 ┬ 일상생활 기술의 개념
└ 일상생활 활동의 유형 ┬ 기본적 일상생활 활동
└ 수단적 일상생활 활동

9 우정활동 ┬ 우정활동의 개념
└ 우정활동의 장점

10 학습이론에 근거한 교수 ┬ 행동주의
├ 인지주의
└ 구성주의

PART
04

Chapter 6 **사회적 능력의 지도**

1 사회적 능력에 대한 이해 ┬ 사회적 능력과 사회적 기술의 관계
└ 지적장애 학생의 사회적 능력 위계 모형

2 지적장애 학생의 사회적 기술의 결함 유형 ┬ 기술 결함
├ 수행력 결함
├ 자기통제 기술 결함
└ 자기통제 수행력 결함

기출문제 다잡기

정답 및 해설 p.110

01

2009 유아1-8

〈보기〉는 특수학교 박 교사가 초등부 1학년 정신지체 아동 민성이에 대해 기록한 메모이다. 각 메모를 통하여 알 수 있는 민성이의 특성을 적절하게 제시한 것은?

─〈보기〉─
ㄱ. 가지고 놀던 장난감을 빼앗겨도 자기 주장을 하지 못한다(10월 21일).
ㄴ. 만들기 활동에서 무엇을, 어떻게 만들어야 할지에 관한 계획, 실행, 평가의 전략을 사용하지 못한다 (10월 24일).
ㄷ. 친구들과의 인사말 "안녕!"을 가르쳤더니 학교의 다른 선생님들께도 "안녕!"이라고 인사한다(10월 27일).
ㄹ. 과제를 주어도 하려고 하는 의욕이 전혀 없다. 성취감을 맛본 경험이 거의 없었던 것으로 보인다(10월 29일).

	ㄱ	ㄴ	ㄷ	ㄹ
①	과잉일반화	학습된 무기력	지속적 주의력 결함	초인지 결함
②	학습된 무기력	지속적 주의력 결함	자기결정력 부족	과잉일반화
③	자기결정력 부족	지속적 주의력 결함	과잉일반화	학습된 무기력
④	과잉일반화	초인지 결함	지속적 주의력 결함	자기결정력 부족
⑤	자기결정력 부족	초인지 결함	과잉일반화	학습된 무기력

02

2009 유아1-14

다음은 건강장애 영아인 건우의 환경을 기술한 내용이다. 브론펜브레너(U. Bronfenbrenner)의 생태학적 모델에 근거하여 건우의 환경을 바르게 분류한 것은?

28개월 된 건우는 건강문제로 인하여 가정에서 보내는 시간보다 병원에 입원해 있는 시간이 훨씬 더 많으며, 병원에서 순회교육을 받고 있다. 순회교사는 동물에 관심을 보이는 건우를 데리고 동물원으로 현장학습을 가는 것에 대하여 어머니와 상의하였다. 순회교사는 어머니와의 대화를 통하여, 부모가 건우의 교육에 대해 높은 관심을 갖고 있으며, 장기입원으로 인한 여러 가지 어려움을 해결하기 위하여 종교단체의 도움을 받고 있다는 사실도 알게 되었다.

① 건우가 입원해 있는 병원은 미시체계(소구조)에 해당한다.
② 건우 부모와 순회교사의 관계는 미시체계(소구조)에 해당한다.
③ 건우 가족에게 도움을 주는 종교단체는 중간체계(중간구조)에 해당된다.
④ 건우가 현장학습을 갈 지역사회 동물원은 거시체계(대구조)에 해당된다.
⑤ 건우가 받는 순회교육의 법적 근거인 현행 장애인 등에 대한 특수교육법은 외부체계(외부구조)에 해당된다.

03

서 교사는 내년에 초등학교에 입학할 정신연령 2세인 발달지체 유아 유빈이를 대상으로 지역사회중심교수를 하고자 한다. 지역사회중심교수에 대한 설명으로 맞는 것을 〈보기〉에서 모두 고른 것은?

─〈보기〉─
ㄱ. 유아가 습득한 수행을 일반화할 수 있도록 계획한다.
ㄴ. 유아의 정신연령에 적합한 지역사회 적응기술을 지도한다.
ㄷ. 주된 한 가지 기술을 지도하면서 관련 기술도 함께 지도한다.
ㄹ. 지역사회에서의 의미 있는 수행을 위해 실제 지역사회에서 지도한다.
ㅁ. 자연적인 방법으로 지도하여 습득이 잘 되지 않으면 최소촉진법을 사용하여 지도한다.

① ㄱ, ㄴ
② ㄷ, ㅁ
③ ㄱ, ㄴ, ㄹ
④ ㄱ, ㄷ, ㄹ, ㅁ
⑤ ㄴ, ㄷ, ㄹ, ㅁ

04

다음은 정신지체학교 초등부 5학년 학생 민지의 일기 내용이다. 민지의 일기에 대한 오 교사의 바른 분석을 〈보기〉에서 모두 고른 것은?

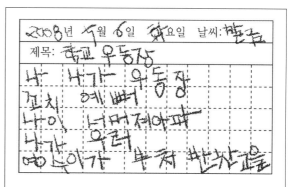

─〈보기〉─
ㄱ. 의미있는 문장을 구성할 수 있다.
ㄴ. 문장을 어순에 맞게 구성할 수 있다.
ㄷ. 의존형태소를 바르게 사용할 수 있다.
ㄹ. 낱말 소리와 표기가 다를 수 있음을 가르칠 필요가 있다.

① ㄱ, ㄴ
② ㄱ, ㄹ
③ ㄴ, ㄷ
④ ㄱ, ㄷ, ㄹ
⑤ ㄴ, ㄷ, ㄹ

05

〈보기〉는 김 교사가 정신지체 학생 경수에게 읽기 지도를 할 때 적용하려고 하는 전략이다. 각각의 전략에 부합하는 활동을 모두 고른 것은?

┌─〈보기〉───────────────────┐
ㄱ. 기능적 읽기 : 경수가 위인전을 반복해서 읽도록 한다.
ㄴ. 선행조직자 : 경수에게 글을 읽기 전에 글의 개요와 그에 관련된 질문을 준다.
ㄷ. 줄 따라가기 : 경수가 읽는 도중에 줄을 놓치지 않도록 문장에 선을 그어 준다.
ㄹ. 정밀교수 : 김 교사가 직접 읽으면서 구두점을 따라 쉬어 읽는 방법이나 모르는 단어가 나왔을 때 사전 찾는 방법을 보여준다.
└──────────────────────────┘

① ㄱ, ㄴ   ② ㄴ, ㄷ
③ ㄷ, ㄹ   ④ ㄱ, ㄴ, ㄷ
⑤ ㄴ, ㄷ, ㄹ

06

다음은 최 교사가 정신지체 학생 연수에게 제7차 특수학교 국민 공통기본교육과정 3학년 도덕과의 '깨끗한 생활' 단원을 지도하려고 학습목표, 과제분석, 지원방안을 표로 작성한 것이다. 최 교사가 선택한 적응행동 영역과 일반화의 유형을 바르게 짝지은 것은?

• 학습목표 : 여러 장소의 사물함 이용하기

장소 / 과제분석	학교	수영장	목욕탕	지원방안
자기 사물함 찾기	+	△	△	열쇠번호에 해당하는 사물함 찾도록 하기
사물함을 열쇠로 열기	+	-	△	열쇠 형태에 따라 바르게 열도록 하기
물건 넣기	△	△	-	옷이나 책을 넣도록 하기
사물함을 열쇠로 잠그기	+	-	△	열쇠 형태에 따라 바르게 잠그도록 하기

+ : 독립수행 가능, △ : 촉진(촉구)을 제공하면 수행 가능,
- : 수행 불가능

	적응행동 영역	일반화 유형
①	실제적 적응행동	자극일반화
②	사회적 적응행동	반응일반화
③	개념적 적응행동	자극일반화
④	사회적 적응행동	자극일반화
⑤	실제적 적응행동	반응일반화

07

장애인 출현율에 대하여 적절히 설명한 것을 〈보기〉에서 고른 것은?

〈보기〉
- ㄱ. 출현율과 동일한 의미로서 발생률이라는 용어가 있다.
- ㄴ. 전체 인구 중 장애라는 특정 조건을 가진 장애인 수를 말한다.
- ㄷ. 특정 기간 동안에 전체 인구 중 새롭게 판별된 장애인 수를 말한다.
- ㄹ. 장애의 원인을 연구하고 예방 프로그램을 개발하는 데 의의가 있다.
- ㅁ. 교육이나 재활 서비스 등에 대한 요구를 파악하는 데 활용하기 용이하다.

① ㄱ, ㄷ ② ㄱ, ㄹ
③ ㄴ, ㄹ ④ ㄴ, ㅁ
⑤ ㄷ, ㅁ

08

성공적인 전환(transition)을 위한 자기결정(self-determination)행동의 구성 요소를 〈보기〉에서 고른 것은?

〈보기〉
- ㄱ. 독립성
- ㄴ. 외적통제소
- ㄷ. 문제해결하기
- ㄹ. 장애에 초점 맞추기
- ㅁ. 갈등과 비판에 대처하기

① ㄱ, ㄴ, ㄷ ② ㄱ, ㄷ, ㅁ
③ ㄱ, ㄹ, ㅁ ④ ㄴ, ㄷ, ㄹ
⑤ ㄷ, ㄹ, ㅁ

09

정신지체학생에게 새로운 기술을 가르치기 위해 습득, 숙달 및 일반화 전략을 사용하려고 한다. 〈보기〉에서 습득과 일반화를 촉진하는 방법끼리 바르게 묶인 것은?

┌〈보기〉─────────────────
ㄱ. 다양한 환경을 제공한다.
ㄴ. 학습활동 시 교사의 참여를 줄인다.
ㄷ. 과제에 대하여 학생의 반응 양식을 다양화한다.
ㄹ. 정확한 수행을 위해 피드백을 집중적으로 제공한다.
ㅁ. 오류를 줄이기 위해 다양한 촉진(prompting)을 제공한다.
ㅂ. 정해진 시간 내에 과제를 완성하도록 연습 기회를 늘린다.
└────────────────────────

	습득	일반화
①	ㄴ, ㄹ	ㄱ, ㅁ
②	ㄴ, ㅁ	ㄱ, ㅂ
③	ㄷ, ㄹ	ㄱ, ㄴ
④	ㄷ, ㅂ	ㄴ, ㅁ
⑤	ㄹ, ㅁ	ㄱ, ㄷ

10

김 교사는 구어적 의사소통이 어려운 중도·중복장애 학생 A를 위해 음성 출력이 가능한 대체의사소통기기를 적용하기로 하였다. 김 교사가 그 기기에 미리 녹음할 구어적 표현을 알아보기 위하여 다음과 같이 사용한 접근법으로 가장 적절한 것은?

┌────────────────────────
은행에서 입·출금하는 것을 가르치기 위하여, 김 교사는 A가 이용하고 싶어 하는 집 근처의 은행을 방문하였다. 김 교사는 은행의 창구에서 이루어지는 입·출금 과정에서 은행 직원과 고객들이 주고받는 표현어휘와 수용어휘들을 모두 기록하였다. 기록한 어휘 중에서 A의 학습목표와 생활연령을 고려하여 표현어휘들을 선정하고 A의 대체의사소통기기에 녹음하였다.
└────────────────────────

① 스크립트 일과법(scripted routines)
② 어휘 점검표법(vocabulary checklist)
③ 언어경험 접근법(language experience)
④ 생태학적 목록법(ecological inventory)
⑤ 일반사례교수법(general case instruction)

11

다음은 일반학교 병설유치원 통합학급에 있는 경도 정신지체 아동 영호의 상황과 그에 따른 지원 요구이다. 영호에게 필요한 지원은 미국정신지체협회가 1992년에 제시한 지원 유형 중 어디에 속하는가?

2009년 3월 16일 기록

〈영호의 상황〉

• 건강 : 영호는 만성적 질환인 소아당뇨병이 있는 아동이다.

• 문제행동 : 최근 영호는 집안 사정으로 할머니 댁에 맡겨진 이후로 갑자기 유치원에서 주의산만한 행동을 보이기 시작했다.

• 전환(transition) : 2010년에 영호는 현재 다니고 있는 유치원이 소속된 초등학교의 특수학급으로 진학할 예정이다.

〈영호의 지원에 대한 요구〉

• 건강 : 만성적인 소아당뇨로 인하여 인슐린 주사를 장기적으로 매일 맞아야 한다.

• 문제행동 : 갑자기 생긴 주의산만한 행동에 대한 단기적인 행동중재를 받을 필요가 있다.

• 전환 : 초등학교로의 전환을 위해 필요한 기술들(예 : 학습준비 기술, 사회성 기술 등)을 올 한 해 동안 배울 필요가 있다.

	건 강	문제행동	전 환
①	전반적 지원	간헐적 지원	제한적 지원
②	전반적 지원	제한적 지원	간헐적 지원
③	확장적 지원	간헐적 지원	제한적 지원
④	확장적 지원	제한적 지원	간헐적 지원
⑤	제한적 지원	간헐적 지원	확장적 지원

12

〈보기〉는 2008년 개정 특수학교 기본교육과정 사회과의 공동생활 영역을 지도하기 위해 송 교사가 수립한 교육계획의 일부이다. 송 교사가 계획하고 있는 지역사회 참조 수업(community-referenced instruction) 활동을 〈보기〉에서 고른 것은?

〈보기〉

ㄱ. 수영장 이용 기술을 지도하기 위해 학생들에게 학교 내 수영장을 이용하게 한다.

ㄴ. 우체국 이용 기술을 지도하기 위해 학생들에게 우체국을 방문하여 각자 편지를 부치게 한다.

ㄷ. 음식점 이용 기술을 지도하기 위해 학생들에게 학교 식당에서 메뉴판을 보고 음식을 주문하게 한다.

ㄹ. 은행 이용 기술을 지도하기 위해 학생들에게 은행을 방문하여 개별 예금통장을 개설해 보게 한다.

ㅁ. 지하철 이용 기술을 지도하기 위해 학생들에게 교실 수업 중에 지하철 이용 장면을 담은 동영상을 보여준다.

---

① ㄱ, ㄷ   ② ㄱ, ㄹ

③ ㄴ, ㄹ   ④ ㄴ, ㅁ

⑤ ㄷ, ㄹ

13

최 교사는 특수학교에 다니는 중도 정신지체 학생 영희에게 2008년 개정 특수학교 기본교육과정 수학과의 수 영역 I 단계 내용을 일상생활에서 기능적 활동을 통해 가르치려고 한다. 이를 위한 적절한 활동을 〈보기〉에서 고른 것은?

〈보기〉
ㄱ. 빨래통에서 흰옷만 골라서 세탁기에 넣는다.
ㄴ. 알맞은 분량의 세제를 세탁기 세제 투입구에 넣는다.
ㄷ. 식사 준비를 위해 밥통에서 밥을 퍼서 그릇에 담는다.
ㄹ. 현관에 놓여 있는 신발들을 짝지어 가지런히 정리한다.
ㅁ. 빨래가 다 된 옷들을 세탁기에서 꺼내 건조대에 넌다.
ㅂ. 식사 준비를 위해 수저통에서 수저를 꺼내 한 벌씩 식탁 위에 놓는다.

① ㄱ, ㄷ, ㅁ
② ㄱ, ㄹ, ㅂ
③ ㄴ, ㄷ, ㄹ
④ ㄴ, ㄹ, ㅁ
⑤ ㄷ, ㅁ, ㅂ

14

다음은 정신지체학생 A의 적응행동검사 결과를 요약한 것이다. 이에 기초하여 지도해야 할 내용으로 적절한 것을 〈보기〉에서 모두 고른 것은?

[적응행동검사 결과 요약]
A는 적응행동검사에서 전체점수가 평균으로부터 −2 표준편차 이하에 속하는 것으로 나타났다. 특히, 개념적 기술 점수는 사회적 및 실제적 기술 점수보다 매우 낮았다. 따라서 AAMR(2002)이 제시한 적응행동 기술 영역 중 개념적 기술에 관한 내용을 A의 교수·학습계획에 포함시키는 것이 필요하다고 본다.

〈보기〉
ㄱ. 구인광고 읽기
ㄴ. 식사도구 사용하기
ㄷ. 과제를 선택하고 해결하기
ㄹ. 다른 사람과 공동 작업하기
ㅁ. 화폐의 액면가와 단위 알기
ㅂ. 학급의 급훈 및 규칙 지키기

① ㄷ, ㅁ
② ㄱ, ㄷ, ㄹ
③ ㄱ, ㄷ, ㅁ
④ ㄷ, ㅁ, ㅂ
⑤ ㄱ, ㄴ, ㄹ, ㅂ

15

정신지체에 대한 설명으로 옳은 것을 〈보기〉에서 고른 것은?

─〈보기〉─

ㄱ. 페닐케톤뇨증(PKU)은 출생 후 조기 선별이 어려우나 진단을 받은 후에는 식이요법을 통해 치료가 가능하다.

ㄴ. 다운증후군을 유발하는 염색체 이상 중에서 가장 일반적인 삼염색체성(trisomy)은 21번 염색체가 3개인 유형이다.

ㄷ. 저체중 출산, 조산 등의 생의학적 요인이 지적 기능과 적응행동상의 결함을 야기할 때 정신지체의 원인이 된다.

ㄹ. 정신지체학생은 일반학생과 동일한 인지발달 단계를 거치나, 발달 속도가 느려 최상위 발달단계에 이르는 데 어려움이 있을 수 있다.

ㅁ. 정신지체학생은 자신에 대한 기대수준이 낮음으로 인하여 타인에게 의존하고, 과제수행 결과 여부를 자신의 행동에 따른 결과로 받아들이는 경향이 있다.

① ㄱ, ㄴ, ㄷ   ② ㄱ, ㄷ, ㅁ
③ ㄴ, ㄷ, ㄹ   ④ ㄴ, ㄹ, ㅁ
⑤ ㄷ, ㄹ, ㅁ

16

최 교사는 2008년 개정 특수학교 기본교육과정 실과 가정생활 영역 '음식 만들기와 식사하기' 내용을 지도하기 위해 다음과 같이 '감자 샌드위치 만들기 활동' 단계를 분석하였다. 〈보기〉는 중도 정신지체 학생 희수가 혼자서 할 수 없는 단계에 대한 활동참여 계획이다. 이 중 Baumgart 등이 제시한 '부분 참여 원리'를 적절하게 적용한 내용을 모두 고른 것은?

감자 샌드위치 만들기 활동	희수의 수행 수준
1단계 : 흐르는 물에 감자를 씻는다.	◎
2단계 : 칼로 감자를 깎는다.	×
3단계 : 냄비에 감자를 넣고 삶는다.	×
4단계 : 식은 감자를 움푹한 그릇에 넣어 으깬다.	×
5단계 : 으깬 감자에 치즈와 마요네즈를 넣는다.	◎
6단계 : 5단계 재료에 잘게 썬 채소를 넣어 감자 샐러드를 만든다.	◎
7단계 : 6단계에서 준비된 으깬 감자 샐러드를 식빵에 바른다.	×
8단계 : 감자 샐러드를 바른 식빵 위에 식빵 한 장을 덮는다.	◎
9단계 : 감자 샌드위치를 세모 모양으로 잘라 접시에 담는다.	×

◎ : 혼자서 할 수 있음, × : 혼자서 할 수 없음

─〈보기〉─

ㄱ. 2단계에서는 다칠 위험이 있기 때문에 교사가 대신해 준다.

ㄴ. 3단계에서는 현재 할 수 있는 기술인 '냄비에 감자 넣기'를 하게 한다.

ㄷ. 4단계에서는 움푹한 그릇 대신 자동으로 으깨는 기구에 식은 감자를 넣어주고, 작동버튼을 누르게 한다.

ㄹ. 7단계에서는 으깬 감자 샐러드를 식빵에 바르는 친구들의 활동을 관찰하게 한다.

ㅁ. 9단계에서는 감자 샌드위치를 자르지 않고 그대로 접시에 담게 한다.

① ㄱ, ㄹ   ② ㄴ, ㄷ
③ ㄷ, ㅁ   ④ ㄴ, ㄷ, ㄹ
⑤ ㄴ, ㄷ, ㅁ

17

다음은 정신지체 특수학교에 재학 중인 중학생 A의 의사소통 특성을 기술한 것이다. 교사는 학생 A의 특성을 고려하여 국어과 교육 목표 및 내용을 기능중심 언어교육에 초점을 두고자 한다. 교사가 교육 프로그램 작성 시 고려하여야 할 내용으로 옳은 것을 〈보기〉에서 고른 것은?

- 의사소통에 소극적이며 상황에 맞지 않게 발화하는 경향이 있음.
- 상대방의 언어적 지시에 대한 기본적인 이해는 가능하나, 자신의 의사를 말로 표현하는 데 어려움이 있음.
- 교실에서 배운 언어를 일상생활에서 거의 적용하지 못하며, 낯선 사람과 의사소통하는 데 어려움이 있음.

─〈보기〉─
ㄱ. 발달 연령을 기준으로 하여 언어 지도 내용을 구성하여야 한다.
ㄴ. 목표 어휘는 현재 생활환경에서 필요로 하는 어휘 내에서 선정하여야 한다.
ㄷ. 의사소통 기술 훈련은 독립성과 잠재력을 키우는 방향으로 이루어져야 한다.
ㄹ. 통합교육 환경과 지역사회 환경 내의 요구를 고려한 언어교수를 필수적으로 제공하여야 한다.
ㅁ. 생태학적 요인을 고려하여 의사소통 내용을 선정하고, 그 내용 교수를 위한 과제분석이 선행되어야 한다.

① ㄱ, ㄴ, ㄹ   ② ㄱ, ㄴ, ㅁ
③ ㄱ, ㄷ, ㄹ   ④ ㄴ, ㄷ, ㅁ
⑤ ㄷ, ㄹ, ㅁ

18

장애학생의 자기결정과 관련된 설명으로 옳은 것만을 〈보기〉에서 모두 고른 것은?

─〈보기〉─
ㄱ. 장애학생의 자기결정 증진은 장애학생의 성공적인 성인기 전환 및 삶의 질과 관련이 있다.
ㄴ. 자기결정행동 구성 요소에는 의사결정, 문제해결, 목표설정 및 달성, 자기인식 등이 포함된다.
ㄷ. 교사주도적 학습을 통한 장애학생의 자기결정 증진은 장애학생의 긍정적인 학업성취에 영향을 미친다.
ㄹ. 장애학생에게 다양한 선택의 기회를 제공하는 것은 장애 학생의 자기결정 증진에 긍정적인 영향을 미친다.
ㅁ. 자기결정 기능 모델에서는 자율성, 사회적 능력, 심리적 역량 강화, 자아실현의 네 가지 특성으로 자기결정행동의 기능을 설명한다.

① ㄱ, ㄹ   ② ㄷ, ㅁ
③ ㄱ, ㄴ, ㄹ   ④ ㄱ, ㄹ, ㅁ
⑤ ㄴ, ㄷ, ㅁ

19

다음은 정신지체학생을 지도하고 있는 중학교 통합학급 교사를 위해 특수학급 교사가 실시한 교내 연수 내용의 일부이다. 연수 내용 중 옳은 것만을 〈보기〉에서 모두 고른 것은?

─〈보기〉─

ㄱ. 중도 정신지체학생이 관심을 끌기 위해 수업을 방해하는 행동을 보이면 주의를 주시기 바랍니다.

ㄴ. 프레더−윌리 증후군(Prader-Willi syndrome)을 지닌 학생은 과도한 식욕으로 비만이 될 수 있으므로 운동과 식사 조절에 관심을 가져주시기 바랍니다.

ㄷ. 학습된 무기력으로 과제를 쉽게 포기하는 경도 정신지체 학생을 위해 가능한 한 성공 경험을 많이 할 수 있도록 과제 난이도를 조절하고 학생을 격려해 주시기 바랍니다.

ㄹ. 윌리엄스 증후군(Williams syndrome)을 지닌 학생은 시공간적 기술에 비해 언어에 심각한 문제가 있으므로 자연스러운 상황에서 바람직한 의사소통 모델을 모방할 수 있는 기회를 제공해 주시기 바랍니다.

ㅁ. 정신지체는 염색체 이상, 외상성 뇌 손상, 조산과 같이 출생 전에 나타나는 생의학적 원인 외에도 출생 후에 사회적·행동적 요인의 영향을 받을 수 있으므로 아동 학대 및 가정 폭력, 가정 형편에 문제가 없는지 확인해 주시기 바랍니다.

① ㄴ, ㄷ 　　　　② ㄷ, ㄹ
③ ㄱ, ㄴ, ㄷ 　　　④ ㄱ, ㄹ, ㅁ
⑤ ㄴ, ㄷ, ㅁ

20

다음은 중학교 1학년 특수학급에 입급된 정신지체학생 A에 대한 정보이다. 학생 A에게 적합한 교수적 지원을 제공하고자 특수교사가 취한 행동 중 적절한 것만을 〈보기〉에서 모두 고른 것은?

- 한국인 아버지와 베트남인 어머니 사이에서 태어남.
- 베트남에서 초등학교를 다니다가 중학교 입학을 앞두고 한국으로 옴.
- IQ는 65이며, 적응행동기술 영역에서 개념적 기술 점수가 사회적·실제적 기술 점수에 비해 매우 낮음.

─〈보기〉─

ㄱ. 학생 A의 가정생활에 대한 정보를 수집하기 위해 부모와 면담을 하였다.

ㄴ. 지능검사의 언어성 점수와 동작성 점수를 비교하여 지능 검사 결과를 해석하는 데 참고하였다.

ㄷ. 중학교 1학년 통합학급에서 학생 A의 학교생활을 일정 기간 동안 직접 관찰하고 분석하였다.

ㄹ. 학생 A의 개념적 기술 향상을 위하여 책임감 및 자존감을 증진시킬 수 있는 교육 계획을 수립하였다.

ㅁ. 필기의 양이 많은 수업 시간에 학생 A의 필요에 따라 일시적·단기적으로 제공되는 제한적 지원 계획을 구상하였다.

① ㄱ, ㄴ, ㄷ 　　　② ㄱ, ㄷ, ㄹ
③ ㄴ, ㄹ, ㅁ 　　　④ ㄱ, ㄴ, ㄷ, ㅁ
⑤ ㄴ, ㄷ, ㄹ, ㅁ

21

2011 중등1-17

다음은 정신지체학생 A에 대한 관찰 내용이다. 학생 A를 위한 특수교사의 교수적 고려로 적절하지 <u>않은</u> 것은?

- 학습한 내용을 일반화하는 데 어려움이 있음.
- 과제 수행 시 집중하는 시간이 짧고, 선택적 주의집중이 어려움.
- 학습 의지가 부족하고 수동적이며, 학습한 내용을 잘 기억하지 못함.
- 정해진 일정은 잘 따르지만 갑작스러운 환경 변화에는 민감하게 반응함.

---

① 기억에 어려움이 있는 것을 고려하여 시연전략을 사용한다.

② 과제와 관련된 적절한 자극과 부적절한 자극을 구별할 수 있도록 지도한다.

③ 과제 수행에 대한 자기점검과 자기강화를 통해 과제 참여도와 학습동기를 높인다.

④ 여러 가지 색깔 단서를 사용하여 과제 수행에 대한 일반화를 높이고 흥미를 유도한다.

⑤ 과제를 단계별로 나누어 쉬운 내용을 먼저 지도하고, 과제의 난이도를 서서히 높인다.

22

2012 초등1-9

다음은 정신지체 특수학교 임 교사가 중등도 정신지체학생 창수에게 독립적 생활기능을 지도한 교육내용과 교수전략 및 학습결과이다. 이에 대한 설명으로 옳은 것은?

	교육내용	교수전략	학습결과
(가)	옷 입기	지퍼가 달린 점퍼 입기를 옷 입기 마지막 단계부터 처음 단계 순으로 지도하였다.	점퍼는 물론 지퍼 달린 다른 옷도 스스로 입을 수 있게 되었다.
(나)	청소하기	책상 정리 방법을 알려주고 시범을 보인 후, 자기 책상을 정리하게 하였다.	매일 책상을 정리하지만, 사물함은 정리하지 못한다.
(다)	양치질하기	양치질하기를 작은 단계로 나누어 지도하였다.	타인의 도움 없이 서툴게 양치질을 할 수 있다.
(라)	인사하기	친구가 담임선생님께 인사하는 모습을 관찰한 후 따라하도록 하였다.	다른 선생님과 이웃 어른들을 만나면 인사를 할 수 있게 되었다.
(마)	이동하기	학교 주변 그림지도로 학교에서 놀이터까지 가는 길을 교실에서 반복하여 지도하였다.	놀이터보다 먼 문구점이나 슈퍼마켓도 다녀올 수 있게 되었다.

① (가)의 교수전략은 후진연쇄법이며, 창수의 기능 수준은 일반화 단계이다.

② (나)의 교수전략은 자기점검법이며, 창수의 기능 수준은 획득 단계이다.

③ (다)의 교수전략은 과제분석법이며, 창수의 기능 수준은 숙달 단계이다.

④ (라)의 교수전략은 모델링이며, 창수의 기능 수준은 숙달 단계이다.

⑤ (마)의 교수전략은 현장학습법이며, 창수의 기능 수준은 일반화 단계이다.

23 2012 초등1-24

다음은 정신지체 학생들에게 기본교육과정 사회과 '화장실 사용하기'를 지도하기 위한 학습활동의 예이다. 이에 대한 지도 방법 중 옳은 것을 모두 고르면?

(가) 화장실 예절 지키기

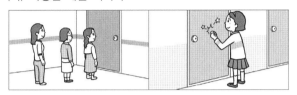

(나) 용변 처리 바르게 하기

ㄱ. 학생이 바지에 오줌을 쌌을 경우에는 지체 없이 학생을 청결하게 해 주고, 사회적 강화를 해 준다.

ㄴ. 중도 정신지체 학생의 경우 남녀 화장실을 구별하기는 어렵다고 하더라도, 스스로 화장실을 이용할 수 있도록 자조 능력을 길러주어야 한다.

ㄷ. (가)에서 중도 정신지체 학생의 경우 언어적 지시만으로는 부족하므로, 교사가 직접 시범을 보여주고 그 동작을 따라 하도록 지도한다.

ㄹ. (나)에서 필요한 기술은 정신지체 학생들에게 반드시 지도해야 하는 사회적 적응행동 기술이다.

ㅁ. (나)를 행동연쇄법을 적용하여 ①~④의 순서로 지도할 경우, 순서의 수행마다 조건적(인위적) 강화인을 준다.

① ㄱ, ㄴ   ② ㄴ, ㄹ
③ ㄷ, ㄹ   ④ ㄱ, ㄹ, ㅁ
⑤ ㄴ, ㄷ, ㅁ

24 2012 초등1-26

다음은 정신지체 학생을 대상으로 기본교육과정 수학과를 지도하기 위한 계획의 일부이다. 이에 대한 설명으로 적절하지 <u>않은</u> 것은?

주제	㉠ 물건값 계산하기
학습목표	㉡ 계산기를 사용하여 사고 싶은 물건의 물건값을 계산할 수 있다.
학습활동	〈물건값 구하기〉 ㉢ 교과서에 제시된 물건의 이름과 가격을 읽어본다. ㉣ 계산기로 물건값의 합을 구해본다. ㉤ 광고지에서 교사가 정해준 물건값의 총액을 구해본다.

① ㉠과 같은 기술을 가르치기 위해 지역사회 중심 교수를 적용할 때에는 실제 환경에서 수업하는 것이 기술의 일반화에 도움이 된다.

② ㉡과 같은 활동을 계획할 때에는 계산 원리의 이해나 능숙한 연산 기술의 습득이 전제되지는 않는다.

③ ㉢을 교수한 후 장애 정도가 심한 학생에게 이 내용을 좀 더 확장하여 교수할 때 유의할 점은 발달연령에 적합한 교수자료를 사용해야 한다는 것이다.

④ ㉣과 같은 계산기의 사용은 학생으로 하여금 실생활의 문제해결 과정과 전략에 더욱 초점을 맞추게 할 수 있다.

⑤ ㉤과 같이 실제적인 자료를 활용하는 것은 기술의 자극 일반화를 촉진할 수 있다.

25

정신지체 특수학교 김 교사는 기본교육과정 실과의 '동물 기르기와 관련된 직업 알아보기'를 지도하기 위해 학생들의 특성을 고려하여 아래와 같은 교수·학습과정안을 작성하였다. 자기결정력의 구성요소를 지도하기 위한 전략이 적절히 반영된 것을 고르면?

학습 목표	애완동물 기르기와 관련된 직업을 말할 수 있다.	
단계	교수·학습 활동	지도상의 유의점
도입	• 학습활동 안내 • 교사가 학생이 기르고 싶어할 만한 애완동물 사진을 3장씩 골라 나누어주기	
전개 · 인식하기	• 교사가 나누어 준 사진 중에서, ㉠ <u>학생이 자신의 선호도에 따라 하나씩 골라 이야기하기</u> － 애완동물의 이름과 생김새 알아보기 － 애완동물 용품의 이름 알아보기 • ㉡ <u>자신이 선택한 애완동물을 왜 좋아하게 되었는지 말하게 하고, 그 동물을 기르는 데 필요한 애완동물 용품의 이름을 발표하기</u>	㉢ <u>애완동물 및 애완동물 용품의 이름을 기능적 어휘와 관련지어 지도한다.</u>
전개 · 적용하기	• 강아지 기르는 방법 알아보기 • 금붕어 기르는 방법 알아보기 • ㉣ <u>강아지와 금붕어 기르는 방법에 대해 알고 있는 정도를 학생이 체크리스트에 표시하고 결과 확인하기</u>	애완동물에게 먹이를 많이 주었을 때 발생하는 문제에 대처하는 방법을 지도한다.
전개 · 실천하기	• 자신의 적성, 흥미, 능력을 고려해 자기가 선택한 애완동물과 관련된 직업 종사자 역할놀이하기	
정리 및 평가	• 단원정리 • 차시예고	㉤ <u>본 주제는 직업 교과의 '가축 기르는 방법 알아보기'로 발전됨을 안내한다.</u>

① ㉠, ㉡, ㉢   ② ㉠, ㉡, ㉣
③ ㉠, ㉢, ㉤   ④ ㉡, ㉣, ㉤
⑤ ㉢, ㉣, ㉤

26

장애학생을 위한 사회성 증진 프로그램을 수립할 때 고려해야 하는 사회적 기술(social skills), 사회적 능력(social competence), 사회인지(socio-cognition)의 개념을 설명한 것으로 옳은 것만을 〈보기〉에서 있는 대로 고른 것은?

┌〈보기〉
ㄱ. 사회적 기술은 특정한 사회적 과제를 해결하기 위해 사용하는 구체적이고 관찰 가능한 행동으로서, 특히 장애학생에게는 사회적 타당성이 있는 사회적 기술을 가르칠 필요가 있다.
ㄴ. 사회적 능력은 특정 개인의 행동에 대해 상대방이 판단하는 효과성 및 수용 정도와 관련이 있으므로, 사회적 능력의 신장을 위해 장애학생에게 또래와 함께하는 풍부한 사회적 경험을 제공하는 것이 필요하다.
ㄷ. 사회인지는 사회적 단서를 통해 상대방의 생각과 감정 상태 등을 이해하고 적절한 판단을 내리는 것과 관련이 있으므로, 비언어적인 사회적 단서를 이해하는 데 어려움이 있는 장애학생에게 사회인지 훈련이 필요하다.
ㄹ. 인지, 언어, 정서, 운동 능력 등이 통합적으로 작용하는 사회적 기술의 특성은 장애학생이 사회적 기술을 습득하는 데 어려움을 겪는 이유를 설명해 줄 수 있다.
ㅁ. 위계적 차원에서 사회적 기술은 사회적 능력과 사회인지의 상위 개념이므로, 장애학생을 위한 사회성 증진 프로그램의 최종 목표는 사회적 기술의 신장으로 설정하는 것이 바람직하다.

① ㄱ, ㄴ, ㄷ   ② ㄱ, ㄷ, ㄹ
③ ㄴ, ㄹ, ㅁ   ④ ㄱ, ㄴ, ㄷ, ㄹ
⑤ ㄴ, ㄷ, ㄹ, ㅁ

27

다음은 특수교사와 일반교사가 나눈 대화이다. ⑦~⑩ 중에서 옳은 내용만을 있는 대로 고른 것은?

일반교사 : 정신지체는 지적 능력과 적응기술에서의 어려움을 동시에 가지고 있다고 하던데, 적응기술이 뭔가요?

특수교사 : '미국 지적장애 및 발달장애학회(AAIDD)'에 따르면 ⑦'실제적 적응기술'은 '손해 보지 않기'와 같은 일상생활 활동에 필요한 기술을 의미해요. 그리고 ⑥'사회적 적응기술'에는 '자존감'과 '대인관계'와 같은 기술이 포함되어 있어요.

일반교사 : 그렇군요. 그런 제한점이 있을 수 있겠네요.

특수교사 : 하지만, 정신지체학생이 제한점만 가지고 있는 것은 아니에요. '미국 지적장애 및 발달장애학회'에서는 여러 증후군을 지닌 사람들에게서 자주 나타나는 행동적 징후 중에서 강점을 찾아 제시했어요.

일반교사 : 그래요? 증후군에 따라 강점이 다른가요?

특수교사 : 네. ⑥약체엑스증후군(Fragile X syndrome)을 지닌 사람은 일반적으로 음성언어 기술보다는 시·공간적 기술에 강점이 있고요. 또, ②프레더-윌리증후군(Prader-Willi syndrome)이 있는 사람은 대체로 시각적 처리와 퍼즐 해결에 강점이 있어요.

일반교사 : 그럼, 다운증후군(Down syndrome)은요?

특수교사 : ⑩다운증후군을 지닌 사람은 일반적으로 언어 또는 청각적 과제보다 시·공간적 과제를 더 잘 수행하는 강점이 있다고 해요.

일반교사 : 그렇군요. 그런 강점을 잘 활용해서 지도하면 좋겠네요. 좋은 말씀 감사합니다.

---

① ⑦, ⑥
② ⑦, ②
③ ⑥, ⑥, ⑩
④ ⑥, ②, ⑩
⑤ ⑥, ⑥, ②, ⑩

28

다음은 중도·중복장애학생 A의 통합학급 과학과 수업 참여 방법에 대해 교사들이 나눈 대화이다. ⑦~⑩ 중에서 옳은 것만을 있는 대로 고른 것은?

최 교사 : 학생 A를 과학과 수업에 참여시키기 위해 '최소위험 가정(least dangerous assumption)'의 기준을 적용할 수 있겠어요. 분명한 근거 없이 장애가 심하다고 통합학급 수업에 따라가지 못할 것이라는 가정을 함부로 해서는 안 된다는 것이죠.

강 교사 : 수업 활동 중에 학생 A가 스스로 하기 어려운 활동도 있겠지만, ⑦'부분 참여의 원리'를 적용해서 친구들에게 모두 의존하지 않고 활동에 일정 수준 참여하게 한다면 활동을 통해 배우게 될 뿐만 아니라 자존감도 높아진다고 생각해요.

최 교사 : ⑥'부분 참여의 원리'를 적용하는 것은 통합학급에서 학생 A의 이미지와 역량에 긍정적인 영향을 줄 수 있다는 점에서 '사회적 역할 가치화(social role valorization)'라는 개념을 실현하는 것으로 볼 수 있어요.

강 교사 : ⑥과학 수업이 매주 3시간 있는데, 2시간은 수업에 참여하고 1시간은 치료지원을 받게 하면, '부분 참여의 원리'도 살리고 치료 지원과 학습 요구의 균형도 이룰 수 있습니다.

김 교사 : 학생 A를 위한 교수 방법으로 ②'최소개입촉진(least intrusive promptings)의 원리'에 따라 효과적인 교수법 중 가장 간단하고 사용하기 쉬운 것을 선택하도록 하지요.

강 교사 : 학생 A의 운동장애를 감안한다면, 신체적 도움이 필요해요. ⑩학습 단계 초기에는 도움을 주지 않다가 필요할 때는 즉시 촉진을 제공할 수 있고, 과제 수행에 따라 점차 신체적인 안내를 늘려가는 점진적 안내(graduated guidance)가 좋겠어요.

---

① ⑦, ⑥
② ⑥, ②
③ ⑦, ⑥, ②
④ ⑦, ⑥, ②, ⑩
⑤ ⑥, ⑥, ②, ⑩

29

다음은 특수학교 유치원 과정 5세반 유아의 수업 관찰 내용이다. 물음에 답하시오.

유아	수업 관찰 내용
승호	승호가 미술 활동 중에 물감을 바닥에 뿌리면 교사는 "승호야"라고 이름을 부르며 다가와 흘린 물감을 닦아 주었다. 그러자 승호는 물감을 계속해서 바닥에 뿌렸다. 이러한 행동이 교사의 관심을 받기 위한 것이라고 판단한 교사는 승호가 물감 뿌리는 행동을 해도 흘린 물감을 더 이상 닦아 주지 않았다. 그러자 ㉠승호는 물감을 이전보다 더 많이 바닥에 뿌렸다.
다혜	다혜는 협동 그림을 완성하기 위해 자신이 맡은 부분을 색칠하려고 하였다. 그러나 저시력으로 인해 도화지 위에 연필로 그린 밑그림의 경계선이 잘 보이지 않아서 밑그림과 다르게 색칠하였다. 교사는 다혜의 수업 참여를 증가시키기 위하여 ㉡도안의 경계선을 도드라지게 해 주었고, ㉢조명이 밝은 곳으로 자리를 옮겨 주었다.
철희	철희는 손 힘이 약해서 그리기 활동에 많은 어려움을 겪었다. 그 결과 자신은 그리기 활동을 잘 할 수 없다고 생각하여 색칠하기를 거부하였다. 교사는 여러 가지 방법으로 지원하면서 "철희야, 너도 잘 할 수 있을 거야."라고 하였다. 그러나 철희는 여전히 "난 잘 할 수 없어요."라고 말하며 그리기를 주저하였다.

3) 학습 동기 이론에 근거하여 철희와 같이 실패 경험을 반복적으로 한 유아가 나타낼 수 있는 특성 1가지를 쓰고, 이러한 철희를 위해 교사가 해야 할 동기 유발 전략 1가지를 쓰시오.

· 특성:

· 동기 유발 전략:

30

다음의 (가)는 정신지체 학생인 선진이의 '화폐' 관련 수행 수준이다. (나)는 교육실습생이 선진이를 지도하기 위하여 '2010 개정 특수교육 교육과정' 중 기본 교육과정 수학과에 근거해 수립한 지도 계획의 일부이다. 물음에 답하시오.

(가) 선진이의 수행 수준

- 화폐와 화폐가 아닌 것을 구별할 수 있음.
- 같은 모양의 화폐를 찾을 수 있음.
- 화폐의 단위를 모름.
- 화폐의 금액을 모르고 세지 못함.

(나) 지도 계획

- 제재: 화폐 계산하기
- 학습 목표: 단위가 다른 화폐를 모았을 때 얼마인지 알 수 있다.
- 학습 활동 1: 모형 화폐를 세어보고 얼마인지 알아보기
- 학습 활동 2: 화폐 그림을 보고 얼마인지 알아보기

| 천 원 (1,000원) | 천오백 원 (1,500원) | 천육백 원 (1,600원) | 천칠백 원 (1,700원) |

3) 교육실습 지도 교사는 화폐 관련 수업 시 다음과 같은 교수 전략을 활용해 보라고 제안하였다. ㉠의 명칭과 ㉡에 해당하는 활동의 예를 쓰시오. 그리고 ㉠과 '지역사회 참조 교수'의 차이점 1가지를 쓰시오.

교수 전략	화폐 계산하기 활동의 예
㉠	시장 놀이나 가게 놀이 하기
지역사회 참조 교수	㉡

㉠:

㉡:

· 차이점:

31

2010년 11차 미국 지적장애 및 발달장애 학회(AAIDD)가 발표한 지적장애의 정의 및 지원체계에 대한 설명으로 옳은 것은?

① 정신지체에서 지적장애로 용어가 변경되었다. 정신지체라는 용어는 장애를 한 개인이 지닌 '결함'의 의미로 본다면, 지적장애라는 용어는 장애를 한 개인이 지닌 개인내차에 초점을 둔 '능력의 불일치'라는 의미로 본다.

② 10차 정의와 동일하게 지능지수의 절사점은 평균으로부터 2 표준편차 이하이고, 75 이상도 포함하도록 하여 지원 대상의 범위를 넓혔다.

③ 인간 기능성에 대한 개념적 틀은 '기능성, 장애 및 건강의 국제 분류(ICF)' 모델과는 차원을 달리하는데, 개인에 대한 적절한 지원은 유동적인 것으로 삶의 상황이나 단계에 따라 변화 가능한 것으로 본다.

④ 지원 모델은 개인의 지원요구에 대해 일상적이고 보편적인 지원을 하게 함으로써, 개인의 안녕과 삶의 만족감이 상당히 향상될 것으로 본다.

⑤ 지원 유형에는 주어진 환경 내에서 자연스럽게 제공되는 인적·물적 지원과 개인의 필요와 요구에 따라 제공되는 서비스 중심의 지원이 있다.

32

교사가 중도 정신지체 학생을 지도하기 위해 지역사회 중심 교수를 실시하고자 한다. 옳은 것을 〈보기〉에서 고른 것은?

〈보기〉

ㄱ. 지역사회라는 의미 있는 자연적 맥락에서 기능적 기술을 가르치는 교수적 실제이다.

ㄴ. 장애학생들이 성인이 되었을 때 필요한 기술들을 습득할 수 있도록 현장학습이나 적응훈련 중심으로 비구조적인 교수를 계획한다.

ㄷ. 학교 안에서는 지역사회 중심 교수를 구현하기 위해 지역사회 참조 교수와 지역사회시뮬레이션을 활용할 수 있다.

ㄹ. 지역사회 중심 교수의 효과를 극대화하기 위해서는 장애의 정도와 유형에 상관없이 지역사회에 접근할 수 있어야 하고, 특수학급의 수업 맥락에서 이루어져야 한다.

ㅁ. 지도방법 중에는 학습한 기술이 다양한 상황이나 조건에서도 사용될 수 있도록 하는 일반사례 교수법(general case instruction)이 있다.

① ㄱ, ㄴ, ㄷ   ② ㄱ, ㄴ, ㅁ

③ ㄱ, ㄷ, ㅁ   ④ ㄴ, ㄷ, ㄹ

⑤ ㄷ, ㄹ, ㅁ

33

중도 정신지체 학생을 지도하기 위해 교사가 사용한 교육과정적 접근이다. 이 중에서 기능적 접근에 대한 설명으로 옳은 것을 〈보기〉에서 고른 것은?

┌〈보기〉─────────────────────
ㄱ. 기능적 교육과정을 결정하기 위해 생태학적인 목록을 활용한다.
ㄴ. 학생의 생활연령을 고려하여 다양한 환경에서 가르칠 기술들을 선택한다.
ㄷ. 학생의 현재와 미래 환경을 바탕으로 기술을 가르치는 상향식 접근 방법이다.
ㄹ. 학생이 일정한 능력 수준을 갖추기 전에는 상위의 독립적 기술을 가르치지 않는다.
ㅁ. 기술을 습득하기 위해서는 좀 더 많은 시간을 필요로 하는데, 학습의 단계와 위계에 따라 영역별로 발달 단계에 맞추어 학습해야 한다.
└─────────────────────────

① ㄱ, ㄴ 　　　② ㄱ, ㄹ
③ ㄴ, ㄷ 　　　④ ㄷ, ㅁ
⑤ ㄹ, ㅁ

34

다음은 발달지체 유아인 민아의 개별화교육계획 목표를 활동중심 삽입교수로 실행하기 위해 박 교사가 작성한 계획안이다. 물음에 답하시오.

유아명	정민아	시기	5월 4주	교수 목표	활동 중에 제시된 사물의 색 이름을 말할 수 있다.
교수활동					
활동	⊙ 학습 기회 조성		ⓜ 교사의 교수 활동		

활동	⊙ 학습 기회 조성	ⓜ 교사의 교수 활동
자유선택 활동 (쌓기 영역)	블록으로 집을 만들면서 블록의 색 이름 말하기	ⓛ 민아에게 사물을 제시하며 "이건 무슨 색이야?" 하고 물어본다. "빨강(노랑, 파랑, 초록)" 하고 색 이름을 시범 보인 후 "따라 해 봐" 하고 말한다. ⓒ 정반응인 경우 칭찬과 함께 긍정적인 피드백을 제공하고 오반응인 경우 색 이름을 다시 말해 준다.
자유선택 활동 (역할놀이 영역)	소꿉놀이 도구의 색 이름 말하기	
자유선택 활동 (언어 영역)	존대말 카드의 색 이름 말하기	
대소집단 활동 (동화)	그림책 삽화를 보고 색 이름 말하기	
간식	접시에 놓인 과일의 색 이름 말하기	
실외활동	놀이터의 놀이기구 색 이름 말하기	

㉣ 관찰					
정반응률	월	화	수	목	금
	%	%	%	%	%

1) ⊙을 계획할 때 교사가 고려해야 할 점을 2가지 쓰시오.

① :

② :

35 _____

준이는 통합유치원에 다니는 만 5세 자폐성장애 유아
이다. 물음에 답하시오.

(가) 준이의 행동 특성

- 단체 활동에서 차례를 기다리는 것을 어려워한다.
- 친구가 인사를 하면 눈을 피하면서 ㉠반향어 형태의
  말만 하고 지나간다.
- 친구가 제안하는 경우 놀이에 참여하나 자발적으로
  친구에게 놀이를 제안하거나 시작행동을 보이지는
  않는다.

(나) 활동계획안

활동명	친구와 나의 그림자
활동 목표	• 그림자를 보면서 나와 친구의 모습을 인식한다. • 빛과 그림자를 탐색한다.
활동 자료	• 빔 프로젝터, 동물 관련 동요 CD • ㉡재생과 정지 버튼에 스티커를 붙인 녹음기

활동
방법
	1. 빔 프로젝터를 통해 비치는 자신의 그림자를
	탐색해 본다.
	  • 유아의 순서를 네 번째 정도로 배치해 차
	    례 기다리기를 지도한다.
	2. 신체를 움직여 보면서 달라지는 그림자를 관
	찰한다.
	3. 다양한 동작을 이용하여 그림자를 만들어 본다.
	  • 유아들이 그림자 모양을 만들 때, ㉢<u>친구</u>
	    <u>와 손잡고 돌기, 친구 껴안기, 친구와 하트</u>
	    <u>만들기, 간지럼 태우기 등 유아 간의 신체</u>
	    <u>적 접촉이 일어나도록 그림자 활동을 구조</u>
	    <u>화하여</u> 지도한다.
	  • 동요를 들으며 유아가 선호하는 동물모양
	    을 친구와 함께 다양한 동작으로 표현하도
	    록 지도한다.

4) 교사는 그림자 활동 중 준이의 또래 상호작용을 촉
진하기 위해 ㉢과 같은 전략을 활용하였다. ㉢에 해
당하는 교수전략을 쓰시오.

36
2013추시 중등A-5

(가)는 준호의 정보이고, (나)는 김 교사가 준호를 관찰한 자료와 이에 대한 분석을 토대로 구성한 교수적 지원방안이다. 물음에 답하시오.

(가) 준호의 정보

- 경도 정신지체를 가진 중학교 3학년 학생임.
- 대부분이 1학년 학생으로 구성된 특수학급에 배치되어 있으며, 일부 교과는 통합학급에서 공부함.
- 다문화 가정에서 성장하여 한국어 어휘가 부족함.

(나) 준호에 대한 김 교사의 관찰, 분석 및 지원방안

관찰내용	분석의견	지원방안
간단한 단어를 읽고 쓸 수 있으며 화폐 개념이 있음. 책임감이 낮고 학급 및 도서실에서의 규칙 따르기가 어려움.	개념적 적응행동에 비해 (㉠) 적응 행동에 어려움이 있다.	도서실 이용 규칙에 대해 지도하고, 도서 대출과 반납을 위해 도서실 이용 시 필요할 때마다 도움을 주는 (㉡) 지원을 제공한다.
관련 있는 중요한 자극에 집중하기 어려움. 단기간 내 사용할 수 있는 정보를 기억하는 데 어려움이 있음.	(㉢)와(과) 단기 기억에 어려움이 있다.	집중해야 할 중요한 단서를 강조하고, 정보를 조직화해 주거나 시연전략을 지도한다.
㉣ 특수학급에서는 수업 참여나 다른 학생들과의 의사소통에 무리가 없는 편임. 국내 표준화된 지능검사 결과 지능 지수가 2표준편차 이하로 나타남.	정신지체 정의의 적용에 필수적으로 전제되어야 할 가정들 중 2가지가 제대로 반영되지 못한 점을 고려할 때, 관찰 및 검사 결과 해석에 주의가 요구된다.	학생의 지원요구 파악 및 지원방안을 구체화하기 위하여 필요하다면 추후 관찰 및 검사를 실시한다.

1) 2010년 11차 미국 지적장애 및 발달장애협회(AAIDD)의 지적장애 정의 및 지원체계에 근거하여 ㉠과 ㉡에 들어갈 말을 쓰시오.

㉠ :

㉡ :

2) ㉢에 들어갈 말을 쓰시오.

㉢ :

3) 2010년 11차 미국 지적장애 및 발달장애협회(AAIDD)에서는 지적장애 정의와 그 정의를 적용할 때 전제되어야 하는 필수적인 가정들을 제시하였다. 이 중에서 (가)의 정보를 바탕으로 ㉣을 해석하는 데 고려되어야 할 가정을 2가지 쓰시오.

37

(나)는 경아를 지도하기 위해 작성한 차시별 지도계획안의 일부이다. 물음에 답하시오.

(나) 차시별 지도 계획안

- 단원 : 나의 진로
- 단원목표 : 진로 과정을 이해하고 미래에 자신이 하고 싶은 일을 탐색한다.
- 제재 : 희망하는 직업 살펴보기

차시 (단계)	활동 내용	자료	교수 지원
1차시 (㉣)	○ "내가 희망하는 직업은 무엇인가?"를 지도하기 - 학생 질문 1 : 내가 배우고 싶은 것은 무엇인가? …… (중략) …… - 학생 질문 4 : 이것을 위해 내가 할 수 있는 것은 무엇인가?	· 동영상 · 직업 카드	○ 선택하기 교수
2차시 (계획 및 실행)	○ "내가 희망하는 직업을 가지기 위한 계획은 무엇인가?"를 지도하기 - 학생 질문 5 : 모르는 것을 배우기 위해 내가 할 수 있는 것은 무엇인가? …… (중략) …… - 학생 질문 8 : 나는 언제 계획을 실행할 것인가?	· 동영상 · 유인물	○ 자기일정 계획 ○ 자기점검 전략
3차시 (㉤)	○ "내가 희망하는 직업을 가지기 위해 배운 것은 무엇인가?"를 지도하기 - 학생 질문 9 : 내가 실행한 계획은 무엇인가? …… (중략) …… - 학생 질문 12 : 내가 알고 싶었던 것을 알게 되었는가?	· 동영상	○ 자기평가 전략

4) (나)는 자기결정 학습을 위한 교수모델(Self—Determined Learning Model of Instruction : SDLMI) 3단계에 기초하여 작성된 차시별 지도 계획안의 일부이다. ㉣과 ㉤에 들어갈 단계명을 쓰시오.

㉣ :

㉤ :

38

다음은 중학교 통합학급에서 참관실습을 하고 있는 A 대학교 특수교육과 2학년 학생의 참관후기와 김 교사의 피드백 일부이다. 물음에 답하시오.

> 통합학급 국어 시간에 은수의 학습보조를 했다. 은수와 같은 중도 정신지체 학생이 왜 통합학급에서 공부하는지, 그리고 이 시간이 은수에게 무슨 의미가 있는지 의문이 들 때가 많다. 은수가 과연 무엇인가를 배울 수는 있는 것일까?

> 중도 정신지체 학생들을 위해 ㉠확실한 자료나 근거가 없다면 혹시 잘못된 결정을 하더라도 학생의 미래에 가장 덜 위험한 결과를 가져오는 교수적 결정을 해야 해요. 학생의 잠재력을 전제하여 통합 상황에서 또래와 함께 공부할 수 있는 기회를 제공하는 것이 중요합니다.

1) ㉠이 의미하는 용어를 쓰시오.

• 용어 :

39

다음은 5세 유치원 통합학급에서 유아특수교사와 유아교사가 쿡과 프렌드(L. Cook & M. Friend)의 협력교수 유형을 적용하여 작성한 활동계획안의 일부이다. 물음에 답하시오.

○ 대집단-일반 유아 21명
● 소집단-발달지체 유아(나리)/일반 유아(서영, 우재, 민기)

소주제	우리 동네 사람들이 하는 일	활동명	일하는 모습을 따라 해 봐요
활동 목표	• 다양한 직업에 대해 관심을 갖는다. • 직업의 특징을 몸으로 표현한다.		
활동 자료	다양한 직업(버스기사, 교통경찰, 미용사, 요리사, 화가, 발레리나, 의사, 사진기자, 택배기사, 축구선수)을 가진 사람들의 모습이 담긴 사진 10장		
⊙ 나리의 IEP 목표 (의사소통)	• 교사의 질문에 사물을 손가락으로 가리킬 수 있다. • 자신의 느낌과 생각을 손짓이나 몸짓으로 표현할 수 있다.		

교수 · 학습 활동내용	
○ 대집단-유아교사	● 소집단-유아특수교사
○ 다양한 직업의 모습이 담긴 사진을 보면서 이야기 나누기 　– 다양한 직업의 특징을 말하기 ○ 직업을 신체로 표현하는 방법에 대해서 이야기 나누기 　– 이 사람은 무엇을 하고 있니? 　– 이 사람은 일을 할 때 어떻게 움직이고 있니? ○ 직업을 다양하게 몸으로 표현하고 알아맞히기 　– 사진 속 직업을 몸으로 표현해 보자. ○ 직업을 가진 사람들의 움직임을 창의적인 방법으로 표현해 보기 　– 또 다른 방법으로 표현해 볼 수 있을까?	● 유아가 자주 접하는 직업의 모습(동작)이 담긴 5장의 사진을 보면서 이야기 나누기 　– ⓛ 사진(의사, 버스기사, 요리사)을 보여주면서 "맛있는 음식을 만드는 사람은 누구니?" 　– ⓒ 사진(축구선수, 미용사)을 보여주면서 "축구공은 어디 있니?" 　– "요리사는 음식을 만들 때 어떻게 움직이고 있니?" ● 유아가 자주 접하는 직업의 모습(동작)이 담긴 사진을 보면서 손짓이나 몸짓으로 표현하기 　– (교통경찰 사진을 보며) "손을 어떻게 움직이고 있니?"

활동평가		평가방법
○	• 다양한 직업에 대해 관심을 갖고 있는가? • 직업의 특징을 다양하게 몸으로 표현할 수 있는가?	• 관찰 • (ⓡ)
● (나리)	• 직업의 특징을 손짓이나 몸짓으로 표현할 수 있는가?	

1) 유아특수교사는 ⊙을 포함하여 ⓛ과 ⓒ의 교수활동을 계획하였다. 이에 해당하는 교수법을 쓰시오.

　• 교수법 :

40

(가)는 발달지체 유아 진아에 대해 통합학급 김 교사와 특수학급 박 교사가 나눈 대화 내용이고, (나)는 진아를 위해 박 교사가 제안한 지도 내용이다. 물음에 답하시오.

(가) 김 교사와 박 교사의 대화 내용

> 김 교사: 이번에 ㉠ 자기결정에 대한 연수를 받고 왔는데 내용이 어려웠어요. 박 선생님께서 자기결정행동에 대해 설명해 주시겠어요?
>
> 박 교사: 네, 선생님. 자기결정행동에는 여러 가지 구성 요소가 있어요.
>
> 박 교사: (자기결정행동의 구성 요소를 메모지에 적으면서 자세하게 설명한다.)
>
> **메모 내용**
> - 자신이 기대하는 결과를 성취할 능력이 있다고 믿는 것을 ㉡ '효능성에 대한 긍정적 인식'이라고 함
> - 가능한 정보들을 이용하여 문제에 대한 다양한 해결책을 찾아보고 구상하는 것을 ㉢ '문제해결 기술'이라고 함
> - 개인의 선호도를 확인하고 두 가지 이상의 선택 상황에서 자신이 선호하는 것을 분명하게 표현하는 것을 ㉣ '선택하기 기술'이라고 함
> - 자신의 강점이나 능력, 요구 등에 대해 합리적이며 정확하게 이해하는 것을 ㉤ '자기옹호 기술'이라고 함
>
> … (중략) …
>
> 박 교사: 김 선생님, 지난번에 말씀드린 대로 진아는 슈퍼마켓에서 물건을 사는 데 어려움이 있어요. 그래서 진아에게 지역사회 중심 교수를 체계적으로 실시할 수 있는 (㉥)을(를) 적용하여 지도해 보면 좋겠어요.

(나) 박 교사가 제안한 (㉥)의 지도 내용

단계	지도 내용
교수목표 범위 정의하기	교사는 '진아가 지역사회에 있는 다양한 슈퍼마켓에서 물건을 살 수 있다.'를 교수목표로 정한다.
일반적 과제분석 작성하기	교사는 슈퍼마켓에서 물건을 살 때 필요한 일반적인 단계를 과제분석한 후, 지역사회에 있는 다양한 슈퍼마켓의 대표적인 형태가 되는 몇 곳을 선정하고, 자극과 반응 유형을 분석한다.
교수와 평가에 사용할 예 선택하기	교사는 자극과 반응 유형을 분석한 대표적인 형태의 슈퍼마켓 몇 곳 중 지역사회에서 가장 일반적인 유형인 A 슈퍼마켓을 우선 지도할 장소로 정하고, 이와 동일한 유형의 B 슈퍼마켓을 평가할 장소로 정한다.
교수하기	(㉦)
평가하기	(㉧)

자극과 반응 유형이 분석된 슈퍼마켓에서 반복하여 지도한다.

1) 위마이어(M. Wehmeyer)가 분류한 ㉠의 특성 4가지를 쓰시오.

2) ㉡~㉤ 중에서 설명에 맞지 않는 자기결정행동 구성 요소 1가지를 찾아 기호를 쓰고, 설명에 맞는 구성 요소로 고쳐 쓰시오.

- 기호:

- 구성 요소:

3) (나)의 지도 내용을 참조하여 ㉥의 명칭을 쓰고, ㉦과 ㉧에 들어갈 지도 내용을 각각 쓰시오.

㉥:

㉦ 지도 내용:

㉧ 지도 내용:

41

(가)는 정신지체 특수학교 교사가 교육 실습 중인 예비교사와 나눈 대화이고, (나)는 예비교사가 실과과 '청소하기' 단원을 지도하기 위해 구상한 수업 계획안이다. 물음에 답하시오.

(가) 교사와 예비교사의 대화

교 사:	선생님, 연구수업을 위한 교과와 주제를 정하셨나요?

교   사: 선생님, 연구수업을 위한 교과와 주제를 정하셨나요?

예비교사: 아직 못 정했어요. 하지만 학생들이 생활하는 데 꼭 필요한 기능적 기술을 가르치는 수업을 해보고 싶어요.

교   사: 그렇군요. 그렇다면 학생들에게 필요한 기술이 무엇인지부터 파악해 보세요.

예비교사: 네, 그래서 저는 (㉠)을(를) 사용해 보려고 해요. ㉡각 학생의 주요 생활 영역에서 현재와 미래의 환경을 파악하고, 그 환경의 하위 환경에서 요구되는 활동을 하는 데 필요한 기술을 확인해 보고 싶어서요. 그런데 그렇게 확인한 다양한 기술 중 어떤 기술을 먼저 가르쳐야 할지는 잘 모르겠어요.

교   사: 다양한 기술 중에서 '우선 가르쳐야 하는 기능적 기술'을 선정하는 기준이나 고려 사항이 있어요. 먼저 여러 생활 영역에 걸쳐서 중요하거나 유용한 기술인지 살펴봐야 되죠. 그리고 그 밖에 몇 가지 다른 기준도 있으니 꼭 살펴보세요.

예비교사: 네, 그렇게 하겠습니다. 수업 계획안을 구상한 후 다시 의논을 드리겠습니다. 감사합니다.

(나) 예비교사가 구상한 수업 계획안

- 교과: 실과
- 단원명: 청소하기
- 제재: 깨끗하게 청소하기
- 학습 목표: 청소기로 바닥을 밀어 청소할 수 있다.
- 수업 모형: 기능학습 모형
- 수업 절차
  1. 교사는 학생들에게 청소기의 기능과 사용 방법을 설명한다.
  2. 교사는 학생들에게 청소기로 청소하는 과정을 시범 보인다.
  3. _____ ㉢ _____
  4. 교사는 학생들이 배운 기술을 이용하여 깨끗이 청소했는지 평가한다.
  5. 교사는 학생들에게 '수업시간에 배운 기술을 이용하여 청소하기'를 과제로 낸다.

- 평가 계획

평가 목적	평가 방법
청소기 기능과 사용 방법을 아는지 확인한다.	구술평가, 수행평가
청소기를 사용하여 깨끗이 청소했는지 확인한다.	수행평가, 자기평가
가정에서 청소기로 깨끗이 청소할 수 있는지 확인한다.	관찰(부모의 평정기록)
유의점: 부모님께 가정에서의 청소기 사용에 대한 지도 내용과 평가 방법을 안내하고 협조를 요청한다.	

1) (가)에서 예비교사가 학생들에게 필요한 기술을 확인하기 위해 언급한 ㉠의 명칭을 쓰시오.

2) (나)의 학습 목표가 '우선 가르쳐야 할 기능적 기술'로서 적절한 이유를 ㉡의 내용을 바탕으로 1가지 쓰시오(단, (가)에서 교사가 언급한 기준을 제외하고 작성할 것).

42

다음은 특수교육지원센터 홈페이지 게시판에 올라온 ○○청소년 수련원의 담당자가 질문한 내용에 대해 특수교사가 답변한 것이다. 괄호 안의 ⊙과 ⓒ에 해당하는 말을 각각 쓰시오.

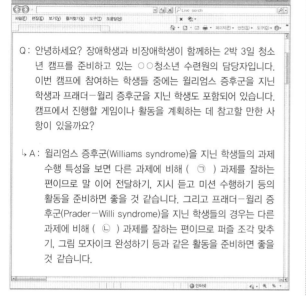

Q: 안녕하세요? 장애학생과 비장애학생이 함께하는 2박 3일 청소년 캠프를 준비하고 있는 ○○청소년 수련원의 담당자입니다. 이번 캠프에 참여하는 학생들 중에는 윌리엄스 증후군을 지닌 학생과 프래더-윌리 증후군을 지닌 학생도 포함되어 있습니다. 캠프에서 진행할 게임이나 활동을 계획하는 데 참고할 만한 사항이 있을까요?

↳A: 윌리엄스 증후군(Williams syndrome)을 지닌 학생들의 과제 수행 특성을 보면 다른 과제에 비해 (⊙) 과제를 잘하는 편이므로 말 이어 전달하기, 지시 듣고 미션 수행하기 등의 활동을 준비하면 좋을 것 같습니다. 그리고 프래더-윌리 증후군(Prader-Willi syndrome)을 지닌 학생들의 경우는 다른 과제에 비해 (ⓒ) 과제를 잘하는 편이므로 퍼즐 조각 맞추기, 그림 모자이크 완성하기 등과 같은 활동을 준비하면 좋을 것 같습니다.

43

다음의 (가)는 고등학교 3학년 정신지체학생 A의 현재 실습지에서의 실습활동 평가 결과를 요약한 것이고, (나)는 학생 A가 실습하게 될 다음 실습지에 대한 사전 조사 내용을 요약한 것이다. (가)의 상황평가 결과에 나타난 학생 A의 행동 특성을 '2010년 11차 미국 지적장애 및 발달장애협회(AAIDD)의 지적장애 정의'에 있는 적응행동 유형과 관련지어 설명하시오. 그리고 (가)와 (나)의 정보를 바탕으로 학생 A에게 다음 실습지로 ○○카페가 적합한 이유를 실습지의 직무, 실습지의 구성원, 실습지의 문화 측면에서 각각 1가지씩 쓰고, 학생 A가 ○○카페에서 실습을 하기 전에 갖추어야 할 기술 1가지와 그 기술을 선정한 이유를 쓰시오.

(가) 학생 A의 현재 실습지에서의 실습활동 평가 결과 요약
- 실습 장소: 집 근처 분식집(도보로 이동 가능한 거리)

〈상황평가 결과〉
- 출근 시간을 잘 지킨다.
- 맡은 일은 끝까지 마무리한다.
- 메뉴판의 음식명을 읽을 수 있다.
- 손님과 다른 직원들에게 인사를 잘 하고 친절하다.
- 다른 사람의 도움 없이는 화장실 청소를 하지 못한다.
- 음식 주문 번호와 일치하는 번호의 테이블에 음식을 가져간다.
- 화폐의 종류는 구분하나, 음식 값을 계산하는 데는 어려움이 있다.

〈학생과의 면담 내용〉
- 카페나 레스토랑에서 유니폼을 입고 일하는 친구들이 부럽다.
- 친하게 지낼만한 또래가 있었으면 좋겠는데, 같이 일하는 분들이 모두 나이가 많다.

〈어머니와의 면담 내용〉
- 학생 A의 출퇴근을 지원할 여건이 안 된다.
- 학생 A가 대중교통을 혼자 이용하는 것이 걱정이 되서 아직까지 기회를 주지 않고 있다.
- 학생 A가 방과 후에 바리스타 수업을 받기는 했지만, 다른 사람의 도움 없이는 커피를 내리지 못한다.

(나) 학생 A의 다음 실습지에 대한 사전 조사 내용 요약
- 실습 장소: 인근 지역에 있는 ○○카페(학생 A의 집에서 지하철로 20분 거리)
- 실습 시간: 오전 9시~오후 3시
- 직무별 직원 구성 및 직원 특성
  - 사장, 바리스타(2명), 카운터(1명), 서빙(4명: 고등학생과 대학생 아르바이트)
  - 장애인과 함께 근무한 경험이 있어 장애인에 대한 이해가 전반적으로 높음.
- 복무규정
  - 정시 출근
  - 단정한 유니폼 착용

44 _____

다음은 발달지체 유아 지우에 대해 통합학급 김 교사와 특수학급 박 교사가 나눈 대화 내용이다. 물음에 답하시오.

> 김 교사: 선생님, 지우 때문에 의논 드리고 싶은 일이 있어요. 오늘 ㉠친구들이 역할놀이 영역에서 집안 꾸미기를 하는데, 지우는 목적 없이 교실을 돌아다니기만 해요. 제가 놀이하는 모습을 보여 주려고 해도 쳐다보지 않아요.
>
> 박 교사: 그렇다면 지우의 참여 행동을 구체적으로 점검해 봐야 할 것 같아요. 참여 행동을 진단하려면 맥윌리엄(R. McWilliam)의 이론에 따라 참여 수준과 함께 (㉡)와(과) (㉢)을 (를) 살펴보는 게 좋겠어요.
>
> 김 교사: 네, 그래야 할 것 같아요. 또 지우는 한 활동이 끝나고 다른 활동으로 전이하는 것도 힘들어하는 것 같아요.
>
> 박 교사: 그러면 ㉣지우에게 그림 일과표를 보여 주세요. 활동을 마칠 때마다 그림카드를 떼어 다음 활동을 알 수 있도록 하면 좋을 것 같아요.
>
> 김 교사: 아! 그러면 지우의 참여 행동에 도움이 될 수 있겠네요. 참여를 해야 비로소 학습이 시작되고, 그래야 학습한 내용을 습득할 수 있겠지요. 그 다음에 (㉤), 유지와 일반화가 이루어지므로 참여가 중요한 것 같아요.

4) ㉤에 들어갈 내용을 학습 단계에 근거하여 쓰시오.

㉤:

45 _____

(가)는 학습장애 학생 은수의 인지적 특성이다. 물음에 답하시오.

(가) 은수의 인지적 특성

> • (㉠) 능력이 부족하여, 관련 없는 정보나 자극을 무시하고 중요한 정보에 주의를 기울이는 데 어려움이 있음.
> • (㉡) 능력이 부족하여, 과제 해결을 위해 어떤 전략이 필요한지 잘 모르고, 하는 일에 대해 지속적으로 검토하지 못함.

1) (가)의 ㉠과 ㉡에 들어갈 용어를 각각 쓰시오.

㉠:

㉡:

2) 은수의 ㉡ 능력을 고려하여 다음과 같은 기록지를 제공하였다. 이는 은수에게 어떤 전략을 가르치기 위한 것인지 쓰시오.

선인장 관찰하기

이름: 채은수

나는……	○	×
1. 색을 관찰하여 적었다.		
2. 모양을 관찰하여 그렸다.		
3. 가로로 잘랐다.		
4. 가로로 자른 단면을 그렸다.		
5. 세로로 잘랐다.		
6. 세로로 자른 단면을 그렸다.		

46

다음은 정신지체 학생 A와 B에게 마트 이용하기 기술의 일반화를 촉진하기 위한 지역사회 중심 교수 전략들이다. (가)와 (나)에 해당하는 지도 전략의 명칭을 순서대로 쓰시오.

(가) 학생 A가 이용할 것으로 예상되는 집 근처 마트를 조사하여 10곳을 정한다. 선정한 마트 10곳의 이용 방법을 모두 분석한 후, 이용 방법에 따라 범주화한다. 범주화된 유형에 대해 각각 과제분석을 하고, 유형별로 마트를 1곳씩 정하여 지도한다. 교사는 학생 A가 학습한 것을 나머지 마트에서도 수행할 수 있는지 평가한다.

(나) 학생 B에게 학교 안에 있는 매점을 활용하여 지역사회 마트 이용하기 기술을 가르친다. 학교 매점에서 물건 고르기, 물건 가격 확인하기, 계산대 앞에서 줄 서기, 돈 지불하기, 거스름돈 확인하기를 지도한다.

47 _____

(가)는 박 교사가 3명의 유아를 대상으로 실시한 중재 결과를 보여주는 그래프이고, (나)는 중재 시 활용한 활동계획안의 일부이다. 물음에 답하시오.

(가) 중재 결과 그래프

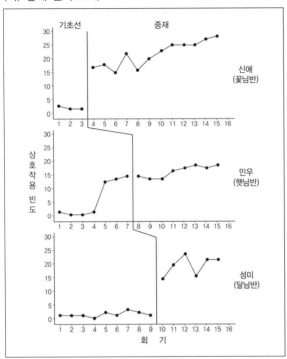

(나) 활동계획안

활동명	투호놀이	대상 연령	3세
활동 목표	• 투호놀이를 경험해 본다. • 투호놀이 방법을 익히고 즐겁게 놀이한다.		
활동 자료	화살, 항아리, 투호놀이 영상		

활동 방법	신애를 위한 지원
1. 투호놀이 영상을 보며 투호 놀이에 대해 이야기 나눈다. 2. 투호놀이를 잘 할 수 있는 방법을 생각해 본다. 3. 놀이하는 순서를 정한다. 4. 출발선에 차례대로 줄을 서게 한 후 화살을 나누어 준다. 5. 화살을 항아리 안에 들어가도록 던진다. 6. 활동을 하고 난 후 생각과 느낌을 이야기 나눈다. 	• 친구들에게 화살을 나누어 주게 하고, 친구들도 신애에게 화살을 건네게 한다. • 화살을 던지는 거리를 짧게 조절하고 잘 던질 수 있도록 ㉠어깨를 잡아 몸의 방향을 조정해 준다. • 친구들의 투호놀이를 보며 놀이 방법을 익히도록 신애의 참여 순서를 약간 뒤쪽으로 한다. • 두 명이 한 팀이 되어 화살을 던지게 하고, ㉡활동 중에 서로 격려하며 신체 접촉을 자주 하게 한다. • "투호놀이는 재미있었니?"라고 수렴적 질문을 한다.

3) (나)의 ㉡과 관련하여 다음의 (   ) 안에 들어갈 말을 쓰시오.

> 박 교사는 또래와의 사회적 상호작용을 증진시키기 위해 매일 유치원에서의 일과와 활동 중에 신체적·언어적인 애정 표현 활동을 삽입하여 실시하였다. 이 활동은 브라운, 오돔, 콘로이(W. Brown, S. Odom, & M. Conroy)의 사회적 상호작용 증진을 위한 중재 모델의 (   )에 해당한다.

48 _____ 2016 유아B-4

다음은 김 교사가 작성한 활동계획안의 일부이다. 물음에 답하시오.

활동명	식빵 얼굴	활동 형태	대·소집단 활동	활동 유형	미술
대상 연령	4세	주제	나의 몸과 마음	소주제	감정 알고 표현하기
활동 목표	* 얼굴 표정을 보고 어떤 감정인지 안다. * 친구들과 협동하며, 도움이 필요할 때 도움을 주고받는다. * 미술 재료를 이용하여 다양한 표정의 얼굴을 표현한다.				
누리과정 관련요소	* 사회관계: 나와 다른 사람의 감정 알고 조절하기 　– 나와 다른 사람의 감정 알고 표현하기 * 사회관계: 다른 사람과 더불어 생활하기 　– (　　　　ⓐ　　　　) 　…(생략)…				
활동 자료	얼굴 표정 가면, 다양한 표정의 반 친구 사진, 식빵, 여러 색깔의 초콜릿펜				

활동 방법	발달지체 유아 효주를 위한 활동 지원
* 얼굴 표정 가면을 이용하여 나의 감정에 대해 이야기 나눈다.	…(생략)…
* 다양한 표정의 반 친구 사진을 보며, 친구의 감정에 대해 이야기 나눈다.	
* 활동 방법을 소개한다. 　– 식빵과 그리기 재료를 나눈다. 　– 식빵에 초콜릿펜을 이용하여 얼굴 표정을 그린다.	* 좋아하는 친구와 짝이 되어 협동 활동을 하도록 한다. * 초콜릿펜 뚜껑을 열기 어려워할 경우, 도움을 요청하도록 한다.
* 식빵에 다양한 표정의 얼굴을 그린다. 　– 어떤 표정을 그렸니? 　– 누구의 사진을 보고 표정을 그렸니? * ⓑ '식빵 얼굴'을 들고 앞으로 나와 친구들에게 보여 준다.	* 상호작용을 촉진하기 위해 각각 다른 색깔의 초콜릿펜을 주고, 친구와 바꿔 쓰게 한다. * ⓒ 얼굴 표정 전체를 그리기 어려워하는 경우, 얼굴 표정의 일부를 표현하게 한다.
* 활동에 대해 평가한다. 　– 무엇이 재미있었니? 　– 어려운 점은 없었니?	* 활동 후 성취감을 느끼도록 친구들과 서로 칭찬하는 말이나 몸짓을 주고받을 수 있게 한다.

발달지체 유아 효주를 위한 행동 지원
ⓓ 현재 효주는 자신의 요구를 표현하기 위해 책상 두드리기 행동을 하는데, 이 행동은 다른 유아들이 활동에 집중하는 데 방해가 된다. 그러므로 효주가 바람직한 요청하기 행동을 습득하도록 책상 두드리기 행동에 대해서는 강화하지 않고, 손을 들어 요청할 경우에만 반응하고 강화한다.

3) ⓒ에서 김 교사가 적용하고자 하는 교수 방법은 무엇인지 쓰시오.

PART
04

49 _____

다음은 ○○특수학교의 오 교사와 강 교사가 '정신지체의 원인과 예방을 위한 지원'에 대한 교사연수에 참여한 후 나눈 대화의 일부이다. 물음에 답하시오.

오 교사: 저는 이번 연수에서 정신지체를 유발하는 위험 요인에 따라 ㉠1차, 2차, 3차적 예방을 다르게 할 수 있다는 것을 알게 되었어요.

강 교사: 저도 생의학적 위험요인뿐만 아니라 ㉡행동적 위험요인 등과 같은 다양한 위험요인들이 정신지체의 원인이 될 수 있다는 점에 대해 다시 한번 생각하게 되었어요.

오 교사: 그리고 보니 ㉢주거 환경 속에서 납 성분에 지속적으로 노출되는 것은 정신지체의 원인이 될 수도 있으니, 주거 환경을 정비·규제하는 것은 1차적 예방이 될 수 있겠네요.

강 교사: 그러네요. 그렇다면 ㉣아이들이 자전거를 탈 때 사고로 인해 뇌 손상을 입지 않도록 안전모를 쓰게 하는 것은 3차적 예방이 되겠네요. 그리고 ㉤장애 학생의 건강상의 문제를 최소화하기 위해 의학적 접근을 하는 것도 3차적 예방이 되겠지요.

오 교사: 맞아요. 저는 이번 기회를 통해 무엇보다도 ㉥정신지체 학생들의 특성을 고려하여 교육을 잘 하는 것이 우리 교사들이 할 수 있는 중요한 예방이라고 생각하게 되었어요.

··· (하략) ···

---

1) ㉠ 중에서 2차적 예방의 예를 1가지 쓰시오.

2) ㉡의 예를 1가지 쓰시오.

3) ㉢~㉤에서 잘못된 것을 1가지 골라 기호를 쓰고, 그것이 잘못된 것이라고 판단한 이유를 쓰시오.

4) 다음은 ㉥을 실천하기 위해 오 교사가 정신지체 학생에게 [A]와 같은 쌍연합학습전략(매개전략)을 사용하여 '꽃'이라는 낱말 읽기를 지도하는 장면이다. ① ⓐ와 ⓑ에 들어갈 오 교사의 말을 각각 쓰고, ② 오 교사가 이 전략을 사용하는 이유를 정신지체 학생의 일반적인 인지적 특성과 관련지어 쓰시오.

〈준비물〉
• '나비' 그림과 낱말이 같이 제시된 카드 1장
• '꽃' 낱말만 적힌 카드 1장

오 교사: (두 개의 카드를 동시에 보여주며)
    "(ⓐ   )"
    (두 개의 카드를 뒤집어 놓았다가 다시 그중 '꽃' 낱말카드만을 보여주며)
    "(ⓑ   )"   [A]
학   생: (아직 낱말을 읽을 수는 없지만 ⓑ를 듣고)
    "꽃이요."

오 교사는 ⓑ의 말을 몇 번 더 반복하여 학생의 대답을 이끌어낸 후, 학생이 '꽃'이라는 낱말을 읽을 수 있는지 확인하는 질문을 한다.

---

① ⓐ :

   ⓑ :

② :

50

다음은 미국 지적장애 및 발달장애협회(AAIDD; American Association on Intellectual and Developmental Disabilities)의 11차 정의(2010)에서 제시한 '인간 기능성의 개념적 틀'이다. 이 개념적 틀을 통해 지적장애를 이해할 때 강조되는 점 2가지를 쓰시오.

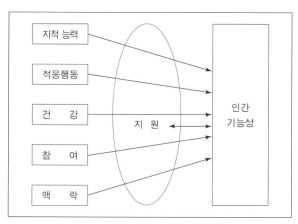

〈인간 기능성의 개념적 틀〉

51

(가)는 학생 A에 대한 정보이고, (나)는 학생 A를 위해 예비 교사가 부분 참여의 원리를 적용하여 작성한 활동 참여 계획이다. 사회적 관점에서 학생이 얻을 수 있는 부분 참여의 이점을 쓰고, 학생 A의 활동목표를 고려하였을 때, ㉠~㉢ 중에서 부분 참여의 원리가 잘못 적용된 것의 기호 3가지를 쓰고, 각각의 문제점을 설명하시오.

(가) 학생 A의 정보

- 뇌성마비(경직형 왼쪽 편마비)
- 첨족으로 스스로 걸을 수 있으나 핸드레일을 잡아야 함.
- 왼쪽 어깨, 팔꿈치, 손목은 몸의 안쪽을 향해 구축과 변형이 있음.
- 왼쪽 엄지손가락이 손바닥 쪽으로 굽어진(thumb-in-palm) 채 구축이 되어 변형됨.
- 구어로 의사소통하는 데 어려움이 있어 음성출력 의사소통기기를 사용함.

(나) 활동 참여 계획

학생 A의 활동목표	학생 A의 현행 수행 수준	참여 촉진 방법
이야기를 읽고 내용을 파악하는 질문에 답할 수 있다.	이야기를 읽고 중요한 내용을 표현할 수 있음.	㉠ 제재 글과 관련된 어휘 목록을 교사가 의사소통 기기에 미리 구성해 두고 활동에 참여하게 함.
구입한 물건값을 계산할 수 있다.	지폐와 동전의 구분은 가능하나 물건값을 계산하기 어려워함.	㉡ 다른 학생들이 물건값을 계산하는 과제를 푸는 동안 바로 앞 시간에 마치지 못한 쓰기 과제를 완성하게 함.
탈 만들기를 할 때 탈 틀에 종이 죽을 붙일 수 있다.	왼손의 변형으로 인해 종이 죽을 붙이는 데 어려움이 있음.	㉢ 다른 학생들이 탈 틀에 종이 죽을 붙이는 동안 선생님이 학생 A의 것을 붙이고 학생 A에게 이를 지켜보게 함.
조립 순서에 맞게 상자를 조립할 수 있다.	양손과 팔을 자유롭게 움직이기 어려워 접이선대로 상자를 접지 못함.	㉣ 다른 학생들이 상자 조립을 완료할 때까지 학생 A가 다른 학생의 상자를 움직이지 않게 붙잡아 주도록 함.
칫솔을 쥐고 이를 닦을 수 있다.	칫솔을 쥘 수 있지만 손목의 회전과 상하 움직임이 자유롭지 않음.	㉤ 전동 칫솔을 사용하여 앞니는 학생 A가 닦게 하고 어금니는 교사가 닦아 줌.

52

다음은 자폐성장애 학생의 사회적 상호작용 증진을 위한 두 교사의 대화이다. 밑줄 친 ㉠과 ㉡에서 나타난 준철이와 민경이의 사회적 기술 결함을 순서대로 쓰고, 해당 결함이 나타나게 된 이유를 각각 1가지 쓰시오.

김 교사: 자폐성장애 학생의 사회성 지도를 효과적으로 하기 위해서는 먼저 학생이 가진 어려움이 무엇인지 파악해서 그에 따른 적절한 중재를 선택해야 해요.

정 교사: 그럼요. 어제 선생님 반 준철이가 급식 줄에 끼어들어서 소란스러웠어요.

김 교사: 네, 준철이는 ㉠차례 지키기를 어떻게 해야 하는지 몰라요. 식당에서 밥을 먹으려면 줄을 서야 하는 데도 그냥 앞으로 나가기도 하고 끼어들기도 해요.

정 교사: 아, 그랬군요. 민경이는 ㉡1 : 1 교수에서 잘 모르면 도와 달라고 하는데, 소집단 활동에서는 소리를 질러요. 잘 모를 때는 어떻게 해야 하는지 알면서도 안 해요.

김 교사: 우리 학생들이 사회적 기술을 가지고 있다고 해도 여전히 또래 관계에 어려움이 있으니 좀 더 신경 써서 지도해야겠어요.

53

다음은 일반 중학교 특수학급을 담당하는 특수교사 A가 작성한 수업 구상 일지이다. 〈작성 방법〉에 따라 순서대로 서술하시오.

2015년 ○○월 ○○일

■ 영역: 측정

■ 제재: 아날로그시계의 시각 읽기

■ 학생의 현행 수준
  ◦ 시간의 전후 개념을 알고 있다.
  ◦ 디지털시계의 시각(시, 분)을 읽을 수 있다.
  ◦ 아날로그시계에 바늘이 있음을 알고 있다.
  ◦ 시계 바늘이 움직이는 방향을 알고 있다.
  ◦ 시계 바늘이 다른 속도로 움직인다는 것을 알고 있다.
  ◦ 모형 시계의 돌림 장치를 돌릴 수 있다.

■ 선수 학습에서 학생의 수행

9시 20분	6시 10분	12시 30분

■ 수업 계획을 위해 해야 할 것
  ◦ ㉠학습 내용의 과제 분석
  ◦ 학습 활동의 고안
    (시각 읽기 방법 가르치기, 다양한 시각 읽기 연습하기, 시계 사전 만들기)
  ◦ 학습 활동에 따른 교재·교구 준비
  ◦ 학생이 학습 내용을 습득하고 난 뒤 ㉡숙달할 수 있도록 교수·학습 방법을 보다 구체적으로 생각할 것

■ ㉢ 수업 계획과 운영 시 고려할 점
  1. 학생들이 모형 시계를 조작하며 시각 읽기 활동에 능동적으로 참여할 수 있게 한다.
  2. 시각 읽기 연습은 실물 시계보다는 모형 시계와 준비된 학습지를 활용한다.
  3. 학생들에게 적절한 차별화교수를 할 수 있도록 자료를 다양화하고 교수 속도를 조절한다.
  4. 수학에 대한 흥미를 유발할 수 있도록 학생이 좋아하는 '급식 시간의 시각 읽기'와 같이 학생의 경험을 활용한다.
  5. 후속 학습으로 '하루 일과를 시간의 순서대로 배열하기'를 계획한다.

〈 작성 방법 〉
• 교사 A가 밑줄 친 ㉠을 할 때 학생의 현행 수준을 고려하여 가장 먼저 가르쳐야 할 내용이 무엇인지 기술할 것
• 밑줄 친 ㉡에서 교사 A가 중점을 두어야 할 사항을 쓸 것
• '학생의 현행 수준'과 '수업 계획을 위해 해야 할 것'을 고려할 때, 밑줄 친 ㉢에서 잘못된 내용 2가지를 찾고, 각각 그 이유를 설명할 것

54 _____ 2016 중등B-7

다음은 일반 고등학교에 다니는 정신지체 학생인 준하의 개별화교육계획(IEP) 관련 상담 내용이다. 밑줄 친 ㉠의 특징 2가지를 쓰고, 밑줄 친 ㉣의 절차를 순서대로 쓰시오.

특수교사: 오늘은 준하의 IEP에 대해 의견을 듣고자 합니다.

어 머 니: 저는 우리 아이가 졸업 후에 비장애인들과 함께 일할 수 있도록 교육을 받았으면 해요.

특수교사: 네, 그렇군요. 장애학생의 진로를 결정하는 데 효과적인 방법의 하나로 ㉠ <u>개인중심계획(PCP, person-centered planning)</u>을 적용하여 전환 계획을 수립하는 것이 강조되고 있어요. 이제 준하의 진로를 위해서 우리도 전환 계획을 구체화 할 필요가 있겠네요.

담임교사: 네, 준하는 친구들과 지내는 데 별 문제가 없으니까 친구들과 함께 일할 수 있겠네요.

특수교사: 준하야, 너는 졸업하면 어떤 곳에서 일하고 싶니?

준   하: 저는 우리 반 친구들이랑 같이 일하고 싶어요.

특수교사: 그렇구나. 여러분의 의견을 들어 보니 준하는 졸업 후 ㉡ <u>지원고용</u>이나 ㉢ <u>경쟁고용</u>을 고려해 보는 것이 더 좋겠네요. 이제 준하의 진로 준비를 위해서 직무능력 평가와 ㉣ <u>생태학적 목록(ecological inventory)</u>을 조사해 봐야 할 것 같아요.

55 _____ 2017 초등A-2

(가)는 초등학교 5학년 지적장애 학생 희수에 대해 특수교사와 일반교사가 나눈 대화의 일부이고, (나)는 초등학교 6학년 지적장애 학생 민기에 대해 특수교사와 어머니가 나눈 대화의 일부이다. 물음에 답하시오.

(가)

> 특수교사 : 지난주에 우리가 계획했던 사회과 모둠학습에 희수가 잘 참여했는지 궁금해요.
> 일반교사 : 친구들과 모둠학습을 하는 것은 좋아했는데 자신의 의견이나 권리를 주장하지 못해서 피해를 보는 경우가 있었어요.
> 특수교사 : 희수가 아직은 자기옹호기술이 부족해서 그래요. 무엇보다 ㉠희수가 자신이 좋아하고 싫어하는 것을 아는 것이 중요해요. 그러면 모둠학습을 할 때 다른 학생들이 부당한 것을 요구해도 거절하거나 협상할 수 있을 거예요.
>
> … (중략) …
>
> 특수교사 : 희수는 스스로 화장실 이용하기, 옷 입기 등의 일상생활 활동은 잘하는데, ㉡휴대전화 사용하기, 물건 사기 등과 같이 조금 더 복잡한 환경적 상호작용을 요구하는 일상생활 활동을 하는 데에는 어려움이 있어요.
> 일반교사 : 선생님, 희수에게 물건 사기와 같은 일상생활 활동은 어떻게 지도하면 좋을까요?
> 특수교사 : 직접 가게에 가서 물건을 사는 활동을 하는 것이 좋아요.
> 일반교사 : 한 번도 해보지 않은 일이라 희수가 잘 할 수 있을까요?
> 특수교사 : 그래서 저는 ㉢교실을 가게처럼 꾸며놓고 실제와 유사한 물건과 화폐를 이용하여 물건 사기 활동을 지도하고 있어요.

(나)

> 특수교사 : 학교에서는 ㉣민기의 읽기능력 향상을 위해 책 읽기 지도를 꾸준히 하고 있어요.
> 어 머 니 : 저도 집에서 ㉤민기에게 유아용 동화책을 읽게 하고 있어요. 그런데 제가 잘하고 있는지 모르겠어요.
>
> … (중략) …
>
> 특수교사 : 민기가 곧 중학교에 입학하니까 버스 이용하기를 가르치고 있어요.
> 어 머 니 : 그런데 선생님, ㉥민기가 지금은 학교 통학버스를 이용하고 있어서 아직은 배울 필요가 없을 것 같아요.

1) (가)의 ① ㉠에 해당하는 자기옹호기술을 쓰고, ② ㉡에 해당하는 일상생활 활동의 유형을 쓰시오.

①:

②:

2) (가)의 ㉢에 해당하는 교수 방법의 명칭을 쓰시오.

3) (나)의 ㉣을 위해 교사가 학급에서 활용할 수 있는 '자연적 지원'의 예 1가지를 쓰시오.

4) (나)의 ㉤과 ㉥이 적절하지 않은 이유를 지적장애 학생을 위한 교육과정 구성 시 고려해야 할 기본원리 (전제)에 근거하여 각각 1가지씩 쓰시오.

㉤:

㉥:

56 _____ 2017 중등A-3

다음은 일반교사가 특수교육 관련 연수를 받으며 필기한 내용이다. ㉠, ㉡에 들어갈 증후군의 명칭을 순서대로 쓰시오.

지적장애의 이해

• 지적장애: 지적 기능과 적응행동상의 어려움이 함께 존재하는 장애

• 지적장애 학생은 제한점도 있지만 강점도 동시에 갖고 있으므로 이를 잘 파악하여 지원하여야 함.

• 미국 지적장애 및 발달장애협회(AAIDD, 2010)에서 제시한, 지적장애를 초래하는 증후군 및 행동 표현형

증후군	행동 표현형
㉠	• 시공간적 기술에 비해 더 나은 음성언어 기술을 가지고 있음. • 일상생활기술과 자조기술에서 상대적으로 강점을 보임. • 무관심, 과잉행동, 자폐성 행동과 빈번히 연관됨.
프래더 -윌리 증후군	• 시각적 처리와 퍼즐을 해결하는 데 강점을 가짐. • 손상된 포만감, 탐식행동, 비만 등이 있음. • 모든 연령대에 걸쳐 강박장애와 충동조절장애가 흔히 있음.
㉡	• 언어나 청각적 과제보다 시공간적 과제 수행이 더 우수함. • 지능에 비해 적응기술이 뛰어남. • 명랑하고 사회적인 성격임. • 성인기에 우울증이 흔히 나타남.

57 _____ 2018 유아B-7

(가)는 통합학급 5세반 김 교사와 유아특수교사 박 교사가 나눈 대화이고, (나)는 박 교사가 은지를 위해 작성한 교수 계획의 일부이다. 물음에 답하시오.

(가)

박 교사: 선생님, 우리가 ㉠은지가 생활하는 환경과 그 환경 내에서 이루어지는 활동, 필요한 기술들을 조사해서 교육 계획에 반영했잖아요. 이번에는 그 중에서 횡단보도 건너기 기술을 가르치려고 해요.
김 교사: 그럼, ㉡횡단보도 건너기 상황극, 신호 따라 건너기 게임과 같은 활동도 하고, ㉢유치원 내에 설치된 횡단보도 건너기도 해 보면 좋겠네요.
박 교사: 참 좋은 생각이네요. 저는 은지의 경우 추가적으로 개별화된 교수가 더 필요해 보여서 실제 상황에서 직접 지도해 보려고 해요. 은지가 실제 상황에서도 신호를 확인하여 횡단보도 건너기를 할 수 있도록 다양한 자극과 반응들을 조사하고 계열화해서 가르치려고요.

(나)

단계 1. 은지의 도보 통학 반경 내에서 교수 범위를 선택한다.
단계 2. '신호등이 있는 횡단보도 건너기' 기술을 과제 분석하여 이와 관련된 자극과 반응을 조사한다.
단계 3. (   )
단계 4. 교수 순서를 계열화하여 등·하원 시에 교수한다.
단계 5. 비교수 상황에서 평가한다.

1) 밑줄 친 ㉠에서 기능적 기술을 교수하기 위해 사용한 진단 방법이 무엇인지 쓰시오.

2) 밑줄 친 ㉡과 ㉢에 해당하는 기능적 기술 교수 방법을 쓰시오.

㉡ :

㉢ :

3) ① (나)의 교수 방법을 쓰고, ② 그 교수 방법의 실시 단계 중 (   )에 해당하는 내용을 쓰시오.

① :

② :

58

2018 초등A-5

(가)는 지적장애 학생 세호와 민지의 특성이고, (나)는 교사가 작성한 2015 개정 특수교육 교육과정 중 기본 교육과정 미술과 3~4학년 수업을 위한 아이디어 노트이다. 물음에 답하시오.

(가)

세호	• ㉠과잉 행동과 공격성이 강함. • 주의집중이 어려움.
민지	• 중도·중복장애를 지님. • 구어 사용이 어려움.

(나)

○제재 : 재미있는 찍기 놀이
○수업 활동

　　〈활동 1〉 체험 영역(지각)

● 자신이 좋아하는 나뭇잎을 선택하고 학교 주변에서 찾기
　－ 나뭇잎 목록표 사용하기
　－ ㉡민지에게는 미리 준비한 나뭇잎을 제공하기

　　〈활동 2〉 표현 영역(활용)

● 여러 가지 나뭇잎을 찍어 작품 만들기
　－ 다양한 찍기 활동을 할 수 있도록 기회 제공하기
　－ ㉢찍기 재료별로 점차 활동 시간을 늘려 나가고 각 활동을 마칠 때마다 칭찬 스티커로 강화하기
　－ ㉣자존감을 높이기 위해 학생들이 이미 알고 있는 나뭇잎 이름을 말할 수 있는 기회 주기
　－ ㉤책임감을 향상시키기 위해 도화지를 친구들에게 나누어 주는 역할 부여하기

　　〈활동 3〉 감상 영역(　㉥　)

● 완성된 작품 소개하기

2) 교사의 임의적 판단에 따른 (나)의 밑줄 친 ㉡이 적절하지 <u>않은</u> 이유를 최소 위험 가정 기준(criterion of the least dangerous assumption) 측면에서 쓰시오.

3) 세호의 주의집중 특성과 관련하여 (나)의 밑줄 친 ㉢의 효과를 쓰시오.

4) (나)의 밑줄 친 ㉣과 밑줄 친 ㉤을 통해 향상시키고자 하는 적응 기술 유형을 2010년에 미국 지적장애 및 발달장애협회(AAIDD)에서 제시한 11차 정의에 근거하여 쓰시오.

5) 다음은 〈활동 1〉에서 세호가 사용한 나뭇잎 목록표와 지도 내용이다. 위마이어(L. Wehmeyer)가 제시한 자기 결정 행동 주요 특성에 따라 ⓐ와 ⓑ에 들어갈 내용을 순서대로 쓰시오.

세호가 사용한 나뭇잎 목록표

종류		찾고 싶은 나뭇잎	찾은 나뭇잎
단풍잎		✓	✓
은행잎		✓	✓
솔잎			
감나무잎		✓	✓

자기 결정 행동 향상을 위한 지도 내용

심리적 역량	세호의 자기 효능감 향상을 위해 나뭇잎 수집 활동의 성공을 위한 환경을 제공함.
ⓐ	나뭇잎 목록표에서 세호가 찾고 싶은 나뭇잎을 스스로 표시하도록 지도함.
ⓑ	나뭇잎 목록표에 세호가 자신이 찾은 나뭇잎을 표시하여 파악할 수 있도록 지도함.
자아실현	자기 지식 향상을 위해 나뭇잎 수집 활동 후 세호가 수행한 활동에 대한 자기 평가 기회를 제공함.

59

다음은 지적장애 고등학생 A를 위한 전환교육계획을 수립하기 위해 특수교사와 어머니가 나눈 대화의 일부이다. ㉠과 ㉡에 들어갈 내용을 쓰시오.

특수교사 : 어머니, 학생 A에게 적절한 전환교육계획을 수립하기 위해 몇 가지 평가를 하려고 합니다.

어 머 니 : 어떤 평가를 하나요?

특수교사 : 먼저, 지원정도척도(Supports Intensity Scale ; SIS)를 활용하여 학생 A에게 필요한 지원 요구를 파악하고자 합니다.

어 머 니 : 그런데 지원정도척도는 처음 듣는 거라서 잘 모르겠어요. 그게 무엇인가요?

특수교사 : 예, 지원정도척도는 개인이 사회에서 성공적으로 살아가기 위해 필요한 지원 요구를 (㉠), 일일 지원 시간, (㉡)의 3가지 차원에서 파악하는 것입니다.

60

(가)는 지적장애 고등학생 S의 특성이고, (나)는 특수교사가 교육 실습생에게 자문한 내용이다. 학생 S의 과제 습득, 일반화, 유지 능력을 향상시키기 위하여 특수교사가 교육실습생에게 자문한 전략과 방법을 〈작성 방법〉에 따라 논하시오.

(가) 학생 S의 특성

- ㉠새로운 과제를 제시하면 "이거 하기 싫어요.", "다음에 할래요.", "전에도 해 봤는데 어차피 못해요.", "너무 어려워요.", "저는 잘 못해요."라고 함.
- 주어진 문제를 스스로 해결하기보다는 선생님의 눈치를 살핌.
- 새로운 과제를 학습하는 데 어려움이 있음.
- 학습할 때 자신이 스스로 얼마나 잘 할 수 있는지를 알지 못함.

(나) 자문 내용

교육실습생 : 학생 S의 특성을 관찰해보니 ㉡이전에 과제 수행에 대한 실패 경험이 많아서 주어진 과제를 하려고 하지 않아요. 이 문제를 해결해야 할 것 같은데 어떻게 하면 좋을까요?

특 수 교 사 : 교사는 칭찬이나 격려를 해 줄 수도 있지만, 그런 경우에는 ㉢과제를 해보는 실제 경험을 통해 학생 S의 문제를 지도해야 해요.

교육실습생 : 학생 S는 동기적 측면뿐만 아니라 인지적 측면에서도 어려움이 있는 것 같아요. 자신이 배운 내용을 일반화하는 데 어려워하는 것 같은데, 일반화에 대하여 설명해 주시겠어요?

특 수 교 사 : 일반화는 크게 ㉣자극일반화와 ㉤반응일반화로 구분되기도 합니다.

… (중략) …

교육실습생 : 예, 잘 알겠습니다. 한 가지 더 궁금한 것이 있어요. 학생 S가 학습한 기술을 유지하는 데 도움이 되는 좋은 방법이 있을까요?

특 수 교 사 : 예, 그런 경우에는 ㉥자기점검 방법을 적용해 볼 수 있을 것 같네요.

┌─〈 작성 방법 〉─

- 서론, 본론, 결론의 형식으로 작성할 것
- 다음의 내용을 포함하여 논술할 것
  - 학생 S를 위한 지도 초기 단계부터 일반화를 고려해야 하는 이유를 제시할 것
  - 밑줄 친 ㉠과 ㉡에 근거하여 학생 S의 정의적 측면에서의 문제를 1가지 제시하고, 이 문제를 해결하기 위한 교수 방법을 ㉢에 근거하여 1가지 서술할 것
  - 밑줄 친 ㉣과 ㉤의 개념을 순서대로 서술할 것
  - 밑줄 친 ㉥의 장점을 학생 S의 특성에 근거하여 2가지 서술할 것
  - 유지의 중요성과 자기점검 방법을 연계하여 서술할 것

61

다음은 5세 주의력결핍과잉행동장애 유아 상희에 대해 통합학급 김 교사와 특수학급 박 교사가 나눈 대화의 일부이다. 물음에 답하시오.

> 김 교사 : 선생님, 다음 달에 공개 수업을 하려고 하는데 좀 걱정이 됩니다. 상희가 교실에서 자기 자리에 앉지 않고 계속 돌아다니고, 또 ㉠선택적 주의력도 많이 부족합니다.
>
> 박 교사 : 그래서 제 생각에는 먼저 상희에게 수업 시간에 지켜야 할 약속이나 규칙을 이해할 수 있도록 지도하는 것이 필요합니다.
>
> 김 교사 : 그게 좋겠습니다. 그런데 상희를 자기 자리에 앉게 만드는 좋은 방법은 없을까요?
>
> 박 교사 : 네. 그때는 이런 방법이 있는데요. 일단 ㉡'자기 자리에 앉기'라는 목표 행동을 정하고, '책상 근처로 가기, 책상에 가기, 의자를 꺼내기, 의자에 앉기, 의자에 앉아서 의자를 당기기'로 행동을 세분화합니다. 이때 단계별로 목표 행동을 성취했을 때마다 강화를 주는데, ㉢칭찬, 격려, 인정을 강화제로 사용하는 것도 좋겠습니다.
>
> 김 교사 : 아, 그리고 상희가 활동 중에 자료를 던지는 공격적인 행동을 하는데 이에 대해서는 어떻게 할까요?
>
> 박 교사 : 우선 상희의 행동을 ㉣ABC 서술식 사건표집법이나 ㉤빈도 사건표집법으로 관찰해 보는 것이 좋겠습니다.

1) ㉠의 의미를 쓰시오.

62

다음은 ○○고등학교 현장실습위원회가 협의한 내용의 일부이다. 밑줄 친 ㉡이 의미하는 지원 방법의 명칭을 쓰시오.

> 장 교사 : 학생들의 현장실습을 위해 교내·외 실습 장소에서 도움을 줄 수 있는 방법에 대해 논의해 봅시다.
>
> 홍 교사 : 통합된 환경에서 실습이 어려운 중도 장애학생들을 위해 교내에서는 특수학급에서 워크 액티비티를 실시하고, 외부 실습은 ㉠장애인 직업재활시설 작업장에서 인근 사업체 하청 작업(볼펜 조립)을 반복적으로 수행하여 작업 기능을 높일 수 있도록 합시다.
>
> 민 교사 : 분리된 환경에서의 실습은 사회 통합의 기회를 제한할 수 있습니다. 교내실습은 보조 인력을 제공하고, 외부에서 실시하는 바리스타 실습은 직무지도원을 배치하여 도울 수 있습니다.
>
> 최 교사 : 유급 인력의 공식적인 지원에만 의존하는 것도 사회통합을 방해할 수 있을 것입니다. ㉡교내에서는 비장애 또래를 통해 도움을 제공하고, 외부에서는 직장 동료의 도움을 활용하는 방법으로 지역사회 통합과 개인의 삶의 질 향상을 도모할 수 있도록 합시다.

63

다음은 지적장애 학생을 지도하는 신규 교사와 멘토 교사의 대화이다. 괄호 안의 ㉠에 해당하는 용어를 쓰고, ㉡에 나타난 학생 E의 증후군 명칭을 쓰시오.

> 멘토 교사: 선생님, 지난 학기에 전학 온 학생 D와 E는 잘 적응하고 있나요?
>
> 신규 교사: 학생 D는 주어진 과제를 성취하기 위해 필요한 행동을 성공적으로 해낼 수 있다는 믿음이 있고, 그러한 행동을 잘 수행한다면 원하는 성과를 이룰 것이라고 기대하고 있어요.
>
> 멘토 교사: 구체적이고 실제적인 자신의 과제수행능력을 믿고 있군요. (㉠)이/가 높은 학생인 것으로 보입니다. 학업 상황에서 친구들이 과제를 완수하는 것을 보면 자신도 그 과제를 완성할 수 있다고 생각하게 됩니다. 이러한 방법을 통해 (㉠)을/를 더욱 향상시키면 좋겠습니다.
>
> 신규 교사: 학생 E는 XXY형 염색체를 가진 성염색체 이상증후군이라고 해요. 남성호르몬 감소로 인해 여성형 체형으로 변해가고 있어 부모님께서 고민하더군요. 이 학생은 의사소통에 어려움이 있고, 사회성도 부족한 것 같아요. 활동량이 부족해서 운동 발달에도 영향을 주는 듯합니다. ┐㉡
>
> 멘토 교사: 학생 E에게는 사회성 향상 프로그램뿐만 아니라, 운동발달을 위한 중재 프로그램도 개발해 적용하는 것이 좋겠네요.

64

(가)는 중도 지적장애 학생 M의 특성이다. 〈작성 방법〉에 따라 서술하시오.

(가) 학생 M의 특성

> • 15번 염색체 쌍 가운데 어머니로부터 물려받은 염색체가 결손이 있음.
> • 발달지연이 있으며, 경미한 운동장애를 보임.
> • 부적절한 웃음, 행복해하는 행동, 손을 흔드는 것 같은 독특한 행동을 종종* 보임.
> • 수용언어 능력이 표현언어 능력보다 비교적 좋음.
> • 표현언어는 두 단어 연결의 초기 단계임.

┌〈작성 방법〉─────────
• (가) 학생 M의 특성에서 설명하고 있는 증후군의 명칭을 쓸 것

65

다음은 ○○특수학교 참관 실습생을 위해 담당 교사가 중도·중복장애 교육을 주제로 작성한 교육 자료의 일부이다. 〈작성 방법〉에 따라 서술하시오.

〈교육 자료〉

1. 교육 가능성에 대한 신념
 • ㉠ 정상화 원리(principle of normalization)
  ─시사점 : 장애인의 교육에서 중요한 것이 무엇인가에 대한 관점의 패러다임 제공
 • (㉡   )
  ─정상화 원리에 기반하여 올펜스버거(W. Wolfensberger)가 체계화
  ─개인이 한 사회의 가치로운 구성원으로 인식되도록 하는 것의 중요성을 역설함.
  ─시사점 : 중도·중복장애 학생이 자유 의지와 권리를 지켜 나갈 수 있도록 필요한 교수와 지원을 제공하여 사회적 이미지를 긍정적으로 개선시킴.

〈작성 방법〉

• 밑줄 친 ㉠이 중도·중복장애학생 교육에 제공하는 시사점을 교육 환경(즉, 교육적 배치)과 교육 내용(즉, 가르치고 배우는 내용) 차원에서 각 1가지씩 서술할 것 (단, 〈교육 자료〉에 제시된 내용은 제외할 것)
• 괄호 안의 ㉡에 해당하는 내용을 쓸 것

66

다음은 통합학급 4세반 교사들이 협의회에서 나눈 대화이다. 물음에 답하시오.

김 교사 : 요즘 준우가 자유선택활동 시간에 너무 자주 "아" 하고 짧게 소리 질러요. 제가 준우에게 가서 "쉿"이라고 할 때만 멈추고 제가 다른 영역으로 가면 또 소리 질러요. 소리를 길게 지르지는 않지만, 오늘도 스무 번은 지른 것 같아요. 소리 지르는 횟수가 줄었으면 좋겠어요. [A]

이 교사 : 그럼 제가 자유선택활동 시간에 준우가 ㉠몇 번이나 소리 지르는지 관찰하면서 기록할게요.

… (중략) …

박 교사 : 준우가 ㉡소리 지르지 않고 친구와 이야기하거나 노래 부르면, 제가 관심을 보이며 칭찬해 주는 것이 어떨까요?

김 교사 : 네. 알겠습니다.

이 교사 : 그런데 준우가 넷까지 수를 알고 세는 거예요? 얼마 전에 준우가 수·조작 영역에서 자동차를 세 개 들고 있어서 모두 몇 개인지 물어보았더니 대답을 못하더라고요.

김 교사 : 준우는 자동차와 수 이름을 하나씩 대응하면서 수 세기를 하고, 항상 동일한 순서로 안정적으로 수를 셀 수 있어요. 그런데 넷까지 세고 난 후 모두 몇 개인지 물어보면 세 개라고 할 때도 있고, 두 개라고 할 때도 있어요. 준우의 개별화교육계획 목표가 "다섯 개의 사물을 보고 다섯까지 수를 정확하게 센다."인데 어떻게 지도하는 것이 좋을지 고민하고 있어요.

이 교사 : ㉢수를 셀 때 준우와 같이 끝까지 세고, 교사가 "모두 몇 개네."라고 말한 후 준우에게 "모두 몇 개지?"라고 물어요. 예를 들어 자동차를 셀 때 준우와 같이 하나, 둘, 셋, 넷, 다섯까지 세고, 교사가 "자동차가 모두 다섯 개네."라고 말한 후 준우에게 "자동차가 모두 몇 개지?"라고 물어요.

김 교사 : 수 세기를 다양한 활동에서도 가르치고 싶은데 어떻게 할까요?

이 교사 : 준우에게 ㉣간식시간, 자유선택활동 시간, 미술활동 시간에 사물을 세게 한 후 모두 몇 개인지 묻고 답하게 하여 준우의 개별화교육계획 목표가 달성될 수 있도록 해보세요.

4) ㉣에 해당하는 교수방법을 쓰시오.

67 _____ 2020 유아B-5

(가)는 5세 발달지체 유아들의 행동특성이고, (나)는 음악활동 자료이며, (다)는 활동계획안이다. 물음에 답하시오.

(가)

민정	• 활동 시 교사의 말에 집중하는 시간이 짧음. • 대집단 활동 시 활동영역을 떠나 돌아다니는 경우가 많음.
주하	• 음악활동은 좋아하나 활동 참여시간이 짧음. • 일상생활에서 자주 사용하는 3음절의 단어(사람, 사물 이름)로 말함.
소미	• 수줍음이 많고 활동 참여에 소극적임. • 수업 중 앉아 있는 시간이 짧음.

(나)

(다)

활동 목표		… (생략) …
활동 방법		**자료(ᄌᆞ) 및 유의점(윤)**
활동 1	• '○○○ 옆에 누가 있나요?' 노래를 듣는다. －노래 전체 듣기 －노랫말 알아보기	ᄌᆞ '○○○ 옆에 누가 있나요?' 노래 음원, 그림 악보 윤 ㉠민정, 주하, 소미가 일정 시간 동안 활동에 참여하면 각자 원하는 놀이를 하게 해준다.
활동 2	• 다양한 방법으로 노래를 부른다. －한 가지 소리(아아아~)로 불러 보기 －친구 이름 넣어서 노래해 보기 －유아들을 나누어 불러 보기 －다함께 불러 보기 … (중략) …	윤 민정이는 좋아하는 또래들과 어깨동무를 하고 노래 부르게 한다. 윤 주하는 ○○○에만 친구 이름을 넣어 부르게 한다. 윤 바닥에 원형 스티커를 붙여 놓고 자리를 이동하며 노래 부르게 한다.
활동 3	• 리듬악기를 연주해 본다. －리듬패턴 그림을 보며 리듬 알아보기 －리듬에 맞추어 손뼉 치기 －리듬에 맞추어 리듬악기 연주하기 … (하략) …	윤 리듬패턴은 그림악보로 제공한다. 윤 유아가 익숙하게 다룰 수 있는 리듬악기를 제공한다. 윤 소미가 친구들에게 리듬악기를 나누어 주도록 한다.

3) (다)의 활동 2와 활동 3의 '자료 및 유의점' 중에서 부분 참여의 원리를 적용한 내용을 찾아 쓰시오.

68

(가)는 초등학교 6학년 자폐성장애 학생 민호의 특성이고, (나)는 '지폐 변별하기' 지도 계획의 일부이다. 물음에 답하시오.

(가) 민호의 특성

- 물건 사기와 같은 일상생활의 문제를 해결하기 위해 스스로 계획하고 수행하는 데 어려움이 있음.
- 점심시간과 같이 일상적으로 반복되던 시간에 작은 변화가 생기면 유연하게 대처하기보다 우는 행동을 보임. [A]
- 수업시간 중 과자를 먹고 싶을 때 충동적으로 과자를 요구하거나 자리이탈 행동을 자주 보임.
- 다른 사람의 감정과 사고를 파악하는 데 어려움이 있음.
- 시각적 자극으로 이루어진 교수 자료에 관심을 보임.
- 지폐의 구분과 사용에 어려움이 있음.

(나) '지폐 변별하기' 지도 계획

- 표적 학습 기술: 지폐 변별하기
- 준비물: 1,000원짜리 지폐, 5,000원짜리 지폐
- 학습 단계 1
  - 교사가 민호에게 "천 원 주세요."라고 말했을 때, 1,000원짜리 지폐를 찾아 교사에게 주도록 지도함.
  - 교사가 민호에게 "오천 원 주세요."라고 말했을 때, 5,000원짜리 지폐를 찾아 교사에게 주도록 지도함.
  - 민호가 정반응을 보일 때마다 칭찬으로 강화함.
  - 민호가 정해진 수행 기준에 따라 '지폐 변별하기'를 습득하면 다음 학습 단계로 넘어감.
- 학습 단계 2
  - ⓐ 민호가 '지폐 변별하기' 반응을 5분 내에 15번 정확하게 수행할 수 있도록 지도한 다음, 더 짧은 시간 내에 15번 정확하게 수행할 수 있도록 연습하게 함.
    … (중략) …
- 유의 사항
  - ⓑ 민호가 습득한 '지폐 변별하기' 기술을 시간이 지난 뒤에도 수행할 수 있도록 '학습 단계 1'의 강화 계획(스케줄)을 조정함.
  - 민호가 ⓒ 습득한 '지폐 변별하기' 기술을 일상생활에서 사용할 수 있도록 다양한 실제 상황(편의점, 학교 매점, 문구점 등)에서 1,000원짜리 지폐와 5,000원짜리 지폐를 변별하여 민호가 좋아하는 과자를 구입하도록 지도함.

2) (나)의 ⓐ은 학습자의 반응 수행 수준에 따른 학습 단계 중 어느 단계에 해당하는지 쓰시오.

69

다음은 통합학급 교사인 최 교사가 특수교사인 강 교사와 교내 메신저로 지적장애 학생 지호의 음악과 수행평가에 대해 나눈 대화의 일부이다. 물음에 답하시오.

 최 교사: 선생님, 이번 수행평가 과제가 '노랫말 바꾸어 외워 부르기'인데, 지호도 의미 있게 참여하려면 어떤 지원을 제공해야 할까요?

 강 교사: 지호는 외워서 부르기 대신 노랫말을 한 줄씩 피피티 화면으로 만들어 주고, 보면서 부르게 해 주세요. 이것 말고도 지호와 같은 학생에게는 ⓐ 다양한 인지 방법 중에서 그 학생에게 적합한 것을 제공해줄 수 있어요.

 최 교사: 좋아요. 그리고 선생님, 지난주 수업은 평행 교수를 했잖아요. 이번에는 수업의 계획부터 실행과 평가까지 같이 책임지고 해요. [A]

 강 교사: 그래요. 동기유발 단계는 우리 둘이 역할놀이로 준비해서 보여줍시다.

 최 교사: 선생님, 지난 수행평가 방법이 지호에게 좋았던 것 같아요. 지호가 음악 수업에 부쩍 흥미를 보이네요.

 강 교사: 다음에는 ⓑ 음악을 직접 듣고, 자신의 느낌을 이모티콘에 표시하게 하는 평가 방법도 활용해 봅시다.

 최 교사: 네, 이번 기회에 저는 지호를 친구들과 ⓒ 교내 '등굣길 음악회' 행사에 참여시키고 싶은데 가능할까요?

 강 교사: 그럴 경우에는 제가 지호에게 ⓓ 읽기 쉬운 악보로 연습을 시키도록 할게요.

 최 교사: 음악회에 참여한 지호 팀이 우리 마을 주민센터에서 열리는 행사에도 나갈 수 있도록 기회를 마련할 수 있어요.

 강 교사: 그러면 지호가 친구들과 하는 음악활동을 정말 좋아하는지, 또 이 활동이 지호에게 필요한지 다시 한번 확인한 후 개별화된 지원 계획을 세워야겠어요.

 최 교사: 네, 그렇게 된다면 지호에게 학교뿐 아니라 지역사회 환경에서의 활동 기회 증진이라는 개인적 성과를 가져올 수 있겠어요.

 강 교사: 그렇죠. 개별화된 지원을 신중하게 계획하고 적용한다면 ⓔ 다른 개인적 성과도 기대할 수 있을 거예요.

4) 2010년에 '미국 지적장애 및 발달장애협회(AAIDD)'에서 제시한 '지원 모델'에 근거하여 ⓔ에 해당하는 내용을 1가지 쓰시오.

70 _____

(가)는 일반교사가 특수교육 연수를 받으며 기록한 내용의 일부이고, (나)는 일반교사와 특수교사가 나눈 대화의 일부이다. 괄호 안의 ㉠, ㉡에 해당하는 용어를 순서대로 쓰시오.

(가) 기록 내용

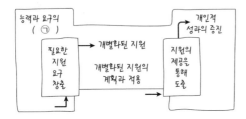

○지원 모델(미국 지적장애 및 발달장애협회, AAIDD, 2010)

능력과 요구의
(㉠)

필요한 지원 요구 창출

개별화된 지원

개별화된 지원의 계획과 적용

개인적 성과의 증진

지원의 제공을 통해 도출

○중도 장애인(미국 중도장애인협회, TASH, 2000)
- 통합된 사회에 참여하여 다른 사람과 비슷한 삶의 질을 향유할 수 있도록 삶의 영역에서 지속적 지원이 필요함.
- 이동, 의사소통, (㉡)와/과 같은 생활 영역에서 지원이 필요함.
- 지역사회에서의 주거, 고용, 자족에 필요한 학습을 위해 지원이 필요함.

(나) 대화

일반교사: 선생님, 어제 특수교육 연수를 받고 왔는데, 우리 반 장애학생 C를 이해하는 데 도움이 되었어요. 지원 모델에 대해 조금 더 자세히 설명해 주세요.

특수교사: 네, 장애를 이해하는 데 예전에는 장애학생의 결함에 초점을 맞추었지만, 요즘에는 지원을 강조하고 있어요. 그래서 개인의 능력과 환경적 요구의 (㉠)(으)로 인해 지원 요구가 생긴다고 보고 있고요.

… (중략) …

특수교사: 미국 중도장애인협회에서도 개인의 결함보다는 통합 환경에서 성공할 수 있도록 도와주는 생활 영역에서의 지원을 강조해요. 생활 영역 중에서 (㉡)은/는 2015 개정 특수교육 교육과정에서 중점적으로 기르고자 하는 핵심 역량의 하나인 (㉢) 역량과도 일맥상통하는 것 같아요. 자아정체성과 자신감을 가지고 자신의 삶과 진로에 필요한 기초 능력과 자질을 갖추어 갈 수 있는 것이지요.

71 _____

(가)는 지적장애 학생 G의 학부모가 특수교사와 상담한 내용의 일부이고, (나)는 기본 교육과정 중학교 사회과 '마트에서 물건 구입하기'를 주제로 지역사회 중심 교수에 기반하여 작성한 수업 지도 계획의 일부이다. 〈작성 방법〉에 따라 서술하시오.

(가) 상담

학 부 모: 안녕하세요. 학생 G의 엄마입니다. 우리 아이와 같은 증후군의 아이들은 15번 염색체 이상이 원인인데, 가장 큰 특징은 과도한 식욕으로 인한 비만이라고 해요. 그래서 저는 늘 우리 아이의 비만과 합병증이 염려됩니다. ┐㉠

특수교사: 가정에서도 식단 관리와 꾸준한 운동으로 체중 조절을 해 주시면 좋겠어요. 학교에서도 학생 G를 위해 급식 지도와 체육 활동에 신경 쓰겠습니다.

학 부 모: 네, 그리고 교과 공부도 중요하지만 학생 G가 성인기에 지역사회에서 살아가기 위해 필요한 실제적인 기술을 지도해 주시면 좋겠어요.

특수교사: 알겠습니다. 학급에서 배운 기술을 지역사회 환경에 적용할 수 있도록 ㉡'영수준 추측'과 '최소위험가정기준'을 바탕으로 지역사회 중심 교수를 하려고 합니다.

(나) 수업 지도 계획

학습 주제	마트에서 물건 구입하기
지역사회 모의수업	• 과제분석하기 필요한 물건 말하기 → 구입할 물건 정하기 → 메모하기 … (중략) … → 거스름 돈 확인하기 → 영수증과 구매 물건 비교하기 → 장바구니에 물건 담기 • 과제분석에 따라 ㉢ 전진형 행동연쇄법으로 지도하기 • 교실에서 모의수업하기
(㉣)	• 학교 매점에서 과제 실행하기 ─학교 매점에서 판매하는 물건 알아보기 ─학교 매점에서 구입할 물건 정하기 ─학교 매점에서 물건 구입하기
지역사회 중심 교수	• 마트에서 과제 실행하기

┌〈작성 방법〉─────────
• (가)의 ㉠을 참고하여 학생 G의 증후군 명칭을 쓸 것
• (가)의 밑줄 친 ㉡의 의미를 서술하고, (나)의 괄호 안의 ㉣에 해당하는 용어를 쓸 것

72

다음은 유아특수교사 최 교사가 통합학급 김 교사와 나눈 대화의 일부이다. 물음에 답하시오.

최 교사: 오늘 활동은 어땠어요?

김 교사: 발달지체 유아 나은이가 언어발달이 늦어 활동에 잘 참여하지 못했어요.

최 교사: 동물 이름 말하기 활동은 보편적 학습 설계를 적용하여 계획하면 어떤가요?

김 교사: 네, 좋아요.

최 교사: 유아들이 동물 인형을 좋아하니까, 각자 좋아하는 동물 인형으로 놀아요. ㉠나은이뿐만 아니라 유아들의 관심과 흥미를 유도할 수 있도록 유아들이 좋아하는 동물 인형을 준비하고, 유아들이 직접 골라서 놀이를 하게 하면 좋을 것 같아요.

김 교사: 다른 유의 사항이 있을까요?

최 교사: 네, 모든 문제를 해결하기는 어렵겠지만 나은이가 재미있게 놀이 활동을 할 수 있게 하면 될 것 같아요. 그리고 ㉡나은이의 개별화 교육목표는 선생님이 모든 일과 과정 중에 포함시켜 지도할 수 있어요. 자유놀이 시간에 유아들이 동물 인형에 관심을 보이고 놀이 활동에 열중할 때 나은이에게 동물 이름을 말하게 하는 거예요. 예를 들어, "이건 뭐야?"라고 물어보고 "호랑이"라고 대답하면 잘 했다고 칭찬을 해요. 만약, 이름을 말하지 못하면 ㉢"어흥"이라고 말하고 ㉣호랑이 동작을 보여주면, 호랑이라고 대답할 거예요.

---

2) ㉡ 교수 전략의 장점을 2가지 쓰시오.

73

(가)는 통합학급 박 교사와 최 교사, 유아특수교사 김 교사가 지적 장애 유아 은미와 민수의 행동에 대해 협의한 내용의 일부이다. 물음에 답하시오.

(가)

[3월 23일]

김 교사: 은미와 민수가 통합학급에서 또래들과 잘 어울리고 있는지 궁금해요.

박 교사: 은미는 혼자 있는 걸 좋아하고 자기표현이 거의 없어요. 그래서인지 친구들도 은미와 놀이를 안 하려고 해요. 오늘은 우리 반 현지가 자기 장난감을 은미가 가져갔다고 하는데 은미가 아무 말도 하지 않아서 오해를 받았어요. 나중에 찾아보니 현지 사물함에 있었어요.

김 교사: 은미가 많이 속상해 했겠네요. ㉠은미가 자신에게 억울한 상황을 자신의 입장에서 분명하게 이야기할 수 있도록 지도해야겠어요. 최 선생님, 민수는 어떤가요?

최 교사: 민수가 활동 중에 갑자기 자리를 이탈해서 아이들이 놀라는 경우가 많아요. 그래서 친구들이 민수 옆에 앉지 않으려고 해요. 민수의 이런 행동은 이야기 나누기 활동에서 많이 나타나는 것 같아요.

김 교사: 선생님들의 말씀을 듣고 보니, 은미와 민수가 속해 있는 통합학급 유아들을 대상으로 ㉡또래지명법부터 해 봐야겠다는 생각이 들어요.

박 교사: 네, 좋은 생각이네요.

최 교사: 그런데 김 선생님, 요즘 민수가 자리이탈 행동을 더 많이 하는 것 같아서 걱정이 되네요.

김 교사: 그러면 제가 민수의 행동을 관찰해 보고 다음 주에 다시 협의하는 건 어떨까요?

최 교사: 네, 그렇게 하는 것이 좋겠어요.

[4월 3일]

최 교사: 선생님, 지난주에 민수의 행동을 관찰하기 위해 이야기 나누기 활동을 촬영하셨잖아요. 결과가 궁금해요.

김 교사: 네, ㉢민수의 자리이탈 행동의 원인이 선생님의 관심을 얻기 위한 것으로 확인되었어요.

최 교사: 그렇군요. 그러면 민수의 자리이탈 행동을 줄이려면 어떻게 해야 할까요?

김 교사: ㉣자리이탈을 하지 않고도 원하는 강화를 받을 수 있게 하여 문제 행동의 동기를 제거할 수 있는 전략을 적용해 보는 것도 좋을 것 같아요.

---

1) ㉠에 근거하여 은미에게 지도해야 할 자기결정 행동의 구성요소를 쓰시오.

74 _____ 2021 초등A-5

(가)는 민지의 특성이고, (나)는 교육실습생과 지도 교사의 대화이다. 물음에 답하시오.

(가) 민지의 특성

- 간단한 문장을 읽고 이해할 수 있다.
- 자신의 의사를 간단하게 표현할 수 있다.
- 학교에서 배운 것을 일상생활에 잘 적용하지 못한다.

(나) 교육실습생과 지도 교사의 대화

교육실습생: 다음 국어시간에는 '바른 말 고운 말 사용하기' 수업을 역할 놀이로 진행한다고 들었어요. 선생님, 지적장애 학생을 교육할 때 어떤 점을 유의해야 할까요?

지도 교사: 교사는 ㉠결정적인 자료가 없는 한 학생을 수업 활동에 배제하지 않고 교육적 지원을 계속해야 하고, 학교에서 배운 것이 학습 결과로 바로 나타난다고 생각하기보다 ㉡학생의 생활, 경험, 흥미 등을 중심으로 현재 필요한 것이면서 미래의 가정과 직업, 지역사회, 여가활동 등에 활용될 수 있는 생활 기술들을 지도해야 합니다.

교육실습생: 네, 감사합니다.

… (중략) …

교육실습생: 민지의 의사소통 능력 증진을 위한 교수 전략을 추천해 주실 수 있을까요?

지도 교사: 일상의 의사소통 상황을 자연스럽게 구조화하여 지속적인 반응적 상호작용을 통해 의사소통을 촉진하는 대화 중심의 교수법을 추천하고 싶습니다. [A]

… (중략) …

교육실습생: 이 수업에 자기결정 교수학습 모델을 적용할 수 있을까요?

지도 교사: 네, 가능합니다. ㉢자기결정 행동의 구성 요소 중에서 '학생이 학습 문제를 해결하도록 학생 스스로 말해 가면서 실행하는 것'과 같은 요소를 중심으로 지도하면 좋겠네요. 이 때 자기결정 교수학습 모델을 단계별로 적용하면 됩니다.

교육실습생: 네, 감사합니다.

1) ① 발달장애 학생을 위한 교육과정을 결정하고 운영할 때 고려해야 할 교수 원리로 ㉠에 해당하는 가정(가설)을 쓰고, ② ㉡에 해당하는 교육과정의 유형을 쓰시오.

① :

② :

3) ① ㉢에 해당하는 기술을 쓰고, ② 다음 ⓐ에 들어갈 말을 쓰시오.

자기결정 교수학습 모델		
구분	성취해야 할 학생의 과제	교수적 지원
1단계	나의 목표는 무엇인가?	선택하기 교수, 목표설정 교수
2단계	나의 계획은 무엇인가?	자기일정(계획), 목표달성 전략
3단계	ⓐ	자기평가 전략, 자기점검

① :

② :

75

(가)는 중도중복장애 학생 건우의 현재 담임 김 교사와 전년도 담임 이 교사가 나눈 대화이다. 물음에 답하시오.

(가) 김 교사와 이 교사의 대화

> 김 교사: 건우를 위한 실과 수업은 어떤 방향으로 지도하면 좋을까요?
>
> 이 교사: 건우에게 어릴 때부터 지역사회 기술을 직접 가르치는 것이 좋습니다. 이번 마트 이용하기 활동부터 계획해 보세요.
>
> 김 교사: 네, 좋아요. 그런데 요즘 ㉠코로나 19 때문에 밖에 나가기 어렵고, 그렇다고 학교에 마트가 있는 것도 아니에요.
>
> 이 교사: 지난번 구입한 머리 착용 디스플레이(Head Mounted Display ; HMD)를 활용하는 것이 좋을 것 같아요
>
> 김 교사: 그 방법으로는 부족하지 않을까요?
>
> 이 교사: 맞아요. ㉡최대한 지역사회 기술 수행 환경과 유사하도록 학습 환경을 구성해야 해요. 그리고 다양한 사례를 가르쳐 배우지 않은 환경에서도 수행할 수 있도록 계획해야 해요.
>
> … (중략) …
>
> 김 교사: 건우가 실습수업에 잘 참여하지 않아서 걱정이에요.
>
> 이 교사: 초등학교 저학년 때부터 매번 실패를 경험하다 보니 이제는 할 수 있는 것조차 하지 않으려 한답니다.
>
> 김 교사: 그렇다면 성공 경험을 주는 것이 필요하겠군요.
>
> 이 교사: 과제를 잘게 쪼갠 후, ㉢일의 순서와 절차에 따라 수행하도록 지도하는 것이 도움이 될 겁니다.

1) (가)의 ㉠과 같은 상황에서 ① 김 교사가 학교에서 적용할 수 있는 지역사회 중심 교수의 유형을 쓰고, ② 다음의 지역사회 중심 교수 절차에서 ㉡이 의미하는 용어 ⓐ를 쓰시오.

> 교수 장소와 목표 기술 설정 → 교수할 기술 결정 → 교수 계획 작성 → 기술의 (ⓐ) 계획 → 교수 실시

① :

② :

76

다음은 미국 지적장애 및 발달장애 협회[American Association on Intellectual and Developmental Disabilities(AAIDD), 2010]에서 제시한 개별화된 지원 평가, 계획 및 감독을 위한 과정이다. ㉠을 위한 방법을 쓰고, ㉡에 해당하는 개인의 지원 요구 및 의료적, 행동적 지원 요구를 판별하기 위한 표준화 검사도구의 명칭을 쓰시오.

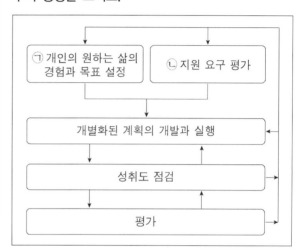

77

(가)는 지적장애 학생 F에 대한 지도 중점 사항이고, (나)는 교육 실습생이 기록한 학생 F의 수행 점검표이다. 〈작성 방법〉에 따라 서술하시오.

(가) 지도 중점 사항

| • 독립적인 자립생활을 위해 적응행동 기술 교수 |
| • 수업 중 소리 지르기 행동에 대해 지원 |

(나) 수행 점검표

상위 기술	하위 기술	수행 점검
컵라면 구입하기	컵라면 가격 알기	×
	종업원에게 인사하기	○
	종업원에게 질문하기	○
	계산하고 구입하기	×
컵라면 조리하기	컵라면 뚜껑 열기	○
	컵 안쪽에 보이는 선까지 물 붓기	○
	면이 익을 때까지 기다리기	○
정리하기	빈 용기 정리하기	○

〈작성 방법〉
• (나)에서 학생 F가 어려움을 보이는 적응행동 하위 유형의 명칭을 쓸 것(단, 적응행동 하위 유형의 명칭은 AAIDD의 11차 정의에 제시된 용어로 쓸 것)

78

(나)는 유아특수 교사가 작성한 일지의 일부이다. 물음에 답하시오.

(나)

현장체험학습 사전답사를 가 보니, '미션! 지도에 도장 찍기' 코너가 인기가 있었다. 도장 찍기에 어려움이 있는 현서를 위해 아래와 같이 도장 찍기 기술을 세분화하고 연쇄법을 적용하여 지도하였다.

> 지도 꺼내기 → 지도 펼치기 → 도장 찍을 곳 확인하기 → 도장에 잉크 묻히기 → 도장 찍기 → 지도 접기 → 지도 넣기 ⎤ [B]

현장체험학습에 필요한 기술을 연습할 수 있도록 교실 환경을 꽃 축제의 코너와 유사하게 꾸몄다. 그리고 '미션! 지도에 도장 찍기' 활동에 필요한 자료를 구비하여 현서가 연습할 수 있게 하였다. ⎤ [C]

3) (나)에서 [C]에 해당하는 교수방법을 쓰시오.

79 _____

다음은 특수학교에 근무하는 최 교사의 수학 수업에 대한 성찰 일지이다. 물음에 답하시오.

	성찰 일지
성취기준	[4수학04-03] 반복되는 물체 배열을 보고, 다음에 올 것을 추측하여 배열한다.
단원	⊙ 9. 규칙 찾기
학습목표	ABAB 규칙에 따라 물건을 놓을 수 있다.

　오늘은 모양을 ABAB 규칙에 따라 배열하고 규칙성을 찾는 수업을 하였다.

　ⓒ규칙성이라는 추상적 개념 지도를 위해 구조적으로 동형이면서 다양한 구체물을 활용하는 수업이었다.

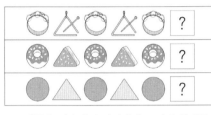

[A]

　구체물을 이용한 수업이라서 그런지 학생들이 흥미 있게 참여하였다.

　오늘 연습 문제에서 대부분의 학생들은 물건을 잘 배열하는 것으로 보아 이제 ABAB 규칙을 익숙하게 다룰 수 있는 것으로 판단된다. 그런데 나영이는 ⓒABAB 규칙을 습득하였으나 가끔 순서가 틀리고, 모양을 찾는 데 시간이 오래 걸렸다. 나영이도 ABAB 규칙에 익숙해지려면 많은 연습이 필요할 것 같다.

　하지만 나영이는 주의 집중력이 부족하여 오래 연습하기가 어렵다. 그래서 ②나영이가 좋아하는 스티커를 활용하여 나영이에게 고정비율강화 계획을 적용하면 좀 더 적극적으로 수업에 참여할 수 있을 것 같다.

　내일은 다양한 규칙에 대해 배우게 되는데 학생들의 흥미를 높이고 학생들이 다양한 자극에 반응할 수 있도록 여러 가지자료를 사용해야겠다. 이렇게 하면 우리 학생들이 ⑩수업 시간에 사용한 상황과 자료가 아닌 다른 상황과 자료에서도 규칙대로 배열할 수 있지 않을까 생각해 본다.

2) ⓒ의 학습단계에서 나영이를 위해 교수 목표로 삼아야 할 능력(기술)을 쓰시오.

80

다음은 2015 개정 특수교육 교육과정 중 기본 교육과정 실과 5~6학년군 '건강한 식생활' 단원 지도 계획의 일부이다. 물음에 답하시오.

단원	2. 건강한 식생활
단원 목표	• 건강과 성장을 위해 올바른 식생활 습관을 실천할 수 있다. [A] 　─ 건강에 이롭고 안전한 식품을 선택한다. 　─ 골고루 먹는 식습관을 실천한다.
학습 목표	건강에 이로운 음식으로 균형 잡힌 밥상을 차릴 수 있다.
활동 지도 계획	• 도입(주의 집중) 　─ 교사가 모델이 된 동영상 보여주기 　　◦ 균형 잡힌 밥상을 차리는 모습 　　◦ 건강에 이로운 음식을 먹는 모습 • 활동 1: 건강에 이로운 음식 알기 　─ 교사가 도입 동영상에 나온 이로운 음식 설명하기 　─ 도입의 동영상을 보고 학생이 어제 먹은 음식과 교사가 먹은 음식에서 이로운 음식 찾기 　─ 제시된 그림에서 학생이 이로운 음식 찾아 붙임 딱지 붙이며 범주화하기 　─ 학생이 새롭게 배운 이로운 음식을 기억할 수 있도록 시연하고 노랫말 만들어 부르기 [B]  • 활동 2: 골고루 먹는 균형 잡힌 밥상 차리기 　─ 건강에 이로운 음식으로 식단 짜기 　─ 균형 잡힌 밥상 차리기 　　◦ 접시에 반찬을 골고루 담기 　　◦ 반찬을 담은 접시를 밥상 위에 놓기 　　◦ 숟가락과 젓가락을 밥상 위에 놓기 [C] 　　◦ 밥과 국을 밥상 위에 놓기 ※ 유의점 　─ ⓐ<u>학생의 건강상 특이사항을 고려하여 식단 구성에 유의하도록 지도함</u> 　─ 밥상 차리기 활동 중 학생이 오류를 보이면 피드백을 제공하여 교정함 • 정리: 학생들의 결과물 중에서 가장 균형 잡힌 식단을 선정하여 칭찬하기

2) ① [B]에 적용된 반두라(A. Bandura)의 관찰학습 하위 과정(단계)의 명칭을 쓰고, ② [B]에 제시된 그림을 보고 '6대 영양소' 중 4가지 이상을 쓰시오.

①:

②:

3) ① ㉠과 관련하여 페닐케톤뇨증(phenylketonuria ; PKU)을 가진 학생이 자신의 식단을 점검할 때 유의해야 할 사항을 쓰고, ② [C]는 '미국 지적 및 발달장애협회(AAIDD)(2010)'에서 제시한 적응행동의 3가지 기술(skills) 중 어떤 기술에 해당하는지 쓰시오.

①:

②:

81

다음은 미국 지적장애 및 발달장애 협회(American Association on Intellectual and Developmental Disabilities, 2010)에서 제시한 '인간 기능성의 개념적 틀'과 그에 대한 설명이다. 괄호 안의 ㉠에 공통으로 들어갈 용어를 쓰고, 밑줄 친 ㉡~㉤ 중 틀린 것 1가지를 찾아 기호와 함께 바르게 고쳐 쓰시오.

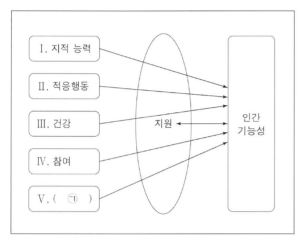

- 지적 능력은 추론하기, 계획하기, 문제 해결하기, 추상적 사고하기, 복잡한 아이디어 이해하기, 빨리 학습하기, 경험을 통한 학습하기를 포함하는 ㉡일반적인 정신 능력이다.
- 적응행동의 평가는 매일의 일과에 따라 변화하는 상황에서 한 개인의 ㉢최대한의 수행에 기초한다.
- 건강은 ㉣신체적, 정신적, 사회적 안녕의 완전한 상태로 정의한다.
- 개인의 참여 수준에 대해서는 ㉤직접 관찰을 통해 평가한다.
- (㉠)은/는 사람들의 일상적 삶과 상호 관련된 조건을 의미하는데, 환경적 요소와 개인적 요소를 포함한다.

82

(가)는 지적장애 학생 C의 특성이고, (나)는 학생 C의 학부모와 특수 교사가 나눈 대화의 일부이다. 〈작성 방법〉에 따라 서술하시오.

(가) 특성

- ㉠장애의 원인은 21번째 상염색체가 3개인 염색체 이상으로 생의학적·출생 전 원인에 해당함.
- 성격이 밝고, 사회성이 좋음.
- 간헐적 지원 요구가 있음.
- ㉡장애 특성상 갑상선 질병에 걸리기 쉽기 때문에 정기적인 검진을 받고 있음.

(나) 대화

학 부 모: 선생님, 안녕하세요. 저희 아이가 곧 고등학교를 졸업하는데, 그때가 되면 혼자 시내버스를 타고 다닐 수 있으면 좋겠어요.

특수 교사: 예, 마침 사회 시간에 '우리 동네 살펴보기' 학습을 할 예정이어서 시내버스를 이용해 보려고 해요. 지역사회에서 사용할 기술을 지역사회 환경에서 직접 가르치는 방법을 (㉢)(이)라고 합니다. 그런데 시간, 비용, 위험성의 문제로 실제 버스를 타러 가기 전에 우선 교실에서 모의 환경을 만들어 미리 연습하는 지역사회모의교수를 해 보려고 합니다.

학 부 모: 그렇군요. 그런데 교실의 모의 환경에서 연습을 하면 실제 환경과 다른 점이 많아서 나중에 제대로 버스를 탈 수 있을까요?

특수 교사: 그래서 지역사회모의교수를 실시한 후에 실제 환경에서 발생할 수 있는 여러 상황이나 조건 중 대표적인 사례를 선택하고 계열화하여 가르치는 (㉣)(으)로 지도하려고 합니다.

학 부 모: 어떤 방법인지 예를 들어 설명해 주시면 좋겠어요.

특수 교사: 편의점 이용하기를 예로 들자면, 편의점마다 물품이나 계산대의 위치가 다르잖아요. 그래서 먼저 과제분석을 합니다. 그다음에는 기술을 지도할 대표적인 편의점 A와 평가할 다른 편의점 B를 정합니다. 그 후 편의점 A에서 물건 사기 기술을 지도하고, 편의점 B에 가서 이 기술이 일반화되었는지를 평가하는 방식이지요.

〈작성 방법〉

- (가)의 밑줄 친 ㉠을 참조하여 학생 C의 증후군 명칭을 쓸 것
- (가)의 밑줄 친 ㉡을 고려하여 미국 지적장애 및 발달장애 협회(AAIDD, 2010)의 매뉴얼에서 제시한 3차 예방의 목적을 1가지 서술할 것
- (나)의 괄호 안 ㉢, ㉣에 해당하는 교수 전략을 기호와 함께 각각 쓸 것

83 _____

2023 유아A-7

(가)는 통합학급 놀이 상황이다. 물음에 답하시오.

(가)

최 교사 :	친구들, 우리 공놀이하기 전에 재미있는 몸놀이 하고 해요.
강 교사 :	노래에 맞춰서 몸을 움직여 보아요. ♬ 옆에 옆에 옆에 옆으로 위로 아래로 위로 아래로~
유 아 들 :	(교사의 노래에 맞춰 ㉠ <u>옆으로 위로 아래로</u> 몸을 움직인다.)
최 교사 :	이제 선생님이 산토끼라고 말하면 친구들은 산토끼라고 말하면서 앉거나 일어서 주세요. 산토끼!
유 아 들 :	산. 토. 끼!
강 교사 :	서 있는 친구들끼리, 그리고 앉아 있는 친구들끼리 짝꿍이 되어요.
유 아 들 :	(친구들과 짝을 짓고 서로 마주 본다.)

[A]

··· (중략) ···

강 교사 :	지금부터 재미있는 공놀이 시작!
흥 수 :	볼링놀이 할 사람 모여라. 내가 블록 다섯 개 세울게.
세 윤 :	나는 아까 볼링놀이 많이 해서 재미없어.
윤 경 :	나는 잘 못하지만 한번 해 볼게. (공을 굴린다.)
세 윤 :	이번에는 지은이가 해 봐.
지 은 :	난 또 못 넘어뜨릴 거야.
흥 수 :	나는 아까 많이 했어. 이거 엄청 쉬워.
윤 경 :	나는 아까 하나 넘어뜨렸어.
흥 수 :	그럼 예서가 해 볼래?
예 서 :	응. 그런데 블록이 다 안 넘어지면 공이 작아서 그런 거야. (공을 굴린다.)
윤 경 :	얘들아, 내가 큰 공 가지고 왔어.
유 아 들 :	와! 엄청 크다. 블록 다 넘어지겠다.

[B]

2) (가)의 [B]에서 '학습된 무기력'에 해당하는 문장을 찾아 쓰시오.

84 _____

(가)는 특수학교 6학년 지적장애 학생 경아의 특성이고, (나)는 사회과 '도서관 이용하기' 단원 지도 계획의 일부이다. 물음에 답하시오.

(가) 학생 특성

- 경도 지적장애를 가지고 있음
- 그림책 보기를 좋아함
- 4어절 수준의 문장으로 대화가 가능함
- ⊙ 외적통제소 특성을 지님

(나) 단원 지도 계획

〈개요〉
- 단원명 : 도서관 이용하기
- 수업목표 : ⓒ 도서관을 이용하는 방법을 알고 실천할 수 있다.

〈활동 1〉
- 도서관 살펴보기
  - '도서관에 가면~' 노랫말 만들어 봄
  - 📠 도서관에 가면 책도 있고 ♪~, 도서관에 가면 책상도 있고 ♬~

〈활동 2〉
- 도서관을 이용하는 방법 알아보기
  - ⓒ 교실을 도서관으로 꾸미고 학생들이 서로 돌아가며 사서 교사와 대출하는 학생을 선정하여 시연해 보도록 함. 이때 다른 학생들은 그 상황을 지켜보고 평가하도록 함

〈활동 3〉 학교 도서관 이용해 보기

〈차시 예고〉
- ② '도서관 이용하기'를 배운 후 현장체험학습을 통해 학교 근처 도서관으로 가서 직접 그림책을 대출하기
  - 도서관에서 다른 사람에게 의존하지 않고 책을 대출함
  - 그림책을 성공적으로 대출하는 경험을 통해 자기 효능감을 느끼게 함 ⎤ [A]
  - 자기 자리에 앉아 정해진 시간 동안 큰 소리로 이야기하지 않음

1) (가)의 ⊙의 특성을 쓰시오.

3) ① (나)의 ②에 해당하는 교수 방법의 명칭을 쓰고, ② [A]에서 설명하고 있는 것을 위마이어(M. Wehmeyer)가 제시한 개념으로 쓰시오.

①:

②:

85

(가)는 지적장애 학생 민호 부모의 요구이고, (나)는 특수교사가 작성한 요구 분석 및 지원 계획이다. 물음에 답하시오.

(가) 부모의 요구

- 본인의 방을 스스로 청소하고 간단한 식사 준비 하기 ⌉
- 스마트폰을 활용하여 혼자 지하철 타기 ⌟ [A]
- 친구들과 함께하는 활동에서 소외되지 않고 즐겁게 참여하기
- 자기가 원하는 것을 말로 표현하기
- 독립적으로 학교생활 하기

(나) 요구 분석 및 지원 계획

1. ㉠ 기능적 생활 중심 교육과정을 계획할 때, 민호의 발달연령보다 생활연령을 고려할 것
2. ㉡ 일상생활 속에서 민호에게 도움을 줄 수 있는 사물이나 사람(**예** 같은 반 친구 등)을 파악하여 수업과 생활환경에서 활용할 것
3. 민호가 수업에서 배운 기능적 기술들을 여러 환경에서 일반화 할 수 있도록 지도할 것
   - ㉢ 수업에서 배운 기능적 기술을 실생활에 모두 적용할 수 없다는 점을 전제하여, 민호가 배운 내용을 다양한 환경에서 일반화할 수 있는지 확인하고 평가해 볼 필요가 있음
4. 현재는 ㉣ 과제분담학습 I(Jigsaw I)을 적용하고 있으나, 민호와 같은 팀이 되는 것을 학급 친구들이 좋아하지 않음
   - 협동학습의 유형 중 ㉤ 능력별 팀 학습(Student Teams-Achievement Divisions : STAD)을 적용해 볼 필요가 있음
5. 협동학습 수업의 '모둠별 학습' 단계에서 모둠 구성원들이 협동해서 과제를 해결해야 하는데 민호가 잘 참여하지 않는 경우가 많음
   - ㉥ 민호가 집단의 구성원으로 협동학습 과정에서 자신의 역할을 제대로 알고 집단의 문제해결 과정에 적극적으로 참여해야 함을 알려 줄 필요가 있음

1) ① (가)의 [A]에 해당하는 일상생활 활동의 유형을 쓰고, ② (나)의 ㉠의 이유를 1가지 쓰시오.

① :

② :

2) ① (나)의 ㉡에 해당하는 지원의 유형을 쓰고, ② 교육과정을 구성하고 운영하기 위한 기본 전제 중에서 (나)의 ㉢에 해당하는 개념을 쓰시오.

① :

② :

3) (나)의 ㉥에 해당하는 자기옹호 기술을 쓰시오.

86

(가)는 학생의 특성이고, (나)는 수업 지도 계획을 위한 특수 교사의 메모이다. (다)는 자기결정교수학습모델 (Self-Determined Learning Model of Instruction : SDLMI) 3단계를 학생 A에게 적용한 교사목표의 일부이다. 〈작성 방법〉에 따라 서술하시오.

(가) 학생의 특성

학생 A	• 지적장애와 저시력을 중복으로 지님 • 목표를 세워 본 경험이 부족하고, 교사나 부모의 도움을 받아 과제를 수행하려 함
학생 B	• 지적장애 학생임 • 역량이 충분히 있음에도 불구하고 ㉠ 반복된 실패의 경험이 누적되어 학습 동기가 낮음 • 자신의 상황에 맞지 않는 진로 목표를 설정함

(나) 수업 지도 계획을 위한 특수 교사의 메모

• 자기결정교수학습모델(SDLMI) 적용
 - 학생질문으로 (㉡)의 과정을 지도함

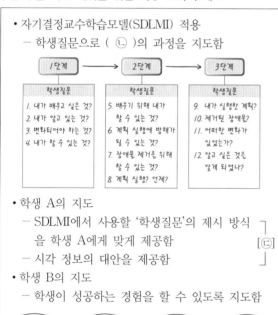

• 학생 A의 지도
 - SDLMI에서 사용할 '학생질문'의 제시 방식을 학생 A에게 맞게 제공함 ⎤
 - 시각 정보의 대안을 제공함 ⎦ [㉢]
• 학생 B의 지도
 - 학생이 성공하는 경험을 할 수 있도록 지도함

(다) SDLMI 3단계를 학생 A에게 적용한 교사목표의 일부

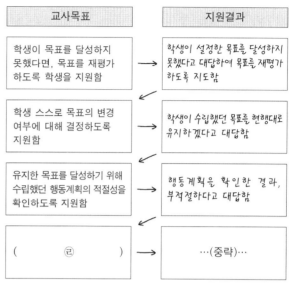

학생질문 11번 : 내가 모르던 것에 대해 어떤 변화가 있었나요?

교사목표	지원결과
학생이 목표를 달성하지 못했다면, 목표를 재평가하도록 학생을 지원함	학생이 설정한 목표를 달성하지 못했다고 대답하여 목표를 재평가하도록 지도함
학생 스스로 목표의 변경 여부에 대해 결정하도록 지원함	학생이 수립했던 목표를 현행대로 유지하겠다고 대답함
유지한 목표를 달성하기 위해 수립했던 행동계획의 적절성을 확인하도록 지원함	행동계획을 확인한 결과, 부적절하다고 대답함
(㉣)	…(중략)…

─〈 작성 방법 〉─
• (가)의 밑줄 친 ㉠과 관련된 특성을 쓸 것
• (나)의 괄호 안의 ㉡에 해당하는 내용을 쓰고, (다)의 괄호 안의 ㉣에 해당하는 내용을 1가지 서술할 것

87

(가)는 ○○중학교에 배치된 특수교육대상 학생에 대한 정보이고, (나)는 체육 교사가 작성한 수업 계획의 일부이다. (다)는 두 교사가 나눈 대화의 일부이다. 〈작성 방법〉에 따라 서술하시오.

(가) 학생의 정보

학생 A	• 시각장애 학생 • 활발하고 도전정신이 강하고, 급우들과의 관계가 원만함
학생 B	• 지체장애 학생으로 휠체어를 사용함 • 자신감은 부족하지만 급우들과 어울리고 싶어함

(나) 체육 수업 계획

과목	체육	영역	경쟁	장소	운동장
주제	• 티볼을 활용한 팀 경기하기				
절차	사전 학습		본 수업		
내용	• 티볼 경기 영상 시청 • 팀 경기 전략 생각하기		• 팀별 역할 및 전략 토론 • 팀 경기 실시		
준비 사항	• 티볼 경기 영상(시각장애인을 위한 화면 해설 포함) • 티볼 경기 규칙과 기술에 대한 학습지		• 변형 경기장 조성 및 팀 구성 • ⓐ <u>준비물: 티볼 공, 배트, 탬버린</u>		

(다) 특수 교사와 체육 교사의 대화

특수 교사 : 선생님은 전통적 수업이나 혼합수업과 달리 가정에서 사전 학습을 하고 학교에 와서 심도 있게 수업에 참여하는 학습자 중심의 교수 방법을 활용하려 하시네요. ⌉

체육 교사 : 네. 사전 학습을 통해 개념을 충분히 습득함으로써 본 수업에서는 토론이나 활동 수행 시간 등을 충분히 확보할 수 있지요. 그렇지만 학생이 사전 학습을 수행하지 않으면 본 수업에 차질이 생길 수도 있어 준비가 많이 필요합니다. ⌋ [ⓛ]

… (중략) …

─〈작성 방법〉─
• (나)를 참고하여 (다)의 ⓛ에 해당하는 교수 방법의 명칭을 쓸 것

88

다음은 전문적학습공동체 모임 후 두 교사가 나눈 대화의 일부이다. 괄호 안의 ㉠과 ㉡에 해당하는 내용을 순서대로 쓰시오.

교사 A : 선생님, 이번에 연수를 들어보니 지난 30년간 지적장애의 정의 및 모델에서 많은 변화가 있었다는 것을 알 수 있었습니다. 무엇보다 1992년 모델에 소개되었던 '지원'의 개념이 지속적으로 이어져 오다가 2021년에는 '지원체계'로 변경되었다는 점이 인상 깊었어요.

교사 B : 네. 지원체계는 개인의 발달과 유익을 촉진하고 개인의 기능성과 (㉠)을/를 향상시키는 상호 연결된 자원 및 전략 네트워크입니다. 보다 체계적으로 지원체계를 구축하고자 한 점을 저도 주의 깊게 살펴보았어요.

교사 A : 그렇다면 효과적인 지원체계의 요소는 무엇이 있을까요?

교사 B : 미국 지적장애 및 발달장애 협회(AAIDD)에서는 2021년에 효과적인 지원체계의 특징으로 개인 중심성, 포괄성(종합성), 협응성, 성과지향성을 설명하였어요. 그 중 포괄성(종합성)은 효과적인 지원체계의 요소로 선택 및 개인 자율성, 통합적인 환경, (㉡), 전문화된 지원을 제시하였습니다.

89

(가)는 지적장애와 관련된 연수 자료의 일부이고, (나)는 교육실습생이 연수를 들으면서 정리한 내용이다. 〈작성 방법〉에 따라 서술하시오.

(가) 지적장애 관련 연수 자료

○ 장애의 (㉠) 모델에 대한 이해
  - 장애를 개인으로부터 발생하는 결함이 아니라, 개인과 그 개인이 기능하는 맥락 사이의 상호작용으로 이해함
  - 지적장애인의 인간 기능성을 높이기 위한 지원을 강조함
○ 지원강도척도(Supports Intensity Scale)에 대한 이해

… (중략) …

  - 평가 방법 : (㉡)을/를 통해 지원요구를 평가함
  - 결과 활용 : 개별화된 지원의 계획 수립 및 운영에 활용
    • 삶의 경험과 목표를 확인하고 지원요구를 평가한 결과는 개인에게 지원할 영역의 (㉢)을/를 결정하는 데 도움이 됨
    • 모든 생활 활동 영역을 한 번에 효과적으로 지도하는 것은 어려움이 있으므로, 학생에게 중요한 지원 영역의 (㉢)을/를 판별함

(나) 교육실습생이 정리한 내용

• ⓐ 획득한 점수와 진점수가 속한 통계적 범위인 신뢰 구간을 바탕으로 지능검사와 적응행동검사 결과를 해석함
• ⓑ 지적장애를 진단할 때 적응행동을 지적 기능성과 동일한 비중으로 고려할 것을 강조함
• ⓒ 적응행동 측정 시 또래가 활동하는 전형적인 지역사회 환경을 참조함
• ⓓ 지적장애 하위 집단은 목적에 따라 선택적으로 분류되고, 분류가 되어야 한다면 지적 기능성의 수준에 따른 분류가 가장 적절함

┌〈 작성 방법 〉
• (가)의 괄호 안의 ㉠에 해당하는 내용을 쓸 것
• (가)의 괄호 안의 ㉡에 해당하는 내용을 쓰고, 괄호 안의 ㉢에 공통으로 해당하는 내용을 쓸 것
• (나)의 ⓐ~ⓓ 중 틀린 내용을 1가지 찾아 기호를 쓰고, 그 이유를 서술할 것[단, 미국 지적장애 및 발달장애 협회(AAIDD, 2021) 매뉴얼에 근거할 것]

90

(가)는 지적장애 유아 희수에 관한 유아특수교사 최 교사와 유아교사 강 교사의 대화 내용이고, (나)는 최 교사가 희수를 위해 작성한 일반사례교수 계획의 일부이다. 물음에 답하시오.

(가)

강 교사: 선생님, 희수에게 도서관에서 책을 빌리고 반납하는 기술을 가르쳤었는데, 이를 실제 도서관에서 적용하려면 어떤 점을 유의해야 할까요?

최 교사: 여러 가지가 고려되어야 하지만 우선 전제되어야 할 것이 있어요. 무엇보다 교사는 유아에 대해 미리 판단하거나 추측하지 말아야겠지요. 예를 들어, 희수가 [A] 실제 도서관에서 책을 빌리고 반납하는 기술을 자연스럽게 습득할 것이라고 미리 단정하지 않아야 해요.
배운 내용이나 기술들을 실제 생활이나 여러 환경에 적용하는 데 어려움이 있을 수도 있다는 점을 유념해야 해요.

… (중략) …

강 교사: 선생님, 희수가 도서관을 잘 이용할 수 있도록 교실을 도서관으로 꾸민 후 역할극을 통해 책을 빌리고 반납하는 모의활동도 하고, ㉠ 유치원 안에 있는 도서실을 이용해서 책을 빌리고 반납하는 활동도 자주 하려고 해요. 또한 ㉡ 동네 도서관에서 책을 빌리고 반납하는 활동도 계획하고 있어요.

최 교사: 네. 좋을 것 같아요.

… (중략) …

강 교사: 지난번에 말씀하신 바와 같이 일반사례교수를 활용해 보려고 하는데요. 도서관에서 책을 빌리고 반납하는 활동을 위해 사례를 선정할 때 고려할 점은 무엇인가요?

최 교사: 먼저 ㉢ 자연스러운 상황에서 가르칠 수 있는 사례를 선택해야겠지요. 그리고 ㉣ 가능한 많은 사례를 선택하여 다양한 자극과 반응이 포함되도록 하는 것이 좋겠고요. 또한 ㉤ 희수가 해야 할 것과 하지 말아야 할 것을 가르칠 수 있는 사례를 선정하도록 하고, ㉥ 예외적인 상황도 포함하는 것이 필요해요.

… (하략) …

(나)

도서관에서 책을 빌리고 반납하기

| 교수 영역 선정하기 |
| 교수목표를 적용할 영역을 유치원 인근 도서관으로 정한다. |

↓

| 관련 자극과 반응 조사하기 |
| 책을 빌리고 반납하는 방법과 관련된 다양한 자극과 반응의 유형을 조사한다. |

↓

| 사례 선정하기 |
| (생략) |

↓

| 가르칠 사례의 순서 정하기 |
| (생략) |

↓

| 순서에 따라 사례 가르치기 |
| (생략) |

↓

| 평가하기 |

㉦

1) (가)의 [A]는 지적장애 유아 교육 시 고려해야 할 기본 전제 중 무엇에 해당하는지 쓰시오.

2) (가)의 ① ㉠에 해당하는 기능적 기술 교수방법의 명칭을 쓰고, ② ㉡과 비교하여 ㉠의 장점을 1가지 쓰시오.

① :

② :

3) ① (가)의 ㉢~㉥ 중 적절하지 않은 것 1가지를 찾아 기호와 함께 그 이유를 쓰고, ② (나)의 ㉦에 들어갈 내용을 쓰시오.

① :

② :

91

(가)는 5세 발달지체 유아 재희의 활동–기술 도표의 일부이고, (나)는 통합학급의 놀이 장면이다. 물음에 답하시오.

(가)

재희의 활동–기술 도표		
• 개별화교육계획의 목표행동을 일과/놀이 중에 연습할 기회를 다양하게 제공한다.		
• 영역: 의사소통		

목표 일과/놀이	두 단어로 말하기	친구를 바라보며 말하기
등원 및 인사	✓	✓
자유 놀이	✓	✓
점심 식사	✓	
바깥 놀이	✓	✓
인사 및 하원	✓	✓

(나)

```
미  나: (나무 블록으로 쌓기놀이를 하고 있다.)  ┐
상  우: 재희야, 무슨 놀이 해?              │
재  희: (상우를 바라보며) 기차놀이!         │
박 교사: (재희를 보며) 기차놀이 해.    [A]  │
재  희: 기차놀이 해.                       │
상  우: 재희야, 오늘도 나랑 같이 놀까?      │
재  희: (반기는 듯 미소 짓는다.)          ┘
                … (중략) …
```

1) (가)와 (나)의 [A]를 참고하여 박 교사가 적용한 교수전략을 쓰시오.

92 _____ 2024 초등A-4

(가)는 지적장애 학생 수아에 대해 담임 교사와 수석 교사가 나눈 대화의 일부이고, (다)는 담임 교사의 수업 성찰지의 일부이다. 물음에 답하시오.

(가)

> 담임 교사: 이번 국어 수업의 목표는 '탈것의 이름 읽기'입니다.
>
> [낱말 카드의 예시] 버스 자전거 지하철
>
> 수아에게 이러한 ⊙ 낱말을 여러 번 보여주면서 자동적인 낱말 읽기를 지도하려고 해요. 예를 들어, ⓒ '지하철' 낱말을 보았을 때 'ㅈ', 'ㅣ', 'ㅎ', 'ㅏ', 'ㅊ', 'ㅓ', 'ㄹ'로 분절하기보다 눈에 익어서 보자 마자 빠르게 읽는 것이지요.
>
> 수석 교사: 이 낱말이 수아에게 어떤 도움이 될까요?
> 담임 교사: 수아가 성인이 되었을 때 스스로 대중교통을 이용하려면 이 낱말을 배우는 것이 꼭 필요해요. 수아가 지역사회 내 [A] 에서 가능한 독립적으로 적응하기 위해 필요한 것을 지도해야 한다고 생각해요.

(다)

> 오늘 '낱말을 말해요' 단원을 마무리했다. 처음에는 수아가 낱말 읽기를 많이 어려워했다. 그래서 국어 시간에 일대일 상황에서 낱말 읽기를 집중적으로 연습했더니 낱말을 술술 읽었다. 그런데 ⓒ 다른 교과의 교과서 지문에 나온 동일한 낱말은 읽지 못했다.
> 수아의 일과 내에서 낱말을 읽을 기회를 나누어 제시하는 것이 필요할 것 같다. 수아가 국어 시간에만 낱말 읽기를 집중적으로 연습하기보다는 하 [D] 루 동안 여러 번에 걸쳐 낱말을 읽을 수 있도록 지도해야겠다.

1) 브라운 등(L. Brown et al.)의 교육과정 구성 및 운영을 위한 전제에서 (가)의 [A]에 해당하는 용어를 쓰시오.

3) ① (다)의 [D]에서 적용하고자 하는 교수 방법의 명칭을 쓰고, ② (다)의 ⓒ을 고려하여 [D]에 해당하는 교수 방법이 가지는 장점을 1가지 쓰시오.

①:

②:

93

다음은 2015 개정 특수교육 기본 교육과정 사회과 3~4 학년군 '학교 가는 길' 단원의 지도를 위해 특수교사 최 교사와 박 교사가 나눈 대화의 일부이다. 물음에 답하시오.

최 교사 : 선생님, 지난주 '체육센터에서 도움받을 수 있는 일 찾기'라는 주제로 사회 수업을 하셨던데 어떠셨어요?

박 교사 : 학생들이 재미있어하고 적극적으로 참여했어요.

최 교사 : 그랬군요. 저도 ㉠ 선생님이 사용하신 교수·학습 모형을 적용하려고 하는데 어떻게 하면 좋을까요?

박 교사 : 먼저 교실에서 학생들과 함께 체육센터 홈페이지를 통해 방문할 날짜, 이용 시간 등을 알아보고 계획을 세웠어요. 그 후에 체육센터에 가서 재미있게 활동을 하고 궁금한 점도 자유롭게 이야기를 나누었더니 학생들이 즐거워했어요. [A]

최 교사 : 의견을 참고해서 적용해 볼게요. 그리고 '대중교통 이용 시 필요한 것'에서는 어떤 내용들을 지도하면 좋을까요?

박 교사 : ㉡ 교통질서 지키기, 규칙 지키기, ㉢ 버스 이용하기, 교통 카드 구입하기 등에 대해 지도하시면 어때요?

박 교사 : 선생님, 교실을 버스로 만드셨네요.

최 교사 : '규칙을 지켜 교통수단을 안전하게 이용하기' 수업에서 버스를 안전하게 이용하는 연습을 교실에서 하려고 해요.

박 교사 : ㉣ 사회과의 모의 수업 방법을 활용하시는군요. 그런데 버스에 타고 내리는 문이 없네요. 이렇게 (ⓐ)이/가 부족하면 배우고 난 후 실제 상황에 적용하기 어려워요. 반면에 (ⓐ)이/가 지나치면 학습이 복잡해져서 중요한 것이 무엇인지 파악을 못할 수 있어요.

최 교사 : 그렇군요.

박 교사 : 교통수단 중 버스를 선택하신 이유가 있을까요?

최 교사 : 우리 반 동우가 ㉤ 앞으로도 독립적인 생활을 할 수 있도록 가정, 학교, 지역사회 등에서 필요한 기능적 기술이 무엇인가 조사하였더니 버스 타기 기술이더라고요.

박 교사 : 저도 선생님의 교수 학습 자료를 바탕으로 민수에게 안전교육 지도를 해야겠어요.

최 교사 : 그런데 민수가 요즈음에도 노란색 차만 보면 타려고 하나요?

박 교사 : 네. ㉥ 학교 버스가 노란색이어서 노란색 차만 보면 학교 버스인 줄 알고 무조건 타려고 해요.

1) '미국 지적 및 발달장애협회(AAIDD)(2021)'에서 제시한 적응행동의 3가지 요인 중 ㉡과 ㉢에 해당하는 명칭을 순서대로 쓰시오.

3) ① ㉤에서 설명한 것이 무엇인지 쓰고, ② 지적장애 학생의 인지적 특성 중 ㉥에 해당하는 것을 1가지 쓰시오.

①:

②:

94 _____ 2024 초등B-5

(가)는 특수교사와 통합학급 교사가 실과 6학년 수업 계획에 대해 나눈 대화의 일부이다. 물음에 답하시오.

(가)

통합학급 교사: 이번 수업에서는 간단한 음식 만드는 순서를 알고리즘과 함께 지도하고, 학생들이 코딩 연습을 해 보게 하려고요.

특 수 교 사: 좋은 생각입니다. 학생들이 재미있어 하겠어요.

통합학급 교사: 전자레인지로 간단한 음식 만들기 활동을 하려니 ㉠ 교차 오염이 걱정되어서, 학생들이 수업 전 자기점검법을 사용하도록 해야겠어요.

자기점검표	
점검내용	O/×
ⓐ	
그릇과 조리도구는 세척되었는지 확인했나요?	
전자레인지의 청결 상태를 확인했나요?	

… (중략) …

통합학급 교사: 민우가 움직임에 제한이 많아서 간단한 음식 만들기 활동에 참여할 수 있을지 고민이에요.

특 수 교 사: ㉡ 과제분석이 된 각 단계를 '완료되면 음식 꺼내기' 부터 하나씩 배울 수 있도록 지도하면 될 거예요.

그리고 민우가 전체 활동에 항상 동일하게 참여해야 하는 것은 아니에요. 민우가 최대한 독립적으로 참여할 수 있도록 각 단계를 조정해 주면, 민우가 적극적으로 참여할 수 있을 거예요. 민우가 전자레인지에 시간 설정하는 방법을 배우는 것은 의미 있을 것 같아요. [A]

통합학급 교사: 그럼 ㉢ 다른 학생들이 간단한 음식 만들기를 하는 동안 민우는 시간 설정을 하기 위해 숫자 쓰기를 연습할 수 있도록 해야겠어요.

특 수 교 사: 선생님, 그것은 적절한 활동이 아닌 것 같아요.

2) ① (가)의 [A]에 해당하는 중도중복장애 학생의 교수 원리를 쓰고, ② [A]를 근거로 ㉢의 문제점을 1가지 쓰시오.

①:

②:

95 ‗‗‗‗‗‗‗‗‗‗‗‗‗‗‗‗ 2024 중등A-11

(가)는 지적장애 학생 A의 특성이고, (나)는 초임 교사와 수석 교사의 대화 중 일부이다. 〈작성 방법〉에 따라 서술하시오.

(가) 학생 A의 특성

> • 잘 웃고 인사성이 좋음.
> • 혼자 있는 것보다 사람에게 먼저 다가가 말하는 것을 좋아함.
> • 다른 사람의 감정과 태도를 잘 알아차리며, 상호작용을 잘하는 편임.

(나) 초임 교사와 수석 교사의 대화

> 초임 교사 : 선생님, 전공과 바리스타 수업 시간에 실습을 하는데, 학생 A에게는 여러 역할 중에서 에스프레소를 추출하는 연습을 시켰어요. 그런데 반복적으로 추출하는 일을 지루해합니다. 학생A에게 더 적합한 역할이 뭘까요?
>
> 수석 교사 : ㉠ 학생 A의 강점을 고려하여 전환 계획을 수립하는 것이 중요해요. 학생 A에게 주문을 받고 계산하는 역할을 맡겨 보면 어떨까요?
>
> 초임 교사 : 네, 좋은 생각입니다. 학생A는 친화력이 좋아서 잘 할 거예요. 그런데 전환평가는 어떻게 하면 좋을까요?
>
> 수석 교사 : 전환 계획을 세울 때는 다양한 측면에서 평가를 해야 합니다.
>
> 초임 교사 : 바리스타 수업 시간에 카페 관련 직무를 연습하고 나면, 어느 카페에 취업을 하더라도 잘 해낼 수 있겠네요!
>
> 수석 교사 : 꼭 그렇게만 볼 수는 없습니다. 일반화가 쉽게 이루어지는 것은 아니니까요. 지적장애 학생의 교육과정을 구성하고 운영할 때에는 (㉡)을/를 전제로 가르쳐야 합니다.

┌─〈 작성 방법 〉─
• (나)의 ㉡에 해당하는 용어를 쓸 것

김남진

KORSET 특수교육학 기출분석 1

PART **05**

학습장애아교육

Mind Map

Chapter 1 학습장애의 이해

1 학습장애의 개념 ┬ 장애인 등에 대한 특수교육법의 정의 ┬ 학습기능
│ └ 학업성취 영역
├ 미국 장애인교육법의 정의
├ 학습장애 정의의 공통 요소 ┬ 평균 이하의 학업성취도
│ ├ 개인 내 차이
│ ├ 중추신경계의 이상
│ ├ 심리적 과정의 문제
│ └ 다른 장애의 배제
└ 학습장애 학생의 특성

2 학습장애의 분류 ┬ 발현 시점에 따른 분류 ┬ 발달적 학습장애
│ └ 학업적 학습장애
└ 문제 영역에 따른 분류 ┬ 언어성 학습장애
└ 비언어성 학습장애

Chapter 2 학습장애의 원인과 진단·평가

1 학습장애의 원인 ┬ 신경학적 요인
├ 유전적 요인
├ 의학적 요인
└ 환경적 요인

2 학습장애 진단 및 평가 ─ 장애인 등에 대한 특수교육법 ┬ 지능검사
├ 기초학습기능검사
├ 학습준비도검사
├ 시지각발달검사
├ 지각운동발달검사
└ 시각운동통합발달검사

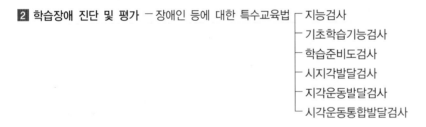

3 학습장애 진단 모델 ┬ 불일치 모델 ┬ 개념
│ ├ 유형 ┬ 학년수준편차에 의한 판별
│ │ ├ 기대연령에 의한 판별
│ │ ├ 표준점수 비교에 의한 판별
│ │ └ 회귀공식에 의한 판별
│ └ 문제점

```
┌ 중재반응 모델 ┬ 개념
│               ├ 유형 : 3단계 예방 모델
│               ├ 장점
│               └ 문제점
├ 저성취 모델
└ 인지처리 결함 접근법 ┬ 개념
                       ├ 전제 사항
                       ├ 학습장애 진단 과정
                       └ 장단점
```

Chapter 3 읽기장애 및 읽기지도

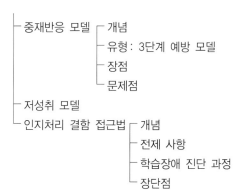

```
1 읽기 및 읽기장애의 이해 ┬ 읽기의 개념
                          ├ 읽기 교수 영역 ┬ 읽기 선수 기술
                          │                ├ 단어인지
                          │                ├ 읽기 유창성
                          │                ├ 어휘
                          │                └ 읽기이해
                          └ 읽기장애 ┬ 읽기장애의 하위 유형 ┬ 단어인지 읽기장애
                                     │                       ├ 읽기 유창성 읽기장애
                                     │                       └ 읽기이해 읽기장애
                                     ├ 읽기 문제의 원인
                                     └ 읽기장애의 기본적 인지처리능력 문제
```

```
2 읽기 선수 기술 ┬ 활자지식 ┬ 개념
                 │          └ 하위 기술
                 ├ 자모지식 ┬ 개념
                 │          └ 하위 기술
                 ├ 음운인식 ┬ 개념
                 │          └ 하위 기술 ┬ 음운인식 단위
                 │                      └ 음운인식 과제 유형
                 └ 듣기이해
```

```
3 단어인지 ┬ 단어인지의 이해 ┬ 개념
           │                  └ 학습장애 아동의 단어인지 특성
           ├ 발음 중심 접근법 ┬ 음운분석적 접근법
           │                  └ 언어학적 접근법
           └ 의미 중심 접근법 ┬ 통언어적 접근법 : 일견단어 교수법
                              └ 언어경험 접근법 ┬ 1단계 : 토의하기
                                                ├ 2단계 : 구술하고 받아쓰기
                                                ├ 3단계 : 읽기
                                                ├ 4단계 : 단어 학습
                                                └ 5단계 : 다른 자료 읽기
```

4 읽기 유창성
- 읽기 유창성의 이해
  - 개념 : 속도, 정확도, 표현력
  - 학습장애 학생의 읽기 유창성 특성
- 효과적인 읽기 유창성 교수를 위한 고려사항
- 효과적인 읽기 유창성 교수의 특징
- 읽기 유창성 교수법
  - 반복 읽기
  - 소리 내어 반복 읽기를 할 수 있는 방법
    - 짝과 함께 반복 읽기
    - 끊어서 반복 읽기
    - 테이프 활용하여 읽기
    - 역할 수행
  - 신경학적 각인 읽기 교수법
- 읽기 유창성 오류 분석 기준(음독 오류의 유형)
  - 대치
  - 생략
  - 첨가(삽입)
  - 반복
  - 자기교정(자기수정)

5 어휘
- 어휘의 개념
- 어휘지식의 수준
  - 결합지식
  - 이해지식
  - 생성지식
- 어휘 교수법
  - 직접 교수법과 간접 교수법
  - 어휘지식 수준에 따른 교수법(전략)
    - 결합지식 교수법 : 사전적 정의, 핵심어 전략, 컴퓨터 보조 수업
    - 이해지식 교수법 : 의미 지도, 개념도, 의미 특성 분석 등
    - 생성지식 교수법
      - 빈번한, 풍부한, 확장하는 어휘 교수
      - 다양한 장르의 책을 다독
  - 어휘력 증진을 위한 교수 전략

6 읽기이해
- 읽기이해의 개념
  - 읽기이해 과정
  - 학습장애 학생의 읽기이해 특성
- 읽기이해 증진을 위한 교수전략
  - 읽기 단계별 전략
    - 읽기 전 전략 : 브레인스토밍, 예측하기
    - 읽기 중 전략
      - 글 구조에 대한 교수
      - 중심내용 파악하기
    - 읽기 후 전략
      - 질문하기 전략
        - 사실적 이해 질문
        - 추론적 이해 질문
        - 비판·평가적 이해 질문
      - 요약하기 전략
  - 다전략 교수
    - 상보적 교수 : 예측하기, 질문 만들기, 명료화하기, 요약하기
    - K-W-L 전략
  - 기타 읽기이해 교수법

Chapter 4 쓰기장애 및 쓰기지도

1 쓰기에 대한 이해 ┬ 쓰기의 영역
　　　　　　　　├ 쓰기에 필요한 요소
　　　　　　　　└ 쓰기장애의 하위 유형 ┬ 철자 쓰기장애
　　　　　　　　　　　　　　　　　　　　└ 작문 쓰기장애

2 글씨 쓰기 ┬ 글씨 쓰기의 개념
　　　　　　├ 글씨 쓰기 평가 ┬ 글씨 쓰기 평가 요소
　　　　　　│　　　　　　　└ 학습장애 학생의 글씨 쓰기 관련 특성
　　　　　　├ 글씨 쓰기 교수 시 유의사항
　　　　　　└ 글씨 쓰기 교수법 ┬ 시각 단서 + 기억 인출 교수법
　　　　　　　　　　　　　　　└ 베껴 쓰기

3 철자 쓰기 ┬ 철자 쓰기의 개념
　　　　　　├ 철자 오류의 유형 및 ┬ 음운처리 오류 및 교수법
　　　　　　│ 교수법　　　　　　├ 표기처리 오류 및 교수법 ┬ 받침을 다른 낱말로 대치하는 오류
　　　　　　│　　　　　　　　　│　　　　　　　　　　├ 전체 단어를 소리 나는 대로 표기하는 오류
　　　　　　│　　　　　　　　　│　　　　　　　　　　├ 단어의 일부를 소리 나는 대로 표기하는 오류
　　　　　　│　　　　　　　　　│　　　　　　　　　　└ 실제 발음상 구분이 되지 않는 글자에서의 오류
　　　　　　│　　　　　　　　　└ 형태처리 오류 및 교수법 ┬ 어간과 어미의 경계를 구분하지 못하는 오류
　　　　　　│　　　　　　　　　　　　　　　　　　　　├ 시제 선어말 어미를 제대로 인식하지 못하는 오류
　　　　　　│　　　　　　　　　　　　　　　　　　　　├ 어미를 변환하는 오류
　　　　　　│　　　　　　　　　　　　　　　　　　　　└ 동음이의어로 혼동하는 오류
　　　　　　└ 기타 철자 교수법 ┬ 자기 교정법
　　　　　　　　　　　　　　　├ 시간 지연법
　　　　　　　　　　　　　　　└ 목표 단어 반복 쓰기

4 작문 ┬ 작문의 개념
　　　　├ 작문의 평가
　　　　└ 작문 교수법 ┬ 쓰기 과정적 접근 ┬ 1단계 : 계획하기
　　　　　　　　　　　│　　　　　　　　├ 2단계 : 초고 작성하기
　　　　　　　　　　　│　　　　　　　　├ 3단계 : 내용 수정하기
　　　　　　　　　　　│　　　　　　　　├ 4단계 : 편집하기
　　　　　　　　　　　│　　　　　　　　└ 5단계 : 제시하기
　　　　　　　　　　　├ 자기조절 전략 교수
　　　　　　　　　　　└ 글의 구조에 대한 교수

PART
05

Chapter 5 수학 학습장애 및 수학지도

1 수학 학습장애에 대한 이해 ─┬─ 수학 학습장애의 개념
                              └─ 수학 학습장애의 하위 유형 ─┬─ 연산 수학장애
                                                          └─ 문제 해결 수학장애

2 수학 학습장애 학생의 특성 ─┬─ 수학 학습장애 학생의 인지적 특성 ─┬─ 기억 능력
                              │   ├─ 언어 능력
                              │   ├─ 시공간 능력
                              │   ├─ 주의집중 능력
                              │   └─ 처리 속도
                              └─ 수학 학습장애 학생의 수학 영역별 특성

3 일반적인 수학 지도 방법 ─┬─ 명시적 교수
                            ├─ 직접교수법 ─┬─ 개념
                            │   ├─ 특징
                            │   └─ 실행 절차 ─┬─ 1단계 : 학습목표 제시
                            │   ├─ 2단계 : 교사 시범
                            │   ├─ 3단계 : 안내된 학습
                            │   └─ 4단계 : 독립적 연습
                            ├─ 정밀교수 ─┬─ 개념
                            │   └─ 장점
                            └─ 수학 학습장애 학생을 위한 효과적인 수학 지도 방법의 논의 시 고려사항

4 수학 교수의 영역별 지도 방법 ─┬─ 수 개념
                                 ├─ 덧셈 교수 ─┬─ 덧셈 기술의 학습단계
                                 │   ├─ 효율적인 기초 덧셈 전략 ─┬─ 큰 가수를 기준으로 이어 세기
                                 │   │   └─ 부분 인출 및 직접 인출
                                 │   ├─ 두 자릿수 이상의 덧셈 교수
                                 │   └─ 덧셈 오류의 진단과 교정
                                 ├─ 뺄셈 교수
                                 ├─ 곱셈 교수
                                 ├─ 나눗셈 교수
                                 └─ 사칙연산을 위한 학습전략

5 문장제 문제 ─┬─ 문장제 문제 해결을 위해 필요한 기술
                └─ 문장제 문제 해결 전략 ─┬─ 표상 교수
                                        ├─ 핵심어 전략
                                        ├─ 전략 교수 : 인지 전략 교수, 자기조절 초인지 전략 교수
                                        └─ 컴퓨터 보조 교수

Chapter 6 내용 교과 지원 전략

1 학습 안내지 ┬ 학습 안내지
　　　　　　├ 워크시트
　　　　　　└ 안내노트

2 그래픽 조직자 ┬ 그래픽 조직자의 개념
　　　　　　　├ 그래픽 조직자의 특징(장점)
　　　　　　　├ 그래픽 조직자 활용 시 유의사항
　　　　　　　└ 그래픽 조직자의 유형: 개념도, 개념 비교표, 의미 특성 분석, 선행 조직자, 수업 조직자,
　　　　　　　　　　　　　　　　　　마무리 조직자

3 기억 전략 ┬ 문자 전략 ┬ 두문자법
　　　　　　│　　　　　└ 어구 만들기
　　　　　　├ 핵심어 전략
　　　　　　└ 페그워드법

4 시험전략 ┬ 일반적 시험전략: 학업적 준비, 물리적 준비, 태도 개선, 불안 감소, 동기 개선
　　　　　　└ 특정 시험전략

Chapter 7 학습장애 학생의 사회적 기술 및 지도

1 학습장애 학생의 사회적 기술의 결함 원인

2 사회적 기술 평가 방법 ┬ 사회적 타당도에 따른 측정 방법 유형 ┬ 유형 1
　　　　　　　　　　　│　　　　　　　　　　　　　　├ 유형 2
　　　　　　　　　　　│　　　　　　　　　　　　　　└ 유형 3
　　　　　　　　　　　└ 사회적 기술 측정 방법 ┬ 자기보고법
　　　　　　　　　　　　　　　　　　　　├ 또래 지명법
　　　　　　　　　　　　　　　　　　　　├ 행동평정척도
　　　　　　　　　　　　　　　　　　　　├ 직접관찰법
　　　　　　　　　　　　　　　　　　　　├ 행동 간 기능적 연쇄성 분석법
　　　　　　　　　　　　　　　　　　　　└ 사회적 거리 추정법

3 사회적 기술의 지도 ┬ 사회적 기술 지도 프로그램의 투입 전 고려사항
　　　　　　　　　└ 학습장애 학생의 사회적 기술지도 ┬ 사회적 기술 프로그램(스킬 스트리밍 프로그램)
　　　　　　　　　　　　　　　　　　　　└ 상황 맥락 중재 ┬ FAST 전략
　　　　　　　　　　　　　　　　　　　　　　　　　└ SLAM 전략

기출문제 다잡기

정답 및 해설 p.157

01
2009 유아1-6

다음은 학습장애 아동을 위한 교수방법에 관한 두 교사의 대화이다. 교사들의 입장에 부합하는 교수방법에 대한 바른 설명을 〈보기〉에서 모두 고른 것은?

> 이 교사 : 아동에게 개념을 지도할 때에는 내용을 논리적으로 계열화해야 해요. 과제 위계에 따라 설명하면서 구체적인 시범을 보이는 것이 효과적이지요. 그리고 학습 초기에 아동의 사전지식을 꼭 확인할 필요가 있지요.
>
> 김 교사 : 네, 그렇지요. 교사는 아동의 반응을 지속적으로 점검하고, 즉각적인 피드백을 주어야 해요. 교사가 주도하는 수업에서 아동들은 다양한 연습을 통해 습득한 기능을 자동화시킬 수 있는 것이지요.

〈보기〉
ㄱ. 학습의 통제가 교사에서 아동으로 점차 전이된다.
ㄴ. 교사는 언어적 상호작용을 통해 학습 내용을 지도한다.
ㄷ. 교사는 학생의 인지적 능력보다 상위 수준의 질문을 한다.
ㄹ. 아동들은 교사 행동을 관찰함으로써 사고나 기능을 배울 수 있다.
ㅁ. 질문에 대한 아동의 정반응이 증가하면 교사는 언어적 암시를 증가시킨다.

① ㄱ, ㄴ
② ㄱ, ㄴ, ㄹ
③ ㄱ, ㄹ, ㅁ
④ ㄴ, ㄷ, ㄹ
⑤ ㄴ, ㄷ, ㄹ, ㅁ

02
2009 중등1-11

정신지체 학생 A가 덧셈한 방법은 명시적 교수법(explicit instruction)의 어느 수준인가?

> A는 '받아 올림이 없는 한 자리 수 더하기 한 자리 수' 덧셈을 할 때 아래와 같이 숫자 위에 그 수만큼의 동그라미를 그리고 그 수를 세어 계산하였다.
>
> $\bigcirc\bigcirc\bigcirc\bigcirc \quad \bigcirc\bigcirc$
> $4 \quad + \quad 2 = 6$

① 구체물 수준
② 추상적 수준
③ 활동적 수준
④ 상징적 수준
⑤ 반구체물 수준

03

학습장애 학생 A는 기본 연산을 할 수는 있으나 유창성이 부족하다. 이 학생의 연산 능력을 향상시키기 위하여 지도해야 할 수학적 유창성의 구성요소로 옳은 것을 〈보기〉에서 모두 고른 것은?

―〈보기〉―
ㄱ. 속도
ㄴ. 추론
ㄷ. 정확성
ㄹ. 일반화 능력
ㅁ. 문제해결 능력

① ㄱ, ㄷ
② ㄱ, ㅁ
③ ㄱ, ㄴ, ㄹ
④ ㄴ, ㄹ, ㅁ
⑤ ㄷ, ㄹ, ㅁ

04

통합학급에서 학습장애 학생의 사회적 기술 및 능력을 평가하는 방법의 특징에 대한 적절한 설명을 〈보기〉에서 모두 고른 것은?

―〈보기〉―
ㄱ. 자유반응형 질문지를 사용한 자기보고법은 시행이 쉽고 통계적 분석이 가능하며 신뢰도와 사회적 타당도가 높다.
ㄴ. 평정척도형 질문지는 장애학생이 보이는 사회적 기술 특성의 정도와 수준을 평가할 수 있으며 다른 학생의 기술 수준과도 비교 평가할 수 있다.
ㄷ. 관찰기법은 사회적 장면에서 장애학생의 사회적 행동을 유추하여 판단할 수 있으며 사회적 기술 문제의 진단과 해결책을 안내할 수 있다.
ㄹ. 사회적 거리 추정법은 학급 학생들의 장애학생에 대한 수용과 배척의 정도를 분석할 수 있어서 학급에서의 사회적 역동성을 효과적으로 파악할 수 있다.
ㅁ. 지명도 측정법은 학급 내에서 장애학생의 교우 관계를 신뢰롭게 파악할 수 있고, 사회적 기술훈련 적용 후 사회성 변화의 효과를 빠른 시간 내에 검증할 수 있다.

① ㄱ, ㄴ
② ㄱ, ㅁ
③ ㄴ, ㄷ, ㄹ
④ ㄴ, ㄷ, ㅁ
⑤ ㄱ, ㄷ, ㄹ, ㅁ

05

일반교사인 정 교사는 학습부진을 보이는 A가 혹시 학습장애일까 염려되어 특수교사인 김 교사에게 학습장애인지 판단해 달라고 요청하였다. 이에 김 교사는 학습장애 의뢰 여부를 결정하기 위해 '중재 반응 모델(RTI ; responsiveness to intervention model)'을 활용하기로 하였다. '중재 반응 모델'과 관련된 내용으로 적절한 것을 〈보기〉에서 모두 고른 것은?

┌─〈보기〉─────────────────────
ㄱ. A가 보이는 인지결함 문제를 측정하여 그 기술을 향상시키는 방법을 활용한다.
ㄴ. 중재에 대한 변화를 판단하기 위해 진전도를 모니터하는 평가 방법을 활용한다.
ㄷ. 연구에 기반을 두었으며 과학적으로 검증된 학습 전략이나 중재를 도출하여 사용한다.
ㄹ. 문제해결접근방법을 사용하여 조기에 판별이 가능하기 때문에 판별을 위해 학생이 '실패를 기다리는' 일을 감소시킬 수 있다.
ㅁ. 학습잠재력을 측정할 수 있는 지능검사를 통해 지능지수를 파악하고 같은 학년 수준의 학업 능력에서 얼마나 벗어나 있는지 확인한다.
└────────────────────────────

① ㄱ, ㄴ
② ㄱ, ㄷ, ㄹ
③ ㄱ, ㄹ, ㅁ
④ ㄴ, ㄷ, ㄹ
⑤ ㄱ, ㄷ, ㄹ, ㅁ

06

다음에 사용된 교수 방법으로 옳은 것은?

┌────────────────────────────
│ 김 교사는 학생들에게 자기 주도적으로 학습하는 능력을 길러주기 위하여 '충성스런 진돗개' 단원을 다음과 같이 지도하였다. 먼저 학생들에게 교재에 있는 그림과 목차를 보면서 자신이 생각하는 것을 말해보도록 하고, 학습 과제에 대한 질의·응답 과정을 거쳤다. 그 다음 학생들에게 한 단락을 읽고, 요약 및 토론하여 잘못된 내용을 어떻게 수정하고, 평가하는지 명시적으로 보여 주었다. 이후 학생들을 세 모둠으로 나누고, 각 모둠에 학습장애학생을 한 명씩 포함시켰다. 그리고 학생들 스스로 질문, 요약, 명료화, 수정·평가하는 과정을 거쳐 토론을 주도하도록 안내하고, 점진적으로 모든 책임을 학생들이 맡아서 진행할 수 있도록 지도하였다.
└────────────────────────────

① 정착 교수법(anchored instruction)
② 호혜적 교수법(reciprocal teaching)
③ 과정중심 교수법(process-based instruction)
④ 전략중재 교수법(strategies intervention model)
⑤ 통합전략 교수법(integrative strategy instruction)

07

다음은 지혜의 학습장애 여부를 진단하는 방법에 대해 두 교사가 나눈 대화 내용이다. 최 교사가 제시하는 진단모형에 대해 가장 적절하게 설명한 것은?

- 김 교사: 지혜는 다른 교과목에는 문제가 없는데, 읽기에 어려움을 보여요. 또래들보다 2년 정도 낮은 수행수준을 보이는데 학습장애가 아닐까요?
- 최 교사: 최근에는 학습장애를 진단할 때 대안적인 진단모형을 사용해요. 효과가 검증된 읽기 교수방법으로 지도했는 데도 불구하고, 지혜가 그림과 같은 양상을 나타내면 학습장애로 판단한답니다.

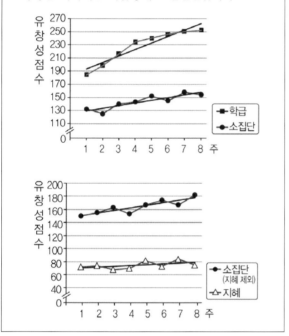

① 지혜에게 기대하는 학업성취 수준과 실제 학업성취 수준 사이에 차이가 발생하면 학습장애로 진단한다.

② 지혜가 또래 집단에 비해 수행 수준이 낮고 진전도가 느린 현상을 모두 보이면 학습장애로 진단한다.

③ 지혜의 지능지수에 기초하여 설정된 기대 수준 범위에 실제 성취 수준이 포함되어 있지 않으면 학습장애로 진단한다.

④ 지혜의 인지적 처리과정 특성을 분석하여 학업성취의 문제가 지혜의 심리처리과정에 의한 것으로 확인되면 학습장애로 진단한다.

⑤ 지혜의 잠재능력 점수와 성취 수준 점수를 표준점수로 바꾼 후, 그 차이가 1~2 표준편차 이상으로 나타나면 학습장애로 진단한다.

08

다음은 박 교사가 2008년 개정 특수학교 기본교육과정 국어과 읽기 영역을 세 학생에게 지도하기 위한 교수 활동이다. 각 학생과 교수 활동을 통해 달성하고자 하는 목표를 바르게 연결한 것은?

학생	교수 활동
민수	• 날씨에 관한 문장을 읽고, 해당하는 그림을 찾게 한다. • 꽃의 모양 변화를 시간의 흐름에 따라 쓴 세 개의 문장을 읽게 하고, 그림 순서를 찾게 한다.
은지	• 몇 개의 학용품을 제시하고, '지'로 시작하는 것을 찾게 한다. • '자'와 '추'를 만들 수 있는 네 개의 낱자 카드를 제시하고, '자'를 만들어 보게 한다.
주혜	• 신발장에서 자신의 이름표를 읽고 신발을 찾게 한다. • 교실 상황에서 지켜야 할 규칙에 들어있는 '조용히'를 지적하고 읽게 한다.

	민수	은지	주혜
①	음운인식	단어재인	단어재인
②	음운인식	음운인식	읽기이해
③	읽기이해	단어재인	음운인식
④	읽기이해	음운인식	단어재인
⑤	단어재인	음운인식	음운인식

09

2008년 개정 특수학교 기본교육과정에 근거하여, 박 교사는 읽기이해에 어려움을 겪고 있는 영수에게 다음 과 같이 완성된 그래픽 조직도(graphic organizer)를 사용하여 '여러 가지 동물의 먹이'를 지도하고자 한다. 이 방법에 대한 설명으로 적절한 것을 〈보기〉에서 고 른 것은?

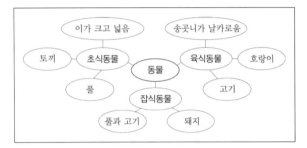

〈보기〉
ㄱ. 논리적 구조에 따라 개념과 개념 간의 관련성을 보 여준다.
ㄴ. 내용의 복잡한 관계를 시각적으로 표현하여 정보 를 쉽게 이해하게 한다.
ㄷ. 행동주의 이론에 근거한 교수전략으로서 교수자료 와 교수절차를 순서화한다.
ㄹ. 과잉학습을 통하여 학습이 이루어질 수 있도록 빠 른 속도로 수업을 진행하게 한다.
ㅁ. 과제분석을 통하여 교수내용을 기능적으로 분석하 고 즉각적인 교정적 피드백을 제공한다.

① ㄱ, ㄴ   ② ㄱ, ㄷ
③ ㄴ, ㄹ   ④ ㄷ, ㄹ
⑤ ㄹ, ㅁ

10

〈보기〉는 학습장애 학생에게 2008년 개정 특수학교 국민공통기본교육과정 영어과에 근거하여 영어 단어 를 가르치기 위한 교사의 계획이다. 의미중심 접근법 을 적용하려는 활동을 〈보기〉에서 모두 고른 것은?

〈보기〉
ㄱ. 학생에게 알파벳 문자 a, n, t와 음소의 대응관계를 가 르친 후 ant를 어떻게 발음하는지 가르치려고 한다.
ㄴ. 학생의 흥미를 유발할 수 있도록 이솝이야기에 나 오는 cow, egg, fox, pig, red 등의 단어들을 사용하 여 영어 단어의 읽기와 쓰기를 통합하려고 한다.
ㄷ. 영어 단어 자체를 문자해독의 단위로 설정하고, 문 자해독의 기능을 가르치기 위해 사용되는 단어들 을 철자나 발음이 유사한 book, cook, look과 bat, cat, hat으로 구성하려고 한다.
ㄹ. 학생으로 하여금 자신의 경험을 그림으로 그리게 한 후, 학생이 표현한 것 중 학생의 학습 수준에 적 절한 영어 단어인 sun, cloud, tree, sky, house 등 으로 읽기와 쓰기자료를 구성하려고 한다.

① ㄴ   ② ㄱ, ㄷ
③ ㄴ, ㄹ   ④ ㄱ, ㄷ, ㄹ
⑤ ㄴ, ㄷ, ㄹ

11

학습장애 학생에게 과학과 '지각의 물질' 단원을 지도하기 위한 학습전략과 그 설명으로 옳은 것을 〈보기〉에서 모두 고른 것은?

⟨보기⟩

ㄱ. 심상화(visualization) : 조암광물(석영, 장석, 흑운모 등)의 생김새를 종이에 그리도록 하여 조암 광물의 종류를 기억하도록 도와준다.

ㄴ. 단원 구성도(unit organizer) : 단원의 주요 개념과 활동 등을 시각적으로 제시하여 학생들이 단원에 대한 중요한 정보를 기억하도록 도와준다.

ㄷ. 핵심어 전략(keyword method) : '활로 방어한 장군이다'라는 문장을 만들어 광물(활석, 방해석, 장석)의 상대적인 굳기 순서를 기억하도록 도와준다.

ㄹ. 안내 노트(guided notes) : 교사는 '지각의 구성 물질'에 대한 주요 개념과 사실 등을 여백으로 남긴 유인물을 제작하여 학생들이 복습할 때 사용하도록 한다.

ㅁ. 개념 다이어그램(concept diagram) : 조암광물에서 '항상 나타나는 특징', '가끔 나타나는 특징', '전혀 나타나지 않는 특징', '예와 예가 아닌 것' 등을 시각적으로 조직화하여 조암광물의 주요 특징에 집중하도록 도와준다.

① ㄱ, ㄷ
② ㄴ, ㅁ
③ ㄱ, ㄷ, ㄹ
④ ㄴ, ㄷ, ㅁ
⑤ ㄴ, ㄹ, ㅁ

12

다음은 학습장애 학생 A의 쓰기 특성을 요약한 내용이다. A의 특성에 적절한 쓰기 지도방법을 〈보기〉에서 모두 고른 것은?

글쓰기 시간에 무엇에 대하여 쓸 것인지를 생각하는 데 오랜 시간이 걸리며, 글씨를 쓰는 속도가 느려 주어진 시간 내에 글을 쓰는 데 어려움이 있다. 또한 소리나는 대로 표기되는 낱말을 쓸 때에는 어려움이 없지만, 음운변동이 일어나는 낱말을 쓸 때에는 철자의 오류가 많다. 특히 대부분의 문장이 단순하고 글의 내용도 제한적이다.

⟨보기⟩

ㄱ. 글쓰기 연습을 할 수 있는 시간과 다양한 기회를 제공한다.

ㄴ. 낱자-음소의 대응 관계에 초점을 두어 철자 교수를 실시한다.

ㄷ. 초안을 쓸 때 철자 지도를 강조하여 철자 오류를 줄이도록 한다.

ㄹ. 초안 작성 단계에서, 학생의 관심 등을 고려하여 다양한 주제를 제공한다.

ㅁ. 수정·편집 단계에서, 초안의 내용을 보충하고 맞춤법 등의 오류를 교정하도록 지도한다.

① ㄱ, ㅁ
② ㄴ, ㄷ
③ ㄱ, ㄴ, ㅁ
④ ㄱ, ㄹ, ㅁ
⑤ ㄴ, ㄷ, ㄹ

13

읽기이해에 어려움이 있는 학습장애 학생에게 다음과 같은 글을 지도할 때 적절한 교수전략으로 가장 거리가 먼 것은?

음성 언어와 문자 언어

음성언어와 문자 언어의 특성을 이해하기 위해서는 일단 음성과 문자의 속성에 주목해야 한다. 음성은 소리이기 때문에 청각에 의존한다. 또한, 소리이기 때문에 말하고 듣는 그 순간 그 장소에만 존재하고 곧바로 사라진다. 반면에 문자는 기록이기 때문에 시각(視覺)에 의존하고, 오랜 기간 동안 보존이 가능(可能)하며, 그 기록을 가지고 다른 곳으로 이동할 수도 있다.

음성 언어는 소리의 속성 때문에 말하는 이와 듣는 이가 대면한 상태에서 사용된다.

… <중략> …

이에 비해 문자 언어는 상대방이 없는 상태에서 충분한 시간을 가지고 사용하게 된다.

… <하략> …

– 국민 공통 기본 교육과정 중학교 국어 1-1 –

---

① 읽을 내용과 관련하여 학생들이 이미 알고 있는 배경지식을 활성화시킨다.

② 읽기 전 활동으로 제목 등을 훑어보게 하여 읽을 내용을 짐작하도록 한다.

③ 글의 구조(text structure)에 대한 지도를 하여 글의 중요한 내용을 파악하도록 한다.

④ 중심 내용과 이를 뒷받침하는 세부 내용을 확인하여 문단의 중요한 내용을 파악하도록 한다.

⑤ 사실과 의견을 구분할 수 있는 그래픽 조직자(graphic organizer)를 사용하여 글의 내용을 시각적으로 조직할 수 있도록 한다.

14

「장애인 등에 대한 특수교육법 시행령」의 '학습장애를 지닌 특수교육대상자 선정 기준'에 따른 학습장애 학생의 특성과 가장 거리가 먼 것은?

① 자릿값에 따라 숫자를 배열하는 데 어려움이 있다.

② 음소를 듣고 구별하거나 조작하는 데 어려움이 있다.

③ 상황에 적절한 사회적 기술을 사용하는 데 어려움이 있다.

④ 주의가 쉽게 산만해지고 주의를 지속하는 데 어려움이 있다.

⑤ 수학 알고리즘의 단계를 잊어버리거나 새로운 정보를 기억하는 데 어려움이 있다.

15

다음은 특수학급을 담당하고 있는 김 교사와 최 교사가 학습장애 학생 교육에 대하여 나눈 대화이다. 이 대화에서 최 교사가 말하고 있는 관점에서 주장하는 학생 지도 내용으로 적절한 설명을 〈보기〉에서 고른 것은?

> 최 교사: 김 선생님, 저는 특수학급에서 학습장애 학생을 지도할 때에는 이론적 관점이 중요하다고 생각해요.
>
> 김 교사: 그러면 선생님께서는 어떠한 관점을 가지고 계시나요?
>
> 최 교사: 저는 학습이 경험의 결과로 나타나는 관찰 가능한 행동의 변화라고 생각해요. 그리고 자극과 반응의 관계를 중요하게 생각한답니다. 그러므로 학습 활동의 선행조건이나 결과를 조작함으로써 학습장애 학생의 학업성취를 향상시킬 수 있다고 봐요.
>
> 김 교사: 그렇다면 학습장애 학생의 학습 문제는 왜 발생한다고 생각하세요?
>
> 최 교사: 그 이유는 교사에 의해서 제공되는 교수 자극이 부적절하기 때문이라고 생각해요. 그러니까 학생이 배워야 하는 과제를 어떻게 제공하느냐가 관건이겠지요.

─〈보기〉─
ㄱ. 반복된 연습과 강화를 제공하여 학업성취를 향상시킨다.
ㄴ. 학습과제를 세분화하고, 학생의 학습 활동에 대한 피드백을 제공한다.
ㄷ. 실생활과 관련된 과제와 경험을 활용하여 정보를 능동적으로 구성할 수 있도록 지도한다.
ㄹ. 후속자극의 변화가 어떻게 학생의 학습행동에 영향을 미치는지 체계적인 분석을 수행한다.
ㅁ. 학습전략을 개발·응용할 수 있는 방법 혹은 학습내용을 잘 기억할 수 있는 방법을 지도한다.

① ㄱ, ㄴ, ㄹ
② ㄱ, ㄷ, ㅁ
③ ㄴ, ㄷ, ㄹ
④ ㄴ, ㄹ, ㅁ
⑤ ㄷ, ㄹ, ㅁ

16

기쁨특수학교(초등) 김 교사는 2008년 개정 특수학교 기본교육 과정에 근거하여 다음과 같이 '설날'을 주제로 한 지도 계획을 작성하였다. 이 지도 계획에 대한 설명으로 적절하지 않은 것은?

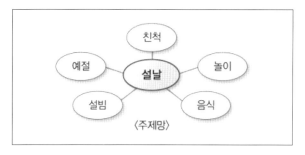

〈주제망〉

차시 계획				
차시	제재	목표	활동	준비물
1	설날 이야기	설날에 경험했던 일들을 이야기할 수 있다.	• 설날에 경험한 일 소개하기 – 설날 놀이, 음식, 친척 등	• 설날에 찍었던 사진이나 동영상 • 설날 일기장
2	설날 놀이	설날에 가족과 함께 놀이하는 장면을 다양하게 표현할 수 있다.	• 설날 놀이 장면을 그림으로 표현하기 • 설날에 부를 수 있는 노래 불러 보기	• 그리기 도구 • CD, MP3
3				

① 학생들의 생활 경험을 중심으로 한 주제 중심 접근 방법이다.
② '설날' 주제망에 포함된 주제들은 한 차시나 그 이상의 차시를 연속시간으로 운영할 수 있다.
③ 현행 특수학교 기본교육과정에 따르면 교과는 필요에 따라 통합 교육과정으로 편성·운영할 수 있다.
④ 위와 같이 주제망을 구성하여 지도하는 접근은 추상적 사고가 요구되기 때문에, 자폐성장애 학생에게 효과적이다.
⑤ 정신지체 학생들은 학습한 내용을 일반화하는 능력이 부족하기 때문에, 위와 같이 일상생활 내용을 소재로 지도한다.

17

2011 초등1-20

박 교사는 학습장애 학생 성호에게 2008년 개정 특수학교 기본 교육과정 교과서 국어 2 '들로 산으로' 단원을 지도하기 위해 놀이공원 현장체험학습 경험을 이용하여 언어경험 접근법으로 수업을 하려고 한다. 박 교사가 진행한 수업 절차를 올바른 순서대로 나열한 것은?

단원	들로 산으로
제재	3. 경험한 일의 차례를 생각하며 문장 읽기
교수·학습자료	• 멀티미디어 학습자료 • 낱말 카드 및 그림 카드 • 현장체험학습 장면이 담긴 사진이나 동영상 자료

ㄱ. 성호가 놀이공원에서 한 일을 이야기한 내용 그대로 받아 적는다.

ㄴ. 성호가 생소하거나 어려운 낱말, 혹은 배우고 싶은 낱말을 선택하게 하여 낱말카드로 만들어 지도한다.

ㄷ. 성호가 자신이 이야기한 내용의 글을 능숙하게 읽게 되면, 다른 학생의 이야기를 읽도록 지도한다.

ㄹ. 성호가 놀이공원에서 한 일을 자유롭게 말하게 하며, 필요한 경우 현장체험학습 사진이나 동영상 자료를 보여준다.

ㅁ. 성호가 자신이 이야기한 내용의 글이 친숙해질 때까지 여러 번 읽도록 지도한다.

① ㄱ - ㄹ - ㅁ - ㄴ - ㄷ
② ㄱ - ㄹ - ㅁ - ㄷ - ㄴ
③ ㄷ - ㅁ - ㄴ - ㄱ - ㄹ
④ ㄹ - ㄱ - ㅁ - ㄴ - ㄷ
⑤ ㄹ - ㄱ - ㅁ - ㄷ - ㄴ

18

2011 초등1-24

다음은 2008년 개정 특수학교 기본교육과정에 근거한 사회과 지도 계획이다. 지도 계획에 따라 평가하고자 할 때, Gresham(1998)의 제안을 근거로 사회적 타당도가 가장 높은 방법은?

단원	생활 속의 예절
단원목표	생활 속에서 주위 사람에 대한 바른 예절을 알고 지킨다.
학습과제 및 활동	<예의 바른 행동하기> • 여러 사람이 어울려 살면서 생활 속에서 지켜야 할 예절에 대해 알아본다. • 대화를 할 때와 전화를 걸거나 받을 때의 예절에 대해 알아본다. 인사할 때 / 물건을 주고받을 때 / 대화할 때
평가	• 생활 속에서 지켜야 할 예절을 알고 지키는가? • 대화와 전화예절을 알고 지키는가?

① 사회적 상호작용 및 대인관계 기술을 측정하는 표준화된 사회성 기술 검사를 실시하여 평가한다.

② 수업시간에 배운 대로 어른들을 대하는 태도나 대화예절을 지키고 있는지 자기보고서를 작성하게 하여 평가한다.

③ '인사하기', '물건 주고받기', '대화하기' 등의 역할놀이를 하게 하여 예의바른 행동을 할 수 있는지 관찰하여 평가한다.

④ 수업시간이나 쉬는 시간, 놀이 활동 시간에 어른을 대하는 태도나 친구들과의 대화예절이 적절한지 관찰하여 평가한다.

⑤ 학교 및 가정생활에서 어른들을 대하는 태도나 대화예절이 적절한지 교장 선생님, 부모님, 또래 친구에게 의견을 물어 평가한다.

19 _____

다음은 학습장애 학생들이 수학시험에서 보인 오류이다. 오류 형태의 분석과 그에 따른 지도 방법이 적절한 것을 모두 고른 것은?

	오류	오류 분석	지도 방법
ㄱ	$\begin{array}{r} 77 \\ +19 \\ \hline 816 \end{array}$ $\begin{array}{r} 88 \\ +39 \\ \hline 1117 \end{array}$	자릿수를 고려하지 않고 답을 기입함.	• 수 모형(낱개 모형, 십 모형, 백 모형)을 이용하여 낱개가 10개가 되면 십 모형 1개로, 십 모형이 10개가 되면 백 모형 1개로 교환하게 하여 자릿수 개념을 확인시킨다. • 그림과 같은 틀을 주어 일의 자리부터 더하여 첫째 줄의 네모 칸에 기입하고, 십의 자리를 더하여 다음 줄의 네모 칸에 기입한 후 합을 구하게 한다. 이때 네모 칸 속에는 숫자를 하나씩만 쓰도록 한다.
ㄴ	$\begin{array}{r} 26 \\ +\ 3 \\ \hline 11 \end{array}$ $\begin{array}{r} 56 \\ +\ 2 \\ \hline 13 \end{array}$	단순한 연산 오류임.	• 그림과 같이 구체물을 이용해서 두 집합으로 가르고, 두 집합을 다시 하나의 집합으로 모으는 활동을 하게 한다. • 수직선을 이용하여 주어진 수만큼 앞으로 가거나 뒤로 가는 활동을 하게 한다. • 또 다른 그림을 보고 수식을 만들어 계산하는 연습을 시킨다.
ㄷ	$\begin{array}{r} 32 \\ -19 \\ \hline 27 \end{array}$ $\begin{array}{r} 45 \\ -17 \\ \hline 32 \end{array}$	받아내림을 하지 않고 큰 수에서 작은 수를 뺌.	• 수 모형(낱개 모형, 십 모형)을 이용해서 윗자리의 숫자인 피감수를 제시하게 하고, 아랫자리의 숫자인 감수만큼 제거하도록 한다. 이때 일의 자리부터 감수를 제거하도록 하고, 피감수의 낱개 모형 수가 부족하면 십 모형 1개를 낱개 모형 10개로 교환하여 제거하도록 한다. • 십의 자리에서 받아내리는 절차를 수식으로 나타내어 계산하는 연습을 하게 한다.
ㄹ	$\dfrac{1}{3}$ $\dfrac{2}{4}$	분수를 바르게 이해하지 못함.	• 색칠하지 않은 부분이 색칠한 부분의 몇 배인지 물어본 후에, 크기가 같은 색종이를 $\dfrac{1}{3}$과 $\dfrac{2}{4}$만큼 잘라서 서로 포개어 보도록 한다.

① ㄱ, ㄷ ② ㄴ, ㄷ ③ ㄱ, ㄴ, ㄹ
④ ㄱ, ㄷ, ㄹ ⑤ ㄴ, ㄷ, ㄹ

20 _____

비언어성 학습장애(nonverbal learning disabilities) 학생의 특성과 교수 방안으로 적절하지 <u>않은</u> 것은?

① 불안, 우울 등의 감정 문제가 나타날 수 있으므로 정기적으로 관찰하고 상담한다.

② 적절한 대인관계를 형성하는 데 어려움이 있으므로 사회적 기술을 명시적으로 가르친다.

③ 전체와 부분의 공간적 개념을 이해하는 데 어려움이 있으므로 학습하기 전에 선행 조직자를 제공한다.

④ 제한된 어휘와 불완전한 문장으로 말하므로 제스처나 표정 같은 시각적인 표현을 함께 사용하도록 지도한다.

⑤ 논리적이고 복합적인 정보의 처리에 어려움이 있으므로 학습 자료를 논리적인 순서로 세분화하여 제시한다.

21

다음은 학습장애 학생 A가 '컴퓨터 게임 중독'을 주제로 작성한 글이다. 학생 A의 쓰기 특성에 적합한 교수 방법으로 가장 적절한 것은?

> 컴퓨터 게임은 나쁘다. 컴퓨터 게임은 정말 나쁘다. 우리 집에는 컴퓨터 게임이 참 많다. 컴퓨터 게임은 참 재미있다. 나는 어제 PC방에 갔다. 나는 PC방에서 친구를 만났다. 나는 늦게 집에 와서 혼났다. 컴퓨터 게임을 많이 하면 나쁘다.

① 정밀교수(precision teaching)
② 도식 조직자(graphic organizer)
③ 패그워드 기법(pegword method)
④ 심상화 기법(visualization method)
⑤ 빈칸 채우기 과정(cloze procedure)

22

다음은 학습장애 학생을 위한 읽기 교수·학습 방법에 대한 설명이다. (가)~(다)에 해당하는 교수·학습 방법을 바르게 제시한 것은?

> (가) 음독 문제로 단어를 잘못 읽는 학습장애 학생에게 도움이 된다. 이 방법은 음소와 문자 간의 대응 관계를 단순화하여 구성한 교수·학습 활동으로, 학생에게 많은 연습의 기회를 제공하여 숙달하게 한다.
>
> (나) 읽기 유창성 문제를 가진 학습장애 학생에게 도움이 된다. 교사와 학생은 함께 읽기 자료를 가능한 한 빠르고 정확하게 읽어 나간다. 초기에는 교사가 더 큰 목소리로 더 빠르게 읽어 나가지만 점차 학생이 주도적으로 읽는다.
>
> (다) 독해 문제를 가진 학습장애 학생이 설명문으로 된 글을 읽을 때 도움이 된다. 이 방법은 먼저 본문을 훑어보고 질문을 한 뒤, 질문의 답을 찾기 위해 본문을 읽고, 찾은 답을 되새기고, 다시 검토하는 방법을 사용한다.

	(가)	(나)	(다)
①	Fernald 읽기 교수법	절차적 촉진	SQ3R 기법
②	절차적 촉진	신경학적 각인 교수법	RIDER 기법
③	Hegge-Kirk-Kirk 접근법	신경학적 각인 교수법	SQ3R 기법
④	Fernald 읽기 교수법	정교화 전략	SQ3R 기법
⑤	Hegge-Kirk-Kirk 접근법	절차적 촉진	RIDER 기법

23

특수학급 박 교사는 일반학급 최 교사와 협력하여 연산 영역에 어려움을 겪던 학생 3명의 문제를 해결하고자 중재를 하였다. 아래는 두 교사가 교육과정중심평가를 통해 중재에 대한 반응을 수집한 데이터이다. 중재반응모형에 근거할 때, 아래 데이터에 대한 해석으로 가장 적절한 것은?

데이터 수집 시기	세 학생의 목표점수	학급평균 점수	반응(성취) 점수		
			서현지	김민수	강은지
1주	2	8	1	1	1
3주	4	9	3	3	4
5주	6	10	4	6	6
6주	7	10	3	8	7
7주	8	11	5	9	8
8주	9	12	5	11	9
10주	10	14	6	12	10

① 현지의 어려움은 단기기억력의 결함에 기인하므로 기억술을 가르친다.

② 세 명 모두 성취 점수가 향상하고 있으므로 현재의 증거기반 교수방법을 유지한다.

③ 위 데이터를 종합적으로 판단해 보면, 현지를 수학 연산 학습장애로 판별할 수 있다.

④ 은지의 반응 점수를 목표 및 학급평균 점수와 비교하면 '이중 불일치'를 확인할 수 있다.

⑤ 민수의 개인목표를 재설정하고 현재보다 조금 더 높은 수준의 문제해결 활동을 간헐적으로 제공한다.

24

정신지체 특수학교 박 교사는 기본교육과정 국어과 '경험한 내용을 글로 쓰기'를 주제로 그래픽 조직자(graphic organizer)를 활용하여 다음과 같이 지도하였다. 이에 대한 설명으로 적절하지 않은 것은?

학습 목표	자신이 경험한 내용을 글로 쓸 수 있다.	
학습 내용	가을 운동회 날 경험한 내용을 이야기하고, 글로 써 보기	
지도 방법	• 교사와 학습자는 함께 아래의 조직자를 만들어간다.	
	주요 개념	학교의 가을 행사 – 운동회
	환경: 어디?/언제?	샛별학교/ 2011년 10월 21일(금)
	주요 인물: 이름?/특성?/역할?	세호/달리기를 잘함/ 우리 반 이어달리기 선수
	주요 사건 (해결 방법)	달리다가 넘어짐 (울지 않고 일어나서 곧장 달려 우승)
	주요 어휘	우승, 주자 등

① 위의 지도 방법은 주요 어휘 등 학습 내용을 기억하게 하는 데 도움이 된다.

② 지도 과정에서 구어와 위의 조직자를 모두 사용함으로써 학생의 능동적인 참여를 유도한다.

③ 가을 운동회에 관한 글과 사진을 함께 보여주고, 여러 가지 어휘나 개념, 정보를 구조화하여 제시할 수 있다.

④ 본 지도 방법은 선행자극, 학생반응, 귀결사건의 구성을 중요한 원리로 한 교수전략을 적용하고자 한 것이다.

⑤ 가을 운동회와 관련된 중요한 정보(예 장소-샛별학교 운동장)를 선택하도록 하고, 관계가 없는 정보(예 활동-등교하기)를 생략하도록 유도한다.

25

다음은 특수학교 김 교사가 중학교 1학년 1반 학생들에게 '잎 모양 본뜨기'를 지도하기 위해 '직접교수'를 적용한 수업의 일부이다. '직접교수'의 단계별 교수·학습 활동의 예로 적절한 것만을 있는 대로 고른 것은?

단계	교수·학습 활동의 예
학습 목표 제시	(가) 교사가 객관적 용어로 진술된 학습 목표를 제시하고, 학생들이 학습 목표를 따라 읽는다. • 학습 목표: 잎 모양 본뜨는 방법을 안다.
교사 시범	(나) 교사가 학생들에게 '잎 모양 본뜨기'에 대해 시범을 보이며, "잎 모양을 본뜰 때는 다음과 같이 합니다. 먼저, 본을 뜰 나뭇잎 위에 화선지를 올려놓습니다."라고 말한다. 그런 다음 교사가 잎 모양 본뜨기의 나머지 순서를 차례대로 시범을 보인다.
안내된 연습	(다) 교사가 학생들에게 잎 모양 본뜨는 연습을 하도록 지시한다. 다른 학생들이 연습하는 동안 교사가 과제에 어려움을 보이는 학생 A에게 가서 "처음에는 무엇을 해야 하지요?"라고 질문한다. 학생 A가 답을 하지 못하자, 교사가 "잘 생각해서 해 보아요."라고 말하고 안내된 연습을 종료한다.
독립적 연습	(라) 교사가 학생들에게 "자, 그럼 이제부터 여러분들이 각자 잎 모양 본뜨기 연습을 해 보도록 해요."라고 말한다. 학생들이 연습하는 동안 교사가 교실을 돌아다니며 학생들이 잎 모양 본뜨기를 제대로 수행하는지를 점검한다.

① (가), (나)
② (가), (다)
③ (나), (라)
④ (가), (다), (라)
⑤ (나), (다), (라)

26

다음은 학습장애 학생 A가 수학 문장제 문제를 푼 것이다. 학생 A를 위한 지도 방법으로 적절한 것만을 〈보기〉에서 있는 대로 고른 것은?

〈문제〉

영희네 학교에는 모두 824명의 학생들이 있다. 그리고 38명의 선생님이 계신다. 학생들 중 445명은 여학생이고, 나머지는 남학생이다. 영희네 학교에는 몇 명의 남학생이 있는가?

학생 A의 답:
$$\begin{array}{r} 824 \\ -\ 38 \\ \hline 814 \end{array}$$

〈보기〉

ㄱ. 연산 처리 과정에서 오류를 나타내므로 받아내림 절차를 지도한다.
ㄴ. 연산 오류를 줄이기 위해 '큰 수로부터 이어 세기' 전략을 지도한다.
ㄷ. 문제해결에 필요한 정보와 불필요한 정보를 구별할 수 있도록 지도한다.
ㄹ. 문제에 주어진 정보를 이용하여 문제가 '비교 유형' 임을 파악하도록 지도한다.
ㅁ. 문제에 주어진 정보를 분석하여 문제를 해결하는 데 필요한 그림이나 도식으로 나타내도록 지도한다.

① ㄱ, ㄷ, ㅁ
② ㄴ, ㄷ, ㄹ
③ ㄱ, ㄴ, ㄷ, ㅁ
④ ㄱ, ㄴ, ㄹ, ㅁ
⑤ ㄱ, ㄷ, ㄹ, ㅁ

27

다음은 두 명의 특수교사가 학습장애 학생 A의 읽기 유창성 특성과 지도 방법에 대해 나눈 대화이다. ㉠~㉤ 중에서 옳은 내용만을 있는 대로 고른 것은?

> 김 교사 : 학생 A는 글을 읽을 때 ㉠ '줄기가'를 '줄기를'이라고 읽는 것과 같은 삽입 오류를 가장 많이 보여요. 그리고 ㉡ '그날 밤에는 바람이 세게 불었습니다'를 읽을 때 '바람이'를 '밤이'라고 읽는 것과 같은 대치 오류도 많이 나타나요.
>
> 최 교사 : 그럼 ㉢ 읽기 유창성 지도를 할 때 학생 A가 잘못 읽은 어절에 대해 교정적 피드백을 해주는 것이 중요해요.
>
> 김 교사 : 또 학생 A는 글을 읽을 때 한 단어나 어절씩 또박또박 끊어 읽어서, 읽는 속도가 많이 느려요.
>
> 최 교사 : ㉣ 읽기 유창성을 향상시키기 위해서는 동일한 읽기 자료를 반복하여 소리 내어 읽도록 하는 것이 좋아요.
>
> 김 교사 : 읽기 유창성 지도를 할 때는 어떤 읽기 자료를 선택하는 것이 좋은가요?
>
> 최 교사 : 가능하면 ㉤ 학생 A가 읽기 어려워하는 단어나 어절이 많이 포함된 짧은 읽기 자료를 선택해서 지도해야 새롭고 어려운 단어나 어절을 더 정확하고 빠르게 읽을 수 있게 돼요.

① ㉠, ㉤
② ㉡, ㉤
③ ㉢, ㉣
④ ㉠, ㉢, ㉣
⑤ ㉡, ㉢, ㉣

28

다음은 특수교사가 학습장애 학생 A의 쓰기 능력을 평가하기 위해 수집한 자료이다. 〈자료 1〉은 주어진 문장을 3분 내에 가능한 빠르고 반듯하게 여러 번 써보도록 하여 얻은 것이다. 〈자료 2〉는 '가을'이라는 주제에 대해 15분 동안 글을 쓰도록 하여 얻은 것이다. 학생 A의 쓰기 능력을 향상시키기 위해 고려해야 하는 것만을 〈보기〉에서 있는 대로 고른 것은?

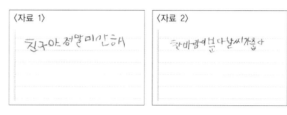

〈자료 1〉	〈자료 2〉
친구아 정말미안해	한바람여부 다날씨가좋아

< 보기 >

ㄱ. 학생의 쓰기 유창성을 향상시키기 위해 문장을 천천히 정확하게 베껴 쓰도록 지도한다.

ㄴ. 학생이 글씨를 쓸 때, 글씨 쓰는 자세, 연필 잡는 법, 책상 위의 종이 위치를 점검한다.

ㄷ. 학생이 스스로 혹은 또래와 함께 체크리스트를 활용하여 문법적 오류를 점검하도록 한다.

ㄹ. 문장 지도를 할 때, 두 문장을 연결 어미로 결합하여 하나의 문장으로 만들 수 있도록 지도한다.

ㅁ. 작문 지도를 할 때, 도식조직자를 활용하여 주제에 대해 아이디어를 생성하고 조직하도록 지도한다.

① ㄱ, ㄴ, ㄹ
② ㄱ, ㄷ, ㅁ
③ ㄴ, ㄷ, ㄹ
④ ㄱ, ㄴ, ㄷ, ㅁ
⑤ ㄴ, ㄷ, ㄹ, ㅁ

29

다음의 (가)는 반복 읽기(repeated reading) 전략에 대한 설명이고, (나)는 읽기장애 학생 소영이를 위해 반복읽기 전략과 교육과정중심측정(Curriculum-Based Measurement; CBM)을 적용한 사례이다. 물음에 답하시오.

(가) 반복 읽기 전략

ㄱ 반복 읽기 전략을 통해 글 읽기 속도를 증진시킬 수 있다.
ㄴ 반복 읽기 전략의 주목적은 단어재인 능력을 향상시키기 위한 것이다.
ㄷ 반복 읽기 전략을 통해 해독(decoding) 활동에 더욱 집중할 수 있게 된다.
ㄹ 반복 읽기를 지도할 때 잘못 읽은 단어가 있다면 교사는 피드백을 즉시 제공하여 교정한다.

(나) 소영이의 사례

〈반복 읽기 전략의 실시 및 평가 절차〉
① 반복 읽기 전략을 주 2회 10분씩 실시한다.
② 매주 1회 1분간 CBM 구두 읽기검사를 실시한다.
③ 또래의 성장 속도를 고려하여 소영이의 목표선을 설정한다.
④ 소영이의 점수가 3주 연속으로 목표선의 점수보다 낮을 경우 전략을 교체한다.
⑤ 반복 읽기 전략을 적용하기 전에 소영이에게 실시한 3회의 CBM 구두 읽기검사 점수의 중앙치를 찾는다.

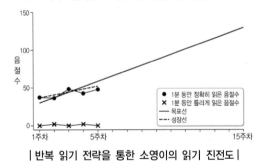

| 반복 읽기 전략을 통한 소영이의 읽기 진전도 |

1) (가)의 ㄱ~ㄹ 중 틀린 것 2개를 찾아 기호를 쓰고, 그 이유를 각각 쓰시오.

• 기호와 이유 :

• 기호와 이유 :

2) (나)에서 사용된 '반복 읽기 전략의 실시 및 평가 절차' ①~⑤를 순서대로 나열하시오.

(   ) → (   ) → (   ) → (   ) → (④)

3) 김 교사는 (나)에 나타난 5주차까지의 중재 결과를 바탕으로 반복 읽기 전략을 교체하지 않고 수정하기로 결정하였다. 김 교사가 반복 읽기 전략을 교체하지 <u>않</u>은 이유와 이 전략의 효과를 높이기 위하여 취할 수 있는 수정 방법 1가지를 쓰시오.

• 이유 :

• 수정 방법 :

30 _____

다음은 2학년 학생을 가르치는 통합학급 교사와 특수교사 간 수학 교과 협의회 대화 내용의 일부이다. 물음에 답하시오.

통합학급 교사 : 진호가 많이 달라졌어요. 얼마 전에는 두 자리 수의 범위에서 덧셈 문제를 많이 틀려서 힘들어 하더니 요즘은 곧잘 하네요. 연습을 많이 시킨 보람이 있는 것 같아요. 그런데 어제는 낱말의 뜻을 모르는 것도 아니고 풀이 시간도 충분했는데, 한 자리 수끼리의 덧셈으로 이루어진 문장제 문제를 풀 때 틀린 답을 말하는 거예요.

특수교사 : 어떤 문제였는데요?

통합학급 교사 : ㉠"연못에 오리 4마리와 거위 3마리가 있습니다. 오리 2마리가 연못으로 들어왔습니다. 오리가 모두 몇 마리인지 알아보세요."였는데, 답을 9마리라고 하더라고요.

특수교사 : 그래요. 진호가 연산에 비해 문장제를 어려워해요. 수식으로 제시되면 계산을 잘하는데, 사례가 들어간 문장제 문제로 바뀌면 오답이 많아요.

통합학급 교사 : 그래서 문제를 이해시키기 위해서 ㉡CSA 순서를 생각해서 오리와 거위 모형을 가지고 함께 풀이를 했더니 수식을 만들어내더라고요.

특수교사 : 좋은 방법이네요. 그것 외에도 ㉢문장제 문제 유형을 알고 도식을 활용하여 풀이하는 방법도 있어요. 앞으로 진호에게는 기초적인 연산도 중요하지만 ㉣수학적 문제 해결력에도 초점을 맞추어 가르쳐야 할 것 같아요.

---

1) ㉠에서 진호가 보인 오류를 분석하여 그 내용을 쓰시오.

2) CSA 순서에 따라 지도할 때, ㉡ 다음에 이루어지는 교수 활동의 특징을 쓰시오.

3) 다음은 ㉢의 한 유형이다. 그 유형을 쓰시오.

노란 장미가 6송이 있습니다. 빨간 장미는 노란 장미보다 3송이 더 많습니다. 빨간 장미는 몇 송이가 있는지 알아봅시다.

• 유형 :

31

다음은 학생들의 '인지처리과정' 변인들에 대한 검사 결과의 일부를 T점수로 환산한 것이다. 이 결과에 대한 두 교사의 대화 ㉠~㉣ 중 옳은 것만을 있는 대로 고른 것은?

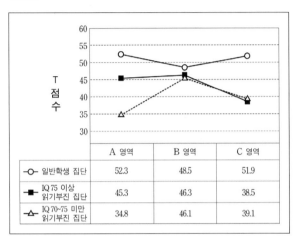

	A 영역	B 영역	C 영역
─○─ 일반학생 집단	52.3	48.5	51.9
─■─ IQ 75 이상 읽기부진 집단	45.3	46.3	38.5
─△─ IQ 70-75 미만 읽기부진 집단	34.8	46.1	39.1

김 교사: 우리 학급에는 읽기학습장애로 의심되는 학생들이 있어서 인지처리과정 변인들에 대한 검사를 실시하여 보았어요.

이 교사: 결과를 보니 ㉠일반학생들의 T점수는 A, B, C 영역 모두에서 평균 이상이고, ㉡IQ 70 이상 75 미만 읽기 부진 학생들의 A 영역 결과는 하위 2퍼센타일에 해당합니다.

김 교사: 그리고 ㉢C 영역은 읽기학습에 영향을 미치는 인지처리과정 변인 중의 하나로 보입니다.

이 교사: 만약 읽기학습과 관련된 인지처리과정 변인들이 명확히 밝혀진다면 ㉣중등과정에서 읽기학습장애 선별을 위해 읽기중재에 대한 반응결과를 계속 기다릴 필요는 없겠네요.

① ㉠, ㉡
② ㉠, ㉢
③ ㉡, ㉢
④ ㉢, ㉣
⑤ ㉡, ㉢, ㉣

32

다음은 읽기학습장애 학생 A에 대한 평가 결과이다. A에게 적합한 읽기이해 지도방법으로 옳은 것을 〈보기〉에서 고른 것은?

- 비교 대조 형식의 글에 대한 이해가 부족함.
- 글과 관련된 사전지식 활성화에 어려움이 있음.
- 글을 읽고 주제에 대해서 파악하는 데 어려움이 있음.

〈보기〉
ㄱ. 본문을 읽기 전에 제목을 읽고 글의 내용을 예측하도록 지도한다.
ㄴ. 단서를 활용하여 글에서 중심내용을 찾고 이를 자신의 말로 표현하도록 지도한다.
ㄷ. 일견단어 접근법과 같은 해독중심 프로그램을 활용하여 단어의 의미형성을 유도한다.
ㄹ. 주어진 글과 관련된 개념들을 중심으로 '개념지도(concept map)'를 작성하도록 지도한다.
ㅁ. 비교 대조 형식의 글을 지도할 때 아래와 같은 그래픽 조직자들을 활용하여 지도한다.

① ㄱ, ㄴ, ㄹ
② ㄱ, ㄷ, ㄹ
③ ㄱ, ㄷ, ㅁ
④ ㄴ, ㄷ, ㅁ
⑤ ㄴ, ㄹ, ㅁ

33

쓰기학습장애 학생에게 쓰기과정적 접근을 통해 작문을 지도할 때 (가)~(마) 중 글쓰기의 단계별 교수·학습 활동이 옳은 것을 고른 것은?

글쓰기 단계	교수·학습 활동
(가) 글쓰기 전 단계	글쓰기 주제와 유형(예 보고서, 시, 대본)을 선택하게 한다.
(나) 초고 작성 단계	내용 생성의 효율성과 어문규정에 대한 이해도를 높이기 위해 문법과 철자에 초점을 맞추어 글을 작성하게 한다.
(다) 수정 단계	글의 내용을 향상시킬 수 있도록 또래 집단으로부터 내용의 첨삭에 대한 피드백을 받게 한다.
(라) 편집 단계	학생이 주도적으로 내용을 표현할 수 있도록 교사의 피드백을 제한하고 사전을 주로 이용하게 한다.
(마) 쓰기 결과물 게시 단계	완성된 쓰기 결과물을 다양한 방법으로 다른 학생들과 공유하게 한다.

① (가), (나), (마) ② (가), (다), (마)
③ (가), (라), (마) ④ (나), (다), (라)
⑤ (나), (다), (마)

34

다음은 수학학습장애 학생 A, B, C의 연산 결과에 대해 두 교사가 나눈 대화이다. ㉠~㉤ 중 옳은 것만을 있는 대로 고른 것은?

학생 A		학생 B		학생 C	
83	66	34	27	62	35
+68	+29	× 6	× 5	−47	− 7
141	85	184	105	25	38

김 교사: 우리 학급의 학생 A, B, C는 연산 오류를 보이고 있어요.

이 교사: ㉠A는 전형적인 자릿값 오류를 보입니다.

김 교사: 자릿값은 어떤 방법으로 가르치나요?

이 교사: ㉡자릿값을 지도할 때는 덧셈구구표를 보고 수들의 공통점을 파악하도록 하는 것이 효과적입니다. 그리고 ㉢B는 곱셈을 실행한 후 받아올린 수를 더하지 않는 오류를 보입니다. ㉣이를 지도하기 위해서는 시각적 표상 교수를 활용하여 '수 계열 인식하기'와 같은 수감각 증진에 노력해야 합니다.

김 교사: C는 받아내림을 한 후 십의 자리에서 뺄셈을 틀리게 하고 있어요. 따라서 ㉤받아내림을 지도할 때 일의 자리에 있는 값은 '10'이 늘어나고, 십의 자리에 있는 값은 '1'이 줄어드는 것에 대한 시각적 단서를 제공할 필요가 있어요.

① ㉡, ㉢ ② ㉢, ㉤
③ ㉠, ㉡, ㉣ ④ ㉠, ㉢, ㉣
⑤ ㉡, ㉢, ㉤

35

(가)는 A 중학교 2학년에 재학 중인 학습장애 학생들의 대화 중 일부이고, (나)는 박 교사가 진주와 상담한 후 A 대학교 이 교수로부터 자문 받은 내용의 일부이다. 물음에 답하시오.

(가) 학생들의 대화

> 민지 : 수영아! 나 시험 엉망이었어. ㉠나는 공부에 재능이 없나 봐.
> 수영 : 나도 시험 잘 못 봤어. ㉡시험 공부를 열심히 안 했기 때문에 그런 것 같아.
> 진주 : 이번 시험은 너무 어렵지 않았니? ㉢선생님이 문제를 너무 어렵게 냈기 때문에 시험을 잘 못 본 것 같아. 다음에는 쉬운 문제가 나왔으면 좋겠어.
> … (중략) …
> 민지 : 진주야, 중학교에 올라오니 공부하는 것이 더 힘든 것 같아. 초등학교 때보다 과목도 많고, 암기해야 할 것도 많아서 무척 힘들어.
> 진주 : 나는 순서대로 암기해야 하는 것을 기억하기 어렵더라. 나중에 박 선생님을 찾아가서 어떻게 공부해야 하는지 여쭤봐야겠어.

(나) 박 교사와 이 교수의 대화

> 박 교사 : 교수님, 우리 반에 학습장애 학생이 있는데, 이 학생은 특정한 어휘나 정보를 잘 기억하지 못합니다. 이런 학생에게 도움이 될 만한 좋은 방법이 있을까요?
> 이 교수 : 네, 학습장애 학생 중에는 기억 전략을 잘 활용하지 못하여 특정 어휘나 정보를 기억하기가 어려운 학생이 있습니다. 이런 학생들에게 효과적으로 활용할 수 있는 기억 전략 중 ㉣핵심어법(keyword method)과 ㉤페그워드법(pegword method)이 있지요.

2) ㉣과 ㉤의 기억법을 설명하고, 두 기억법 간의 차이점을 1가지만 쓰시오.

　• ㉣ :

　• ㉤ :

　• 차이점 :

36 _____ 2014 초등A-4

(가)는 읽기장애 학생 민호와 영주의 읽기 특성이고, (나)는 특수학급 김 교사가 민호와 영주에게 실시한 읽기 지도 내용이다. 물음에 답하시오.

(가) 민호와 영주의 읽기 특성

민호	• '노래방'이라는 간판을 보고 자신에게 친숙한 단어인 '놀이방'이라고 읽음. • '학교'라는 단어는 읽지만 '학'과 '교'라는 글자를 따로 읽지는 못함.
영주	• 적절한 속도로 글을 읽을 수 있음. • 자신의 학년보다 현저하게 낮은 읽기 수준을 보임.

(나) 읽기 지도 내용

대상	지도 유형	읽기 지도 과제와 교사 발문의 예
민호	음운인식 지도	• (㉠): '사과', '구름', '바다'에서 '구'로 시작하는 단어는 무엇인가요? • 음절탈락: '가방'에서 '가'를 빼면 무엇이 남을까요? • 음소합성: (㉡)
영주	(㉢)	• 질문하기: 방금 읽은 글에 등장한 주인공의 이름은 무엇인가요? • 관련지식 자극하기: 오늘은 '동물원에서 생긴 일'을 읽을 거예요. 먼저 동물원에서 경험한 내용을 이야기 해볼까요? • (㉣): 방금 읽은 글의 장면을 눈을 감고 머릿속으로 그려보세요.

1) (나)의 ㉠에 알맞은 음운인식 지도 과제를 쓰고, ㉡에 적합한 교사 발문의 예를 쓰시오.

㉠ :

㉡ :

2) (나)의 ㉢에 알맞은 지도 유형을 쓰시오.

3) (나)의 ㉣에 알맞은 지도 과제를 쓰시오.

4) 민호와 같은 읽기장애 학생에게 음운인식 지도를 해야 하는 필요성에 대하여 쓰시오.

37

다음은 특수교육대상학생 A가 통합된 중학교 1학년 사회 수업 시간에 일반교사가 특수교사의 자문을 받아 계획한 수업을 실시하고 있는 장면이다. 이 장면에서 사용되고 있는 그래픽 조직자(graphic organizer)의 명칭을 쓰시오.

교수·학습 활동 장면	
교사	학생
◎ 경도와 위도의 개념 알아보기	

• 경도와 위도가 '지구 표면의 주소'라는 특성을 지니고 있는지 묻고, 그래픽 조직자에 '+' 또는 '−'를 표시하도록 한다.	• 경도에 '+', 위도에 '+'를 표시한다.
• 경도와 위도가 '세로로 그어진 줄'이라는 특성을 지니고 있는지 묻고, 그래픽 조직자에 '+' 또는 '−'를 표시하도록 한다.	• 경도에 '+', 위도에 '−'를 표시한다.
• 경도와 위도가 '가로로 그어진 줄'이라는 특성을 지니고 있는지 묻고, 그래픽 조직자에 '+' 또는 '−'를 표시하도록 한다.	• 경도에 '−', 위도에 '+'를 표시한다.

38

다음의 (가)는 특수교육대상학생 A의 덧셈 특성이고, (나)는 학생 A가 덧셈 풀이 과정에서 사용한 덧셈 전략을 특수교사가 관찰한 내용이다. 학생 A가 보다 효율적으로 덧셈을 할 수 있도록 특수교사가 가르칠 수 있는 덧셈 전략을 〈조건〉에 맞게 쓰시오.

(가) 학생 A의 덧셈 특성

- 세 자리 수의 덧셈 문제를 풀 수는 있으나, 문제를 푸는 데 시간이 오래 걸림.
- 주어진 시간 내에 문제를 풀려고 할 때, 오답 비율이 높아짐.

(나) 학생 A의 덧셈 풀이 과정 관찰 내용

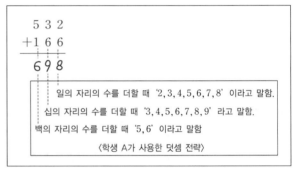

일의 자리의 수를 더할 때 '2, 3, 4, 5, 6, 7, 8' 이라고 말함.
십의 자리의 수를 더할 때 '3, 4, 5, 6, 7, 8, 9' 라고 말함.
백의 자리의 수를 더할 때 '5, 6' 이라고 말함

〈학생 A가 사용한 덧셈 전략〉

〈조건〉
부분인출이나 자동인출 전략은 제외하고 답할 것

39

다음의 (가)는 학습장애학생 A의 낱말 읽기 평가 결과이고, (나)는 학생 A가 글을 소리 내어 읽을 때 보인 오류를 표시한 것이며, (다)는 학생 A가 참여하고 있는 수업 장면의 일부이다. (가)~(다)를 통해 볼 때, 학생 A가 어려움을 보이는 읽기 하위 영역 2가지를 쓰시오

(가) 학생 A의 낱말 읽기 평가 결과

문항	학생 반응
1. 묻어 [무더]	무더
2. 환자 [환자]	환자
3. 투숙하다 [투수카다]	투수카다

점수: _19_점(만점 20점)

* [ ]안은 정발음을 의미함.

(나) 학생 A가 보인 오류

SC 접촉에
감기는 주로 접추에 의해 감염되는데, 여기에는 크게
방법이   그중에
두 가지 방샥이 있다. 그중 하나는 환자의 콧물이나
SC손에   문고리같은
기침에 섞인 바이러스가 환자의 손을 통해 문고라같이
SC 접촉하는
여러 사람이 접촉하든 물건에 묻어 있다가 다른 사람이
뒤에   옮기면서
이를 손으로 만진 뒤 눈이나 입, 코로 옮기과 되면서
감염되는 방식이다. 이런 방식으로 감염이 이루어질 수
SC밖으로   생활할
있는 것은 바이러스가 인체 밖에서도 오랫동안 생존할
수 있기 때문이다.
···(하략)···

* SC: 자기 교정(Self-Correction)을 의미함.
* 중학교 1학년 국어 교과서에 실린 지문의 일부임.

(다) 수업 장면

교 사: 이 문단의 중심 내용은 무엇인가요?
학생 A: ······.
교 사: 선생님과 함께 중심 내용을 파악해 봐요. 우선, 이 문단은 무엇에 대한 내용인가요?
학생 A: 감기요.
교 사: 그래요. 이 문단은 감기에 대한 내용이에요. 그러면, 감기에 대해 무엇을 얘기하고 있나요?
학생 A: ······.
···(하략)···

40

다음의 (가)는 30분 동안 실시한 작문 평가에서 학습장애학생 A가 'TV와 신문의 공통점과 차이점'에 대해 쓴 글의 전체이며, (나)는 학생 A를 위해 계획한 쓰기과정적 접근법에 대한 내용이다. (나)의 밑줄 친 ㉠에 들어갈 내용 2가지를 (가)에 나타난 특성과 관련지어 쓰고, ㉡을 할 때 필요한 철자 교수법을 (가)에 나타난 철자 오류 특성과 관련지어 쓰시오.

(가) 학생 A가 쓴 글

우리 집에는 TV가 없다. 나는 TV가 좋다.
신문은 종이로 만든다. 나는 신문이 멸로 안 좋고, TV가
더 좋다. 왜냐하면 TV에서는 여능이 나온다. 스포즈 신문은
좋다. 왜냐하면 귀즈가 있다.

• 학생 A가 표현하고자 한 글: 우리 집에는 TV가 없다. 나는 TV가 좋다. 신문은 종이로 만든다. 나는 신문이 별로 안 좋고, TV가 더 좋다. 왜냐하면 TV에서는 예능이 나온다. 스포츠 신문은 좋다. 왜냐하면 퀴즈가 있다.

(나) 학생 A를 위한 쓰기과정적 접근법

단계	교수 계획
계획하기	㉠ _____
초안 작성하기	철자나 문법보다는 내용을 쓰는 데 초점을 맞추어 지도한다.
내용 수정하기	쓴 글의 내용을 읽고, 내용 보충이 필요한 부분, 내용 변경이 필요한 부분, 내용 삭제가 필요한 부분, 내용 이동이 필요한 부분 등을 수정하도록 지도한다.
편집하기	㉡철자에 초점을 맞추어 지도한다.
게시하기	쓴 글을 학급 친구들 앞에서 발표하게 한다.

41 _____

김 교사는 경도 장애 학생 A가 통합된 학급의 사회 교과 시간에 〈보기〉와 같은 수업을 하였다. 〈보기〉에서 김 교사가 사용한 교수 방법과 (   ) 안에 들어갈 용어를 쓰시오.

┌─〈보기〉─────────────────────────────┐
김 교사는 학생들과 함께 질문하고 토론하면서 교사 주도로 수업을 하다가, 점진적으로 학생들이 학습에 대한 주도권을 갖도록 하였다. 김 교사는 수업 시간에 학생들과 함께 다음과 같은 방법으로 교수·학습 활동을 하였다.

• 예측하기
 －학생들은 글의 제목을 보고 글의 내용을 예측한다.

• 질문 만들기
 －학생들은 자신이 읽은 글에서 중요한 내용을 파악하기 위해 질문을 만든다.
 －학생들은 교사의 입장에서 학생들에게 물어보고 싶은 내용을 질문으로 만든다.

• (   )
 －학생들은 본문에 있는 어려운 단어의 뜻을 알아보기 위해 글을 다시 읽는다.
 －학생들은 이해하지 못한 문맥의 뜻을 파악하기 위해 본문의 내용을 점검한다.

• 요약하기
 －학생들은 주요 내용을 서로 질문하고 대답한다.
 －학생들은 자신들이 답한 내용을 모아서 요약한다.
└───────────────────────────────┘

42 _____

학습장애 학생 A의 교실 내 사회적 관계망을 알아보기 위해 김 교사는 (가)와 같은 방법을 실시하고, 특수교사의 자문을 받아 사회성 기술을 (나)와 같이 가르쳤다. (가)에서 사용한 방법의 명칭을 쓰고, (나)에서 사용한 전략을 쓰시오.

(가)

┌───────────────────────────────┐
김 교사는 학습장애 학생 A가 친구들로부터 어떻게 인식되고 있는지를 알아보기 위하여 반 학생들에게 같은 반에서 옆에 앉고 싶은 친구와 좋아하는 친구 세 명을 각각 적게 하고, 옆에 앉기 싫은 친구와 싫어하는 친구 세 명도 각각 적게 하였다.
└───────────────────────────────┘

(나)

┌───────────────────────────────┐
(가)의 결과와 학생들과의 면담을 통해 학생 A의 충동적 행동을 중재할 필요성을 확인하였다. 김 교사는 사회성 기술을 가르치는 인지 전략 중 상황맥락 중재를 활용하기로 하였다. 문제가 생기면 충동적으로 반응하지 말고 일단 행동을 멈추고 생각하고, 문제해결을 위해 무엇을 할 수 있는지 다양한 대안을 모색하며, 어떤 것이 최적의 해결 방안일지 선택을 한 후, 수행해 보도록 하는 4단계 방법으로 지도하였다.
└───────────────────────────────┘

43

다음은 새로 부임한 최 교사가 박 교사에게 학습장애 학생 A와 B에 대하여 자문을 구하는 대화 내용이다. (가)와 (나)에서 박 교사가 학생 A와 B를 위해 제시한 방법이 무엇인지 순서대로 쓰시오.

(가)

최 교사 :	선생님, A가 문장의 주어와 서술어를 찾는 것에 많은 오류를 보입니다. 이러한 오류를 줄여주기 위해 A의 수행을 어떻게 점검하면 좋을까요?
박 교사 :	교육과정 중심사정(CBA) 중 한 가지 방법을 소개해 드릴게요. 이 방법은 현재 A에게 필요한 구체적인 학습 목표에 근거하여 교수결정을 하게 되니 선생님께서도 쉽게 사용하실 것 같아요. 일단 선생님이 20개 문장을 학습지로 만들어서 A에게 제공하고, 주어와 서술어에 정확하게 밑줄 치게 해 보세요. 3분 후 학습지를 채점해서 정답과 오답의 수를 표로 작성하여 A에게 보여 주세요. 이러한 방식으로 매일 측정된 결과의 변화를 A에게 보여 주세요. 그러면 A도 그래프와 표로 자신의 진전을 확인할 수 있어서 학습 목표를 달성하는 데 도움이 될 것 같아요.

(나)

최 교사 :	선생님, B는 철자를 쓰는 데 어려움이 있어요. '깊이'를 '기피'라던가 '쌓다'를 '싸타'처럼 소리 나는 대로 쓰는 경향이 있어요. 이런 경우에는 어떻게 지도해야 하나요?
박 교사 :	B의 학습 특성은 어떠한가요?
최 교사 :	B는 스스로 참여하는 학습 과제에 흥미를 느낍니다.
박 교사 :	그렇다면 B의 학습 특성상 학생이 주도적으로 학습할 수 있는 방법이 좋을 것 같아요. 초인지 전략 중 자기 점검과 자기교수법을 변형시킨, 철자법을 스스로 확인하는 방법을 쓰면 좋겠어요. B가 '깊이'를 '기피'로 잘못 썼다면 정답을 보여 주고 자신이 쓴 답과 정답을 비교하고, 이를 확인하고, 수정한 후, 올바른 단어를 베껴 쓰게 하세요. 이러한 과정을 여러 번 반복하면 정확한 철자 쓰기에 도움을 줄 수 있을 것 같아요.

44

다음은 학습장애 학생 A의 학습 특성과 통합학급에서 공통 교육과정 중학교 1학년 과학 교과, '물질의 세 가지 상태' 단원을 지도하기 위한 계획안의 일부이다. (가)의 활동 1, 2, 3을 지도하기 위한 전략 ㉠, ㉡, ㉢ 중 부적절하게 사용한 것을 찾고, 그 이유를 설명하시오. (나)의 활동 1을 지도하기 위해 학생 A에게는 K-W-L 기법을 적용하려고 한다. 밑줄 친 ㉣의 단계별 지도 내용을 교사가 제시한 읽기 자료에 근거하여 순서대로 쓰시오.

〈학습장애 학생 A의 학습 특성〉

글을 읽을 수는 있으나, 그 내용을 요약·정리하는 데 어려움이 있다.

(가)

제재	1. 고체, 액체, 기체의 성질	
지도 목표	• 물질을 상태에 따라 분류할 수 있다. • 물질의 세 가지 상태에 대한 특징을 이해할 수 있다.	
지도 내용 및 교수 전략	〈활동 1〉 물질을 고체, 액체, 기체로 구분하기	㉠ 매트릭스를 이용하여 다양한 물질을 고체, 액체, 기체로 범주화하여 분류함.
	〈활동 2〉 고체, 액체, 기체의 공통점과 차이점 찾기	㉡ 벤 다이어그램을 활용하여 고체, 액체, 기체의 공통점과 차이점을 찾음.
	〈활동 3〉 고체, 액체, 기체 사이의 상태 변화를 이해하기	㉢ 의미특성분석표를 사용하여 고체, 액체, 기체 사이의 순환적 변화를 이해함.

(나)

제재	2. 모습을 바꾸는 물질	
지도 목표	융해, 용해, 기화, 액화의 뜻을 설명할 수 있다.	
지도 내용 및 교수 전략	〈활동 1〉 물질의 상태 변화(융해, 용해)에 관한 글을 읽고 이해하기	㉣ K-W-L 기법을 사용하여 융해와 용해에 대해 이해함.
	〈읽기 자료〉 융해는 고체 물질이 액체로 변하는 상태 변화이다. 용해는 고체나 액체 또는 기체가 액체에 녹아 들어가는 현상이다. 용해는 용매(녹이는 물질)와 용질(녹는 물질) 사이의 인력으로 인하여 일어난다. … (하략) …	

45 _____

(가)는 초등학교 3학년 학습장애 학생 준서의 특성이고, (나)와 (다)는 '2009 개정 수학과 교육과정' 3~4학년군 '시간과 길이' 단원 중 시간의 덧셈과 뺄셈을 계산하는 차시에서 사용된 학습지와 형성평가지의 일부이다. 물음에 답하시오.

(가) 준서의 특성

- 글을 읽고 이해할 수 있음.
- 시·공간 지각에 어려움이 없음.
- 수업 중 주의집중에 문제가 없음.
- 일의 자리와 십의 자리에 대한 자릿값 개념이 있음.

(나) 학습지

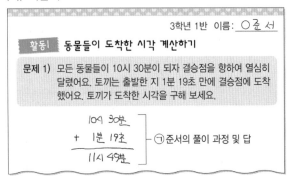

(다) 형성평가지

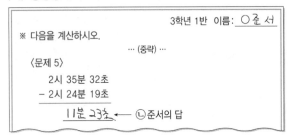

2) 준서는 (나)의 ㉠과 (다)의 ㉡과 같은 오류를 지속적으로 보인다. 각각에 나타난 오류가 무엇인지 (가)에 제시된 준서의 특성을 고려하여 쓰시오.

㉠ :

㉡ :

3) (다)의 ㉡과 같은 오류를 바로잡기 위해 사용할 수 있는 시각적 촉진 방법을 (가)에 제시된 준서의 특성을 고려하여 1가지 쓰시오.

46 _____

(가)는 중간고사 직후 학습장애 중학생 A에 대해 통합학급교사와 특수교사가 나눈 대화이고, (나)는 특수교사가 통합학급교사의 요구에 따라 직접교수법을 적용하여 작성한 교수 활동 계획의 일부이다. (가)에서 학생 A의 문제를 해결하기 위한 학습전략의 명칭을 쓰고, 이 학습전략을 학생 A에게 가르칠 때 적용할 수 있는 기술 1가지를 제시하시오. 그리고 (나)의 밑줄 친 ㉠~㉤ 중에서 잘못된 내용의 기호 2가지를 쓰고, 그 이유를 각각 설명하시오.

(가) 통합학급교사와 특수교사의 대화

> 통합학급교사: 어제 시험 감독을 하는데 A를 보고 답답해서 혼났어요. A가 수업 시간에 혼자서도 답을 척척 맞힌 것들이 시험 문제로 많이 나왔는데, 막상 시험 시간에는 손도 못 대고 있더라고요. 한 시간 내내 끙끙거리며 잘 모르는 문제만 풀고 있는 것 같았어요.
>
> 특 수 교 사: 맞아요. 사실 A가 모르는 것도 아닌데 시험 점수가 너무 낮아서 부모님도 걱정이 많으세요.
>
> 통합학급교사: 앞으로 시험 볼 일이 많은데 매번 이럴까 걱정이에요. 도와줄 방법이 없을까요?

(나) 교수 활동 계획

교수 활동	지도상의 유의점
• 이전 시간에 배운 내용을 점검한다. • 수업 목표를 진술한다.	• 수업의 개요를 함께 제공한다.
• 선다형 문항을 풀이하는 전략을 설명한다. －문제에서 단서 단어(예 틀린)를 확인한다. －확실한 오답을 먼저 찾는다. … (하략) … • 전략을 촉진하면서 전략을 사용하여 문제 푸는 방법을 시범 보인다.	• 소리 내어 생각 말하기(think-aloud) 기법을 활용하여 어떻게 전략을 사용하는지 시범 보인다. • ㉠전략 사용의 이유와 핵심 요소를 제시하고 전략 사용 방법을 직접 보임으로써 설명을 끝낸다.
• 학생이 배운 대로 전략을 연습해 볼 수 있도록 과제를 제시하고, 교사는 전략 사용을 촉진한다.	• ㉡학생 모두가 전략을 수행해 볼 수 있는 기회를 충분히 제공한다. • ㉢연습 과제에서 학생이 전략을 잘못 사용했을 때 즉시 같은 문제를 다시 제공한다. • ㉣실제보다 쉬운 연습 과제부터 전략을 연습하도록 하여 자신감을 심어 준다.
• 전략을 다시 확인하고 주어진 시간 동안 독립적으로 전략 사용을 연습하게 한다.	• ㉤교실을 돌아다니며 어려움을 보이는 학생에게 도움을 제공한다.

47 _____ 2017 초등B-2

(가)는 지체장애 특수학교에서 제작한 '학생 유형별 교육 지원 사례 자료집'에 수록된 Q & A의 일부이다. 물음에 답하시오.

(가)

> Q 불수의 운동형 뇌성마비 학생 A는 노트필기가 어려워 쓰기 대체방법으로 컴퓨터를 이용하고 있는데, 불수의적 움직임으로 인해 어려움이 많습니다. 이러한 어려움을 해결해 줄 수 있는 보조공학 기기나 프로그램을 알고 싶습니다.
>
> A 학생 A처럼 직접선택 방식으로 글자를 입력하는 경우에는, 키가드와 버튼형 마우스 같은 컴퓨터 보조기기나 ㉠단어예측 프로그램이 도움이 됩니다.
>
> Q 학생 A가 읽기이해에 어려움이 있어 상보적 교수를 적용하여 읽기지도를 하려고 하는데, 상보적 교수 중 명료화하기 전략이 무엇인지 궁금합니다.
>
> A ㉡상보적 교수의 명료화하기 전략은 사전 찾기를 포함하여 학생이 글을 읽다가 어려운 단어가 있을 때 단어의 의미를 파악할 수 있도록 도와주거나, 글의 내용을 이해하도록 도와줍니다.

2) 다음의 [읽기 자료]에 밑줄 친 단어 중에서 1개를 선택하여 (가)의 ㉡을 적용한 예 1가지를 쓰시오.

> [읽기 자료]
> 안전띠는 우리의 안전을 위해 몸을 좌석에 붙들어 매는 띠 입니다. 학교 버스를 타고 소풍을 갈 때 버스에서 안전띠를 착용해야 합니다. 내릴 때까지 안전띠를 풀지 말아야 합니다.
> ※ 학생이 어려워하는 단어 : 안전띠, 착용

48 _____ 2017 초등B-3

(가)는 학습장애 학생 준수의 특성이고, (나)는 2009 개정 사회과 교육과정(교육과학기술부 고시 제2012-14호) 3~4학년 '나는 미래에 어떤 일을 하면 좋을지 생각해 봅시다.'를 지도하기 위해 특수교사와 일반교사가 협의하여 작성한 교수 · 학습 과정안이다. 물음에 답하시오.

(가)

> • 준수
> - 단어와 정의를 연결할 수 있음.
> - 어휘의 의미를 깊이 이해하는 데 어려움이 있음.
> - 수업 내용을 요약하는 데 어려움이 있음.
> - 글자를 쓰는 데 많은 노력이 필요함.

(나)

단원	경제생활과 바람직한 선택	차시	11~12/20
제재	나는 미래에 어떤 일을 하면 좋을지 생각해 봅시다.		
학습목표	미래에 자신이 하고 싶은 일을 결정하고 행동계획을 세울 수 있다.		

㉠ 단계	학생 활동	자료(재) 및 유의점(유)
A	• 각 직업의 장 · 단점 분석하기 • 갖고 싶은 직업을 평가하여 점수를 매기고 순서 결정하기	재 평가기준표
B	• 직업 선택 시 고려할 조건을 찾아서 평가기준 만들기 • 사실적 기준과 가치 기준을 골고루 포함하기	유 중요하다고 생각하는 기준에 가중치를 부여하게 한다. 유 ㉡과제분담 협동학습(Jigsaw II)을 실시한다.
C	• 주변에서 볼 수 있는 직업에 대해 자유롭게 이야기하기 • 장래 직업을 고민하는 학생의 영상 시청하기	재 ㉢안내노트, 그래픽 조직자, 동영상 자료 유 ㉣의미지도 전략을 활용하여 미래 직업에 대해 알아본다.
D	• 갖고 싶은 직업과 이유 발표하기 • 대안에 대한 브레인스토밍 후 후보 결정하기	재 직업분류표
E	• 갖고 싶은 직업 결정하기 • 행동계획 수립하기	유 의사결정의 목적은 행동을 실천하는 데 있음을 알게 한다.

3) (나)의 ㉢을 사용할 때 기대할 수 있는 효과 2가지를 (가)에 근거하여 쓰시오.

① :

② :

4) 다음은 (나)의 ㉣을 활용하여 작성한 것이다. 이 전략이 준수의 어휘지식의 질적 향상에 적합한 이유 1가지를 (가)에 근거하여 쓰시오.

49

(가)는 고등학생 N의 특성이고, (나)는 특수교사가 N을 위해 작성한 지도 계획이다. ⓛ에서 사용할 '일견단어(sight words) 교수법'이 무엇인지 설명하고, 이 교수법이 '메뉴판에서 음식명 읽고 선택하기' 활동에 적합한 이유를 1가지 제시하시오. 그리고 ⓒ에 들어갈 용어를 쓰시오.

(가) 학생 N의 특성

- 패스트푸드점에 가서 음식을 사 먹고 싶어함.
- 시각적 단서는 구분할 수 있으나 글자는 읽지 못함.

(나) 지도 계획

- 국어와 사회 수업 시간을 활용하여 N에게 '패스트푸드점 이용하기' 기술을 가르치고자 함.

  교과의 내용을 대신하여 (㉠) 및 진로와 직업 교육, 현장실습 등으로 편성·운영할 수 있음.

- 주변의 패스트푸드점 여러 곳을 선정하고, 일반사례 분석을 통해 다음과 같이 공통적으로 필요한 기술을 지도 내용으로 결정하여 지역사회 모의교수를 실시할 것임.

  메뉴판에서 음식명 읽고 선택하기 → 음식 주문하기 → 음식값 계산하기 → 잔돈 받기 → 영수증 확인하기 → 음식 먹기

  ㉡'메뉴판에서 음식명 읽고 선택하기'를 위해서 메뉴명과 사진을 붙인 메뉴판을 만들어 일견단어 교수법을 활용할 예정임.

- 이후 지역사회 중심교수를 실시하고 중재의 효과와 만족도에 대하여 N의 또래와 부모에게 간단한 평정 척도 형식의 질문지에 답하게 하여 (㉢)을/를 평가할 것임.

50

(가)는 학생 A가 수학 문장제 문제를 푼 것이고, (나)는 A가 문제를 해결하도록 도와주는 전략교수 'Solve It' 프로그램의 인지전략 단계와 자기조절 전략 중 자기교시의 예를 나타낸 것이다. (가)에 제시된 A의 문제 풀이 과정에서 나타난 오류 2가지를 쓰시오. (나)의 ㉠에 해당하는 단계의 명칭을 쓰고, ㉡에 해당하는 자기교시의 예를 1가지 제시하시오.

(가) A의 수학 문장제 문제 풀이

〈문제〉 진수가 다니는 학교에는 남학생 424명, 여학생 365명, 교사가 42명 있다. 영희가 다니는 학교에는 교사가 66명이고, 학생 수는 진수네 학교 여학생 수의 3배이다. 영희네 학교의 교사 수와 학생 수를 합하면 모두 몇 명인가?

〈학생 A의 문제 풀이〉

$66 + 424 \times 3$

$= 490 \times 3$

$= 1,470$　　　답 : 1,470명

(나) 'Solve It' 프로그램의 단계와 자기조절 전략 중 자기교시의 예

인지전략 단계	자기조절 전략 중 자기교시의 예
1단계 : 문제를 이해하기 위한 읽기	"문제를 읽어 보자. 이해하지 못하면 다시 읽어야지."
2단계 : 문제를 자신의 단어로 고쳐 말하기	"중요한 정보에 밑줄을 그어 보자. 문제를 나의 말로 다시 말해 보자."
3단계 : 문제를 그림이나 표로 시각화하기	"그림이나 표로 만들어 보자."
4단계 : (㉠)	(㉡)
5단계 : 답을 예측해 보기	"어림수를 찾아 머릿속으로 문제를 풀고 그 값을 써 보자."
6단계 : 계산하기	"정확한 순서에 따라 계산해야지."
7단계 : 모든 과정이 정확한지 점검하기	"계산한 것을 점검하자."

(※ 자기조절 전략 중 자기질문, 자기점검은 생략하였음.)

51 _____ 2017 중등B-7

(가)와 (나)는 읽기 학습장애 학생을 위한 사회과 '민주주의를 실현하는 기관' 단원 수업 계획의 일부이다. ㉠, ㉡에 들어갈 그래픽 조직자(graphic organizers)의 유형을 순서대로 쓰시오. 그리고 또래지원 학습전략(Peer—Assisted Learning Strategies; PALS)을 활용할 때, ㉢에 들어갈 단계명과 활동 3가지를 제시하시오.

(가) 11차시 수업 계획

차시	11차시 / 단원 정리	
주제	국회, 정부, 법원이 하는 일 정리하기	
교수·학습활동	활동 1	민주주의를 실현하는 기관 분류하기	• 계층형 그래픽 조직자를 사용하여 민주주의를 실현하는 기관들을 이해함.
	활동 2	국회, 정부, 법원이 하는 일 비교하기	• (㉠) 그래픽 조직자를 사용하여 국회, 정부, 법원의 공통점과 차이점을 알아봄.
	활동 3	국회의원 선출 과정 순서 알기	• (㉡) 그래픽 조직자를 사용하여 국회의원 선출 과정을 기술함.

(나) 12차시 수업 계획

차시	12차시 / 심화 학습
주제	국회, 정부, 법원의 삼권분립 이유 알기
교수·학습활동	• 교사는 2명의 학생을 한 조로 편성하여 튜터와 튜티의 역할을 수행하도록 한다. • 국회, 정부, 법원의 권력분립을 설명하는 읽기 자료를 제공한다. • 학생들이 읽기 활동을 할 때 PALS를 활용한다. **단계 및 활동의 예** 1. 파트너 읽기(partner reading) −튜터가 먼저 읽고 튜티가 다시 읽기 −튜티가 읽을 때 튜터는 오류를 교정해 주기 −튜티가 읽은 내용을 다시 말하기 2. (㉢) 3. 예측 릴레이(prediction relay) −튜터와 튜티는 다음에 읽을 내용이 무엇인지 예측하기 −튜터와 튜티는 예측한 내용이 옳은지 확인하기

52 _____ 2018 유아A-4

(가)는 유치원 통합학급 김 교사의 이야기 나누기 활동 장면의 일부이다. 물음에 답하시오.

(가)

김 교사:	자, 오늘은 이 책을 가지고 말놀이를 할 거예요.
유 아 A:	㉠(책 표지의 글자를 손으로 가리키며) 제목이 무엇이에요?
김 교사:	(손가락으로 제목을 짚으며) '동물 이야기'라고 쓰여 있어요.
유 아 B:	재미있을 것 같아요.
김 교사:	여기에 호랑이가 있어요. 선생님을 따라 해 볼까요? ('호. 랑. 이' 하면서 손뼉을 세 번 친다. 짝! 짝! 짝!)
유 아 들:	(교사를 따라 '호. 랑. 이' 하면서 손뼉을 세 번 친다. 짝! 짝! 짝!)
김 교사:	곰도 있네요. 그럼, ㉡ 곰에서 /ㅁ/를 빼고 말하면 어떻게 될까요?
유 아 C:	'고'요.
김 교사:	잘했어요. 여기 강아지가 공을 가지고 놀고 있어요. ㉢'공'에서 /ㄱ/ 대신 /ㅋ/를 넣으면 어떻게 될까요?
유 아 D:	㉣'콩'이요, '콩'.
	… (하략) …

2) 밑줄 친 ㉡과 ㉢에 해당하는 음운인식 과제 유형을 각각 쓰시오.

㉡:

㉢:

53   2018 초등B-4

(가)는 2015 개정 수학과 교육과정의 3～4학년군 '측정' 영역에 대해 교사가 학습장애 학생 민기를 지도하며 판서한 내용이고, (나)는 민기의 평가 결과 내용의 일부이다. 물음에 답하시오.

(가)

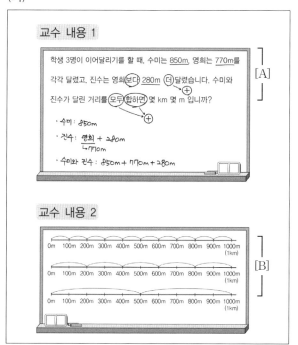

(나)

형성 평가 문제

학생 3명이 이어달리기를 할 때, 수미는 320m, 영희는 410m를 각각 달렸고, 진수는 영희보다 230m 더 달렸습니다. 수미와 진수가 달린 거리를 모두 합하면 몇 km 몇 m입니까?

㉠ 지필 평가 결과	㉡ 면담 평가 결과	
식: 32o + 41o + 23o 답 : 116om	이 문제는 수미와 진수가 달린 거리를 합하는 거예요. 진수가 달린 거리는 알 수 없으니 먼저 구해야 해요.	[C]
	진수가 영희보다 230m 더 달렸으니까 식은 410m + 230m예요. 진수는 740m 달렸어요.	
	이제 진수와 수미가 달린 거리를 모두 합하여야 하니까 740m + 320m이고 답은 1160m예요.	
	질문에서 몇 km 몇 m냐고 물었으니까 1160m를 나누어 써야 하는데 어려워요.	

2) (가)의 ① [A]에 적용한 전략을 쓰고, ② 1km 단위 지도를 위해 [B]에서 사용한 덧셈 방법을 쓰시오.

① :

② :

3) (나)의 [C]와 같은 연산 오류가 지속적으로 나타날 때, 그 오류 유형을 쓰시오.

54 _____

(가)는 학습장애 학생 C가 쓴 글이고, (나)는 학생 C를 위한 쓰기 지도 과정 중 '가리고 베껴 쓰기' 단계의 일부이다. (가)에 나타난 쓰기 오류의 명칭을 쓰고, ㉠에서 특수교사가 적용한 기법의 명칭을 쓰시오.

(가) 학생 C가 쓴 글

> 우리 집 마당에 감나무가 있습니다. 나무에 가미 주렁주렁 매달려 있습니다. 할머니가 가믈 두 개 따서 나와 친구에게 주었습니다. 친구와 두리서 마싰게 가믈 머겄습니다.

(나) 학생 C를 위한 쓰기 지도 과정

> ○ 오류를 수정하기 위하여 틀린 단어를 하나씩 쓰는 연습을 다음과 같이 실시함.
> - 단어를 보여주고 가림판으로 단어를 가림.
> - 단어를 가린 후 5초 동안 기다리면서 학생 C가 단어를 기억해서 쓰도록 함.
> - 학생이 단어를 기억해서 올바르게 쓰면 칭찬을 해주고, 다음 단어를 학습하도록 함. ┐
> - 만약 틀린 경우에는 틀린 부분에 대한 교정적 피드백을 제공한 후, 다시 단어를 보여주고 가림판으로 단어를 가림. 5초 동안 기다리면서 학생 C가 단어를 기억해서 쓰도록 함. ┘ ㉠

55 _____

(나)는 진로와 직업 수업 계획의 일부이다. 〈작성 방법〉에 따라 서술하시오.

(나) 진로와 직업 수업 계획

영역		진로 준비
단원		지역사회 대인 서비스
제재		카페에서 대인 서비스 하기
주요 학습 활동	1차시	○ 카페에서의 대인 서비스에 필요한 문장 학습하기 〈학습할 문장〉 • **안녕**하세요? • **무엇**을 주문하시겠습니까? • **여기** 주문하신 ○○입니다. • **고맙**습니다. 위의 4가지 문장을 연습하기 위해 ㉢'**안무여고**'라고 알려주고 암기하게 함.
	2 ~ 3차시	○ 카페에서 대인 서비스를 위한 ㉣역할극하기 카페에서 주문받고 서빙하는 상황 설정하기 ⇩ (㉤) ⇩ 작성한 대본 연습하기 ⇩ 카페에서 주문받고 서빙하는 장면 실연하기 ⇩ 카페에서 대인 서비스 역할극에 대해 평가하기

〈 작성 방법 〉
- 밑줄 친 ㉢에 해당하는 기억 전략의 명칭을 쓸 것

56

(가)는 학습장애 학생 J의 읽기 특성이고, (나)는 김 교사와 정 교사의 대화이며, (다)는 정 교사의 지도방안이다. 〈작성 방법〉에 따라 서술하시오.

(가) 학생 J의 읽기 특성

- 글을 읽을 때 알고 있는 단어가 나와도 주저하면서 느리게 읽는 모습을 보임.
- 글을 빠르게 읽을 때 음운변동이 일어나는 단어들을 자주 틀리게 읽거나 대치 오류를 보임.
- 특정 단어나 문장을 강조하며 글을 읽는 데 어려움이 있음. ⎤
- 어법이나 의미를 고려하며 글을 읽는 데 어려움이 있음. ⎦ ㉠
- 글을 읽을 때 주위에서 소리가 나면 소리가 나는 방향으로 고개를 자주 돌리고 주의가 산만해짐.

(나) 김 교사와 정 교사의 대화

정 교사: 선생님, 학생 J가 '읽기 유창성'에 문제가 있다고 하는데, 이 문제가 발생하는 이유는 무엇인가요?

김 교사: 여러 가지 이유가 있는데, 대표적으로 ㉡<u>단어를 빠르게 소리 내어 읽고 그 의미를 파악하는 능력</u>에 어려움이 있기 때문입니다.

정 교사: 읽기 유창성이 중요한 이유는 무엇인가요?

김 교사: ㉢<u>읽기 유창성에 문제가 있는 경우에는 읽기 이해에 부정적인 영향을 주기 때문</u>입니다.

정 교사: 그렇군요. 그럼 저는 학생 J를 어떻게 지도하는 것이 좋을까요? 제가 몇 가지 찾아보았는데, 적절한지 봐 주세요.

(다) 정 교사의 지도방안

㉣ 의미가 통하는 구나 절 단위로 끊어 읽기를 지도한다.
㉤ 읽기 연습을 할 때마다 새로운 읽기 자료를 사용한다.
㉥ 학생이 소리 내어 읽기를 할 때 오류가 있으면 즉각적으로 수정한다.
㉦ 읽기 연습을 위하여 음성파일을 이용할 경우에는 배경 효과음이 있는 것을 사용한다.

┌〈 작성 방법 〉─
- 읽기 유창성의 구성 요소 중 ㉠에 해당하는 것을 쓸 것
- 밑줄 친 ㉡에 해당하는 용어를 쓸 것
- 밑줄 친 ㉢의 이유를 1가지 서술할 것
- 학생 J의 특성에 근거하여 ㉣~㉦ 중 적절하지 <u>않은</u> 것 2가지의 기호를 적고, 그 이유를 각각 1가지 서술할 것

57

2019 초등B-3

(가)는 2015 개정 국어과 교육과정의 1~2학년 읽기 영역 교수·학습 과정안의 일부이고, (나)는 읽기에 어려움이 있는 학생 성호의 담임교사인 김 교사와 특수교사인 박 교사의 대화이다. (다)는 김 교사가 9주 동안 실시한 교육과정중심측정(CBM)의 결과이다. 물음에 답하시오.

(가) 교수·학습 과정안

단원	생각을 나타내요	
학습 목표	문장을 소리 내어 읽을 수 있다.	
단계	교수·학습 활동	자료(재) 및 유의점(유)
도입	• 동기 유발하기 － 핵심단어가 포함된 문장을 듣고 연상되는 단어 말하기	재 핵심단어와 관련된 실물 사진 유 음운변동이 없는 단 어나 문장을 주로 평
전개	• 이야기를 읽고 내용 파악하기 • 문장을 소리 내어 읽기 － 여러 가지 방법으로 문장 을 소리 내어 읽기	가하며, 음운변동을 다 루더라도 연음현상이나 (㉠) 위주로 다룬다. • 연음현상의 예: 국어
정리	• 학습 정리 및 평가하기	• (㉠)의 예: 학교

(나) 대화 내용

> 김 교사: 다음 주 국어 시간에는 '문장을 소리 내어 읽기' 수업을 할 예정입니다. 읽기 영역 중 유창성에 초점을 맞추려고 합니다.
> 박 교사: 네, 읽기 유창성은 성호뿐만 아니라 저학년의 다른 학생들에게도 매우 중요하죠.
> 김 교사: 문장을 소리 내어 읽어 보는 단계에서 여러 가지 활동을 해 보려고 하는데, 성호와 함께할 수 있는 읽기 전략을 추천해 주실 수 있나요?
> 박 교사: 네, 저는 반복 읽기 전략이 효과적이라고 생각합니다.
> 김 교사: 그렇다면 ㉡ 학급에서 반복 읽기 전략을 효과적으로 사용하고자 할 때 고려해야 할 사항을 알려 주셨으면 합니다.
> … (중략) …
> 김 교사: 전략을 사용한 후에 읽기 능력은 어떻게 평가해야 하나요?
> 박 교사: 중재반응모형에서 사용되는 교육과정중심측정으로 평가하면 될 것 같습니다.
> 김 교사: 읽기 능력을 교육과정중심측정으로 평가해야 하는 이유는 무엇인가요?
> 박 교사: 교육과정중심측정은 ㉢ 동형 검사지를 사용하기 때문입니다.
> 김 교사: 아, 그렇군요. 선생님께서 말씀하신 교육과정중심측정을 사용하여 반복 읽기 전략의 효과를 9주 동안 평가해 보겠습니다.
> … (9주 후) …
> 김 교사: 평가 결과가 나왔는데, 한번 봐 주시겠어요? 성호가 하위 10%에 속해 있네요.

(다) 교육과정중심측정 결과(중재반응모형 1단계)

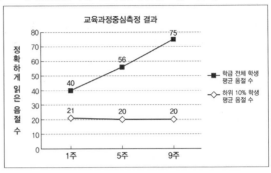

2) 다음은 (나)의 ㉡에 관한 내용이다. 적절하지 <u>않은</u> 것 2가지를 찾아 ①과 ②에 각각 기호를 쓰고 바르게 고쳐 쓰시오.

> ⓐ 유창하게 글을 읽는 시범을 제공한다.
> ⓑ 주로 학생 혼자서 반복하여 읽게 한다.
> ⓒ 음독보다는 묵독 읽기 연습을 충분히 제공한다.
> ⓓ 학생들에게는 교수 수준에 적합한 지문을 사용한다.
> ⓔ 체계적인 오류 교정 절차를 제공해야 효과적이다.

① :

② :

3) (나)의 ㉢을 중재반응모형에서 사용해야 하는 이유 1가지를 쓰시오.

4) 다음은 중재반응모형 1단계의 기본 가정에 근거하여 (다)의 그래프를 해석한 결과이다. ⓐ와 ⓑ에 들어갈 말을 각각 쓰시오.

> • 김 교사의 학급에서는 반복 읽기 전략을 지속적으로 사용할 수 있다. 그 이유는 (ⓐ).
> • 9주 동안 하위 10% 학생의 평균 음절 수는 증가하지 않았다. 그 이유는 (ⓑ).

ⓐ :

ⓑ :

58

다음은 권 교사가 고등학교 1학년 수학 학습장애 학생 G와 학생 H의 문제풀이 과정과 결과를 보고 분석한 내용이다. 괄호 안의 ㉠, ㉡에 해당하는 용어를 순서대로 쓰시오.

(가) 학생 G

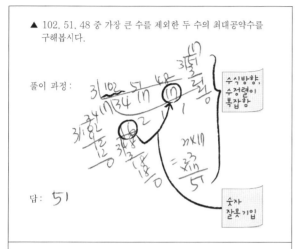

▲ 102, 51, 48 중 가장 큰 수를 제외한 두 수의 최대공약수를 구해봅시다.

풀이 과정:

답: 51

수식방향, 수정렬이 복잡함

숫자 잘못 기입

- 중요한 정보를 선택하지 못하는 '선택적 주의집중력' 부족을 보임.
- 수식 방향과 수 정렬이 복잡하고, 수를 혼동하여 기입하며 문제를 푸는 위치를 자주 잃어버리는 등 (㉠)에 어려움을 보임.

(나) 학생 H

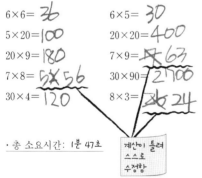

▲ 다음을 계산해 봅시다.

$6 \times 6 = 36$ 　　$6 \times 5 = 30$

$5 \times 20 = 100$ 　$20 \times 20 = 400$

$20 \times 9 = 180$ 　$7 \times 9 = 63$

$7 \times 8 = 56$　　$30 \times 90 = 2700$

$30 \times 4 = 120$ 　$8 \times 3 = 24$

- 총 소요시간: 1분 47초

계산이 틀려 스스로 수정함

- 문제를 집중하여 풀었으나, 시간이 오래 걸림.
- 곱셈구구를 할 수 있음에도 불구하고 (㉡)이/가 부족하여, 기본 셈의 유창성에 영향을 줄 수 있으므로 반복·누적된 연습기회를 제공할 필요가 있음.
- 작업기억을 효율적으로 사용하지 못하는 이유일 수도 있으므로 추가 검사가 필요해 보임.

59

다음은 손 교사가 경도 장애 학생 N의 사회성 기술을 지도하기 위해 작성한 계획의 일부이다. 〈작성 방법〉에 따라 서술하시오.

학생 N의 사회성 기술 지도 계획

- 목적: 사회성 기술(social skills)을 바탕으로, (㉠)을/를 기르고, 사회성(sociality)을 형성하고자 함.
  ※ (㉠)은/는 사회성 기술을 사용하여 사회적 과제를 성공적으로 해결하고 유지할 수 있는 종합적인 역량임.

- 목표행동: 공공장소에서 질서 지키기
  - 이해: 수업 시간에 관련 상황 제시 및 지도
  - 적용: 실제 상황에 적용
  - 평가: 학생 N의 (㉠)이/가 타인(들)에 의해 적절하다고 판단되는지에 초점을 둠.

- 중재 및 평가

  - 상황 맥락 중재 적용: 'FAST 전략'을 적용하여 단계별로 지도함.

  〈상황 맥락 1〉
  체육 시간에 강당에 모여 매트 위에서 구르기 활동을 하기 위해 줄을 서야 하는데, 상황 속 등장인물이 순서대로 줄을 서지 않고 화를 내고 있음.

단계	지도할 활동 내용
1	무엇이 문제인지 생각해 보기
2	화내는 것 외에 할 수 있는 여러 가지 대안들 말하기
3	(㉡)
4	직접 수행해 보기

  … (중략) …

  - 상황 맥락 중재의 효과 평가
    - 표준화 검사: 한국판 적응행동검사(K-SIB-R) 실시
    - (㉢)

〈작성 방법〉
- 괄호 안의 ㉠에 해당하는 내용을 쓸 것
- 괄호 안의 ㉡에 해당하는 단계의 구체적인 활동 내용을 서술할 것
- 괄호 안의 ㉢에 들어갈 사회적 타당도를 높일 수 있는 평가 방법 2가지를 서술할 것(단, 2가지의 평가 방법은 각각 다른 정보 제공자와 평가 형태를 포함하여 서술할 것)

60 _____

다음은 윤 교사가 ○○고등학교 특수학급에서 읽기이해에 어려움을 보이는 읽기 학습장애 학생 Y와 E에게 제공할 수업활동지 작성 계획 및 예시이다. 〈작성 방법〉에 따라 서술하시오.

(가) 학생 Y

수업활동지 작성 계획	지문 예시
어려운 단어를 제시하고 ⊙ 국어사전을 활용하여 사전적 정의를 직접 찾아보는 활동으로 구성함.	최근 일어난 대형 참사는 결국 **인재**라 할 수 있다. • 사전에서 뜻을 찾아 적어 봅시다. – 인재 :

(나) 학생 E

수업활동지 작성 계획	지문 및 질문의 예시
학생 E가 글을 읽은 후, 질문하기 전략을 사용하여 읽기 이해 수준을 확인할 수 있는 질문을 만들어보고, 질문에 답할 수 있도록 구성함. – 학생 스스로 (ⓒ)질문 만들기 – 교사가 제시한 ⓒ 추론적 이해 질문에 답하기 – 교사가 제시한 평가적 이해 질문에 대해 함께 이야기하기	존시는 나뭇잎이 다 떨어지면 자기도 죽을 것이라 생각했다. 며칠이 지나도 하나 남은 나뭇잎은 그대로 있었다. ⓐ<u>사실 이 나뭇잎은 베먼 할아버지가 존시를 위해 그린 그림이었다.</u> – '마지막 잎새'의 내용 일부 – 〈ⓒ의 예시〉 존시는 무엇이 다 떨어지면 자기도 죽을 것이라 생각했나요? 〈ⓒ의 예시〉 _____ … (하략) …

┌─〈작성 방법〉─
• 학생 Y의 어휘 지도를 위해 밑줄 친 ⊙을 할 때, 유념해서 지도할 내용을 이유 1가지와 함께 서술할 것
• 〈ⓒ의 예시〉를 보고, 괄호 안의 ⓒ에 해당하는 질문 유형을 쓸 것
• 밑줄 친 ⓐ을 바탕으로, 〈ⓒ의 예시〉에 해당하는 추론적 이해 질문의 예 1가지를 서술할 것

61

(가)는 특수학급의 교육실습생이 작성한 성찰일지의 일부이고, (나)는 지도 교사의 피드백을 받아 작성한 2015 개정 수학과 교육과정 1~2학년군 '짝수와 홀수' 수업 계획의 일부이다. 물음에 답하시오.

(가) 성찰일지

> 일자: 2019년 ○월 ○일
>
> 오늘 지도 선생님께서 일반학급 학생인 지수가 특수교육대상자로 선정되면 특수학급에서 공부하게 될 수도 있다고 하셨다. 담임 선생님과 지도 선생님은 지수의 지속적인 학습 어려움 때문에 특수교육대상자 선정을 위한 진단·평가 의뢰를 고민 중이시다. 함께 실습 중인 교육실습생들과 학습장애를 지닌 특수교육대상자 진단·평가와 선정·배치에 대해 이야기해 본 결과, 다시 한번 정확히 확인해야 할 사항이 몇 가지 발견되었다.
>
> 첫째, ㉠진단·평가 과정에서 부모 등 보호자의 의견 진술 기회가 보장되어야 한다는 점
>
> 둘째, ㉡지적능력이 정상이면 학습장애를 지닌 특수교육대상자로 선정될 수 없다는 점
>
> 셋째, ㉢학업성취 평가에서 낮은 점수를 받은 경우, 다른 장애 때문에 나타난 결과임이 밝혀져도 학습장애를 지닌 특수교육대상자로 선정될 수 있다는 점
>
> 넷째, ㉣특수교육대상자 또는 그 보호자는 특수교육지원센터의 특수교육대상자 선정 및 배치 결과에 대해 이의가 있을 경우, 그 결과에 대해 이의신청을 할 수 있다는 점
>
> ··· (중략) ···
>
> 다음 주에는 수학과 '짝수와 홀수' 차시의 공개수업이 있다. 지도 선생님께서 주신 피드백을 반영하여 지수의 특성을 고려한 수업 계획을 세워봐야겠다. 지수의 담임 선생님께서 관찰하신 바에 따르면, 학급의 모든 학생을 대상으로 하는 첫 번째 단계에서 지수는 ㉤그림이나 표시, 숫자를 활용하는 사고가 어려워 반응이 도달 기준점에 미치지 못했다고 한다. 다음 단계에서는 지수의 특성을 고려한 소집단 활동을 통해 전략적인 방법을 적용하면서 진전도를 지속적으로 살펴봐야 할 것 같다. [A]

(나) 수업 계획

도입	동기유발 및 학습목표 확인
⇩	
전개	• ㉥ 짝수와 홀수 범례 제시 및 범례 분류하기 • 짝수와 홀수 각각의 공통 성질 추상화하기 • 짝수와 홀수 정의하기 • 짝수와 홀수 익히고 적용하기
⇩	
정리	오늘 학습한 내용 검토 및 차시 예고

1) (가)의 ㉠~㉣ 중 적절하지 않은 내용을 2가지 찾아 각각의 기호와 그 이유를 쓰시오.

2) (가)의 ① [A]에 해당하는 진단 모델을 쓰고, ② 학습장애 적격성 판별 측면에서 이 모델의 장점을 1가지 쓰시오.

   ①:

   ②:

3) ① (나)에서 사용한 수업 모형을 쓰고, ② (가)의 ㉤을 고려하여 (나)의 ㉥에서 '둘씩 짝을 지을 수 있는 경우 알아보기' 활동을 할 때 적절한 활동의 예를 1가지 쓰시오.

   ①:

   ②:

62

다음은 읽기 학습장애 학생 J가 있는 통합학급에서 교사가 활용할 교수·학습 활동의 예시이다. 〈작성 방법〉에 따라 서술 하시오.

내용 요소		글의 주요 내용 파악하기
주제		설명하는 글을 읽고 구조화하여 글의 내용 이해하기
학습 모형		학생집단 성취모형(Student Teams Achievement Division ; STAD)
모둠 구성		• 이전 시간에 성취한 점수 확인하기 • (㉠)
모둠 읽기 활동	읽기 전	• 브레인스토밍 : 읽을 글에 대해 알고 있는 내용을 생성하고, 조직화한 후, 정교화하기 • ㉡글의 제목, 소제목, 그림 등을 훑어보고 글의 내용 짐작하기
	읽기 중	• 모둠원의 개별 수준에 맞는 글 읽기 • 단서 단어 및 중요한 단어 학습하기 〈수준별 읽기 자료 예시〉 **미래 직업** 변화하는 미래에 기대되는 직업은 환경의 중요성이 커짐에 따라 생기는 직업, 로봇을 이용한 작업이 많아짐에 따라 생기는 직업 등으로 나눌 수 있다. 그중 환경의 중요성이 커짐에 따라 생기는 직업에는 기후변화 전문가, 에코제품 디자이너 등이 있다. 그리고 로봇을 이용한 작업이 많아짐에 따라 생기는 직업에는 로봇 디자이너, 로봇 공연 기획자 등이 있다. … (하략) … • 글의 구조를 고려하여 주요 단어를 기록하기 ㉢
	읽기 후	• 글 이해에 대한 개별 평가 후 채점하기 • ㉣모둠 성취 평가하기
유의할 점		• 교사는 모둠원들이 서로 도우며 주어진 읽기 자료를 이해하도록 지도한다.

┌─〈작성 방법〉─
• 밑줄 친 ㉡에 해당하는 전략 1가지와 ㉢과 같이 글을 구조화 하는 전략 1가지를 순서대로 쓸 것

63

다음은 학습장애 학생 B의 쓰기에 대하여 특수교사와 일반교사가 나눈 대화의 일부이다. 밑줄 친 ㉠에 해당하는 용어와 ㉡에 해당하는 교수법을 순서대로 쓰시오.

일반교사 : 선생님, 수업 시간에 학생 B가 필기하는 모습과 필기한 내용을 살펴보니 글씨 쓰기에 어려움이 있어 보여요. 그래서 글씨 쓰기 지도를 계획하고 있는데, 어디에 중점을 두어야 할까요?

특수교사 : 먼저 글씨를 바르고 정확하게 쓰는 것에 중점을 두고 글자 크기, 글자 및 단어 사이의 간격, 줄 맞춰 쓰기 등이 올바른지 확인하시면 좋겠어요. 그 다음에는 ㉠글씨를 잘 알아볼 수 있게 쓰는 것뿐 아니라 빠르게 쓸 수 있는 것도 목표로 해 주세요. 정해진 시간 동안 얼마나 많은 글자를 쓸 수 있는지를 확인하면 좋겠네요.

일반교사 : 네, 그럼 어떤 교수 방법으로 지도하는 게 좋을까요?

특수교사 : 글씨 쓰기 과정에 대한 과제분석을 실시하고, 그 절차에 따라 먼저 시범을 보여 주세요. 그리고 학생 B가 글씨 쓰기를 연습할 때 나타나는 실수를 확인해 주세요. 이후 잘못된 부분을 수정해 주시면서 안내된 연습을 하도록 해 주세요. 그다음으로 선생님의 지도를 점진적으로 줄이시고, 나중에는 독립적으로 글씨를 쓸 수 있도록 해 주세요. ㉡

64

(가)는 통합학급 박 교사와 최 교사, 유아특수교사 김 교사가 지적 장애 유아 은미와 민수의 행동에 대해 협의한 내용의 일부이다. 물음에 답하시오.

(가)

[3월 23일]

김 교사: 은미와 민수가 통합학급에서 또래들과 잘 어울리고 있는지 궁금해요.

박 교사: 은미는 혼자 있는 걸 좋아하고 자기표현이 거의 없어요. 그래서인지 친구들도 은미와 놀이를 안 하려고 해요. 오늘은 우리 반 현지가 자기 장난감을 은미가 가져갔다고 하는데 은미가 아무 말도 하지 않아서 오해를 받았어요. 나중에 찾아보니 현지 사물함에 있었어요.

김 교사: 은미가 많이 속상해 했겠네요. ㉠은미가 자신에게 억울한 상황을 자신의 입장에서 분명하게 이야기할 수 있도록 지도해야겠어요. 최 선생님, 민수는 어떤가요?

최 교사: 민수가 활동 중에 갑자기 자리를 이탈해서 아이들이 놀라는 경우가 많아요. 그래서 친구들이 민수 옆에 앉지 않으려고 해요. 민수의 이런 행동은 이야기 나누기 활동에서 많이 나타나는 것 같아요.

김 교사: 선생님들의 말씀을 듣고 보니, 은미와 민수가 속해 있는 통합학급 유아들을 대상으로 ㉡또래지명법부터 해 봐야겠다는 생각이 들어요.

박 교사: 네, 좋은 생각이네요.

최 교사: 그런데 김 선생님, 요즘 민수가 자리이탈 행동을 더 많이 하는 것 같아서 걱정이 되네요.

김 교사: 그러면 제가 민수의 행동을 관찰해 보고 다음 주에 다시 협의하는 건 어떨까요?

최 교사: 네, 그렇게 하는 것이 좋겠어요.

[4월 3일]

최 교사: 선생님, 지난주에 민수의 행동을 관찰하기 위해 이야기 나누기 활동을 촬영하셨잖아요. 결과가 궁금해요.

김 교사: 네, ㉢민수의 자리이탈 행동의 원인이 선생님의 관심을 얻기 위한 것으로 확인되었어요.

최 교사: 그렇군요. 그러면 민수의 자리이탈 행동을 줄이려면 어떻게 해야 할까요?

김 교사: ㉣자리이탈을 하지 않고도 원하는 강화를 받을 수 있게 하여 문제 행동의 동기를 제거할 수 있는 전략을 적용해 보는 것도 좋을 것 같아요.

---

2) (가)에 나타난 통합학급 유아들의 행동에 근거하여 ① ㉡의 목적 1가지와 ② ㉡에서 사용할 질문을 1가지 쓰시오.

①:

②:

65 2021 초등A-6

다음은 도덕과 5학년 '밝고 건전한 사이버 생활' 단원 수업을 준비하는 통합학급 교사를 지원하기 위해 특수교사가 작성한 노트의 일부이다. 물음에 답하시오.

가. 통합학급 수업 전 특수학급에서의 사전학습
• 소희의 특성

> • 읽기 능력이 지적 수준이나 구어 발달 수준에 비해 현저히 낮음
> • 인터넷을 즐겨 사용함
> • 자신의 경험을 이야기 하는 것을 좋아함

• 필요성: 도덕과의 인지적 요소를 학습하기 위해 별도의 읽기 학습이 요구됨
• 제재 학습을 위한 읽기 지도
　─ 제재: 사이버 예절, 함께 지켜요
　─ 지도방법: ㉠ 언어경험접근

나. 소희를 위한 교수·학습 환경 분석에 따른 지원 내용 선정

분석 결과		지원 내용	
• 사이버 예절 알기 자료를 인쇄물 또는 음성자료로만 제공 • 서책형 자료로만 제공	⇨	• 디지털 교과서 • 동영상 자료 • PPT 자료 • 요약본	[A]

다. 2015 개정 도덕과 교육과정 평가 방향에 근거한 평가 내용

제재: 사이버 예절, 함께 지켜요	
구분	평가 기준
인지적 요소	청소년을 위한 사이버 예절을 아는가?
정의적 요소	사이버 예절 수업에 적극적으로 참여하는가?
행동적 요소	㉡

1) 다음은 ㉠의 단계와 내용(수업 활동)이다. ① ⓐ에 들어갈 내용을 쓰고, ② ⓑ에 공통적으로 들어갈 말을 쓰시오.

단계	내용(수업 활동)
이야기하기	• 교사는 학생이 최근 경험을 이야기할 수 있도록 동기 부여한다. 　─ 사이버 공간에서의 경험을 활용하기
받아쓰기	• ⓐ 　─ 게임, 문자, 댓글 등의 낱말을 활용하기
학습하기	• 다양한 활동을 통해 단어를 학습한다. 　─ 노래 개사를 활용하기
읽기 학습하기	• ⓑ 을/를 읽는 과정으로 나아간다. 　─ (ⓑ)을/를 활용하기

① :

② :

66

(가)는 강 교사가 5학년 읽기 수업에서 활용할 자료이고, (나)는 (가)를 바탕으로 구상한 교수 학습 과정안의 일부이다. 물음에 답하시오.

(가)

> **갯벌의 이로움**
>
> 바닷물이 드나드는 넓은 땅을 갯벌이라 부른다. 갯벌은 사람과 자연에 여러 가지 이로움을 준다.
>
> 먼저, 갯벌은 어민들에게 경제적 이익을 준다. 갯벌에는 바닷물이 드나들면서 조개나 물고기, 낙지 등과 같은 동물들이 살기에 좋은 환경이 만들어진다. 어민들은 갯벌에서 이러한 것을 잡아 돈을 번다.
>
> 다음으로, 갯벌은 오염 물질을 정화하여 깨끗한 환경을 만든다. 갯벌은 겉으로는 진흙탕처럼 보이지만 그곳에는 작은 생물들이 많이 살고 있다. 이 생물들은 육지에서 나오는 오염 물질을 분해한다. [A]
>
> 마지막으로, 갯벌은 물을 흡수해 저장했다가 내보낸다. 그러므로 갯벌은 큰 비가 오면 빗물을 흡수해 홍수를 막아 준다.

(나)

단계	수업 활동
도입	○ 학습 목표 확인하기 - 글 구조를 활용하여 글을 요약할 수 있다. ○ 어휘 학습하기

	진흙으로 이루어짐	물이 드나듦	…
갯벌	+	+	
모래사장	−	+	
늪지대	+	−	
…			

단계	수업 활동
전개	○ 교사와 학생이 글 구조를 활용하여 '갯벌의 이로움'을 요약하는 방법 연습하기

[B]

교사 안내	'갯벌의 이로움'의 글 구조를 나타내는 말을 찾아 보자.	'갯벌의 이로움'의 글 구조를 말해 보자.		도식에 '갯벌의 이로움'을 정리해 보자.	'갯벌의 이로움'을 요약해 보자.
학생 활동	(㉠)	(㉡)			

1) 강 교사가 (나)의 '어휘 학습하기'에서 활용한 어휘 학습 방법을 쓰시오.

2) (나)의 ① ㉠에 해당하는 말 3가지를 (가)의 [A]에서 찾아 쓰고, ② ㉡에 해당하는 '갯벌의 이로움'의 글 구조를 쓰시오.

　① :

　② :

3) 다음은 학생이 (나)의 [B]에서 작성한 활동 결과이다. 활동 결과에 나타난 문제를 해결하기 위해 강 교사가 학생에게 지도해야 할 학습 내용을 쓰시오.

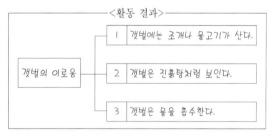

67 _____ 2021 초등B-2

(가)는 수학 학습에 어려움이 있는 초등학교 2학년 영호의 검사 결과이고, (나)는 일반 교사와 특수 교사가 나눈 대화이며, (다)는 일반 교사가 실시한 교육과정중심측정 (Curriculum—Based Measurement ; CBM) 결과이다. 물음에 답하시오.

(가) 검사결과

- K-WISC-V 검사결과: 지능지수 107
- KNISE-BAAT(국립특수교육원 기초학력검사) 수학 검사 결과: 학력지수 77

(나) 대화 내용

특수 교사: 영호의 검사결과를 검토해보니 한 가지 문제점이 예상되네요. 수학 검사에서 받은 77점은 영호의 실제 수행수준보다 낮은 것 같아요.
일반 교사: 왜 그렇게 생각하시죠?
특수 교사: 두 검사 점수 간의 상관계수는 1이 아니기 때문에 지능점수가 (㉠) 이상이더라도 학업점수는 낮게 추정될 수 있어요. 이러한 문제 때문에 두 점수 간의 불일치된 (㉡) 점수를 이용하는 능력-성취 불일치 모형에서는 영호를 학습장애로 과잉 진단할 수 있어요.
일반 교사: 학습장애가 아닐 수 있는 영호를 학습장애로 진단하는 것은 큰 문제네요.
특수 교사: 네, 그렇죠.
일반 교사: 다른 대안은 없을까요?
특수 교사: 다단계 중재반응모형이 대안이 될 수 있어요. 이 모형에서는 ㉢교육과정중심측정을 사용하여 학생의 반응을 지속적으로 점검해요. 이러한 검사 결과를 고려하면 과잉진단의 문제점을 어느 정도 예방할 수 있어요

(다) 교육과정중심측정(CBM) 결과

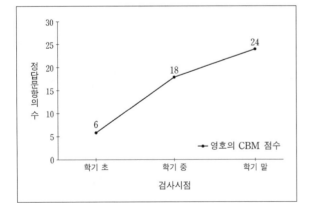

1) (나)의 ㉠과 ㉡에 해당하는 단어를 쓰시오.

㉠ :

㉡ :

3) 중재반응모형 1단계에서 영호의 중재반응 수준을 평가할 때, ① (다)의 그래프에서 필요한 정보를 1가지 쓰고, ② 중재반응을 평가하는 방법을 1가지 쓰시오.

① :

② :

68

(가)는 ○○중학교 통합학급에 재학 중인 학습장애 학생 E의 특성이고, (나)는 학생 E를 위한 읽기 지도 계획이다. 〈작성 방법〉에 따라 서술하시오.

(가) 학생 E의 특성

- ㉠ 문자를 보고 말소리와 연결하여 의미를 이해하는 능력이 부족함.
- 일견단어(sight words)의 수가 부족함.
- 문장을 읽을 때 모르는 단어를 종종 빼 먹음.

(나) 읽기 지도 계획

- (㉡) 전략 사용: 오디오북 지원 읽기, 학생-성인 짝지어 읽기, 파트너 읽기, 역할극 하기
- 직접교수 모형을 활용한 오디오북 지원 읽기

순서	활동
㉢	• 교사는 오디오북에서 나오는 소리를 듣게 한다.
안내된 연습	• (㉣)
독립적 연습	• 학생 스스로 오디오북에서 나온 단어나 문장을 자연스럽게 읽게 한다.
마무리	• 학습 내용을 요약, 검토하고 이를 이전에 학습한 내용과 통합하여 수업을 마무리 한다.

┌〈 작성 방법 〉
- (가)의 밑줄 친 ㉠에 해당하는 용어를 쓸 것
- (나)의 괄호 안의 ㉡에 해당하는 읽기 지도 전략의 명칭을 쓸 것
- (나)의 ㉢에 해당하는 명칭을 쓰고, 괄호 안의 ㉣에 해당하는 교사의 활동을 1가지 서술할 것

69

다음은 학습장애 학생의 진단·평가에 대해 김 교사와 교육 실습생이 나눈 대화의 일부이다. 밑줄 친 ㉠ ~ ㉗ 중 틀린 곳 2가지를 찾아 바르게 고쳐 쓰시오.

김 교 사:	선생님, 학습장애 진단·평가 모델에 대해 이야기해 볼까요?
교육 실습생:	㉠ 불일치 모델은 학기 초에 모든 학생들을 대상으로 성취도를 평가하고, 효과가 검증된 교수법을 적용한 뒤 학생의 성취 정도에 진전을 보이지 않거나, 또래들에 비해 성취 정도가 심각하게 낮게 나타나는 경우를 학습장애로 규정하는 것으로 기억하지만 확실하진 않아요.
김 교 사:	그렇군요. 학습장애를 진단하기 위해서는 어떤 표준화 검사 도구를 사용해야 하나요?
교육 실습생:	「장애인 등에 대한 특수교육법 시행규칙」 제2조에서는 학습장애 학생의 선별검사나 진단·평가를 할 때 ㉡ 지능검사, ㉢ 적응행동검사, ㉣ 학습준비도검사, ㉤ 시지각발달검사, ㉥ 지각운동발달검사, ㉦ 시각운동 통합발달검사를 실시하도록 규정되어 있었던 것 같아요.

PART
05

70 _____ 2021 중등B-5

(가)는 ○○중학교 특수학급에 재학 중인 학습장애 학생을 위한 수학과 수업 계획이고, (나)는 교육과정 중심 측정(Curriculum-based Measurement ; CBM) 절차의 일부이다. 〈작성 방법〉에 따라 서술하시오.

(가) 수업 계획

- 학습 주제: 문장제 문제의 식과 답 구하기

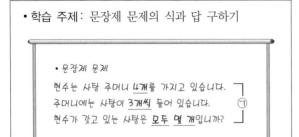

- 문장제 문제
현수는 사탕 주머니 4개를 가지고 있습니다.
주머니에는 사탕이 3개씩 들어 있습니다.   ┐ ㉠
현수가 갖고 있는 사탕은 모두 몇 개입니까?

- 활동 1: 구체물을 이용하여 나눠 담고 계산하기
- 활동 2: 반구체물을 이용하여 계산하기
- 활동 3: ㉡추상적 표현을 이용하여 계산하기
- 정리 및 평가

(나) CBM 절차의 일부

순서	내용	유의점
1	측정할 기술 확인	검사지 제작 시 문항의 내용, 유형, 문항 난이도를 유사하게 (㉢) 검사를 제작함.
2	검사지 제작	
3	검사 실시 횟수 결정	
4	기초선 점수 결정	
5	목표선 설정	

… (하략) …

〈작성 방법〉
- (가)의 ㉠에서 밑줄 친 요소를 활용한 수업 지도 전략을 쓰고, (가)의 ㉠과 같은 전략을 과잉 일반화하였을 경우 학생이 범할 수 있는 수학적 오류를 1가지 서술할 것
- (가)의 밑줄 친 ㉡에 해당하는 활동의 예를 1가지 쓸 것[단, (가)의 ㉠에 근거할 것]
- (나)의 괄호 안의 ㉢에 해당하는 용어를 쓸 것

71 _____ 2022 유아A-7

(나)는 통합학급에서 음운인식 활동을 하는 과정의 일부이다. 물음에 답하시오.

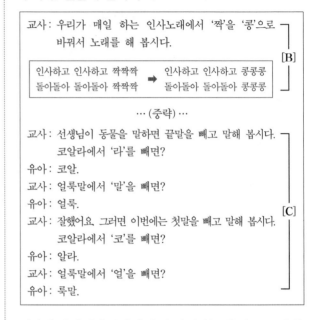

교사: 우리가 매일 하는 인사노래에서 '짝'을 '콩'으로 바꿔서 노래를 해 봅시다.   ┐ [B]

인사하고 인사하고 짝짝짝 돌아돌아 돌아돌아 짝짝짝 ➡ 인사하고 인사하고 콩콩콩 돌아돌아 돌아돌아 콩콩콩

… (중략) …

교사: 선생님이 동물을 말하면 끝말을 빼고 말해 봅시다. 코알라에서 '라'를 빼면?   ┐
유아: 코알.
교사: 얼룩말에서 '말'을 빼면?
유아: 얼룩.
교사: 잘했어요. 그러면 이번에는 첫말을 빼고 말해 봅시다. 코알라에서 '코'를 빼면?   [C]
유아: 알라.
교사: 얼룩말에서 '얼'을 빼면?
유아: 룩말.   ┘

3) (나)의 ① [B]와 ② [C]에 해당하는 음절 수준의 음운인식 과제 유형을 각각 쓰시오.

①:

②:

72 _____ 2022 초등A-4

(가)는 학습장애 학생 은수의 특성이고, (나)는 2015 개정 국어과 교육과정 3~4학년군의 '중요한 내용을 적어요' 단원을 지도하기 위한 교수·학습 과정안의 일부이다. 물음에 답하시오.

(가) 은수의 특성

- 시력은 이상 없음
- 듣기 및 말하기에 어려움이 없음
- /북/에서 /ㅂ/를 /ㄱ/로 바꾸어 말하면 /국/이 되는 것을 알지 못함
- /장구/를 /가구/로 읽고 의미를 이해하는 데 어려움이 있음

(나) 교수·학습 과정안

성취 기준	[4국어02-02] 글의 유형을 고려하여 대강의 내용을 간추린다.	
학습 목표	글을 읽고 내용을 간추릴 수 있다.	
단계	교수·학습 활동	유의점
도입	• 동기 유발 및 전시 학습 상기 • 학습 목표 확인하기	

전개	• 글을 읽기 전에 미리 보기
	  - ⑦ <u>글의 제목을 보고 읽을 글에 대한 내용을 생각해 보기</u>
	  … (중략) …
	• 글을 읽고 중심 내용 파악하기
	
	[A] 악기는 타악기, 현악기, 관악기로 나눌 수 있어요. 타악기는 두드리거나 때려서 소리를 내는 악기로 타악기에는 장구나 큰북 등이 있으며, 현악기에는 가야금이나 바이올린 등이 있어요. 그리고 관악기는 입으로 불어서 소리를 내는 악기로 관악기에는 단소나 트럼펫 등이 있어요.
	
	• 글의 구조에 대해 알기
	  - 그래픽 조직자 제시하기
	[B] (그래픽 조직자: 주제-악기 / 타악기·현악기·관악기 / 세부사항-장구·큰북·가야금·바이올린·단소·트럼펫)
	  … (중략) …
		ⓒ <u>은수에게 컴퓨터를 활용한 대체출력 보조공학 지원하기</u>

정리	• 읽기 이해 질문 만들기 - ⓒ <u>문자적(사실적) 이해 질문 만들기</u> • 요약하기	

1) ① (가)를 고려하여 은수에게 해당하는 읽기 학습장애의 하위 유형을 쓰고, ② (나)의 ⑦ 읽기 전략의 명칭을 쓰시오.

①:

②:

3) ① [A]에 제시된 타악기에 대한 내용에 근거하여 (나)의 ⓒ에 해당하는 질문을 쓰고, ② [B]에 해당하는 설명글의 구조를 쓰시오.

①:

②:

73 _____ 2022 중등A-6

(가)는 학습장애 학생 B를 위해 특수 교사와 일반 교사가 작성한 쓰기 과정 접근법 지도 단계이고, (나)는 학생 B가 작성한 작문 노트의 일부이다. 〈작성 방법〉에 따라 서술하시오.

(가) 지도 단계

계획하기	• 글쓰기 주제, 목적, 독자 선택하기 • 쓰기를 위한 아이디어 생성하고 조직하기
↓	
초안쓰기	• 글을 생성하고 구성하는 데 초점 맞추기 • 글의 내용에 집중하여 빠른 속도로 초고 작성하기
↓	
(㉠)	• 초고를 읽으면서 ㉡글의 내용에 중점을 두어 다듬기 • 서로의 글을 비판적 시각으로 읽고 피드백하기
↓	
편집하기	• (㉢)
↓	
독자와의 공유	• 쓰기 결과를 친구들과 공유하기

(나) 작문 노트

일주일에 3일을 실 수 있다면 월오일에 시면 좋겠다.
㉣왜냐하면 토오일, 일오일을 시고 오면 피곤하다. 그래서 월오일에 시는 것이 좋을 것 같고, 화오일도 피곤하겠지만 화오일은 체육이 있어서 시는 것보다 학교에 오고 싶을 것 같다.

┌─〈 작성 방법 〉─
• (가)의 괄호 안 ㉠에 해당하는 단계의 명칭을 쓸 것
• (가)의 괄호 안 ㉢에 해당하는 중심 활동을 밑줄 친 ㉡과 비교하여 1가지 서술할 것
• (나)에 나타난 철자 오류 유형을 쓰고, 밑줄 친 ㉣의 쓰기 유창성 값을 음절 단위로 산출하여 쓸 것

74 _____ 2022 중등B-1

(가)는 학교 적응 문제를 가진 학습장애 학생 A를 위한 평가 계획의 일부이고, (나)는 학생 A를 위한 사회적 기술 훈련 프로그램 중 하나인 SLAM 전략의 단계별 활동이다. 〈작성 방법〉에 따라 쓰시오.

(가) 평가 계획

┌─────────────────────
• 학생 A의 반 친구 모두에게 함께 공부하고 싶은 친구, 짝을 하고 싶은 친구, 학교 밖에서 만나서 놀고 싶은 친구, 함께 하고 싶지 않은 친구 목록 을 제출하도록 함. [A]
• 평가 결과에 따라 면담 학생 목록을 작성하여, 학생 A와 목록에 있는 학생을 대상으로 면담을 실시하도록 함.

(나) SLAM 전략의 단계별 활동

㉠ 상대방의 말이 무엇을 의미하는지, 왜 부정적인 말을 하는지 질문하기
㉡ 지금 하고 있는 일을 멈추고, 심호흡하기
㉢ 상대방의 눈을 쳐다보고 외면하지 않기
㉣ 상대방에게 적절하게 반응하기

┌─〈 작성 방법 〉─
• (가)의 [A]에 해당하는 사회성 측정 기법의 명칭을 쓸 것
• (나)의 ㉠~㉣을 SLAM 전략 단계에 맞게 기호를 순서대로 쓸 것

75

다음은 학습장애 학생 C를 위해 일반 교사와 특수 교사가 협의하여 작성한 학습전략의 일부이다. 〈작성 방법〉에 따라 서술하시오.

그래픽 조직자 활용하기	□ (㉠) 개발 시 중점 사항
	• 이전 차시와 본 수업 내용 간의 연결에 초점을 둠.
	• 본 수업의 핵심 개념, 글의 조직 및 구조를 소개함.
	• 수업 초반부에 제시하여 이미 학습한 개념과 새로운 개념 간의 관련성을 제시함.
	• 그래픽(도해) 조직자, 개념 지도 등을 활용하여 학습의 전이를 촉진함.

□ 기억전략 활용의 예

기억술	예
(㉡)	• 열대 우림 기후, 사바나 기후, 열대 계절풍 기후 → 우(우림)리 사(사바나)랑하게(계절풍) 해 주세요!

기억전략 적용하기

□ 인지전략

인지전략 교수하기

구분	정의와 예
(㉢)	• 정보를 단순히 반복하여 되뇌는 인지적 조작 활동으로 과제를 단순 암기하는 데 효과적인 학습전략 • 예: 열대기후의 핵심 개념에 줄을 긋거나 강조하면서 반복하며 읽기
조직화	• (㉣)

• 학습내용: ㉤ 스콜, 고상 가옥, 플랜테이션, 사막, 오아시스, 관개농업

──〈작성 방법〉──
• 괄호 안의 ㉠, ㉡에 해당하는 전략의 명칭을 기호와 함께 각각 쓸 것
• 괄호 안의 ㉢에 해당하는 전략의 명칭을 쓸 것
• 밑줄 친 ㉤을 활용하여 괄호 안의 ㉣에 해당하는 예를 1가지 서술할 것

76 _____ 2023 초등A-6

(가)는 도덕과 수업 후 특수교사가 작성한 수업 성찰일지이고, (나)는 학습장애 학생 수아의 활동지 분석 결과 및 중재 적용 방안이다. 물음에 답하시오.

(가) 수업 성찰일기

- 단원 : 5. 함께 지키는 행복한 세상
- 제재 : 4. 함께 지키는 아름다운 마음을 길러요. (4/4 차시)
- 학습 목표 : 공익을 위한 일을 실천하기 위해 생활 속에서 꾸준히 노력하는 마음을 기른다.
- 주요 수업 내용 :
  − 공익을 실천하기 위한 마음가짐을 알기
  − 나의 공익 실천을 위한 글쓰기
- ㉠ 수업 모형

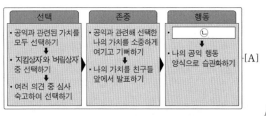

선택	존중	행동
• 공익과 관련된 가치를 모두 선택하기 ↓ • 지킴상자와 '버림상자' 중 선택하기 ↓ • 여러 의견 중 심사숙고하여 선택하기	• 공익과 관련해 선택한 나의 가치를 소중하게 여기고 기뻐하기 ↓ • 나의 가치를 친구들 앞에서 발표하기	• ㉡ ↓ • 나의 공익 행동 양식으로 습관화하기	[A]

- 유의점 : 활동지 수행 분석 및 중재 전략 구상

(나) 수아의 활동지 분석 결과 및 중재 적용 방안

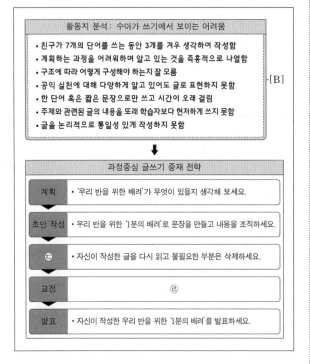

활동지 분석 : 수아가 쓰기에서 보이는 어려움
- 친구가 7개의 단어를 쓰는 동안 3개를 겨우 생각하여 작성함
- 계획하는 과정을 어려워하며 알고 있는 것을 즉흥적으로 나열함
- 구조에 따라 어떻게 구성해야 하는지 잘 모름
- 공익 실천에 대해 다양하게 알고 있어도 글로 표현하지 못함
- 한 단어 혹은 짧은 문장으로만 쓰고 시간이 오래 걸림
- 주제와 관련된 글의 내용을 또래 학습자보다 현저하게 쓰지 못함
- 글을 논리적으로 통일성 있게 작성하지 못함   [B]

↓

과정중심 글쓰기 중재 전략

계획	• '우리 반을 위한 배려'가 무엇이 있을지 생각해 보세요.
초안 작성	• 우리 반을 위한 '1분의 배려'로 문장을 만들고 내용을 조직하세요.
㉢	• 자신이 작성한 글을 다시 읽고 불필요한 부분은 삭제하세요.
교정	㉣
발표	• 자신이 작성한 우리 반을 위한 '1분의 배려'를 발표하세요.

2) (나)의 [B]에서 수아가 나타내고 있는 쓰기 학습장애의 하위 유형이 무엇인지 쓰시오.

3) ① (나)의 ㉢에 해당하는 단계명을 쓰고, ② ㉣에 해당하는 전략을 1가지 쓰시오.

①:

②:

77 ___

(가)는 특수 교사 A가 사칙 연산 지도를 위해 메모한 내용의 일부이고, (나)는 DRAW 전략의 단계와 활동 내용이다. (가)의 괄호 안의 ㉠에 해당하는 용어와 (나)의 괄호 안의 ㉡에 해당하는 단계를 순서대로 쓰시오.

(가) 사칙 연산 지도를 위한 메모

연산	예시
덧셈(+)	• 합병 － 빨간 구슬 5개와 흰 구슬 2개를 합하면 얼마인가? • 첨가 － 꽃병에 꽃이 5송이 있다. 2송이를 더 꽂으면 모두 몇 송이인가?
나눗셈(÷)	• 포함제 － 사과 15개를 한 사람에게 3개씩 나누어 주면 몇 사람에게 줄 수 있는가? － 사탕 8개를 한 번에 2개씩 먹으려고 한다. 몇 번 먹을 수 있는가? • (㉠) － 사과 15개를 3명에게 똑같이 나누어 줄 때 한 사람이 몇 개를 가지게 되는가? － 풍선 6개를 2명이 똑같이 나누어 가지면 한 사람이 몇 개를 가지게 되는가?

(나) DRAW 전략의 단계와 활동 내용

(예시 문제) $17 \times 4 = \boxed{}$	
단계	활동 내용
계산 기호 확인	학생은 곱하기(×) 기호를 보고 제시된 문제가 곱셈 계산식임을 확인한다.
(㉡)	… (중략) …
문제 풀기	계산식을 통해 답을 구하거나 그림을 활용해 답을 구한다.
최종 답 쓰기	$\boxed{}$ 칸에 자신이 구한 답을 옮겨 적는다.

78 _____ 2023 중등B-3

(가)는 상보적 교수를 활용한 지도 계획의 일부이고, (나)는 그래픽 조직자 전략 습득을 위한 전략중재모형(Strategy Intervention Model) 적용 계획의 일부이다. 〈작성 방법〉에 따라 서술하시오.

(가) 상보적 교수를 활용한 지도 계획

- 단원 : (1) 갈등하는 삶   • 제재 : 자전거 도둑

전략	내용
예측하기	1. 나는 자전거를 훔친 도둑이 벌을 받게 되는 이야기를 읽게 될 것이라 생각한다. … (중략) …
질문 만들기	1. 주인공은 누구인가? 수남이 2. 주인공은 무슨 일을 하는가? 전기용품을 판매함 … (중략) …
(㉠)	• 어려운 단어 확인 및 점검 　- 도매상, 조건 반사, 황공하다. • 이해가 되지 않는 내용(문장) 　- 고개를 움츠려 알밤을 피하는 시늉부터 한다. ※ 해결 방안 : 다시 읽기, 어려운 단어가 포함된 문장의 앞・뒤 문장 읽기, 사전 찾기, 선생님과 이야기하여 내용을 이해하고 다음 문단으로 넘어가기 … (중략) …
요약하기	전기용품점에서 일하는 열여섯 살 수남이는 목소리가 굵어 전화 받을 때 주인으로 오해받는 일이 많다. … (중략) …

※ 상보적 교수 활용 시 유의사항

- ⓐ 교사와 학생은 비구조화된 대화를 통해 읽기 이해 능력을 향상시키도록 한다.
- ⓑ 사용되는 4가지 전략은 문단이나 단락별로 순환적으로 사용될 수 있다.
- ⓒ 예측하기 전략의 경우, 글을 읽는 중간에 지금까지 읽은 내용을 바탕으로 앞으로 이어질 내용을 예측하게 한다.
- ⓓ 질문 만들기 전략에 사용되는 질문은 핵심어(키워드)를 활용하여 만들 수 있으며, 글의 갈래에 따라 핵심어(키워드)는 달라질 수 있다.

(나) 그래픽 조직자 전략 습득을 위한 전략중재모형

단계		지도 내용
단계 1	사전 검사 및 이행에 대한 약속	• 그래픽 조직자 전략 이해 정도 확인 • 그래픽 조직자 전략 학습 약속
단계 2	설명하기	• 그래픽 조직자 전략의 종류와 목적 설명
단계 3	시범, 모델링	• 그래픽 조직자 전략 적용 과정 시범 및 언어적 시연
단계 7	사후 검사 및 전략 사용 약속	• 그래픽 조직자 전략 내용 이해와 적용 과정 평가 • 지속적인 전략 사용에 대한 약속
단계 8	(㉡)	• (㉢)

〈작성 방법〉

- (가)의 괄호 안의 ㉠에 해당하는 전략의 명칭을 쓸 것
- (가)의 ⓐ~ⓓ 중 틀린 것 1가지를 찾아 기호를 쓰고, 바르게 고쳐 쓸 것
- (나)의 괄호 안의 ㉡에 해당하는 단계의 명칭을 쓰고, 괄호 안의 ㉢에 해당하는 내용을 서술할 것

79 _____

(가)는 지적장애 학생 수아에 대해 담임 교사와 수석
교사가 나눈 대화의 일부이다. 물음에 답하시오.

(가)

담임 교사 : 이번 국어 수업의 목표는 '탈것의 이름 읽
기'입니다.

[낱말 카드의 예시] 버스 자전거 지하철

수아에게 이러한 ㉠ 낱말을 여러 번 보여
주면서 자동적인 낱말 읽기를 지도하려고
해요. 예를 들어, ㉡ '지하철' 낱말을 보았
을 때 'ㅈ', 'ㅣ', 'ㅎ', 'ㅏ', 'ㅊ', 'ㅓ', 'ㄹ'로 분
절하기보다 눈에 익어서 보자 마자 빠르게
읽는 것이지요.

수석 교사 : 이 낱말이 수아에게 어떤 도움이 될까요?

담임 교사 : 수아가 성인이 되었을 때 스스로 대중 ⌐
교통을 이용하려면 이 낱말을 배우는 │
것이 꼭 필요해요. 수아가 지역사회 내 [A]
에서 가능한 독립적으로 적응하기 위해 │
필요한 것을 지도해야 한다고 생각해요. ⌐

1) (가)의 ㉠과 ㉡에 공통으로 해당하는 용어를 쓰시오.

80

(가)는 학습장애 학생 성호의 개별화교육계획 수립을 위한 사전 협의 내용의 일부이고, (나)는 성호의 수행 포트폴리오의 일부이다. 물음에 답하시오.

(가)

○ 일시 : 2023년 ○월 ○일 ○요일 ○○시 ~ ○○시
○ 장소 : ○○초등학교 특수학급 교실
○ 참석자 : 통합학급 담임 교사, 특수교사 등

〈현재 학습수행수준〉

• 국어
 - ㉠ 글에서 단어를 읽을 수는 있으나 또래에 비해 빈번하게 띄어 읽어서 뜻이 잘 드러나도록 자연스럽게 읽지 못함
• 수학
 - 두 자리 수 범위의 덧셈 연산에서 오류가 많고 문장제 문제 해결에 어려움을 보임

〈목표 설정을 위한 내용〉

• 국어
 - ㉡ 동일한 글을 자연스럽고 능숙하게 읽을 때까지 소리 내어 수차례 읽는 연습을 하여 (ⓐ)을/를 향상하도록 함
• 수학
 - 두 자리 수 덧셈의 연산 오류를 줄이도록 함
 - 문장제 문제를 해결할 수 있도록 함

(나)

• 국어과 띄어 읽기 결과

부모님∨과∨함께∨동네∨뒷∨산에∨갔어요.∨∨
숲∨속∨아름∨드리∨나무에∨사슴∨벌레∨한∨마리가∨있어요.∨∨생김새∨는∨단단한∨껍데기∨로∨덮인∨등과∨뿔∨처럼∨생긴∨큰∨턱이∨있어요. [A]

• 수학과 문장제 문제 및 풀이 결과

〈문제 1〉
㉢ 동물원에 조랑말 17마리, 얼룩말 8마리가 있습니다. 말은 모두 몇 마리 있을까요? [B]

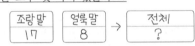

… (중략) …

〈문제 1〉 풀이	〈문제 2〉 풀이
17 + 8 15	28 + 25 43

1) ① (가)의 ㉠과 (나)의 [A]를 참고하여 (가)의 ⓐ에 들어갈 읽기 교수 영역을 쓰고, ② ㉡에 해당하는 읽기 지도 방법을 쓰시오.

 ① :

 ② :

2) ① (나)의 [B]에 해당하는 문장제 문제 해결을 위한 전략의 명칭을 쓰고, ② ㉢을 변화형 뺄셈 문장제 문제로 만들어 쓰시오.

 ① :

 ② :

3) (나)의 [C]에 공통으로 나타난 덧셈 오류를 지도할 때, 수 모형을 이용한 지도 방안을 〈문제 1〉 풀이와 관련지어 1가지 쓰시오.

81 _____

(가)는 학습장애 학생 A의 특성이고, (나)는 읽기 자료, (다)는 (나)를 활용한 국어 수업 계획이다. 〈작성 방법〉에 따라 서술하시오.

(가) 학생 A의 특성

- 글을 읽을 때 음운상의 오류를 보이지 않음.
- 글을 빠르게 막힘이 없이 읽을 수 있음.
- 읽은 내용을 이해하는 데 어려움이 있음.

(나) 읽기 자료

〈고체와 액체〉

우리 주위에는 매우 다양한 물질이 있다. 그중 고체와 액체에 대해 살펴보자. 돌과 나무는 고체이고, 물과 주스는 액체이다. 돌이나 나무 같은 고체는 모양이나 부피가 쉽게 바뀌지 않는다.
이에 반해 물이나 주스 같은 액체는 담는 그릇에 따라 모양이 변하지만 부피는 일정하다. 그래서 물이나 주스를 한가운데가 뚫려 있는 그릇에 통과시키면 모양은 잠깐 바뀌지만 부피는 변하지 않는다.

(다) 국어 수업 계획

〈읽기 이해 지도 계획〉
1) 글의 구조 파악하기
   - (㉠)형 구조
2) 글을 읽고 그래픽 조직자로 표현하기
   - (㉡) 활용하기

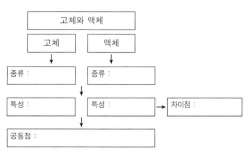

3) 어려운 내용과 단어 파악하기
   - 문맥 분석 전략 활용하기
     학생A에게 모르는 어휘가 포함된 문장을 읽게 하거나, 앞뒤 문장을 읽으면서 어휘의 뜻을 유추하는 전략 지도하기
   - 단어 형태 분석 전략 활용하기
     ㉢ '한가운데'라는 단어 설명하기

4) 글의 내용 파악하기
   - ㉣ (읽기 전) 이미 알고 있었던 내용, 더 알고 싶은 내용 확인하기, (읽기 후) 오늘 알게 된 내용 기록하기

〈 **작성 방법** 〉
- (다)의 괄호 안의 ㉠에 해당하는 (나) 글의 구조의 명칭을 글의 주된 내용 전개 방법에 근거하여 쓸 것
- (다)의 괄호 안의 ㉡에 해당하는 그래픽 조직자의 유형을 쓸 것
- 단어 형태 분석 전략으로 (다)의 밑줄 친 ㉢을 지도하는 교사의 발화를 1가지 서술할 것
- (다)의 밑줄 친 ㉣에 해당하는 전략을 쓸 것

82

다음은 ○○중학교 특수학급의 교육 실습생과 특수 교사의 대화 중 일부이다. 괄호 안의 ㉠에 해당하는 인지 특성을 쓰고, 밑줄 친 ㉢의 내용을 참고하여 학생 B에게 적용한 밑줄 친 ㉡에 해당하는 전략을 쓰시오.

교육 실습생 : 선생님, 학생 A는 $\frac{1}{3}$, $\frac{1}{6}$과 같이 분수 쓰는 것을 어려워합니다. 왜 그런가요?

특수 교사 : 학생 A는 도형의 이동에 대해서 배우면서 도형을 상하좌우로 옮기기를 어려워했고, 시험에서 숫자 3을 반전해서 쓰기도 했어요.

교육 실습생 : 그런 특성이 있군요. 이유가 무엇인가요?

특수 교사 : 학생A는 (㉠) 능력이 낮아요. 그래서 분수를 쓸 때 분모와 분자를 바꿔서 쓰기도 해요.

교육 실습생 : 선생님, 학생 B는 분수의 덧셈을 어려워합니다. 어떻게 지도하면 될까요?

특수 교사 : 분수 덧셈 문제를 해결하기 위해 여러 단계를 거치는 동안 학생 B가 스스로 문제 해결 과정을 점검해 보도록 하고 있어요. 제가 적용했던 전략 노트를 보여드릴게요. 처음에는 ㉡ 문제를 해결하는 사고 과정을 큰 소리로 학생 B에게 보여주고 학생 B가 이를 관찰하도록 했어요.

㉢ <교사 전략 노트>의 일부

교사 활동	학생 활동
(큰 소리로) $\frac{1}{7}$ 더하기 $\frac{4}{7}$, 분수 문제구나.	(교사의 행동을 관찰한다.)
(큰 소리로) 분모와 분자를 확인하자! $\frac{1}{7}$은 7이 분모이고, 1은 분자구나. $\frac{4}{7}$은 7이 분모이고, 4는 분자구나.	(교사의 행동을 관찰한다.)
(큰 소리로) 두 분수의 분모가 같구나.	(교사의 행동을 관찰한다.)
(큰 소리로) 분모가 같으면 분자끼리 더하기가 가능해. 분자인 1과 4를 더하면 되겠구나. 그러면 $\frac{5}{7}$가 되겠구나.	(교사의 행동을 관찰한다.)

김남진
KORSET 특수교육학 기출분석 1

초판인쇄 | 2024. 3. 20. **초판발행** | 2024. 3. 25. **편저자** | 김남진

발행인 | 박 용 **발행처** | (주) 박문각출판 **등록** | 2015년 4월 29일 제2015-000104호

주소 | 06654 서울특별시 서초구 효령로 283 서경 B/D **팩스** | (02) 584-2927

전화 | 교재 주문 (02) 6466-7202, 동영상 문의 (02) 6466-7201

저자와의
협의하에
인지생략

ISBN 979-11-6987-877-7 / ISBN 979-11-6987-876-0(세트)

정가 34,000원

김남진 KORSET
특수교육학 기출분석
시리즈

KORSET 특수교육학 기출분석 1 KORSET 특수교육학 기출분석 2 KORSET 특수교육학 기출분석 3

김남진

KORSET 특수교육학 기출분석 1

• 영역별 마인드맵 수록 • 2009~2024년 기출문제 수록

정답 및 해설

특수교사임용시험 대비   김남진 편저

박문각

김남진

KORSET 특수교육학 기출분석 1

정답 및 해설

특수교사임용시험 대비   김남진 편저

박문각

김남진
KORSET 특수교육학 기출분석 1

이 책의 **차례**

01

정답 ④

해설

④의 지원 내용 중 '활동 시작 전에'는 선행사건 조절을 의미한다.

02

정답 ④

해설

① 순간표집기록법은 여러 유아의 상호작용 행동을 관찰할 수 있다.

② 순간표집법은 선행사건과 후속결과에 대한 정보를 제공하지 않으며 단순히 행동이 발생한(또는 발생하지 않은) 간격의 수만 보고된다. 따라서 행동발생 수에 대한 정보도 알 수 없다.

③ 대부분의 훈련에서 사용된 목표행동의 정의에 대한 관찰자의 해석이 변화되어 발생하는 관찰자 표류는 측정의 신뢰도에 영향을 주는 요소인 만큼 관찰자가 기존의 목표행동의 정의를 확대하거나 축소하지 않도록 지속적인 훈련이 제공되어야 한다.

⑤ 상호작용 행동 발생률은 행동발생 간격 수를 전체 간격 수로 나누고 100을 곱하여 구한다.

03

정답 ④

해설

직접관찰평가방법 중 행동분포관찰은 문제행동이 자주 발생하는 시간과 자주 발생하지 않는 시간대를 파악하는 데 유용하다.

04

정답 ④

Check Point

(1) 반응촉진과 자극촉진

반응 촉진	• 변별자극에 반응하지 않는 아동에게 다른 사람이 변별자극 외의 부가적인 도움을 제공함으로써 정반응을 하도록 영향을 주는 것 • 변별자극을 그대로 유지한 채로 주어지는 부가적인 도움을 의미한다.	
	시각적 촉진	사진, 그림, 글 등을 사용하여 바람직한 행동을 유발하도록 돕는 것
	구어적 촉진	말로 지시, 힌트, 질문 등을 하거나 개념의 정의나 규칙을 알려주는 것으로 바람직한 행동을 유발하는 것
	몸짓 촉진	아동을 신체적으로 접촉하지 않고 교사의 동작이나 자세 등의 몸짓으로 정반응을 이끄는 것
	모방하기 촉진	다른 사람이 정확한 행동을 시범 보이는 것
	신체적 촉진	• 신체적 접촉을 통해 아동의 바람직한 행동을 유발하도록 돕는 것 • 신체적 촉구는 강제성이 강하기 때문에 아동의 능동적인 반응을 유발하기가 상대적으로 어려움. • 나이가 어리거나 장애의 정도가 심한 경우에는 가장 자주 사용되는 촉구
자극 촉진	• 정확한 반응을 더 잘하게 하기 위하여 변별자극을 변화시키거나, 변별자극을 증가시키거나, 변별자극에 대한 단서를 주는 것 • 변별자극에 변화가 주어지는 것을 의미한다.	
	자극내 촉진	변별자극 자체 혹은 그 위치를 변화시키는 것
	가외 자극촉진	다른 자극을 추가하거나 변별자극에 대한 단서를 외적으로 주는 것(변별자극 외에 다른 자극을 추가하는 것)

(2) 유아특수에서의 촉진의 종류

유아특수 분야에서는 다음과 같이 촉진의 종류를 분류한다.

종류	방법
구어 촉진	주어진 과제를 수행하도록 직접적으로 또는 간접적으로 지원하는 단순한 지시 또는 설명으로, 이때 사용되는 말은 유아가 이해하기 쉽도록 짧고 간결해야 한다.
몸짓 촉진	과제를 수행하도록 안내해 주는 가리키기 등의 몸짓으로, 단독으로 사용되기도 하지만 주로 구어 촉진과 함께 사용된다.
시범 촉진	구어나 신체 촉진, 또는 두 가지를 함께 사용해서 과제의 일부 또는 전체를 수행하는 모습을 보여주는 방법으로, 주로 유아가 기대하는 행동을 수행할 수 있을 때 사용된다.
접촉 촉진	접촉을 활용하는 방법으로, 유아의 특정 신체 부위를 만지거나 유아가 특정 사물을 만지게 하는 두 가지 형태로 사용된다. 사물을 만지게 하는 방법은 특히 시각장애 유아나 수용언어의 발달이 지체된 유아에게 유용하게 사용될 수 있다.
신체 촉진	과제를 수행하도록 신체적으로 보조하는 방법으로 부분적이거나 완전한 보조의 형태로 주어진다.
공간 촉진	행동 발생 가능성을 높이기 위해서 사물을 특정 위치(예 과제 수행을 위해서 필요한 장소, 유아에게 더 가까운 장소)에 놓아 과제 수행을 상기시키는 방법이다.
시각적 촉진	그림이나 사진, 색깔, 그래픽 등의 시각적 단서를 사용해서 과제 수행의 주요 요소를 보여주는 방법으로, 정기적으로 수행되거나 순서대로 수행되는 활동을 보조하기 위하여 많이 사용된다.
단서 촉진	과제 수행의 특정 측면에 대한 직접적인 관심을 유도하기 위한 방법으로, 구어 또는 몸짓으로 단서를 제공한다. 이때 사용되는 단서는 과제를 가장 잘 대표할 수 있는 것이어야 한다.

출처 ▶ 이소현(2020 : 443-444)

05

정답 ③

해설

① 전체간격기록법은 행동의 지속 여부가 중요한 경우에 사용된다.
- 행동의 발생 여부가 중요한 경우에 사용되는 기록법은 부분간격기록법이다. 부분간격기록법은 소리 지르기, 남을 때리기, 몸을 흔들기 등과 같이 비교적 짧은 시간에 발생 빈도가 높은 과잉행동을 관찰할 때 많이 사용된다. 관찰자는 한 단위간격 사이에 표적행동이 몇 번 발생하였는지, 얼마나 오래 지속되었는지에 상관할 필요가 없다. 다만 표적행동이 발생하였는지의 여부만을 확인하여 해당 칸에 표기한다(홍준표, 2017 : 549).

② 순간표집기록법에 의해 상동행동을 관찰하면 행동발생률은 41.7%(5/12×100)이다.

④ 부분간격기록법에 의해 상동행동을 관찰하면 행동발생률은 50.0%이다.

⑤ 어느 정도 지속되는 안정된 행동을 측정할 때는 전체간격기록법이 사용된다.

Check Point

전체간격 기록법	• 전체간격기록법은 공부하기, 협동놀이, 주의 집중하기, 손가락 빨기 등과 같이 한번 시작되면 상대적으로 오래 지속되는 행동을 측정대상으로 한다. • 몸통 흔들기, 옹얼거리기, 손 흔들기 등과 같이 동일한 행동이 빠른 속도로 반복되어 한 반응의 종료와 다음 반응의 시작을 구분하기 어려우나 전반적으로 그러한 행동의 연속이 시작되는 시점과 일단락되는 시점을 구별할 수 있을 때도 활용될 수 있다.
부분간격 기록법	부분간격기록법은 소리 지르기, 남을 때리기, 몸을 흔들기 등과 같이 비교적 짧은 시간에 발생 빈도가 높은 과잉행동을 관찰할 때 많이 사용된다.
순간표집 기록법	• 순간표집기록법은 비교적 장시간 지속되는 특성을 가진 행동을 관찰할 때 많이 사용된다. • 발생비율이 낮고 지속시간이 짧은 행동의 관찰 방법으로는 적당하지 않다.

출처 ▶ 홍준표(2017 : 549-551). 내용 요약정리

06

정답 ③

해설

지문 돋보기

- (문구점 안에서 성수에게) 공책을 집으세요. : 변별자극 제시
- (공책 사진을 보여주며) 공책을 집으세요. : 시각적 촉진 제공
- (성수의 손을 잡고 공책을 함께 집으면서) 자, 이렇게 공책을 집으세요. : 신체적 촉진 제공

① 동시촉진 = 0초 시간지연
③ 최소 - 최대 촉진 = 도움 증가법, 최소촉구체계
④ 고정 시간지연 촉구 = 지속적 시간지연 촉진

07

정답 ②

해설

- 자기관리 기술의 유형에는 목표설정, 자기기록, 자기평가, 자기강화/자기처벌, 자기교수 등이 포함된다. 여기서 자기기록과 자기점검은 동일한 의미로 보기도 하고 자기기록과 자기평가를 포함하여 자기점검으로 간주하기도 한다(박은혜 외, 2018 : 197).
- (가)는 확인란에 진수가 직접 ○표를 하는 것이므로 자기점검(자기기록)에 해당하며, (나)는 정해진 목표를 달성하여 스스로 선택한 강화제를 자기에게 제공하는 것이므로 자기강화에 해당한다.

08

정답 ⑤

Check Point

⊘ 경향선 그리는 방법

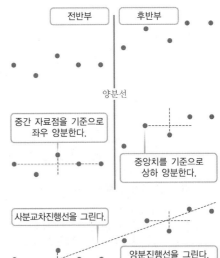

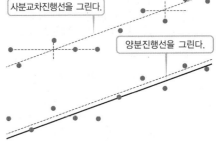

09

정답 ③

해설

ㄷ. 단어장을 보여주며 컵이라고 읽는 시범을 보인 후 따라
읽도록 하였다. : 시범

ㄹ. 초기에는 학생이 발음을 하려고만 해도 강화를 제공하
였으나, 점진적으로 목표행동에 가까운 발음을 하면 차
별적으로 강화하였다. : 행동형성

ㅂ. 학생이 카드 위에 쓰인 cup과 cap을 성공적으로 변별하
면 다양한 책에 쓰여진 cup을 읽도록 하였다. : 일반화

10

정답 ⑤

해설

(나) 점진적 안내는 신체적 촉구를 용암시키는 데에 사용
된다. 교사는 시작할 때 신체적 도움을 필요한 만큼
주다가 점진적으로 개입을 감소시키는 것이다.

(다) 배변 훈련을 하는 유아에게 엄마가 "화장실 갈 시간이
야"와 같이 직접적인 지시 혹은 단서를 제공해서 성공
적으로 화장실에 갔다면 이는 직접 구어촉진이다. 반
면 나눗셈 문제를 풀고 있는 학생이 잠시 머뭇거릴 때
교사가 "그 다음은 어떻게 하지?"와 같이 직접적으로
해결책(단서)을 제공하지 않고 단순히 말함으로써 학
생이 교사의 질문에 답을 하면서 다음 단계를 해결했
다면 교사의 질문은 간접 구어촉진을 한 것이다(이성
봉 외, 2019 : 255 수정 후 인용).

Check Point

(1) 지속적 시간 지연

① 지속적 시간 지연(Constant Time Delay, 고정시간지연,
무변시간지연)은 대부분 0초 시간 지연으로 여러 시도
가 제시된 후에 촉구 제시가 일정하게 지연된다. 즉 처
음 여러 시도 혹은 첫 회기는 실수가 일어날 가능성을
낮춘 무오류 학습시도를 제시하는데, 이를 위해 선행자
극과 촉구가 0초 지연된다. 따라서 동시 촉구가 제공되
어 목표 반응과 관련된 강화 이력을 좀 더 확실하게 형
성한다.

② 무오류 학습 시도를 통해 강화 이력을 형성한 후 자연
적 선행자극 제시와 촉구 제시 사이의 시간 지연(예 2초)
이 일정하게 유지되는데, 촉구 제시의 지연이 2초라면
대상 아동은 그 2초 동안 촉구 없이 독립적으로 자연적
자극에 의한 반응을 할 기회를 갖게 된다.

(2) 점진적 시간 지연

① 점진적 시간 지연(Progressive Time Delay, 진행시간지
연)에서는 지연된 시간이 개별 시도 혹은 단위 시도(회
기)에 걸쳐 점진적, 체계적으로 증가한다.

② 예를 들어, 첫 시도는 0초 지연, 두 번째 시도는 1초 지
연, 세 번째 시도는 2초 지연 등으로 지연시간을 점진적
으로 증가시킴으로써 자극통제의 전이를 꾀할 수 있다.

(3) 동시촉진

촉진은 아동이 변별자극에 반응하지 않을 때 주어지는 것
이라고 알려져 있으나 동시촉진은 예외라고 할 수 있다. 이
러한 형태의 반응촉진을 사용할 때는 변별자극 제시와 함
께 촉진(정반응을 이끌어 주는 것, 흔히 정반을 자체)을 제
공하고 아동은 즉시 정반응을 한다. 이것은 마치 시간 지연
법을 시간 지연 없이 사용하는 것처럼 보인다. 이 절차를
다른 형태의 촉진 절차와 비교했을 때 두드러진 차이는 나
타나지 않았으나 동시 촉진이 다른 형태의 촉진보다 더 나
은 유지와 일반화 효과를 보이는 것으로 나타났다(이효신,
2014 : 438).

(4) 직접 언어촉진과 간접 언어촉진

배변훈련을 하는 유아에게 엄마가 "화장실 갈 시간이야."
해서 성공적으로 변기를 사용했다면 엄마의 음성적 지시는
(직접적인) 언어적 촉진이다. 나눗셈 문제를 풀고 있는 학
생이 잠시 머뭇거릴 때 교사가 "그다음은 어떻게 하지?"
하여 학생이 교사의 질문에 답을 하면서 다음 단계를 해결
했다면 교사의 질문은 간접적인 언어적 촉진을 한 것이다
(이성봉 외, 2019).

11

정답 ⑤

해설

비유관 강화란 문제행동을 감소시키기 위하여 사용되는 선
행중재의 한 방법으로, 학습자의 행동과는 무관하게 고정
시간계획 또는 변동시간계획에 따라 지금까지 문제행동을
통해 얻을 수 있었던 강화를 제공하는 중재방법이다. 제시
문의 경우 평균 6분마다 수업방해 행동을 하는 A에게 평균
보다 짧은 시간마다 무조건적으로 강화를 제공하고 있다.

12

정답 ③

해설

ㄱ. 대상자 간 중다기초선설계가 사용되었다.

ㄹ. 학생 2의 기초선 자료는 중재를 실시하기에 적합하지만, 학생 3의 경우는 문제행동의 비율이 감소하고 있는 경향이기 때문에 중재를 적용하기에 부적합하다.

13

정답 ③

해설

- 아동이 수업 중 소리를 지르자 교사는 아동으로 하여금 교실 구석에서 벽을 쳐다보고 1분간 서 있게 하였다. : 타임아웃

- 울 때마다 과제를 회피할 수 있었던 아동이 싫어하는 과제를 회피하기 위하여 울더라도 교사는 아동이 과제를 끝내도록 하였다. : 소거

- 교사는 아동이 5분간 과제에 집중을 하면 스티커 한 장을 주고, 공격행동을 보이면 스티커 한 장을 회수하여 나중에 모은 스티커로 강화물과 교환하도록 하였다. : 반응대가, 토큰경제

- 문제행동을 보일 때마다 교사의 관심을 받았던 아동이 교사의 관심을 끌기 위하여 물건을 집어던지는 행동을 하더라도, 교사는 문제행동에 관심을 기울이지 않고 무시하였다. : 소거

14

정답 ①

해설

ㄱ. 문제행동의 기능분석을 한다. : 표적행동 관련 정보 수집하기 단계에서 이루어진다.

ㄴ. 문제행동을 조작적으로 정의한다. : 표적행동의 선정 단계에서 이루어진다.

ㄷ. 채원이에게 효과적인 대체행동 기술을 지도한다. : 긍정적 행동지원 계획 수립 · 실행하기 단계의 내용이다.

ㄹ. 문제행동의 유발 요인을 미리 제거하거나 수정한다. : 긍정적 행동지원 계획 수립 · 실행하기 단계의 내용이다.

ㅁ. • 채원이의 선호 활동 파악은 기능평가(표적행동 관련 정보 수집하기 단계)를 통해 이루어진다.

- 채원이의 선택을 존중하여 선호도와 관심사를 활동에 추가하는 것은 배경/선행사건 중재에 해당하며, 채원이의 선호도를 바탕으로 강화를 제공하는 것은 문제행동에 대한 반응으로 모두 긍정적 행동지원 계획 수립 · 실행하기 단계와 관련된다.

Check Point

☑ 긍정적 행동지원의 실행 절차

표적행동의 선정
⇩
표적행동 관련 정보 수집하기
⇩
가설 설정하기
⇩
긍정적 행동지원 계획 수립 · 실행하기
⇩
행동지원 계획 평가 · 수정하기

15

정답 ①

해설

① 종속변인은 Y축에 위치하며 단위는 분으로 제시되어 있다.

② 스티커를 제공하는 중재의 효과를 파악하기 위한 것이 므로 중재단계에서 선우가 활동에 참여하면 스티커가 제공된다.

③ 중재는 시간 순서대로 자유놀이 활동, 소집단 활동, 대 집단 활동의 순으로 진행한다.

④ 각 활동에서의 기초선 총 회기 수는 기초선 구간에서의 학생의 반응에 따라 결정된다.

⑤ 자유놀이 활동에서 스티커가 제공될 때 소집단 활동의 기초선 자료는 안정적임을 알 수 있다. 각각의 상황은 기능적으로 독립적으로, 자유놀이 활동에 대한 중재가 주어지더라도 소집단 활동에서 선우의 활동 참여 시간 은 영향을 받지 않는다.

16

정답 ④

지문 톡 보기

문제에 제시된 내용(1단계~6단계)은 과제분석 결과이다. 맨 마 지막 단계인 6단계부터 먼저 지도하는 행동연쇄 전략의 명칭을 묻고 있으므로 지도 전략은 후진 행동연쇄가 된다.

Check Point

☑ 전진 행동연쇄와 후진 행동연쇄의 유사점과 차이점

유사점	• 행동연쇄를 가르치기 위해 사용된다. • 자극-반응 구성 요소로 이루어지는 과제분석을 먼저 수행해야 한다. • 한 번에 한 가지 행동을 가르치고 나서 그 행동들 을 함께 연쇄시킨다. • 각 구성 요소를 가르치기 위해 촉구와 용암법을 사 용한다.
차이점	• 전진 행동연쇄는 첫 번째 구성 요소를 먼저 가르치 는 반면, 후진 행동연쇄는 마지막 구성 요소를 먼 저 가르친다. • 후진 행동연쇄에서는 마지막 구성 요소를 먼저 가 르치기 때문에 학습자가 모든 훈련에서 자연적 강 화인을 받게 된다. • 반면, 전진 행동연쇄에서는 학습자가 모든 훈련을 마무리하지 않기 때문에 마지막 단계를 제외한 훈 련에서는 인위적인 강화인이 사용된다. 전진 행동 연쇄에서 자연적 강화인은 연쇄의 마지막 행동 후 에 주어진다.

17

정답 ④

해설

ㄱ. 자극촉진 중 자극 내 촉진에 해당한다.

ㅁ. 반응촉진 중 모방하기 촉진(시범 촉진)에 해당한다.

18

정답 ⑤

해설

ㄱ. 촉진 없이도 학생이 정반응을 지속적으로 보이면 과제 에 대한 독립적 수행이 이루어진 것으로 본다.

ㄷ. 학생들이 기술을 습득하는 초기 단계에서 사용하여 학 습과정에서의 오류를 줄이는 데 유용한 촉진체계는 최 대-최소 촉진체계이다.

19

정답 ⑤

해설

① 수업방해 행동이 발생한 직후, 교사가 그 행동에 대하여 긍정적이거나 부정적인 관심을 주지 않는다. : 소거전 략에 대한 설명으로 교사의 관심을 받기 위한 수업방해 행동에 대해 적절한 중재 방법이다.

② 수업 시간에 바람직한 행동을 할 때는 교사가 관심을 주고 수업방해 행동을 할 때는 관심을 주지 않는다. : 차별강화에 대한 전략으로 영희의 방해 행동에 대해 적 용 가능한 중재 방법이다.

③ 수업방해 행동과는 상관없이 미리 설정된 시간 간격에 따라 교사가 관심을 주되 그 행동이 우연적으로 강화되 지 않도록 주의한다. : 비유관 강화로 문제행동의 기능 을 고려할 때 적용 가능한 중재 방법이다.

④ 완전히 제거된 줄 알았던 수업방해 행동이 얼마의 시간이 지난 뒤 다시 발생하더라도 교사는 그 행동에 대하여 관 심을 주지 않는다. : 소거전략으로 소거 과정 중에 나타나 는 소거저항에 대한 적절한 중재 방법이라고 할 수 있다.

⑤ 수업방해 행동을 빠른 시간 내에 감소시키기 위하여 정 해진 시간 동안 수업방해 행동이 미리 설정한 기준보다 적게 발생하면 교사가 학생이 좋아하는 활동을 함께 한 다. : 정해진 시간 동안 수업방해 행동이 미리 설정한 기준보다 적게 발생하면 교사가 학생이 좋아하는 활동 을 함께 하는 중재방법은 저비율행동 차별강화이다. 그 러나 저비율행동 차별강화는 변화과정이 빠르게 나타 나는 것이 아니므로 위험하거나 심각한 행동에 적용하 기에는 적절하지 않다(양명희, 2016 : 414-415).

20

정답 ①

해설

ㄴ. 긍정적 행동지원은 바람직한 행동을 증가시키고, 문제가 되는 행동을 예방하는 데 초점을 맞춘다.

ㄷ. 문제행동의 기능을 검증하기 위해 선행 사건과 후속 결과를 실험·조작하는 활동은 기능분석이다.
- 가설의 성립, 즉 문제행동과 환경의 기능적 관계에 대한 입증을 위해서는 선행사건이나 결과를 조작하는 기능분석을 해 보아야 한다(양명희, 2018: 120).

ㅁ. 특정 행동을 신뢰할 수 있게 예언하고, 그 행동을 지속시키는 환경 내의 사건을 정의하기 위해 이루어지는 일련의 활동 과정은 기능평가이다.
- 성공적 행동 변화를 가져오는 중재의 설계에서 가장 기초가 되는 것이 문제행동을 예측하게 해 주거나 문제행동을 유지하게 하는 환경요인을 찾아내는 것임은 분명하다. 그러한 요인을 찾는 과정을 '기능적 행동평가' 또는 '행동의 기능평가'라고 한다(양명희, 2018: 88).

21

정답 ②

해설

지문 돋보기

(가)는 기준변경설계, (나)는 중재교대설계가 적용되었다.

② 기준변경설계는 중간준거(기준)를 조정할 수 있다. 중간 단계에서 준거에 너무 늦게 도달할 경우 중간준거의 조정을 고려해 보아야 한다.

22

정답 ②

해설

ㄱ. 기초선이 X축과 수평을 이룰 때 안정적이라고 표현하는 것이 아님에 유의해야 한다.

ㄴ. 단일대상연구 방법의 설계 명칭은 중재교대설계이다.

ㄹ. 만약 과제를 하기 싫어서 책상을 두드리는 행동을 하는 것이라면 과제를 철회했을 때 행동 발생률은 감소해야 할 것이나 큰 변화가 없다. 따라서 과제를 하기 싫어서 책상을 두드리는 것이라고 할 수 없다.

ㅁ. 과제와 행동 간의 관련성이 없는 것으로 나타났기 때문에 과제의 양을 줄이거나 난이도를 낮출 필요가 없다.

23

모범답안 개요

1)	• 수준: 기초선 단계의 수준(11.5)과 중재 단계에서의 수준(11.5)은 같은 것으로 나타났다. • 경향: 현우의 소리 지르기 행동은 기초선 구간에서는 무변화, 중재 단계에서는 증가이다. • 중재 효과: 중재 효과는 없다고 할 수 있다. • 근거: 기초선과 중재 단계에서의 수준이 동일할 뿐만 아니라 경향 역시 소리 지르기 행동이 증가하는 방향으로 나타났기 때문이다.
2)	• 행동의 기능: 친구나 교사의 관심을 끌기 위한 것 • 유지변인: 현우가 소리 지르기 행동에 대해 친구, 교사가 쳐다봄으로써 문제행동이 유지되는 강화를 받고 있다. • 가설문: 현우는 교사나 친구가 자신을 쳐다보지 않으면 관심을 얻기 위해 소리 지르는 행동을 한다.
3)	• 선행사건 중재: 친구 혹은 교사는 등교하자마자 현우의 이름을 불러주거나, 또래와 짝을 지어 항상 현우를 쳐다보게 한다. • 대체행동 중재: 친구나 교사에게 관심을 얻기 위해 소리를 지르는 것보다는 손을 들거나, 의사소통판을 만들어 적절한 표현을 할 수 있도록 한다. • 후속결과 중재: 현우가 소리를 지르는 행동을 하였을 때는 친구나 교사가 관심을 보이지 않는 소거 전략을 사용하거나 소리를 지르지 않았을 때에만 친구나 교사가 강화를 해준다.

Check Point

(1) 자료의 수준

① 그래프의 세로좌표에 나타난 자료의 크기를 의미한다.

② 한 상황 내에서 자료의 수준은 자료의 평균치를 의미하기도 한다.

③ 평균선 값(모든 자료의 Y축 값의 합/전체 자료점의 수)을 X축과 평행하게 긋는다.

(2) 자료의 경향

① 경향이란 한 상황 내에 있는 자료의 방향과 변화 정도를 의미한다.

② 자료의 경향은 경향선을 그려서 알아볼 수 있다.

24 _____

정답 ③

해설

	선행사건 중재	후속자극 중재
①	민지가 숙제를 하지 않을 때 무시하는 것은 소거전략에 해당하는 후속자극 중재이다.	• 행동형성은 지금까지 나타나지 않았던 새로운 표적행동에 대해 차별강화하여 새로운 행동을 형성시키는 전략이다. • 과제의 난이도 조절은 행동형성 전략이 아닌 선행사건 중재에 해당한다.
②	숙제 일정을 미리 약속하는 것은 선행사건 중재에 해당한다.	벽을 보고 서 있게 하는 것은 행동계약 전략이 아닌 타임아웃에 해당한다.
④	밤에 잠을 충분히 자도록 하는 것은 배경사건에 해당한다.	• 매일 5분씩 시간을 늘리면서 그 시간 동안 숙제를 하면 스티커를 주는 것은 행동연쇄 전략이 아닌 토큰을 이용한 행동형성에 해당한다. • 행동형성은 다음과 같은 방식으로 사용될 수 있다. − 새로운 행동을 만들어 낼 수 있고 − 원래 있었던 행동을 복구시킬 수 있으며(예 지체장애 아동의 다시 걷기) − 현존하는 행동의 차원을 변화시킬 수 있다(예 장애아동의 소변 간격 늘리기).
⑤	어머니와 함께 오늘 숙제가 적힌 알림장을 확인하는 것은 선행사건에 해당한다.	민지가 좋아하는 텔레비전 시청을 금지하는 것이므로 반응-대가(권리박탈 측면)에 해당한다.

25 _____

모범답안

구분	개요
기능분석 이유	• 간접평가 혹은 직접관찰평가 등을 통해 정보를 수집해도 명확한 가설을 세우기 어렵기 때문이다. • 간접평가 혹은 직접평가와 같은 기능평가에 근거한 중재가 효과적이지 않기 때문이다.
문제행동의 이유	• 과제이탈 행동 이유 : 교사가 과제 수행 시 집중하는 시간이 짧고 학습 의지가 부족한 진수에게 많은 양의 과제를 제시할 경우, 진수가 문제행동을 보이면 진수가 좋아하는 책을 꺼내 읽을 수 있도록 해주었기 때문이다. • 또래방해 행동 이유 : 교사의 관심이 주어지지 않는 상황에서 문제행동을 하면 즉각적으로 교사의 관심을 받을 수 있었기 때문이다.
주요 요소	• 진단기반 중재 : 긍정적 행동지원은 환경적 사건들과 그에 대한 반응을 분석하여 문제행동의 기능을 이해하고, 아동의 선호도와 강점을 강조한다. − 기능분석을 통해 문제행동의 기능을 파악하였음은 진단기반 중재에 해당하는 활동이다. • 삶의 방식 변화를 위한 중재 : 긍정적 행동지원은 문제행동의 감소만을 목적으로 하는 것이 아니라, 삶의 방식이 변하는 좀 더 넓은 성과를 목적으로 한다. − 행동지원팀이 학교에서의 행동지원뿐만 아니라 지역 스포츠 센터의 축구 교실에 참여시켜, 동네의 또래도 사귀고 건강을 유지할 수 있도록 한 것은 삶의 방식 변화를 위한 중재에 해당한다.

Check Point

⊘ 긍정적 행동지원의 주요 요소

주요 요소	설명
생태학적 접근	문제행동은 장애 때문이 아니라 환경적 사건이나 조건 때문에 발생할 수 있으며, 문제행동은 개인에게 자신이 원하는 결과를 주는 역할을 하기도 한다는 전제하에, 문제행동을 이해하기 위해 환경을 살필 것을 요구한다.
진단을 기반으로 하는 접근	환경적 사건들과 그에 대한 반응을 분석하여 문제행동의 기능을 이해하고, 아동의 선호도와 강점을 강조한다.
맞춤형 접근	중재는 아동 개인의 필요와 아동이 처한 환경에 맞추어 실제적이고 현실적으로 구성한다.
예방 및 교육 중심의 접근	아동이 어려워하는 환경에 변화를 주어 문제행동을 예방하고, 아동에게 문제 상황에 대처하거나 그 상황을 바꿀 수 있는 기술을 교육한다.

삶의 방식 및 통합 중심의 접근	문제행동의 감소만을 목적으로 하는 것이 아니라, 삶의 방식이 변하는 좀 더 넓은 성과를 목적으로 한다.
종합적 접근	문제행동의 예방, 대체기술의 교수, 문제행동에 대한 반응, 개인 삶의 방식의 개선을 이루기 위해 다양한 중재를 적용한다.
팀 접근	중재의 목표와 가치에 동의하는 팀의 협력이 요구된다.
대상을 존중하는 접근	아동의 입장에서 문제행동을 이해하고 아동의 필요와 선호도에 관심을 갖는다.

26
2011 중등1-19

정답 ⑤

해설

기초선과 중재의 적절한 시기를 파악하고 있는가를 중심으로 묻는 문항이다.

ㄱ. 중재는 과제 수행 정도의 증가 효과를 알아보기 위한 것으로 기초선이 증가 추세에 있을 때 제공해서는 안 된다.

ㄴ. 중재는 문제행동의 감소에 효과적인지를 파악하기 위한 것으로 기초선 구간에서의 자료가 감소 혹은 불안정한 상태에서 제공해서는 안 된다. 기초선 구간에서의 자료가 불안정한 상태에서는 좀 더 많은 자료를 수집 후 중재 여부를 결정하여야 한다. 뿐만 아니라 중재 결과도 불안정한 상태이므로 종속변인의 변화가 독립변인으로 인해 발생했을 가능성이 높다고 볼 수 없다.

27
2011 중등1-21

정답 ③

해설

시간 중심 관찰 기록 방법의 관찰 일치도에서 관찰자 간 일치율은 주로 시간 간격 일치도를 의미한다. 따라서 일치하는 시간 간격의 수 + 일치하지 않는 시간 간격의 수 = 30, 일치하는 시간 간격의 수 = 27이므로 $(27/30) \times 100 = 90\%$가 된다.

※ 시간 간격별 행동 발생을 시각적으로 표현한 것을 토대로 행동발생률을 산출하는 것과는 구분지어 파악할 필요가 있다.

28
2012 유아1-12

정답 ①

해설

ㄴ. 소리 지르기는 문제행동에 해당되며, 문제행동의 기능은 관심 끌기이다.

ㄹ. 긍정적 행동지원은 가정, 학교, 지역사회에서 문제행동을 보이는 개인은 물론 행동을 지원하는 사람들의 삶의 질을 높이는 것을 목표로 문제행동의 예방을 강조하는 종합적 중재 접근이다.

29
2012 유아1-15

정답 ⑤

해설

고확률 요구 연속이란 학습자에게 일련의 고확률 요구들을 먼저 제시한 후에 즉시 계획된 저확률 요구를 제시하는 연속적인 과정을 말한다. 즉, 학습자가 연속되는 여러 개의 고확률 요구에 성공적으로 반응할 때 계획된 저확률 요구를 순간적으로 빨리 삽입하여 반응을 유도하는 방법이다. 고확률 요구란 학습자의 능력으로 쉽게 수행할 수 있으며, 실제로 학습자가 잘 반응하는 것으로 알려진 요구를, 저확률 요구란 무엇을 요구하면 잘 순응하지 않고 불응할 확률이 더 높은 요구를 의미한다.

30

(정답) ①

(해설)

① 일치하는 기간 간격의 수는 12이므로 (12/16) × 100 = 75%이다.

② 발생의 여부만을 기록한 것이므로 원인을 파악할 수 없다.

③ 순간표집기록법은 시간 간격의 끝에 한 번 관찰하고, 이때 발생이 관찰되면 행동이 발생한 것으로 기록하는 방법이므로 매 15초가 되는 순간에만 관찰이 이루어진다.

④ 전체간격기록 방법에 해당하는 설명이다.

⑤ 구인 타당도란 타당도의 하위유형으로 측정하고자 하는 이론적 구인을 검사도구가 실제로 측정하는 정도를 나타낸다. 여기서는 목표행동 발생 여부에 대한 일치도가 높은 경우 관찰자 간 신뢰도가 높다고 표현하는 것이 바람직하다.

ⓐ 타당도란 검사도구가 측정하고자 하는 것을 얼마나 충실히 측정하였는가를 의미한다.

ⓑ 타당도는 일반적으로 내용타당도, 준거타당도, 구인타당도로 구분한다.

내용 타당도	• 검사도구가 얼마나 검사의 목적을 달성할 수 있는 문항으로 구성되었는지를 나타내는 것 • 검사문항들이 측정하고자 하는 전체 내용을 얼마나 잘 대표하고 있는가를 전문가가 주관적으로 판단하는 주관적 타당도	
준거 타당도	• 연구자가 측정한 검사점수와 그 개념에 대한 준거와의 상관관계 추정을 통해 검사도구의 타당도를 검사하는 방법 • 준거가 가지는 예측성과 일치성에 따라 공인타당도와 예언타당도로 구분	
	공인 타당도	검사와 준거 변수에 관한 자료를 거의 동시에 수집하여 두 변수 간의 상관 정도를 나타내는 증거를 수집하는 과정
	예언 타당도	검사를 통해 얻어진 결과가 향후 학생의 행동이나 특성을 얼마나 정확하게 예측할 수 있는지를 나타내는 것
구인 타당도	연구자에 의해서 가설된 검사의 구인을 검사결과로 얼마나 잘 측정할 수 있는지를 평가할 수 있는 증거들을 수집하는 과정	

31

(정답) ①

(해설)

ㄴ. 주관적인 용어('아쉬운 듯')가 사용되었다.

ㄹ. 구체적인 정보가 상당 부분 생략되어 있다.

• 일화기록지에 관찰 날짜, 관찰 시간, 관찰 장소, 관찰 장면, 관찰 아동의 이름, 생년월일, 관찰자 등을 꼭 기록한다. 관찰 장면, 장소, 시간, 날짜 등을 기록해 둠으로써 그 때의 상황이나 사건의 배경 등을 잘 알 수 있는 지침이 되기 때문이다(전남련 외, 2014 : 56).

ㅁ. 말과 행동을 명확히 구분하지 않은 곳이 있다. 예를 들어 '환자 해라고 하면서~'가 여기에 해당한다.

32

(정답) ②

(해설)

ⓐ ABA 설계의 경우에 해당하는 설명이다.

ⓑ AB 설계는 실험집단과 통제집단이 무선으로 배치되어 있지 않은 준실험설계로 독립변인과 종속변인 간의 기능적 관계를 입증하기가 매우 어렵다.

ⓒ ABAB 설계의 변형인 BAB 설계는 자해행동이나 공격행동을 보이는 아동들을 대상으로 흔하게 사용되는 연구 설계이다.

ⓓ 대상자 간 중다 기초선 설계는 다양한 상황이 아닌 동일한 상황에서 이루어진다.

행동 간 중다기초선설계	한 대상자의 유사한 여러 행동에 대해 실시
대상자 간 중다기초선설계	동일한 상황에서 목표행동을 보이는 세 명 이상의 아동을 대상으로 실시
상황 간 중다기초선설계	한 대상자가 동일한 행동을 나타내는 여러 환경에서 실시

ⓔ ABC 설계는 조건변경설계의 기본형에 해당한다. 조건변경설계는 처음부터 여러 중재를 비교하고자 하는 목적으로 실시할 수도 있지만, 교육현장에서 어떤 중재를 도입했을 때 아동의 행동 변화가 전혀 없거나 미미해서 다른 중재를 사용해 보고 싶을 때 사용할 수 있다.

33

정답 ③

해설

ⓒ 철수가 '현금자동지급기에서 현금 인출하기'의 모든 하위 행동을 수행할 수 있는지 보기 위해 다수기회법을 사용하였다. 이는 －표시 밑에 다시 ＋표시가 되어 있음을 통해 파악 가능하다.

ⓜ 전체과제 제시법에서는 훈련 회기마다 과제의 전 과정을 학습자에게 제시하며 수행을 요구한다. 학습자가 각 하위행동을 올바로 수행하면 칭찬과 함께 정적강화하고 결과를 '＋'로 기록한다. 학습자가 반응하지 않거나, 그릇되게 반응하거나 또는 기준에 못 미치게 반응하면 시범을 보이거나, 언어적 힌트를 주거나, 필요하면 수지도와 같은 물리적 촉진자극을 사용하여 올바로 반응하도록 유도하면서 강화한다. 그러나 도움을 받아 수행한 반응은 그릇된 반응으로 평가하여 '－'로 기록한다(홍준표, 2009 : 446).

Check Point

(1) 행동연쇄법의 종류

전진 행동연쇄법	과제분석을 통해 결정된 단계의 행동들을 처음 단계부터 순차적으로 가르치는 것
후진 행동연쇄법	과제분석을 통해 나누어진 행동의 단계들을 마지막 단계부터 역순으로 가르치는 것
전체과제 제시법	학생이 구성 요소의 일부 혹은 전체를 이미 숙련하고 있으나 순서대로 수행하지 못할 때 적절한 방법

(2) 성취수준의 평가

① 단일기회법

　ㄱ 학습자가 표적행동의 하위과제들을 순서에 따라 올바로 수행할 수 있는 능력이 얼마나 되는지를 평가하기 위하여 고안된 방법이다.

　ㄴ 단일기회법에 의한 성취 수준의 평가는 아동이 하위과제 1번에서 시작하여 순서에 따라 혼자서 어디까지 할 수 있는지를 확인하는 것이다.

　ㄷ 학습자가 과제를 순서대로 수행하는 과정에서 하나의 하위과제를 올바로 수행하지 못할 경우 모든 평가를 그 시점에서 중단한다(단일기회법은 다수기회법보다 엄격한 보수적 평가방법이다).

② 다수기회법

　ㄱ 표적행동의 모든 하위과제에 대하여 피험자의 성취수준을 평가하는 방법이다.

　ㄴ 학습자가 일련의 과제 수행과정에서 그릇된 반응을 하거나, 허용된 반응 지연시간을 초과하거나 또는 과제의 순서를 놓치고 다른 반응을 시도할 때, 평가자는 학습자를 대신하여 올바른 과제 수행 상태로 교정해 놓음으로써 학습자가 다음 과제를 순서대로 수행할 수 있도록 한다.

34

정답 ⑤

해설

① 저비율 행동 차별강화는 표적행동의 강도를 감소시키는 데 초점을 두는 것이 아닌 표적행동 발생빈도의 감소에 목표를 둔다.

② 상반행동 차별강화는 양립할 수 없는 상반행동 강화를 통한 표적행동의 제거에 초점을 둔다. 답지의 예에서 '소리 지르기'와 '옷을 너는 것'은 상반행동에 해당되지 않는다.

③ 대체행동 차별강화는 문제행동을 대신할 수 있는 바람직한 행동(대체행동)을 할 때 강화를 주는 방법으로 표적행동의 제거에 초점을 둔다. 답지의 예는 저비율 행동 차별강화에 해당된다.

④ 비유관 강화는 학생의 행동수행과 무관하게 부적절한 행동을 유지하고 있는 강화 인자를 제공하는 것이다. 답지의 예는 대체행동 차별강화에 해당된다. 단, 대체행동 차별강화는 대체행동을 강화하기는 하지만 궁극적 목적은 표적행동의 제거에 있다.

35

정답 ④

해설

ㄱ. 목표행동의 진술 양식에 맞지 않다. 추가적으로 공격에 대하여 관찰 가능한 구체적 행동으로 수정할 것이 요구된다.

ㄷ. 답지의 예문 "학생 A에게 하기 싫어하는 과제를 주면, 공격행동이 증가할 것이다."에서 가설의 구성 요소는 아동의 이름(학생 A), 선행사건(하기 싫어하는 과제를 주면), 문제행동(공격행동이 증가할 것이다)으로 구분할 수 있다. 여기서 문제행동의 공격 역시 관찰 가능한 구체적인 행동으로 표현되지 않았을 뿐만 아니라 구성 요소 중 추정되는 문제행동이 기능이 생략되어 있다.

36

모범답안

1)	• 행동 목표 1 : 관찰 가능한 구체적인 행동으로 표현되지 않았기 때문이다. • 행동 목표 2 : 정확한 기준이 제시되어 있지 않기 때문이다.
2)	학교 규칙을 제시하여 새로운 문제행동의 발생 예방
3)	• ⓒ 빈도기록법 • 좋은 점 : 전체 회기에 걸쳐 매 회기마다 관찰한 시간이 다를 때 행동의 양을 일정한 척도로 바꾸어 줄 수 있다.

해설

1) 제시문의 행동목표 문장을 요소별로 구분하면 다음과 같다.

	행동	조건	기준
목표 1 : 컴퓨터 시간 내내 3일 연속으로 바르게 행동할 것이다.	바르게 행동하기	컴퓨터 시간	컴퓨터 시간 내내, 3일간 연속
목표 2 : 쉬는 시간에 컴퓨터 앞에 앉아 있는 친구의 손등을 때리는 행동이 감소할 것이다.	친구의 손등을 때리지 않기	쉬는 시간	–

목표 1의 경우 모든 요소는 충족되었으나 바른 행동이 무엇인지 관찰 가능한 용어(행동적 동사)로 수정되어야 한다. 또한 목표 2는 기준이 제시되어 있지 않다.

3) "반응의 정확도뿐만 아니라 숙련도에 대한 정보도 제공해 준다."도 모범답안의 범주에 포함된다.

Check Point

✓ 행동목표 구성 요소

구성 요소	예시
학습자	–
행동	–
조건	• 환경적 상황 : 예 급식시간에 • 사용될 자료 : 예 식기가 주어질 때 • 도움의 정도 : 예 보조교사의 도움 없이 • 구어적·문어적 지시 : 예 식사를 시작하라는 구어적 지시를 하면
기준	• 빈도 : 예 10개의 사물 명칭을 • 시속시간 : 30분 동안 • 지연시간 : 지시가 주어진 후 1분 이내에 • 비율(%) : 주어진 기회의 90%를 정확히

37

모범답안

1)	⊙ 관심 끌기 등 ⓛ 회피하기 등
2)	• ⓒ 대체행동(또는 대체기술, 대안행동) • 고려사항 : 다음 중 택 2 – 새로운 행동은 문제행동보다 빠르고 쉽게 원하는 결과를 얻어야 한다(반응 효율성). – 새로운 행동은 주변 환경 안에서 다른 사람들이 받아들여야 한다(반응 수용성). – 새로운 행동은 친근한 사람이나 생소한 사람들이 쉽게 알아야 한다(반응 인식성).

해설

2) 대체행동 선택 시 고려사항에 대해 교체기술 선택의 기준(노력, 결과의 질, 결과의 즉각성, 결과의 일관성, 처벌 개연성)을 제시할 경우, 교체기술 선택 기준에 해당하는 요소들은 반응 효율성에 포함되는 만큼 대체행동 선택 기준과 교체기술 선택 기준을 각각 구분해서 학습할 필요가 있다.

38

모범답안

1)	• ⊙ 조건 • ⓛ (수락)기준 • ⓒ 행동
2)	후진 행동연쇄법

해설

1) 일반적으로 행동목표의 구성 요소는 학습자, 조건, 기준, 행동의 네 가지를 포함한다.

39 ㅤㅤㅤㅤㅤㅤㅤㅤㅤㅤ 2013 유아B-3

[모범답안]

| 1) | 소거 폭발 |

[해설]

- 소거 절차에서 정적, 부적, 또는 자동적 강화제의 제거 후 반응의 빈도가 즉각적으로 증가하는 것을 볼 수 있다. 행동주의 문헌에서는 실시 초반의 반응빈도 증가를 소거 폭발이라고 한다.
- 소거가 적용되면 행동에 수반하여 주어졌던 강화요인이 제거되지만 이전에 받았던 강화요인이 다시 주어질 것으로 여기기 때문에 일시적으로 행동의 빈도 또는 강도가 증가하는 것이다.
- 소거 폭발은 문제행동을 지속시키는 강화를 성공적으로 발견했음을 시사하며, 이는 곧 효과적인 개입이 될 수 있는 좋은 기회임을 의미한다.
- 소거 폭발로 인해 중재를 중단하면 간헐 강화가 될 수 있으므로 중재계획을 중단하지 않고 일관되게 시행하여야 한다.

40 ㅤㅤㅤㅤㅤㅤㅤㅤㅤㅤ 2013 초등B-1

[모범답안]

| 4) | 자기평가 |

41 ㅤㅤㅤㅤㅤㅤㅤㅤㅤㅤ 2013 초등B-3

[모범답안]

| 4) | 행동계약 |

[Check Point]

⊘ 행동계약
① 개념
행동목표를 달성했을 때 주어지는 강화에 대해 아동과 교사가 동의한 내용을 문서로 작성하는 것(= 유관계약)
② 구성 요소
　㉠ 아동의 표적행동
　㉡ 표적행동의 조건과 준거
　㉢ 강화내용과 방법
　㉣ 계약기간
　㉤ 계약자와 피계약자의 서명

42 ㅤㅤㅤㅤㅤㅤㅤㅤㅤㅤ 2013 중등1-2

[정답] ②

[해설]

② 제시되는 자극이나 과제 매체를 다양화하는 것이 자극일반화에 효과적이다.
③ 학교에서 배운 기술을 집에서 수행하고 있으므로 장소/상황에 대한 일반화에 해당한다.
④ 수업 시간에는 숟가락으로 밥 떠먹기를 배웠는데, 학습하지 않은 숟가락으로 국 떠먹기를 했으므로 반응일반화에 해당한다.

43 ㅤㅤㅤㅤㅤㅤㅤㅤㅤㅤ 2013 중등1-17

[정답] ②

[해설]

ㄱ. (가)는 강화포만으로 인해 생긴 문제이다.
ㄷ. (나)는 일차적 강화를 이차적 강화 혹은 학습된 강화, 사회적 강화로 수정한 것이다.
ㄹ. (나)에서 학생이 인사할 때마다 칭찬을 하는 것은 연속강화계획에 해당한다.
ㅁ. (다)는 고정간격 스캘럽(scallop) 현상으로 고정간격 강화 계획의 문제점에서 비롯된 것으로 강화포만과는 무관하다.

44 ㅤㅤㅤㅤㅤㅤㅤㅤㅤㅤ 2013추시 유아A-4

[모범답안]

1)	・관찰 방법: 행동분포관찰(또는 산점도) ・정보: 문제행동이 자주 발생하는 시간과 자주 발생하지 않는 시간대(또는 보다 자세한 진단을 실시해야 할 시간대)
2)	간접평가
3)	두통
4)	(기능분석은 문제행동을 둘러싼 환경을 체계적으로 조작하여 행동과 환경 사이의 기능적 관계를 입증하는 것이므로) 환경과 자해행동과의 기능적 관계를 입증하기 위해 환경을 조작하는 것은 비윤리적이기 때문이다.

[Check Point]

⊘ 기능분석의 제한점
① 빈번하게 나타나는 문제행동에 한해 적용: 기능분석은 빈번하게 나타나는 행동에만 주로 사용되고, 행동의 원인에 대한 타당한 결론을 찾기 위해 많은 자료와 시간을 요하는 문제행동에는 사용하기 어렵다.
② 위험한 행동에는 적용 불가능: 기능분석은 심한 자해행동이나 자살과 같이 위험한 행동에는 적용할 수 없다.
③ 많은 시간적, 경제적 비용과 인력 요구: 기능분석은 체계적인 여러 단계의 실행과정을 거쳐야 하기 때문에 많은 시간과 경비, 인력이 요구된다.

45

모범답안

3)	ⓒ 중재 충실도 ⓔ 사회적 타당도

Check Point

(1) 중재 충실도

절차적 신뢰도, 처치 진실도, 처치 충실도라고도 불리는 중재 충실도는 프로그램의 절차가 정확하게 실행되는 정도이다.

(2) 사회적 타당도

① 사회적 타당도는 중재를 하는 사람뿐 아니라 도움을 받고 있는 내담자(학생, 부모, 교사)가 중요한 문제가 다루어지고 있고, 중재 절차가 수용할 만하며, 중재의 결과가 만족스럽다는 것에 대해 확신한다는 것을 의미한다 (Kauffman et al., 2020 : 442).

② 이와 같은 개념에 근거하여 사회적 타당도의 평가 기준은 다음과 같다.

ⓐ 목표에 대한 사회적 중요성 : 중재목표가 사회적으로 얼마나 중요한가?

ⓑ 중재 절차에 대한 사회적 수용성 : 중재 과정은 사회적으로 수용 가능하고 합리적인가?

ⓒ 행동 변화에 대한 사회적 중요성 : 중재 효과는 개인의 삶을 개선할 수 있는가?

46

모범답안

3)	신뢰도
4)	① 용암법의 종류 : 최대-최소 촉구법(또는 도움 감소법, 보조 줄이기) ② 학습 단계 : 습득

해설

3) 행동의 조작적 정의란 행동을 관찰 가능하고 측정 가능한 용어로 정의하는 것을 의미한다.

• 신뢰도란 동일한 검사도구를 반복 실시했을 때 개인의 점수가 일관성 있게 나타나는 정도, 즉 반복시행에 따른 검사도구의 일관성의 정도를 의미한다(이승희, 2019 : 103).

4) ② 학습 단계(또는 수행 수준의 위계)는 습득-숙달-유지-일반화의 단계로 이루어지며, 최대-최소 촉구법은 학습 초기에 발생할 수 있는 오류를 제거할 수 있으므로 오류로 인한 학습자의 좌절을 방지할 수 있다.

47

모범답안

1)	• 기호와 수정 내용 : ⓐ 2표준편차 이하, 임상범위 • 기호와 수정 내용 : ⓔ 2표준편차 이하
2)	명칭 : 고정-간격 타행동 차별강화
3)	• 지속시간 백분율 : 35% • 평균지속시간 일치도 : 85%
4)	해석 : 철규의 손톱 깨무는 문제행동에 대해 자유 놀이시간 제공 중재는 기능적이다.(또는 효과적이다.)

해설

2) 고정-간격 타행동 차별강화 절차를 실행하기 위해서 임상가는 (a) 시간 간격을 정하고, (b) 그 기간 동안 문제행동이 발생하지 않았을 경우 그 시간이 끝날 때 강화를 주며, (c) 어떤 형식으로든 문제행동이 나타날 경우, 다시 타이머를 처음으로 되돌린다(Cooper et al., 2017 : 329).

3) • 지속시간 백분율은 주관찰자인 김 교사의 관찰 결과를 토대로 하며 다음과 같이 산출한다.

관찰시간 : 40분
총 지속시간 : 4 + 5 + 5 = 14분
지속시간 백분율 = (총 지속시간/관찰시간) × 100
= (14/40) × 100
= 35%

• 평균지속시간 일치도(홍준표, 2017 : 592)와 평균 발생 당 지속시간 관찰자 일치도(이성봉 외, 2019 : 82-83; Cooper et al., 2017 : 148)는 동의어이다. 관찰 기록지의 관찰 결과를 토대로 평균지속시간 일치도를 구하면 다음과 같다.

발생 횟수	김 교사	최 교사	반응 당 지속시간 관찰자 일치도(%)	평균 지속시간 일치도(%)
1	4	3	3/4 × 100 = 75	(75+100+80)/3 =85
2	5	5	5/5 × 100 = 100	
3	5	4	4/5 × 100 = 80	

48

모범답안

3)	행동수정 전략 : 정적 연습 과잉교정
4)	• ㉢ 시각적 촉진 • ㉣ 공간적 촉진

해설

3) 보라의 배변 실수에 대한 교사의 후속절차를 벌이 아닌 교육적 의도로 보는 입장에서는 정적 연습 과잉교정보다는 '정적 연습'으로 볼 수도 있을 것이다. 그러나 5번 정도를 시행했다는 것 자체가 교육적 의도에서의 시행이라고 하기에는 다소 무리가 있어 보이므로 정적 연습 과잉교정으로 보는 것이 적절하다.

4) ㉣ 물비누통을 세면대 위 눈에 잘 띄는 곳에 놓아두는 것과 같은 촉진의 유형을 공간적 촉진으로 처리하는 것은 해당 문제가 유아특수의 문제이기 때문이다. 초등 혹은 중등의 경우 유사한 문제에 대해 자극촉구 중 자극 내 촉구로 분류할 수 있다.

Check Point

(1) 정적 연습과 정적 연습 과잉교정

① 정적 연습은 문제행동 발생에 수반하여 적절하고 정확한 행동을 수행(연습)하도록 하는 것이다. 예를 들어, 휴지통에 쓰레기를 던져서 휴지통 옆에 떨어지게 한 경우에, 아동에게 쓰레기를 집어서 휴지통으로 걸어가 휴지통에 버리고 자신의 자리로 가서 앉도록 연습을 시킨다. 또 다른 예로, 철자를 틀리게 쓴 경우에, 틀리게 쓴 단어를 정확하게 다시 쓰는 연습을 시킨다.

② 정적 연습이 벌 접근이라기보다는 교육적 의도로 시행되는 것이라면, 정적 연습 과잉교정은 문제행동에 대한 벌 접근으로 적절한 행동을 과도하게 반복적으로 수행하도록 하는 것이다. 앞선 예에서 정적 연습 과잉교정은 쓰레기를 들고 휴지통으로 걸어가서 휴지통에 버리고 자리로 돌아가는 행동을 10회 반복하는 것이다. 또한 철자가 틀린 단어를 100번 반복해서 쓰는 것이 정적 연습 과잉교정이다(이성봉 외, 2019 : 230).

(2) 촉진의 종류에 따른 수행 방법(유아특수)

종류	방법
구어 촉진	주어진 과제를 수행하도록 직접적으로 또는 간접적으로 지원하는 단순한 지시 또는 설명
몸짓 촉진	과제를 수행하도록 안내해 주는 가리키기 등의 몸짓
시범 촉진	구어나 신체 촉진, 또는 두 가지를 함께 사용해서 과제의 일부 또는 전체를 수행하는 모습을 보여주는 방법
접촉 촉진	접촉을 활용하는 방법으로, 유아의 특정 신체 부위를 만지거나 유아가 특정 사물을 만지게 하는 두 가지 형태로 사용됨.
신체 촉진	과제를 수행하도록 신체적으로 보조하는 방법
공간 촉진	행동 발생 가능성을 높이기 위해서 사물을 특정 위치(예 과제 수행을 위해서 필요한 장소, 유아에게 더 가까운 장소)에 놓아 과제 수행을 상기시키는 방법
시각적 촉진	그림이나 사진, 색깔, 그래픽 등의 시각적인 단서를 사용해서 과제 수행의 주요 요소를 보여주는 방법
단서 촉진	과제 수행의 특정 측면에 대한 직접적인 관심을 유도하기 위한 방법

출처 ▶ 이소현(2020 : 443-444)

49

모범답안

1)	• 기호 : ㉢ • 이유 : 장난감을 또래들에게 던지는 것은 또래들에게 해가 되거나 위협이 되는 파괴적 행동이기 때문이다.
2)	가설 : 진우는 활동을 마칠 시간이 되면 활동의 변화를 회피하기 위하여 울거나, 주저앉거나, 또래들에게 물건을 던진다.
3)	중재명 : 선호도 추가
4)	㉣ 반응대가

50

[모범답안]

2)	• 교수전략 ①: 비디오 모델링 • 교수전략 ②: 정적 강화

[해설]

[지문 톡 보기]

- 교사는 차례 지키기를 잘 하는 친구의 모습을 찍은 동영상을 은수와 함께 보면서 순서와 기다리기에 대한 이야기를 나누었다. : 비디오 모델링
- 교사는 은수에게 친구를 밀어버리는 자신의 모습을 촬영한 동영상을 관찰하게 한 후 고쳐야 할 행동을 찾게 하고, 친구의 바람직한 행동을 따라해 보게 하였다. : 자기관찰
- 은수가 운동장에서 줄을 서서 기다리자 교사는 웃으면서 칭찬하였다. : 정적 강화

2) ① 지도 내용 중 비디오 모델링과 자기관찰이 모두 제시되어 있음을 알 수 있다. 따라서 두 가지를 모두 포괄할 수 있는 용어인 비디오 모델링을 교수전략으로 제시하는 것이 적절하다.

[Check Point]

⊘ 비디오 모델링

① 비디오 모델링은 가르칠 때 짧은 비디오 영상을 이용하는 증거기반 교수방법으로 유아부터 청소년기의 학생들에게까지 효과적이다.
   - 관찰학습의 잠재력을 이용하여 다양한 기술을 가르치는 데 시행될 수 있음.
② 일반적인 비디오 모델링은 제3자의 모습을 관찰하고 모방하기 위한 방법인 데 반해 자신의 모습을 관찰하기 위한 방법에는 자기관찰과 자기모델링(비디오 자기모델링)의 방법이 있음.

자기관찰	화면을 통해 자신의 바람직한 행동과 바람직하지 못한 행동을 모두 보여주는 경우
자기모델링	화면을 통해 자신의 적절한 행동만 보여주도록 편집된 비디오테이프를 관찰하는 경우 • 자기상 향상에 유리 • 자기 효능감 향상에 유리

51

[모범답안]

1)	㉠ 차별강화 ⓛ 행동형성
2)	㉢ 활동강화제

52

[모범답안]

1)	물건 획득
2)	노력, 결과의 질, 결과의 즉각성, 결과의 일관성, 처벌 개연성 중 택 1
3)	• 번호와 이유 : ③, 정우의 밀치는 행동을 못 본 체하는 것은 문제행동을 유지시키는 변인으로 작용하기 때문 (또는 문제행동을 하더라도 원하는 물건을 얻을 수 없도록 하는 것이 바람직하기 때문)이다.
4)	• ㉢ 집단강화 • 문제점 : 다음 중 택 1 - 또래의 부당한 압력이 문제가 될 수 있다. - 한 구성원이 집단의 노력을 고의로 방해할 수 있다. - 집단의 수준을 높이기 위해 구성원 몇몇이 다른 사람들을 위해 목표행동을 대신할 수 있다.

[해설]

3) ③ 정우의 밀치는 행동을 못 본 체하는 것은 문제행동을 유지시키는 변인으로 작용할 수 있다. 따라서 문제행동을 하더라도 원하는 물건을 얻을 수 없도록 지도하는 것이 바람직하다.

4) 최 교사의 대화 내용을 살펴보면 다음과 같다.

[지문 톡 보기]

- 이 기법은 정우가 속한 모둠이 다 같이 노력해서 목표에 도달하면 함께 강화를 받을 수 있고 : 상호 종속적 집단강화
- 정우가 목표에 도달하면 정우가 속한 모둠의 모든 학생들이 강화를 받을 수도 있어요. : 종속적 집단강화

따라서 ㉢에는 '상호 종속적 집단강화'와 '종속적 집단강화'를 모두 포함하여 언급할 수 있는 용어인 '집단강화'가 들어가야 한다. 그리고 문제점에는 상호종속적 집단강화와 종속적 집단강화의 문제점을 기술하는 것이 바람직하다.

Check Point

(1) 대체행동 선택 시 고려사항

반응 효율성	대체행동은 문제행동을 하는 것보다 힘을 덜 들이고도 학생이 선호하는 결과를 즉각적으로 얻을 수 있어야 한다.
반응 수용성	대체행동은 그 학생의 주위에 있는 사람들로부터 사회적으로 수용될 수 있는 것이어야 한다.
반응 인식성	새로운 행동은 친근한 사람이나 생소한 사람들이 쉽게 알아야 한다.

(2) 교체기술 선택 기준

다음 기준들은 '반응 효율성'으로 통칭할 수 있는 것으로 대체기술을 가르칠 때 고려해야 하는 부분이다.

노력	아동이 습득해야 할 교체기술은 아동이 나타내고 있는 문제행동보다 최소한 더 어렵지 않아야 한다.
결과의 질	교체기술은 문제행동과 동일하거나 더 나은 결과를 가져와야 한다.
결과의 즉각성	초기에는 교체기술을 사용했을 때 즉각적인 긍정적 반응을 받을 수 있어야 효과적이다.
결과의 일관성	교체기술의 계속적 사용을 위해서는 아동이 교체기술을 사용했을 때 주변 사람들이 일관되게 적극적이며 즉각적으로 반응해 주는 것이 필요하다.
처벌 개연성	문제행동에 대해서는 혐오적 결과가 주어지고 교체기술에 대해서는 언제나 긍정적 경험이 주어지도록 해야 한다.

53

모범답안

3)	• 정적 강화 기법: 프리맥 원리 • 지도 내용: 동호가 사진 찍기 활동에 참여한 이후에 트램펠린에서 뛰는 활동을 할 수 있도록 한다.

해설

3) 프리맥 원리는 비선호 활동의 발생률을 증가시키기 위해 활동 계획 시 선호하지 않는 활동 뒤에 선호하는 활동을 할 수 있게 계획하는 것이다.

54

모범답안

㉠	'DRC+과제 난이도 수정'이 'DRC' 보다 효과적이기는 하지만 DRC+과제 난이도 수정이 DRC 뒤에 적용되었기 때문에 발생한 순서 효과임을 배제할 수 없으며 이에 더 효과적이라고 단언하기도 어렵다. 따라서 DRC+과제 난이도 수정과 자리 이탈 행동 간에 기능적 관계가 있다고 할 수 없다.
㉡	문제행동의 발생 빈도를 낮춰야 하는 상황에서 기초선이 증가하는 경향을 보이고 있으므로 안정적이라고 할 수 있으며 따라서 첫 번째 중재를 시작하는 데 적절하다.

해설

하나의 기초선을 가지는 조건변경설계는 교사가 학생 행동에 대한 여러 중재의 효과를 비교할 수 있게 해준다. 비록 기능적 관계가 확립되지는 못하지만 이 형식에 의한 자료 기록은 학생 행동에 대한 다양한 절차의 효과를 점검해 볼 수 있게 한다.

㉠ 그래프를 해석함에 있어 'DRC+과제 난이도 수정'이 'DRC'보다 더 효과가 있는 것으로 나타났다 해도 반드시 DRC+과제 난이도 수정이 DRC보다 효과적이라고 단언할 수 없다. 그 이유는 DRC+과제 난이도 수정이 DRC 뒤에 적용되었기 때문에 순서효과를 배제할 수 없기 때문이다(양명희, 2018: 265 수정 후 인용).

㉡ 조건변경설계는 특정 학생에게 어떤 중재가 성공적인지를 알기 전에 여러 가지 중재를 시도해 볼 필요가 있는 교사에게 유용하다. 교사는 학생이 행동을 수행할 조건(**예** 환경조건, 도구조건, 강화조건)을 변경해 보는 것이다.

㉣ 복수중재효과는 알 수 있으나 단독효과는 알 수 없음을 의미한다.

55

[모범답안 개요]

잘못된 것 2가지	• 교사의 지도 경험을 바탕으로 심각한 문제행동이 여전히 지속되고 있다고 생각되는 개별 학생을 중재 대상으로 선정한다. → 타당한 의사결정을 위해서는 교사의 지도 경험을 바탕으로 하는 것이 아니라 아동의 학업성취, 사회적 능력, 안전 등에 관한 다양한 자료에 근거하여 중재 대상을 선정하는 것이 바람직하다. • 심각한 문제행동을 지닌 개별 학생에게 교사의 개인적 경험에 비추어 효과가 있었던 중재를 실시한다. → 교사의 개인적 경험이 아닌 증거 기반의 중재와 전략을 적용해야 한다.
위기관리 계획의 목적	위기관리 계획의 일반적인 목적은 공격적이거나 난폭한 행동이 발생하는 환경에서 아동이나 다른 사람의 안전을 보호하는 데 있다.
ⓒ의 잘못된 점	위기상황이 종료될 때까지 다른 학생들은 교실에서 자습하게 하는 것이 아니라 안전한 장소(환경)로 이동시키는 것이 옳다.

56

[모범답안]

4)	중재 충실도

Check Point

⊘ 중재 충실도
① 프로그램의 절차가 정확하게 실행되는 정도
② 동의어 : 절차적 신뢰도, 처치 진실도, 처치 충실도
③ 관찰자 간 신뢰도와 매우 유사한 방식으로 계산

> 중재 충실도(%) = (프로그램 계획에 따른 교사 행동의 수 × 100) / 프로그램 계획에 따라 수행될 수 있었던 교사 행동의 총계

④ 중재 충실도 평가 시 고려할 사항
　㉠ 교수계획은 계획한 대로 자주 실행되었는가?
　㉡ 교사는 교수적 촉진을 알맞은 순서로 적절한 때에 사용했는가?
　㉢ 교사는 적절한 후속결과를 전달했는가?
　㉣ 교수적 단서는 프로그램 계획에서 결정되었던 방식으로 전달되었는가?
　㉤ 필요한 모든 교수 자료가 제공되었는가?
　㉥ 프로그램은 올바른 환경에서 실행되었는가?

57

[모범답안]

3)	① 전략 : 후진 행동연쇄 ② 장점 : 다음 중 택 1 • 매 회기마다 마지막 단계까지 완수하게 되고 자연적 강화를 받게 된다. • 과제를 끝까지 여러 차례 반복할 수 있는 기회가 주어진다.

[해설]

3) 후진 행동연쇄법을 사용하면 학생의 입장에서는 매 회기에 마지막 단계까지 완수하게 되고 강화를 받게 된다는 장점이 있다. 또한 후진 행동연쇄법을 사용하는 동안 계속해서 그 과제를 끝까지 여러 차례 반복할 수 있는 기회가 학생에게 주어진다는 것도 장점이다.

58

[모범답안]

1)	① 장면 번호 : 2-1-3 ② 이유 : 자신이나 다른 사람에게 해가 되거나 위협이 되는 파괴적 행동을 먼저 지도하고 이어서 방해하는 행동, 가벼운 방해 행동의 순으로 지도해야 하기 때문이다.
2)	• 바깥놀이 시간에 놀이터에 못 나가면 계속 우는 행동을 보인다. • 물컹거리는 느낌은 싫어하고 부드러운 느낌에 대해서는 집착하는 행동을 보인다.
3)	노력, 결과의 질, 결과의 즉각성, 결과의 일관성, 처벌 개연성 중 택 1

59

[모범답안]

2)	① 명칭: 기준변경설계
	② 근거: 최소한 연속적으로 3개 구간에서 준거가 충족될 때

[해설]

2) • 종속변인과 독립변인 간의 기능적 관계는 학생의 수행 수준이 지속적으로 변경되는 수행 및 강화 준거에 대등하게 맞을 때 입증된다. 기능적 관계를 평가하는 이러한 방법은 변경되는 준거에 반복적으로 맞추어지는 것이 복제를 의미하는 것이라는 견해에 근거한다. 중간준거를 갖는 각 하위 구간은 다음 하위 구간의 증가된(또는 감소된) 준거에 대한 기초선으로서의 역할을 한다. 일반적으로 기능적 관계를 인정하기 전에 학생은 최소한 연속적으로 3개 구간에서 준거를 충족시켜야 한다(Alberto et al., 2014 : 213).
  • 최소한 연속적으로 세 개의 구간에서 단계 목표가 달성되면 기능적 인과관계가 입증된 것으로 본다(2010 중등1-27 기출).

60

[모범답안]

1)	행동분포관찰
2)	교체기술 교수
3)	다음 중 택 1 • 표적행동이 아닌 다른 문제행동을 강화할 가능성이 있다. • 행동의 진공상태를 만들 가능성이 있다. • 교사가 주는 강화가 학생이 바람직하지 않은 행동을 통해 얻을 수 있는 강화보다 강력하지 않으면 효과가 없다.
4)	선행사건 중재
5)	ⓜ 지속시간 백분율 ⓗ 60%

[해설]

2) 민수의 교실 이탈 행동은 어려운 과제에 대하여 회피하기임이 제시되어 있다. 그리고 이와 같은 문제행동의 기능을 대신하기 위하여 "쉬고 싶어요."라는 말을 하도록 지도하고 있기 때문에 대체기술 중 교체기술 교수에 해당한다.

5) 지속시간 백분율은 총 관찰시간 중 행동이 발생한 총 지속시간의 백분율을 의미한다. 따라서 전체 관찰시간(40분)에 대한 총 지속시간(24분)의 백분율을 산출하면 되므로 (24/40)×100=60%가 된다. 이때 단위(%)를 생략하지 않도록 유의한다.

Check Point

⊘ 선행사건 중재와 배경사건 중재

① 선행사건 중재
  ⑦ 문제행동이 발생하기 전에 예방을 위해 문제행동의 유발요인이 되는 환경을 재구성하는 것을 선행사건(문제행동 직전에 발생하는 사건) 중재라 한다. 다시 말하면, 선행사건 중재란 문제행동의 발생 원인이 될 수 있는 선행사건들을 수정하거나 제거하여 더 이상 문제행동을 일으키는 요인으로 작용하지 않도록 하는 것을 의미한다.
  ⓛ 기대행동과 그에 대한 구체적인 사회적 행동을 결정하여 가르치고, 일과 시간표를 조정하고, 환경의 물리적 구조를 변경하고, 성인들의 관심과 감독을 증가시키고, 효율적 교수방법을 적용하는 것 등은 일반적으로 광범위하게 적용할 수 있는 선행사건 중재라고 볼 수 있다(양명희, 2016 : 303).

② 배경사건 중재
  ⑦ 배경사건은 선행사건이나 즉각적인 환경적 사건이 문제행동의 촉발요인으로 작용할 가능성에 영향을 미치는 사건을 의미한다. 다시 말하면 선행사건에 대한 반응 가치를 높임으로써 행동의 발생 가능성을 높여주는 환경적 사건이나 상태, 자극을 말한다.
  ⓛ 예를 들어 교실 밖에서 또래와 큰 싸움을 하고 교실에 들어왔는데 교사가 힘든 과제를 제시했다고 하자. 이때 큰 싸움은 학생에게 힘든 과제를 피하고 싶은 마음이 커지도록 작용하며, 평소처럼 주어지는 교사의 칭찬은 크게 효과를 거두지 못하도록 작용할 것이다. 따라서 학생은 교사의 힘든 과제 제시에 대해 소리를 지르고, 과제 재료를 바닥에 집어던지며, 교실 구석으로 가서 앉아 있을 것으로, 결국 힘든 과제를 피할 수 있게 된다. 여기서 친구와의 싸움이 과제를 거부하는 행동의 선행사건은 아니지만, 과제 거부 발생 가능성을 높여 준 것을 알 수 있다.
  ⓒ 배경사건은 평소의 강화나 벌의 가치를 일시적으로 바꾸어 버리고 문제행동의 촉발요인으로 작용하게 되어 평소와 똑같은 교사의 과제 제시에 대해 학생의 전혀 다른 반응을 가져오게 할 수 있다.
  ⓔ 배경사건이 될 수 있는 것으로는 피곤, 질병, 마약, 음식의 포만이나 박탈, 수면이나 월경 같은 생리적 주기, 온도나 소음 수준 같은 환경 특성, 한 가지 활동에서 다른 활동으로의 전이, 누가 함께 있는지에 따른 사회적 상호작용의 어려움 같은 사회문화적 상황, 약물 부작용, 물리적 배치 등 여러 가지가 될 수 있다.

출처 ▶ 양명희(2016 : 306-307)

61

모범답안

1)	최대−최소 촉진(또는 도움 감소법)

해설

1) <스위치 사용 지도 순서>에 사용한 촉구(촉진)의 종류
는 다음과 같다.

지문 돋보기

- 교사가 민호의 손을 잡고 민호와 함께 스위치를 누르며 장난감 자동차가 움직이도록 한다. : 전반적 신체 촉진
- 교사가 두 손가락을 민호의 손등에 올려놓고 1초간 기다린다. : 부분적 신체 촉진
- 교사가 스위치를 누르는 모습을 보여 주고, "선생님처럼 해 봐."라고 말한 후 잠시 기다린다. : 시범(모델링)
- 교사가 "민호가 눌러 볼까?"라고 말한 뒤 잠시 기다린다. : 언어적 촉진
- 교사의 촉구 없이 민호 스스로 스위치를 누르도록 기다린다. : 독립적 반응

62

모범답안

1)	㉠ 자극 제시 ㉡ 자극 내 촉진
4)	지폐 변별하기 과제가 주어졌을 때 연속 3회기 동안 10번의 시행 중 9번은 정확하게 지폐를 변별하여 짚을 수 있다.
5)	기준치 도달 기록법

해설

4) 행동목표의 구성 요소는 학습자(아동), 조건, 기준, 행동의 4가지를 포함하며, Mager의 행동적 목표 진술에 사용되는 요소는 조건, 기준, 행동의 3가지이다.

요소	조건	기준(준거)	행동
학습목표	지폐 변별하기 과제가 주어졌을 때	연속 3회기 동안 10번의 시행 중 9번은 정확하게	지폐를 변별하여 짚을 수 있다.

5) 기준치 도달 기록법과 빈도기록과의 차이는 행동의 기회가 통제되고 숙달준거가 설정된다는 점이다. Sugai와 Tindal은 기준치 도달 기록법을 빈도기록과 통제 제시 기록의 특수한 형태라고 하였는데, 이 경우 기본유형(빈도기록)과 수정유형(통제 제시 기록)이 결합된 하나의 결합유형으로 볼 수도 있다(이승희, 2021 : 173).

63

모범답안

이유	짧은 시간 간격으로 자주 일어나는 행동은 빈도 파악이 어렵기 때문이다.
관찰기록 방법	시간표집법

Check Point

(1) 사건기록법의 적용이 어려운 경우

다음의 경우는 사건기록법을 이용한 자료수집 절차가 적절하지 않다(Alberto et al., 2004 : 133).

① 수 기록이 정확한 수를 반영하지 못할 만큼 높은 빈도로 발생하는 행동. 달리기 하는 동안의 발걸음 수, 상동 행동(중도장애 학생의 손뼉 치기 혹은 흔들기), 눈 깜빡이기 같은 행동은 정확하게 그 수를 세기 불가능할 정도로 자주 발생한다.

② 한 가지 행동이나 반응이 연장되어 발생할 수 있는 경우. 이러한 행동의 예로, 손가락 빨기 혹은 과제 집중하기 등이 있다. 예를 들어, 자리 이탈 행동을 기록할 때 점심시간까지 지속된 자리 이탈을 한 번으로 기록하는 것은 부정확한 표기가 될 수 있다.

(2) 시간표집법

전체 간격 기록법	• 관찰시간을 짧은 시간 간격으로 나누어 행동이 각각의 시간 간격 동안 지속적으로 발생했는지를 관찰하여 기록하는 방법이다. • 행동발생으로 인정되는 경우: 관찰한 시간 간격 동안 행동이 계속 지속된 경우
부분 간격 기록법	• 관찰시간을 짧은 시간 간격으로 나누어 각각의 시간 간격 동안에 행동이 발생했는지를 관찰하여, 관찰한 시간 간격 동안에 행동이 최소한 1회 이상 발생하면 그 시간 간격에 행동이 발생한 것으로 기록하는 방법이다. • 행동발생으로 인정되는 경우: 하나의 시간 간격 동안 행동이 어느 순간에라도 발생한 경우
순간 표집 기록법	• 관찰시간을 짧은 시간 간격으로 나누고, 각각의 시간 간격이 끝나는 순간에 아동을 관찰하여 표적 행동의 발생 여부를 기록하는 방법이다. • 시간 간격 끝에 한 번 관찰하면 다음 시간 간격이 끝날 때까지는 관찰하지 않아도 된다. • 행동발생으로 인정되는 경우: 하나의 시간 간격의 끝에 행동이 발생한 경우 • 장점: 다른 시간 중심 관찰기록에 비해 교사의 관찰시간을 절약해 준다.

64 ⸺⸺⸺⸺⸺⸺⸺⸺⸺ 2015 중등A-서3

모범답안

기법	자극 용암법
자극 용암법의 개념	변별자극 외에 부가적으로 주어지는 자극을 점진적으로 감소 또는 제거하여 궁극적으로 촉구 없이 변별자극만 주어져도 반응하도록 하는 절차
행동형성법의 개념	현재에는 나타나지 않는 표적행동을 발생시키기 위해서 표적행동에 점진적으로 가까운 행동을 체계적으로 차별강화하여 새로운 행동을 형성시키는 것
행동형성법이 아닌 이유	상차리기 행동을 새롭게 형성한 것이 아니라 상차리기를 도와주기 위한 선행자극에 변화를 주었기 때문에 행동형성이라고 할 수 없다.

해설

- 자극 용암법의 개념 : 촉구를 조절하여 점진적으로 변화시키는 방법을 통틀어서 용암(fading)이라고 하기도 하고(Alberto 등), 그러한 자극통제의 전이 방법 중에서도 자극촉구를 점진적으로 변화시키는 방법만 용암이라고 하기도(Cooper 등) 한다. 촉구의 용암이란 변별자극 외에 부가적으로 주어지는 자극을 점진적으로 감소 또는 제거하여 궁극적으로 촉구 없이 변별자극만 주어져도 반응하도록 하는 절차는 의미하는 것이 맞다고 할 수 있다(양명희, 2018 : 383-384).
- 이유 : 행동형성법과 용암법은 서로 굉장히 다른 방법이지만, 이둘 모두 행동을 점진적으로 변화시킨다는 공통점을 지닌다. 조형에서는 반응이 점차 더 차별화되지만 선행자극이 변하지 않는다. 용암법에서는 그 반대의 현상이 일어난다. 학습자의 반응은 근본적으로 변하지 않지만 선행자극이 점진적으로 변화한다(Cooper et al., 2018 : 230).

Check Point

(1) 반응촉진의 점진적 변화 방법

최대-최소 촉구법	• 처음에는 아동이 바람직한 행동을 수행하기에 충분하다고 생각되는 만큼 최대한의 반응촉구를 제공하여 아동이 정반응을 보이면 점차 그 양을 줄여 가는 것
	• 장점 : 학습 초기 단계에 발생할 수 있는 오류를 제거할 수 있음(따라서 오류로 인한 좌절을 방지할 수 있음).
	  - 장점에 기반한 주된 대상 : 중도, 최중도 장애
	• 적용 방법
	  - 혼합 사용 시 : 강제성이 강한 것부터 차례로 제거
	  - 단일 사용 시 : 강도 또는 단계 줄이기

최소-최대 촉구법	• 아동에게 변별자극만 주는 것으로 시작했다가 정반응이 없으면 점차 촉구의 양을 증가시켜 가는 것 • 도움 증가법의 의도는 가능한 한 아동이 목표행동을 하는 데 필요한 만큼의 촉구만 최소한의 강도로 제공하는 것임.
시간지연법	• 자극이 제시된 후에 촉구를 제시하기까지의 시간을 지연시킴으로써 촉구에서 변별자극으로 자극통제를 전이하는 것 • 아동의 반응 전에 반응촉구가 주어짐.
점진적 안내	• 점진적 안내는 신체적 촉구를 체계적으로 용암시키는 데 사용된다. • 점진적 안내에서는 '손 위에 손' 방법을 많이 사용한다. 전체 훈련을 통해 도움을 점진적으로 줄여가고, 학습자가 과제를 완성할 때 학습자의 손에 그림자를 만드는 것이다. 그림자 만들기는 학습자가 과제를 완성할 때 교사의 손을 학습자의 손 위 가까이에 놓는 것을 의미한다. 이렇게 하면 학습자가 행동의 어떤 단계에서 실패할 때 교사가 즉각적으로 신체안내를 해 줄 수 있다. • 점진적 안내를 제공할 때 교사는 손으로 대상자의 신체 부위를 잡아서 특정 목표 동작을 확실하게 일으키도록 안내하다가 점진적으로 신체접촉이 일어나는 신체 부위와 신체적으로 안내할 때 제공된 통제의 정도를 점진적으로 감소시킨다. • 신체적 안내는 대상자에 따라 신체접촉을 꺼려 순응하지 않을 수도 있음을 고려해야 한다. 따라서 대상자가 협조적일 때 시도하고 목표 반응을 일으키기 위해 필요한 최소한의 안내를 제공하다가 점진적으로 신체적 안내를 제거한다. • 신체적 안내의 초기 단계에서는 목표 반응의 움직임이 일어나는 통제 부위인 신체 부위에서 안내를 시작한다. 그리고 조금씩 신체 부위에 가하는 힘을 약화시킴과 동시에 통제 부위에서부터 신체접촉 부위를 멀어지도록 한다. 예 글씨 쓰기나 수저 사용하기는 손을 잡고 안내하다가 점점 안내하는 힘을 약화시킴과 동시에 신체접촉 부위도 손목에서 팔로 이동하여 표적행동을 조절하는 통제 부위인 손으로부터 거리를 증가시킨다.

(2) 행동형성법과 자극 용암법의 비교

구분	행동형성법	자극 용암법
차이점	• 선행자극은 변하지 않음. • 반응이 점차 차별화됨.	• 선행자극이 점진적으로 변화함. • 학습자의 반응은 변하지 않음.
공통점	행동을 점진적으로 변화시킴.	

65

모범답안

연구 설계의 명칭	상황 간 중다기초선설계
연구에 나타난 오류	중재를 시작한 시점에 오류가 있다.
오류 이유	• 장소 A에서 제공한 중재의 효과가 기준에 도달하지 못했음에도 두 번째 기초선에 중재를 시작하고 있기 때문이다. • 장소 B의 기초선 자료가 수용할 만한 안정세를 보이고 있지 않음에도 중재를 시작하고 있기 때문이다.
중다간헐기초선설계	간헐적인 기초선 측정은 길어진 기초선 기간 동안에 빈번하게 나타나는 부적절한 행동(문제점)을 막아준다.

해설

• 장소 A에서의 중재 : 3회기까지 관찰 결과 모든 기초선 자료가 안정세를 보여 4회기 때 장소 A에 중재를 시작하였다. 따라서 중재 시점에는 문제가 없다.
• 장소 B에서의 중재
 – 장소 B에서의 중재는 장소 A에서 중재 효과가 기준에 도달했을 때 중재를 시작해야 한다. 그러나 장소 A에서의 중재 효과가 기준에 도달하지 못했음에도 중재를 시작하는 오류를 보이고 있다.
 – 장소 B에서의 기초선은 장소 A에서 중재가 투입된 이후 감소 추세(문제행동의 감소)를 보이고 있기 때문에 안정세를 보이고 있다고 할 수 없다. 따라서 기초선이 안정세를 보일 때까지 기다린 후 중재를 제공하는 것이 적절하지만 그렇지 못하고 있다.

Check Point

(1) 중다기초선설계의 내적 타당도를 높이기 위해 반드시 이루어져야 하는 특성
① 적어도 세 가지 이상의 행동, 상황, 대상자 간에 동시에 기초선 자료를 수집해야 한다.
② 모든 기초선 자료가 수용할 만한 안정세를 보일 때 첫 번째 기초선에 중재를 시작한다.
③ 첫 번째 기초선에서 중재의 효과가 기준에 도달했을 때 두 번째 기초선에 중재를 시작한다.
④ 동일한 절차를 설계에 적용되는 기초선이 수만큼 계속 진행한다. 즉 실험통제는 중재가 주어진 실험조건에서는 종속변인에 변화가 일어나고, 중재가 주어지지 않은 실험조건에서는 변화가 일어나지 않는다는 것으로 입증된다. 따라서 기초선별로 서로 다른 시점에 중재를 도입하고, 도입 즉시 행동의 변화가 나타나는 것이 중요하다.

출처 ▶ 이소현(2016 : 94-95)

(2) 중다기초선설계의 기본 가정
① 각각의 목표행동(또는 상황이나 대상자)은 기능적으로 독립적이어야 하며, 이로 인해서 중재가 적용될 때까지 종속변인이 안정된 상태로 남아 있어야 한다.
② 각각의 행동(또는 상황이나 대상자)은 기능적으로 유사해야 하며, 이로 인해서 동일한 중재에 반응해야 한다는 것이다. 만일 중재가 적용되었는데도 어떤 대상자에게서 행동의 변화가 일어나지 않는 경우에는 일관성 없는 중재의 효과가 나타난 것으로 가정할 수 있으며, 이로 인해서 실험통제를 입증할 수 없게 된다.

출처 ▶ 이소현(2016 : 95-97)

66

모범답안

2)	ⓒ 기능평가(또는 행동의 기능평가, 기능적 행동평가)

해설

2) ABC평가와 같은 직접 관찰평가, 면접과 질문지와 같은 간접평가를 포함하는 체계적인 방법은 (행동의) 기능평가이다.

Check Point

⊙ 행동의 기능평가
① 정의
 문제행동과 기능적 관계가 있는 선행사건이나 후속결과에 관한 정보를 수집하는 것
② 목적
 문제행동에 대한 기능평가의 목적은 문제행동을 유발 또는 유지하는 환경적 원인을 찾아 그에 대한 가장 효과적인 중재를 적용하는 데 있다.
③ 방법

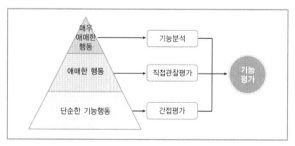

 ⊙ 간접평가 : 생활기록부, 개별화교육계획 회의자료, 면담, 평가척도, 체크리스트 검사
 ⓛ 직접관찰평가 : 행동분포관찰, 일화관찰기록, A-B-C 관찰기록, A-B-C 행동관찰검목표, 행동의 기능평가 관찰지
 ⓒ 기능분석 : 문제행동을 둘러싼 환경을 체계적으로 조작하여 행동과 환경 사이의 기능적 관계를 입증하는 방법

67

모범답안

	① 대상자 간 중다기초선설계 ② 오류 ⓐ: 민우의 기초선이 안정되지 않고 상승하고 있음에도 중재를 시작한 것 　 오류 ⓑ: 민우에게 제공한 중재의 효과가 기준에 도달하지 않았음에도(또는 안정적이지 않음에도, 효과가 충분히 입증되지 않았음에도) 성미에게 중재를 시작한 것
1)	

Check Point

☑ 중다기초선설계의 내적 타당도를 높이기 위해 반드시 이루어져야 하는 특성

① 적어도 세 가지 이상의 행동, 상황, 대상자 간에 동시에 기초선 자료를 수집해야 한다. 하나 혹은 두 개의 자료만으로는 실험통제를 입증하기가 충분하지 않다는 것이 연구자들의 합의된 의견이다.

② 모든 기초선 자료가 수용할 만한 안정세를 보일 때 첫 번째 표적행동에 중재를 시작한다. 이때 설계의 기본 논리상 중재가 주어진 조건에서는 행동의 변화가 관찰되는 반면 나머지 기초선에서는 계속 안정세로 남아 있게 된다.

③ 두 번째 표적행동에 대한 중재는 첫 번째 표적행동이 안정된 상태로 개선되거나 또는 미리 정해 놓은 준거에 도달했을 때 시작한다. 위에서와 마찬가지로 설계의 논리에 맞게 실험이 진행된다면 두 번째 중재 조건에서는 행동의 변화가 관찰되는 반면 나머지 기초선은 계속 안정세로 남게 된다.

④ 동일한 절차를 설계에 사용되는 기초선의 수만큼 계속 진행한다.

68

모범답안

4)	대체행동 차별강화

69

모범답안

1)	비구조화면담은 특정한 지침 없이 면접자가 많은 재량을 가지고 융통성 있게 질문을 해 나가는 방법이며 반구조화면담은 미리 준비된 질문목록을 사용하되 응답 내용에 따라 면접자가 필요한 추가질문을 하거나 질문순서를 바꾸기도 하면서 질문을 해나가는 방법이다.
3)	다음 중 택 2 • 기초선 구간과 중재 구간 간 자료의 수준 차이가 크다. • 자료의 경향이 무변화에서 증가로 바뀌었다. • 기초선 구간과 중재 구간 간 자료의 중첩 부분이 없다. • 기초선 구간의 마지막 자료점과 중재 구간의 첫 자료점 사이의 차이가 크다.
4)	자극 일반화(또는 대상/사람에 대한 일반화)

Check Point

(1) 분류기준에 따른 면담의 종류

분류 기준	유형
피면담자의 수	개인면담, 집단면담
면대면 접촉 여부	직접면담, 간접면담
질문의 구조화 정도	구조화된 면담, 반구조화된 면담, 비구조화된 면담
면담자와 피면담자의 역할	집중면담, 비지시적 면담
기능	진단적 면담, 처치적 면담, 연구를 위한 면담
응답의 기술	자유기술식 면담, 선택형식 면담
접촉시간	단시간 면담, 장시간 면담

(2) 구조화된 면담 – 반구조화된 면담 – 비구조화된 면담

① 구조화된 면담이란 면담자가 자신이 의도한 바에 따라 미리 작성한 조사지의 내용과 순서를 지키면서 진행하는 면담방법으로 '표준화 면담'이라고도 한다. 그러나 면담자가 체계적으로 계획한 대로 조사표를 작성하고, 이를 모든 피면담자들에게 일률적으로 적용시키는 것은 불가능하다는 단점을 갖고 있다.

② 반구조화된 면담이란 기본적으로 면담의 핵심을 이루는 몇몇 내용들에 대해서는 면담자가 미리 문항을 체계적으로 준비하되, 피면담자와의 면담과정에서 발생하는 다양한 상황, 예상치 못한 피면담자의 반응 등에 대해서는 면담자가 융통성 있게 진행하는 방법이다.

③ 비구조화된 면담은 연구의 목적, 즉 조사표의 전체적인 흐름만 정했을 뿐 구체적인 질문사항에 대해서는 면담자의 판단에 의해 이루어진다. 따라서 면담자의 면담에 관한 기술 및 관련 지식의 정도에 따라 면담에서 얻을 수 있는 정보의 양이 달라진다. 또한 조사표가 없이 면담이 이루어지는 과정 안에서 피면담자의 반응을 기록해야 하므로, 통계적 분석을 위해 나중에는 이를 다시 부호화해야 한다.

70

모범답안

1)	① 점진적 시간 지연 ② 지원을 받기 전에 학생이 독립적으로 수행할 기회를 제공한다.(또는 학생이 촉진에 덜 의존하게 하는 효과를 기대할 수 있다.)

해설

1) ① "같은 얼굴표정 상징카드끼리 짝지어 보세요."라고 말한 후 바로 촉진을 제공한다(동시촉진). → 3초 간 학생의 반응을 기다린다. 학생이 반응을 보이지 않으면 그때 촉진을 제공한다.→ 7초 간 학생의 반응을 기다린다. 학생이 반응을 보이지 않으면 그때 촉진을 제공한다. : 동시촉진(0초)에서 시작하여 3초, 7초의 순으로 점진적으로 시간을 증가시키고 있다.

② • 시간 지연법은 자극이 제시된 후에 촉진을 제시하기까지의 시간을 지연시킴으로써 촉진에서 변별자극으로 자극통제를 전이하는 것이다(양명희, 2018 : 386).

   • 시간 지연법은 자연적 변별자극을 제시한 후 따라올 촉진 사용을 일정 시간 동안 지연함으로써 촉진에 의존하지 않은 독립 반응이 일어날 기회를 제공한다(이성봉 외, 2019 : 261).

Check Point

☑ **시간 지연법의 종류**

① **지속적 시간 지연**

   ㉠ 지속적 시간 지연(= 무변 시간 지연, 고정 시간 지연)은 대부분 0초 시간 지연으로 여러 시도가 제시된 후에 촉구 제시가 일정하게 지연된다. 즉 처음 여러 시도 혹은 첫 회기는 실수가 일어날 가능성을 낮춘 무오류 학습 시도를 제시하는데, 이를 위해 선행자극과 촉구가 0초 지연된다. 따라서 동시 촉구가 제공되어 목표 반응과 관련된 강화 이력을 좀 더 확실하게 형성한다.

   ㉡ 무오류 학습 시도를 통해 강화 이력을 형성한 후 자연적 선행자극 제시와 촉구 제시 사이의 시간 지연이 일정하게 유지되는데, 촉구 제시의 지연이 2초라면 대상 아동은 그 2초 동안 촉구 없이 독립적으로 자연적 자극에 의한 반응을 할 기회를 갖게 된다.

② **점진적 시간 지연**

   점진적 시간 지연에서는 지연된 시간이 개별 시도 혹은 단위 시도(회기)에 걸쳐 점진적·체계적으로 증가한다.

71

모범답안

2)	① 1단계 ② 학급규칙을 정하여 전체 학급 학생들이 공유하도록 하는 보편적 중재를 통해 문제행동을 예방하고자 하는 것이기 때문이다.
3)	과제를 회피하고자 하는 영우의 행동이 교사의 후속 결과에 의해 부적으로 강화되고 있기 때문이다.
4)	① ㉮ → 행동 ② ㉯ → 후속 결과

해설

2) ② 이유를 기술함에 있어 보편적 중재의 특성이 잘 드러나도록 '전체', '예방'이라는 용어를 반드시 포함시킬 수 있도록 한다.

4) 관찰기록지의 행동란은 ABC 관찰기록의 대상인 아동(○영우)의 행동을 기록하는 곳이다. 따라서 영우의 행동을 나타내고 있는 ㉮를 행동에 위치시켜야 한다.

Check Point

(1) 긍정적 행동지원의 다단계 모형(긍정적 행동지원 3단계 예방 모델)

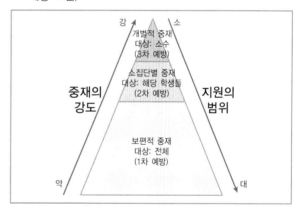

(2) 학교차원의 긍정적 행동지원 핵심 요소

요소	설명
시스템	정확하고 지속 가능한 실제의 실행과 자료의 효율적인 사용, 성과의 성취를 위해 필요한 지원
자료	성과와 실제와 시스템을 선택하고 점검·평가하기 위해 사용되는 정보
실제	제안된 성과를 성취하는 증거기반의 중재와 전략
성과	학업과 사회성에서 그 중요성 때문에 지적·승인·강조·검토된 학업과 사회성의 목표 또는 지표

72

모범답안

명칭	중재교대설계
방법	중재 시작 전에 중재를 제시할 균형잡힌 시간표를 계획하여야 한다.

해설

- 방법 : 중재 횟수뿐 아니라 다른 변수(◙ 교사/치료사, 시기, 장소, 중재 제시 순서 등)도 균형을 이루어야 하는 어려움이 있다. 따라서 중재 시작 전에 중재를 제시할 균형잡힌 시간표를 계획하여야 한다는 것이다. 중재를 제시할 순서와 시간, 중재를 실시할 교사/치료사와 같은 변수들도 균형을 이루어야 한다(양명희, 2017).
  - 중재교대설계는 좀 더 체계적으로 중재 간 균형을 맞춤으로써 조건변경설계가 가지고 있는 내적 타당도 문제와 중재 간 전이 문제를 해소시켰다(이소현 외, 2016).

73

모범답안

중재이유	• 반응대가로 차압된 토큰 때문에 큰 좌절과 실망감을 느끼지 않을 수 있기 때문이다. • 기본 권리나 인권침해 요소가 없기 때문에 법적 또는 윤리적 문제가 발생하지 않는다.
개선해야 할 점	ⓒ 강화제를 모두 잃게 될 경우에 대비해야 한다. ⓔ 적은 토큰의 양으로도 교환할 수 있는 교환 강화제를 준비한다.(또는 남은 토큰의 수에 따라 교환 강화제로 교환할 수 있도록 한다.)

해설

- 중재 이유 : 반응대가는 벌금제도, 보너스 반응대가, 정적강화와 병용하는 반응대가, 집단수반과 병합하는 반응대가 등 다양한 방식으로 활용될 수 있다. 이중 정적 강화와 병용하는 반응대가는 여러 가지 이점이 있다. 첫째로, 벌어들인 토큰을 반응대가(벌금)로 모두 잃는 것은 아니다. 나머지 토큰으로 차후에 지원강화와 교환할 수 있다. 따라서 반응대가로 차압된 토큰 때문에 큰 좌절과 실망감을 느끼지 않을 수 있다. 둘째로, 앞으로의 노력에 따라 바람직한 표적행동으로 토큰을 다시 벌어들일 수 있는 기회가 주어진다. 따라서 기본 권리나 인권침해 요소가 없기 때문에 법적 또는 윤리적 문제가 발생하지 않는다(홍준표, 2017 : 298-300).
- 개선해야 할 점 : ⓒ '수요일 오전에 0점'이라는 것은 더 이상 잃을 것이 없다는 것으로 잃지 않기 위해 애쓸 필요가 없기 때문에 동기가 없어진다.
  - ⓔ 현재 점수의 교환은 5점부터 가능하기 때문에 1점으로는 교환할 수 있는 것이 없는 상황이다.

Check Point

(1) 반응대가의 방법

벌금제도	• 반응대가로서의 벌금제도는 부적절한 행동에 대한 벌금조로 일정량의 정적강화자극을 직접 회수 또는 차압하는 방식으로 집행될 수 있다. • 벌금제도에서 중요한 것은 회수 또는 차압되는 물건이나 권리는 당사자에게 소중한 것이어야 하고, 또 아동 자신이 그러한 정정강화자극을 이미 소유하고 있어 벌금조로 지불할 수 있는 능력이 있어야 한다는 점이다. • 반응대가로 회수되는 물건이나 권리가 개인의 기본권에 해당하는 것일 때는 법적 또는 윤리적 문제가 대두될 수도 있다.
보너스 반응대가	• 보너스 반응대가란 아동에게 비수반적으로 가외의 정적강화자극을 보너스로 미리 제공한 다음, 부적절한 반응에 수반하여 그 추가분의 한도 내에서 회수 또는 차압하는 방법을 말한다. • 보너스로 받은 추가분에 대해서만 대가를 지불하도록 하는 것이기 때문에 기본권을 침해할 우려가 없다.

정적 강화의 병용	• 정적 강화 예컨대, 토큰제도를 도입하여 학생들의 바람직한 학습활동을 강화하는 한편, 바람직하지 못한 행동을 할 때마다 일정량의 토큰을 벌금으로 징수하는 방법이다.
	• 정적 강화의 병용은 여러 가지 이점이 있다.
	  - 벌어들인 토큰을 반응대가(벌금)로 모두 잃는 것은 아니다. 나머지 토큰으로 차후에 지원강화와 교환할 수 있다. 따라서 반응대가로 차압된 토큰 때문에 큰 좌절과 실망감을 느끼지 않을 수 있다.
	  - 앞으로의 노력에 따라 바람직한 표적행동으로 토큰을 다시 벌어들일 수 있는 기회가 주어진다. 따라서 기본 권리나 인권침해 요소가 없기 때문에 법적 또는 윤리적 문제는 발생하지 않는다.

집단수반성의 병용	집단 구성원 중 누구라도 문제행동을 하면 이에 수반하여 집단 전체로서 일정량의 강화자극을 회수하도록 하는 방법이다.

출처 ▶ 홍준표(2017). 내용 요약정리

(2) 반응대가 사용 시 주의사항

- 강화제를 모두 잃게 되는 경우에 대비해야 한다.
  - 대안 : 문제행동의 대체행동에 대해 주어지는 강화의 양과 비슷하거나 좀 더 많은 것이 좋다.
- 반응대가가 일어나는 환경이나 그것을 사용하는 교사가 조건화된 혐오자극이 될 수 있다.
  - 대안 : 교사는 학생이 바람직한 행동을 할 경우에는 강화제를 제공하여 교사 자신이 조건화된 혐오자극이 되는 경우를 피해야 한다.
- 강화제를 제거할 능력이 있어야 한다.

74

모범답안

1)	자기기록(또는 자기점검)

해설

1) 자기기록은 자기 행동의 양이나 질을 측정하여 스스로 기록하도록 하는 방법이다.

75

모범답안

1)	㉠ 증거 기반 실제 ㉡ 중재 충실도(또는 절차적 신뢰도, 독립변인 신뢰도)
2)	① 좋아하는 활동자료를 선택할 수 있게 한 것 ② 활동 중에 쉬는 시간을 자주 제공한 것

해설

1) ㉠ 증거 기반의 실제(또는 과학적으로 입증된 교수방법)란 과학적인 방법을 통하여 일정 기준을 만족시킴으로써 그 성과가 입증된 교수방법을 의미한다(이소현 외, 2011 : 244).
   ㉡ 중재 충실도는 중재를 계획대로 얼마나 충실하게 실행했는지를 의미하는 용어이다.

2) ① 회피의 기능을 갖는 문제행동에 대하여 선택의 기회를 제공하는 전략에 해당한다.
   ② 회피의 기능을 갖는 문제행동에 대하여 과제의 길이 조절에 해당하는 전략이다.

76

모범답안

1)	① ㉠, '안 좋은지' 등과 같은 표현은 주관적인 느낌이므로 배제되어야 하기 때문이다. ② ㉢, 선우의 행동이 편식으로 인한 것인지 다른 이유에서 비롯된 것인지 명확하지 않음에도 관찰자의 해석 혹은 평가가 객관적 사실과 구별되지 않고 제시되었기 때문이다.
2)	위기관리계획
3)	① 소거 폭발 ② 중재를 중단하면 간헐 강화가 될 수 있으므로, 중재를 중단하지 않고 일관되게 시행한다.

해설

3) ① 소거 폭발이란 소거 적용 초반에 나타나는 행동의 증가를 의미하는데 조작적으로 정의하면 "치료 처음 세 번의 회기 중 어느 회기에서라도 반응이 기초선의 마지막 5회기나 전체 기초선에 비해 증가한 경우"(Cooper et al, 2017 : 312)라고 할 수 있다.
   • 그래프에서 중재 초반에 나타난 변화를 보여주고 있으므로 소거 폭발이라고 할 수 있다.
   • 소거 폭발의 이유 : 소거가 제거되면 행동에 수반하여 주어졌던 강화요인이 제거되지만 이전에 받았던 강화요인이 다시 주어질 것으로 여기기 때문에 일시적으로 행동의 빈도 또는 강도가 증가하는 것이다.

Check Point

(1) 긍정적 행동지원의 요소

배경/선행사건 중재	대체기술 교수	문제행동에 대한 반응	장기지원
• 문제를 유발하는 배경 및 선행사건을 수정 또는 제거 • 바람직한 행동을 유발할 수 있는 긍정적인 배경 및 선행사건 적용	• 문제 행동과 동일한 기능을 수행하는 교체기술 지도 • 어려운 상황에 대처할 수 있는 기술 및 인내심 지도 • 전반적인 능력 신장을 위한 일반적인 기술 지도	• 문제행동으로 인한 성과 감소 • 교육적 피드백 제공 또는 논리적인 후속결과 제시 • 위기관리 계획 개발	• 삶의 양식을 변화 • 지속적인 지원을 위한 전략 수행

(2) 위기관리 계획

① 문제행동에 대한 반응에 포함되는 위기관리는 문제행동을 감소시키는 것이 주목적이 아니고 문제행동이 대상아동과 다른 사람에게 심각한 해가 되는 위험한 상황에서 대상아동과 다른 사람을 보호하는 것에 주안점을 두는 것이다. 즉, 대상아동의 문제행동으로 인한 위기 및 응급 상황에 대비한 절차를 수립하는 것이다.

② 위기관리의 목적은 공격적이거나 난폭한 행동이 발생하는 환경에서 아동이나 다른 사람의 안전을 보호하는 데 있다(문제행동이 발생했을 때 누군가가 다칠 가능성을 줄이기 위한 것이다).

   ㉠ 가능한 한 위기 상황이 발생하지 않도록 앞서 언급한 다요소 중재를 시행하지만, 위기에 도달한 문제행동에 대해서는 위기관리가 실행되어야 한다.

   ㉡ 위기관리는 위기 상황을 통제하기 위해 사용되는 일시적인 절차일 뿐이다. 긍정적 행동지원이 체계적으로 적용된다면 이러한 위기관리 실행 상황은 점차 줄어들거나 없어지게 될 것이다.

77

모범답안

4) 과잉학습

해설

4) 과잉학습이란 아동이 표적행동을 습득한 후에도 계속해서 연습시키는 것을 의미한다. Alberto와 Troutman은 과잉학습이 유지의 효과를 보이기 위해서는 학생이 적절한 기준에 도달한 후 그 기준에 도달하기까지 필요했던 훈련의 50% 정도의 수준에 해당하는 만큼 더 연습시킬 것을 권하고 있다(양명희, 2018 : 459).

78

모범답안

1)	① 지속시간 ② 연속적 행동지원 체계
2)	① 행동 결과물 중심 관찰기록(또는 영속적 행동결과 기록, 수행결과물 기록) ② 다음 중 택 1 •즉시 기록하지 않으면 다른 사람들이 행동의 결과를 치워 버릴 수 있다. •같은 행동의 결과를 서로 비교하기 어렵다. •아동 행동의 강도, 형태, 시간 등의 양상을 설명해 주지 못한다.
3)	① 교체하여 실시하는 중재끼리 비교하기 때문에 중재 효과를 입증하기 위해 중재를 제거할 필요가 없다. ② 자기점검, 효과적인 것으로 나타난 처치를 적용하여 문제행동에 대한 기능적 관계를 입증하기 위해서이다.

해설

1) ① 행동의 여섯 가지 차원은 빈도, 지속시간, 지연시간, 위치, 형태, 강도를 의미한다.
   • ㉠에 들어갈 용어는 특별히 어떤 이론에 의한 것이 아니라 특수 교사가 장애인 등에 대한 특수교육법을 기준으로 일반 교사에게 정서·행동장애를 설명하고 있는 것으로 보는 것이 옳다. 예를 들어 장애인 등에 대한 특수교육법에서 '장기간에 걸쳐'는 지속시간을, '학습상의 어려움을 지닌 사람'은 교육적 성취의 어려움을, 마지막으로 Check Point (1)의 가~마의 항목에 사용된 '설명할 수 없는', '어려움', '부적절한', '전반적인', '통증', '공포' 등은 빈도나 강도를 표현한다.
   ② 학교 차원의 긍정적 행동지원이 바르게 실행되려면 학교는 문제행동 예방을 위한 연속적 행동지원 체계를 갖추어야 한다.

3) ① 중재교대설계의 장점 중 기초선 자료 측정을 반드시 하지 않아도 된다는 내용은 제시된 [자료 2]에 기초선이 제시되어 있기 때문에 해당 사항이 없다.

Check Point

(1) 장애인 등에 대한 특수교육법상 정서·행동장애의 정의
장기간에 걸쳐 다음의 어느 하나에 해당하며, 특별한 교육적 조치가 필요한 사람
가. 지적·감각적·건강상의 이유로 설명할 수 없는 학습상의 어려움을 지닌 사람
나. 또래나 교사와의 대인관계에 어려움이 있어 학습에 어려움을 겪는 사람
다. 일반적인 상황에서 부적절한 행동이나 감정을 나타내어 학습에 어려움이 있는 사람
라. 전반적인 불행감이나 우울증을 나타내어 학습에 어려움이 있는 사람
마. 학교나 개인 문제에 관련된 신체적인 통증이나 공포를 나타내어 학습에 어려움이 있는 사람

(2) 정서·행동장애에 대한 판단기준의 다양성
① 정서·행동장애 아동들이 보이는 거의 모든 행동들은 일반 아동들에게서도 관찰되기 때문에 장애의 유무를 판단하기 위해서는 다음과 같은 기준들을 고려하게 된다(이승희, 2017 : 30−31).
   ㉠ 행동의 빈도, 강도, 및 지속시간
   ㉡ 성별
   ㉢ 연령
   ㉣ 상황
   ㉤ 문화
   ㉥ 다른 사람들의 역할
   ㉦ 관점의 변화
② 문제아동이 되었다면, 이 아동의 행동은 일반아동보다 빈도와 강도에서 차이가 난다는 것을 알아야 한다. 문제아동이 나타내는 대부분의 일탈행동은 일반아동이 하는 행동과 크게 다르지 않다. 다만, 그 행동이 장소나 시간에 부적절하게 나타나기 때문에 일탈아동으로 그리고 일탈행동으로 간주된다. 또한 교사가 그러한 이상 행동에 대해서 가지고 있는 포용범위도 다르다. …(중략)… 교사의 포용력에 영향을 미치는 4개 요소는 문제행동의 빈도, 심각성, 지속시간, 복합성 등이다(윤점룡 외, 2017 : 22).

(3) 행동의 차원
① 행동의 관찰과 측정이 가능하기 위해 조작적 정의를 하려면, 행동을 여섯 가지 차원으로 설명할 수 있어야 한다.

② 행동은 어떤 차원을 가지고 조작적 정의를 하느냐에 따라서 다양한 방법으로 관찰되고 측정되며 요약된다.

차원	개념
빈도	일정 시간 동안 행동이나 사건이 일어난 횟수
지속시간	행동이 시작되는 시간부터 마치는 시간까지 걸리는 시간
지연시간	선행사건(또는 변별자극이 주어지는 시간)으로부터 그에 따르는 행동(또는 반응)이 시작되는 시간까지 걸리는 시간
위치	행동이 일어난 장소
형태	반응 행동의 모양
강도	행동의 세기, 에너지, 노력의 정도

⑷ 행동결과물 중심 관찰기록
① 개념
　㉠ 관찰할 행동과 그 행동의 결과가 무엇인지 정의한 다음, 행동이 결과를 일으키는 시간에 그 결과를 관찰하는 것이다.
　㉡ 행동의 결과가 반영구적으로 남는 것을 관찰할 때 사용할 수 있다.

② 장단점

장점	• 행동의 발생과정을 실시간으로 관찰할 필요가 없다. • 접근하기 어렵거나 부적절한 시간과 장소에서 일어나는 행동들도 쉽게 측정할 수 있다. **예** CCTV 기록 이용 • 비디오 테이프나 오디오 테이프에 기록된 행동은 원하는 대로 반복 측정이 가능하기 때문에 관찰 일치도를 높일 수 있다. • 중재 효과를 정확히 평가할 수 있다.
단점	• 즉시 기록하지 않으면 다른 사람들이 행동의 결과를 치워 버릴 수 있다. • 같은 행동의 결과를 서로 비교하기 어렵다. • 아동 행동의 강도나 형태나 시간 등의 양상을 설명해 주지 못한다.

⑸ 중재교대설계

정의	한 대상자에게 여러 중재를 교대로 실시하여 그 중재들 간의 효과를 비교하는 연구 방법
장점	• 한 대상에게 두 가지 중재를 빠르게 교체하여 실시하기 때문에 기초선 자료의 측정을 반드시 하지 않아도 된다 (기초선 측정 없이 빠르게 중재에 들어갈 수 있다). • 교체하여 실시하는 중재끼리 비교하기 때문에 중재 효과를 입증하기 위해 중재를 제거할 필요가 없다. • 반전설계나 중다기초선설계는 중재 시작 전에 기초선 자료의 안정성이 요구되는 반면, 중재교대설계는 기초선 기간에 표적행동의 변화 정도에 상관없이 중재를 교체할 수 있다. • 중재효과를 빨리 비교할 수 있다(회기별로 또는 한 회기 안에서 중재를 교체하기 때문).

단점	중재 방법이 자연스럽지 않고 다소 인위적일 수 있다. 실제 교육장면 혹은 임상장면에서는 동시에 두 가지 중재 방법을 전부 적용하는 경우는 매우 드물기 때문이다.
유의점	중재 시작 전에 중재를 제시할 균형 잡힌 시간표를 계획해야 한다. • 예를 들어, 같은 날 두 중재를 교대하여 실시한다면 한 가지 중재만 먼저 실시해서는 안 되고, 중재 제시 순서에 대한 균형을 유지하도록 미리 계획하여야 한다. • 중재를 제시할 순서와 시간, 중재를 실시할 교사와 같은 변인들도 균형을 이루어야 한다.

79
2017 초등B-6

모범답안

3)	① 다음 중 택 1 • <그림자료 1>을 학생 가까이에 놓는다. • <그림자료 1>의 크기를 크게 만든다. • <그림자료 1>을 진하게 혹은 다른 색으로 칠하여 만든다. ② <그림자료 1>에 스티커를 붙인다.

80

[모범답안]

(가)	A-B-C 관찰기록법
(나)	기준변경설계

Check Point

☑ 기준변경설계

적용	• 표적행동을 단계별로 변화시킬 수 있는 경우나 기준이 바뀔 때 새롭게 안정적인 수준의 행동을 기대할 수 있는 경우에 적용해야 한다. • 행동의 정확성, 빈도, 길이, 지연시간, 정도, 수준에서 단계별로 증가 또는 감소시키는 것이 목표인 경우에 유용하다.
기능적 관계	최소한 연속적으로 3개 구간에서 준거가 충족될 때 기능적 관계가 입증된 것으로 본다.
장점	• 반전설계에서 요구하는 반치료적 행동 변화를 요구하지 않는다. • 중다기초선설계에서 요구하는 기능적으로 독립적인 행동을 필요로 하지 않는다.
단점	• 매우 점진적인 행동변화를 수반하기 때문에 빠르게 수정되어야 하는 행동에는 적절하지 않다. • 기능적 관계를 입증하기 위해서는 정해진 기준만큼의 변화가 일어나야 한다는 점이 실제로 행동을 교수할 때 문제가 될 수 있다. 교사가 계획한 설계의 기준보다 월등한 속도로 아동의 진보가 이루어질 때, 교사는 단계적이고 점진적인 변화를 위해 진보를 늦출 수 있는가 하는 의문이 제기될 수 있다. • 기능적 관계를 입증하기 위한 기준이 주관적인 예측에 의존한다. 연구자가 중재 내의 하위 구간별로 특정 기준을 결정할 때마다 자신의 주관성이나 전문가적인 예측이 작용할 수밖에 없다.
유의점	• 처음 기초선 자료가 반드시 안정적이어야 중재를 시작할 수 있다. • 기준을 변경하기 위해서는 바로 앞 중재 기간에서 안정적인 자료 수준을 보여 주어야 한다.

81

[모범답안]

A	점진적 안내(또는 점진적 안내 감소)
B	① 읽기 능력을 필요로 하지 않는다. ② 언어적 촉진은 순간적으로 제시되지만 시각적 촉진은 개인이 필요로 하는 한 지속적으로 존재한다.
C	점심시간을 알리는 종소리

[해설]

A) 점진적 안내는 신체적 촉구를 용암시키는 데에 사용된다. 교사는 시작할 때 신체적 도움을 필요한 만큼 주다가 점진적으로 개입을 감소시키는 것이다. 안내는 신체의 관련 부위에서 촉구가 제거되거나(공간적 용암), 교사의 손이 학생에 닿지는 않지만 전체적으로 행동 수행을 따르는 그림자 절차로 대치될 수 있다(Alberto et al., 2014: 436).

B) 다음에 제시된 보기들 역시 시각적 촉진의 장점이 될 수 있다.
- 표준화된 상징을 사용하며 일관성을 유지할 수 있다.
- 일일이 말로 해야 하는 구어적 촉진 시간을 단축시켜 준다.
- 타인이 없어도 사용할 수 있다.
- 영구적인 촉진으로 사용하더라도 학생의 독립성을 증진할 수 있다.

Check Point

☑ 자연적 촉진/자연적 단서

① 자연적 촉진은 환경에 내재된 자연스러운 분위기에 의한 자극이다(국립특수교육원, 2018: 462).

② 자연적 단서는 우리가 교실이나 다른 환경에서 발생하는 것을 관찰하면서 얻은 정보로서 한 상황에서 무엇을 할지, 그리고 어떻게 행동할지를 알아내는 데 사용된다(곽승철 외, 2019: 442-443).

㉠ 통합학급에서 자연적 단서는 미묘하고, 간단하지만, 상당히 많으며, 종종 전체 학습 학생들에게 동시에 그리고 불규칙적으로 제시된다. 예를 들어, 많은 중학교 교실에서 수업 시간의 시작 종소리는 모든 학생들에게 그들이 자리에 앉아야 하고 수업을 시작할 준비를 할 시간이라는 자연적 단서로 쓰인다. 이는 일반교육 환경에 배치된 학생들이 이해해야 하는 많은 자연적 단서 중 하나에 불과하다. 중도·중복장애 학생들은 종종 자연적 단서를 인식하고 이러한 상황에서 단서들의 의미를 이해하는 것에 어려움을 겪는다.

㉡ 한 행동의 자연적인 결과는 주어진 행동이 적절한지에 대한 귀중한 정보를 제공한다. 수업 시작 종소리를 지키지 못한 학생은 교사의 출석기록에 지각이나 결석으로 기록되는 형태로 자연적 결과를 경험한다.

82

모범답안

차별강화 유형	대체행동 차별강화
장점	대체행동을 강화함으로써 표적행동을 제거할 수 있다.

Check Point

✓ 차별강화의 유형

저비율 행동 차별강화	행동 자체가 문제라기보다는 그 행동의 발생빈도가 지나치게 높아서 문제가 되는 경우에 그 행동의 빈도가 수용될 만큼의 기준치로 감소되었을 때 강화하는 것
다른 행동 차별강화	• 일정 시간 간격 동안에 표적행동이 발생하지 않으면, 그 시간 간격 동안에 어떤 행동이 발생하든지 상관없이 강화하는 것 • 단점 　－ 표적행동이 아닌 다른 문제행동을 강화할 가능성이 있다. 따라서 여러 종류의 문제행동을 많이 보이는 아동에게 부적절 　－ '행동의 진공 상태'를 만들 가능성 존재 　－ 교사가 주는 강화가 아동이 바람직하지 않은 행동을 통해 얻을 수 있는 강화보다 강력하지 않으면 효과 없음.
대체행동 차별강화	• 아동이 문제행동을 할 때는 강화하지 않고 문제행동을 대신할 수 있는 바람직한 행동(대체행동)을 할 때는 강화를 하는 것 • 대체행동 선택 시 고려사항 　－ 반응 효율성 　－ 반응 수용성 　－ 반응 인식성
상반행동 차별강화	• 문제행동의 상반행동에 대해서는 강화를, 문제행동에 대해서는 소거를 적용하는 것 • 상반행동 차별강화는 대체행동 차별강화의 일종 • 단점 　－ 문제행동과 상반되는 바람직한 행동을 찾기가 쉽지 않음.

83

모범답안

1)	㉠ 조작적 정의 ㉡ 관찰자 간 일치도(또는 관찰자 간 신뢰도)
2)	관찰시간을 짧은 시간 간격으로 동일하게 나누고, 각각의 시간 간격 동안 행동이 지속적으로 발생하는 경우 행동 발생으로 기록하는 방법이다.
3)	① 순간표집기록법 ② 관찰시간을 짧은 시간 간격으로 동일하게 나누고, 각각의 시간 간격이 끝나는 순간에 아동을 관찰하여 표적행동의 발생 여부를 기록하는 방법이다.

해설

1) '행동을 조작적으로 정의한다'는 것은 행동을 관찰 가능하고 측정 가능한 용어로 정의하는 것으로, 행동의 관찰이 가능하다는 것은 한 행동의 시작과 끝이 분명하여 관찰자가 행동의 정도를 분별할 수 있다는 의미이다.

84

모범답안

1)	① 시각적 촉진 ② 선아는 과제 수행 시 시각적 자료에 관심을 보이기 때문에 시각적 촉진을 통해 교사나 또래의 지원 없이 혼자서도 정리할 수 있도록 하기 위해서이다.
2)	① 다른 행동 차별강화는 일정 시간 간격 동안에 표적행동이 발생하지 않으면, 그 시간 간격 동안에 어떤 행동이 발생하든지 상관없이 강화하고, 대체행동 차별강화는 아동이 문제행동을 할 때는 강화하지 않고 문제행동을 대신할 수 있는 바람직한 행동(대체행동)을 할 때 강화한다. ② 다른 행동 차별강화는 표적 행동이 발생하지 않는 시간의 증가에 그리고 대체행동 차별강화는 대체행동에 대한 강화를 통해 표적행동을 제거하는 데 목적이 있다. ③ 대체행동 차별강화를 시행하는 것이 효과적이다. 왜냐하면 대체행동 차별강화를 적용하면 문제행동을 제거할 수 있을 뿐만 아니라 바람직한 행동도 지도할 수 있기 때문이다.

해설

2) ③ 다른 행동 차별강화는 문제행동이 발생하지 않는 시간의 증가를 목적으로 하기 때문에 표적행동을 제거할 수도 없으며 대체행동을 지도할 수도 없다. 즉 지혜의 다른 행동에 대해 교사의 관심이 제공되는 경우 표적행동이 발생하지 않는 시간은 증가할 수 있지만 표적행동이 제거되는 것은 아니다.

Check Point

⊘ 차별강화의 특성

종류	목적	강화받는 행동
저비율 행동 차별강화	표적행동 발생빈도의 감소	정해진 기준치 이하의 표적행동
타행동 차별강화	표적행동이 발생하지 않는 시간의 증가	표적행동 외의 모든 행동
대체행동 차별강화	대체행동 강화를 통한 표적행동의 제거	표적행동과 동일한 기능의 대체행동
상반행동 차별강화	상반행동 강화를 통한 표적행동의 제거	표적행동의 상반행동

85

[모범답안]

2)	① 독립적 집단강화 ② 다른 사람의 행동 수행에 영향을 받지 않는다.
3)	① 지연시간기록법 ② 다음 중 택 1 • 하위 구간의 회기수를 바꾸기 • 하위 구간에서 요구되는 수행의 감소량을 다양화하기 • 1개 이상의 구간에서 최종 목표에 반대되는 방향으로 변화를 요구하기

[해설]

2) '시작종이 울리자마자 제자리에 앉는 학생은 누구나'는 일정한 기준을 달성하는 학생은 누구나 강화를 받을 수 있음을 의미한다.

3) ② 내적 타당도란, 종속변인, 즉 연구결과에서 나타나는 변화가 독립변인의 변화에 의한 것임을 확인할 수 있는 정도를 의미하는 것으로서 인과성에 대한 추론이 어느 정도 가능한지를 나타낸다.
  • 기준변경설계의 내적 타당도를 높이기 위한 방법 중 '안정된 비율이 확립될 때까지 하위 구간을 계속하기'는 모범답안으로 부적절하다. 하위 구간을 계속하는 것은 뒤따르는 하위 구간에 대한 기초선으로 작용하기 때문인데 문제의 [A]는 마지막 구간이기 때문에 의미가 없다.

Check Point

(1) 집단강화의 유형

독립적 집단강화	• 일정 기준을 달성한 학생에게만 강화가 주어지는 것 • 집단 전체에게 동일한 목표행동을 설정하고, 그 목표행동을 수행하는 사람은 누구나 강화를 받도록 하는 것
종속적 집단강화	• 문제행동을 하는 학생이 목표행동을 수행하면 집단 전체가 강화 받도록 하는 것 • 문제행동을 보이는 학생의 행동 수행에 따라 학급 전체가 강화를 받을 수도 있고 받지 못할 수도 있음.
상호 종속적 집단강화	• 집단 전체가 기준을 달성해야 강화를 받는 것 • 집단 전체에게 동일한 목표행동을 설정하되, 집단 전체의 수행 수준에 따라 구성원 개인 또는 집단 단위로 강화 받을 수 있는지 결정됨.

(2) 기준변경설계

내적 타당도를 높이기 위한 방법	• 안정된 비율이 확립될 때까지 하위 구간을 계속하기 - 교실에서 사용할 때 다음 하위 구간으로 넘어가기 전에 행동을 2회기(또는 3회기 중 2회기) 동안 중간준거에 유지시키는 것은 충분히 통제를 입증하는 것이다. 왜냐하면 각 하위 구간은 뒤따르는 하위 구간에 대한 기초선으로 작용하고, 그 하위 구간은 다음 하위 구간이 시작되기 전에 안정적인 비율이 확립될 때까지 계속되기 때문이다. • 하위 구간의 회기 수를 바꾸기 - 보통 3회기를 지속하지만 몇몇 하위 구간에서는 달리한다. • 하위 구간에서 요구되는 수행의 증가량(또는 감소)을 다양화하기 - 준거 변화의 크기를 다양하게 하면 실험 통제에 대한 보다 설득력 있는 증거를 얻을 수 있다. • 1개 이상의 구간에서 최종 목표에 반대되는 방향으로 변화를 요구하기

86

모범답안

| 1) | 비디오 모델링 |

해설

1) 비디오 모델링은 아동이 수행해야 하는 바람직한 행동을 비디오를 통해 시범을 보이는 기법으로, 대상자는 비디오 시범을 보고 난 뒤 비디오에서 제시된 시범행동을 모방한다. 비디오 모델링의 시범자는 또래, 성인, 대상자 자신이 될 수 있다. 대상자 자신이 시범자인 모델이 되는 것을 비디오 자기모델링이라고 한다.

87

모범답안

| 4) | ① ⓑ-ⓐ-ⓒ
② 마지막 단계가 끝날 때마다 매번 자연적 강화제를 획득할 수 있다.(또는 총 15회의 반응 기회 마다 자연적 강화제를 획득할 수 있다.) |

해설

4) 후진 행동연쇄에서는 마지막 구성 요소를 먼저 가르치기 때문에 학습자가 모든 훈련에서 자연적 강화제를 받게 된다. 학생의 강화제 획득 빈도 측면에서 묻고 있으므로 문제에서 제시된 반응기회는 15회를 강화제의 특성과 함께 제시해주도록 한다.

88

모범답안

| ⓒ | 80 |

해설

ⓒ 전체 관찰 기회에 대한 정반응 일치 횟수(5회)와 오반응 일치 횟수(3회)의 합의 백분율을 구하면 80%[(8/10) × 100=80]가 된다.

89

모범답안

- 행동분포관찰
  문제행동이 주로 발생하는 시간과 자주 발생하지 않는 시간대를 파악하기 위해서이다.(또는 보다 자세한 진단을 실시해야 할 시간대를 파악하기 위해서이다.)
- ⓛ 학생 개인의 실제 수행에 대한 구체적인 정보를 얻기 위해 다른 방식의 직접 관찰이 필요하다.(또는 문제행동의 기능에 대한 구체적인 정보를 얻기 위해 다른 방식의 직접 관찰이 필요하다.)

해설

ⓛ 직접 관찰 평가는 주관적 해석이나 순위 매기기나 행동에 대한 질적 지표가 아니라 학생 개인의 실제 수행에 대한 객관적 자료를 제공한다.

90

모범답안

- 모든 단계를 매 회기마다 가르칠 수 있다.
  행동을 순서대로 학습하는 데 효과적이다.

해설

(나)의 이 닦기 지도 방법은 전체 과제 제시법을 적용한 경우이다. 전체 과제 제시법은 전체 과제 연쇄라고도 하며, 전진 연쇄법의 변형이라고 할 수 있다. 아동에게 과제분석을 통한 모든 단계를 시행하도록 하면서 아동이 독립적으로 수행하지 못하는 단계에 대해서는 훈련을 실시하는 방법이다. 그러므로 과제분석을 통한 모든 단계를 매 회기마다 가르칠 수 있다. 전체 과제 제시법은 아동이 행동연쇄에 있는 단위행동은 습득했는데 행동을 순서대로 수행하지 못할 때 사용하면 유용하다. 아동이 순서를 따를 수 있도록 촉구를 사용하면서 가르치고 잘 수행하게 될수록 촉구를 용암시킨다(양명희, 2016 : 395-396).

91

모범답안

2)	긍정적 행동지원
3)	회피하기(또는 이야기 나누기 활동 회피하기)
4)	'힘들다'는 의미의 그림카드로 표현하도록 한다.(또는 힘들 때는 조용히 손을 들어 '쉬고 싶어요.'라고 말하도록 한다.)

92

【모범답안】

3)	최소-최대 촉구

【해설】

3) 제공된 촉진 전략은 다음과 같다.

【지문 돋 보기】

1. 승우에게 간식을 보여 주고 3초를 기다린다. : 시각적 촉진
2. 정반응이 없으면, 승우에게 "주세요 해 봐"라고 말한다. : 언어적 촉진
3. 또 정반응이 없으면, 승우에게 "주세요 해 봐"라고 말하면서 간식을 달라고 손을 내미는 시범을 보인다. : 모방하기 촉진(시범)
4. 또다시 정반응이 없으면, 승우에게 "주세요 해 봐"라고 말하면서 승우의 손을 잡아 내밀게 한다. : 신체적 촉진

93

【모범답안】

2)	① 행동연쇄 ② 사회적 강화제
3)	㉢ 다음 중 택 1 • 문제행동을 정의하고, 문제행동이 발생하거나 유지되는 요인을 찾는 데 도움이 된다. • 어떤 문제행동들이 함께 일어나는지, 언제, 어디서, 누구와 있을 때 가장 잘 발생하는지, 어떤 결과를 얻게 되는지에 대한 정보도 알 수 있다. ㉣ 다음 중 택 1 • 수업을 직접적으로 방해하지 않으며 기록할 수 있다. • 비교적 사용하기 쉽다. • 시간의 흐름에 따른 문제행동 발생 분포를 알 수 있다.

【해설】

2) ① '책상 근처로 가기, 책상에 가기, 의자를 끼내기, 의자에 앉기, 의자에 앉아서 의자를 당기기'로 행동을 세분화는 과제분석을 의미한다.
   • '단계별'로가 반드시 처음 단계부터임을 의미하는 것은 아니기 때문에 전진 행동연쇄라고 할 수 없다.
   ② ㉢을 '조건화된 정적 강화제'라고 생각할 수도 있으나 현재까지 임용시험은 세분화된 종류를 기준으로 출제하는 경향이 있다. 따라서 물리적 특성에 따른 강화제의 종류 중에서 선택, 기술하면 사회적 강화제라고 할 수 있다.
3) ㉣ ABC 서술식 사건표집법＝ABC 관찰기록
   ㉤ 빈도 사건표집법＝빈도기록법

【Check Point】

(1) 행동연쇄법의 종류

전진 행동연쇄	과제분석을 통해 결정된 단계의 행동들을 처음 단계부터 순차적으로 가르치는 것
후진 행동연쇄	과제분석을 통해 나누어진 행동의 단계들을 마지막 단계부터 역순으로 가르치는 것

전체 과제 제시법	• 과제분석을 통한 모든 단계를 시행하도록 하면서 아동이 독립적으로 수행하지 못하는 단계에 대해서는 훈련을 실시하는 방법
	  − 전체 연쇄가 숙련될 때까지 아동으로 하여금 모든 단계를 순서대로 수행하게 하는 방법(전진 행동연쇄의 변형)
	  − 아동이 구성 요소의 일부 혹은 전체를 이미 숙련하고 있으나 순서대로 수행하지 못할 때 적절한 방법
	• 전체 과제 제시법의 적용이 적절한 경우
	  − 과제가 너무 길거나 복잡하지 않은 경우
	  − 학습자의 장애 정도가 심하지 않고, 어느 정도의 모방 능력을 갖추고 있는 경우
	  − 하위 과제의 수가 많지 않은 비교적 단순한 경우
	  − 전체 과정에 걸쳐 교사의 안내가 가능한 경우
	• 전체 과제 제시법과 함께 사용되는 신체 촉진이나 용암의 형태를 '점진적 안내'라고 함.

(2) 강화제의 종류
① 근원에 따른 강화제

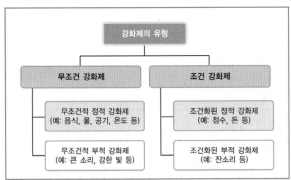

② 물리적 특성에 따른 강화제

강화제의 종류	설명
음식물 강화제	씹거나 빨아먹거나 마실 수 있는 것 예 과자 등
감각적 강화제	시각, 청각, 후각, 미각, 촉각에 대한 자극제 예 동영상 등
물질 강화제	학생이 좋아하는 물건들 예 장난감 등

활동 강화제	• 학생이 좋아하는 활동을 하도록 기회, 임무, 특권을 주는 것 • 아동들이 좋아하는 모든 활동은 활동 강화제가 될 수 있음. **예** 밖에 나가 놀기, 컴퓨터 게임하기, 외식하기, 함께 요리하기 등
사회적 강화제	여러 가지 방법으로 학생을 인정해 주는 것 **예** 긍정적 감정 표현, 신체적 접촉(악수하기, 손바닥 마주치기 등), 물리적 접근(아동 옆에 앉기, 함께 식사하기 등), 칭찬과 인정 등

94

2019 유아B-3

모범답안

3)	모델링(또는 시범 보이기)

해설

3) 교사는 교사의 모델 행동을 관찰하도록 함으로써 태우의 행동변화를 유도하고 있기 때문에 관련 교수전략은 모델링이 된다. 관찰학습은 모델링 과정에서 모델을 관찰하면서 새로운 행동을 습득한 효과를 의미한다.

95

2019 초등A-1

모범답안

1)	ⓑ, 개별화된 집중교육은 고위험 학생을 대상으로 이루어지는 3차 예방에 해당되므로 보편적 지원이 제공되는 1차 예방의 범위에 해당되지 않는다.
2)	사회적 타당도

해설

2) 사회적 타당도는 어떤 연구 목적이나 교수방법이 연구자나 개발자 개인뿐만 아니라 다른 사람들에게서 공감을 얻을 수 있는지 평가하여 객관화하는 것을 말한다. 따라서 장애아동에게 부과할 과제나 이들을 위한 지도 절차를 선정하고 결정하기 위해 교사 한 사람의 생각보다는 그의 가족이나 그가 속한 지역사회 일원의 의견이나 요구를 반영하여 결정함으로써 사회적 타당도를 높일 수 있고, 지도 효과를 극대화할 수 있다.

96

2019 초등A-3

모범답안

3)	자극 내 촉진

97

2019 초등A-4

모범답안

4)	50%

해설

4) 12회의 시간 간격 동안 총 6회(10~20초, 20~30초, 40~50초, 60~70초, 70~80초, 80~90초대) 발생한 것으로 볼 수 있다. 따라서 행동발생률은 50%($\frac{6}{12} \times 100$)가 된다.

Check Point

✅ **행동 발생률**

$$\frac{행동\ 발생\ 간격수}{전체\ 간격\ 수} \times 100$$

98

2019 초등B-2

모범답안

3)	동시촉진(또는 0초 시간 지연)
4)	문제행동이 자주 발생하는 시간과 자주 발생하지 않는 시간대를 확인하기 위해(또는 보다 자세한 진단을 실시해야 할 시간대를 확인하기 위해)
5)	ⓐ 교사가 관심을 주지 않으면 ⓑ 교사의 관심을 끌기 위해

해설

5) (나)에 제시된 개인 정보에 의하면 학생의 이름을 파악할 수 있다. 교사가 다른 학생을 지도하는 동안 은지에게 관심을 주지 않는 동안 자주 발생한다(선행사건). 그러나 교사가 은지의 이름을 부르면서 지적을 하면 자리에 앉는 것을 통해 은지의 행동은 교사의 관심을 받기 위한 것임을 알 수 있다(추정되는 행동의 기능).

Check Point

(1) 동시촉진

① 촉진이란 변별자극에 바람직한 반응을 보이는 데 실패했을 경우, 바람직한 반응을 보일 수 있도록 도와주는 부가적인 자극을 의미하는 데 반해 동시촉진은 변별자극 제시와 함께 촉진(정반응을 이끌어 주는 것, 흔히 정반응 자체)을 제공하고 아동은 즉시 정반응을 한다.

② 동시촉진 절차를 다른 형태의 촉진 절차와 비교했을 때 두드러진 차이는 나타나지 않았으나 동시촉구가 다른 형태의 촉진보다 더 나은 유지와 일반화 효과를 보이는 것으로 나타났다.

(2) 행동분포관찰

① 문제행동이 자주 발생하는 시간과 자주 발생하지 않는 시간대를 시각적으로 쉽게 알아볼 수 있도록 표로 작성된 것이다.

② 한 학급과 같이 여러 명이 함께 있을 때 그 학급에서 문제행동이 주로 발생하는 시간대를 알고자 하거나, 한 아동의 일과 중에서 문제행동이 가장 빈번히 발생하는 시간을 찾고자 할 때 사용 가능하다.

(3) 행동 가설

① 간접평가와 직접관찰평가를 통하여 행동과 환경의 관계에 대한 가설, 즉 문제행동에 대한 검증 가능한 가설을 만들 수 있다.

② 가설은 기능평가 과정에서 알게 된 행동발생 패턴을 정확하게 요약해야 한다. 이 단계에서는 가설을 세우는 것 외에도 기능평가 과정 중에 수집한 개괄적인 정보를 요약한다.

③ 가설은 기능평가에서 얻은 정보와 행동지원 계획 간의 관련성을 확인해 주어 행동지원 계획을 안내하는 역할을 한다.

④ 가설 문장에는 다음과 같은 요소를 포함해야 한다.
- ㉠ 아동의 이름
- ㉡ 배경/선행사건(배경사건은 필요한 경우 포함)
- ㉢ 문제행동
- ㉣ 추정되는 문제행동의 기능

99

모범답안

- ㉠ 교체기술은 문제행동과 동일한 기능을 지닌 대안적 행동이다.
  ㉡ 대처 및 인내기술
- ㉢ 기초선의 평균값과 중재선의 평균값을 비교하여 평균값의 변화 정도를 파악한다.
- ㉣ 기초선의 마지막 자료와 중재선의 첫 자료 사이의 차이가 크면 중재 효과가 빠르게 나타났다고 말할 수 있다.

해설

㉡ 대처하기는 불편하거나 어려운 상황에 접했을 때, 자기관리나 자기통제 전략을 사용하는 방법을 가르치는 것이다. 인내하기는 특정 상황을 회피하거나 물건 또는 관심 얻기를 원하지만 즉각적으로 제시되지 못하고 제시될 수 없을 때 '기다리거나' 강화 지연을 견딜 수 있도록 가르치는 방법이다(Bambara et al., 2017 : 345).

100

모범답안

- ㉠ 반응기회기록법
  ㉡ 다음 중 택 1
  - 촉진 자체의 형태는 바뀌지 않고 촉진을 제시하기까지의 시간 길이가 점진적으로 지연된다.
  - 아동의 반응 전에 반응촉진이 주어진다.

해설

㉠ 사건(빈도) 기록법은 행동 특성 중심 관찰기록법에 해당하는 빈도 사건표집법, 지속시간 기록법, 지연시간 기록법, 반응기회 기록법, 기준치 도달 기록법, 통제 제시 기록법을 통칭하는 용어이다. 반응기회 기록법은 행동의 기회가 주어졌을 때 표적행동의 발생 유무를 기록하는 방법으로 교사나 치료사에 의해 학생이 반응할 기회가 통제된다는 특징을 제외하면 빈도 사건표집법과 유사하다.

㉡ 시간 지연법은 도움 감소법이나 도움 증가법과는 다른 점들이 있다. 먼저, 도움 감소법이나 도움 증가법은 촉구 자체의 형태가 바뀌는 것인데, 시간 지연법은 촉구를 제시하는 시간 길이를 지연시킴으로써 촉구에서 변별자극으로 자극통제를 전이하는 것이다. 또한 도움 감소법이나 도움 증가법은 아동의 반응 뒤에 반응촉구가 주어지지만, 시간 지연법은 아동의 반응 전에 반응촉구가 주어진다(양명희, 2018 : 386).

101

[모범답안]

| 2) | ① 과제분석
② 전진 행동연쇄법, 후진 행동연쇄법 |

[해설]

2) ① 과제분석이란 복잡한 과제를 분석하여 가르칠 수 있는 작은 단계로 나누는 것을 의미한다.

102

[모범답안]

| 1) | ① 다음 중 택 1
• 모든 유아들
• (우리) 유치원 모든 유아들
• 전체 유아들
② 소집단으로 릴레이 게임을 연습시켜요. |

Check Point

⊘ 연속적 행동지원 체계의 내용 비교

단계	목표	중재			
		대상범위	강도	성격	적용 방법
1차 예방	새로운 문제행동 발생 예방	학교 전체 학생	하	보편적	범단체적
2차 예방	기존 문제행동 빈 도 감소시키기 (출현율 감소)	고위험 학생과 위험 가능 학생	중	목표 내용 중심적	소집단적
3차 예방	기존 문제행동 강 도와 복잡성 경 감시키기	고위험 학생	강	집중적	개별적

출처 ▶ 양명희(2018)

103

[모범답안]

1)	• 교사의 수고스러움이 덜 요구된다. • 시간을 정해놓지 않고 행동이 발생하는 자연스러운 장면에서 관찰이 이루어진다.
2)	• 가영이는 민수가 좋아하는 또래이기 때문이다. • 가영이는 난타를 잘하기 때문이다.
3)	자극일반화

[해설]

1) 표본기록과의 비교하에 장점을 기술하도록 하고 있는 만큼 일화기록과 중복되는 내용은 기술하지 않도록 한다.

2) 최적의 모델이 갖는 특성 중 가영이가 최적의 모델이 될 수 있는 이유는 민수가 좋아하는 또래라는 점(연령과 특성의 유사성), 그리고 난타를 잘한다(능력의 우월성)는 점이다.

3) 제시된 일반화의 종류는 다음과 같다.

[지문 돋 보기]

• 친구들, 동네 친구들 : 대상/사람에 대한 일반화
• 다양한 도구 : 재료/사물에 대한 일반화
• 통합학급, 집이나 놀이터 : 장소/상황에 대한 일반화

Check Point

(1) 표본기록

① 표본기록은 미리 정해 놓은 시간, 인물, 상황 등에 따라 관찰된 행동이나 사건내용을 기록하고, 그것이 일어나게 된 환경적 배경을 상세하게 이야기하는 식으로 서술하는 방법이다. 현장에서 일어나는 행동의 진행상황을 이야기식으로 기록하기 때문에 진행기록 또는 설화적 기술이라고도 한다. 표본기록은 수집된 정보들을 서로 비교할 수 있고, 진행상황을 도표화하거나 변화양상을 검토하고 평가할 수 있어 어떤 계획을 수립하고 문제를 해결하기 위한 정보를 수집하는 방법으로 가치가 있다.

② 표본기록은 일화기록 시 유의해야 할 사항 외에 피관찰자의 행동에 영향을 미치는 상황적 요인을 자세하게 기록하며, 관찰자의 의견이나 해석은 모두 괄호를 사용하며 직접 관찰한 내용과 구별되도록 한다. 이 기록법은 기록을 하고 평가하는 데 시간이 많이 소요되며, 주관적 해석이나 추론이 이루어질 수 있으며, 한번에 적은 수의 대상만을 관찰한다.

출처 ▶ 성태제 외(2006 : 253-254).

(2) 최적의 모델이 갖는 특성

연령과 특성의 유사성	관찰자와 인종, 나이, 태도, 사회적 배경 등이 비슷한 정도
문제의 공유성	관찰자와 비슷한 관심과 문제를 나타내는 것
능력의 우월성	관찰자보다 더 많은 자신감을 보이는 것

104

모범답안

1)	① 빈도 ② 너무 자주 "아"하고 소리를 질러요.
2)	상반행동 차별강화

해설

1) ② 준우의 소리 지르기 특성은 소리를 짧게, 자주 지른다는 것이다. 따라서 대화 내용 중 이에 해당하는 내용을 찾아 쓰도록 한다.

2) 대화 내용에 의하면 준우의 문제행동은 짧게 소리를 지르는 것일 뿐 문제행동의 기능은 명확히 제시되어 있지 않다. 이와 같은 상황에서 소리 지르지 않고 친구와 이야기하거나 노래 부르기를 할 경우 관심 보이기, 칭찬하기 등의 강화를 제공할 것을 계획하고 있다. 소리 지르기의 문제행동 기능이 명확하지 않기 때문에 친구와 이야기하거나 노래 부르기가 기능적인 측면에서 짧게 소리 지르기를 대체하는 바람직한 행동이라고 할 수 없으며, 이에 대한 근거도 제시되어 있지 않다. 따라서 이 경우는 상반행동 차별강화라고 해석하는 것이 바람직하다.

105

모범답안

2)	다음 중 택 2 • 반응 효율성 • 반응 수용성 • 반응 인식성

Check Point

⊘ 대체행동의 선택

① 선택 기준

기능의 동일성	대체행동은 문제행동과 동등한 기능을 가진 행동이어야 한다.
수행의 용이성	대체행동은 문제행동을 수행하는 것만큼 수행하기 쉬운 형태여야 한다.
동일한 반응노력	행동이 의미하는 바를 누구든지 이해할 수 있어서 중재자 이외의 다른 사람들에게서도 적절한 반응을 이끌어 내는 행동이어야 한다.
사회적 수용 가능성	사회적으로 다른 사람들에게 수용될 수 있는 행동이어야 한다.

출처 ▶ 이성봉 외(2019 : 203-204). 내용 요약정리

② 선택 시 고려사항

반응 효율성	대체행동은 문제행동을 하는 것보다 힘을 덜 들이고도 학생이 선호하는 결과를 즉각적으로 얻을 수 있어야 한다.
반응 수용성	대체행동은 그 학생의 주위에 있는 사람들로부터 사회적으로 수용될 수 있는 것이어야 한다.
반응 인식성	새로운 행동은 친근한 사람이나 생소한 사람들이 쉽게 알아야 한다.

106

모범답안

2)	① 원하는 놀이 ② 활동 강화제

107

모범답안

3)	① 간헐 강화계획
	② 자연적 강화제의 이용은 습득한 기술의 유지에 효과적이기 때문이다.

해설

3) ① 학습 단계 1 중 민호가 정반응을 보일 때마다 칭찬으로 강화함: 연속 강화계획

  ⓛ 시간이 지난 뒤에도 수행할 수 있도록 '학습 단계 1'의 강화 계획(스케줄)을 조정: 유지를 위해 강화계획을 변경하고자 한다는 의미이므로 연속 강화계획에서 간헐 강화계획으로의 변경을 고려하면 된다. 이때 간헐 강화계획의 구체적인 유형은 알 수 없다.

Check Point

ⓦ 유지를 위한 전략

전략	설명
과잉학습	학생이 적절한 수준으로 기술을 수행하는 것을 학습한 후에도 계속해서 연습한다.
분산연습	목표행동을 한꺼번에 몰아서 연습하지 않고 여러 차례 분산시켜 연습한다.
간헐강화	강화계획에 따라 강화를 간헐적으로 제공함으로써 강화와 강화 사이에 점점 더 많은 목표행동을 하거나(고정/변동비율 간헐강화) 더 많은 시간이 경과하도록 하는 것이다(고정/변동간격 간헐강화).
연습기회 삽입	새로운 기술을 교수할 때 학생이 이미 학습한 기술을 기초로 하여 교수하거나 새로운 기술의 학습 시 습득된 기술이 유지되도록 한다.
유지 스케줄	자주 사용되지 않거나 매우 불규칙하게 사용되는 기술에 대해 규칙적으로 연습할 기회를 제공하여 습득된 기술이 유지되도록 한다.
자연적 강화의 이용	자연적인 환경에서 강화받을 가능성이 높은 행동을 선정해서 가르치고, 교수 상황에서 자연적 강화를 사용하는 방법이다.

108

모범답안

1)	① 기능분석
	② 중재교대설계
2)	수업 시간에 소리를 지르는 준수의 행동 발생 유무와 관계없이 정해진 시간 간격마다 준수에게 사회적 관심을 제공한다.
3)	표적행동을 할 때보다 더 적은 노력으로 사회적 관심을 얻을 수 있는 교체기술인가?

해설

2) [결과 그래프 및 내용]에 의하면 준수의 표적행동은 사회적 관심 획득 조건에서 많이 발생함을 알 수 있다. 따라서 비유관 강화를 전략적으로 사용할 때는 사회적 관심을 중재로 활용하는 것이 바람직하다.

  • 비유관 강화의 방법을 기술할 때는 반드시 준수의 행동, 결과 그래프 및 내용을 토대로 문장을 작성하여야 한다.

3) 반응 효율성 점검 내용 기술 시에는 반드시 효율성의 의미가 명확히 드러날 수 있도록('~보다 더 적은') 해야 한다.

Check Point

ⓦ 기능분석

개념	• 문제행동의 기능을 검증하기 위해 선행사건과 후속결과를 실험·조작하는 활동이다.
	  − 문제행동을 둘러싼 환경을 체계적으로 조작하여 행동과 환경 사이의 기능적 관계를 입증하는 방법
	• 다음과 같은 경우에 실시한다.
	  − 간접평가 혹은 직접 관찰 평가 등을 통해 정보를 수집해도 명확한 가설을 세우기 어려운 경우
	  − 간접평가 혹은 직접 관찰 평가에 근거한 중재가 효과적이지 않은 경우

장점	문제행동의 발생과 관련된 변인들을 명확히 보여준다.
단점	• 많은 시간적, 경제적 비용과 인력 요구 • 빈번히 나타나는 문제행동에 한해 적용 • 위험한 행동에는 적용 불가능

109

모범답안

- 요구에 대해 지나치게 느리게 반응하는 것과 과제를 완성하는 데 걸리는 시간을 줄여 준다.
- 다음 중 택 2
  - 현재 레퍼토리에 포함되어 있는 것
  - 일정한 순응을 보이는 것
  - 짧은 시간 안에 순응하는 것
- 고확률 요구의 수를 점진적으로 줄여야 한다.

해설

- 고확률 요구 연속 방법의 장점 : 고확률 요구 연속은 요구에 대해 지나치게 느리게 반응하는 것과 과제를 완성하는 데 걸리는 시간을 줄여 준다(Cooper et al., 2017 : 349).
  - 고확률 요구 연속의 행동적인 효과는 (a) 저확률 요구에 대해 불순응으로 얻는 강화의 가치를 줄이고(즉, 요구로부터의 도피할 가치를 감소시킴), (b) 저확률 요구와 관련된 공격행동이나 자해행동을 감소시킴으로써 동기해지 조작의 제지효과를 갖기 때문이다(Cooper et al., 2017 : 348).
- 교사가 변경해야 할 사항 : 고확률 요구 연속에서 참가자들이 지속적으로 저확률 요구에 순응하게 되면 훈련자는 고확률 요구의 수를 점진적으로 줄여야 한다(Cooper et al., 2017 : 351).

Check Point

(1) 고확률 요구 연속

① 고확률 요구 연속을 사용할 경우 교사는 학생이 이전에 순응했던 역사가 있는(즉, 고확률), 따르기 쉬운 일련의 요구들을 제시하고 학습자가 이러한 몇 개의 고확률 요구들에 순응을 할 경우 즉각적으로 목표요구(즉, 저확률)를 제시한다. 고확률 요구 연속의 행동적인 효과는 (a) 저확률 요구에 대해 불순응으로 얻는 강화의 가치를 줄이고, (b) 저확률 요구와 관련된 공격행동이나 자해행동을 감소시킴으로써 동기해지 조작의 제지효과를 갖기 때문이다(Cooper et al., 2017 : 348-351).

② 고확률 요구 연속을 위한 과제의 조건
  ㉠ 현재 레퍼토리에 포함되어 있는 것
  ㉡ 일정한 순응을 보이는 것
  ㉢ 짧은 시간 안에 순응하는 것

③ 고확률 요구 연속의 효과적인 활용법
  ㉠ 현재 레퍼토리 내에서 선택하기
  ㉡ 요구를 빠르게 제시하기
  ㉢ 순응을 강화하기
  ㉣ 강력한 강화제 사용하기

④ 고확률 요구 연속 사용 시 고려할 점
  ㉠ 문제행동의 발생 직후에는 고확률 요구 연속을 사용하지 말아야 한다. 저확률 요구에 대해 문제행동으로 반응하면 더 쉬운 요구가 뒤따른다는 것을 학생들이 학습할 수 있다.
  ㉡ 시작할 때, 그리고 지시하는 동안에 걸쳐 고확률 요구를 제시해 문제행동이 강화될 가능성을 줄여야 한다.
  ㉢ 교사들은 의식적 또는 무의식적으로 저확률 요구보다는 고확률 요구만을 하게 되고, 요구로부터 도피하려는 목적으로 공격행동이나 자해행동을 보이려는 학생의 도피 행동을 피하기 위해 쉬운 과제를 선택하게 될 수 있다.

(2) 동기설정 조작과 동기해지 조작

- 동기설정 조작(EO)
  - 가치변화 효과 : 어떤 자극, 사물, 사건이 강화제로서 가지는 효과를 증가시키는 것
  - 행동변화 효과 : 그 자극, 사물, 사건에 의해 강화된 모든 행동의 현재 빈도수를 증가시키는 것(즉, 유발효과 또는 동기유발효과)
- 동기해지 조작(AO)
  - 가치변화 효과 : 어떤 자극, 사물, 사건이 강화제로서 가지는 효과를 감소시키는 것
  - 행동변화 효과 : 그 자극, 사물, 사건에 의해 강화된 모든 행동의 현재 빈도수를 감소시키는 것(즉, 제지효과)

110

[모범답안]

- ㉠ 행동형성법
- ㉡ 고정 지속시간 강화계획
- 관찰기록법의 유형: 지속시간 기록법

  이유: 수업 시간에 계속해서 의자에 앉아 있는 시간의 길이를 증가시키는 것이 목표이기 때문이다.

[해설]

지문 돋 보기

- 목표 행동에 근접한 단기 목표(중간 행동) 결정: 현재에는 나타나지 않는 표적행동을 발생시키기 위해서 연속적 접근을 체계적으로 차별강화하여 새로운 행동을 형성시키는 것이다.
- 1분 30초 동안, 2분 동안, 2분 30초 동안… 14분 동안
  - 표적행동에 점진적으로 가까워지는 연속적 행동의 제시
  - 표적행동의 특성: 지속시간
- 단기 목표에 도달하면 학생 C가 선호하는 활동을 할 수 있게 함: 체계적인 차별강화의 제공

- 지속시간 기록법이 적절한 이유: 지속시간 기록법은 학생이 특정한 행동을 하는 시간의 길이에 일차적인 관심이 있을 때 사용된다. 예를 들어, 학생의 자리 이탈 행동에 대해 알고자 할 때 사건기록법이나 지속시간 기록법 중 어느 것이라도 적절하다. 사건기록법은 학생이 자리에 남아 있는 횟수에 대한 정보를 제공할 것이다. 그러나 학생이 얼마나 오랫동안 자리에서 이탈해 있었는가에 일차적인 관심이 있다면 가장 적절한 자료수집 방법은 지속시간 기록법이다(Alberto et al., 2014: 154).

Check Point

✅ 지속시간 강화계획

정한 시간이 고정인가 또는 변동인가에 따라 고정 지속시간과 변동 지속시간 강화계획으로 나뉜다.

고정 지속시간 강화계획	학생이 표적행동을 일정한 시간 동안 지속하였을 때 강화가 주어지는 것이다. 예 5분 이상 의자에 앉아 있지 못하는 길동이에게 5분의 고정 지속시간 강화계획을 적용하면, 길동이가 5분 이상 의자에 앉아 있을 때마다 강화가 주어져야 한다. 이 강화계획이 시작되고 난 후 길동이가 의자에서 일어나면, 다시 의자에 앉을 때부터 시간을 새로 측정하기 시작해야 한다.
변동 지속시간 강화계획	• 학생이 표적행동을 평균 지속시간 동안 하고 있으면 강화가 주어지는 것이다. • 강화가 주어지는 지속시간 간격이 일정하지 않고 평균 지속시간 간격을 기준으로 한다. 예 5분 이싱 의자에 앉아 있지 못하는 길동이에게 5분의 변동 지속시간 강화계획을 적용하면, 지속시간을 3분, 6분, 5분, 4분, 7분으로 설정하여 강화한 경우 길동이는 평균 5분의 지속시간 강화계획에 의해 강화받은 것이다.

111

[모범답안]

- 과제분석을 통해 결정된 단계의 행동들을 처음 단계부터 순차적으로 가르친다.

[해설]

㉢ 전진 행동연쇄 지도 방법을 기술할 때는 '과제분석', '처음 단계부터 순차적'이라는 용어를 키워드로 활용한다.

112

[모범답안]

- 대상자 간 중다기초선설계
- 표적행동의 준거
- ㉡ 계약 초기에는 낮은 기준을 설정하여 목표가 달성되도록 한다.
- ㉢ 계약서는 잘 보이는 곳에 붙이도록 한다.

[해설]

지문 돋 보기

- 아동의 표적행동: 지시 따르기
- 표적행동의 조건과 준거
  - 조건: 수학 수업 시간
  - 준거: 제시되어 있지 않음
- 강화내용과 방법
  - 내용: 컴퓨터 게임하기
  - 방법: 점심시간에 5분 동안 하게 해준다.
- 계약기간: 2019.○○.○○. ~ 2019.○○.○○.
- 계약자와 피계약자의 서명: 각각의 서명란

Check Point

(1) 행동계약의 구성 요소

① 아동의 표적행동
② 표적행동의 조건과 준거
③ 강화내용과 방법
④ 계약기간
⑤ 계약자와 피계약자의 서명

(2) 행동계약 가이드라인 및 규칙

계약 가이드라인 및 규칙	설명
공평한 계약을 하라.	과제의 난이도와 보상의 관계는 공평해야 한다.
명확한 계약을 하라.	계약의 가장 큰 장점은 각 개인의 기대치를 확고히 한다는 것이다. 교사 또는 부모의 기대가 확실하면 행동 개선 가능성이 높아진다. 행동계약에서는 있는 그대로를 설명해야 하며 설명한 대로 실행해야 한다.
정직한 계약을 하라.	과제 완성 시 협의된 보상을 지정된 시간 내에 제공할 때 그 계약은 정직하다고 볼 수 있다. 또한 정직한 계약에서는 과제가 정해 놓은 대로 실행되지 않았으면 보상을 주지 않는다.
보상을 여러 단계로 만들어라.	일일, 주간, 또는 매월 최고 기록을 갱신했을 때 주는 보너스 보상도 계약에 포함할 수 있다.
반응 대가 유관을 포함하라.	때로 합의된 과제가 완성되지 않을 경우에 대비해 '벌금', 즉 보상 제거를 포함할 수도 있다.
계약을 잘 보이는 곳에 붙여라.	계약을 공개적으로 붙임으로써 계약 목표를 향한 향상 정도를 쌍방이 볼 수 있게 한다.
한쪽이라도 계약에 대해 불만을 보인다면 다시 합의하여 이를 변경하라.	계약을 맺는 이들에게 긍정적인 경험을 제공하기 위해 설계된 것이므로 계약이 효과적이지 않다면 과제, 보상, 또는 이 둘 모두를 다시 고려해 볼 필요가 있다.
행동계약을 종결하라.	생략

출처 ▶ Cooper et al.(2018 : 311)

113

모범답안

3) ㉢ 언어적 촉진
㉣ 몸짓 촉진

해설

3) ㉢ 직접적으로 "어흥"이라는 구어를 이용하고 있기 때문에 언어적 촉진에 해당한다.
㉣ 호랑이 동작을 통해 정반응을 유도하고 있기 때문에 몸짓 촉진에 해당한다.

Check Point

✓ 촉진의 종류에 따른 수행 방법

종류	방법
구어 촉진	주어진 과제를 수행하도록 직접적으로 또는 간접적으로 지원하는 단순한 지시 또는 설명으로, 이때 사용되는 말은 유아가 이해하기 쉽도록 짧고 간결해야 한다.
몸짓 촉진	과제를 수행하도록 안내해 주는 가리키기 등의 몸짓으로, 단독으로 사용되기도 하지만 주로 구어 촉진과 함께 사용된다.
시범 촉진	구어나 신체 촉진, 또는 두 가지를 함께 사용해서 과제의 일부 또는 전체를 수행하는 모습을 보여 주는 방법으로, 주로 유아가 기대하는 행동을 수행할 수 있을 때 사용된다.
접촉 촉진	접촉을 활용하는 방법으로, 유아의 특정 신체 부위를 만지거나 유아가 특정 사물을 만지게 하는 두 가지 형태로 사용된다. 사물을 만지게 하는 방법은 특히 시각장애 유아나 수용언어의 발달이 지체된 유아에게 유용하게 사용될 수 있다.
신체 촉진	과제를 수행하도록 신체적으로 보조하는 방법으로 부분적이거나 완전한 보조의 형태로 주어진다.
공간 촉진	행동 발생 가능성을 높이기 위해서 사물을 특정 위치(예 과제 수행을 위해서 필요한 장소, 유아에게 더 가까운 장소)에 놓아 과제 수행을 상기시키는 방법이다.
시각적 촉진	그림이나 사진, 색깔, 그래픽 등의 시각적인 단서를 사용해서 과제 수행의 주요 요소를 보여 주는 방법으로, 정기적으로 수행되거나 순서대로 수행되는 활동을 보조하기 위하여 많이 사용된다.
단서 촉진	과제 수행의 특정 측면에 대한 직접적인 관심을 유도하기 위한 방법으로, 구어 또는 몸짓으로 단서를 제공한다. 이때 사용되는 단서는 과제를 가장 잘 대표할 수 있는 것이어야 한다.

출처 ▶ 이소현(2020 : 443-444)

114

모범답안

1)	두 가지 놀잇감 중에서 어떤 놀잇감으로 친구 옆에서 놀까요?
2)	위치, 지속시간

해설

2) 대화 내용에 제시된 목표 중 '친구 옆에서'는 행동의 차원 중 위치를, '3분 이상'은 행동의 차원 중 지속시간을 의미한다.

Check Point

⊙ 행동의 차원

① 행동의 관찰과 측정이 가능하기 위해 조작적 정의를 하려면, 행동을 여섯 가지 차원으로 설명할 수 있어야 한다.
② 행동은 어떤 차원을 가지고 조작적 정의를 하느냐에 따라서 다양한 방법으로 관찰되고 측정되며 요약된다.

차원	개념
빈도	일정 시간 동안 행동이나 사건이 일어난 횟수
지속시간	행동이 시작되는 시간부터 마치는 시간까지 걸리는 시간
지연시간	선행사건(또는 변별자극이 주어지는 시간)으로부터 그에 따르는 행동(또는 반응)이 시작되는 시간까지 걸리는 시간
위치	행동이 일어난 장소
형태	반응 행동의 모양
강도	행동의 세기, 에너지, 노력의 정도

115

모범답안

2)	① 행동분포관찰
	② 자기조절(또는 감각자극 회피, 자동적 부적 강화)

해설

2) ② 자동적 부적 강화의 기능은 고통, 가려움과 같이 내적이거나 감각적인 자극을 피하려는 것이다. 그런 경우, 문제행동은 고통스러운 내적 자극이 제거되는 부적 강화에 의해 유지된다. 그러한 행동에는 아동이 주변의 특정 소음이 듣기 싫어서 머리를 심하게 흔들거나 귀를 틀어막는 행동이나, 자폐 아동이 누군가가 껴안아 줄 때 안아 주는 압력의 정도를 피하기 위해 안아 주는 사람을 밀쳐 내는 행동 등을 예로 들 수 있다. 자동적 부적 강화의 기능을 지닌 행동은 외현상으로는 자동적 정적 강화의 기능을 지닌 행동과 같을 수 있다. 예를 들어, 한 아이가 두 눈을 꼭 감고 머리를 빙글빙글 돌리는 상동행동을 하는 경우, 그렇게 하면 전정감각이 자극되고 기분이 좋아지기 때문에 할 수도 있지만 주변의 소음과 너무 많은 시각적 자극을 피하고 싶어 그렇게 할 수도 있다. 자동적 부적 강화의 기능을 지닌 행동은 자동적 정적 강화와 마찬가지로 문제행동 뒤에 외부적인 후속 결과가 관찰되지 않은 경우가 많기 때문에 그 기능을 파악하고 효과적인 강화제를 찾기까지 많은 시간과 노력이 요구된다(양명희, 2016 : 95-96).

Check Point

⊙ 문제행동 기능의 분류

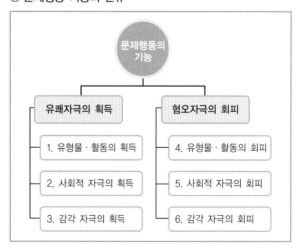

116

모범답안

3)	① 교사는 행동의 발생 유무와 관계없이 매번 3분이 되기 전에 민수에게 관심을 준다. ② 다음 중 택 1 • 문제행동에 대한 동기뿐 아니라 바람직한 행동에 대한 동기까지 감소될 수 있다. • 행동이 체계적으로 강화되지는 않는다. • 문제행동이 우연히 강화될 가능성이 있다.

해설

3) 문제행동이 일정한 시간 간격으로 발생한다는 점, 동기를 제거할 수 있는 전략이라는 점이 비유관 강화의 단서가 된다.

Check Point

☑ 비유관 강화의 장단점

장점	• 문제행동을 감소시키기 위한 방법으로서 다른 어떤 긍정적 치료기법보다 활용하기 쉽다. • 긍정적 학습 환경을 조성하는 데 큰 도움이 된다. • 문제행동을 소거하려 할 때 비유관 강화를 병행함으로써 소거 초기에 발생하는 소거 폭발 현상을 약화시킬 수 있다. • 어떤 바람직한 행동이 비유관 강화와 우연히 일치할 수 있는 기회가 많다. 따라서 기대하지 않았던 바람직한 행동들이 강화되어 유지될 수 있다.
단점	• 원하는 강화자극을 노력 없이 쉽게 얻을 수 있기 때문에, 문제행동에 대한 동기뿐 아니라 바람직한 행동에 대한 동기까지 감소될 수 있다. • 학생이 행한 것에 상관없이 강화가 주어지기 때문에 비유관 강화의 결과로 행동이 체계적으로 강화되지는 않는다. • 의도와는 달리 문제행동이 우연히 강화될 가능성이 있다.

117

모범답안

3)	① 행동계약 ② 반응대가

해설

3) ① 행동계약이란 행동목표를 달성했을 때 주어지는 강화에 대해 학생과 교사가 동의한 내용을 문서로 작성하는 것을 의미한다. 행동계약은 학생의 표적행동, 표적행동의 조건과 준거, 강화 내용과 방법, 계약 기간, 계약자와 피계약자의 서명으로 구성된다.

② 반응대가란 문제행동을 하였을 때 그 대가로 이미 지니고 있던 강화제('자동차 스티커')를 잃게 함으로써('선생님께 내야 합니다.') 문제행동의 발생률을 감소시키는 절차를 의미한다.

118

모범답안

2)	신체적 촉진

해설

2) 대화 내용 중 박 교사가 "슬비는 협응과 힘 조절에 어려움이 있어서 과일을 꼬챙이에 끼울 때 많이 힘들어 할 것 같아요."라고 언급한 것을 고려할 때 신체적 촉진을 제공하는 것이 적절하다.

Check Point

☑ 촉진의 유형

유아특수교육 분야에서 다루는 촉진의 유형은 다음과 같다.

종류	방법
구어 촉진	주어진 과제를 수행하도록 직접적으로 또는 간접적으로 지원하는 단순한 지시 또는 설명으로, 이때 사용되는 말은 유아가 이해하기 쉽도록 짧고 간결해야 한다.
몸짓 촉진	과제를 수행하도록 안내해 주는 가리키기 등의 몸짓으로, 단독으로 사용되기도 하지만 주로 구어 촉진과 함께 사용된다.
시범 촉진	구어나 신체 촉진, 또는 두 가지를 함께 사용해서 과제의 일부 또는 전체를 수행하는 모습을 보여 주는 방법으로, 주로 유아가 기대하는 행동을 수행할 수 있을 때 사용된다.

접촉 촉진	접촉을 활용하는 방법으로, 유아의 특정 신체 부위를 만지거나 유아가 특정 사물을 만지게 하는 두 가지 형태로 사용된다. 사물을 만지게 하는 방법은 특히 시각장애 유아나 수용언어의 발달이 지체된 유아에게 유용하게 사용될 수 있다.
신체 촉진	과제를 수행하도록 신체적으로 보조하는 방법으로 부분적이거나 완전한 보조의 형태로 주어진다.
공간 촉진	행동 발생 가능성을 높이기 위해서 사물을 특정 위치(예 과제 수행을 위해서 필요한 장소, 유아에게 더 가까운 장소)에 놓아 과제 수행을 상기시키는 방법이다.
시각적 촉진	그림이나 사진, 색깔, 그래픽 등의 시각적인 단서를 사용해서 과제 수행의 주요 요소를 보여주는 방법으로, 정기적으로 수행되거나 순서대로 수행되는 활동을 보조하기 위하여 많이 사용된다.
단서 촉진	과제 수행의 특정 측면에 대한 직접적인 관심을 유도하기 위한 방법으로, 구어 또는 몸짓으로 단서를 제공한다. 이때 사용되는 단서는 과제를 가장 잘 대표할 수 있는 것이어야 한다.

출처 ▶ 이소현(2020 : 443-444)

119

2021 유아B-7

모범답안

2) 자기강화

해설

2) 자기관리란 순간의 욕구충족을 억제하여 만족을 지연시킴으로써 보다 장기적이고 상위의 목표를 달성하는 능력으로 자신의 행동을 더 바람직하게 변화시키기 위한 의도를 가지고 자신에게 행동 원리를 적용하는 것으로 자기통제, 자기훈련이라고도 한다. 자기관리 기술에는 목표설정, 자기기록, 자기평가, 자기강화/자기처벌, 자기교수 등이 있다.

120

2021 초등A-4

모범답안

3)
① 자신의 행동을 이전의 자기 행동 수준
② 상황 간 중다기초선설계는 1명의 대상자를 선정하여 동일한 행동을 나타내는 3가지 상황에서 중재를 적용하고 대상자 간 중다기초선계는 동일한 상황에서 동일한 행동을 보이는 3명 이상의 대상자를 선정하여 해야 한다.
③ 다음 중 택 1
  • 첫 번째 표적행동이 안정된 상태로 개선되었을 때
  • 첫 번째 표적행동이 미리 정해 놓은 준거에 도달했을 때

Check Point

(1) 자기평가 적용 방법
① 목표행동을 선정하고 행동을 정의한다.
② 행동을 평가하는 기준을 선정하고 기준을 설명한다.
  ㉠ 교사에 의해 설정된 준거와 비교하기
  ㉡ 자신의 행동을 이전의 자기 행동 수준과 비교하기
  ㉢ 다른 학생들의 수준과 비교하기
③ 자기 행동을 기준에 따라 평가하는 방법을 시범보이며 가르친다.
④ 자기 행동을 평가하는 방법을 연습하게 하고, 연습 과정을 감독하며 피드백을 준다.

(2) 중다기초선설계의 내적 타당도
중다기초선설계의 내적 타당도를 높이기 위해서는 반드시 다음과 같은 특성(조건)이 갖춰져야 한다.
① 적어도 세 가지 이상의 행동, 상황, 대상자 간에 동시에 기초선 자료를 수집해야 한다.
② 모든 기초선 자료가 수용할 만한 안정세를 보일 때 첫 번째 표적행동에 중재를 시작한다. 이때 설계의 기본 논리상 중재가 주어진 조건에서는 행동의 변화가 관찰되는 반면 나머지 기초선에서는 계속 안정세로 남아 있게 된다.
③ 두 번째 표적행동에 대한 중재는 첫 번째 표적행동이 안정된 상태로 개선되거나 또는 미리 정해 놓은 준거에 도달했을 때 시작한다. 위에서와 마찬가지로 설계의 논리에 맞게 실험이 진행된다면 두 번째 중재 조건에서는 행동의 변화가 관찰되는 반면 나머지 기초선은 계속 안정세로 남게 된다.
④ 동일한 절차를 설계에 사용되는 기초선의 수만큼 계속 진행한다.

121

모범답안

3)	① 유형 : 점진적 안내(또는 점진적 안내 감소)
	② 교사 행동 : 교사는 즉각적으로 신체적 안내를 해 줄 수 있도록 학습자의 손에 그림자를 만든다.
	③ 학생 행동 : 교사의 도움 없이 카트에 물건을 담는다.

Check Point

☑ 점진적 안내

① 신체적 촉구를 체계적으로 용암시키는 데 사용

② '손 위에 손' 방법을 많이 사용

　㉠ 손 위에 손 : 전체 훈련을 통해 도움을 점진적으로 줄여나가고, 학습자가 과제를 완성할 때 학습자의 손에 그림자를 만드는 것.

　㉡ 학습자의 손에 그림자를 만들면 학습자가 행동의 어떤 단계에서 실패할 때 교사가 즉각적으로 신체 안내를 해 줄 수 있음.

③ 점진적 안내를 제공할 때 교사는 손으로 대상자의 신체 부위를 잡아서 특정 목표 동작을 확실하게 하도록 안내하다가 신체접촉이 일어나는 신체 부위와 제공된 통제의 정도를 점진적으로 감소시킴.

④ 신체적 안내는 대상자에 따라 신체접촉을 꺼려 순응하지 않을 수도 있음을 고려할 것

　• 대상자가 협조적일 때 시도하고 목표 반응을 일으키기 위해 필요한 최소한의 안내를 제공하다가 점진적으로 신체적 안내 제거

⑤ 신체적 안내의 초기 단계는 목표 반응의 움직임이 일어나는 통제 부위에서 안내 시작

　• 조금씩 신체 부위에 가하는 힘을 약화시킴과 동시에 통제 부위에서부터 신체접촉 부위를 멀어지도록 할 것

122

모범답안

㉠	전체 과제 제시법(또는 전체 행동연쇄법)
㉡	변별자극

해설

지문 톢 보기

박 교사 : 네, 그런데 학생 A는 '책상 닦기'를 할 때, 하위 과제 대부분을 습득하여 새로 가르칠 내용이 없는데도 전체적인 업무 완성도가 다소 부족	연쇄 내의 여러 과제를 수행할 수 있음.
김 교사 : 그렇다면 과제 분석을 통해 하위 과제들을 일련의 순서대로 수행할 수 있게	순서를 배워야 함.

Check Point

(1) 전체 과제 제시법 적용이 적절한 경우

전체 과제 제시법은 과제분석을 통한 모든 단계를 시행하도록 하면서 아동이 독립적으로 수행하지 못하는 단계에 대해서는 훈련을 실시하는 방법으로 다음의 경우에 적용한다.

① 연쇄 내의 여러 과제를 수행할 수 있으나 순서를 배워야 하는 경우

② 과제가 너무 길거나 복잡하지 않은 경우

　• 하위 과제의 수가 많지 않은 비교적 단순한 경우

③ 학습자의 장애 정도가 심하지 않고, 어느 정도의 모방 능력을 갖추고 있는 경우 : 학습자의 능력이 매우 제한적이라면 후진 행동연쇄나 전진 행동연쇄가 더 적절하다.

④ 전체 과정에 걸쳐 교사의 안내가 가능한 경우 : 전체 과제 제시법은 전체에 걸쳐 교사의 안내가 있어야 되는 만큼 실행이 가장 어려운 절차이므로 이와 같은 일련의 과정에 교사의 안내가 가능한 경우에 적용하는 것이 바람직하다.

(2) 변별자극

변별	어떤 자극과 다른 자극들의 차이를 구분할 수 있는 능력
변별자극	• 특정 자극이 주어졌을 때만 특정한 반응이나 행동을 하도록 알려주는 자극(행동이 발생할 가능성을 증가시키는 자극) • 기능 : 행동에 대한 강화가 주어질 것을 알려줌. ※ 델타자극 : 변별자극 이외의 자극
변별훈련	• 변별자극과 델타자극을 구별하여 변별자극에 대해서만 바른 반응을 하도록 하는 훈련 • 변별자극의 확립과정이라고 할 수 있음.

123

모범답안

㉠	전체 회기 저비율 행동 차별강화
㉡	반응시간 저비율 행동 차별강화

Check Point

☑ 저비율 행동 차별강화계획

전체 회기 저비율 행동 차별강화	전체 회기 동안 표적행동이 미리 정한 기준과 같거나 그 이하일 경우, 치료회기가 끝날 때 강화를 준다.
간격 저비율 행동 차별강화	전체 회기를 동일한 시간 간격으로 나누고, 각 간격에서 문제행동의 발생 수가 기준선과 동일하거나 적을 경우 간격이 끝날 때 강화를 준다.
반응시간 저비율 행동 차별강화	하나의 반응이 발생한 후 일정한 기준시간이 경과한 다음에 발생한 반응은 강화하고, 일정한 기준시간이 지나기 전에 발생하면 무시하는 방식으로 차별강화한다.

124

모범답안

- ㉠ 관심끌기
- ㉡ 소거
  ㉢ 문제행동의 빈도 혹은 강도를 증가시키면 이전에 받았던 강화요인이 다시 주어질 것처럼 여기기 때문이다.
- ㉣ 비유관 강화

해설

㉡ 표적 행동에 대해 소거를 적용하면 행동 감소가 바로 이루어지지 않는다. 소거가 적용되면 행동에 수반하여 주어졌던 강화요인이 제거되지만 이전에 받았던 강화요인이 다시 주어질 것으로 여겨 일시적으로 행동의 빈도 또는 강도의 증가를 보인다. 이렇듯 소거 적용 초반에 나타나는 행동의 증가를 소거 폭발이라고 한다.

㉣ 예방적 차원의 행동 중재 방법이란 선행중재 방법을 의미한다. 따라서 ㉣에 해당하는 중재 방법은 문제행동을 감소시키기 위하여 사용되는 선행중재의 한 방법으로, 학습자의 행동과는 무관하게 고정시간계획 또는 변동시간계획에 따라 지금까지 문제행동을 통해 얻을 수 있었던 강화를 제공하는 비유관 강화가 된다.

- 비유관 강화는 문제행동을 감소시키기 위하여 사용되는 선행중재의 한 방법으로, 학습자의 행동과는 무관하게 고정시간계획 또는 변동시간계획에 따라 강화자극을 제공하는 것을 말한다. 비유관 강화의 핵심은 이제까지 문제행동만으로 얻을 수 있었던 특정 강화자극을 앞으로는 문제행동과 상관없이 무조건적으로 자주 얻을 수 있는 환경을 조성함으로써 문제행동의 동기나 요구 자체를 제거하려는 전략이다. 문제행동을 수행하지 않고도 원하는 강화를 넘치게 얻을 수 있는 환경을 조성함으로써 문제행동의 동기 자체를 제거하려는 것이다. 즉, 원하는 강화자극들로 포화된 환경 자체가 동기해지조작으로서의 기능을 수행하도록 하려는 것이다. 비유관 강화는 기능성 평가를 통하여 문제행동을 유지시키고 있는 강화자극을 확인한 다음, 바로 그 강화자극을 학습자에게 비유관적으로 풍족히 제공함으로써 문제행동의 발생 동기를 사전에 제거하려는 전략이다(홍준표, 2017 : 348).
- 선행사건 중재란 문제행동의 발생 원인이 될 수 있는 선행사건들을 수정하거나 제거하여 더 이상 문제행동을 일으키는 요인으로 작용하지 않도록 하는 것을 의미한다(양명희, 2018 : 303).

125

모범답안

- 수업 중 소리 지르기 행동이 발생하지 않으면, 수업 시간 동안에 어떤 행동이 발생하든지 상관없이 강화한다.
- ① A_1 구간에서 기초선에 대한 정보가 충분히 수집되지 않았다.
  ② B_1에서 중재 효과가 준거에 도달할 때까지 또는 행동의 바람직한 변화 경향이 나타날 때까지 중재는 계속되어야 한다.

해설

- (다)의 오류 2가지
  - 기초선 구간(A_1)에서는 3회기 이상의 안정적인 기초선 자료를 수집해야 한다.
  - 중재 구간(B_1)에서 표적행동이 준거에 도달할 때까지 혹은 행동의 바람직한 변화 경향이 나타날 때까지 중재는 계속된다(Alberto et al., 2014 : 205).

Check Point

⊘ ABAB 설계를 사용한 그래프

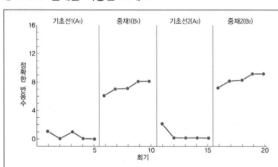

- 기초선1(A_1): 중재가 도입되기 전에 존재하던 조건하에서 표적행동에 대한 자료를 수집하는 최초의 기초선
- 중재1(B_1): 표적행동을 바꾸기 위해 최초 도입, 표적행동이 준거에 도달할 때까지 혹은 행동의 바람직한 변화 경향이 나타날 때까지 중재는 계속됨.
- 기초선2(A_2): 중재를 철회하거나 종료함으로써 원래의 기초선 조건으로 복귀
- 중재2(B_2): 중재 절차의 재도입

126

모범답안

- ⊙ 관찰자 표류(또는 관찰자 취지)
  ⓛ 다른 사람이 자신의 자료를 평가할 것이라는 것을 관찰자가 인식할 때 발생하는 측정 오류
- 총지연 시간 관찰자 일치도 = 96%
  평균 발생당 지연 시간 관찰자 일치도 = 90%

해설

관찰자	반응 지연 시간(분)			총지연 시간 관찰자 일치도
	11/1	11/2	11/3	
아버지	6	10	9	25
어머니	6	8	10	24
	6/6	8/10	9/10	24/25
%	100	80	90	96
평균 발생당 지연 시간 관찰자 일치도	(100 + 80 + 90)/3 = 90%			

Check Point

(1) 측정의 신뢰도를 훼손하는 요인
① 잘못 고안된 측정 체계
② 불충분한 관찰자 훈련
  ⊙ 관찰자 선정
  ⓛ 관찰자 훈련
  ⓒ 관찰자 표류
③ 의도하지 않은 관찰자 영향
  ⊙ 관찰자 기대
  ⓛ 관찰자 반응성

(2) 관찰자 표류
① 관찰자 표류란 자료 수집에서의 의도되지 않은 변화를 의미한다.
② 관찰자 표류는 대부분 훈련에서 사용된 목표행동의 정의에 대한 관찰자의 해석이 변화되어 발생한다. 관찰자 표류는 관찰자가 기존의 목표행동의 정의를 확대하거나 축소할 때 발생한다.
③ 연구 동안 관찰자 표류는 관찰자 재훈련 혹은 부스터 회기에 의해 최소화될 수 있다(Cooper et al., 2017 : 138).
④ 연구가 비교적 장기간 지속될 경우 관찰자 자신도 모르게 측정방법의 적용에 변화가 발생할 수 있다. 의도하지 않은 이러한 관찰방법의 변용을 관찰자 표류라고 하는

데, 이는 측정오차에 영향을 미치는 요인이 된다(홍준표, 2009 : 575).

(3) 관찰자 반응성
① 다른 사람이 자신의 자료를 평가할 것이라는 것을 관찰자가 인식할 때 발생하는 측정 오류를 관찰자 반응성이라고 부른다. 참가자가 자신의 행동이 관찰되고 있다는 것을 알 때 발생하는 반응성과 마찬가지로, 관찰자의 행동(즉, 기록하고 보고하는 자료)은 다른 사람이 자료를 평가할 것이라는 것을 알 때 영향을 받는다.
② 예상하지 못한 시기에 가능한 한 방해하지 않고 관찰자를 감독하는 것은 관찰자 반응성을 감소시키는 데 도움을 준다.

(4) 총 지속시간 관찰자 일치도

(짧은 지속시간 / 긴 지속시간) × 100 = 총 지속시간 IOA(%)

(5) 평균 발생당 지속시간 관찰자 일치도

{((행동 1 지속시간 IOA + 행동 2 지속시간 IOA+ … +행동 n 지속시간 IOA) / 지속시간 IOA의 행동 수} × 100 = 평균 발생당 지속시간 IOA(%)

127

2021 중등B-9

모범답안

• ㄴ 분산시도(또는 분산시행, 분산연습, 분산시도 교수)

해설

ㄴ 분산시도란 습득된 표적행동을 하루 일과 속에 분산시켜 여러 차례 연습시키는 것이다. 한꺼번에 몰아서 연습하는 것보다, 서로 다른 시간에 나누어 연습하게 되면 초기 학습 후 유지될 가능성이 높아진다.

• 분산시도는 Alberto 등이 제시한 '느슨하게 훈련하기' 개념과 비슷하다. 느슨하게 훈련하기란 지나친 구조화를 피하고 좀 더 느슨하게 훈련하는 것을 의미한다. 훈련 상황을 지나치게 구조화하면 구조화된 상황에 의존하게 되므로 오히려 일반화에 방해가 된다는 것이다. 반면에 느슨하게 훈련하면, 즉 덜 구조화된 곳에서, 최소한의 중재를 적용하여, 자연스러운 상황에서 가르치면 일반화에 더 효과적이라는 것이다. 분산시도나 느슨하게 훈련하기처럼 덜 구조화된 활동으로 가르치는 전략으로 알려진 것에는 우발교수, 자연적 교수, 비집중 교수, 최소 중재 등이 있다(양명희, 2018 : 459−460).

Check Point

⊘ 시행 방식
교수가 발생할 수 있는 기본적인 시행 방식은 집중 시행 방식, 간격 시행 방식(spaced trial format), 분산 시행 방식의 세 가지가 있다.

집중 시행 방식	• 집중 시행은 하나의 교수 시행이 다른 교수 시행 후에 그 시행들 사이에 어떠한 활동도 없이 연달아 발생할 때 일어난다. • 집중 시행은 목표 반응을 연습할 많은 기회를 제공하기 때문에 학습자들이 새로운 행동을 처음으로 배울 때 유익할 수 있다.
간격 시행 방식	• 간격 시행은 학습자가 반응할 기회를 갖고, 그리고 나고 동일한 기술에 대해 또 다른 시행을 받기 전에 반응에 대해 생각할 얼마간의 시간을 갖거나 다른 학습자들이 반응하는 것을 들을 기회를 얻게 될 때 발생한다. • 학습자는 시행과 시행 사이에 어떠한 활동에도 참여하지 않는다. • 간격 시행은 학습자들을 번갈아 가르침으로써 이들로 하여금 실생활을 준비할 수 있게 해준다. • 학습자들에게 차례와 차례 사이의 관찰을 통해 서로에게 기술을 습득할 기회도 제공할 수 있다.
분산 시행 방식	• 분산 시행은 하루 종일 자연스러운 시기에 활동들 전반에 걸쳐 발생한다. • 학습자는 교수 시행에 참여할 수도 있고, 그러고 나서 다른 교수 시행에 참여할 기회를 갖기 전에 다른 활동에 참가한다. • 분산 시행은 학생들이 자연스러운 상황 전반에 걸쳐 다양한 사람들이나 자료들에 대해 행동을 수행하는 것을 배우게 되는 일반화를 촉진할 수 있다는 이점이 있다. • 학습자가 교수를 위해 분산 시행을 활용할 때에는 어떤 기술을 완전히 습득하거나 어떤 행동을 습득하는 것은 더 오래 걸릴 수 있다.

출처 ▶ Collins(2019 : 7-9). 내용 요약정리

128

2022 유아A-1

모범답안

2)	① 연속 강화계획 ② 습득한 기술을 시간이 지난 뒤에도 수행할 수 있도록 하기 위해(또는 행동을 습득한 후, 그 행동을 유지하게 하는 데 효과적이기 때문)

해설

2) ① 수미가 정반응을 할 때마다 동물 스티커를 주세요. : 학생이 표적행동을 할 때마다 즉각 강화제를 제시하는 연속 강화계획을 의미한다.

② ⓒ은 간헐 강화계획으로의 변경을 의미한다.
- 정반응이 세 번 나올 때: 고정비율 강화계획
- 평균 세 번 정반응이 나타날 때: 변동비율 강화계획

129

[모범답안]

1)	① 행동 간 중다기초선설계 ② 다음 중 택 1 • 중재를 제거하기 위한 것이다. • 종속변인상의 변화가 독립변인이 제거된 후에도 비교적 영구적으로 지속된다는 것을 증명하는 것이다. ③ 도움 요청하기가 인사하기와 장난감 요청하기에 대해 기능적으로 독립적이지 않기 때문이다.
2)	① 경호에게 "스위치를 누르세요."라고 말하면 누를 수 있도록 한다. ② 친구들이 경호와 같이 놀아주는 것

[해설]

1) ② 유지 구간은 중재가 성공적으로 적용되어 원하는 성과를 보였을 때 중재가 더 이상 제공되지 않아도 종속변인상의 변화가 유지되는지를 측정하는 것이다. 일반적으로 유지 구간을 두는 이유는 중재를 제거하기 위해서이며, 특히 중재가 누군가의 개입적인 노력을 필요로 할 때 그러한 노력이 더 이상 주어지지 않아도 그 효과가 유지된다는 것을 보여주기 위한 것이다. 다시 말해서, 종속변인상의 변화가 독립변인이 제거된 후에도 비교적 영구적으로 지속된다는 것을 증명하기 위해서 포함시키게 된다(이소현, 2016: 25).
③ 중다기초선설계를 사용하려면 두 가지 기본 가정이 성립되어야 하는데 첫 번째 가정은 각각의 종속변수는 '기능적으로 독립적'이어서 중재가 적용될 때까지 종속변수(표적행동)가 안정된 상태로 남아 있어야 한다. 두 번째 가정은 각각의 종속변수는 '기능적으로 유사'해서 동일한 중재에 반응해야 한다는 것이다(양명희, 2018: 259). ⓒ은 첫 번째 가정을 충족시키지 못하기 때문에 발생한 것이다.

2) ② 인간의 생후 습득된 모든 행동은 그 행동의 선행 자극인 변별자극과 후속결과에 의해 형성되고 유지된다. 이와 같이 한 행동과 그리고 그 행동 전후의 환경적 요인(변별자극과 후속결과)은 기능적 관계를 갖게 되고, 이를 '선행자극-행동-후속결과 간의 3요인 유관'이라 한다(이성봉 외, 2019: 239).

130

[모범답안]

2)	① 자기기록(또는 자기점검) ② 성인이 지시 없이도 스스로 이 닦기를 하고 결과를 기록할 수 있도록 한다.(또는 성인이 지시 없이도 스스로 행동을 수행하고 목표행동의 발생 여부를 기록, 점검할 수 있도록 한다.)

[해설]

2) 자기점검은 전형적으로 학생이 자신의 행동을 관찰하도록 배우고 목표행동이 발생했는지를 주목하게 하는 자기기록 과정이다(Webber et al., 2013: 189).

131

[모범답안]

3)	① 신체활동에 참여하면 점토를 가지고 놀 수 있게 한다. ② 목표행동

[해설]

3) ① 프리맥 원리란 발생 가능성이 높은 활동을 발생 가능성이 낮은 활동 뒤에 오게 하여 발생 가능성이 낮은 행동의 발생률을 증가시키는 것이다. 대화 내용에서 발생 가능성이 낮은 활동은 김 교사가 계획하고 있는 신체활동이며 발생 가능성이 높은 활동은 연우가 좋아하는 점토를 가지고 노는 것이다.
② 토큰제도의 구성 요소는 목표행동, 토큰, 교환 강화제이다. 대화 내용 중 "토큰을 모았을 때 무엇으로 교환하고 싶은지"는 교환 강화제에 대한 내용에 해당한다.

132

[모범답안]

2)	공간적 촉진

133

[모범답안]

| 3) | 과제분석 |

[해설]

3) [B]는 '아래와 같이 도장 찍기 기술을 세분화하고'의 내용에 해당하는 것으로 도장 찍기 기술을 과제분석한 내용을 구체적으로 보여주고 있다. 과제분석이란 과제를 완수하기 위해 아동의 수준에 맞게 과제 행동을 단계별로 작게 나누어 지도하기 위한 과정이다.

- 이와 같은 과제분석 결과에 기초하여 각 단위행동들을 처음 단계부터 순차적으로 지도하였다는 내용이 있다면 전진형 행동연쇄, 지도 꺼내기에서부터 지도 넣기까지의 모든 단계를 순서대로 수행하였다면 전체과제 제시법이 된다. 그러나 제시문에서는 단순히 세분화하였음만 제시되어 있다.
- 예를 들어 다음에 제시된 2020년 중등B-6 기출 문항을 살펴보면 과제분석과 행동연쇄의 관계를 명확히 파악할 수 있다.

학습 주제	마트에서 물건 구입하기
지역사회 모의수업	• 과제분석하기
	필요한 물건 말하기 → 구입할 물건 정하기 → 메모하기 ··· (중략) ··· → 거스름 돈 확인하기 → 영수증과 구매 물건 비교하기 → 장바구니에 물건 담기
	• 과제분석에 따라 전진형 행동연쇄법으로 지도하기 • 교실에서 모의수업하기

134

[모범답안]

| 2) | ① 상호종속적 집단강화
 ② 동그라미 모둠원의 모든 친구들이 놀던 자리를 정리하면 터널놀이를 할 수 있다. |

Check Point

⊘ 집단강화의 종류

독립적 집단강화	집단 전체에게 동일한 목표행동을 설정하고, 그 목표행동을 수행하는 사람에게만 강화가 주어지는 것
종속적 집단강화	집단 내 한 학생 또는 일부 학생이 목표행동을 수행하면 집단 전체가 강화받도록 하는 것
상호종속적 집단강화	집단의 구성원 전체가 기준을 달성해야만 보상을 받는 것

135

[모범답안]

| 2) | A는 미리 설정해 놓은 행동 목록 내에서 행동발생의 유무만 파악할 수 있지만 B는 행동발생 당시의 상황도 구체적으로 알 수 있다. |

136

[모범답안]

| 3) | ① 물건/활동(또는 스티커) 획득
 ② 변동간격강화를 적용하면 결과에 대해 즉각적, 일관적으로 반응해 줄 수 없기 때문이다. |

[해설]

3) ② 반응 효율성이란 새로운 행동은 문제행동보다 빠르고 쉽게 원하는 결과를 얻어야 한다는 개념으로 교체기술 선택 기준에 해당하는 노력, 결과의 질, 결과의 즉각성, 결과의 일관성, 처벌 개연성을 포함한다.

- 변동간격강화를 반응 효율성 측면에서 살펴보면 변동간격강화는 표적행동이 정해진 평균 시간 간격이 경과한 후, 처음 표적행동이 발생할 때 강화를 주는 강화계획이므로 바람직한 행동에 대해 즉각적으로 그리고 바람직한 행동을 했을 때마다 일관되게 적극적으로 강화를 제공하는 것이 어렵다. 따라서 대체행동 습득을 위한 교수 초기에는 부적절하다.

137

모범답안

2)	세 문항에서 규칙에 맞게 물건을 잘 배열하면 스티커를 준다.
3)	자극 일반화

해설

2) 고정비율 강화계획은 표적행동이 발생한 횟수에 근거하여 강화를 제시할 비율을 정하고, 정해진 수만큼 표적행동을 보일 때마다 강화를 제시하는 것이다(양명희, 2018 : 347).

Check Point

⊘ **간헐 강화계획의 유형**

강화계획		강화시기	장점	단점
간헐	비율	고정비율	표적행동이 정해진 수 만큼 발생할 때	표적행동 비율을 높일 수 있음.	부적절한 유창성 문제나 강화 후 휴지 기간 현상이 나타남.
		변동비율	표적행동이 정해진 평균 수만큼 발생할 때	부정확한 반응이나 강화 후 휴지 기간을 방지할 수 있음.	많은 아동에게 동시에 적용하기 어려움.
	간격	고정간격	표적행동이 정해진 시간 간격이 경과한 후, 처음 표적행동이 발생할 때	여러 아동에게 1인 교사가 실행 가능함.	• 표적행동 발생비율을 낮추게 됨. • 고정간격 스캘럽 현상이 나타남.
		변동간격	표적행동이 정해진 평균 시간 간격이 경과한 후, 처음 표적행동이 발생할 때	낮아지는 행동 발생률이나 고정 간격 스캘럽 문제를 방지할 수 있음.	간격의 길이가 다양하도록 관리하는 어려움이 있음.
	지속시간	고정지속시간	표적행동을 일정 시간 동안 지속하고 있을 때	비교적 실행이 쉬움.	요구하는 지속시간이 길어지면 강화 후 휴지 기간도 길어질 수 있음.
		변동지속시간	표적행동을 지정된 평균 시간만큼 지속하고 있을 때	강화 후 휴지 기간 예방 가능함.	지속시간을 다양하게 관리하는어려움이있음.

138

모범답안

㉠	후진 행동연쇄법
㉡	시각적 촉진

해설

㉠ 과제분석의 마지막 구성 요소인 5단계를 첫 번째로 가르치고 있으므로 행동연쇄법의 종류 중 후진 행동연쇄법에 해당한다.

139

모범답안

• 독립적 집단유관은 집단 전체에게 동일한 성취기준이 제시되지만, 종속적 집단유관은 집단 내 한 학생(또는 일부 학생)이 도달해야 될 성취기준이 제시된다.

Check Point

⊘ **집단강화의 유형**

유형	내용
독립적 집단강화	집단 전체에게 동일한 목표행동을 설정하고, 그 목표행동을 수행하는 사람에게만 강화가 주어지는 것
종속적 집단강화	집단 내 한 학생 또는 일부 학생이 목표행동을 수행하면 집단 전체가 강화 받도록 하는 것
상호 종속적 집단강화	집단의 구성원 전체가 기준을 달성해야만 보상을 받는 것

140

모범답안

• 파괴적 행동
• ㉡ 표적행동을 관찰 가능하고 측정 가능한 구체적인 형태로 명확히 정의하는 것이다.
  ㉢ 스스로 자신의 머리를 관찰자가 들을 수 있을 만큼의 소리가 날 정도로 책상에 부딪치는 행동
• ㉣ 선행사건

해설

㉣ 선행사건 중재란 문제행동의 발생 원인이 될 수 있는 선행사건들을 수정하거나 제거하여 더 이상 문제행동을 일으키는 요인으로 작용하지 않도록 하는 것을 말한다.

- 배경사건(또는 상황사건)이란 선행사건이나 즉각적인 환경적 사건이 문제행동의 촉발요인으로 작용할 가능성에 영향을 미치는 사건을 의미한다. 배경사건은 선행사건의 다양한 요소들 중에서 신체적·내재적 요인에 의해서 행동이 야기될 경우에 한정적으로 사용되는 용어이다(이성봉 외, 2019 : 152).

Check Point

(1) 표적행동의 선정 순위

1순위	파괴적 행동	자신이나 다른 사람에게 해가 되거나 위협이 되는 행동 **예** 자신이나 타인의 신체에 상처를 내는 행동
2순위	방해하는 행동	• 직접적으로 또는 즉각적으로 자신이나 다른 사람을 해롭게 하는 것은 아니지만 지속된다면 학습에 부정적 영향을 미치거나 다른 사람과 긍정적 상호작용을 하는 데 방해가 될 뿐만 아니라 파괴 행동으로 발전할 가능성이 있는 행동 • 방해가 되는 방법으로 물건을 망가뜨리는 것 포함 **예** 옷이나 책을 찢는 행동. 함께 사용할 물건을 나누어 쓰지 않는 것과 같이 규칙을 어기는 행동
3순위	가벼운 방해 행동	• 학습이나 사회적 상호작용에 직접 방해가 되지는 않지만 다른 사람으로부터 사회적 수용을 어렵게 하거나 자신의 이미지에 부정적 영향을 주기 때문에 계속된다면 방해 행동으로 발전할 수 있는 행동 • 기물을 파괴하지는 않지만 물건에 손상을 입히는 행동 포함 **예** 이상한 옷차림을 하는 것, 자폐 아동들이 흥분을 하면 보이는 손동작이나 몸동작 등의 상동행동

(2) 긍정적 행동지원의 요소

배경/선행사건 중재	대체기술 교수	문제행동에 대한 반응	장기지원
• 문제를 유발하는 배경 및 선행사건을 수정 또는 제거 • 바람직한 행동을 유발할 수 있는 긍정적인 배경 및 선행사건 적용	• 문제행동과 동일한 기능을 수행하는 교체기술 지도 • 어려운 상황에 대처할 수 있는 기술 및 인내심 지도 • 전반적인 능력 신장을 위한 일반적인 기술 지도	• 문제행동으로 인한 성과 감소 • 교육적 피드백 제공 또는 논리적인 후속결과 제시 • 위기관리 계획 개발	• 삶의 양식을 변화 • 지속적인 지원을 위한 전략 수행

141

모범답안

- ㉠ 기준변경설계
- 기능적 관계를 증명하기 위해 반전설계는 중재를 제거해야 하지만 기준변경설계는 중재를 제거하지 않아도 된다.(또는 기능적 관계를 증명하기 위해 반전설계는 중재를 제거해야 하지만 기준변경설계는 반전설계에서 요구하는 반치료적 행동 변화를 요구하지 않는다.)
- 지속시간기록법
- ㉡ 10%

해설

지문 돋 보기

> 경력 교사 : 네, 맞아요. 성취수행 수준의 단계적 변화에 맞게 일관성 있게 표적행동이 변화한다면, 행동의 변화는 중재 때문이라고 볼 수 있겠지요. : 기준변경설계는 최소한 연속적으로 3개 구간에서 준거가 충족될 때 기능적 관계가 입증된 것으로 본다.
> 초임 교사 : 착석 행동을 보이기는 하지만, 자세의 정확도가 떨어지고 지속시간이 짧은 학생 E에게는 유용하겠네요. : 기준변경설계는 행동의 정확성, 빈도, 길이, 지연시간 또는 강도나 수준에서 단계별로 증가시키거나 감소시키는 것이 목표인 경우에 유용하다.

㉠ 기준변경설계는 중재를 적용하면서 행동의 기준을 계속 변화시켜 나가며 행동이 주어진 기준에 도달하는지 알아보고자 하는 설계이다.
  • 윤리적 측면에서 ㉠의 장점 : 일반적으로 반전설계는 ABAB 설계를 나타낸다. ABAB 설계의 가장 큰 제한점은 실험절차상의 약점보다는 윤리적인 문제와 관련된다. 즉 현장에서 장애아동과 일하는 모든 사람들은 지속적인 행동변화를 가져오기 위해서 교육 프로그램을 실시하게 되는데, 짧은 시간 동안이라도 효율적인 중재를 제거한다는 것은 윤리적인 문제를 야기할 수 있다.

㉡ 지속시간 백분율은 다음과 같은 과정에 따라 산출된다.

전체 관찰 시간	행동 발생		
	횟수	지속시간	지속시간 백분율
09 : 30 ~ 10 : 00 (30분)	1	50초	(전체 지속시간 / 전체 관찰시간) × 100 = (3분/30분) × 100 = 10%
	2	40초	
	3	45초	
	4	45초	
전체 지속시간	50 + 40 + 45 + 45 = 180초		

142

모범답안

1)	서우는 교사가 다른 유아와 상호작용을 하고 있을 때 관심을 끌기 위하여 소리 내어 운다.
2)	① ABAB 설계(또는 반전설계) ② 교사의 관심
3)	① 다음 중 택 1 • 소거 • 차별강화 ② 선생님을 부르고 싶을 때는 손을 들게 한다.

해설

1) 가설 설정의 구성 요소(아동의 이름, 배경/선행사건, 추정되는 문제행동의 기능, 문제행동)가 모두 포함되는 문장을 완성하도록 한다.

2) ② ABC 관찰 및 문제행동 동기평가척도 결과 서우의 문제행동 이유는 교사의 관심을 끌기 위한 것임을 잠정적으로 확인할 수 있었다. 따라서 ABAB 설계를 통해 가설을 검증할 필요가 있었으며, 이때 중재는 서우의 문제행동을 유발하는 교사의 관심이 된다. 조건 1은 기초선 구간이 되며, 조건 2는 교사의 관심을 제공하는 중재 구간이 되는 것이다.

3) ① 중재 과정 중 문제행동이 발생한 경우 문제행동에 대한 간헐 강화가 되지 않도록 소거 전략을 사용하거나 제공되는 중재에 대해서만 강화를 제공하는 차별강화 등을 적용하는 것이 적절하다.
② 교체기술이란 문제행동의 기능과 동일한 기능을 지닌 대안적 행동임에 유의하여 교사의 관심을 끌 수 있는 행동을 제시하면 된다.

143

모범답안

1)	① 집중시행보다 학습한 것을 유지하는 데 효과적이다. ② 교환 강화제

해설

지문 돋보기

(가)
• 지수가 그림책을 읽을 때: 목표행동
• 공룡 스티커: 토큰
• 공룡 딱지: 교환 강화제

1) ① 학생이 분산 시행으로 반응을 학습하는 데 오래 걸릴지라도, 시행이 장면과 사람에 있어 분산되었다면, 학생이 학습한 반응은 시간이 지나도 유지되는 것이 장점이다. 분산 시행은 집중 시행보다 정보를 유지하는 데 효과가 있다(Heflin et al., 2014: 234).
② 토큰제도의 구성 요소는 목표행동, 토큰, 교환 강화제이다. 교환 강화제란 토큰을 일정량 모았을 때 교환할 수 있는 강화제를 의미한다. 제시된 내용의 경우 공룡 스티커 5장을 모았을 때 교환할 수 있는 강화제는 공룡 딱지이다.

Check Point

⊘ 집중 시행과 분산 시행의 비교

집중시행	개념	교사는 같은 반응을 끌어내기 위해서 여러 번 같은 변별자극을 연속해서 사용한다.
	장점	기술을 빨리 가르치는 데 효과적이다.
	단점	• 정보를 빨리 잃어버리는 경향이 있다. • 연속해서 같은 반응을 여러 번 하라고 요구했을 때, 학생이 성질을 부릴 수 있다.
분산시행	개념	행동 반응의 파지를 증진시키고 저항을 피하기 위하여, 시행을 집중하는 대신에 날짜를 건너뛰어서 혹은 시행을 훈련 회기 동안 분산시켜 하는 것이다.
	장점	집중 시행보다 정보를 유지시키는 데 효과가 있다.
	단점	반응을 학습하는 데 시간이 오래 걸린다.

출처 ▶ Heflin et al.(2014)

144

모범답안

3)	① ㉢, 행동이 감소하는 것이 아니라 행동이 증가되거나 유지되게 하는 것을 말한다. ② ㉣, 포만 상태가 아닌 박탈(결핍) 상태일 때 강화제의 효과를 높일 수 있다.(또는 포만상태이면 강화제의 효과가 떨어질 수 있다.)

해설

3) ㉣ 개별 대상자에게 매우 가치 있고 유인력이 큰 강화제라 하더라도 대상자가 싫증을 느끼는 물림의 현상이 나타날 수 있는데 이를 '포만'이라고 한다.

Check Point

(1) 강화의 종류

구분	정적 강화	부적 강화
차이점	유쾌자극 제시(+)	혐오자극 제거(-)
공통점	미래의 행동 발생 가능성 증가	

(2) 강화제의 효과적인 사용을 위한 조건

강화의 즉각성	• 강화제는 행동/반응이 발생했을 때 즉각적으로 제시되어야 한다. • 강화는 지연하는 시간이 증가할수록 강화의 직접적인 효과는 급격히 떨어진다. • 행동을 습득하는 시기에는 행동 뒤에 즉시 강화제를 제공해야 한다.
강화의 유관성	• 강화제는 강화되는 그 행동 직전에 발생한 유관자극과 관련하여 주어져야 한다. • 강화제는 표적행동 발생과 관련 있는 선행자극 조건과 연관하여 주어져야 한다.
동기화	• 강화제가 효과가 있으려면 학생을 동기화시키는 힘이 있어야 한다. • 학생이 강화제에 대해 어느 정도 박탈 상태이어야 한다. • 학생은 강화제를 강화체계 내에서만 제한된 시간에 제한된 양밖에 얻을 수 없게 하는 것이 좋다.

145

모범답안

3)	행동형성법

해설

3) (다)의 내용에 내재되어 있는 행동형성법의 요소를 구체적으로 살펴보면 다음과 같다.

지문 돋 보기

내용	요소
"주세요"라고 말하기	표적행동
교사가 들려주는 "주세요" 소리의 입 모양을 동호가 모방하면 강화하고, 양손을 내미는 행동만 할 때는 강화하지 않았더니	차별강화
점차 "주세요"를 '주'라는 한 음절로 표현하기 시작했어요. 차별강화를 통해 동호가 점차 "주세요"를 2음절을 거쳐	표적행동에 가까운 행동
한 단어로 표현하게	표적행동

146

모범답안

3)	① 조작적 정의 ② 관찰자 간 신뢰도를 높이기 위해서이다.

해설

3) ① 행동의 조작적 정의는 명칭이나 특성에 대한 표현을 피하고, 행동을 관찰 가능하고 측정이 가능한 용어로 정의하는 것이다(양명희, 2018: 134).

② 관찰을 할 때 목표행동을 조작적으로 정의하는 것은 유아의 행동을 일관성 있게 측정하였다는 것을 나타내는 지표인 신뢰도를 높이기 위한 것이다(2013추시 유아A-7 기출). 그러나 해당 문항의 경우 '(나)와 (다)에 근거하여'라는 조건이 있음에 유의해야 한다. (나)의 경우 김 교사의 발화 내용 중 "우리 둘의 관찰 결과에 차이가 있어요."라는 내용이 있으며, (다)에서도 김 교사와 원감의 관찰 결과가 서로 다름을 확인할 수 있다. 따라서 단순히 신뢰도를 높이기 위해라는 표현보다는 '관찰자 간 신뢰도를 높이기 위해'라는 표현이 더 적절하다.

• 행동은 관점이나 관찰자의 성향에 따라 서로 다르게 진술될 수 있으므로 행동 변화를 관찰하는 모든 사람이 동의할 수 있는 일반적인 진술, 즉 조작적 정의가 필요하다(특수교육학 용어사전, 2018: 146).

- 행동의 조작적 정의는 행동에 대한 객관적이고 구체적인 정보를 제공해 주어 행동을 직접 관찰하고 측정하기 쉽게 해 준다. 또한 행동의 조작적 정의는 행동에 대한 개인의 주관적 편견을 최소화해 주고 관찰된 행동과 그 상황에 대한 관심이 모아지게 하는 장점이 있다(양명희, 2018 : 135).

Check Point

⊘ 조작적 정의의 중요성

① 시각적으로 관찰 가능하게 해 주는 구체적인 용어로 행동을 정의하여 연구를 위한 객관성을 갖출 수 있게 된다.

② 객관적이고 시각적으로 관찰을 가능하게 해 주는 용어로 행동분석가나 연구자가 추가적인 설명이 없어도 동일하게 측정되도록 명료성을 갖추게 해 준다.

③ 연구자와 행동분석가가 특정 행동을 측정할 때 해당되는 행동과 해당되지 않는 행동의 범위를 제공해 줌으로써 완전성을 갖출 수 있게 된다.

출처 ▶ 이성봉 외(2019 : 57)

147 _____ 2023 유아B-6

모범답안

3)	① 야외 테이블 위에 붙어 있는 접시 스티커
	② 점진적 안내

해설

3) ① 접시 스티커는 케이크(물모래 반죽)를 올려놓을 야외 테이블에 다른 자극을 추가한 것으로 가외자극 촉구에 해당한다.

148 _____ 2023 초등B-3

모범답안

2)	다음 중 택 1
	• 동호의 신발장 자리에 스티커를 붙여준다.
	• 동호의 신발장 자리에 동호의 사진을 붙여준다.

해설

2) 가외자극 촉구는 변별자극 외에 다른 자극을 추가하는 것이다. 예를 들어, 어느 수가 큰지 비교하는 경우에 각 숫자 밑에 숫자에 해당하는 만큼의 사물이나 사물의 그림을 제시했다면, 가외자극 촉구를 사용한 것이다. 이때 제시된 그림은 반응에 직접 영향을 주는 도움이라기보다는 변별자극(숫자)에 대한 추가자극이라고 볼 수 있으므로 시각적 촉구라기보다는 가외자극 촉구라고 볼 수 있다(양명희, 2018 : 383).

149 _____ 2023 초등B-4

모범답안

3)	보상(또는 강화)

해설

3) • 행동계약서에 있는 표적행동의 발생에 대한 정보를 수집하면서 계약서에 명시된 기한에 계약서 내용을 검토하고 그대로 이행한다. 계약 내용의 수행은 미루지 않고 계약서의 내용대로 즉각 이루어져야 한다(양명희, 2018 : 360-361).

• 강화의 원리에서 강조된 바와 같이 중요한 것은 강화자극(보상)은 항상 과제가 수행된 다음에 즉시 제공되어야 한다는 점이다. 그러나 많은 경우 여러 가지 이유로 과제가 수행된 후 즉시 보상을 제공하기 어렵다. 가능한 한 과제가 완수된 후 빠른 시간 내에 보상을 받을 수 있도록 사전에 계획하는 것이 필요하다(홍준표, 2017 : 186).

150 _____ 2023 중등A-2

모범답안

㉠	상반행동 차별강화
㉡	변동간격 강화계획

해설

㉠ '문제행동과 동시에 발생할 수 없는'은 단서로 활용한다.

㉡ 변동간격 강화계획은 강화의 기준이 되는 시간 간격의 평균을 미리 정한 후에 해당 간격이 지난 후에 처음 발생한 표적행동에 대해 강화를 하는 방법이다. 특수교사의 대화 내용에 포함되어 있는 강화계획은 다음과 같다.

지문 돋보기

대화 내용	비고
처음에는 '무릎 위에 손을 가지런히 두고 있는 행동'을 할 때마다 강화할 수 있어요.	연속 강화계획
점차 간헐적인 강화 계획	간헐 강화계획으로의 전환
이후 평균 5분의 시간이 지난 후 학생 A가 '무릎 위에 손을 가지런히 두고 있는 행동'을 처음 했을 때 교사는 이 행동을 다시 강화	변동 간격 강화계획

(1) 간헐 강화계획의 구분

구분	고정	변동
비율	표적행동이 정해진 수, 즉 고정된 횟수만큼 발생했을 때 강화	표적행동이 평균 발생 횟수만큼 나타날 때 강화
간격	정해진 시간(간격)이 지난 후 표적행동이 처음 발생했을 때 강화	시간의 평균 간격에 따라 해당 시간(간격)이 지난 후 표적행동이 처음 발생했을 때 강화

(2) 간헐 강화계획 유형별 강화 방법

고정비율 강화계획	표적행동이 정해진 수, 즉 고정된 횟수만큼 발생했을 때 강화제가 주어진다.
변동비율 강화계획	표적행동이 정해진 평균 발생 횟수만큼 나타날 때 강화가 주어진다.
고정간격 강화계획	사전에 정해진 일정 시간 간격이 지난 후에 첫 번째 발생한 표적행동을 강화한다.
변동간격 강화계획	강화의 기준이 되는 시간 간격의 평균을 미리 정한 후에 해당 간격이 지난 후에 처음 발생한 표적행동에 대해 강화를 한다.

151

[모범답안]

- ㉠ 전체간격기록법은 실제 행동 발생 비율을 과소추정하고, 부분간격기록법은 실제 행동 발생 비율을 과대추정한다. (또는 전체간격기록법은 일반적으로 관찰기간 동안 행동이 실제 발생한 비율을 과소추정하고, 부분간격기록법은 실제 행동이 나타난 전체 관찰기간의 총 백분율을 과대추정한다.)
- 다음 중 택 1
 - 자료가 옳다는 것 혹은 신뢰할 수 있다는 것을 확신하기 위해
 - 새 관찰자의 능력을 평가하기 위해
 - 관찰자 표류를 감지하기 위해
 - 목표행동의 정의가 명백하며 모호하지 않고 측정 부호와 체계가 너무 어렵지 않다고 확실할 수 있기 때문
 - 자료의 가변성이 주어진 회기에서 관찰자로 인하여 발생한 것이 아니라는 확신을 주기 때문

㉠ 응용행동분석에서 사용되는 시간표집법의 세 가지 형태는 전체간격기록법, 부분간격기록법, 순간표집기록법이다. 전체간격기록법을 통해 얻은 자료는 일반적으로 관찰기간 동안 행동이 실제 발생한 비율을 과소추정한다. 그리고 부분간격기록법을 통해 얻어진 자료는 종종 실제 행동이 나타난 전체 관찰기간(전체 지속시간)의 총 백분율을 과대 추정한다(Cooper et al., 2017).

(1) 시간표집법 측정치의 가변성

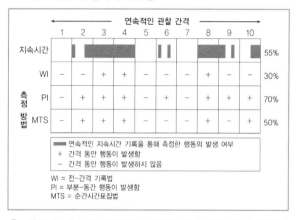

① 행동의 연속적 측정치는 관찰시간의 55%에서 행동이 발생하였다는 것을 보여 주고 있다.
② 같은 관찰기간 동안 같은 행동이 전체간격기록법으로 측정될 시 실제 행동의 발생을 매우 과소추정하며, 부분간격기록법 측정치는 실제 발생을 매우 과대추정하고, 순간표집기록법은 실제 행동의 발생에 꽤 가까운 추정치를 산출한다.
③ 순간표집기록법이 실제 행동에 가장 가까운 측정치를 산출한다는 사실은 이 방법이 항상 선호되는 방법이라는 것을 의미하지는 않는다. 관찰기간 동안 행동의 분포(시간적 위치)가 다르면 전반적인 빈도와 지속시간이 위의 그림에 나타난 회기와 같이 매우 다른 결과로 나타날 수 있다.

출처 ▶ Cooper et al.(2017)

(2) 관찰자 일치도(관찰자 간 신뢰도)
① 자료가 옳다는 것 혹은 신뢰할 수 있다는 것을 확신하기 위해서 주기적으로 제2관찰자가 동시에 그리고 독립적으로 같은 행동을 기록하도록 하는 것이 현명하다. 이렇게 하면 2개의 관찰이 비교될 수 있고, 관찰자 간 신뢰도의 계수나 백분율 혹은 관찰자 간 일치도가 산출될 수 있다(Alberto et al., 2014).

② 관찰자 일치도를 구하고 보고하는 것에는 네 가지 목적이 있다(Cooper et al., 2017).
 ㉠ 새 관찰자의 능력을 평가하기 위해 일정 수준의 관찰자 일치도를 사용할 수 있다.
 ㉡ 연구 내내 체계적으로 관찰자 일치도를 측정하면 관찰자 표류를 감지할 수 있다.
 ㉢ 둘 혹은 그 이상의 관찰자가 일관되게 비슷한 자료를 산출하면 목표행동의 정의가 명백하며 모호하지 않고 측정부호와 체계가 너무 어렵지 않다고 확신할 수 있다.
 ㉣ 자료 수집에 복수의 관찰자를 사용하는 연구에서 높은 수준의 관찰자 일치도는, 자료의 가변성이 주어진 회기에서 관찰자로 인하여 발생한 것이 아니라는 확신을 주기 때문에, 자료의 변화는 행동의 실제 변화를 반영한다고 볼 수 있다.

152

[모범답안]

• ㉢ 자극 용암법
 ㉣ 촉진 의존성

[해설]

㉢ 자극 용암법은 자연스럽게 목표 반응을 불러오는 선행자극에 의한 자극통제로, 자극통제가 전이되도록 인공적이고 침윤적인 촉구가 체계적이고 점진적으로 제거되는 것을 말한다. 제거 과정에서 촉진으로 제공된 자극의 뚜렷함(예 색깔, 그림 단서 등)을 점진적으로 제거하게 된다. 용암은 한 개인이 성공적으로 목표 반응을 보이는 데 필요한 정도의 촉구(보조 선행자극)로 시작하여 곧 점진직으로 촉구가 제거됨과 동시에 본연의 선행자극(변별자극)이 부각된다(이성봉 외, 2019 : 253).
㉣ 최대−최소 촉구는 표적행동을 안정적으로 촉발하는 촉구를 사용하다가 점진적으로 덜 침윤적인 촉구로 이동하는 절차이다. 이 절차는 불필요한 촉구를 제공할 가능성이 있지만 초기 단계부터 표적행동을 좀 더 확실하게 볼 수 있다(이성봉 외, 2019 : 253).

153

[모범답안]

1)	최소−최대 촉구법
2)	다양한 사람들과 상호작용 할 수 있다.
3)	자기 모델링(또는 비디오 자기모델링)

[해설]

지문 돋보기

(나)
임 교사: 동주야, 무당벌레 보여 드리자. : 언어적 촉진
임 교사: (통을 든 동주의 팔꿈치를 살짝 밀어 주며) 보여 드리자.
  : 부분적 신체 촉진
임 교사: (동주의 손을 겹쳐 잡아 통에 든 무당벌레를 배 교사에게 보여 주며) 보여 드리자. : 전반적 신체 촉진

2) 두 교사가 서로 역할을 바꿔 지도하면 동주에게 새로운 기술을 지도해 특정 교사 이외의 다른 사람에게도 그 기술을 사용할 수 있도록 해 준다. 즉, 대상/사람에 대한 일반화가 용이해 진다.
3) 임 교사가 동영상 편집을 통해 동주가 독립적이고 성공적으로 수행하는 모습, 즉 동주가 곤충 그림책을 보면서 책장을 넘길 때마다 스스로 교사에게 "뭐예요?"라고 묻는 장면으로 구성하였다. 따라서 비디오 모델링의 방법 중 자기 모델링을 중재기법으로 사용하고자 한다는 것을 알 수 있다.

Check Point

☑ 비디오 모델링

자기관찰	화면을 통해 자신의 바람직한 행동과 바람직하지 못한 행동을 모두 보여 주는 경우를 말한다.
자기 모델링	• 화면을 통해 자신의 적절한 행동만 보여 주도록 편집된 비디오 테이프를 관찰하는 경우(비디오 자기 모델링)를 의미한다. • 비디오 자기 모델링은 성공적인 자신의 이미지를 만들어 보여 줌으로써 특정 기술을 발달시키는 방법으로 장애학생들에게 유용하고 효과적인 전략이다. − 자아상 향상에 효과적이다. − 자기 효능감 향상에 효과적이다.

154

모범답안

1)	전체 과제제시법
2)	자기평가
3)	또래나 어린 동생들의 사진이 제시되었을 때 '안녕'이라고 인사한 경우만 강화하고 '안녕하세요'라고 인사하면 강화하지 않는다.

해설

지문 돋보기

- 전체 과제제시법의 적용이 적절한 경우에 대해 제시된 내용은 다음과 같다.
  - 박 교사 : 단계를 나누어서 관찰해 보니 각각의 단계는 잘 수행하지만 순서대로 수행하는 걸 계속 어려워해요.
  - 최 교사 : 소윤이가 단계를 순서대로 수행하는 데만 어려움을 보이고 과제도 복잡하지 않으니
- 전체 과제제시법의 적용 절차에 대해 제시된 내용은 다음과 같다.
  - 이 연쇄법은 매 회기마다 모든 단계를 수행하도록 하면서 어려움을 보이면 촉구를 제공하여 지도하는 방법
  - 모든 단계를 다 수행했을 때는 강화

1) 전체 과제제시법은 과제분석을 통한 모든 단계를 시행하도록 하면서 학생이 독립적으로 수행하지 못하는 단계에 대해서는 훈련을 실시하는 방법이다.

3) 변별훈련이란 어떤 특정한 자극에 대해서만 특정한 행동을 하고 다른 자극에 대해서는 그 행동을 하지 않도록 배우는 과정을 의미한다. 따라서 또래나 어린 동생들의 사진이 제시되었을 때 '안녕'이라고 인사한 경우만 강화하고 '안녕하세요'라고 인사하면 강화하지 않는 방법을 통해 자극을 통제할 수 있다.

Check Point

✓ 전체 과제제시법의 적용이 적절한 경우

① 학생이 구성 요소의 일부 혹은 전체를 이미 숙련하고 있으나 순서대로 수행하지 못할 때 적절한 방법이다.

② 학습자의 장애 정도가 심하지 않고, 어느 정도의 모방 능력을 갖추고 있는 경우에 적절하다.

③ 과제가 너무 길거나 복잡하지 않은 경우 또는 하위 과제의 수가 많지 않은 비교적 단순한 경우에 적절하다.

④ 전체 과정에 걸쳐 교사의 안내가 가능한 경우에 적절하다.

155

모범답안

2)	일화기록법

Check Point

(1) 일화기록의 장단점

장점	• 학생들의 언어나 행동을 집중적으로 관찰함으로써 좀 더 명확하게 그 때의 상황을 기록으로 남길 수 있다. • 사전 준비나 별도의 계획 없이도 진행될 수 있기 때문에 다른 관찰 기록방법에 비해 실시하기가 간편하다. • 아주 간결한 형태로 기록하므로 표본기록에 비해 시간을 많이 필요로 하지 않는다. • 여러 번에 걸쳐 관찰된 일화기록은 다른 관찰 기록들과 비교될 수 있으며 교사가 학생의 독특한 발달 패턴, 행동 변화, 흥미, 학생의 능력, 필요로 하는 것 등을 정확하게 이해할 수 있다.
단점	• 정확하고 객관적인 관찰 기록이 아닐 경우 오히려 학생에 대한 잘못된 인상을 심어줄 우려가 있다. • 시간이 지난 후에 기록하게 되는 경우에 관찰자의 편견이 들어가거나 그때의 상황을 잊어버리는 경우가 생길 수 있다. • 표본기록보다는 덜 하지만 일화기록은 기록하는 데 시간이 많이 소요되기 때문에 관찰자가 부담을 가질 수 있다. • 학생들의 행동 중 일부만(한 가지 사건) 기록하기 때문에 해석할 때 오류를 범할 가능성이 있다. 바람직하지 못한 행동이나 관찰자의 눈에 띄는 행동일 경우에 이와 같은 행동이 관찰대상 학생의 모든 것을 대표하는 것처럼 판단될 가능성이 있다. • 표본기록에 비해 상황 묘사가 적다.

(2) 표본기록과 일화기록의 차이

① 일화기록과는 달리 표본기록은 사전에 관찰시간과 관찰장소를 선정한다.

② 관찰자가 관찰대상의 의미 있는 행동을 선택하여 기록하는 일화기록과는 달리 표본기록은 정해진 시간 내에 발생하는 관찰대상의 모든 행동과 주변 상황을 상세하게 서술한다.

③ 사건이 발생한 후에 기록되는 일화기록과는 달리 표본기록은 사건들이 진행되는 동안 기록되므로 현재형으로 서술된다. 이때 사건의 발생 순서대로 기록하되 사건이 바뀔 때마다 시간을 기록하게 되는데, 관찰시간은 보통 10분 내외가 적당하며 30분을 초과하지 않도록 한다.

출처 ▶ 이승희(2021 : 104)

156

모범답안

1)	① 자동차 타기 활동 후 작은 포클레인을 가지고 놀게 하면 자동차 타기에 대한 강화제로 작용하여 자동차 타기 활동의 발생률을 증가시킬 수 있기 때문이다. ② 자동차 타기 활동을 하는 모습의 그림(또는 사진)
2)	활동 강화제
3)	① 기준치 도달 기록법 ② 3일 연속으로 80% 이상을 독립적으로 수행하기

해설

1) ① 발생 가능성이 높은 활동을 발생 가능성이 낮은 활동 뒤에 오게 하여 발생 가능성이 낮은 행동의 발생률을 증가시키는 것을 프리맥 원리라고 한다.

3) ① 기준치 도달 기록법(준거도달 시행 기록)은 사전에 설정된 준거에 도달할 때까지 행동의 기회를 제공하면서 행동의 발생여부를 기록하는 것이다. 기본유형 중 하나인 빈도기록을 수정한 형태라고 할 수 있는데, 빈도기록과의 차이는 행동의 기회가 통제되고 숙달준거가 설정된다는 점이다. Sugai와 Tindal은 기준치 도달 기록법을 빈도기록과 통제 제시 기록법의 특수형태라고 하였는데, 이 경우 기본유형(빈도기록)과 수정유형(통제 제시 기록법)이 결합된 하나의 결합유형으로 볼 수도 있다. 기준치 도달 기록법의 관찰결과는 숙달준거에 도달하기까지 제시된 반응기회(시행)의 획수로 나타낸다(이승희, 2021 : 173).

Check Point

(1) 물리적 특성에 따른 강화제의 종류

강화제의 종류	설명
음식물 강화제	씹거나 빨아먹거나 마실 수 있는 것 **예** 과자 등
감각적 강화제	시각, 청각, 후각, 미각, 촉각에 대한 자극제 **예** 동영상 등
물질 강화제	학생이 좋아하는 물건들 **예** 장난감 등
활동 강화제	• 학생이 좋아하는 활동을 하도록 기회, 임무, 특권을 주는 것 • 학생들이 좋아하는 모든 활동은 활동 강화제가 될 수 있음. **예** 밖에 나가 놀기, 컴퓨터 게임하기, 외식하기, 함께 요리하기 등
사회적 강화제	여러 가지 방법으로 학생을 인정해 주는 것 **예** 긍정적 감정 표현, 신체적 접촉(악수하기, 손바닥 마주치기 등), 물리적 접근(학생 옆에 앉기, 함께 식사하기 등), 칭찬과 인정 등

(2) 기준치 도달 기록법의 기본 절차

① 제시될 행동의 기회를 정의한다. 행동의 기회를 반응기회 또는 시행이라고 한다.

② 관찰행동을 정의한다.

③ 숙달준거를 설정한다.

④ 반응기회(시행)를 제시할 시간을 선정한다.

⑤ 선정된 시간에 반응기회(시행)를 제시한다.

⑥ 설정된 숙달준거에 도달할 때까지 반응기회(시행)를 제시하고 관찰행동의 발생여부를 기록한다.

출처 ▶ 이승희(2021 : 173)

157

모범답안

1)	① 위기관리 ② 기능분석
2)	① 중다간헐기초선설계 ② 소거
3)	중재에 대하여 ⓐ, ⓑ는 기능적으로 유사하지만 ⓒ는 기능적으로 유사하지 않기 때문이다.

해설

1) ① 학생의 행동은 때로 자신과 다른 사람에게 심각하게 해를 입히거나 귀한 재산에 손해를 입히거나 귀한 재산에 손해를 입힐 수 있는 위험한 상황을 초래할 수 있다. 이러한 상황에서는 여러 가지 위험이 있기 때문에 반응적 중재와는 다른 방법을 적용해야 한다. 이러한 경우에는 위기관리 계획을 세워야 한다. 이때 위기관리의 주요 목적은 사람들과 중요한 재산을 보호하는 것이라는 점을 염두에 두어야 한다. 따라서 위기관리는 행동지원 계획의 중요한 요소다. 반응적 중재와는 달리, 위기관리 계획은 문제행동의 미래 발생률의 감소를 예상하지 않는다. 이에 따라 위기관리 반응들은 바람직하지 않은 행동이 강화되는지에 대하여 관심을 기울이기보다는 학생과 다른 사람의 보호 가능성에 더욱 관심을 기울인다(Bambara et al., 2017 : 390).

② 기능분석은 기능평가에 대한 하위개념으로, 기능평가를 실행하는 한 가지 방법이다. 기능분석은 문제행동을 둘러싼 환경을 체계적으로 조작하여 행동과 환경 사이의 기능적 관계를 입증하는 방법이다. 즉, 기능평가를 통해 알게 된 문제행동의 원인을 설명하는 가설을 실험적으로 검증하는 것이다. 이를 위해서 문제행동이 발생했을 때 나타나는 후속결과를 조

작할 수도 있고, 선행사건을 조작할 수도 있다. 이렇게 변수를 체계적으로 조작하여 새로 만들어진 환경에서 표적행동이 어떻게 변화하는지 관찰하는 것이 기능분석이다(양명희, 2018 : 120).

3) ⓐ와 ⓑ는 중재에 대하여 반응을 보여 분당 반응 횟수가 감소하고 있으나 ⓒ의 경우는 동일한 중재에 대하여 오히려 분당 반응 횟수가 증가하고 있음을 알 수 있다. 이는 자리 이탈의 기능이 때리기와 침 뱉기의 기능과 서로 유사하지 않음을 의미한다.

• 중다기초선설계를 사용하려면 두 가지 기본 가정이 성립되어야 한다. 첫 번째 가정은, 각각의 종속변수는 기능적으로 독립적이어서 중재가 적용될 때까지 종속변수(표적행동)가 안정된 상태로 있어야 한다. 이는 하나의 표적행동에 중재가 적용되었을 때 중재가 적용되지 않은 다른 표적행동들이 따라서 자동적으로 영향을 받지 않아야 한다는 뜻이다. 두 번째 가정은, 각각의 종속변수는 기능적으로 유사해서 동일한 중재에 반응해야 한다는 것이다. 이는 각각의 종속변수(표적행동)가 같은 기능이어서 한 가지 중재를 적용했을 때 같은 반응을 기대할 수 있음을 뜻한다(양명희, 2018 : 259).

158

【모범답안】

1) 후진 행동연쇄

159

【모범답안】

2) 실그림 기법으로 작품을 완성하면 물감을 손으로 만지는 활동을 할 수 있도록 한다.

【해설】

2) 프리맥 원리는 빈번히 일어나는 행동을 강화제로 사용해서 자주 일어나지 않는 행동을 증가시키는 방법이다(이성봉 외, 2019 : 41). 따라서 ⓒ 물감을 손으로 만지는 활동하기를 후속 강화로 사용하고자 할 경우 ⓔ 실그림 기법으로 작품 완성하기를 우선적으로 하도록 지도한 후 이에 대한 강화제로 ⓒ을 제공함으로써 행동을 증가시켜야 한다.

160

【모범답안】

• ⓒ 학생 A에 대한 중재 과정이 사회적으로 수용 가능하고 합리적인지를 점검한다.
• ⓔ 중재 결과의 사회적 중요성

【해설】

ⓔ Wolf는 그의 고전적인 논문에서 응용행동분석 분야에 사회적 타당도 개념을 소개한 바 있다. 그는 사회적으로 중요한 성과를 올리기 위해서는 측정 가능한 행동에 대한 평가뿐 아니라 소비자의 주관적인 관점도 중요하게 생각해야 한다고 주장했다. 그는 추구하는 목표의 사회적 중요성, 사용하는 절차의 사회적 적절성, 효과의 사회적 중요성을 평가해야 한다고 했다(Brown et al., 2017 : 19).

Check Point

⊘ 사회적 타당도의 평가 기준

중재 목표의 사회적 중요성	중재 목표가 사회적으로 얼마나 중요한가?
중재 절차의 사회적 수용성	중재 과정은 사회적으로 수용 가능하고 합리적인가?
중재 결과의 사회적 중요성	중재 효과는 개인의 삶을 개선할 수 있는가?

161

【모범답안】

• ⓒ 중재 충실도
• ⓒ 장소/상황에 대한 일반화가 되지 않았기 때문에 다양한 장소/상황에서 지도한다.
  자료/사물에 대한 일반화가 되지 않았기 때문에 다양한 자료/사물을 이용하여 지도한다.
• ⓜ 다음 중 택 1
  - 자아상 향상에 효과적이다.
  - 자기 효능감 향상에 효과적이다.

【해설】

ⓒ 처치 진실도, 처치 충실도, 절차적 신뢰도라고도 불리는 중재 충실도는 프로그램의 절차가 정확하게 실행되는 정도이다(Brown et al., 2017 : 111).

ⓒ 동영상과 동일한 장소(교실)에서 동일한 자료(진공청소기)의 이용은 가능하지만 가정에서 집에서 사용하고 있는 진공청소기를 이용해서는 청소를 하지 못하는 자극 일반화의 문제를 제시하고 있다. 따라서 장소/상황에 대한 일반화, 자료/사물에 대한 일반화를 고려해야 한다.

ⓜ 자신의 바람직한 행동과 바람직하지 않은 행동을 모두 보는 경우에는 아동이 자신의 바람직하지 않은 행동은 보지 않으려고 하는 등 중재 도중에 부정적인 정서를 표출하게 되는 단점을 보인다. 그러나 아동이 자신의 바람직한 행동만 관찰하게 되면 보다 나은 자기상을 갖게 되고 더 나은 자기 효력을 발휘하게 되어 아동 행동이 더 바람직한 방향으로 변화하기 때문에 자신의 바람직한 행동과 바람직하지 않은 행동을 모두 보는 것보다 자신의 바람직한 행동만 관찰하는 것이 더 효과적이다 (양명희, 2018 : 405).

Check Point

◎ 자극 일반화

장소/상황에 대한 일반화	학생이 기술을 처음 배운 환경이나 상황이 아닌 다른 조건에서 그 기술을 수행할 수 있는 것 예 학교에서 인사하기를 배운 학생이 슈퍼마켓이나 교회에 가서도 인사를 할 수 있다.
대상/사람에 대한 일반화	학생에게 새로운 기술을 지도해 준 사람 이외의 다른 사람에게도 그 기술을 사용할 수 있게 되는 것 예 선생님께 인사하기를 배운 학생이 부모님이나 동네 어른들께도 인사를 할 수 있다.
자료/사물에 대한 일반화	학생이 처음 배울 때 사용했던 자료가 아닌 다른 자료를 가지고도 배운 기술을 수행할 수 있는 것 예 한 종류의 휴대 전화기 사용법을 배웠는데 다른 종류의 휴대 전화기를 사용할 수 있다.

162

모범답안

- ㉠ 빈도기록법
- ㉡ 지속시간 기록법
  자리에 앉아 있는 지속시간을 관찰하면 자리에 앉기 행동의 개선 여부를 더 잘 파악할 수 있기 때문이다.
- ㉢ 수업 시간에 수업 시간 내내(또는 40분 동안) 자리에 앉아 있을 수 있다.

해설

㉠ 빈도 관찰기록 방법의 기본 절차는 우선적으로 전체 관찰시간을 짧은 시간 간격으로 나누는 것이다. 그러나 시간 간격으로 나누지 않고 전체 관찰시간을 그대로 두고 관찰하는 경우도 있다(양명희, 2018 : 166). ㉠의 경우는 전체 관찰시간(10:00~10:40)을 짧은 시간 간격(1, 2, 3, 4)으로 나눈 경우에 해당한다.

㉡ 제시된 내용을 보면 지속적으로 자리에 앉아 있는 정도를 측정함으로써 자리 이탈 행동의 개선 정도를 파악하고자 함을 알 수 있다. 따라서 지속시간 기록법이 적절하다.

㉢ Mager의 행동목표 진술 방식에 따라 행동목표를 진술할 때는 조건, (수락)기준, 행동의 세 가지 요소를 포함한다.

조건	반복될 수 있는 상황
기준	행동목표 달성 여부를 측정할 수 있는 기준
행동	바람직한 변화가 이루어졌을 때의 행동 내용

163

모범답안

- 분산 연습

해설

제시된 내용 중 "정해진 점심시간 이외에도 자연스러운 환경 속에서 간식 시간 등을 이용하여 추가로 지도하는 것"은 분산 연습에 대한 단서가 된다.

Check Point

◎ 시행 방식

집중 시행 방식	• 집중 시행은 하나의 교수 시행이 다른 교수 시행 후에 그 시행들 사이에 어떠한 활동도 없이 연달아 발생할 때 일어난다. • 집중 시행은 목표 반응을 연습할 많은 기회를 제공하기 때문에 학습자들이 새로운 행동을 처음으로 배울 때 유익할 수 있다.
간격 시행 방식	• 간격 시행은 학습자가 반응할 기회를 갖고, 그러고 나서 동일한 기술에 대해 또 다른 시행을 받기 전에 반응에 대해 생각할 얼마간의 시간을 갖거나 다른 학습자들이 반응하는 것을 들을 기회를 얻게 될 때 발생한다. • 학습자들에게 차례와 차례 사이의 관찰을 통해 서로에게 기술을 습득할 기회도 제공할 수 있다.
분산 시행 방식	• 분산 시행은 하루 종일 자연스러운 시기에 활동들 전반에 걸쳐 발생한다. • 학습자는 교수 시행에 참여할 수도 있고, 그러고 나서 다른 교수 시행에 참여할 기회를 갖기 전에 다른 활동에 참가한다. • 분산 시행은 학생들이 자연스러운 상황 전반에 걸쳐 다양한 사람들이나 자료들에 대해 행동을 수행하는 것을 배우게 되는 일반화를 촉진할 수 있다는 이점이 있다.

출처 ▶ Collins(2019), 내용 요약정리

02 통합교육

본책 p.136

01

2009 유아1-5

정답 ③

해설

① 정서·행동장애 아동의 경우 문제행동에 대해서는 일차적으로 문제행동의 기능을 파악한다.

② 정신지체 아동의 경우 우선 독립적으로 수행할 수 있도록 기회를 제공하고 필요에 따라 또래교수를 통해 보충 설명과 피드백을 받도록 한다.

④ 말을 더듬어도 괜찮다는 허용적 분위기를 조성해 준다. 또한 대신 나머지 말을 해주지 않는다.

⑤ 청각장애 아동을 위해 수화통역자를 활용할 경우 질문을 아동에게 직접 한다.

02

2009 유아1-27

정답 ③

해설

ㄹ. 제시된 학습목표는 분류하기와 수 세기이며 장기목표는 1~5까지 수 세기이다. 학습목표는 분류하기이므로 단순히 블록을 쌓을 수 있는지를 평가하는 것은 부적절하며 민주가 관심을 많이 갖는 블록을 이용하여 크기, 색, 모양에 맞춰 분류할 수 있는지를 평가하여야 한다. 또한 장기목표를 고려할 때 1~3까지 수를 셀 수 있는지를 평가하는 것은 장기목표와 맞지 않는다.

Check Point

✓ 교수적 수정의 유형

수정 유형		수정 내용
교수 환경	물리적 환경	조명, 소음, 교수자료의 위치, 접근성
	사회적 환경	사회적 분위기, 소속감, 평등감, 존중감, 장애이해 교육
교수 집단		대집단, 소집단, 협동학습, 또래교수, 일대일 교수, 자습
교수 방법	교수 활동	난이도, 양
	교수 전략	수업형태, 교육공학, 행동강화 전략, 정보제시 및 반응양식 등
	교수 자료	대안적 교수자료
교수 내용		교육과정 내용을 보충 혹은 단순화, 변화시키는 방법 – 동일한 활동과 교수목표, 동일한 자료 – 동일한 활동의 쉬운 단계, 수정된 교수목표, 동일한 교수자료 – 동일한 활동, 수정된 목표와 자료 – 동일 주제, 다른 과제와 수정된 목표 – 수정된 주제와 활동
평가 방법		• 시험시간의 융통성 • 시험방법의 수정 • 대안적 평가: 교사 공동평가, IEP 수행평가

출처 ▶ 송준만 외(2022 : 258)

03

정답 ③

해설

교수적 수정 절차에 따라 (가)에서는 'ㄴ. 주호의 개별화교육계획 교수목표의 검토'가, (다)에서는 'ㄷ. 일반학급에서 주호의 학업수행 관련 특성 분석' 활동이 이루어진다.

Check Point

⊘ 교수적 수정 적용 절차

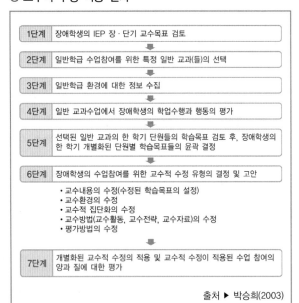

1단계	장애학생의 IEP 장·단기 교수목표 검토
2단계	일반학급 수업참여를 위한 특정 일반 교과(들)의 선택
3단계	일반학급 환경에 대한 정보 수집
4단계	일반 교과수업에서 장애학생의 학업수행과 행동의 평가
5단계	선택된 일반 교과의 한 학기 단원들의 학습목표 검토 후, 장애학생의 한 학기 개별화된 단원별 학습목표들의 윤곽 결정
6단계	장애학생의 수업참여를 위한 교수적 수정 유형의 결정 및 고안

- 교수내용의 수정(수정된 학습목표의 설정)
- 교수환경의 수정
- 교수적 집단화의 수정
- 교수방법(교수활동, 교수전략, 교수자료)의 수정
- 평가방법의 수정

| 7단계 | 개별화된 교수적 수정의 적용 및 교수적 수정이 적용된 수업 참여의 양과 질에 대한 평가 |

출처 ▶ 박승희(2003)

04

정답 ④

해설

(가) 동일한 공간에서 다른 교육과정 영역, 다른 교수목표(동물의 한살이 VS 친구의 이름알기)를 선정하여 활동이 이루어지고 있으므로 교육과정 중복(또는 중복 교육과정)이라고 할 수 있다.

(나) 영미가 할 수 있는 활동에 대해서는 부분적으로 영미가 참여할 수 있도록 하고 있다.

(다) 동일한 공간에서 동일한 교과수업에 참여하되 다른 친구들의 일반적인 목표(실제 온도계로 교실 안 여러 곳의 온도 재기)보다 낮은 수준의 목표(모형 온도계 눈금 읽기)를 수행하도록 하고 있으므로 중다수준 교육과정이라고 할 수 있다.

Check Point

(1) 중다수준 교육과정과 중복 교육과정의 구분

구분	차이점	공통점
중다수준 교육과정	학습목표와 학습 결과들은 동일한 교과목(뎨 사회, 과학, 수학) 안에 있고, 학생들은 학습량과 난이도를 감당해야 한다.	• 동일한 연령의 다양한 학습 수준을 가진 학생들이 수업을 한다. • 정규학급 활동 안에서 학습이 일어난다. • 각각의 학습자들이 적절한 수준의 난이도로 개별화된 교수학습목표를 가진다.
중복 교육과정	같은 교실 안의 일반학생들이 교과(뎨 과학, 수학, 역사 등)에 목표를 둔다면 장애학생들의 학습목표는 다른 영역, 예를 들어 의사소통, 사회화 또는 자기관리 능력 등이 될 수 있다.	

(2) 삽입교수

① 개념

삽입교수는 목표 기술을 자연스러운 일과 활동 내에서 수행할 수 있도록 활동 속에 삽입하는 것을 말한다.

② 특징

ㄱ 각 학생의 학습 성과는 중재의 효과성을 판단하기 위한 목적과 준거를 포함해 분명히 정의된다.

ㄴ 교수 기회는 통합 환경의 활동과 일상에서의 교수를 위해 자연적으로 발생하는 기회의 존재나 부재를 조정하기 위해 설계된다.

ㄷ 교수의 시도는 일반교육 교실의 전형적인 일상이나 활동의 일부 또는 전체에 배부된다.

ㄹ 삽입교수 시도는 전달을 위한 횟수와 대략적인 시기가 계획된다.

ㅁ 교수는 경험적으로 타당한 교수 절차에 기초한다.

ㅂ 교수의 결정은 학생의 수행자료와 직접적으로 연결된다.

05 2009 중등1-7

정답 ④

해설

대화에서 다루어지고 있는 협력교수의 유형은 스테이션 교수이다.

ㄱ. 심화학습 기회를 제공한다. : 대안교수

ㄷ. 스테이션교수는 소그룹을 전제하므로 학생들의 주의집중을 증가시킬 수 있으며, 학생들 간의 모둠 활동을 통한 사회적 상호작용이 기회가 증가된다.

ㅁ. 모델링과 역할놀이 기술을 필요로 한다. : 팀티칭(팀교수)

ㅂ. 결석한 학생에게 보충학습 기회를 제공한다. : 대안교수

Check Point

✅ 스테이션교수

① 교사가 각 스테이션에서 다른 활동을 가르치고, 학생들이 모둠을 지어 스테이션을 이동하면서 수업을 받는 형태

② 학생이 바뀌어도 교사는 각자의 교수 반복

③ 학생 집단을 3집단으로 할 경우 두 집단이 각각의 스테이션에서 교사의 지도를 받는 동안 나머지 한 집단은 자기들 스스로 독립적인 학습활동 수행

④ 스테이션교수의 장단점

장점	단점
• 능동적 학습 환경 제시 • 주의집중을 증가시킬 수 있음. • 협동과 독립성 증진 • 사회적 상호작용의 기회 증가 • 집단의 전략적 구성 가능	• 많은 계획과 준비 필요 • 넓은 공간의 교실 필요 • 이동 시 교실이 시끄러워질 수 있음. • 집단으로 일하는 기술과 독립적인 학습 기술 필요 • 감독의 어려움.

06 2009 중등1-24

정답 ②

해설

특수교사가 자신이 알고 있는 전문적 지식 등을 다른 팀원들에게 전달하는 역할방출(또는 역할양도)에 해당한다.

Check Point

(1) 초학문적 접근의 주요 원리

초학문적 접근은 원형진단, 역할방출, 통합된 치료를 주요 원리로 한다.

원형진단	• 다양한 영역의 전문가가 동시에 대상 아동을 진단하는 방법 • 원형 진단을 적용하게 되면 전문가 각자 일하는 대신 아동을 동시에 진단함으로써 동일한 행동에 대해서 함께 평가하고 즉시 각자의 전문성에 따른 정보를 교환할 수 있음.
역할방출	• 팀 구성원인 다양한 전문가가 자신의 전문 영역에 대한 기술과 정보를 팀의 다른 전문가에게 알려주어 이를 수행하는 것 • 초학문적 접근의 핵심적인 개념
통합된 치료	아동이 의미 있고 기능적인 활동을 수행하는 장소에 치료사가 와서 서비스를 제공하거나 아동에게 의미 있고 기능적인 활동을 가르치는 교사에게 상담을 제공하는 방법

(2) 비계와 비계교수

① 비계

아동이나 초보자가 주어진 과제를 잘 수행하도록 부모나 교사를 비롯한 성인이나 또래가 도움을 주는 지원의 기준 또는 수준을 의미한다. Wood, Bruner, Ross, Vygotsky의 이론을 효과적으로 적용하기 위해 제시한 개념이다. 원래 비계는 건축에서 높은 곳에서 일할 수 있도록 임시로 설치하는 발판이나 가설물을 의미하나, 교육에서는 학생 스스로 문제를 해결하도록 유도하려고 교사가 학생에게 제공하는 힌트나 암시와 같은 도움을 의미한다(특수교육학 용어사전, 2018: 224).

② 비계교수

아동의 학습을 촉진하려고 성인이나 더 유능한 또래가 체계적으로 지원을 제공하는 교육활동이다. 아동은 성인이나 자신보다 더 유능한 또래의 도움을 받으며 상호작용하는 과정에서 지식을 배우고 내면화해 나간다. 아동이 과제를 수행할 때 지원이 너무 부족하면 과제를 완수하지 못하는 반면, 너무 많은 지원을 제공하면 독립적인 과제 수행에 방해가 될 수 있다. 따라서 아동에게 제공되는 지원의 정도는 아동의 근접 발달 영역을 고려하여 현재 과제 수행 수준보다 약간 높은 수준에서 설정하는 것이 바람직하다. 아동에게 제공되는 비계는 아동이 과제를 숙달되면 즉시 철회되어야 한다(특수교육학 용어사전, 2018: 224-225).

(3) 역량강화

개인 또는 가족·지역사회와 같은 집단이 정치·사회·경제적 환경의 차원에서 강점을 향상시키고, 스스로 의사결정하고 선택하는 환경으로 재구성할 수 있도록 돕는 과정이다. 특히 전통적으로 차별, 소외, 거부, 배제, 억압을 받아왔던 장애인·노인 등의 소외계층에 대한 사회복지와 장애인복지서비스의 모형으로 제시되고 있다(특수교육학 용어사전, 2018: 321-322).

07 _____ 2009 중등2B-3

협동학습	**〈이론적 특성〉** ① 서로 가까이에 앉아서 얼굴을 마주 대하며 같이 학습하다 보면 긍정적이고 서로를 북돋우는 상호작용이 많이 일어날 수 있다. ② 자신은 물론 팀 내 다른 또래도 공동의 목표를 달성하도록 해야 하기 때문에 긍정적인 상호의존 분위기가 형성된다. ③ 협동학습은 어떻게 조직하느냐에 따라서 팀 단위 책임뿐만 아니라 팀 내 구성원 단위의 책임의식을 향상시키는 데도 효과적이다. ④ 상호 간에 사회적 기술이 향상된다. ⑤ 혼자 학습할 때와 달리 학생들은 자신들이 무엇을 어떻게 학습했고, 공동의 목표를 달성하는 데 어떤 기술과 능력이 필요한지 서로 협의하고 피드백을 받으며 반성할 기회를 가질 수 있다. **〈기대 효과〉** ① 교사에게 다양한 수업전략을 제공한다. ② 아동이 수업 중에도 신체를 많이 움직일 수 있게 한다. ③ 아동에게 타인을 배려하는 태도를 길러준다. ④ 문제해결이나 의사결정능력을 길러 준다. ⑤ 아동에게 많은 사회적 상호작용을 경험하게 한다. 등 **〈교사의 역할〉** ① 수업목표를 구체화한다. ② 수업 전에 학습 집단의 크기, 학생들을 집단에 배정하는 방법, 수업에 활용할 자료 등을 결정해야 한다. ③ 학습과제 및 긍정적 상호 의존성을 설명한다. ④ 각 집단의 활동을 지속적으로 관찰하고 점검한다.
자기교수	**〈이론적 특성〉** ① 자기교수란 과제를 수행할 때 자기 자신에게 말하면서 배우는 인지 훈련 방법의 하나이다. ② 충동적인 아동들에게 자신을 자제할 수 있는 단서를 어떤 행동의 초기 단계에서 활용하도록 가르치는 데 목적이 있다. **〈기대 효과〉** ① 아동이 마음속으로 과제 수행을 계속 반복하기 때문에 자신감이 증가하게 된다. ② 계속되는 사고 과정을 스스로 통제할 수 있기 때문에 적극적인 점검을 할 수 있게 된다. ③ 이해 과정을 통해 아동의 수동적 행동을 적극적 행동으로 바꿀 수 있게 된다. ④ 훈련 방법을 오랫동안 유지하고 일반화할 수 있다. **〈교사의 역할〉** 시범, 외현적 지도, 학생의 수행을 관찰 및 피드백의 과정을 거친다.

08 _____ 2010 유아1-30

정답 ②

해설

① 조정(coordination)은 협력의 가장 단순한 형태로 계획된 시간에 체계적인 방법으로 서비스가 제공되는지를 점검하기 위해 구성원들이 지속적으로 대화하고 협력하는 것을 의미한다. 예를 들어, 일반교사와 특수교사가 장애아동의 통합시간 변경을 위해 서로 대화하고 협력하거나 평가방식에 대해 서로 논의하고 바꿔나가는 것 등이 이에 해당한다.
 • 조정(coordination)은 일반교사와 특수교사가 통합수업의 목표와 수업구성에 대해 직접적으로 이야기하고 지원방법에 대해 역할을 분담하는 등의 적극적인 논의가 함께 이루어지는 것을 의미한다. 협력(cooperation)보다는 서로 공유하는 부분이 많지만, 상호 독립적 조직임과 동시에 각자의 이익을 위해 함께 협동하는 개념이다(고은, 2021 : 456-457).
 • 교수 적합화의 조정(accommodation)과 국문 표기는 동일하지만 원어에 있어 차이가 있다.
② 직접적으로 학생(은주)과 상호작용하지 않고 민 교사에게 전문적인 정보를 제공하여 학생을 돕고 있으므로 협력 방법은 자문(또는 협력적 자문)에 해당한다.

09 _____ 2010 초등1-29

정답 ④

해설

① 교수방법 수정
② 중복교육과정
③ 교수방법 수정
⑤ 평가방법 수정

Check Point

⊘ **중다수준 교육과정과 중복 교육과정 비교**

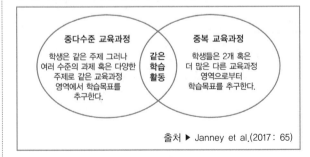

출처 ▶ Janney et al.(2017 : 65)

10 _____ 2010 초등2B-1

모범답안 개요

1) 교수적 수정의 필요성	① 학습동기를 향상시켜 흥미 있게 수업에 참여할 수 있다. ② 학습활동에 의미 있게 참여할 수 있다. ③ 학습자가 성취할 수 있는 학습목표를 설정하여 목표를 이룰 수 있도록 한다.		
2)	교수 내용	목표 : 기호를 사용하여 그림 지도 그리고 설명하기	→	• 원인 : 기호에 대한 이해력이 부족하기 때문 • 방안 : 다양한 방법을 사용하여 그림 지도 그리고 설명하기
	교수 방법	그림지도 그리는 방법을 시범을 통해 보여줌.	→	• 원인 : 학습내용을 기억하는 데 심각한 어려움이 있기 때문 • 방안 : 그림지도 그리는 과정을 수시로 확인할 수 있도록 시각화하여 게시
	평가	기호 사용	→	• 원인 : 기호에 대한 이해력이 부족하기 때문 • 방안 : 다양한 방법을 사용하여 그림 지도를 완성하였는지 평가

Check Point

⊘ 장애학생을 위한 평가조정 전략

구분	영역	조정 방법
평가환경	평가공간	독립된 방 제공
	평가시간	시간 연장, 회기 연장, 휴식시간 연장
평가도구	평가자료	시험지 확대, 점역, 녹음
	보조인력	수화통역사, 대필자, 점역사, 속기사 제공
평가방법	제시방법	지시 해석해 주기, 소리 내어 읽어주기, 핵심어 강조하기
	응답방법	손으로 답 지적하기, 보기 이용하기, 구술하기, 수화로 답하기, 컴퓨터로 답하기, 시험지에 답 쓰기

11 _____ 2010 중등1-11

정답 ③

해설

지문 돋 보기

(가) 팀티칭
(나) 평행교수
(다) 교수-지원

ㄱ. 팀티칭은 역할(개념 교수, 시범, 역할놀이, 모니터링)과 교수내용의 공유를 돕는다. 팀티칭은 협력교사 간의 상호 신뢰와 협력이 많이 요구되는 형태이다.
ㄹ. (나)에서 교사는 학생들의 학습 수준을 고려하여 모둠을 이질적으로 구성한다. 평행교수는 두 개의 이질집단으로 나누어 두 교사가 각 집단을 따로 교수하는 협력교수 형태이다.
ㅁ. 협력교수의 유형 중 교수-지원은 하나의 대집단을 대상으로 일반교사가 교수활동 전반을 주도하고, 특수교사는 순회하면서 개별적으로 학생에게 지원을 제공하는 형태이다.
ㅂ. 개별 학생에 대한 적절한 지원을 통해 학생의 학습 수행에 대한 자료를 수집할 수 있다.

Check Point

⊘ 교수-지원 유형의 장단점

장점	단점
• 일대일 직접 지도 가능 • 지원을 담당하는 교사가 학생들을 개별적으로 지원하거나 행동 문제를 관리하므로, 전체 교수를 담당하는 교사는 수업에 더 집중할 수 있음. • 협력을 계획하는 데 있어 다른 모형보다 상대적으로 적은 시간과 노력이 소요 • 모든 주제 활동에 적용 가능 • 다른 모형에 비해 상대적으로 시간과 노력이 적게 듦.	• 각 교사의 역할이 수시로 바뀔 때 수업의 흐름이 부자유스러울 수 있음. • 교수 역할이 고정되어 있는 경우 교사의 역할에 대한 불만족이 있을 수 있음. • 지원하는 교사가 보조원처럼 보이거나 학생의 주의를 산만하게 할 수 있음. • 학생이 지원교사에게 의존적이 될 수 있음.

12

정답 ④

해설

ㄱ. 노랑 조 민이에게 스펀지가 달린 막대를 이용하도록 한 것은 교수방법의 수정에 해당한다.

ㄴ. 구겨 붙이기 활동 중 구기기를 하도록 한 것은 부분 참여 전략이라고 할 수 있다.

ㄷ. 도입 단계에서는 교수-지원 방법을 사용하였다. 그러나 전개 단계에서 두 교사가 두 조씩 맡아 조별 활동을 지도하는 유형은 특정 협력교수의 유형으로 분류할 수 없다. 왜냐하면 평행교수는 학생을 두 모둠으로 구성한 후 각자 맡은 모둠에서 동일한 내용을 교수하는 형태이기 때문이다.

ㄹ. 다수준 포함 교수는 동일한 학급에 소속되어 있는 수준이 다양한 학생 각자에게 유의미한 학습 경험을 제시하려는 노력의 한 가지이다(이대식 외, 2018 : 315).

13

정답 ③

해설

① 스테이션교수 실행 시 학급 구성원은 모둠을 이루기 때문에 좌석을 앞에 배치하는 것은 크게 관련이 없다.

② ㉡에서 은지에게 적용한 전략 : 행동계약

④ 일반 수업의 목표에 비해 난이도를 낮춘 중다수준 교육과정으로 교수목표의 적합화에 해당한다. 그러나 도시와 촌락의 생활모습을 구별하는 것은 기능적 기술에 해당하지 않는다.

• 기능적 기술은 일상생활을 살아가는 데 있어 반드시 필요한 기술로 옷입기, 용변보기 등과 같은 기술을 포함한다.

⑤ ㉢은 또래교수에 해당한다.

Check Point

⊘ 준거참조-교육과정중심사정(CR-CBA)

① 준거참조검사(특히, 교사제작 준거참조검사)의 대안적인 방법으로, 학급수행으로부터 추출된 목표에 대한 아동의 숙달 정도 측정에 초점을 두고 있다.

㉠ 아동의 교육과정을 반영하여 교사가 제작한 검사를 통해 실시된다.

㉡ 준거참조-교육과정중심사정을 실시하는 단계에 대한 지침들은 여러 문헌에서 다소 다양하게 제시되고 있다.

② 준거참조-교육과정중심사정의 타당도와 신뢰도

㉠ 적절한 타당도와 신뢰도를 갖추지 못할 수도 있다.

㉡ 내용타당도를 갖출 것이 강조된다. 아동에게 가르치는 교육과정에 근거하여 작성된 충분한 수량의 문항들로 구성된다.

14

정답 ④

해설

① ㉠은 인터넷을 활용한 개별학습이다.

② ㉡은 자기관리기술을 활용한 지도이다.

③ 지역사회 참조 교수는 지역사회 중심 교수의 이점을 학교현장에서 구현하는 전략이라고 할 수 있다. 따라서 견학활동은 지역사회 참조 교수법을 활용한 수업이라고 할 수 없을 뿐만 아니라 지역사회 중심 교수라고도 할 수 없다. 왜냐하면 지역사회 중심 교수는 지역사회라는 의미 있는 자연적 맥락에서 기능적 기술을 가르치는 교수적 실제로(2013 중등1-24 기출) 교사가 다양한 역할을 하고, 계획을 세우며, 학습 기회를 제공하는 교육과정적 접근이라는 점에서 현장학습(문제의 경우 견학활동)과는 다르기 때문이다(송준만 외, 2019 : 230).

• 지역사회 중심 교수는 학교 현장 실습과는 달리 기술을 배우기 위해 지속적으로 지역사회에 나가는 것이 필요하다(Gargiulo et al., 2021 : 381).

⑤ 제시문에서는 생태학적 목록을 사용했다는 단서를 찾기 어렵다.

Check Point

(1) Jigsaw Ⅰ의 절차

집단 구성
⇩
개인별 전문과제 부과
⇩
전문과제별 모임 및 전문가 집단에서의 협동학습
⇩
원소속 집단에서의 협동학습
⇩
개별 평가
⇩
개인 점수 산출

(2) Jigsaw IV의 절차

집단 구성
⇩
★도입(수업내용에 대한 소개)
⇩
개인별 전문과제 부과
⇩
전문과제별 모임 및 전문가 집단에서의 협동학습
⇩
★퀴즈 I (전문과제에 대한 평가)
⇩
원소속 집단에서의 협동학습
⇩
★퀴즈 II (전체 학습과제에 대한 평가)
⇩
개별 평가
⇩
개별 점수, 향상 점수, 집단 점수 산출
⇩
개별 보상 및 집단 보상
⇩
★재교수(※ 선택활동)

★은 Jigsaw III와 비교했을 때 새롭게 추가된 과정

15

정답 ③

해설

(나) '학업 수준이 비슷한'을 '학업 수준이 이질적인'으로 수정할 경우 제시된 내용은 집단조사모형(GI)에 해당한다.

(다) '두 교사가 동등한 책임과 역할을 분담하여'를 '두 교사가 동등한 책임과 역할을 공유하여'로 수정할 경우 제시된 내용은 팀티칭(팀교수)에 해당한다.

Check Point

(1) 모둠성취분담모형(STAD)

• 교사가 아동들에게 제공하는 보상(예 칭찬, 스티커, 간단한 선물) 중심의 협동학습 모형으로, 향상 점수와 보상이 모형의 핵심

• 모둠성취분담모형의 실행절차

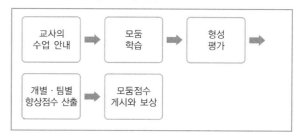

(2) 중복 교육과정

① 두 가지 이상의 교육과정이 공통분모를 중심으로 설계된 교육과정

② 아동들은 동일한 학습활동을 하지만 서로 다른 교과의 교육목표 추구

③ 중다수준보다 개인차가 큰 집단을 대상으로 적용

16

정답 ③

해설

지문 돋 보기

(가) 제가 청각장애인에 대해 설명하면 선생님께서 시범을 보이시고, 선생님께서 지체장애인에 대해 설명하시면 제가 시범을 보일게요. : 팀티칭에서의 교수 역할 공유

(나) 두 집단으로 모둠을 나누어 선생님과 제가 각각 한 모둠씩 맡아서 같은 내용으로 : 두 집단으로 나눈 후 같은 내용을 동시에 각 집단에서 교수하는 평행교수의 수업 운영 형태

(다) 선생님께서 마무리 평가를 진행해 주세요. 저는 그동안 정신지체 아동인 경수도 평가에 참여할 수 있도록 경수 옆에서 개별적으로 도울게요. : 두 교사의 역할이 전체수업과 개별지원으로 구분되는 협력

17

(정답) ①

(해설)

박 교사가 적용한 전략은 상보적 또래교수의 유형 중 또래 지원 학습전략(PALS)에 해당한다.

① 발견학습에 대한 설명이다.

Check Point

(1) 또래지원 학습전략(PALS)

① 읽기 분야에서 많이 적용되는 또래지도전략 중 하나
② 또래지원 학습전략의 공통적인 특징
　　㉠ 또래교사와 또래학습자 간의 고도로 구조화된 활동
　　㉡ 높은 비율의 구두 응답과 약간의 필기 응답
　　㉢ 역할의 상보성
③ 파트너 읽기, 단락(문단) 요약, 예측 릴레이 등 세 가지 의 구조화된 활동으로 구성

파트너 읽기	• 성취 수준이 높은 학생이 먼저 소리내어 큰 소리로 읽고, 이어서 성취수준이 낮은 학생이 동일한 부분을 다시 읽는다. 읽기 수준이 높은 학생이 듣고 발음, 내용, 어휘 등에 대해 질문하고 필요하면 설명과 시범을 보인다. • 활동 내용 구체화 　– 또래교사가 먼저 읽고 또래학습자가 다시 읽기 　– 또래학습자가 읽을 때 또래교사는 오류 교정해 주기 　– 또래학습자가 읽은 내용을 다시 말하기
단락 (문단) 요약	• 성취 수준이 높은 학생은 책을 읽은 학생들에게 단락이 누구 혹은 무엇에 관한 것인지, 그리고 그 누구와 무엇에 있어 가장 주요한 것이 무엇인지 물어봄으로써 주제를 확인하게 유도한다. 요약에 대해서 오류가 있을 경우 이를 수정해 준다. • 활동 내용 구체화 　– 또래교사가 단락을 먼저 읽고 또래학습자가 다시 읽기 　– 단락이 끝날 때 또래학습자가 단락 요약하기 　– 또래학습자의 단락 요약하기에 대해 또래교사는 오류 교정해 주기
예측 릴레이	• 글을 읽은 학생에게 다음에 읽을 내용이 무엇인지 예상하게 한다. • 활동 내용 구체화 　– 또래교사와 또래학습자는 다음에 읽을 내용에 대해 예측하기 　– 또래교사와 또래학습자는 예측한 내용이 옳은지 확인하기

(2) 차별화교수

① 아동의 준비도, 흥미 및 요구 등의 다양성을 인식하고, 교수내용, 교수과정 및 교수성과를 아동의 차이에 부합하도록 계획하여 시행하는 교수

② 차별화교수의 목적 : 개별 아동의 학습 잠재력 극대화
③ 차별화에 관한 교사들의 의사결정에 중요한 영향을 미치는 학습자의 세 가지 특성 : 준비도, 흥미, 프로파일

18

(정답) ②

(해설)

② 수지가 '학생 2'의 역할을 할 경우, 대사의 어휘 수준을 수지에게 맞춘다면 교수내용을 수정하는 것이다.
③ 수지가 '학생 3'의 역할을 할 경우, 보완·대체의사소통기구로 대사를 표현하도록 한다면 학생의 과제수행방법을 수정하는 것으로 보조공학의 활용, 반응양식의 수정을 의미한다.

19

(정답) ③

(해설)

① 수업 중 자주 주의가 흐트러진다는 점과 관련하여 과제를 나누어 제시하는 과제 제시 수정 방법을 고려할 수 있다.
　• 교수방법의 수정 중 교수활동의 수정을 적용한 것이다.
② 그림을 보고 그리는 데 어려움이 있고 또래 일반학생들에 비해 필기 속도가 느린 점과 관련하여 교사가 판서한 내용을 유인물로 제작하여 학생에게 제공한다.
　• 교수방법의 수정 중 교수자료의 수정을 적용한 것이다.
③ 교수적 수정은 조정의 과정을 거쳐 수정 단계를 적용해야 한다. 즉 우선적으로 교수방법을 먼저 수정한 후, 교육과정 내용의 수정을 고려해야 한다.
④ 또래 일반학생들에 비해 필기 속도가 느리기 때문에 지필 고사 시 시험 시간을 연장하는 평가조정 방법을 고려하는 것은 타당하다.
　• 평가방법의 수정 중 검사 시간의 조정(평가시간의 수정)과 관련되는 내용이다.
⑤ 수업 중 자주 주의가 흐트러지기 때문에 학습 자료를 제시할 때 주요 내용에 밑줄을 그어주는 등 시각적 단서를 제공하는 것은 유용한 방법이다.
　• 교수방법의 수정 중 교수자료의 수정을 적용한 것이다.

Check Point

(1) 장애학생을 위한 평가조정 전략 1

제시형태	반응형태	검사시간/ 스케줄	검사 환경/기타
① 점자로 된 시험지	① 점자 응답	① 시간연장	① 독립공간
② 확대 인쇄	② 구두 응답 (대필)	② 잦은 휴식	② 조명시설
③ 확대경(또는 확대독서기)	③ 문제지에 응답(또는 별도의 답안지)	③ 긴 휴식	③ 증폭/방음 시설
④ 대독자(읽어 주기)	④ 수화 응답	④ 분할 실시	④ 장애인용 책상
⑤ 녹음테이프	⑤ 의사소통판 이용	⑤ 스케줄(요일, 시간대 등) 조정	⑤ 장애인 편의시설
⑥ 비디오녹화테이프	⑥ 컴퓨터 장비		⑥ 주의산만 시각 자극 제거
⑦ 의사소통판 이용			⑦ 재택((또는 병원) 실시
⑧ 청각보조기			
⑨ 세심한 시험지 편집(줄 간격, 여백 등)			

출처 ▶ 김동일(2002)

(2) 장애학생을 위한 평가조정 전략 2

구분	영역	조정 방법
평가환경	평가공간	독립된 방 제공
	평가시간	시간 연장, 회기 연장, 휴식시간 연장
평가도구	평가자료	시험지 확대, 점역, 녹음
	보조인력	수화통역사, 대필자, 점역사, 속기사 제공
평가방법	제시방법	지시 해석해 주기, 소리 내어 읽어주기, 핵심어 강조하기
	응답방법	손으로 답 지적하기, 보기 이용하기, 구술하기, 수화로 답하기, 컴퓨터로 답하기, 시험지에 답 쓰기

출처 ▶ 정동영(2017)

20

정답 ④

해설

(가) 협동학습에서의 학습 집단은 이질적 집단으로 구성한다.
(나) 개별전문과제 부과에 대한 내용이다.
(다) 전문가 집단에 대한 내용이다.
(라) 원소속 집단에서의 협동학습 관련 내용이다.
(마) 기본점수와 비교한 개인별 향상점수를 산출하며, 팀원의 개별 향상점수 총합의 평균 점수가 집단 점수가 된다.

Check Point

(1) 직소II 모형의 특징
직소I 모형의 개별보상에 집단보상이 추가된 것으로 직소I과 비교했을 때 과제 상호의존성을 낮추고 보상 의존성을 높인 것이다.

(2) 직소II 모형의 과정
① 수업 안내
　• 교사는 학생 네 명으로 구성된 학습 팀을 만들어 학습지도를 하고, 학생 개개인은 하나의 주제를 받아서 같은 주제를 가진 학생들과 모여서 해당 내용에 대해 토론하고 공부해서 그 결과를 자신의 팀 구성원에게 가르쳐야 한다는 것을 안내한다. 또한 개인별로 등급이 매겨지고, 팀 점수도 계산되며, 가장 높은 점수를 받은 팀에게 보상을 제공한다는 것도 미리 안내한다.
② 원집단 구성 및 개인별 전문 과제 부여
　• 교사는 학생의 능력이나 성, 민족, 그리고 다른 주요 요인을 고려하여 이질적으로 집단을 구성한다. 팀이 정해지고 모임을 갖게 되면 팀 이름과 구성원의 이름을 게시판에 적는다.
　• 집단 구성원들은 전문가 집단에서 학습할 각자의 과제를 부여받는다. 이러한 각자의 과제는 전체 학습과제를 팀원 수만큼 나눈 것 중의 하나이다. 학습할 단원을 집단 구성원 수에 맞춰 각 구성원에게 한 부분씩을 할당한다.
③ 전문가 집단에서 협동학습
　• 학생들은 전문가 집단에서 같은 주제를 가지고 협동학습을 한다. 이때 각 팀원은 최상의 답을 도출하고, 원집단에 돌아가서 다른 팀원을 가르칠 전략도 계획한다.
　• 한 학급은 여러 과제분담 학습 집단으로 나누어지므로 각 집단에서 같은 부분을 담당한 학생들이 따로 모여 전문가 집단을 형성하여 분담된 내용을 토의하고 학습한다.

④ 원집단에서 팀원과의 협동학습
- 전문가 집단에서 학습한 내용을 원집단에 돌아와 다른 구성원들에게 가르친다.
⑤ 개인별·팀별 점수 계산
- 개인 점수는 초기에 정해진 각 학생의 기본점수보다 향상된 점수를 말한다.
- 팀 점수는 팀원의 개별 향상점수 총합의 평균 점수이다.
⑥ 팀 점수 게시와 보상
- 수업이 끝나면 즉시 팀 점수와 개인점수를 게시하고 우수한 개인이나 소집단을 보상한다.

21
2012 중등1-34

[정답] ⑤

[해설]

ㄴ. 역할 양도(role release) : "정기적인 모임을 통해 언어재활사는 특수교사가 지도할 때 필요한 구체적인 언어 중재 전략에 관한 정보를 제공하기로 하였고, 부모는 가정에서의 언어능력 향상 정도를 특수교사에게 알려 주기로 하였다."

ㄷ. 원형 평가(arena assessment) : "특수교사, 언어재활사(치료사), 부모는 학생 A의 의사표현이 가장 활발히 나타나는 사회 시간에 함께 모여 학생 A의 활동을 관찰하면서 언어평가를 실시하였다."

ㅁ. 초학문 접근(trans-disciplinary approach) : "평가 후에 특수교사, 언어재활사, 부모는 평가 결과를 바탕으로 장·단기 목표 및 지원 방법에 대해 함께 논의하였다."

22
2013 유아B-2

[모범답안]

1)	원형진단
3)	ⓒ 초학문적 ⓔ 간학문적

[해설]

지문 돋 보기

(가)는 원형진단, (나)는 역할방출에 대한 설명이다.

Check Point

◎ 간학문, 초학문적 접근 비교

구분	간학문적 팀	초학문적 팀
진단	팀 구성원 각자에 의한 개별적 진단	팀 구성원들과 가족이 함께 아동의 발달에 대한 포괄적 진단 실행
부모참여	• 부모들이 팀 구성원으로 참여가 이루어짐 • 부모들이 팀 또는 팀 대표자와 만남	부모들이 팀 구성원으로서 적극적 참여
서비스 계획 개발	팀 구성원들이 그들 각각의 계획에 대해 서로 공유	팀 구성원들과 부모들이 가족의 우선 순위와 요구, 자원에 기초하여 서비스 계획
서비스 계획 책임	팀 구성원들은 계획된 부분을 실행하는 것에 책임	팀 구성원들은 주 서비스 제공자가 계획을 어떻게 실행하는가에 책임
서비스 계획 실행	팀 구성원들은 그들이 계획한 부분을 실행하며 가능하면 다른 부분들과 협응	주 서비스 제공자는 계획을 가족과 함께 실행하도록 할당

23
2013 유아B-3

[모범답안]

2)	ⓛ 교수자료의 수정(또는 교수방법의 수정) ⓒ 물리적 환경의 수정(또는 교수환경의 수정)

24

모범답안

1)	팀보조개별학습(TAI)
2)	• 자신의 수준에 맞는 개별학습이 가능하기 때문이다. • 기능훈련 및 형성평가를 반복적으로 시행함으로써 수학의 기능을 향상시킬 수 있기 때문이다.
3)	• 요소(원리) : 개인적 책임 • 문제점 : 무임승차 효과

해설

2) 팀보조개별학습 모형에서는 각 학생의 학습 속도 및 수준에 적합한 학습 자료를 제공하기 때문에 자신의 수준에 맞는 개별학습이 가능하다. 또한 훈련과 평가(기능훈련, 형성평가, 단원평가)를 반복적으로 시행함으로써 수학의 기능을 향상시킬 수 있다.

Check Point

⊙ 협동학습의 원리(Miguel)
① 긍정적 상호 의존 : "네가 잘돼야, 나도 잘 된다."
② 개인적 책임 : "내가 맡은 일은 내가 잘 할게."
③ 동등한 참여 : "참여의 기회가 똑같다."
④ 동시 다발적인 상호작용 : "같은 시간에 여기저기서"

25

정답 ②

해설

ㄱ. 학생 A에게 설정된 교육목표는 의사소통 기술을 지도하고 있으므로 과학 교과 안에서의 교육목표 위계 개념에 기초했다고 할 수 없다.
ㄷ. '지역사회 공공기관에서 일하는 사람들의 역할 익히기' 목표와 '지역사회 공공기관 이름 익히기' 목표는 동일한 교과 내의 각기 수준이 다른 목표라고 할 수 있으므로 중첩교육과정이 아닌 중다수준교육과정에 해당한다.
ㄹ. 학생 D의 능력, 노력, 성취 측면을 고려하는 평가 방식은 다면적 평가에 해당한다.

26

정답 ④

해설

ㄱ. 학급 교사의 역할과 책임을 또래교사를 하는 학생에게 위임하는 것은 아니다.
ㄹ. 또래지원학습전략(PALS)은 상보적 또래교수전략 중의 하나이다. 또한 고학년 일반학생이 저학년 장애학생의 짝이 되도록 지도하는 것은 상급생 또래교수에 대한 설명이다.

27

모범답안

3)	평가 본래의 목적에서 벗어나기 때문이다.
4)	통합된 환경에 있으면서 도움이 필요한 학생에게 보충의 기회를 제공해 줄 수 있기 때문이다.

Check Point

⊙ 지적장애 학생의 교육과정 구성 및 운영을 위한 기본 전제
① 연령에 적합한 교육과정
  • 지적장애학생의 교육과정은 생활연령에 적합한 내용으로 구성되고 적용되어야 한다.
② 궁극적 기능성의 기준
  ㉠ 중도장애학생을 위한 교육목표로서, 그들이 성인이 되어 최소제한적 환경에서 일반인들과 함께 자신의 잠재력을 최대한 발휘하여 기능하기 위해 개개인이 꼭 소유하고 있어야 할 요소들
  ㉡ 성인기의 통합된 환경에서 최대한 독립적이고 생산적으로 활동하기 위해 반드시 필요한 요소들을 갖추도록 지도해야 한다는 개념
③ 최소위험 가정 기준
  ㉠ 결정적인 자료가 있지 않는 한 교사는 학생에게 최소한의 위험스러운 결과를 가져오는 가정에 기반하여 교육적 결정을 내려야 한다는 개념
  ㉡ 지적장애학생이 배우지 못할 것이라는 점이 증명된 것이 없기 때문에, 결정적인 증거가 없는 한 아무리 지적장애의 정도가 심하더라도 최선의 시도를 통해 교육 가능성 신념을 실현해야 한다.

④ 영수준의 추측
　　㉠ 학급에서 배운 기술들이 실제 사회생활에서 일반화하지 못할 수도 있다는 전제에 기반을 두고, 배운 기술들을 여러 환경에서 일반화할 수 있는지를 시험해 봐야 한다는 개념
　　㉡ 일반화가 되지 않을 경우에는 기술이 사용될 실제 환경에서 가르쳐야 한다.
⑤ 자기결정 증진
　　㉠ 자기결정: 선택할 수 있는 범위를 고려해서 적절한 결정을 하고, 자율적 의지와 독립성, 그리고 행동에 대한 책임을 가지는 개인의 능력
　　㉡ 지적장애학생은 자기결정의 권리를 가지고 자신의 삶을 통제하고 스스로 옹호할 수 있는 기회와 경험을 가져야 한다.

28
2014 유아A-2

모범답안

| 2) | • 협력교수 유형: 대안교수
• 문제점: 분리된 학습 환경을 조성할 수 있다. |

해설

2) 활동계획안에서 대집단은 유아교사, 소집단은 유아특수교사가 각각 집단별로 수업을 한다는 진행한다는 점에 근거하여 대안교수라고 할 수 있다.

29
2014 중등A-6

모범답안

| ㉠ | 제시형태 조정(또는 평가자료의 조정) |
| ㉡ | 반응형태 조정(또는 응답방법의 조정) |

해설

㉠ 한꺼번에 많은 정보가 주어졌을 때, 정보에 주의를 기울이는 데 어려움이 있음을 고려하여 시험지를 확대하여 제공한 것으로 평가조정의 형태 중 제시형태 조정에 해당한다.

㉡ 소근육의 문제를 보완하기 위해 정답 표시방법을 ●에서 ∅으로 변경한 경우에 해당하는 것으로 평가조정의 형태 중 반응형태의 조정에 해당한다.

Check Point

⊘ **평가조정 방법에 대한 접근**

평가조정의 방법을 조정내용에 따라 범주화하면 크게 평가환경의 조정, 평가도구의 조정 및 평가방법의 조정으로 분류할 수 있으며, 이 범주를 다시 하위영역으로 세분할 수 있다.

① 평가환경의 조정은 하위영역을 특수교육 교실이나 독립된 방의 제공 등과 같은 평가공간의 조정과 시간 연장, 회기 연장, 휴식시간 변경 등과 같은 평가시간의 조정으로 구분할 수 있고,

② 평가도구의 조정은 하위영역을 시험지의 확대, 점역, 녹음 등과 같은 평가자료의 조정과 수화통역사, 대필자, 점역사, 속기사 제공 등과 같은 보조인력의 조정으로 구분할 수 있다.

③ 평가방법의 조정은 하위영역을 지시 해석해주기, 소리 내어 읽어주기, 핵심어 강조하기 등과 같은 제시방법의 조정과 손으로 답 지적하기, 답을 위하여 보기 이용하기, 구술하기, 수화로 답하기, 컴퓨터로 답하기, 시험지에 답 쓰기 등과 같은 응답방법의 조정으로 구분할 수 있다.

출처 ▶ 정동영(2017: 239)

30

모범답안

1)	간학문적 접근
2)	원형진단

해설

1) 통합학급 교사, 치료실의 치료사나 심리학자, 의사 등에 의해 이루어진 개별진단 결과를 토대로 상호작용하는 형태이므로 간학문적 접근에 해당한다.

2) 여러 관련서비스 영역의 전문가들과 심리학자, 사회복지사, 부모, 그리고 통합유치원교사가 한 팀이 되어 교육진단 계획, 교육 진단 시 팀 구성원들의 동시 관찰 및 평가, 교사의 촉진자 역할 수행, 팀의 합의에 따른 개별화교육계획 작성 등을 통해 볼 때 초학문적 접근의 원형진단 과정을 설명하고 있다.

31

모범답안

3)	ⓐ 동일 교과영역을 학습하고 있지만 은수에게는 일반학생과는 다른 수준의 학습목표를 제시하고 있기 때문이다. ⓑ 중다수준 교육과정은 장애학생이 다른 학생들과 함께 동일한 교과영역을 다른 수준으로 학습하는 것인 데 반해 중복교육과정은 학생들이 동일한 학습활동을 하지만 서로 다른 교과의 교육목표를 추구한다.

Check Point

⊘ 중다수준 교육과정과 중복 교육과정

구분	차이점	공통점
중다수준 교육과정	학습목표와 학습 결과들은 동일한 교과목 안에 있고, 학생들은 학습량과 난이도를 감당해야 한다.	• 동일한 연령의 다양한 학습 수준을 가진 학생들이 수업을 한다. • 정규학급 활동 안에서 학습이 일어난다. • 각각의 학습자들이 적절한 수준의 난이도로 개별화된 교수학습목표를 가진다.
중복 교육과정	같은 교실 안의 일반학생들이 교과(CI 과학, 수학, 역사 등)에 목표를 둔다면 장애학생들의 학습목표는 다른 영역, 예를 들어 의사소통, 사회화 또는 자기관리 능력 등이 될 수 있다.	

32

모범답안

1)	개별 점수와 팀별 점수를 모두 산출함으로써 개인적 책임에 충실할 수 있도록 하기 위함이다.
2)	ⓐ 또래지원 학습전략 ⓑ 다음 중 택 1 • 읽기에 대한 시범 보이기 • 오류 수정하기
3)	또래학습자가 읽은 내용을 다시 말하기(또는 읽은 내용을 간략히 말하기)

Check Point

⊘ 또래지원 학습전략

단계	활동
파트너 읽기	• 또래교사가 먼저 읽고 또래학습자가 다시 읽기 • 또래학습자가 읽을 때 또래교사는 오류 교정해 주기 • 또래학습자가 읽은 내용을 다시 말하기
단락 (문단) 요약	• 또래교사가 단락을 먼저 읽고 또래학습자가 다시 읽기 • 단락이 끝날 때 또래학습자가 단락 요약하기 • 또래학습자의 단락 요약하기에 대해 또래교사는 오류 교정해 주기
예측 릴레이	• 또래교사와 또래학습자는 다음에 읽을 내용에 대해 예측하기 • 또래교사와 또래학습자는 예측한 내용이 옳은지 확인하기

출처 ▶ 2012 초등1-2 기출, 2017 중등B-7 기출

33

3)	자율적 협동학습 모형

해설

3) <활동 1>에서 소주제별 모둠을 구성한 후 <활동 2>에서 모둠 내 더 작은 소주제를 생성하는 것은 자율적 협동학습의 특성을 잘 드러내 준다.

Check Point

⊘ 자율적 협동학습 모형

① 전체 학급에서 교사가 제시한 주제에 대하여 학생들이 대략적인 토의를 한 뒤, 여러 소주제로 나누고, 자신이 원하는 소주제를 다루는 소집단에서 토의를 통하여 조사하는 방법(= 도우미 학습)

② 소주제를 탐구하는 과정에서 학생 개개인의 흥미나 관심에 따라서 세부적인 간단한 주제를 선택하여 학습함으로써 모둠학습에 보다 적극적으로 참여하도록 하는 구조로 진행된다. 구체적인 절차는 다음과 같다.

> **【탐구 주제 제시】**
> 교사는 탐구 주제를 선정하여 아동들에게 소개한다.

⇩

> **【소주제 결정】**
> 교사가 제시한 학습주제에 대해 학급토론을 개최하고 최종적으로 다룰 소주제를 선정한다.

⇩

> **【모둠 구성】**
> 소주제 중 아동들은 자신이 학습하고자 하는 주제를 선택하고, 아동들이 선택한 주제를 중심으로 모둠을 편성한다.

⇩

> **【모둠 내 역할 분담 및 개별 탐구학습】**
> 각 모둠은 소주제와 관련하여 모둠 구성원들의 흥미에 따라 역할을 분담한 후 개별적으로 해당 주제에 대한 정보를 수집하고 개별 학습한다.

⇩

> **【소주제에 대한 미니 주제 선정】**
> 모둠 구성원들은 소주제를 탐구하는 과정에서 아동 개개인의 흥미나 관심에 따라서 세부적인 간단한(mini) 주제를 선택하여 학습함으로써 모둠학습에 보다 적극적으로 참여하도록 한다.

⇩

> **【협동학습 및 발표 준비】**
> 각자가 학습했던 소주제들을 팀 구성원들에게 제시한 후 종합하여 모둠별 보고서를 만든다.

⇩

> **【학급 보고】**
> 각 모둠은 전체 학급을 대상으로 결과물을 발표한다.

⇩

> **【평가】**
> 팀 동료에 의한 팀 기여도 평가, 교사에 의한 소주제 학습기여도 평가, 전체 학급 동료들에 의한 팀 보고서 평가 등 세 가지 수준에서 평가가 이루어진다.

34

2)	① 간학문적 접근 ② 다른 분야의 전문가와 의견을 공유한다. ③ 전문가들이 융통성이 없는 경우 합의된 진단 결과를 도출하지 못할 수도 있다.

해설

2) ① 다음과 같은 전문가 협력의 내용에 담겨 있는 의미를 살펴볼 때 인호를 위한 전문가 팀의 협력 모델은 간학문적 접근임을 알 수 있다.

전문가 협력의 내용	설명(의미)
유아특수교사, 청각사 등 다양한 영역의 전문가들이 참여함.	다양한 영역의 전문가가 참여한다.
• 전문가별로 중재 계획을 개발하고 정보를 서로 공유함. • 때때로 팀원 간에 인호의 문제를 논의함.	다학문적 접근에서와 같이 진단 과정에서는 각 영역의 전문가가 독립적으로 작업하지만 그 과정과 결과의 보고에 있어서 서로 정보를 교환하고 협력하게 된다.
인호의 부모가 팀원임.	다학문적 진단과는 달리 가족도 팀의 구성원으로 참여한다.

②, ③ 문제에서 '진단 측면'에서의 장단점을 조건으로 제시하고 있음에 주의하여 해당 내용을 쓸 수 있도록 해야 한다.

Check Point

☑ **협력 모형에 따른 세 가지 접근 방법의 장단점**

협력 유형	장점	단점
다학문적 접근	• 서비스 계획과 제공에 하나 이상의 전문가가 참가한다. • 의사결정에 다양한 전문성이 반영된다.	• 통일된 접근을 실행하기 어렵다. • 팀의 결속력과 기여도가 부족하다.
간학문적 접근	• 활동과 교육목표가 다른 영역을 보충하고 지원한다. • 하나로 통합된 서비스 계획에 기여한다. • 서비스 대표자를 통해서 정보를 공유할 수 있다.	• 전문가들의 고집이 협력을 위협할 수도 있다. • 전문가들이 융통성이 없는 경우 효율적이지 못할 수도 있다. • 서비스 대표자의 역할이 불분명하기 때문에 역할 수행에 있어서 독단적일 수 있다.

초학문적 접근	• 다양한 전문 영역 간의 상호작용을 격려한다. • 역할을 공유하도록 권장한다. • 종합적이면서 통일된 계획을 제공한다. • 유아에 대해서 좀 더 잘 이해하도록 돕는다. • 전문가의 지식 및 기술을 향상시키고 전문성을 강화한다.	• 다양한 영역의 전문가 참여가 요구된다. • 서비스 대표자의 역할을 하는 교사에게 가장 큰 책임이 주어진다. • 고도의 협력과 상호작용을 필요로 한다. • 전문가 간의 의사소통과 계획에 많은 시간이 소모된다.

출처 ▶ 이소현(2020 : 242)

35
2016 중등B-8

모범답안 개요

서론	생략
본론	• 평행교수와 스테이션교수의 장점(학습자 측면) 　- 평행교수 : 효과적인 복습이 가능하다. / 학생들의 학습 참여기회가 증가된다. 　- 스테이션교수 : 주의집중을 증가시킨다. / 학생들 간의 모둠활동을 통한 사회적 상호작용의 기회가 증가된다. • 평행교수와 스테이션교수의 차이점 　- 교수 집단의 구성 측면 : 평행교수는 능력 면에서 이질적인 학생들로 두 개의 집단(집단별 15명, 집단별로 장애학생 각 1명 배치)으로 구성하며, 스테이션교수는 교수 내용에 따라 학생들을 세 개의 집단(집단별 10명)으로 구성한다. 　- 교수·학습활동의 내용 측면 : 평행교수는 같은 내용을 각기 다른 방법으로 지도할 수 있으며, 스테이션교수는 각 스테이션별로 다른 내용을 교수한다. • 특수교사의 지원 내용 　- 긍정적 상호작용이 일어날 수 있도록 학습 집단을 구성한다. 　- 집단 내 상호작용 기술, 의사소통 기술 등을 가르친다. 　- 일반학생을 대상으로 장애이해 교육을 실시한다. 등
결론	생략

해설

평행교수와 스테이션교수의 차이점을 기술함에 있어 교수·학습 지도안에 제시된 '대상', '교수·학습활동', '자료 및 유의점' 등을 참고하도록 하고 있다. 해당 내용을 살펴보면 평행교수를 시행할 때의 교수·학습활동은 두 가지, 그리고 스테이션교수에서의 교수·학습활동은 세 가지임을 알 수 있다. 따라서 집단의 구성을 언급함에 있어 평행교수

는 두 개의 집단, 스테이션교수는 세 개의 집단으로 구성한다는 내용이 포함되어야 한다. 또한 교수·학습활동의 내용 측면에서 볼 때 평행교수에서는 개인의 권리와 의무에 관한 내용을 발표하기와 설명식 수업으로 진행하고 있다. 이는 동일한 내용에 대해 각기 다른 방법(또는 학생들의 수준에 적합한 교육을 실시할 수도 있다.)으로 진행할 수 있음을 의미한다.

36
2017 초등B-3

모범답안

2)	ⓓ, 집단별 점수는 팀 구성원의 개별 향상점수 총합의 평균 점수이다.

Check Point

⊘ Jigsaw Ⅱ

개념	• 직소Ⅰ 모형의 개별보상에 집단보상이 추가된 것이다. • 직소Ⅰ보다 과제의 상호 의존성을 낮추고 보상 의존성을 높인 것이다.
실행 절차	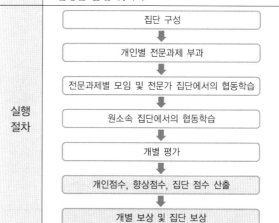

37

모범답안

4)	교수자료의 수정(또는 교수방법의 수정)

해설

4) 교수방법의 수정은 교수가 제시되고 전달되는 방식에서의 수정을 의미하는 것으로 교수활동, 교수전략 및 교수자료의 수정을 포함한다.

Check Point

☑ 교수방법의 수정

교수활동	• 과제를 작은 단계로 나누어서 제시한다. • 과제의 양을 줄인다. • 과제를 쉽게 또는 구체적으로 수정한다. • 과제를 활동 중심적으로 수정한다.
교수전략	• 수업 형태의 수정 : 강의나 시범과 같은 전통적인 교수 형태가 사용될 수 있다. 게임, 모의 실시, 역할 놀이, 발표, 활동 중심적 수업 등 학생들의 활발한 참여와 발견 학습이 중시되는 전략이 사용될 수 있다. • 교육공학 및 보조공학의 활용 : 워드프로세싱, 컴퓨터 보조학습용 소프트웨어 및 장애아동의 기능적 능력을 향상시키는 보조공학 등이 사용될 수 있다. • 행동 강화 전략의 사용 : 수업내용의 효과적 교수를 위하여 행동계약, 모델링, 토큰경제, 부모와 빈번한 의사소통, 즉각적인 개별적 피드백, 칭찬 등이 사용된다. • 정보 제시 및 반응 양식의 수정 : 전체 제시 방법, 부분 제시 방법, 시각적, 청각적 및 촉각적 학습 양식에 따른 정보 제시 방법들을 개별 아동의 다양한 학습 특성에 따라 적합하게 사용한다.
교수자료	학습목표에 도달할 수 있도록 사용되는 매개물인 교수자료를 수정하는 것으로, 교육활동에 필요한 자료를 학생들에게 적합하도록 수정해 가는 과정을 의미한다.

38

모범답안

㉠	상보적 또래교수
㉡	다음 중 택 1 • 관리감독 역할 • 학생을 모니터링하고 피드백과 강화물 제공 • 학생의 과제 수행 행동 증진

39

모범답안 개요

서론	생략
본론	• **장애의 원인론** 　－ 의료적 모델 : 장애를 개인의 신체적, 정신적 제한으로 간주하며, 이를 개인적인 문제와 비극으로 본다. 　　**예** 대화 내용 중 김 교사는 학생 A가 휠체어를 타고 있기 때문에 수학여행에 참여하는 것이 무리라고 한 점, 때에 맞춰 약을 먹어야 하는 개인적인 문제가 있다고 한 점, 일이 생겼을 때 혼자 해결하기 어렵다고 한 점, 장애가 있어서 매사 어려움이 많고 친구들과 어울리기도 힘들다고 한 점 등이 이를 뒷받침한다. 　－ 사회적 모델 : 장애는 개인과 사회와의 관계에서 나타난다고 가정하는 모형 　　**예** 대화 내용 중 이 교사가 인식의 차이, 사회적 환경을 만들어야 함, WHO의 ICF 모델을 언급한 점 등이 이를 뒷받침한다. • **ICF 체계의 모델** 　－ 장애를 바라보는 관점 : 장애란 신체의 기능과 신체의 구조에 문제가 있는 손상이 있거나 개인에 의한 임무 혹은 일상 행위의 활동에 개인이 겪을 수 있는 어려움, 즉 제한이 있거나, 실질적인 생활 환경의 참여에 있어서 경험하게 되는 한계가 있을 때를 장애가 있다고 보는 시각(또는 장애는 개인적 요소와 환경적 요소의 상호작용에 의한 것으로 보는 시각) 　－ 장애의 제한을 최소화하는 방법 : 장애를 최소화하기 위해 개인적 제약을 해결하는 것이 아니라, 결함이나 장애에 대한 사회적 장벽을 해결하려고 한다. • 장애의 개념에 대한 본인의 생각 : 생략
결론	생략

Check Point

(1) 장애의 의학적 모형과 사회적 모형

용어	의학적 모형	사회적 모형
장애	개별적인 부담, 개인적인 비극 또는 개인적 문제인 손상으로 인하여 과제를 수행할 수 없는 존재로서의 조건	장애인의 주류 사회활동에의 참여를 배제하는 환경 설계에 기인하는 불리나 활동의 제한
함의	개인은 사회와 확립된 환경에 적응하거나 적합하게 되기 위하여 더욱 정상적이 되어야 함.	사회는 환경의 설계를 적합하게 하여야 함. 개인차는 정상으로 간주되며, 통합적이고 유연한 환경의 설계를 통하여 수용됨.

(2) 국제 기능·장애·건강분류(ICF) 모델

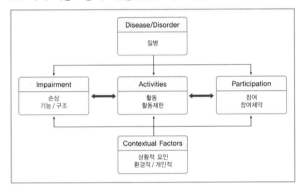

① 장애는 장애 그 자체가 문제인 것이 아니라 장애로 인한 인간의 기능적 제약이 근본적인 문제라는 시각이 대두되면서 장애의 개념을 달리하게 됨.
② 손상과 활동이 개별적 모형의 개념을 포함시킨 것이라면, 참여는 사회적 모형의 개념을 포함시킨 것

40

모범답안

1)	① 대안교수 ② 소집단 구성원을 자주 교체한다.

해설

1) ② 지혜, 진우, 세희와 같이 학습에 어려움이 있는 학생들만으로 소집단을 구성할 경우 이 학생들만을 대상으로 하는 교수가 증가하고 이로 인해 분리된 학습 환경이 조성되는 문제점이 있다. 따라서 소집단 구성원을 자주 교체해 줄 필요가 있다.

41

모범답안

• ㉠ 각 학생의 학습 속도 및 수준에 적합한 학습지를 제공한다.
• ㉡ 형성평가에서 80% 이상 성취하면 단원평가를 치른다.
• 기호와 이유
  ㉢ 학생 C에 대한 언어적 촉진을 점진적으로 증가시키면 의존성이 생길 수 있기 때문이다.
  ㉥ 장소를 옮기는 데 어려움을 보이므로 자리를 수시로 바꾸며 진행하는 것은 적절하지 않기 때문이다.

Check Point

⊘ **팀 보조 개별학습에서의 평가**
① 형성평가에서 80% 이상 도달되면 집단에서 주는 합격증을 받고 단원평가를 치르고, 집단점수는 각 집단 구성원이 해결한 평균 단원수와 단원 평가의 점수를 기록해서 계산한다(신진숙, 2014 : 118-119).
② 학생들은 이 프로그램의 어느 수준에 위치하고 있는지를 알기 위해 사전 검사를 받는다. 그러고는 4~5명의 이질적인 팀에 배정이 되고 팀 내에서 개인별 단원으로 공부한다. 각각 단원에는 단계적 습득을 위한 지시와 설명문, 여러 장의 기능 문제지, 확인 검사지, 그리고 최종 검사지와 정답지가 있다. 학생들은 4문제를 계산한 후 팀 동료와 교환하여 정답을 채점한다. 4문제가 다 정답이면 다음의 기능 문제지로 건너뛸 수 있으며, 오답이 있으면 다른 4문제를 계산한다. 기능 문제지를 다 마치면 확인 검사를 받으며, 8개 이상이면 최종 검사를 받을 수 있다(송준만 외, 2016 : 280-281).

42

모범답안

• ㉠ 초학문적 팀 모델
  ㉡ 원형진단

43

모범답안

1)	① 스테이션교수 ② 다음 중 택 1 • 능동적인 학습 환경을 제시한다. • 소그룹을 전제하므로 주의집중을 증가시킬 수 있다. • 협동과 독립성을 증진시킨다. • 학생들 간의 모둠 활동을 통한 사회적 상호작용의 기회가 증가된다. • 전략적으로 집단을 구성할 수 있다.

해설

1) ① '유아들은 세 가지 활동에 모둠으로 나누어 참여했다.', '한 활동이 끝나면 유아들끼리 모둠별로 다음 활동으로 이동해 세 가지 활동에 모두 참여할 수 있도록 해주었다.'와 같은 단서를 통해 스테이션교수임을 알 수 있다.

44

모범답안

3)	ⓐ 전학급 또래교수 ⓑ 전문가 또래교수

해설

3) ⓐ 전학급 또래교수(CWPT)는 학급구성원 모두가 또래교수에 참여하는 형태로 학생들이 짝을 지어 역할을 바꾸어 가면서 서로를 가르치는 상보적 또래교수에 해당한다.

ⓑ 일대일의 형태로 또래교수가 이루어지면서 학습 수준이 높은 학생이 낮은 학생을 지도하는 교수자 역할을 수행하는 또래교수 모형은 전문가 또래교수이다.

45

모범답안

1)	동일한 학습활동을 하지만 실과가 아닌 국어의 교수목표를 지도하려고 하기 때문이다.

해설

1) 실질적으로 실과 수업 시간이지만 해당 교과 시간에 은지에게는 실과의 수업목표가 아닌 다른 교과, 즉 국어과의 학습목표를 지도하려고 하기 때문에 중복 교육과정이라고 할 수 있다.

46

모범답안 개요

서론	교수적 수정의 필요성	• 통합학급에서 장애아동이 일반학급에서 주로 사용되는 일반적인 교수방법으로는 학습하기가 어렵기 때문에 • 특수교육대상자를 통합학급에서 효과적으로 그리고 각자에게 유의미하게 지도하기 위해
본론	교수적 수정의 적용	• 학생 A－교육내용－시각적 수행능력에 따른 수준 조절 • 학생 B－교육방법－동영상 자료에 자막 제공 • 학생 C－교수 집단화－집단 구성원의 수를 적게 구성
	평가수정 방법	• 시각장애 학생 A－반응 형태의 수정 **예** 대체문항 제공, 점자 답안지 제공, 확대 답안지 제공, 점자정보단말기로 답안 작성, 컴퓨터로 답안 작성, 답안지 이기요원 배치 등 • 청각장애 학생 B－제시 형태의 수정 **예** 수어 제공, 비디오 제공, 필답 대체, 등 • 자폐성장애 학생 C－시간 조정 **예** 휴식 시간 조정(또는 학생이 집중할 수 있는 시간대에 시행)
결론	교수적 수정의 한계 및 보편적 학습설계의 시사점	교수적 수정을 장애학생의 낮은 학업 능력 수준에 맞게 일반학교 교육과정을 하향화하는 수단으로 오해할 소지가 크다. 따라서 교수적 수정은 장애학생의 학업 능력에 대한 보다 높은 기대를 가지고, 이들이 일반학교 교육과정에 접근하고 참여하고 성취하도록 하기 위한 수단으로 활용되어야 한다. 교수적 수정은 장애학생에 대한 낮은 기대를 가지고 일반학교 교육과정에 대한 하향식 접근을 하기 위한 도구가 아니라, 보다 높은 기대를 가지고 장애학생이 일반학교 교육과정에 접근하도록 하기 위한 도구로 활용되어야 함에 주목할 필요가 있다.

Check Point

⊘ 평가조정

(I) 평가수정 방법(국립특수교육원, 2003)

① Thurlow 등(1993, 2000), 김동일(1995)에 따르면 검사의 수정이나 조정의 형태는 크게 제시형태의 조정(**예** 점자본, 확대경 이용, 글자 확대, 지시 및 문제 구술, 수화 지시), 반응형태의 조정(**예** 템플리트(글자판)이용, 구두 반응, 컴퓨터/타자기 이용, 수화 반응), 검사시간의 조정(**예** 검사시간 연장, 검사 중의 휴식, 몇 차례로 나누어 실시), 그리고 검사환경의 조정(**예** 재택 실시, 본인의 학교나 학급에서 실시, 고사장에서 단독 실시, 소수집단 실시) 등의 4가지로 나누어 볼 수 있다(김동

일, 2002 ; 국립특수교육원, 2003 : 50-51 재인용). 다음은 이러한 검사 조정의 형태별로 고려할 수 있는 방법들을 예시한 것이다.

제시형태	반응형태	검사시간/스케줄	검사 환경/기타
① 점자로 된 시험지	① 점자 응답	① 시간연장	① 독립공간
② 확대 인쇄	② 구두 응답 (대필)	② 잦은 휴식	② 조명시설
③ 확대경(또는 확대독서기)	③ 문제지에 응답(또는 별도의 답안지)	③ 긴 휴식	③ 증폭/방음시설
④ 대독자(읽어주기)	④ 수화 응답	④ 분할 실시	④ 장애인용 책상
⑤ 녹음테이프	⑤ 의사소통판 이용	⑤ 스케줄(요일, 시간대 등) 조정	⑤ 장애인 편의시설
⑥ 비디오녹화테이프	⑥ 컴퓨터 장비		⑥ 주의산만 시각 자극 제거
⑦ 의사소통판 이용			⑦ 재택(또는 병원) 실시
⑧ 청각보조기			
⑨ 세심한 시험지 편집(줄 간격, 여백 등)			

② 다양한 검사 조정의 형태들과 장애유형별로 검토 가능한 검사 조정 방법을 시각장애, 청각장애, 지체장애, 학습장애 유형을 중심으로 정리하면 다음과 같다(국립특수교육원, 2003 : 53).

장애유형	평가조정의 형태			
	제시형태	반응형태	검사시간/스케줄	검사 환경/기타
시각장애	점자, 글자확대, 확대경(또는 확대기) 이용, 대독 또는 녹음테이프	점자 응답(점자판/점필 이용) 또는 구두응답, 별도 답안지(답안 이기),	시간연장(예 1.5배/20분), 잦은 휴식	별도 시험실(적절한 조명, 큰 책상)
청각장애	수화 통역, (비디오), 청각보조기(보청기 등) 사용	수화 응답(답안 이기)	(시간연장)	별도 시험실(증폭, 방음 등), 듣기평가-필답고사로 대체
지체장애	보완대체 의사소통 기구 또는 컴퓨터	문제지에 응답, 템플리트(글자판), 응답 영역 보호 자석/테이프, 구두 응답 또는 가리키기, 대필(뇌성마비)	시간연장(예 20분), 잦은 휴식	별도 시험실(1층, 경사로 등 접근성 확보, 휠체어용 책상, 연필잡이, 기타 편의시설 등)
학습장애	(읽기, 쓰기, 수학)-대독 또는 녹음(비디오)테이프, 읽기 보조기, 확대 활자, 문항 간 줄 간격 조정, 충분한 여백, 밑줄 또는 강조 인쇄(키워드) 등	쓰기 보조기, 컴퓨터보조기 등	(시간연장)	별도 시험실(자리 배치), 계산기 이용 등

(2) 평가조정 방법(국립특수교육원, 2016)
① 시각장애 학생을 위한 평가조정 방법 예시

과목	평가방법	평가조정 방법				
		평가운영		평가구성		점수부여
		환경조정	시간조정	제시형태	반응형태	
수학	지필평가	비장애학생과 같음	시험시간 1.5배 연장	확대 그림 제공	확대답안지에 답안 제출	비장애학생과 같음
미술	실기평가	비장애학생과 같음	시험시간 1.5배 연장	점토와 은박지 제공함	인물을 입체적으로 표현하게 함	평가 기준에서 채색은 제외함
체육	실기평가	• 골대 뒤와 경기장 중앙에 가이드를 배치함 • 방울이 들어있는 특수공 사용 • 조용한 실내에서 경기를 시행함	비장애학생과 같음	• 가이드는 패스할 상대방의 위치를 소리로 알려줌 • 킥을 찰 때 골대 뒤의 가이드가 골대의 위치를 알려줌	비장애학생과 같음	• 자세와 태도 평가는 비장애학생과 같음 • 킥의 기회를 2회 더 제공함

출처 ▶ 국립특수교육원(2016 : 51)

② 청각장애 학생을 위한 평가조정 방법 예시

과목	평가방법	평가조정 방법				
		평가운영		평가구성		점수부여
		환경조정	시간조정	제시형태	반응형태	
국어	지필평가	비장애학생과 같음	비장애학생과 같음	듣기 평가는 필답으로 대체함	듣기평가 시 청각보조기를 착용하고 개별 평가함	비장애학생과 같음
수학	지필평가	비장애학생과 같음	비장애학생과 같음	문장제 문제를 복문에서 단문으로 조정함	비장애학생과 같음	비장애학생과 같음
음악	실기평가	비장애학생과 같음	비장애학생과 같음	리코더 불기 대신 실로폰 치기로 대체 과제 제시	리코더 연주에 맞춰 실로폰으로 대선율(주요 가락)을 연주함	비장애학생과 같음
체육	실기평가	비장애학생과 같음	비장애학생과 같음	시작, 중지, 계속을 시각적 신호(깃발로 제시함	팀당 인원을 5명이 아닌 4명으로 줄여서 간이 농구 실시	비장애학생과 같음

출처 ▶ 국립특수교육원(2016 : 53)

모범답안

2)	① ㉡ 간학문적 팀 접근 　㉢ 초학문적 팀 접근 ② 다음 중 택 1 　• 원형진단을 통해 진단에 소모되는 실질적인 시간을 절약할 수 있다. 　• 역할방출을 통해 효과적인 중재를 제공한다. 　• 아동이 의미 있고 기능적인 활동을 수행하는 장면에서 중재를 받을 수 있다.

해설

2) ㉡ '진단과 중재를 각각 하지만 팀 협의회 때 만나서 필요한 정보들을 공유'를 단서로 간학문적 접근임을 유추할 수 있다.

• 간학문적 접근의 진단 모델은 다양한 영역의 전문가가 서로 밀접하게 의사소통을 함으로써 진단과 교육 계획이 좀 더 화합된 형태로 이루어질 수 있는 협력적 접근 방법이다. 간학문적 접근의 진단에서도 다학문적 접근에서와 같이 진단 과정에서는 각 영역의 전문가가 독립적으로 작업을 하지만 그 과정과 결과의 보고에 있어서 서로 정보를 교환하고 협력하게 된다. 그러나 많은 경우에 있어서 전문가 간 의사소통에 문제가 있는 것으로 지적되고 있는데, 이것은 각 영역의 전문가가 다른 영역의 전문성에 대해서 완전하게 이해하지 못할 뿐만 아니라 전문성에 따라서 교수의 우선순위나 방법에 대한 의견이 다를 수 있기 때문이다. 즉 전문가 간 의사소통 체계를 갖추었다고 하더라도 그러한 의사소통 자체가 의사소통 과정에서 자동적으로 동일한 결론을 내려주지는 않는다는 것이다(이소현, 2020 : 239).

㉢ '함께 교육진단', '전 과정에서 함께 협력' 등을 단서로 초학문적 접근임을 유추할 수 있다.

• 초학문적 접근의 진단은 팀 구성원 간 의사소통과 협력을 최대화하기 위한 노력으로 개발된 방법이다. 초학문적 진단은 가족과의 협력을 통해서 진단 과정의 모든 절차를 공유하며, 더 나아가서는 팀 전체가 서로 지식과 기술을 나누는 하나의 단위로 기능한다는 특성을 지닌다. 초학문적 팀이 다른 접근과 가장 크게 다른 점은 팀의 모든 구성원이 진단과 교육 계획에 함께 책임을 지고 참여하게 되지만 유아에게 주어지는 실질적인 교육 활동은 가족과 주요 서비스 제공자에 의해서 행해진다는 것이다(이소현, 2020 : 240).

48

모범답안

2)	㉢ 다음 중 택 1 • 모둠 구성원들의 개별 책무성을 강화할 수 있도록 능력별로 역할을 분담할 수 있는 과제를 부여한다. • 능력이 뛰어난 학생에게 과제 해결을 지원하는 역할을 부여한다. ㉣ 동등하게 기여하였는지와 관련된 팀 구성원의 평가를 반영하여 팀 성적을 산출하고 이에 따라 보상한다.

Check Point

☑ 협동학습에서의 문제행동과 해결 전략

문제행동	적용 가능한 전략
집단에 대한 기여도 부족	• 집단 구성원에게 명시적인 역할과 책임을 분배한다. • 왜 기여도가 적은지 알아내기 위해 집단으로 하여금 그 문제에 대해 토의하도록 한다. • 기여도가 적은 학생과 함께 왜 참여하지 않는지 토의한다. 그들과 함께 문제를 해결한다. • 그 집단이 교사의 중재 없이 문제를 해결할 것이라 믿는다. • 집단 구성원이 평가되는 범위(예 팀 구성원의 평가에 개별 기여도를 포함하여 점수화함)를 바꾼다. • 학생이 완성해야 할 활동의 질을 평가한다.
위축된 행동	• 위축된 행동을 가진 학생을 '지원해 줄' 학생이 속한 집단에 배치한다. • 나눔과 상호작용이 필요한 활동과 자료를 고안한다. 예 가위를 한 개만 제공한다거나, 직소 구조를 포함한다. • 위축된 행동을 하는 학생에게 '위험성은 낮지만' 참여가 요구되는 역할과 책임을 부여한다.
저성취 학생	• '위험성이 낮고' 적합한 역할과 책임을 부여한다. • 학생이 집단 과제와 관련된 특정 영역에서 전문가가 되도록 미리 코치한다. • 다른 집단 구성원이 해당 학생을 도와줄 것이고 지원해 줄 것이라는 점을 보장한다.
파괴적인 행동을 보이는 학생	• '해당 학생을 따돌리거나' 파괴적인 행동을 하도록 자극하는 다른 집단 구성원과 함께 배정하지 않는다. • 해당 학생을 관리하기 위한 전략을 다른 집단 구성원에게 미리 가르친다. • 분열적인 행동이 발생하는 상황을 사용하여 모든 학생에게 협력 기술을 가르친다. • 집단 내 학생 수를 줄인다. 분열적인 행동을 가진 학생에게는 파트너 관계만을 사용하는 방안을 고려한다.
집단을 지배하는 학생	• 해당 학생에게 지배하기보다는 지원하는 역할을 부여한다. • 과제 혹은 참여 분량과 질을 평가준거의 일부로 포함한다. 예 성적의 일정 부분이 동등하게 기여하는지와 관련된 다른 팀 구성원의 평가에 기초한다.

출처 ▶ Prater(2011)

49

모범답안

• ㉠ 능력 면에서 이질적인 소집단으로 구성한다.
• ㉣ 팀원의 개별 향상점수 총합의 평균을 산출하여 집단 점수를 부여한다.

해설

㉣ 학생집단 성취모형(또는 모둠성취분담모형)에서 교사는 학생 개인별로 기본점수를 측정한 후 협동학습 후에 기본점수로부터 향상된 점수를 산출하고, 각 개인의 향상점수의 평균으로 모둠점수를 계산하여 보상하게 된다.

50

모범답안

1)	팀티칭(또는 팀교수)

Check Point

☑ 팀티칭의 장단점

장점	단점
• 체계적 관찰과 자료수집이 가능하다. • 역할과 교수내용의 공유를 돕는다. • 개별적인 도움을 주기 쉽다. • 학업과 사회성에 있어서 적절한 도움을 구하는 행동의 모델을 보여 줄 수 있다. • 개념, 어휘, 규칙 등을 보다 명확하게 할 수 있다.	• 학습을 풍부하게 하는 것이 아니라 교사의 업무를 분담하는 것에 머무를 수 있다. • 많은 계획을 필요로 한다. • 모델링과 역할놀이 기술을 필요로 한다.

51

모범답안

• ㉠ 평가방법의 수정
• ㉡ 대안교수
대안교수는 추가적이거나 부가적인 도움을 필요로 하는 별도의 집단을 대상으로 지원을 제공하고, 교수-지원 모형은 별도의 집단을 구성하지 않고 모든 학생들 중 도움을 필요로 하는 개별학생을 대상으로 지원을 제공한다.

해설

㉠ 제시된 내용을 평가조정 유형별로 세분화하면 다음과 같다.

• 학생 D에게는 시간을 더 주고 : 시간 조정
• 글보다 도식과 같은 그림으로 표현하게 하여 : 반응형태 조정

ⓒ 학습 집단 구성 측면에서 대안교수와 교수-지원모형을 비교해야 한다.

52

모범답안

3)	① 다음 중 택 1 • 달리기 거리를 짧게 한다. • 난간을 잡고 달리게 한다. ② 다음 중 택 1 • 테이프 선의 길이를 짧게 해준다. • 테이프 선을 난간으로 대체한다.

해설

3) 아람이는 GMFCS 2단계로 실내에서는 손으로 잡는 보행보조기가 없이 걸을 수 있고 바닥이 평평한 실외에서 짧은 거리를 걷는 것은 가능하지만 달리거나 뛸 수 없다. 따라서 이와 같은 특성을 반영하여 교수활동과 교수자료의 수정이 있어야 한다.

Check Point

⊘ 교수방법의 수정

교수 활동	• 교수할 수업의 과제 특성을 바꿔 수업의 효과성과 효율성을 추구하는 것 • 다음과 같은 활동 포함 　- 교수할 주요 과제를 작은 단계로 나누는 것 　- 과제의 양을 줄이는 것 　- 과제를 쉽게 또는 구체적으로 수정하는 것 　- 과제를 활동 중심으로 수정하는 것		
교수 전략	교수활동의 맥락에서 내용을 효과적으로 교수하기 위하여 수업의 형태 및 공학의 활용, 행동원리, 정보제시 방법 및 반응 양식 등을 수정하는 것		
	수업형태	강의, 시범, 게임, 역할놀이, 활동중심적 수업 등의 적용	
	교육공학 및 보조공학	교수-학습용 소프트웨어 혹은 보조공학기기 등의 활용	
	행동강화 전략	각종 행동원리, 즉각적인 피드백 제공 등의 활용	
	정보제시 및 반응양식	다양한 정보제시 및 반응양식 수용	
교수 자료	교사가 사용하는 모든 교수자료 자체를 장애학생 개개인의 능력과 수준에 맞게 변화시키거나 새롭게 만드는 것 예 저시력 학생을 위해 자료에 제시되어 있는 그림의 경계를 더욱 진하게 그어주기 등		

53

모범답안

2)	① 교수자료의 수정 ② 꽃 향기가 나지 않는 물비누를 이용한다.(또는 꽃 향기가 나지 않는 비누를 거치대에 고정시킨다.)
3)	ⓛ 교수-지원 ⓒ 대안교수

해설

2) ② 꽃 향기를 싫어한다는 점과 손근육 발달이 늦어서 손으로 비누 잡는 것을 어려워 한다는 점을 동시에 고려하는 것이 바람직하다.
　• 유아특수 저서(예 이소현, 2011 : 246)에서 교육과정 수정(유아가 기존의 일과와 활동에 참여할 수 있도록 촉진하기 위해서 진행 중인 학급 활동이나 교재를 변경하는 것)을 위한 전략으로 소개되는 교육과정 수정 전략, 즉 환경적 지원, 교재 수정, 활동의 단순화, 선호도 활용, 특수 교재 활용, 성인 지원, 또래 지원, 눈에 보이지 않는 지원과는 구분되어야 한다. 교육과정 수정 전략들은 크게 환경적 요소를 수정하거나 교수적 요인을 수정하는 두 가지 수정 전략으로 나누기도(이소현, 2011 : 246) 하지만 제시된 문제는 교수적 수정의 유형을 묻고 있음에 주의한다.

54

모범답안

3)	① : 교수-지원 ② : 대안교수는 추가적이거나 부가적인 도움을 필요로 하는 별도의 집단을 대상으로 지원을 제공하고, 교수-지원 모형은 별도의 집단을 구성하지 않고 모든 학생들 중 도움을 필요로 하는 개별학생을 대상으로 지원을 제공한다.

해설

3) ① 통합학급 교사는 전체 수업을 진행하고, 특수교사는 학급을 순회하며 전체 학생을 관찰하고 지원하는 형태로 학생들에게 학습전략을 개별지도한다는 내용에 근거할 때 협력교수의 유형은 교수-지원이다.

55

모범답안

2)	고정형 자전거 주변에 매트를 깔아준다.

해설

2) 교수환경의 수정은 학급의 물리적, 사회적 환경을 학생의 학습목표 달성을 촉진하기 위해 수정 및 보완하는 것으로 물리적 환경과 사회적 환경의 수정이 포함된다.

Check Point

⊘ **교수환경의 수정의 예**

영역	교수환경 수정
물리적 환경	• 교사와 상호작용이 용이하도록 앞줄 중앙에 배치 • 학습활동 시 또래 지원이 용이한 학생과 짝이 되게 함. • 학습활동 시 불필요한 소음을 줄임. • 모둠활동 시 또래와 상호작용을 원활히 할 수 있는 자리에 배치 • 장애학생의 접근성과 안전을 위해 교실을 1층에 배치
사회적 환경	• 월 1회 장애인식 개선 활동 • 장애학생의 학급활동 참여를 위해 학급 내 역할 부여하기 • 장애학생에게 일부 수정된 규칙 적용하기 • 장애학생의 참여를 위해 모둠활동 시 협력적 과제 부여하기 • 교사가 모든 구성원에게 동등한 배려와 관심 갖기

출처 ▶ 최세민 외(2010)

56

모범답안

2)	다음 중 택 1 • 축구공을 큰 것으로 바꿔준다. • 축구공을 가벼운 것으로 바꿔준다. • 축구골대를 큰 것으로 바꿔준다.

57

모범답안

3)	① 능력 면에서 이질적인 집단으로 구성한다. ② 동일한 내용에 대해 집단 간 동일 수준으로 성취하기가 어려울 수 있다.

해설

3) ② (나)의 마지막 박 교사 발화 내용 중 "~공놀이를 준비하면서 사전에 구체적인 계획도 세우고 놀이 진행에 대한 충분한 협의를 했었는데"를 통해 수업에 대해서는 충분한 조율이 있었음을 짐작할 수 있다. 그러나 실제 수업 결과 박 교사가 지도한 빨간 팀과 김 교사 지도한 파란 팀의 성취 수준은 각기 다른 것으로 나타났다. 따라서 이는 평행교수 형태를 통해 동일한 내용을 지도하더라도 모둠 간 동일 수준으로 성취하기 어려울 수 있음을 보여준다.

Check Point

⊘ **평행교수의 장단점**

장점	단점
• 효과적인 복습이 가능하다. • 학생의 반응을 독려할 수 있다. • 집단학습과 복습을 위한 교사-학생 간 비율을 감소시킨다.	• 동일한 내용에 대해 모둠 간 동일 수준으로 성취하기가 어려울 수 있다. • 두 교사 간 활동을 설명하는 수준의 난이도와 수업 진행 속도에 대한 조율이 어렵다. • 상대방 교사의 속도에 대해 점검해야 한다. • 모둠 간의 경쟁이 가열될 수 있다.

58

모범답안

3)	ㄹ은 개별보상만 제공되지만 ㅁ은 집단보상이 이루어지므로 민호가 활동에서 소외되지 않을 가능성이 높기 때문이다.

59

모범답안

- ⓒ 교수활동의 수정(또는 교수방법의 수정)
  학생 A가 탬버린 소리를 듣고 티볼 공의 위치를 확인하여 배트로 칠 수 있도록 불필요한 소음을 줄인다.

해설

ⓒ 과제를 더욱 세분화하여 가르치는 활동은 교수방법의 수정 중 교수활동의 수정에 해당하는 내용이다. 교수활동의 수정에 해당하는 활동에는 과제를 작은 단계로 나누어 제시하는 것 이외에도 과제의 양을 줄이기, 과제를 쉽게 또는 구체적으로 수정하기, 과제를 활동 중심적으로 수정하기 등이 포함된다.

- 물리적 환경의 수정은 조명, 소음, 교수자료의 위치, 접근성의 수정을 포함한다. 따라서 ㉠에 제시된 준비물(티볼 공, 배트, 탬버린)을 이용하여 학생 A가 수업에 참여할 수 있도록 환경을 수정해 주는 내용을 제시해야 한다. 준비물의 수정은 대안적 교수자료를 제공하는 교수방법의 수정으로 분류되므로 주의하도록 한다.

Check Point

⊘ 교수적 수정의 유형 및 방안

유형	구체적인 방안
교수환경의 수정	• 물리적 환경 : 조명, 소음, 교수자료의 위치, 접근성 • 사회적 환경 : 사회적 분위기, 소속감, 평등감, 존중감, 장애이해 교육
교수집단의 수정	• 학생들의 교수적 집단 배열의 수정 : 대집단, 소집단, 협동학습, 또래교수, 일대일 교수, 자습
교수방법의 수정	• 교수활동의 수정 : 난이도, 양 • 교수전략의 수정 : 수업 형태, 교육공학, 행동강화 전략, 정보 제시 및 반응양식 등 • 교수자료의 수정 : 대안적 교수자료

교수내용의 수정	• 교육과정 내용을 보충 혹은 단순화, 변화시키는 방법
	  – 동일한 활동과 교수목표, 동일한 자료
	  – 동일한 활동의 쉬운 단계, 수정된 교수목표, 동일한 교수자료
	  – 동일한 활동, 수정된 목표와 자료
	  – 동일 주제, 다른 과제와 수정된 목표
	  – 수정된 주제와 활동

평가방법의 수정	• 시험시간의 융통성 • 시험방법의 수정 • 대안적 평가 : 교사 공동평가, IEP 수행 평가

출처 ▶ 박승희(1999 : 송준만 외, 2022 : 258 재인용)

60

모범답안

3)	① 또래를 도와줄 마음과 의욕 ② 또래교수를 제대로 수행하는지 점검하고, 문제가 있는 부분은 수시로 교정한다.

해설

3) ① 상우는 재희랑 놀 때 어떻게 해야 하는지 궁금해 하며, 재희가 다른 친구들하고도 즐겁게 놀이할 수 있는 방법을 알려주고 싶어 할 정도로 또래를 도와줄 마음과 의욕이 넘친다.

- 일반적으로 또래교사 역할에 적당한 학생은 수업 대상내용을 어느 정도 잘 알고 있고, 또래를 도와줄 마음과 의욕이 넘치며, 필요한 방법과 기법에 관한 훈련을 기꺼이 받으려는 학생이 이상적이다(이대식 외, 2018 : 337).

Check Point

⊘ 또래교수 실행 절차

또래교수를 효과적으로 운영하기 위해서는 먼저 또래교수를 통하여 성취할 구체적인 목표와 활동을 계획한 후, 교육내용에 대해 잘 알고 있는 학생을 또래교사로 선정하고 또래교사로서의 역할을 훈련해야 한다. 또래교사와 또래교사의 도움을 받을 학생을 짝 짓고, 교사는 정기적으로 또래교수를 감독하며 효율성을 평가해야 한다(송준만 외, 2022 : 296).

61

모범답안

3)	㉠ 스테이션교수 한 장소(스테이션)에서 다른 장소로 계획된 시간 내에 유아들이 이동할 수 있도록 교수에 상호 보조를 맞추어야 한다.

62

모범답안

1) 교수환경의 수정

해설

지문 돋보기

- 도덕 수업을 오전에 배치함: 물리적 환경의 수정
- 교탁과 가까운 곳에 좌석을 배치하고, 주의집중 방해 요인을 제거함: 물리적 환경의 수정
- 해당 모둠 영역 안에서만 활동을 하게 함: 사회적 환경의 수정

1) [B]에는 물리적 환경의 수정에 대한 내용뿐만 아니라, 바닥에 색 테이프를 붙여 해당 모둠 영역 안에서만 활동을 하게 하는 일부 수정된 규칙을 적용하는 사회적 환경의 수정에 대한 내용을 모두 포함하고 있다.

63

모범답안

- ㉠ 중복 교육과정
  대안 교육과정은 통합교육 장면으로부터 학생 A를 분리하지만 중복 교육과정은 분리하지 않아도 된다.
- ㉡ 자율적 협동학습 모형

해설

㉡ 제시된 내용을 자율적 협동학습 모형의 절차에 따라 구분하면 다음과 같다.

지문 돋보기

- 교사와 학생이 토의하여 학습할 주제를 선정: 소주제 결정
- 자신이 원하는 주제를 선택, 원하는 모둠에 들어감: 모둠 구성
- 소주제를 분담: 소주제에 대한 미니 주제 선정
- 조사한 결과를 발표, 전체 학급에서 발표할 보고서를 준비: 협동학습 및 발표 준비
- 전체 학생들 앞에서 발표: 학급 보고

Check Point

✓ 자율적 협동학습 모형

① 전체 학급에서 교사가 제시한 주제에 대하여 학생들이 대략적인 토의를 한 뒤, 여러 소주제로 나누고, 자신이 원하는 소주제를 다루는 소집단에서 토의를 통하여 조사하는 방법(= 도우미 학습)

② 소주제를 탐구하는 과정에서 학생 개개인의 흥미나 관심에 따라서 세부적인 간단한 주제를 선택하여 학습함으로써 모둠학습에 보다 적극적으로 참여하도록 하는 구조로 진행된다. 구체적인 절차는 다음과 같다.

【탐구 주제 제시】
교사는 탐구 주제를 선정하여 아동들에게 소개한다.

⇩

【소주제 결정】
교사가 제시한 학습주제에 대해 학급토론을 개최하고 최종적으로 다룰 소주제를 선정한다.

⇩

【모둠 구성】
소주제 중 아동들은 자신이 학습하고자 하는 주제를 선택하고, 아동들이 선택한 주제를 중심으로 모둠을 편성한다.

⇩

【모둠 내 역할 분담 및 개별 탐구학습】
각 모둠은 소주제와 관련하여 모둠 구성원들의 흥미에 따라 역할을 분담한 후 개별적으로 해당 주제에 대한 정보를 수집하고 개별 학습한다.

⇩

【소주제에 대한 미니 주제 선정】
모둠 구성원들은 소주제를 탐구하는 과정에서 아동 개개인의 흥미나 관심에 따라서 세부적인 간단한(mini) 주제를 선택하여 학습함으로써 모둠학습에 보다 적극적으로 참여하도록 한다.

⇩

【협동학습 및 발표 준비】
각자가 학습했던 소주제들을 팀 구성원들에게 제시한 후 종합하여 모둠별 보고서를 만든다.

⇩

【학급 보고】
각 모둠은 전체 학급을 대상으로 결과물을 발표한다.

⇩

【평가】
팀 동료에 의한 팀 기여도 평가, 교사에 의한 소주제 학습기여도 평가, 전체 학급 동료들에 의한 팀 보고서 평가 등 세 가지 수준에서 평가가 이루어진다.

본책 p.185

01
2009 유아1-36

[정답] ⑤

[해설]

ㄱ. 풍부한 자료 수집과 신뢰도와 타당도 확보는 무관하다.

02
2009 유아1-11

[정답] ④

[해설]

아동·청소년 행동평가척도(K-CBCL)에서 내재화 문제척도는 위축, 신체증상, 우울/불안척도의 합이며, 외현화 문제척도는 비행, 공격성척도의 합이다. 따라서 ④ 어머니가 작성한 프로파일에 의하면 은비는 내재화문제보다 외현화문제를 더 많이 나타내는 것으로 보인다.

03
2009 초등1-2

[정답] ④

[해설]

① 학생의 장애 여부와 특성 및 정도에 관한 정보를 파악하는 것은 진단이다.
② 개별화교육계획 작성에 필요한 학생의 현행 수준을 파악하는 것은 (교육)진단이다.
③ 진도 점검은 형성평가로 학기 중에 이루어지며, 프로그램 평가는 총괄평가로 학기 말에 시행한다.
⑤ 프로그램의 효과를 파악하기 위하여 필요할 때마다 학생의 진전에 관한 정보를 수집하는 것은 프로그램 평가 중 형성평가에 관한 내용이다.

04
2009 초등1-13

[정답] ①

[해설]

ㄹ 개별화교육지원팀은 교육장이 아닌 각급학교의 장이 구성하도록 되어 있다. 따라서 진희가 배치된 초등학교의 장이 진희를 위한 개별화교육지원팀을 구성해야 하는 것이다.
ㅁ 매 학기 시작일로부터 30일 이내에 개별화교육계획을 작성하여야 한다.

Check Point

(1) 장애인 등에 대한 특수교육법
제22조(개별화)
① 각급학교의 장은 특수교육대상자의 교육적 요구에 적합한 교육을 제공하기 위하여 보호자, 특수교육교원, 일반교육교원, 진로 및 직업교육 담당 교원, 특수교육 관련서비스 담당 인력 등으로 개별화교육지원팀을 구성한다.
② 개별화교육지원팀은 매 학기 마다 특수교육대상자에 대한 개별화교육계획을 작성하여야 한다.
③ 특수교육대상자가 다른 학교로 전학할 경우 또는 상급학교로 진학할 경우에는 전출학교는 전입학교에 개별화교육계획을 14일 이내에 송부하여야 한다.
④ 특수교육교원은 제1항부터 제3항까지의 규정에 따른 업무를 수행하기 위하여 각 업무를 지원하고 조정한다.
⑤ 제1항에 따른 개별화교육지원팀의 구성, 제2항에 따른 개별화교육계획의 수립·실시 등에 관하여 필요한 사항은 교육부령으로 정한다.

(2) 장애인 등에 대한 특수교육법 시행규칙
제4조(개별화교육지원팀의 구성 등)
① 각급학교의 장은 법 제22조 제1항에 따라 매 학년의 시작일부터 2주 이내에 각각의 특수교육대상자에 대한 개별화교육지원팀을 구성하여야 한다.
② 개별화교육지원팀은 매 학기의 시작일부터 30일 이내에 개별화교육계획을 작성하여야 한다.
③ 개별화교육계획에는 특수교육대상자의 인적사항과 특별한 교육지원이 필요한 영역의 현재 학습수행수준, 교육목표, 교육내용, 교육방법, 평가계획 및 제공할 특수교육 관련서비스의 내용과 방법 등이 포함되어야 한다.
④ 각급학교의 장은 매 학기마다 개별화교육계획에 따른 각각의 특수교육대상자의 학업성취도 평가를 실시하고, 그 결과를 특수교육대상자 또는 그 보호자에게 통보하여야 한다.

05

정답 ④

해설

① 모둠활동 평가에서는 과정중심의 평가, 종합평가에서는 결과중심의 평가를 실시하였다. 따라서 ④ 학생의 수행 과정과 결과에 초점을 맞추어 평가하였다고 볼 수 있다. '학습의 과정과 결과를 모두 중시하는 평가'는 수행평가의 일반적 특징에 해당한다.

② 수행평가는 수행 정도를 평가하는 데 목적이 있다.

Check Point

(1) 수행평가의 정의

본래 의미의 수행평가는 심동적 행동특성을 평가하기 위하여 음악이나 체육 등과 같은 분야에서 주로 사용하던 평가방법으로 학습한 지식이나 습득한 기능, 기술을 얼마나 잘 수행하느냐를 판단하는 평가방법이다. 일반적으로는 관찰에 의존하여 행위를 수행하는 모든 과정과 수행이 끝났을 때의 결과를 종합적으로 판단한다. 그러므로 본래 의미의 수행평가는 행위의 정도를 보여주는 분야에서 개발된 평가방법이라 할 수 있다(성태제, 2019: 388).

▷ 배운 내용이나 지식, 그리고 습득한 기술이나 기능을 행위로 나타내는 정도를 측정하여 판단하는 평가방법

(2) 수행사정의 일반적 특징

① 수업과 평가를 통합함으로써 유의미한 학습 촉진

② 인지적 영역은 물론 정의적 및 심동적 영역 전반에 걸친 총체적 평가 지향

③ 교수-학습의 성과는 물론 과정도 중요한 평가대상으로 고려

④ 학습자의 발달양상을 정확하게 파악하기 위하여 단편적인 영역에 대한 일회적인 평가 지양, 전체적인 영역에 대한 지속적인 평가 지향

⑤ 교육목표의 달성 여부를 실제 상황에서 확인

⑥ 학습의 성공 여부를 판단하기 위해 복합적인 준거 활용

⑦ 평가과제를 수행하는 데 상당한 정도의 시간 허용

⑧ 주로 관찰과 판단을 통한 채점

⑨ 평가결과는 총점이 아니라 프로파일로, 점수가 아니라 서술적으로 보고

06

정답 ①

해설

ㄱ. A의 학업특성상 반전현상이 나타나므로 시지각검사를 실시할 필요가 있다.

ㄴ. 포테이지 발달검사는 영유아 대상의 발달검사이다.

ㄷ. 학습준비도검사는 학습을 위한 기본 능력에 대한 검사로 특별한 조력이 제공되지 않으면 초등학교 2학년 학습을 수행할 만한 준비성이 없는 것으로 생각되는 아동들을 미리 선별하는 데 목적을 두고 개발된 집단검사이며 따라서 유치원 졸업생 또는 초등학교 1학년 초기의 아동들을 대상으로 실시된다. 학습준비도검사는 8개 요인(지식, 신체개념, 정서적 지각, 부모상지작, 놀이지각, 시각-운동협응, 지시순종, 기억)으로 구성되어 있다. 읽기, 쓰기 및 수학 기초학력은 국립특수교육원 기초학력검사(KNISE-BAAT)를 이용하여 측정할 수 있다.

ㅂ. 아동·청소년행동평가척도, 즉 K-CBCL을 통해서는 각 하위척도별 백분위점수와 T점수를 파악할 수 있으며 SA(사회연령)와 SQ(사회성 지수)를 측정할 수는 없다. SA(사회연령)와 SQ(사회성 지수)는 사회성숙도검사를 통해 산출할 수 있다.

ㅅ. <평가도구>의 유형은 지도요소에 대한 수행여부를 파악하고 있으므로 교육과정중심평가라고 할 수 있으며, 기준에 대한 도달(수행 여부)을 파악하고 있으므로 준거참조 검사도구라고 할 수 있다.

ㅇ. 적응행동검사를 통해 A의 적응행동능력을 측정할 수 있으며, 이 검사는 21개 영역의 95개 문항으로 구성되어 있으며 제1부와 제2부로 나누어져 있다. 또한 적응행동검사는 개인요구 충족, 지역사회요구 충족, 개인 및 사회적 책임, 사회적 적응, 개인적 적응의 5개 요인으로 구성되어 있는데 첫 3개 요인은 제1부에 속하고 나머지 2개 요인은 제2부에 속한다. 자조, 이동, 작업, 의사소통, 자기관리, 사회화는 사회성숙도검사의 하위 영역에 해당한다.

07 _____ 2009 중등1-9

정답 ③

해설

① 교육장 또는 교육감은 제1항에 따라 특수교육대상자를 배치할 때에는 특수교육대상자의 장애정도·능력·보호자의 의견 등을 종합적으로 판단하여 거주지에서 가장 가까운 곳에 배치하여야 한다(장애인 등에 대한 특수교육법 제17조 제2항).

② 제3항에서 정하는 심사결정에 이의가 있는 특수교육대상자 또는 그 보호자는 그 통보를 받은 날부터 90일 이내에 행정심판을 제기할 수 있다(장애인 등에 대한 특수교육법 제36조 제6항).

③ 특수교육대상자의 선정 및 배치 절차 과정에서 특수교육지원센터가 보호자에게 직접적으로 통보하는 내용은 없다.

④ 보호자 또는 각급학교의 장은 제15조 제1항 각 호에 따른 장애를 가지고 있거나 장애를 가지고 있다고 의심되는 영유아 및 학생을 발견한 때에는 교육장 또는 교육감에게 진단·평가를 의뢰하여야 한다. 다만, 각급학교의 장이 진단·평가를 의뢰하는 경우에는 보호자의 사전 동의를 받아야 한다(장애인 등에 대한 특수교육법 제14조 제3항).

⑤ 교육장 또는 교육감은 특수교육지원센터로부터 최종의견을 통지받은 때부터 2주일 이내에 특수교육대상자로의 선정 여부 및 제공할 교육지원 내용을 결정하여 부모 등 보호자에게 서면으로 통지하여야 한다. 교육지원 내용에는 특수교육, 진로 및 직업교육, 특수교육 관련서비스 등 구체적인 내용이 포함되어야 한다(장애인 등에 대한 특수교육법 제16조 제3항).

08 _____ 2009 중등1-30

정답 ③

해설

㉠ 그림어휘력 검사는 수용어휘력 측정을 목적으로 한다.
㉢ 구문의미 이해력 검사는 하위 범주가 없으며 57개의 검사문항은 아동 언어학적 관점에서 문법적 요소와 의미적 요소에 초점을 두어 두 부분으로 나눌 수 있다. 원인추론(또는 원인이유)을 측정할 수 있는 검사도구는 언어문제 해결력 검사이다.

Check Point

(1) 그림어휘력 검사
① 목적: 수용어휘력 측정
② 대상: 2세 0개월부터 8세 11개월까지
③ 검사 방법: 4개의 그림 중에서 검사자가 지시하는 것을 아동이 손으로 가리키도록 한다.

(2) 구문의미 이해력 검사(KOSECT)
① 목적: 아동의 구문의미 이해력 측정
② 대상: 4세부터 초등학교 3학년 정도의 구문이해력 범주에 있는 아동
③ 검사 방법: 아동이 검사자가 읽어준 문장을 듣고 그에 해당하는 그림을 지적하게 한다.

(3) 언어문제 해결력 검사
① 목적: 특정 상황에서 대답하는 능력을 평가함으로써, 언어를 통한 문제해결 능력 측정
② 대상: 만 5세부터 12세까지
③ 검사 방법: 문제 상황이 표현된 그림판을 보여 주며 그 그림과 관련된 검사자의 질문을 듣고 대답하게 한다.
④ 문항의 구성: 원인이유, 해결추론, 단서추측에 해당하는 총 50문항

09 _____ 2010 유아1-14

정답 ②

해설

ㄱ. 각급학교의 장이 진단·평가를 의뢰하는 경우 보호자의 사전 동의를 받아야 한다.
ㄹ. 진단·평가기관은 진단·평가가 회부된 후 30일 이내에 진단·평가를 실시하여, 그 진단·평가를 통하여 특수교육대상자로의 선정 여부 및 필요한 교육지원 내용에 대한 최종의견을 작성하여 교육장 또는 교육감에게 보고하여야 한다. 그리고 교육장 또는 교육감은 특수교육지원센터로부터 최종의견을 통지받은 때부터 2주일 이내에 특수교육대상자로의 선정 여부 및 제공할 교육지원 내용을 결정하여 부모 등 보호자에게 서면으로 통지하여야 한다.

10

정답 ②

해설

ㄴ. 기초학습기능검사는 규준참조검사이므로 규준을 통해 각 영역별 연령점수와 상대적인 현재수준을 알 수 있다.

ㄷ. 비형식적 검사 시 관찰 결과가 관찰자들 사이에서 얼마나 일치하는지를 알아보는 신뢰도 검증이 필요하다.

ㄹ. K-DIAL-3는 발달 검사이다.

Check Point

⊘ **영유아를 위한 사정, 평가 및 프로그램 체계(Assessment, Evaluation, and Programming System for Infants and Children, AEPS)**

① 목적 및 대상 : 출생부터 만 3세까지(출생~36개월) 또는 만 3세부터 만 6세까지(36개월~72개월)의 장애유아나 장애위험유아를 대상으로 발달정도를 사정하기 위한 도구

② 구성 : 두 연령수준(출생~36개월, 만 3세~만 6세)별로 6개 발달영역(소근육운동, 대근육운동, 인지, 적응, 사회-의사소통, 사회성)으로 구성

③ 실시 : 검사자의 관찰이나 직접검사 또는 보고의 세 가지 방법을 통해 실시

④ 결과 : 각 영역별로 원점수와 퍼센트점수 산출

11

정답 ③

해설

① 우측의 종합점수에 의하면 예지는 사회자립 영역보다 기본생활 영역에서 더 높은 수준을 보인다.

② 지역사회 적응검사(CIS-A)의 임상집단은 지적장애인과 자폐성장애인이다.

④ 일반집단 규준에 근거하여 예지의 종합 점수를 볼 때, 지역사회통합 훈련에서는 점수가 가장 낮은 사회자립 영역을 우선 지도해야 한다.

⑤ 사회자립 영역의 경우 예지의 지수 점수는 평균인 100을 기준으로 일반집단 규준(실선 그래프)에서는 적응행동지체 수준을 보이지만, 임상집단 규준(점선 그래프)에서는 평균의 수행 수준을 보인다.

12

정답 ④

해설

ⓒ 진점수는 획득점수를 무한반복 후 평균을 산출하여 얻을 수 있다.

ⓔ 공인타당도란 검사와 동일한 능력을 측정하고 타당성이 인정된 다른 검사와의 상관계수를 비교하는 타당도를 평가하는 방법이다. 일반적으로 상관계수가 .40~.60의 경우 '타당도가 있다'고 평가되며, .60~.80은 '타당도가 높다', .80~1.00은 '타당도가 매우 높다'고 평가한다.

Check Point

⊘ **타당도의 종류**

내용 타당도	• 검사 도구가 얼마나 검사의 목적을 달성할 수 있는 문항으로 구성되었는지를 나타내는 것 • 검사문항들이 측정하고자 하는 전체 내용을 얼마나 잘 대표하고 있는가를 전문가가 주관적으로 판단하는 주관적 타당도	
준거 타당도	• 연구자가 측정한 검사점수와 그 개념에 대한 준거와의 상관관계 추정을 통해 검사도구의 타당도를 검사하는 방법 • 준거가 가지는 예측성과 일치성에 따라 공인타당도와 예언타당도로 구분	
	공인 타당도	검사와 준거 변수에 관한 자료를 거의 동시에 수집하여 두 변수 간의 상관 정도를 나타내는 증거를 수집하는 과정
	예언 타당도	검사를 통해 얻어진 결과가 향후 학생의 행동이나 특성을 얼마나 정확하게 예측할 수 있는지를 나타내는 것
구인 타당도	연구자에 의해서 가설된 검사의 구인을 검사결과로 얼마나 잘 측정할 수 있는지를 평가할 수 있는 증거들을 수집하는 과정	

PART

03

13 {2011 유아1-5}

정답 ⑤

해설

① DQ(발달지수)는 [(발달연령/생활연령) × 100]의 비율을 통해 개인의 성숙 정도를 파악하는 점수이다. 따라서 발달연령과 생활연령이 동일했을 때 DQ는 100이 된다. 검사 결과 DQ가 85라는 것은 생활연령이 발달연령보다 더 높음을 의미한다. 그러나 발달연령과 사회연령 간의 관계를 알 수 있는 검사 결과는 제시되어 있지 않다. 뿐만 아니라 다른 검사의 결과를 이용하여 발달연령과 사회연령을 비교할 수도 없다. 예를 들어 사회성숙도검사의 경우 사회지수(SQ)는 [(사회연령(SA)/생활연령(CA)) × 100]의 공식에 의해 산출되는 점수로 해당 검사 내의 사회연령과 생활연령 간의 관계를 파악할 수는 있으나 발달지수의 발달연령과 사회지수의 사회연령을 서로 비교하는 것은 불가하다.

② 발달검사의 DQ는 (발달점수의) 지수점수이며 유아지능검사의 IQ 85는 (상대적 위치 점수를 보여주는) 표준점수(구체적인 유형은 능력점수)이기 때문에 수치가 동일하다고 하여 수준이 동일하다고 할 수 없다. 뿐만 아니라 SQ가 95로 DQ 85에 비해 더 높다고도 할 수 없다. 왜냐하면 각 점수는 각기 다른 검사도구의 산출 결과로 각기 다른 과정을 통해 산출된 점수이기 때문이다.

③ 정규분포곡선의 면적으로 고려할 때 인수보다 지능이 높은 유아의 비율은 85%라고 할 수 있다. 그러나 발달검사의 발달지수는 지수점수로 상대적 위치는 파악할 수 없고 발달률을 추정할 뿐이다.

④ 사회성숙도검사에서의 사회지수(SQ)는 [(사회연령(SA)/생활연령(CA))×100]의 공식에 의해 산출되는 지수점수로 평균을 준거로 비교하는 것이 아니라 생활연령을 기준으로 수준을 파악한다. 따라서 '평균보다 조금 낮다'라고 표현할 수 없다. 주의집중문제척도의 백분위가 65이므로 인수보다 주의 집중 문제가 더 심각한 유아의 비율은 약 35%라고 할 수 있다.

⑤ T점수는 평균 50 표준편차 10의 표준점수이다. 위축척도가 70T이므로 정규분포곡선의 +2표준편차의 위치에 해당하며 +2표준편차 이상이 차지하는 면적은 약 2%이다.

14 {2011 유아1-7}

정답 ④

해설

ㄱ. 인지처리과정척도 [마법의 창] 검사와 [수회생] 검사에서의 수행능력은 원점수는 동일하지만 비교를 위해 백분위 점수를 통해 나타난 상대적 위치에는 차이가 있다. 따라서 동일 수준이라고 할 수 없다.

ㄴ. 습득도척도 [인물과 장소] 검사결과의 진점수가 72점(85-13)과 98점(85+13) 사이에 있을 확률이 95%이다.

ㄷ. 백분위 비교 시 순차처리(27) 능력이 동시처리(21) 능력보다 더 우수한 것으로 되어 있으나 종합척도 간의 비교에서 순차처리와 동시처리는 동일 수준인 것(백분위 점수 차이는 통계적으로 유의하지 않은 것)으로 제시되어 있다.

15 {2011 초등1-3}

정답 ②

해설

① 한국 웩슬러 아동지능검사는 크게 언어성 검사와 동작성 검사의 두 부분으로 구성되어 있다. 한국 웩슬러 아동지능검사의 검사 결과는 언어성 IQ점수, 동작성 IQ점수, 전체 IQ점수에 더하여 네 개의 요인에 근거한 언어이해 지표점수, 지각조직 지표점수, 주의집중 지표점수, 처리속도 지표점수도 제공하는데, 이러한 점수들은 모두 평균이 100이고 표준편차가 15이다. 전체적으로 환산점수, IQ지수, 백분위(%), 95% 신뢰구간과 관련된 정보가 제공되며 IQ지수는 평균 10, 표준편차 3의 환산점수를 다시 평균 100, 표준편차 15로 변환한 것으로 표준점수에 해당한다. 특히 지능지수는 발달점수에 해당하는 지수점수와 동일한 의미가 아님에 유의해야 한다 (2011 초등1-3, 2012 초등1-4 참고).

③ 기초학습기능검사는 학년점수와 연령점수 그리고 학년별 백분위점수와 연령별 백분위점수를 제공하며 각 소검사 및 전체검사로 제시된다.

④ 아동·청소년 행동평가척도는 행동발달 검사가 아닌 정서·행동장애 영역의 검사도구이다. 따라서 정신지체의 진단·평가 영역에 해당하지 않는다.

⑤ 오세르츠키 운동능력검사는 운동연령만 제공한다.

Check Point

⊘ 특수교육대상자 선별검사 및 진단 · 평가 영역(장애인 등에 대한 특수교육법 시행규칙 제2조 제1항 관련)

구분		영역
장애 조기 발견을 위한 선별검사		1. 사회성숙도검사 2. 적응행동검사 3. 영유아발달검사
진단 · 평가 영역	시각장애 · 청각장애 및 지체장애	1. 기초학습기능검사 2. 시력검사 3. 시기능검사 및 촉기능검사(시각장애의 경우에 한함) 4. 청력검사(청각장애의 경우에 한함)
	지적장애	1. 지능검사 2. 사회성숙도검사 3. 적응행동검사 4. 기초학습검사 5. 운동능력검사
	정서 · 행동장애 자폐성장애	1. 적응행동검사 2. 성격진단검사 3. 행동발달평가 4. 학습준비도검사
	의사소통 장애	1. 구문검사 2. 음운검사 3. 언어발달검사
	학습장애	1. 지능검사 2. 기초학습기능검사 3. 학습준비도검사 4. 시지각발달검사 5. 지각운동발달검사 6. 시각운동통합발달검사

비고 : 특수교육대상자 선정을 위한 장애유형별 진단 · 평가 시 장애인증명서 · 장애인수첩 또는 진단서 등을 참고자료로 활용할 수 있다.

[정답] ③

[해설]

ⓔ 학습자들은 한 학기 혹은 한 해 동안 모아 온 작품집에서 작품을 선별하여 평가자에게 제출하기 때문에 포트폴리오에서는 학습자의 자기반성과 평가의 과정이 포함된다. 즉 포트폴리오는 학습자들에게 자기평가의 기회를 제공할 뿐 아니라 교사와 학부모에게도 학생들의 학습의 진보와 강 · 약점에 대한 정보를 제공하여 학생들의 성취에 대한 의사소통을 하는 데 용이하다(성태제, 2019 : 387).

ⓗ 두 명 이상이 채점한 결과를 비교하는 것은 신뢰도이다.

Check Point

(1) 포트폴리오
① 포트폴리오사정 : 아동의 성취를 평가하기 위해 아동 그리고/또는 교사가 선택한 아동의 작업이나 작품의 수집에 의존하는 사정방법
② 포트폴리오 : 영역 또는 그 이상의 영역에서 학생의 능력, 진보, 성취를 나타내주는 의미 있는 학생 작품 모음집
   ㉠ 단순한 누적 기록과는 구분되며 학생의 활동, 기준, 판단 등이 함께 포함되어 향상을 설명해주는 자료이다.
   ㉡ 포트폴리오의 목적 : 포트폴리오는 단순한 학생활동 결과의 수집이 아닌 학생의 결과물을 교사와 학생이 함께 순차적으로 평가하고 비교함으로써 수행능력을 향상시키는 데 있음.

(2) 타당도
① 검사도구가 측정하고자 하는 것을 얼마나 충실히 측정하였는가를 의미
② 무엇(what)을 얼마나 충실하게 측정했는가를 뜻하는 개념
③ 검사목적에 따른 검사도구의 적합성을 의미
④ 일반적으로 내용타당도, 준거타당도, 구인타당도로 구분

(3) 신뢰도
① 측정도구가 측정하려는 것을 얼마나 안정적으로 그리고 일관성 있게 측정하였는지를 나타내는 용어
② 어떻게(how) 측정하였는가와 관련된 것
③ 측정의 오차 그리고 객관성의 정도를 보여줌.

17 _____ 2011 중등1-31

정답 ②

해설

ㄱ. CBM을 통해서는 계산 유창성의 원인을 명확히 파악할 수 없다. 즉 개인 내적인 문제인지 다른 외적인 문제인지에 대해 명확히 알 수 없다.

ㄴ. CBM은 규준참조검사의 대안적인 방법이다.

ㄹ. 계산 유창성의 수준은 파악 가능하지만 효율적인 계산 전략의 적용 여부를 파악할 수는 없다.

ㅁ. CBM 결과를 통해 또래의 성취 수준과 비교 가능하다.

Check Point

⊙ **교육과정중심측정의 특징**

① 수업활동과 연계된 직접 평가 : 특수아동들의 수업활동에서 활용되고 있는 읽기 자료들을 사용해 개발할 수 있기 때문에 수업활동과 그 결과를 직접적으로 반영할 수 있다.

② 학습기능의 성장을 평가 : 교육과정중심측정은 주별 또는 격주별로 검사를 반복적으로 실시함으로써 아동의 상대적인 서열보다는 교육 프로그램 제공에 따른 학습기능의 성장을 평가하는 것에 관심을 갖는다.

③ 프로그램의 효과성에 대한 형성적 평가 자료 : 특수아동의 성장에 대한 평가 결과는 현재 특수아동에게 제공되고 있는 교육 프로그램의 효과성에 대한 형성적 평가 자료로서 활용된다.

④ 높은 측정학적 적합성 : 지금까지의 경험적 연구들은 교육과정중심측정 검사가 평균 .90 이상의 높은 신뢰도와 .70 이상의 준거지향 타당도를 가지고 있는 것으로 보고하고 있다.

18 _____ 2012 유아1-11

정답 ⑤

해설

① 연지의 생활연령은 4년 4개월(2011년 9월 5일−2007년 4월 25일=4년 4월 10일)이다.

② 만 3세 0개월부터 만 6세 11개월까지 사용할 수 있다.

③ 이 검사 도구에서 교사는 질문지를 통해 부모를 평가하고, 교사는 관찰을 통해 연지를 평가한다.

④ 한국판 DIAL-3는 선별검사이기 때문에 별도의 진단평가를 실시하여 검사결과에 따라 특수교육대상자를 선정한다.

⑤ 5개 발달 영역 중 운동 영역, 인지 영역, 언어 영역에서는 검사자가 피검자를 대상으로 직접 검사를 실시하고 검사 실시 중에 각 영역별로 피검자의 행동을 관찰하여 심리사회적 행동 영역(사회성 영역의 보완 영역)의 문항들을 평정한다. 자조 영역과 사회성 영역은 부모용으로 제작된 질문지를 사용하여 부모가 응답하게 되어 있다.

19

정답 ④

해설

ㄱ. 소검사 원점수가 0점인 경우, 이때의 0은 '상대영점'에 해당하는 것으로 그 소검사에서 측정하는 수행 능력이 완전히 결핍되었다고 볼 수 있는 '절대영점'과는 구분된다.

ㅁ. 전체 지능지수점수는 표준점수로 각 지표점수의 환산점수를 모두 합한 후 이를 평균 100, 표준편차 15로 변환한 표준점수, 즉 능력점수이다. 비율지능지수는 개인의 정신연령을 생활연령을 기준으로 비추어 본 비율로 환산하여 나타낸다. 이 지수는 생활연령이 증가하듯이 정신연령도 오차의 범위 내에서 직선적으로 증가하는 양상을 보일 것이라는 가정하에 도입된 지능지수다. 그러나 실제로 정신연령의 발달은 청소년기 이후에는 양적으로 증가하지 않고 완만하거나 비슷한 수준을 유지한다. 결과적으로 생활연령은 증가하지만 정신연령은 어느 시점에서는 고원곡선의 양상으로 진행되기 때문에 나이가 들수록 지능지수가 낮아지는 딜레마에 빠지게 된다. 이러한 문제를 해결하기 위해 Wechsler는 편차지능지수라는 새로운 개념을 개발하였다. 편차지능지수는 한 사람의 특정 연령에서의 지능을 자신과 동일한 연령집단에서의 상대적 위치로 표현하는 방법을 가리킨다(황정규 외, 2016 : 146-147). 즉, 점수의 유형 중 비율지능지수는 지수점수를, 편차지능지수는 능력점수를 의미한다.

Check Point

(1) 비율지능지수(비율 IQ)
① 정신연령을 생활연령과 비교하여 지능의 정도를 표시하는 방법으로, 생활연령이 100일 때 정신연령이 어느 정도 되는가를 나타내는 것

비율지능지수(IQ) = 정신연령(MA)/생활연령(CA) × 100

② 나이에 기대되는 성장 속도에 대한 비율로 아동의 정신적인 성숙 속도를 의미

(2) 편차지능지수(편차 IQ)
① 동일 연령 집단 내에서의 상대적 위치로 규정한 IQ
② 웩슬러는 지능지수(IQ)라는 말을 사용하였지만 실제로는 지능편차치를 구하는 다음 공식에 의해 표시. 이것을 편차지능지수(DIQ)라고 함.

편차지능지수(DIQ) = 15Z + 100

출처 ▶ 김삼섭(2010 : 170-171)

20

정답 ②

해설

ㄱ. 학생 A의 읽기 능력(학년점수 2.5)은 일반적인 초등학교 2학년의 다섯 번째 달에 해당하는 학생 수준이다. 학년등가점수는 연령등가점수와 구분하기 위하여 보통 학년과 달을 소수점으로 연결하여 나타내며 학년등가점수 1.2란 1학년 둘째달을 나타내며 아동이 1학년 둘째달 아동들의 평균 수행 수준을 보인다는 것을 의미한다. 즉, 아동의 원점수가 1학년 둘째달 아동들의 평균점수와 같다는 것이다.

ㄴ. 읽기 검사 결과의 T점수는 표준점수(T = 10Z + 50)이므로 Z점수로 환산하지 않아도 집단 내에서의 학생 A의 읽기 수준을 알 수 있다.

ㄷ. K-CBCL의 내재화 문제척도는 위축, 신체증상, 우울/불안척도로 구성되어 있다.

ㄹ. 학생 A의 주의집중 문제는 85%ile로 +1표준편차 ~ +2표준편차의 범위 안에 들어, 심각한 편이다(정규분포곡선에서 +1표준편차까지의 면적은 84%임).

Check Point

⊘ BASA의 현재 학년 계산 방법
현재 학년이란 학생이 학교에 다니기 시작한 시점을 기준으로 하여 산출된 연령이다. 즉, 3월에 입학한 1학년 아동의 학령은 3월 현재 1.0이며, 4월이 되면 1.1, 5월이 되면 1.2로 기록된다. 단, 여름방학인 8월과 겨울방학인 1월은 현재 학년 계산에서 제외하므로, 1학년 7월의 현재 학년은 1.4, 그 다음에는 9월의 학령을 1.5로 정해진다. 초등학교 1학년의 월별 현재 학년은 다음과 같다.

	1학년	2학년	3학년
3월	1.0		
4월	1.1		
5월	1.2		
6월	1.3		
7월	1.4	1학년과 동일한 방법 적용	
9월	1.5		
10월	1.6		
11월	1.7		
12월	1.8		
2월	1.9		

21

〔모범답안〕

1)	• 오류 종류 : 위음
	• 문제점 : 특수교육을 조기에 받지 못하는 불이익을 당할 수 있다.

〔해설〕

1) 위음이란 아동이 심층평가로 의뢰되지 않았는데 나중에 특수교육이 필요한 아동으로 확인되는 경우이다. 위음은 위양에 비해 더 심각한 결과를 낳게 되는데 그 이유는 선별과정의 실수로 인해 해당아동이 더 필요한 특수교육을 조기에 받지 못하는 불이익을 당하게 되기 때문이다(이승희, 2019 : 38).

Check Point

⊘ **위양**

위양이란 아동이 심층평가로 의뢰되었으나 특수교육이 필요하지 않은 것으로 판별된 경우를 말한다. 즉, 선별에서 아동을 특수교육이 필요한 아동으로 잘못 판단된 것이다(이승희, 2019 : 38).

22

〔정답〕 ①

〔해설〕

(나) 언어, 수, 정보처리 기능을 측정하도록 구성되어 있는 검사는 기초학습기능검사이다. 국립특수교육원 기초학력검사는 읽기, 쓰기, 수학의 세 개의 소검사로 이루어져 있다.

(라) 한국판 시지각발달검사는 시각-운동 통합, 운동축소-시지각, 일반시지각으로 구성되어 있다. 그러나 문제의 경우 지적장애를 대상으로 하고 있기 때문에 한국판 시지각발달검사는 진단·평가 영역에 포함되지 않는다. 장애인 등에 대한 특수교육법의 특수교육대상자 선별검사 및 진단·평가 영역 중 지적장애를 대상으로는 지능검사, 사회성숙도검사, 적응행동검사, 기초학습검사, 운동능력검사를 실시한다.

23

〔정답〕 ②

〔해설〕

ㄴ. 준거참조가 아닌 규준참조에 대한 설명이다.

ㄹ. 일정 관찰기간 동안 지속적으로 관찰하여 관찰 대상 행동이 발생할 때마다 기록하는 방법은 시간표집법이 아닌 사건기록법(또는 빈도기록법)에 대한 설명이다.

24

〔모범답안〕

1)	일반유아집단
2)	① 정신지체
	② 84
3)	준거참조검사

〔해설〕

1) 국립특수교육원 적응행동검사의 적응행동 프로파일은 일반학생 규준과 정신지체학생 규준의 두 가지 결과가 제시되는데, 위쪽은 정신지체학생 규준, 아래쪽은 일반학생 규준의 그래프이다.

2) ② 정규분포곡선의 면적을 참고하여 풀이한다. 적응행동지수 115는 평균 100, 표준편차 15인 적응행동검사에서 +1표준편차에 해당하는 지점(84%)이다.

Check Point

⊘ **상대적 위치점수들과 정규분포의 관계**

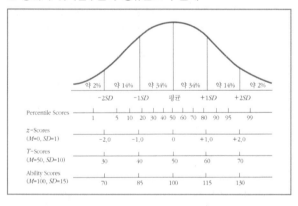

25

모범답안

3)	포트폴리오

해설

3) 문제에서 '수행평가 방법의 하나'라고 언급된 점, 하위
문항의 제시문에서 '작업샘플들(사진, 일화기록 등)을
분석', '서류파일' 등의 핵심어를 근거로 할 때 평가방법
은 포트폴리오 평가라고 할 수 있다.

26

모범답안

㉠	신뢰구간
㉡	진점수

Check Point

(1) 신뢰수준
① 진점수 추정의 정확성을 확률로 표현한 개념
② 사회과학에는 95%, 99%, 99.9%를 통계적으로 유의한
신뢰수준으로 사용
③ 해석방법 : 95%의 신뢰수준을 설정했다면, 진점수가 이
구간 내에 포함될 수 있는 가능성이 95%임을 의미한다.

(2) 신뢰구간
① 진점수(또는 모수치)가 존재할 범위
② 신뢰구간을 설정하기 위해서는 획득점수와 측정의 표
준오차(SEM) 외에 선택된 신뢰수준에 해당하는 Z점수
(95% 신뢰수준인 경우의 Z=1.96, 99% 신뢰수준인 경
우의 Z=2.58) 필요

$$신뢰구간 = 획득점수 \pm Z(SEM)$$

③ 해석방법 : 획득점수가 72점이고 95% 신뢰수준에서 신
뢰구간을 추정했을 때 그 값이, [68~76]이라면, 이는 진
점수가 68점과 76점 사이에 있을 확률이 95%라는 의미
이다.

27

모범답안

5)	선별과정에서 특수교육이 필요하지 않은 아동으로 잘못 판단하여 심층평가로 의뢰되지 않았는데 나중에 특수교육이 필요한 아동으로 확인되는 경우이다.

해설

5) 음성 오류(부적 오류, 위음)란 아동이 심층평가로 의뢰
되지 않았는데 나중에 특수교육이 필요한 아동으로 확
인되는 경우이다. 양성 오류(양적 오류, 위양)란 심층평
가로 의뢰되었으나 특수교육이 필요하지 않은 것으로
판별된 경우로, 선별에서 아동을 특수교육이 필요한 아
동으로 잘못 판단한 것이다.

28

모범답안

3)	㉢ 동작성검사, 언어성검사 ㉣ 독립적 적응행동, 문제행동
4)	장애진단 검사는 개별화교육계획 수립에 필요한 구체적인 정보를 제공하지 못하기 때문이다.

해설

3) ㉢ 한국 웩슬러 유아지능검사(K-WPPSI)는 만 3세
0개월부터 만 7세 3개월까지의 아동을 대상으로 지
능을 측정하기 위한 검사이다. K-WPPSI는 동작성
검사와 언어성검사의 두 부분으로 구성되어 있다(이
승희, 2014 : 223).
• 한국 웩슬러 유아지능검사-4판(K-WPPSI IV)은
유아의 인지능력을 임상적으로 평가하기 위한 개인
지능 검사이다. 이 검사도구는 한국 웩슬러 유아지
능검사(K-WPPSI)의 개정판으로 지능, 인지발달,
신경발달, 인지뇌과학에 대한 새로운 연구를 종합
하여 문항과 소검사를 개발하였다. 또한 웩슬러 아
동지능검사 4판(WISC IV)과 일관성을 유지하도록
용어를 수정하였다(김남진 외, 2017 : 101-102).

4) 장애진단 검사는 검사점수와 함께 임상적인 판단 결과,
프로그램을 위한 막연한 제언 등을 제공해 주기는 하지
만 개별화교육계획 수립을 위한 실질적인 내용을 제공
해 주지는 못한다.
• 장애진단과 교육진단의 차이를 구분할 수 있어야 한
다. 장애진단이 유아특수교육의 필요성을 결정했다면
교육진단에서는 개별화된 교육이 계획되어야 한다
(이소현, 2020 : 211).

Check Point

(1) 한국 웩슬러 유아지능검사(K-WIPPSI)

① 목적 및 대상

목적	유아의 인지능력 평가
대상	만 3세 0개월~7세 3개월

② 검사의 구성

동작성 검사	언어성 검사
1. 모양 맞추기	2. 상식
3. 도형	4. 이해
5. 토막짜기	6. 산수
7. 미로	8. 어휘
9. 빠진 곳 찾기	10. 공통성
11. 동물 짝짓기	12. 문장

(2) 한국판 적응행동검사(K-SIB-R)

① 목적 및 대상

목적	• 선발과 배치 그리고 서비스 적격성 결정 　- 다양한 일상생활 영역에서 지적장애아동의 적응 　　행동 수준 평가 　- 추후 학생의 개별화가족지원계획이나 개별화교육 　　프로그램의 교육 목표 설정 및 프로그램 계획에 　　유용한 자료로 사용
대상	만 0~17세

② 검사의 구성

영역	범주	하위척도
독립적 적응행동	운동기술	• 대근육운동 • 소근육운동
	사회적 상호작용 및 의사소통 기술	• 사회적 상호작용 • 언어 이해 • 언어 표현
	개인 생활기술	• 식사와 음식 준비 • 신변 처리 • 옷 입기 • 개인위생 • 가사/적응행동
	지역사회 생활기술	• 시간 이해 및 엄수 • 경제생활 • 작업 기술 • 이동 기술
문제행동	내적 부적응행동	• 자신을 해치는 행동 • 특이한 반복적인 습관 • 위축된 행동이나 부주의한 행동
	외적 부적응행동	• 타인을 해치는 행동 • 물건을 파괴하는 행동 • 방해하는 행동
	반사회적 부적응행동	• 사회적으로 공격적인 행동 • 비협조적인 행동

(3) 장애진단과 교육진단

① 장애진단

㉠ 선별을 통해서 의뢰된 유아의 장애 종류와 상태 또는 발달지체의 성격과 정도를 정확하게 판단하여 특수교육적인 도움이 필요한지를 결정하는 과정을 의미

㉡ 다음과 같은 4가지 종류의 정보 수집을 포함하는 것이 바람직함.
- 부모 또는 주양육자와의 면담을 통한 아동의 행동과 가정환경에 대한 정보
- 임신 기간부터의 생육사와 병력
- 환경 내에서의 아동의 행동에 대한 직접적인 관찰을 통한 사회성이나 의사소통 기술 등의 일반적인 능력에 대한 의견
- 표준화 검사의 결과

㉢ 수집된 정보는 특수교육 적격성을 결정하기 위한 기초 자료로 사용되기 때문에 철저한 검사, 공식적인 전문가의 임상적 판단, 가족을 포함하는 팀에 의해서 이루어져야 함.

② 교육진단

㉠ 장애유아를 직접 가르치는 교사에게 있어서 가장 중요한 기능

㉡ 유아가 현재 지니고 있는 기술과 습득하지 못한 기술이 무엇이며 또한 앞으로 반드시 습득해야 하는 기술이 무엇인지를 아는 작업

◈ 장애진단과 교육진단의 차이

적격성 판정을 위한 장애진단	프로그램 계획을 위한 교육진단
대상 유아를 집단과 비교한다.	유아의 발달 기술, 행동 지식에 있어서의 현행 수준을 결정한다.
이미 정해진 항목이나 기술을 포함하고 있는 검사도구, 관찰, 점검표 등을 사용한다.	유아가 자신이 생활하고 있는 환경에서 기능하기 위해서 필요한 기술과 행동을 결정한다.
유아의 기술이나 행동이 정해진 수준 이하인지 결정한다.	유아의 가족과 주 양육자가 중요하다고 생각하는 기술, 행동, 지식을 결정한다.
대상 유아가 다른 유아들과 어떻게 다른지를 결정하기 위해서 계획된다.	유아의 개별적인 강점과 학습 양식을 결정하기 위해서 계획된다.
진단 도구의 항목은 어린 유아의 일상적인 생활 특성을 반영하지 않는다.	진단 도구의 항목은 일반적으로 준거참조검사나 유아의 일상적인 생활에서 중요한 기능적 기술에 초점을 맞춘다.

출처 ▶ 이소현(2020 : 255)

29

모범답안

1)	ⓐ 최고한계점
	ⓑ 기저점 이전
2)	하위 9%

해설

1) ⓑ 전체 문항들이 난이도에 따라 쉬운 문항부터 배열되어 있는 규준참조검사의 경우 원점수 산출은 다음과 같은 방법으로 이루어진다.

> 기저점 이전의 문항 수 + 기저점과 최고 한계점 사이의 정답 문항 수

이는 결국 기저점 이전 문항(수)에서부터 최고 한계점까지의 정답 문항 수를 더해주는 것과 동일한 결과가 된다.

Check Point

⊘ 취학전 아동의 수용언어 및 표현언어 발달척도(PRES)

① 개요

취학전 아동의 수용언어 및 표현언어 발달척도(PRES)는 김영태, 성태제, 그리고 이윤경이 취학전 아동의 수용언어 및 표현언어 능력을 평가하기 위하여 개발하였다.

② 목적 및 대상

ⓐ PRES는 2세 0개월부터 6세 5개월까지의 아동을 대상으로 언어발달이 정상적으로 이루어지고 있는지 혹은 언어발달에 지체가 있는지의 여부를 판별하기 위한 검사다.

ⓑ PRES는 일반아동뿐 아니라 언어발달 지체나 장애를 나타낼 가능성이 있는 아동들의 언어능력을 평가하는 데 사용할 수 있다. 즉, 단순언어장애, 지적장애, 자폐성장애, 청각장애, 뇌성마비 또는 구개파열 등으로 인하여 언어발달에 결함을 나타낼 가능성이 있는 아동들의 언어능력을 평가하는 데 활용할 수 있다.

③ 구성

PRES는 수용언어영역과 표현언어영역의 두 부분으로 구성되어 있는데 각 영역은 45문항씩을 포함하고 있어 총 90문항으로 이루어져 있다.

④ 실시

PRES는 수용언어검사부터 시작하고 수용언어검사가 끝난 후 표현언어검사를 실시한다.

⑤ 결과

PRES는 언어발달연령과 백분위점수를 제공하고 있는데 언어발달연령은 수용언어, 표현언어, 통합언어별로 그리고 백분위점수는 수용언어와 표현언어별로 산출된다.

출처 ▶ 이승희(2019 : 279-280)

30

모범답안

3)	① 의뢰 전 중재
	② 다음 중 택 1
	• 특수교육이 필요하지 않은 아동을 심층평가에 의뢰하는 위양을 줄이는 것이다.
	• 특수교육대상자의 과잉진단을 예방하는 것이다.

해설

3) • 의뢰 전 중재란 일반적으로 학습문제 그리고/또는 행동문제와 관련하여 공식적인 심층평가에 의뢰하기 전에 주로 일반학급에서 실시되는 비공식적 문제해결 과정으로서 특수교육이 필요하지 않은 아동을 심층평가에 의뢰하는 위양을 줄이는 데 목적이 있다(이승희, 2019 : 39).

• 의뢰 전 중재란 공식적인 평가 단계로 아동을 의뢰하기 전에 일반학급 내에서 학습이나 행동 문제를 보이는 아동을 도와주기 위한 절차이다. 교사는 장애가 의심되는 아동에 대한 의뢰 전 중재를 통하여 개별 아동의 필요에 따른 적절한 교육을 제공할 수 있으며 특수교육대상자의 과잉진단을 예방할 수 있을 것이다(이소현 외, 2011 : 476).

Check Point

⊘ 의뢰 전 중재에 대한 이해(미국의 예)

① 대부분의 학교는 형식적인 진단평가를 위한 검사나 평가를 요청하기 전에 의뢰 전 중재라는 과정을 거친다.

② 장애인교육법이 의뢰 전 중재를 의무적으로 요구하고 있지 않지만, 지역 교육청은 장애인교육법 재정의 15%까지 사용하여 "특수교육과 관련 서비스가 필요하지 않더라도 일반교육환경에서 학습과 행동 면에서 추가적인 지원이 필요한 유치원생부터 12학년 학생들을 대상으로 … 조기중재 서비스를 개발하거나 실행한다."

③ 의뢰 전 중재는 학생지원 팀, 교사지원 팀, 문제해결 팀이라고도 불리는 조기중재지원 팀에 의해 수립되는데, 일반학급에서 학업적 또는 행동적 어려움을 나타내는 학생들을 위한 중재를 고안하고 실행하기 위해 교사를 지원한다.

ⓐ 조기중재지원 팀은 학교 관리자, 교육행정가, 보건교사, 상담가, 다양한 학년을 가르쳐본 경험이 있는 교사들, 그리고 1명이나 또는 그 이상의 특수교사로 구성되는데 적어도 이들 중 1명은 행동중재계획을 수립하는 기술이 있어야 한다.

ⓑ 담임교사가 학생의 학업적인 문제나 행동적인 문제를 설명해주면 그 팀은 함께 "학생 문제의 원인뿐만 아니라 가능한 문제해결 방안에 대해 자유 토론을 한다."

ⓒ 조기중재지원 팀은 중재전략을 개발하고 담임교사가 그것을 실행하고 수정된 학생의 자료를 가지고 평가하도록 지원한다.

출처 ▶ Heward et al.(2017 : 37-39)

31

모범답안

1)	더 심층적인 진단으로 의뢰할지의 여부를 결정하기 위한 것이다.(또는 선별을 위한 것이다.)
2)	ⓒ 장애진단(또는 진단) ⓒ 교육진단(또는 프로그램 계획)
3)	표준화된 검사도구의 결과는 개별 아동의 교육 프로그램 계획을 위한 구체적인 정보를 제공하지 못한다.
4)	• 아동의 진전을 점검하고 필요한 경우 교육과정이나 수업방법을 개선시키기 위해 • 사전에 설정된 프로그램의 성공기준에 비추어 제공된 프로그램이 산출한 가치를 판단하기 위해

해설

4) 평가는 형성평가와 총괄평가로 구분할 수 있다. 따라서 평가 유형별로 실시 이유를 각각 제시하는 것이 바람직하다.

　• IEP 작성과 배치가 이루어진 다음 교수·학습이 시작되고 나면, 아동의 진전에 대한 지속적인 평가, 즉 형성평가를 통해 아동이 적절한 진전을 보이고 있는가에 대한 결정을 해야 한다. 만약 아동이 적절한 진전을 보이지 않을 경우에는 교수·학습방법을 수정할 것인가에 대한 결정도 내려야 한다. 따라서 형성평가란 교수·학습이 진행되는 과정에서 아동의 진전을 점검하고 필요한 경우 교육과정이나 수업방법을 개선시키기 위해 실시하는 평가라고 할 수 있다(이승희, 2019 : 44).

　• IEP에 제시된 기간 동안 지속적인 형성평가와 함께 교수·학습이 이루어지고 나면, 이에 대한 종합적인 평가, 즉 총괄평가를 통해 아동이 제시된 기간 동안 IEP에 명시되어 있는 예상된 진전을 보였는지에 대한 결정을 하게 된다. 이와 같이 총괄평가는 일정 단위의 교육프로그램이 실시된 후에 애초에 설정된 프로그램의 성공기준에 비추어 프로그램이 산출한 가치를 판단하기 위해 실시하는 평가를 말한다. 총괄평가의 결과에 근거해서 그 아동이 특수교육을 계속 받아야 될 필요가 있는지에 대한 결정도 하게 된다(이승희, 2019 : 44).

Check Point

✅ 평가의 단계와 의사결정의 유형

단계	의사결정
선별	아동을 심층평가에 의뢰할 것인가를 결정
진단	아동이 장애를 가지고 있는가, 그렇다면 장애의 원인은 무엇인가를 결정
적부성	아동이 특수교육대상자로 적격한가를 결정
프로그램 계획 및 배치	아동에게 어떤 교육 및 관련서비스를 어디에서 제공할 것인가를 결정
형성평가	아동이 적절한 진전을 보이는가를 결정
총괄평가	아동이 예상된 진전을 보였는가를 결정

출처 ▶ 이승희(2019 : 36)

32

모범답안

2)	① ㉠, K-WSIC-Ⅳ는 규준참조검사이기 때문이다. ② ㉡, 전체 지능지수는 4개 지표 환산점수의 합에 해당하는 지수점수이기 때문이다.
3)	① 66 ② 아동의 수행 발달정도(또는 진전도)를 점검함으로써 필요한 경우 교수목표 또는 교수방법을 수정하기 위해서 실시한다.

해설

3) ① 중앙치란 측정치들의 크기 혹은 양의 순서로 배열했을 때 사례수를 정확하게 이등분하는 위치에 있는 측정치를 말한다. 즉, 전체 사례수를 이등분하는 점에 해당되는 수치이다. 짝수인 경우 가운데에 분포하는 두 수치의 평균값이 중앙치가 된다(예 75, 80, 85, 90, 95, 100의 경우 (85 + 90) / 2 = 87.5이므로 중앙치는 87.5가 된다). 문제에서 검사 결과를 순서대로 배열하면 63, 66, 68이므로 중앙치는 66이 된다.

33

모범답안

1)	① 처리속도는 하위 3퍼센트(%)에 해당한다.(또는 민지의 처리속도 점수 이하의 점수를 받은 유아는 100명 중 3명이다.) ② 민지의 처리속도 진점수가 61점과 85점 사이에 있을 확률이 95%이다.
2)	① ©, 각 지표마다 백분율 점수가 아닌 백분위를 산출하는 것이다. ② ©, 지능검사는 진전도를 파악하기 위한 검사가 아니기 때문이다.

해설

2) ○ 한국판 웩슬러 유아 지능검사(K-WPPSI-IV)는 규준참조검사이기 때문에 지능을 또래와 비교하여 상대적인 위치를 알 수 있다.

○ 한국판 웩슬러 유아 지능검사(K-WPPSI-IV)는 규준참조검사인 동시에 표준화검사이다.

© 백분율 점수란 총 문항수에 대한 정답문항수의 백분율 또는 총점에 대한 획득점수의 백분율이라고 할 수 있으며 준거참조검사에서 아동의 수행 수준을 묘사할 때 유용하게 사용된다. 규준참조검사인 지능검사에서는 제시되지 않는 점수유형이다.

② 민지의 검사 결과 중 백분위를 보면 시공간 능력이 0.3으로 가장 낮다. 백분위점수란 특정 원점수 이하의 점수를 받은 아동의 백분율(%)을 의미하므로 전체 아동의 0.3%가 민지의 시공간 원점수보다 낮은 점수를 받았다는 의미이다.

© 한국판 웩슬러 유아 지능검사(K-WPPSI-IV)는 진전도 파악을 위한 검사도구가 아닌 진단을 위한 검사도구이다.

34

모범답안

1)	KABC-Ⅱ(또는 한국판 라이터 비언어성 지능검사)
2)	적응행동의 상대적 위치를 일반 또래와 비교함으로서 적응행동에 유의미한 제한성이 있는지를 우선적으로 확인하기 위해서이다.

Check Point

(I) KABC-Ⅱ

① 이중 언어를 사용하는 아동을 검사하는 경우

우리말을 유창하게 사용하지 못하는 다문화 가정의 아동들에게는 KABC-Ⅱ의 비언어성 척도를 사용해야 한다. 그러나 우리말을 능숙하게 사용하는 이중언어 아동을 검사할 때는 KABC-Ⅱ 전체검사를 실시해야 한다.

② 비언어성 척도를 실시할 경우

○ 비언어성 척도는 언어를 사용하지 않고 몸짓으로 반응할 수 있는 검사들로 구성되어 있으며 언어장애가 있거나 우리말을 유창하게 사용할 수 없는 아동들의 인지적 능력을 측정하기 위해 표준화되었다.

○ 보통의 경우, 비언어성 척도는 청각장애나 듣기에 문제가 있는 아동, 보통 정도에서 중등까지의 언어장애 아동, 사실상 우리말을 거의 할 수 없는 아동들을 위해 실시된다.

(2) 한국판 라이터 비언어성 지능검사-개정판(K-Leiter-R)

목적 및 대상	• 2세 0개월부터 7세 11개월의 아동들을 대상으로 인지기능 평가 • 이중 언어환경에서 자란 아동이나 청각장애, 의사소통장애, 주의력결핍과잉행동장애, 학습장애, 뇌손상을 가진 아동들에게도 실시할 수 있는 비언어성 지능검사
구성	• 검사와 평정척도의 두 부분으로 구성 • 검사: 시각화 및 추론(VR) 검사, 주의력 및 기억력(AM) 검사 • 평정척도: 검사자 평정척도, 부모 평정척도
실시	• 검사자는 임상적 필요에 따라 VR검사와 AM검사 중 하나만 선택하여 실시할 수 있음. • 검사자 평정척도는 VR검사만 실시한 경우에는 VR검사가 종료된 직후에 그리고 VR검사와 AM검사가 모두 실시된 경우에는 AM검사가 종료된 직후에 실시 • 부모 평정척도는 부모 혹은 주양육자가 직접 작성하게 하는데 읽기능력이 부족할 경우 검사자(또는 보조자)가 문항을 읽어 주면서 작성할 수 있으며 필요한 경우 검사자가 전화면담으로 실시 가능

35

모범답안

㉠	내용타당도

36

모범답안

3)	㉢ 준거참조검사 ㉣ 규준참조검사
4)	백분위점수

해설

4) 스테나인 점수는 표준점수의 일종으로 분류되기도 하고 독립적으로 구분하기도 한다.
- 표준점수의 종류에는 Z점수, T점수, 스테나인(stanine) 점수 등이 있고 가장 흔히 사용되는 표준점수는 Z점수이다(국립특수교육원, 2018 : 504).
- 스테나인(stanine) 점수는 9개의 범주를 가진 표준점수로서 평균을 5, 표준편차를 2로 표준화한 점수이다(성태제 외, 2006 : 150).
- 가장 일반적으로 사용되는 표준점수는 Z점수(Z score), T점수(T score), 그리고 스테나인 점수(stanine score)이다(김남진 외, 2017 : 50-51).
- 일부 검사의 경우 구분척도를 사용하여 원점수를 정규분포로 변환하기도 한다. 구분척도(stanine는 standard nines을 줄인 표현)란 전체 정규분포의 범위를 총 9개의 범위로 나눈 후 각각의 범위에 1부터 9까지 부여된 숫자를 의미한다(여승수 외, 2019 : 112).

Check Point

☑ 결과 산출을 위한 점수 유형

원점수			피검사자가 옳은 반응을 보인 문항의 수
변환점수	백분율점수		총 문항 수에 대한 정답 문항 수의 백분율 또는 총점에 대한 획득점수의 백분율
	유도점수	발달점수 — 등가점수	• 원점수를 평균수행으로 나타내는 연령 또는 학년 • 연령등가점수, 학년등가점수
		지수점수	발달률의 추정치

상대적 위치 점수	백분위점수	규준집단에서 특정 점수 이하의 점수를 얻은 사람들이 전체의 몇 %를 차지하는가를 나타내는 것(= 퍼센타일)
	표준점수	• 한 분포의 평균치를 기준으로 원점수가 평균치로부터 떨어져 있는 정도를 표준편차 단위로 표시해 비교 가능한 척도로 변환한 점수 • Z점수, T점수, 능력점수, 척도점수 ※ 환산점수 : 규준집단과의 상대적인 비교와 개인의 내적의 비교를 위해 원점수를 모두 동일한 비중을 가진 표준점수로 환산한 점수
	구분점수	정규분포를 9개 범주로 분할한 점수(= 스테나인 점수) ※ 구분점수는 표준점수로 분류되기도 함.

37

모범답안

㉠	역동적 평가
㉡	(학습) 과정

해설

㉠ 역동적 평가는 비고츠키의 근접발달영역 이론에 근거하여 개별 학생의 향상도를 평가하기 위한 방법으로, 개별 학생의 향상도 측정과 개별 학생의 교수·학습활동을 개선하거나 촉진하기 위해 어떠한 교육적 처방이 필요한지를 파악하는 것을 목적으로 한다. 역동적 평가는 학생의 잠재적 발달 수준에 대한 양적 정보와 심리과정에 대한 질적 정보를 획득하는 평가방안인 것이다.
- 역동적 평가는 교사가 학생과의 대화나 상호작용을 통해 학습자의 잠재적 발달 수준에 대한 정보를 수집하고 교육 활동 속에서 학생의 학습 능력을 평가하는 방법으로, 역동적 평가를 통해 교사는 학생의 사고나 학습 상황에 대한 반응을 파악할 수 있다(강혜경 외, 2018 : 52-53).

(I) 역동적 평가의 특징

① 발달 중인 과정을 강조하여 학습 결과보다는 학습과정에 초점

② 피드백이나 힌트를 제공하여 장애학생이 주어진 문제를 해결하는 데 어떤 피드백을 얼마나 활용하는지 확인하여 학생의 학습 능력 평가

③ 평가자가 장애학생을 도와줌으로써 평가자와 학습자 간의 역동적 상호작용 강조

(2) 역동적 평가의 장점

① 교육목표와 달성도뿐만 아니라 향상도를 평가하기 위한 것이고, 학습의 결과뿐만 아니라 학습의 과정도 중요시하고, 지속적이고 종합적인 진단 평가 강조

② 학생의 교수-학습활동을 개선하고 교육적인 지도와 조언 제공 강조

③ 상호작용적인 교수를 통해 학생의 반응성을 최대한 이끌어 냄.

④ 검사-교육-재검사의 과정을 거치며 학생의 교육 향상을 위해 지속적으로 노력

38

2020 초등A-3

모범답안

4)	⊙, 93%ile은 +1SD와 +2SD 사이에 해당한다. ⊗, '신체증상'은 의학적으로 확인된 질병이 없음에도 불구하고 다양한 신체증상을 호소하는 것과 관련된다.

해설

4) ⊙ T점수 70은 +2SD에 해당하는 점수로 정규분포곡선에서 차지하는 면적이 98%(50% + 34% + 14%)에 이른다.

⊙ 93%ile은 표준편차(SD)를 활용하면 +1 SD ~ +2SD에 해당됨.

⊗ '신체증상' 척도는 의학적으로 확인된 질병이 없음에도 불구하고 두통, 복통, 구토 등과 같은 다양한 신체증상을 호소하는 정도를 반영함.

(I) ASEBA 문제행동증후군척도(CBCL 6-18)

척도	소척도 및 내용	
문제 행동 증후군 척도	불안/우울	정서적으로 우울하고 지나치게 걱정이 많거나 불안해하는 것과 관련
	위축/우울	위축되고 소극적인 태도, 주변에 대한 흥미를 보이지 않는 것 등과 관련
	신체증상	의학적으로 확인된 질병이 없음에도 불구하고 다양한 신체증상을 호소하는 것과 관련
	규칙위반	규칙을 잘 지키지 못하거나 사회적 규범에 어긋나는 문제행동들을 충동적으로 하는 것과 관련
	공격행동	언어적·신체적으로 파괴적이고 공격적인 행동이나 적대적인 태도와 관련
	사회적 미성숙	나이에 비해 어리고 미성숙한 면, 비사교적인 측면 등 사회적 발달과 관련
	사고문제	어떤 특정한 행동이나 생각을 지나치게 반복하거나, 실제로는 존재하지 않는 현상을 보거나 소리를 듣는 등의 비현실적이고 기이한 사고 및 행동과 관련
	주의집중 문제	주의력 부족이나 과다한 행동 양상, 계획을 수립하는 것에 곤란을 겪는 것 등과 관련
	기타문제	'손톱을 깨문다', '체중이 너무 나간다' 등 위에 제시된 8개 증후군에는 포함되지 않지만 유의미한 수준의 빈도로 나타나는 문제행동과 관련
	내재화 총점	• 소극적이고 위축된 행동과 같이 지나치게 통제된 행동 문제 • 불안/우울, 위축/우울, 신체증상 척도의 합
	외현화 총점	• 통제가 부족한 행동 문제 • 규칙위반과 공격행동 척도의 합
	총 문제행동 점수	전체 문제행동 문항을 합한 것(=문제행동총점)

(2) 상대적 위치점수들과 정규분포의 관계

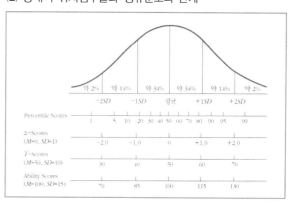

39

모범답안

• 작업기억의 진점수가 68점과 85점 사이에 있을 확률이 95%이다.
• ㉠ 규준
  ㉡ 표준점수

Check Point

◇ **규준과 규준집단**

규준 집단	• 규준집단 : 모집단에서 선정된 표본 • 검사의 규준의 적절성 여부는 규준집단이 모집단을 얼마나 잘 대표하는가로 판단 • 규준집단의 양호성은 대표성, 크기, 적절성의 세 가지 요인과 관련해서 평가할 것을 권유하고 있음.		
	대표성	대상 집단의 특성에 대한 대표성	
	크기	규준집단에 포함된 사례 수	
	적절성	검사를 받는 아동에 대한 규준집단의 적용 가능성	
규준	• 규준 : 규준집단의 점수 분포 • 아동에게 검사를 실시하는 목적에 따라 규준의 유형이 다를 수 있음 : 국가단위규준 또는 지역단위 규준		

40

모범답안

2)	교육과정중심측정(CBM)은 동형검사를 이용하여 지속적으로 학생의 진전도를 평가할 수 있기 때문이다.

41

모범답안

1)	① 세희의 읽기능력은 4학년 넷째 달 아동들의 평균 수행 수준을 보인다. ② 내용타당도

해설

1) ① 학년등가점수는 하이픈으로 연결하여 나타내는 연령등가점수와 구분하기 위하여 보통 학년과 달을 소수점으로 연결하여 나타낸다. 예를 들어, 학년등가점수 1.2란 1학년 둘째 달을 나타내며 아동이 1학년 둘째 달 아동들의 평균 수행 수준을 보인다는 것을 의미한다. 즉, 아동의 원점수가 1학년 둘째 달 아동들의 평균 수행 수준을 보인다는 것을 의미한다(이승희, 2019 : 87).

② 내용타당도란 측정하고자 하는 영역을 검사문항이 대표하고 있는 정도를 말한다. 즉, 측정하고자 하는 영역을 검사문항이 얼마나 충실하게 대표하는가를 의미한다(이승희, 2019 : 97).

42

모범답안

• ㉢ 아동이 정반응을 한 경우에는 "응 그렇구나"등과 같은 반응을 해준다.
• ㉦ 오조음을 보인 단어의 경우 목표음소를 대치한 경우는 대치한 음소를 그래도 기록하고, 왜곡한 경우는 D, 생략한 경우는 ∅로 표기한다.

43

[모범답안]

1)	① 위음
	② 필요한 특수교육을 조기에 받지 못하는 불이익을 당하기 때문이다.

[해설]

1) ① 위음이란 아동이 심층평가로 의뢰되지 않았는데 나중에 특수교육이 필요한 아동으로 확인되는 경우이다. 대화 내용 중 석 달 전 선별검사에서 특별한 문제가 없는 것으로 나타나 진단·평가에 의뢰하지 않았으나 현재 선우의 발달이 걱정되는 것은 선별 과정에 위음이 있었음을 의미한다.

② 위음은 위양에 비해 심각한 결과를 낳게 되는데, 그 이유는 선별 과정의 실수로 인해 해당 아동이 필요한 특수교육을 조기에 받지 못하는 불이익을 당하게 되기 때문이다.

44

[모범답안]

1)	평균으로부터 −2표준편차 이하의 수준이다.
2)	(다)는 결과, (라)는 과정에 초점을 두어 채점하기 위한 것이다.
3)	① (다) 총체적 채점 방법 (라) 평정척도방법(또는 분석적 채점 방법) ② 사운드 북의 나사못에 드라이버를 수직으로 맞추고 드라이버를 오른쪽(시계 방향)으로 돌려 나사못을 잠근다.

[해설]

1) '평균과 표준편차에 의거하여'라는 단서가 제시되어 있다. (가)에 의하면 평균은 100, 표준편차는 15로 제시되어 있으며, 은주의 일반 시지각은 64이므로 이는 평균으로부터 −2표준편차(70) 이하에 해당하는 수준이라고 설명된다.

2) 2단계 수행사정의 초점을 선택하는 단계에서는 1단계에서 구체화된 수행성과의 특성에 따라 수행의 과정, 혹은 결과에 초점을 둘 것인지 또는 과정과 결과 모두에 초점을 둘 것인지를 선택하여야 한다. 따라서 (다)의 총체적 채점 방법을 선택한 것은 과정보다는 결과를 채점할 때 좀 더 사용하기 수월한 점을 고려하여 수행의 결과에 초점을 두고자 한 이유라고 할 수 있다. 그리고 (나)와 같은 평정 척도법 중 과정 평정척도를 이용하는 것은 수행사정의 초점을 과정에 두고자 했기 때문이라고 할 수 있다.

Check Point

☑ 수행사정의 채점 방법

채점 방법	설명
검목표방법	검목표를 활용하여 채점기준표를 만들어 채점하는 방법이다.
평정척도 방법	• 평정척도를 활용하여 채점기준표를 만들어 채점하는 방법이다. • 총체적 채점 방법과 대비하여 분석적 채점 방법이라고도 한다. • 검목표방법과 유사하게 수행의 과정이나 결과를 판단하는 방법이지만 단순히 행동이나 특성의 유무를 판단하는 대신에 행동이나 특성의 정도를 판단한다는 점에서 검목표방법과 구별된다. • 주로 3~5점 숫자척도가 사용된다.
총체적 채점방법	• 수행의 과정이나 결과를 채점할 때 개별적인 요소를 고려하기보다는 전체적으로 판단하여 단일점수를 부여하는 방법이다. − 과정보다는 결과를 채점할 때 좀 더 사용하기 수월한 경향이 있다. • 장단점 <table><tr><td>장점</td><td>준비와 실시에서 시간과 노력을 절약할 수 있다.</td></tr><tr><td>단점</td><td>− 전반적인 인상에 의한 단일점수를 부여하기 때문에 일관성이 낮아질 수 있다. − 아동의 강점과 약점에 대한 구체적인 정보를 제공하지 못한다.</td></tr></table>

PART 03

45

모범답안

- ㉠ 학력지수
- ㉡ 시공간
  ㉢ 귀납적 추론과 양적 추론능력, 전반적인 시각 지능, 동시처리, 개념적 사고, 추상적 사고능력 등을 측정한다.
- ㉣ 무게 비교

해설

㉠ 국립특수교육원 기초학력검사는 백분위점수, 환산점수, 학력지수, 학년규준점수를 제공한다. 그리고 국립특수교육원 기초학습능력검사는 원점수, 표준점수(환산점수), 백분위점수, 학력지수, 학년규준이 제시된다.

㉣ K-WISC-Ⅴ에서 새롭게 개발된 3개의 소검사는 퍼즐, 무게비교, 그림기억이다.

Check Point

(1) K-WISC-Ⅴ와 K-WISC-Ⅳ의 지표점수 비교

		K-WISC-Ⅴ	K-WISC-Ⅳ
기본지표	①	언어이해지표	언어이해지표
	②	시공간지표	지각추론지표
	③	유동추론지표	
	④	작업기억지표	작업기억지표
	⑤	처리속도지표	처리속도지표
추가지표	①	양적추론지표	
	②	청각작업기억지표	
	③	비언어지표	
	④	일반능력지표	
	⑤	인지효율지표	

(2) K-WISC-Ⅴ 지표의 내용

지표	내용
언어이해	언어적 추론, 이해, 개념화, 단어 지식 등을 이용하는 언어 능력 측정
시공간	시공간 조직화 능력, 전체-부분 관계성의 통합 및 종합능력, 시각적 세부사항에 대한 주의력, 시각-운동 협응 능력 등을 측정
유동추론	귀납적 추론과 양적 추론 능력, 전반적인 시각 지능, 동시처리, 개념적 사고, 추상적 사고 능력 등을 측정
작업기억	주의력, 집중력, 작업기억(제시되는 정보를 효율적으로 처리하기 위해 아주 짧은 시간 동안 머릿속에 정보를 유지하는 능력) 등을 측정
처리속도	간단한 시각적 정보를 빠르고 정확하게 탐색하고 변별하는 능력, 정신 속도와 소근육 처리 속도 등을 측정
전체 IQ	5개 지표 IQ의 일부 소검사로 전반적인 인지적 능력을 측정

46

모범답안

2) 면담 중 부모의 요구에 민감하게 반응하여 다양한 혹은 확장된 정보를 얻을 수 있다.

Check Point

⊘ **면담 방법에 따른 특성과 장점**

방법	특성	장점	제한점
비구조화 면담	면담 주제를 중심으로 자유롭게 대화하면서 심층적인 정보 수집	• 면담 대상자와 교사가 편안한 면담 분위기에서 친숙한 관계를 형성할 수 있음. • 면담 중 부모의 요구에 민감하게 반응하여 다양한 혹은 확장된 정보를 얻을 수 있음.	교사의 능숙한 면담 실행 기술이 요구됨.
반구조화 면담	준비된 질문 항목을 중심으로 면담 대상자의 응답에 따라 질문을 변화시켜 가면서 정보 수집	• 면담 대상자의 응답에 따라 질문을 변화시킬 수 있음. • 면담 중 부모의 요구에 민감하게 반응하여 다양한 혹은 확장된 정보를 얻을 수 있음. • 응답자의 응답 내용에 따라 보다 구체적인 정보를 탐색할 수 있음.	원하는 정보를 얻기 위해 구조화 면담보다 많은 시간이 소요됨.
구조화 면담	진단 대상자에 관한 특정 정보 수집	• 질문의 항목이 미리 결정되어 있으므로 수량화가 가능함. • 정해진 질문을 순서대로 진행하기 때문에 초임교사도 쉽게 실행할 수 있음.	부모 및 가족이 면담 상황을 부담스럽게 인식할 수 있음.

47

모범답안

2) 목표를 상향 조정한다.

해설

2) 목표선과 비교하여 목표 달성 여부를 확인하고, 만약 수집된 점수들이 목표선에 미치지 못하는 경향을 보이면 교수법을 수정한다. 제시된 그래프의 경우 평가 결과가 목표보다 높게 나타나고 있으므로 목표를 상향 조정하는 것이 바람직하다.

48 2024 중등A-4

모범답안

㉠	고기능형
㉡	T점수

Check Point

K-CARS2의 구성

유형	설명
표준형 평가지 (K-CARS2-ST)	• 초판을 개정하여 다시 명명한 것 • 전반적 IQ가 79 또는 그 이하이면서 의사소통 능력이 손상되었거나 측정 IQ와는 상관없이 6세 미만인 아동을 진단하는 데 사용 • K-CARS2-ST의 평정은 심리측정 검사나 학급 관찰과 같은 다양한 상황에서의 관찰, 자녀에 대한 부모 보고, 종합적인 임상 기록 또는 이러한 정보를 종합함으로써 이루어질 수 있음.
고기능형 평가지 (K-CARS2-HF)	• 고기능형 평가지로, 개정판에 새롭게 추가 • IQ 80 이상이고 구어가 유창한 6세 이상의 아동을 대상으로 사용하는 평가지
부모/양육자 질문지 (K-CARS2-QPC)	• 표준형 평가지, 고기능형 평가지와 공통적으로 실시하는 검사지 • 행동관찰과 양육자 면담 검사지

49 2024 중등A-8

모범답안

- ㉠ 자기관리
- ㉡ 대체로 하위 영역 1에서 10의 순서로 진행되지만 검사자의 판단 하에 하위 영역의 실시순서를 변경할 수도 있다.(또는 원칙적으로 검사자와 피검사자 외에 다른 사람이 없는 검사실에서 실시된다.)
- ㉣ 생활연령에 비해 사회연령이 낮다는 것을 의미하기 때문이다.
  ㉥ 영역별 (적응)지수, 적응지수는 모두 표준점수이기 때문이다.

해설

㉣ 지수점수란 발달률의 추정치를 말하는데, 아동의 연령등가점수를 아동의 생활연령으로 나눈 후 100을 곱해서 산출한다. 지수점수의 하나인 사회지수의 경우 공식(사회연령/생활연령) × 100에 의해 산출되는 값이다. 따라서 사회지수가 100에 미치지 못하는 값이 산출되었다는 것은 생활연령에 비해 사회연령이 낮다는 것을 의미한다.

㉥ 지역사회적응검사 2판(CISA-2)은 세 영역별 영역지수(기본생활지수, 사회자립지수, 직업생활)와 전반적인 적응지수를 제공하는데 이러한 지수들은 모두 평균이 100이고 표준편차가 15인 표준점수이다(이승희, 2019 : 249).

Check Point

지역사회적응검사 2판(CISA-2)의 검사 실시 방법

① 원칙적으로 검사자와 피검사 외에 다른 사람이 없는 검사실에서 실시된다.
  - 간혹 검사자의 판단하에 원만한 검사진행을 위해서 보호자가 검사실 안에 있도록 허락할 수도 있는데 이런 경우 보호자는 검사 시 피검자가 볼 수 없는 곳에 조용히 앉아 있어야 한다.

② 대체로 하위영역 1에서 10의 순서로 진행되지만 검사자의 판단하에 하위 영역의 실시순서를 변경할 수도 있다.

01

정답 ⑤

해설

ㄱ. 가지고 놀던 장난감을 빼앗겨도 자기 주장을 하지 못하는 것은 자신에게 억울한 상황을 자신의 입장에서 분명하게 이야기하지 못하는 것으로 자기결정 행동의 구성요소 중 자기옹호 및 리더십과 관련된다(2021 유아A-5 참조). 따라서 민성이의 특성은 자기결정력 부족이라고 할 수 있다.

Check Point

(1) 자기결정
한 사람이 자신의 인생의 주체로서 중요한 결정을 함에 있어 다른 사람에게 의존하지 않고 본인 스스로 책임을 지는 것

(2) 초인지
주어진 일이나 문제를 해결하고 수행하기 위해서 어떠한 전략을 사용해야 할지, 그리고 어떤 전략이 가장 효율적인지를 평가하고 노력의 결과를 점검하는 능력

(3) 실행기능
① 두뇌의 전두엽이 조정하는 것으로 보이는 일련의 기능으로 계획, 충동통제, 행동과 사고의 유연성, 조직화된 탐색 등을 포함
② 실행기능의 결함은 행동이 유연하지 못하고 환경 내의 작은 변화에도 적응하지 못하는 등의 많은 어려움을 겪게 함.

02

정답 ①

해설

① 건우는 건강문제로 인하여 병원에 입원해 있으며 병원과의 직접적인 상호작용이 이루어지므로 미시체계에 해당한다.
② 건우와 건우 부모, 건우와 순회교사의 관계는 미시체계에 해당하며 건우 부모와 순회교사와의 관계는 미시체계들 간의 상호 관계이므로 중간체계에 해당한다.
③ 건우 가족에게 도움을 주는 종교단체는 외체계에 해당된다.
④ 건우가 현장학습을 갈 지역사회 동물원은 외체계에 해당된다.
⑤ 건우가 받는 순회교육의 법적 근거인 현행 장애인 등에 대한 특수교육법은 거시체계에 해당된다.

Check Point

⊘ 브론펜브레너(U. Bronfenbrenner)의 생태학적 모델

환경체계	특징
미시체계 (소구조)	• 물리 및 사회적 환경 내에서 개인이 직접 경험하는 활동, 역할 및 관계 • 아동의 근접 환경 • 미시체계는 아동의 성장하면서 변화함. 예 가정/가족, 아동양육기관, 아동을 돌봐주는 가정병원
중간체계 (중간구조)	• 미시체계들 간의 상호관계, 즉 환경들과의 관계 • 부모와 교사 간의 관계, 형제관계, 이웃친구와의 관계 등 예 부모-의사 관계, 부모-교사 관계, 부모-치료사 관계, 전문가-전문가 상호작용
외체계 (외부구조)	• 아동이 직접 참여하지는 않지만 아동에게 영향을 미치는 사회적 환경 • 정부기관, 사회복지기관, 교육위원회, 대중매체, 직업세계 등 예 이웃 및 지역사회 조직, 교통 수단, 대중매체, 교회
거시체계 (대구조)	• 미시체계, 중간체계, 외체계에 포함된 모든 요소에 개인이 살고 있는 문화적 환경까지 포함 • 신념, 태도, 전통을 통해 아동에게 영향을 미침. • 거시체계는 일반적으로 다른 체계보다 더 안정적이지만, 때로는 사회변화에 따라 변할 수 있음. 예 법률, 판례, 보편적인 사회적 태도, 윤리적/도덕적 원리

03

[정답] ④

[해설]

ㄴ. 유아의 생활연령에 적합한 지역사회 적응기술을 지도한다.

04

[정답] ②

[해설]

ㄱ. 의미있는 문장을 구성할 수 있다. : 다양한 문제점들이 있으나 대략적인 의미는 전달 가능하다.

ㄴ. 문장을 어순에 맞게 구성할 수 있다. : '나는 운동장에 나갔다' → '나 나가 우동장'으로, '영수가 반창고를 붙여' → '영수이가 부처 반찬고을'과 같이 쓰고 있으므로 문장을 어순에 맞게 구성한다고 볼 수 없다.

ㄷ. 의존형태소를 생략하는 등 바르게 사용하고 있지 못하다.

일기 내용	나 나가 우동장						
바른 문장	나는 운동장에 나갔다.						
형태소	나	는	운동장	에	나가-	-았-	-다
	자립	의존	자립	의존	의존	의존	의존

ㄹ. 낱말 소리와 표기가 다를 수 있음을 가르칠 필요가 있다. : 말금(맑음), 꼬치(꽃이), 너머져(넘어져), 우러(울어), 부처(붙여)

Check Point

(1) 형태소의 개념

① 형태소는 의미를 가지고 있는 가장 작은 말의 단위

② '의미'는 어휘적 의미뿐만 아니라, 문법적 의미(형식적으로만 존재하는 의미이며, 조사나 어미와 같이 문법적 역할을 함)도 포함

(2) 형태소의 종류

① 자립성 여부 : 자립성을 기준으로 형태소를 분류할 때는 문장에서 홀로 사용될 수 있는지, 다른 형태소에 의지하여야만 사용될 수 있는지에 따라 자립 형태소와 의존 형태소로 구분

  ㉠ 자립 형태소 : 명사, 대명사, 수사, 관형사, 부사, 감탄사

  ㉡ 의존 형태소 : 용언의 어간과 어미, 조사, 접사

② 실질적인 뜻의 유무 : '실질적인 뜻'이란 구체적인 대상이나 대상의 상태·동작, 혹은 추상적인 관념 등을 말하는 것이며, '어휘적인 뜻'으로도 볼 수 있음.

  ㉠ 실질 형태소(어휘 형태소) : 체언, 수식언, 독립언, 용언의 어근

  ㉡ 형식 형태소(문법 형태소) : 조사, 어미, 접사

문장	영수가 먹은 딸기가 매우 달았다.									
단어	영수	가	먹은		딸기	가	매우	달았다		
형태소	영수	가	먹-	-은	딸기	가	매우	달-	-았-	-다
자립성 여부	자립	의존	의존	의존	자립	의존	자립	의존	의존	의존
실질적 뜻의 유무	실질	형식	실질	형식	실질	형식	실질	실질	형식	형식

출처 ▶ 김홍범 외(2021 : 156-157)

05

정답 ②

해설

ㄱ. 기능적 읽기와 쓰기란 일상생활에서 필요한 읽기와 쓰기 활동이다. 초등학교 지적장애 아동이라면 흔히 볼 수 있는 상점의 간판, 지하철역 이름, 분식집의 음식 메뉴, 아동에게 필요한 문구류 이름 등의 읽기와 쓰기가 해당되고, 중·고등학교 지적장애 학생이라면 취업을 위한 이력서 쓰기, 은행 이용에 필요한 단어나 문장의 읽기와 쓰기가 해당된다(송준만 외, 2016 : 301). 따라서 위인전을 읽게 하는 것은 기능적 읽기를 위한 활동이라고 할 수 없다.

ㄹ. 김 교사가 직접 읽으면서 구두점을 따라 쉬어 읽는 방법이나 모르는 단어가 나왔을 때 사전 찾는 방법을 보여주는 것은 직접교수 혹은 명시적 교수에 해당한다.

Check Point

☑ 정밀교수

① 1960년대 중반 린슬리(O. Lindsley)가 개발한 측정 체계

② 형성평가 과정처럼 학생의 수행을 매일 측정해서 그래프로 작성하는 방법

③ 특정한 교수방법이나 교육과정이 아닌, 수업의 효과를 평가하고, 교수적 결정을 하려고 사용하는 방법

④ 정밀교수의 구성

ㄱ 구체적인 수행 행동이나 표적 행동 선택

ㄴ 매일 정반응과 오반응의 빈도를 측정하여 표준행동표 또는 표준촉진표에 기록

ㄷ 수행 행동이 바람직한 방향으로 변화되도록 교수 내용이나 방법 수정

ㄹ 그래프로 평가하고 데이터의 변화 경향을 분석하여 교수 종결 여부 결정

※ 마지막 두 단계는 목표한 수행에 도달할 때까지 반복

출처 ▶ 특수교육학 용어사전(2018 : 407-408)

06

정답 ①

Check Point

(1) 적응행동 영역

영역	예시
개념적 적응기술	언어, 읽기와 쓰기, 돈, 시간, 수 개념
사회적 적응기술	대인관계 기술, 사회적 책임감, 자존감, 파괴감, 순진성(즉, 경계심), 규칙 따르기/법 준수, 희생당하는 것을 피함, 사회적 문제해결
실제적 적응기술	일상생활 활동(개인적 관리), 작업 기술, 돈 사용, 안전, 건강관리, 여행/이동, 일정/일과 계획, 전화사용

(2) 일반화의 유형

① 자극 일반화와 반응 일반화로 구분

② 자극 일반화

ㄱ 어떤 자극이나 상황에서 어떤 행동이 강화된 결과, 그와는 다른 어떤 자극이나 상황에서도 그 행동이 일어날 가능성이 증가하는 것

ㄴ 자극 일반화를 위한 전략 : 자연스러운 상황에서 가르치기, 훈련 상황을 일반화가 일어나야 할 상황과 비슷하게 조성하기, 여러 다양한 상황을 이용하기, 훈련 시 광범위한 관련 자극 통합하기 등

③ 반응 일반화

ㄱ 어떤 자극이나 상황에서 어떤 행동이 강화된 결과, 동일한 자극이나 상황에서 이와는 다른(학습되지 않은) 행동이 일어날 가능성이 증가하는 것

ㄴ 반응 일반화를 위한 전략 : 충분한 반응사례로 훈련하기, 훈련 상황에서 의도적으로 아동이 다양한 반응을 하도록 만들어 주기 등

※ 과잉일반화 : 자신이 배운 것을 다른 것에 지나치게 적용하는 것

07

정답 ④

해설

ㄱ. 발생률은 특정 기간 동안 모집단에서 판별된 새로운 사례 수를 의미하는 용어로 출현율과는 다르다.

ㄷ. 특정 기간 동안에 전체 인구 중 새롭게 판별된 장애인 수는 발생률에 해당한다.

ㄹ. 장애의 원인을 연구하고 예방 프로그램을 개발하는 데 의의가 있는 개념은 발생률이다.

08

정답 ②

해설

ㄱ. 독립성은 다양한 영역을 포함하는 매우 포괄적인 구성 개념으로서, 자기의존과 자기결정을 그 핵심으로 하고 있다. 자기의존은 자신을 돌보는 개인의 능력을 말한다. 자기결정은 자신의 삶의 길을 설정하고 그대로 나아가는 능력을 말한다. 교육자들이 도울 수 있는 기술에는 선택하기, 선호도 의사소통하기, 달성 가능한 목표 수립하기, 그리고 자기주장하기 등이 있다(신종호 외, 2008 : 359).

- Abey와 Stancliffe는 자기결정 능력을 개인적 요소와 환경적 요소, 상호작용의 세 가지로 보았으며, 목표 설정, 선택, 자기조절, 문제해결, 자기주장, 의사소통, 사회적 기술, 독립생활, 통제귀인, 자기존중과 자기수용, 자기효능감과 자기확신, 결정, 타인권리 인정을 하위요소로 포함하였다(정희섭 외, 2013 : 40).

- 자기결정은 고용, 독립생활 및 재정적 독립을 포함하는 졸업이후 성과에 긍정적인 영향을 미치므로 지적장애 중등학생의 생활기술 교수에 매우 중요한 요소이다. 구체적인 자기결정 기술들은 선택과 의사결정, 문제해결, 목표설정, 독립, 자기관리, 자기교수, 자기옹호 및 자기인식을 포함한다(Wehmeyer & Schlock, 2001; Gargiulo et al., 2021 : 461 재인용).

  - 독립이란 최소한의 지원으로 환경을 관리하는 것을 의미한다. 예 학생은 체육 과목에서 운동기구(공, 후프, 원주형 표시물)를 회수하기 위해 사진 촉진체계를 사용한다.

ㄷ. 자기결정의 하위 구성 요소 중 수행이란 목표를 성취하는 방법이자 학생 스스로 성공과 실패의 갈림길에 놓이게 할 수 있는 위험을 감수하는 과정이다. Field와 Hoffman의 모델에서도 목표설정을 위한 계획 다음 단계로 수행을 제시하고 있다. 수행의 요소로는 위험 감수, 의사소통, 자원과 지원에의 접근, 향상, 갈등과 비판 대처, 지속성의 요소가 있다(정희섭 외, 2013 : 45).

- 자기결정 프로그램 중 Step to Self-determination 프로그램은 Field와 Hoffman의 자기결정 모델에 기반하여 개발된 것으로, 경도 정신지체와 학습장애를 포함한 중등부 장애학생과 비장애학생을 적용대상으로 한다. 이 프로그램의 단계와 단원들 중 4단계 실행의 단원 내용은 위험에 대처하기, 협상하기, 대화하기, 갈등과 비판에 대처하기, 자원과 지원을 평가하기, 인내심을 가지고 수행하기로 구성되어 있다.

Check Point

ⓥ 자기결정 행동의 구성 요소

구성 요소	설명
선택하기 기술	• 자기결정의 핵심 요소 • 학생은 자신의 요구와 선호도를 확인하고 이에 대해 의사소통하기 위해서 선택할 기회를 가져야 함
문제해결 기술	스스로 문제를 확인하고 분석하여 잠정적인 해결책을 찾은 후에 가장 적절한 방안으로 문제를 해결하는 것(문제와 가능한 해결책을 판별하기)
의사결정 기술	• 하나의 상황에서 여러 가지 해결책 중 어느 것이 가장 좋을지를 결정하는 기술(가능한 최선의 정보에 근거하여 결정 내리기) • 서로 다른 해결책의 결과에 대해 이해하는 것 포함
목표 설정 및 성취 기술	• 자신의 목표가 무엇인지 확인하기, 목표와 관련한 자신의 현 위치 파악하기, 행동을 위한 계획 세우기, 목표를 향한 자신의 진전도 평가하기 기술 포함 • 자신의 학습에 좀 더 책임감을 갖도록 하는 데 효과적인 기술
자기관리 기술	• 자신의 행동을 조절하기 • 자기점검, 자기평가, 자기강화 포함
자기옹호 및 리더십 기술	자기옹호기술: 자신의 믿음을 옹호하는 능력(또는 자기 자신의 요구와 욕구 알리기)
자기 효능	자신이 특정한 목표를 수행하거나 성취할 수 있다고 믿는 것
자기 인식과 자기 지식	• 자기 인식: 자신의 강점이나 능력, 자신의 약점이나 제한점 등을 이해하는 능력 • 자기 지식: 자신의 특성을 사용하는 방법에 대해 하는 것
자기교수 기술	• 문제해결을 촉진하기 위해 혼잣말하기 • 타인의 직접적인 도움 없이 새로운 정보와 기술을 배우기
내적 통제소재	결과들을 통제할 수 있다고 믿기

09 ···················· 2009 중등1-10

정답 ⑤

해설

ㄱ. 다양한 환경을 제공한다. : 일반화

ㄴ. 학습활동 시 교사의 참여를 줄인다. : 숙달

ㄷ. 과제에 대하여 학생의 반응 양식을 다양화한다. : 일반화

ㅂ. 정해진 시간 내에 과제를 완성하도록 연습 기회를 늘린다. : 숙달

Check Point

☑ 학습 단계(수행 수준의 위계)

일반화는 습득 → 숙달(또는 유창성) → 유지 → 일반화의 (학습)단계를 거쳐 완성

습득	• 교수목표 : 아동이 목표기술을 정확하게 수행하도록 돕는 것 강조 • 습득을 위한 전략 : 빈번한 교수 제공하기, 아동의 참여 기회 늘리기 등
숙달	• 교수목표 : 아동이 과제를 정확하고 빠르게 완수하도록 하는 것 • 숙달을 위한 전략 : 아동의 학습 시 교사의 참여 줄이기, 완성된 과제에 한하여 피드백 제공하기 등
유지	• 교수목표 : 높은 수준의 수행을 유지하는 것 • 시간이 지나도 한번 습득한 행동을 지속적으로 할 수 있는 것을 뜻하기 때문에 '시간에 대한 일반화'라고 함. • 유지를 위한 전략 : 간헐 강화계획, 과잉학습, 분산연습, 학습한 기술을 기초로 새 기술 교수하기 등
일반화	• 자극 일반화와 반응 일반화로 구분 • 자극 일반화 : 어떤 자극이나 상황에서 어떤 행동이 강화된 결과, 그와는 다른 어떤 자극이나 상황에서도 그 행동이 일어날 가능성이 증가하는 것 　－ 자극 일반화를 위한 전략 : 자연스러운 상황에서 가르치기, 훈련 상황을 일반화가 일어나야 할 상황과 비슷하게 조성하기, 여러 다양한 상황을 이용하기, 훈련 시 광범위한 관련 자극 통합하기 등 • 반응 일반화 : 어떤 자극이나 상황에서 어떤 행동이 강화된 결과, 동일한 자극이나 상황에서 이와는 다른(학습되지 않은) 행동이 일어날 가능성이 증가하는 것 　－ 반응일반화를 위한 전략 : 충분한 반응사례로 훈련하기, 훈련 상황에서 의도적으로 아동이 다양한 반응을 하도록 만들어 주기 등

10 ···················· 2009 중등1-35

정답 ④

해설

① 스크립트 일과법 : 스크립트를 이용한 전략은 구조화된 상황을 만들고, 그 안에서 실제로 상호작용하면서 필요한 어휘와 문장을 습득하도록 하는 접근법이다.

③ 언어경험 접근법은 아동의 경험과 관심을 중심으로 언어활동이 이루어지며 읽기 활동과 말하기, 듣기, 쓰기 등의 활동을 통합하여 프로그램이 구성된다.

④ 생태학적 목록은 학생들의 현재와 미래의 생활에서 기능을 발휘하기 위해 필요한 개별 기술들을 찾기 위한 조사표, 관찰지, 평가도구이다.

⑤ 일반사례교수법 : 어떤 조건이나 상황에서도 목표행동을 할 수 있도록 여러 관련 자극과 반응 유형을 포함하는 충분한 예를 이용하여 교수하는 방법이다.

Check Point

☑ 생태학적 목록 작성 과정

단계	내용	설명
1	교육과정 영역 정하기	구체적인 기술들을 가르치고 삽입해야 할 상황, 맥락으로 사용될 교육과정 영역을 정함.
2	각 영역에서 현재 환경과 미래 환경 확인하기	현재 주거환경은 일반 아파트나 주택일 수 있지만 미래 환경은 장애지원을 받는 아파트, 그룹홈 혹은 시설일 수 있음.
3	하위 환경으로 나누기	각 학생들에게 필요한 활동을 파악하기 위해 그 활동이 일어날 수 있는 환경을 자세히 구분함.
4	하위 환경의 활동 결정 및 활동 목록 만들기	• 무엇이 가장 적절한 활동인지 결정하기 전에 다양한 변인을 고려해야 함. • 학생의 생활방식에 대한 정보를 제공함.
5	각 활동을 위해 필요한 기술 정하기	• 활동을 가르칠 수 있는 단위 수준이나 과제분석으로 나누는 일이 필요함. • 의사소통, 근육운동, 문제 해결력, 선택하기, 자기 관리와 같은 요소의 기술을 익힘.

11

정답 ③

해설

- 건강 : '인슐린 주사를 장기적으로 매일 맞아야'는 시간 제한없이 정기적인 지원을 필요로 함을 의미한다.
- 문제행동 : '단기적인 행동중재를 받을 필요'는 단기적 속성의 특징을 표현한 것이다.
- 전환 : '올 한 해 동안 배울 필요'는 1년이라는 기한이 정해져 있으나 간헐적인 속성은 없는 것으로 표현되었다.

Check Point

☑ 지원의 강도에 따른 분류

간헐적 지원	• 필요에 따른 지원으로, 일시적 또는 단기적 속성을 갖는 특징 • 고강도 혹은 저강도로 제공
제한적 지원	• 한동안 지속되고 시간제한은 있지만 간헐적인 속성은 없는 등의 특징을 갖는 지원의 강도 • 보다 강한 수준의 지원보다는 인력이 덜 필요하고, 비용 면에서도 더 저렴할 수 있음.
확장적 지원	적어도 몇몇 환경에서 정기적으로 지원이 필요하며 시간 제한적이지 않음.
전반적 지원	• 영구성을 띠며 고강도의 지원으로 개인의 모든 환경에 제공되며 일상적 생활 영위에 필요 • 확장적 혹은 제한적 지원보다는 더 많은 수의 전문인력과 개입 필요

12

정답 ①

해설

- ㄴ. 우체국 이용 기술을 지도하기 위해 학생들에게 우체국을 방문하여 각자 편지를 부치게 한다. : 지역사회 중심 교수
- ㄹ. 은행 이용 기술을 지도하기 위해 학생들에게 은행을 방문하여 개별 예금통장을 개설해 보게 한다. : 지역사회 중심 교수

13

정답 ②

해설

보기 내용	수 영역	비고
ㄱ. 빨래통에서 흰옷만 골라서 세탁기에 넣는다.	○(분류하기)	기능적
ㄴ. 알맞은 분량의 세제를 세탁기 세제 투입구에 넣는다.	×	기능적
ㄷ. 식사 준비를 위해 밥통에서 밥을 퍼서 그릇에 담는다.	×	기능적
ㄹ. 현관에 놓여 있는 신발들을 짝지어 가지런히 정리한다.	○(짝짓기)	기능적
ㅁ. 빨래가 다 된 옷들을 세탁기에서 꺼내 건조대에 넌다.	×	기능적
ㅂ. 식사 준비를 위해 수저통에서 수저를 꺼내 한 벌씩 식탁 위에 놓는다.	○(짝짓기)	기능적

Check Point

(1) 2008 교육과정 수학과 수 영역 Ⅰ단계
① 변별하기
② 분류하기
③ 짝짓기
④ 순서 짓기

(2) 기능적 기술
다양한 환경에서 아동의 삶에 의미 있고 즉시 사용 가능한 기술들, 즉 학생 자신의 생존을 유지하기 위하여 스스로 해결하지 않으면 다른 누군가가 대신 해결해야 하는 기술을 의미

14

정답 ③

해설

ㄴ. 식사도구 사용하기 : 실제적 적응기술

ㄹ. 다른 사람과 공동 작업하기 : 사회적 적응기술

ㅂ. 학급의 급훈 및 규칙 지키기 : 사회적 적응기술

15

정답 ③

해설

ㄱ. 페닐케톤뇨증(PKU)은 출생 후 조기 선별이 가능하며 진단을 받은 후에는 식이요법을 통해 치료가 가능하다. 페닐케톤뇨증은 영아기부터 구토, 습진, 담갈색 모발과 흰 피부색이 나타나며 경련이 일어나고 지능 저하를 일으키지만, 생후 1개월 이내에 치료를 시작하면 이와 같은 증상은 나타나지 않는다. 혈중의 페닐알라닌 측정 검사를 통해 선별할 수 있으며, 치료는 페닐알라닌이 적은 특수 분유를 먹는 식이요법으로 시작한다.

ㅁ. 정신지체학생은 자신에 대한 기대수준이 낮음으로 인하여 타인에게 의존하고(→ 외부 지향성), 과제수행 결과 여부를 운명이나 행운 혹은 다른 사람과 같은 외부의 힘에 따른 결과로 받아들이는 경향이 있다(→ 외적 통제소재). 과제수행 결과 여부를 자신의 행동에 따른 결과로 받아들이는 경향은 내적 통제소재에 해당한다.

Check Point

⊘ 다운증후군의 원인(유형)

원인(유형)	내용
삼염색체성 (비분리 염색체)	• 다운증후군의 세 가지 염색체 원인 중 가장 일반적인 삼염색체성(또는 비분리 염색체)은 개념적으로 부모의 염색체 한 쌍이 분리하는 데 실패했기 때문이고, 이로 인해 아동이 47번째 염색체를 가지게 됨. • 다운증후군으로 태어난 아동의 92% 이상을 설명
전위 (전좌)	• 하나의 염색체 일부가 다른 염색체의 유사한 부분과 결합될 때 발생 • 다운증후군 사례의 3~5%에서 발견
섞임증 (모자이키즘)	• 정상적인 수정란이 유사분열을 계속해 가는 과정 중 어느 단계에서 염색체 절단이나 비분리현상으로 인해 세포분열에 이상이 생겨서 정상 세포계열과 이상 세포계열이 함께 나타나는 경우 • 다운증후군의 세 번째 유형이며 가장 드문 형태

16

정답 ⑤

해설

ㄱ. 도구 수정(감자칼 등)을 이용하여 참여할 수 있도록 고려한다.

ㄹ. 으깬 감자 샐러드를 식빵에 바르는 친구들의 활동을 관찰하는 것은 잘못된 부분참여의 원리 적용 유형 중 수동적 참여에 해당한다.

Check Point

⊘ 부분참여

① 중도·중복 장애아동이 어떤 활동이나 과제의 모든 면 또는 단계에 참여하지 못하더라도 그가 할 수 있는 활동의 일부분에라도 최대한 의미 있는 참여를 하게 하는 것

② 부분참여를 통해 '사회적 역할 가치화'를 실현할 수 있음.

② 잘못된 부분참여의 원리 적용 유형

수동적 참여	장애아동들이 자연스러운 환경에 배치되었으나 적극적으로 활동에 참여하도록 허락하는 대신에, 또래들이 활동에 참여하는 것을 관찰하는 기회만 제공되는 것이다.
근시안적 참여	교사가 교육과정의 관점들 중 한 가지 혹은 몇 가지만을 좁은 시야로 집중하고, 장애아동이 학습의 전반적인 기회들로부터 이득을 보지 못하도록 하는 것이다. **예** 생필품 가게에 갔을 때 장애아동에게 물건을 고르고 사는 기회를 주는 대신에 손수레만 밀게 한다.
단편적 참여	장애아동이 몇몇 활동들에 부정기적으로 참여하는 것을 말한다. **예** 장애아동이 일반교육 사회과목 수업에 또래들과 함께 일주일에 2일 동안은 참여하고, 하루는 특수학급에서의 수업을 위해 해당 시간에 데리고 나와야 한다.
참여기회 상실	장애아동이 독립적으로 활동하기 위해 너무 많은 시간과 노력을 기울이게 함으로써 아동으로 하여금 더 많은 수의 활동들에 참여할 기회를 상실하게 하는 것을 말한다. **예** 학급 간 이동을 위해 휠체어를 스스로 천천히 밀어서 이동하는 장애아동은 각 수업의 일부를 놓칠 수 있다.

17

정답 ⑤

해설

ㄱ. 발달연령이 아닌 생활연령을 기준으로 해야 한다.

ㄴ. 목표 어휘는 현재의 생활환경뿐만 아니라 현재 생활환경을 포함한 미래의 생활환경까지도 포함하는 어휘 내에서 선정하여야 한다.

Check Point

⊘ 생태학적 목록

기능적 기술의 필요도와 선호도를 조사할 때는 생태학적 목록을 작성하는 것이 유용하다. 생태학적 목록의 작성은 다음과 같은 단계를 따른다.

단계	내용	설명
1	교육과정 영역 정하기	구체적인 기술들을 가르치고 삽입해야 할 상황, 맥락으로 사용될 교육과정 영역을 정함.
2	각 영역에서 현재 환경과 미래 환경 확인하기	현재 주거환경은 일반 아파트나 주택일 수 있지만 미래 환경은 장애지원을 받는 아파트, 그룹홈 혹은 시설일 수 있음.
3	하위 환경으로 나누기	각 아동들에게 필요한 활동을 파악하기 위해 그 활동이 일어날 수 있는 환경을 자세히 구분함.
4	하위 환경의 활동 결정 및 활동 목록 만들기	• 무엇이 가장 적절한 활동인지 결정하기 전에 다양한 변인을 고려해야 함. • 아동의 생활방식에 대한 정보를 제공함.
5	각 활동을 위해 필요한 기술 정하기	• 활동을 가르칠 수 있는 단위수준이나 과제분석으로 나누는 일이 필요함. • 의사소통, 근육운동, 문제 해결, 선택하기, 자기 관리와 같은 요소의 기술을 익힘.

18

정답 ③

해설

ㄷ. 교사주도 학습을 통한 : 학생 주도적 학습을 통한 장애 학생의 자기 결정 증진은 장애 학생의 긍정적인 학업성취에 영향을 미친다.

ㄹ. 선택의 기회를 제공하는 것은 자기결정의 구성 요소에 해당한다.

ㅁ. 자기결정 기능모델에서는 자율성, 자기조절, 심리적 역량, 자아실현을 자기결정의 네 가지 특성으로 제시하였다.

Check Point

(1) 자기결정의 개념

① 자기결정이란 한 사람이 자신의 인생의 주체로서 중요한 결정을 함에 있어서 다른 사람에게 의존하지 않고 본인 스스로 책임을 지는 것이다.

② Wehmeyer는 자기결정을 "자신의 삶에서 주요한 결정권자로 행동하고 외부의 과도한 영향이나 간섭을 받지 않은 상태에서 자신의 삶의 질과 관련된 선택과 의사결정"으로 정의하였다.

(2) Wehmeyer의 기능적 자기결정 모델

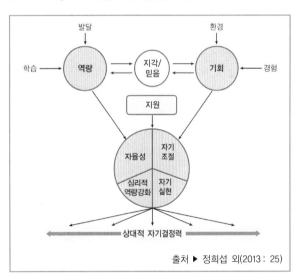

출처 ▶ 정희섭 외(2013 : 25)

① 기능적 자기결정 모델은 자기결정이 행동의 기능(목적)에 기반하여 정의되어야 한다고 주장하는 Wehmeyer의 자기결정 모델에 근거하고 있다.

② Wehmeyer는 자율성, 자기조절, 심리적 역량, 자아실현을 자기결정의 네 가지 특성으로 제시하였다.

(3) 자기결정의 특성과 구성 요소

Wehmeyer는 자기결정의 기능적 이론과 관련하여 자기결정 행동의 구성 요소를 다음과 같이 제시하였다(송준만 외, 2019: 373-374).

① 선택하기 기술
② 의사결정 기술
③ 문제해결 기술
④ 목표 수립 및 달성 기술
⑤ 자기관찰, 자기평가 및 자기강화 기술
⑥ 자기교수 기술
⑦ 자기옹호 및 리더십 기술
⑧ 내적 통제
⑨ 효능성과 성과기대에 대한 긍정적 귀인
⑩ 자기인식
⑪ 자기지식

19

2011 중등1-15

[정답] ①

[해설]

ㄱ. 중도 지적장애 학생이 관심을 끌기 위하여 수업을 방해하는 행동을 보일 경우 주의를 주는 행동은 관심을 주는 것으로 받아들여질 수 있다.

ㄹ. 윌리엄스 증후군은 단어나 이야기의 말하기 측면에서는 아주 뛰어나지만 시공간적 기술에 어려움을 보인다.

ㅁ. 외상성 뇌손상은 출생 후, 조산은 출생 전후(주산기)의 지적장애 원인으로 분류된다.

Check Point

(1) 다중위험요인 접근법

지적장애의 원인이 될 수 있는 위험요인을 4가지 범주로 나누고 시기와 교차하여 제시

시기	생의학적	사회적	행동적	교육적
출생 전	• 염색체 이상 • 단일유전자 장애 • 증후군 • 대사장애 • 뇌 발생 장애 • 산모 질환 • 부모 연령	• 빈곤 • 산모 영양 실조 • 가정폭력 • 출생 전 관리 결여	• 부모의 약물 남용 • 부모의 음주 • 부모의 흡연 • 부모의 미성숙	• 지원 없는 부모의 인지적 장애 • 부모가 될 준비의 결여
출생 전후 (주산기)	• 조산 • 출생 시 손상 • 신생아 질환	출산관리의 결여	• 부모의 양육 거부 • 부모의 자식 포기	중재서비스를 위한 의료적 의뢰의 결여
출생 후	• 외상성 뇌 손상 • 영양실조 • 뇌막염 • 발작장애 • 퇴행성 장애	• 장애를 가진 보호자 • 적절한 자극의 결여 • 가정의 빈곤 • 가정 내 만성적 질환 • 시설수용	• 아동학대 및 유기 • 가정폭력 • 부적절한 안전 조치 • 사회적 박탈 • 다루기 힘든 아동의 행동	• 손상된 부모 기능 • 지체된 진단 • 부적절한 조기중재서비스 • 부적절한 특수교육서비스 • 부적절한 가족지원

(2) 행동표현형

① 유전자에 따라 겉으로 나타나는 행동 유형

② 동일한 증후군을 갖고 있다고 해서 모든 아동들이 동일한 행동표현형을 갖는 것은 아님.

　• 이유: 행동표현형은 유전자의 직접적인 결과라기보다는 다음과 같은 다양한 요인의 영향을 받아 변화할 수 있기 때문임.

　　㉠ 동일한 증후군을 갖고 있는 아동이라도 그들이 갖고 있는 유전자나 염색체 변이과정의 다양성으로 인해 부적응 행동이나 언어 및 지적 능력 등에서 다양한 수준을 보일 수 있음.

　　㉡ 행동표현형은 아동의 성별, 가족 배경, 일상생활 양식, 제공되는 자극 정도, 가족의 의사소통 유형이나 부모의 문제해결 양식 등에 따라서도 다르게 발달할 수 있음.

　　㉢ 행동표현형은 연령이 증가함에 따라 변화할 수 있음.

③ 행동표현형은 발달적, 생물학적, 환경적인 다른 요소들과 복잡하게 상호작용하면서 지속적으로 변화하며 형성된다는 것을 이해해야 함.

20

정답 ①

해설

ㄹ. 책임감 및 자존감은 사회적 적응기술에 해당한다.

ㅁ. 학생 A의 필요에 따라 일시적, 단기적으로 제공되는 지원은 간헐적 지원에 해당한다.

Check Point

⊘ 적응행동의 종류

개념적 적응기술	인지, 의사소통 및 학업기술 예 언어, 읽기 및 쓰기, 금전개념, 자기-지시
사회적 적응기술	사회적 능력 기술 예 대인관계, 책임감, 자존감, 속기, 파괴감, 순진성(즉, 경계심), 규칙준수/법 준수, 희생되는 것을 피함, 사회적 문제해결
실제적 적응기술	독립생활 기술 예 일상생활 활동(개인적 관리), 작업 기술, 돈 사용, 안전, 건강관리, 여행/이동, 일정/일과 계획, 전화사용

21

정답 ④

해설

① 시연(rehearsal)은 정보를 기억하기 위해 반복적으로 암송하는 기억전략이다. 학습한 내용을 잘 기억하지 못하므로 시연전략이 적절하다.

② 선택적 주의집중의 어려움이 있으므로 과제와 관련된 적절한 자극과 부적절한 자극을 구별할 수 있도록 지도해야 한다.

③ 학습 의지가 부족하고 수동적이므로 자기점검과 자기강화를 통해 과제 참여도와 학습동기를 높인다.

④ 지적장애 학생 A는 과제 수행 시 집중하는 시간도 짧고 선택적 주의집중에도 어려움이 있는 만큼 여러 가지 색깔 단서를 사용하는 것은 선택적 주의집중에 어려움을 초래하므로 피해야 한다. 색깔 단서를 단순화함으로써 선택적 주의집중을 강화하고 이를 통해 과제 수행에 대한 일반화를 높이고 흥미를 유도한다.

⑤ 정해진 일정은 살 따르므로 과제를 단계별로 나누어 쉬운 내용을 먼저 지도한다. 그리고 갑작스러운 환경 변화에는 민감하게 반응하므로 과제의 난이도를 서서히 높인다.

Check Point

(1) 지적장애 아동의 주의집중

① 선택적 주의집중과 주의집중 유지에 어려움을 보일 수 있으며, 이는 장애가 심각할수록 더 심한 경향이 있음.

주의 집중	선택적 주의집중	수행 중인 과제에 필요한 자극에는 주의를 기울이고 관련 없는 자극은 무시하는 것
	주의집중 유지	시간의 흐름에 따라 일정시간 동안 환경에서 방해하는 자극을 억제하면서 집중된 주의 유지

② 지적장애 아동의 주의집중 특성을 고려한 교수방법

ㄱ 자극을 단순화하여 제시

ㄴ 목소리, 억양, 크기로 관련 정보 강조

ㄷ 과제에 대한 주의를 흩뜨리게 할 수 있는 방해 자극 제거

ㄹ 과제에 집중할 때 보상하기

ㅁ 아동에게 교과서 속에 제공된 전략을 사용하도록 가르치기(예 볼드체, 이탤릭체)

ㅂ 이해 정도 및 유무를 자주 확인하기

ㅅ 관련 정보 식별해주기(예 형광펜으로 표시하기, 밑줄 긋기, 화살표 그리기 등)

(2) 지적장애 아동의 기억

① 단기기억 또는 작동기억과 정보처리 과정에서의 어려움이 있음.

② 장기기억은 단기기억에 비해 덜 손상되어 일반아동과 차이가 거의 없으나 자료의 조직화에는 어려움을 보임.

③ 일반아동에 비해 낮은 초인지

• 초인지 : 주어진 일이나 문제를 해결하고 수행하기 위해서 어떠한 전략을 사용해야 할지, 그리고 어떤 전략이 가장 효율적인지를 평가하고 노력의 결과를 점검하는 능력

④ 일반화와 전이에 어려움을 보이는데, 상대적으로 과잉일반화의 문제를 나타냄.

(3) 시연

① 나중에 회상해 낼 것을 생각하고 미리 기억해야 할 대상이나 정보를 눈으로 여러 번 보아 두거나 말로 되풀이해 보는 것

② '암송'이라고도 함.

③ 정보를 기억하는 가장 흔한, 그리고 가장 현실적인 전통적인 기억전략

④ 반복을 통하여 작업기억 속의 정보를 보유하려는 과정

⑤ 집중연습과 분산연습으로 구분

출처 ▶ 김삼섭(2010 : 257)

22

정답 ①

해설

(나) 교사가 시범을 보이므로 교수전략은 모델링이다.

(다) • 양치질하기를 작은 단계로 나누어 : 과제분석
 • 양치질하기를 작은 단계로 나누어 지도하였다. : 행동연쇄법
 • 서툴게 양치질을 할 수 있다. : 유창하지는 못한 수준이므로 습득 단계이다.

(라) 담임 선생님께 인사하는 모습을 관찰한 후 다른 선생님과 이웃 어른들에게도 인사를 할 수 있으므로 창수의 기능 수준은 일반화되었다고 할 수 있다.

(마) 학교 주변 그림지도를 이용하여 교실에서 반복하여 지도하고 있으므로 교수전략은 지역사회 모의수업이다.

Check Point

(I) 지역사회 중심 교수(지역사회 기반 교수)

지역사회 모의수업	구조화된 연습 기회 제공
지역사회 참조 교수	학교 내에서 지역사회에서 필요한 기술을 간접적으로 연습
지역사회 중심 교수	지역사회에서의 직접 경험을 통하여 장애아동을 가르치는 교수법

(2) 지역사회 중심 교수와 현장학습의 차이점

지역사회 중심 교수가 현장학습과 다른 점은 교사가 다양한 역할을 하고, 계획을 세우며, 학습기회를 제공하는 교육과정적 접근이라는 점이다(송준만 외, 2016 : 230).

23

정답 ⑤

해설

ㄱ. 학생의 실수에 대해 강화를 해서는 안 된다.

ㄹ. 용변처리 기술은 실제적 적응기술에 해당한다.

24

정답 ③

해설

② 계산기 사용과 같은 활동은 계산 원리의 이해나 능숙한 연산 기술의 습득이 본래의 목적이 아닌 경우 계획한다.

③ 발달연령이 아닌 생활연령에 적합한 교수자료를 사용해야 한다.

Check Point

(I) 기능적 생활중심 교육과정

① 기능적 생활중심 교육과정(= 기능적 교육과정 , 생태학적 교육과정)이란 학습자의 생활, 경험, 흥미, 관심, 필요, 활동 등을 중심으로 구성된 교육과정

② 실생활에서 활용할 수 있는 기능을 중심으로 가르치자는 취지에서 시작된 중등도 및 중도 장애아동을 대상으로 한 교육과정

③ 지적장애 아동들에게 가르쳐야 할 우선적인 내용은 학교에서 교과활동에 의한 지식, 이론적 접근보다는 실생활에 필요한 기능적 기술과 자신을 관리할 수 있는 기술들이 교육프로그램의 주요 내용으로 구성되어야 함.

(2) 기술의 형식과 기능

생활연령에 적절하게 기능적 기술을 선정하여 접근할 때는 기술의 형식과 기술의 기능을 고려할 것

기술의 형식	• 다양한 기술의 형식을 통해 하나 혹은 유사한 기능을 가르칠 수 있다. • 어린 아동에게 적절한 기술 형식이 나이 든 학생에게는 적절하지 않을 수도 있다.
기술의 기능	• 교사는 아동에게 필요한 기술의 기능을 결정한 다음, 기술의 기능이 연령에 적합한 형식으로 사용될 수 있도록 해야 한다. • 아동이 대부분의 또래가 실행하는 것과 같은 기능을 수행할 수 없다면 교사는 그 아동에게 필요한 무난한 형식을 찾아야 한다. • 기술의 기능을 결정할 때는 기능적 기술의 필요와 선호도를 조사해야 한다 : 생태학적 목록 활용

25

정답 ②

해설

㉠ 학생이 자신의 선호도에 따라 하나씩 골라 이야기하기 : 선택하기

㉡ 자신이 선택한 애완동물을 왜 좋아하게 되었는지 말하게 하고 : 자기옹호

㉢ 강아지와 금붕어 기르는 방법에 대해 알고 있는 정도를 학생이 체크리스트에 표시하고 결과 확인하기 : 자기점검

26

[정답] ④

[해설]

ㅁ. 위계적 차원에서 사회적 능력은 사회적 기술과 사회인지의 상위개념이다. 따라서 사회성 증진 프로그램의 최종 목표는 사회적 능력의 신장으로 설정하는 것이 바람직하다.

Check Point

(1) 사회적 능력의 개념
① 적절한 대인관계 형성 능력을 전반적으로 지칭
② 사회문제를 사회적으로 용인되는 방향으로 해결하는 능력
③ 일반적으로 사회적 능력(social competence)은 사회적 기술과 사회적 인지를 포함하는 개념

(2) 사회적 능력, 사회적 기술, 사회적 인지 개념 구분

사회적 능력	사회적 기술	사회적 인지
• 사회적 기술 + 사회적 인지 • 사회적 기술보다 포괄적인 개념 • 대인관계 문제를 사회적으로 용인되는 방향으로 해결하는 능력	• 대인관계 기술과 유사어 • 구체적인 대인관계 상황에서 발휘되는 적절한 사회적 반응	• 대인관계 관련 정보 수집 및 적절한 판단능력

출처 ▶ 김동일 외(2016 : 310)

(3) 기타
김애화 등(2012 : 372-373)은 사회적 능력의 구성 요소를 다음과 같이 제시
① 사회적 능력은 하나의 요소로 구성된 구인이 아니라 다요인 구인
② 긍정적 대인관계, 연령에 적합한 사회 인지, 문제행동의 부재, 효과적인 사회적 기술을 포함하는 개념
　㉠ 긍정적 대인관계 : 친구 및 성인과 얼마나 잘 지내는지에 대한 개념으로, 이는 대상 학생이 사회적으로 얼마나 잘 수용되는지를 판단하는 중요한 기준이 된다.
　㉡ 사회 인지 : 자아에 대한 인식(자아개념)과 사회적 상황에 대한 인식 및 사회적 정보 파악 등을 포함하는 개념
　㉢ 문제행동
　　• 사회 적응을 방해하는 부적절한 문제행동
　　• 사회적 능력 측면에서 긍정적인 평가를 받기 위해서는 부적절한 문제행동을 보이지 않아야 함.
　㉣ 사회적 기술 : 사회적 과제를 성공적으로 수행하기 위해 사용하는 구체적이고, 관찰 가능한 행동

27

[정답] ④

[해설]

㉠ '손해 보지 않기'는 사회적 적응기술에 해당하며, 일상생활 활동에 필요한 기술이란 실제적 적응기술을 의미한다.
㉢ 약체 X 증후군은 일반적으로 시·공간적 기술보다는 음성언어 기술에 강점이 있다.

Check Point

◇ 증후군별 행동표현형

원인적 진단	종종 실재하는 행동적 징후
약체 X 증후군	• 시공간적 기술에 비해 더 나은 음성언어 기술 • 일상생활과 신변관리기술에서 비교우위 • 무관심, 과잉행동, 자폐성 행동과 빈번한 연관 • 모든 연령대에 걸쳐 흔한 불안장애
다운증후군	• 언어적 또는 청각적 과제보다는 시공간적 과제수행에 강점 • 지능에 비해 강한 적응기술 • 명랑하고 사회적인 성격 • 성인기에 흔한 우울증
윌리엄스 증후군	• 언어, 청각 기억과 얼굴인식에 강점 • 시공간적 기능성, 지각-운동 계획과 소근육 기술에서의 제한 • 마음이론에 강함(인간 상호 간 지능) • 손상된 사회적 지능으로 친구가 없음. • 모든 연령대에 걸쳐 흔한 불안장애
프래더-윌리 증후군	• 손상된 포만감, 탐식행동과 비만 • 시각적 처리와 퍼즐을 해결하는 데 강점 • 모든 연령대에 걸쳐 흔한 강박장애와 충동조절장애 • 성인기에 간혹 정신이상
엔젤만 증후군	• 여러 차례 부적절한 웃음이 어린 사람들 사이에 특징적 • 모든 연령대에 걸쳐 일반적으로 행복한 성향을 보임. • 과잉행동과 수면장애가 어린 사람들 사이에 보임.
스미스-마제니스 증후군	• 말하기 기술 획득의 지체 • 계열적 처리에 상대적으로 약함. • 수면장애가 흔함. • 빈번한 상동행동과 자해행동 • 충동조절장애가 어린이들 사이에 흔함.

출처 ▶ AAIDD(2011)

28

정답 ①

해설

ⓒ 비정규적인 참여가 이루어지는 단편적 참여에 해당한다.

ⓔ 최소개입촉진(＝최소촉구체계, 도움증가법)은 최소-최대촉구법을 의미한다. 따라서 가장 간단하고 사용하기 쉬운 것을 선택하도록 하는 것과는 거리가 멀다.

ⓜ 점진적 안내는 전체 훈련을 통해 도움을 점진적으로 줄여나가고, 학습자가 과제를 완성할 때 학습자의 손에 그림자를 만드는 것이다. 그림자 만들기는 학습자가 과제를 완성할 때 교사의 손을 학습자의 손 위 가까이에 놓는 것을 의미한다. 이렇게 하면 학습자가 행동의 어떤 단계에서 실패할 때 교사가 즉각적으로 신체안내를 해줄 수 있다.

Check Point

(1) 부분참여의 원리

① 중도·중복 장애아동이 어떤 활동이나 과제의 모든 면 또는 단계에 참여하지 못하더라도 그가 할 수 있는 활동의 일부분에라도 최대한 의미 있는 참여를 하게 하는 것

② 부분참여는 장애인들에게 사회적으로 가치 있는 역할을 부여하는 것을 강조하기 위해 고안되었는데, 이는 사회적으로 가치 있는 역할을 부여하는 것이 그들의 이미지와 개인적 역량에 긍정적 영향을 주기 때문임.

③ 부분참여는 장애학생이 다른 사람들과 동일한 방법으로는 혼자서 활동을 수행할 수 없기 때문에 제외시키기보다는, 학생을 최대한 참여할 수 있도록 하는 것에 중점을 둠.

(2) 잘못된 부분참여의 원리 적용 유형

수동적 참여	장애아동들이 자연스러운 환경에 배치되었으나 적극적으로 활동에 참여하도록 허락하는 대신에, 또래들이 활동에 참여하는 것을 관찰하는 기회만 제공되는 것이다.
근시안적 참여	교사가 교육과정의 관점들 중 한 가지 혹은 몇 가지만을 좁은 시야로 집중하고, 장애아동이 학습의 전반적인 기회들로부터 이득을 보지 못하도록 하는 것이다. 예 생필품 가게에 갔을 때 장애아동에게 물건을 고르고 사는 기회를 주는 대신에 손수레만 밀게 한다.
단편적 참여	장애아동이 몇몇 활동들에 부정기적으로 참여하는 것을 말한다. 예 장애아동이 일반교육 사회과목 수업에 또래들과 함께 일주일에 2일 동안은 참여하고, 하루는 특수학급에서의 수업을 위해 해당 시간에 데리고 나와야 한다.
참여기회 상실	장애아동이 독립적으로 활동하기 위해 너무 많은 시간과 노력을 기울이게 함으로써 아동으로 하여금 더 많은 수의 활동들에 참여할 기회를 상실하게 하는 것을 말한다. 예 학급 간 이동을 위해 휠체어를 스스로 천천히 밀어서 이동하는 장애아동은 각 수업의 일부를 놓칠 수 있다.

(3) 사회적 역할의 가치화(Social Role Valorization ; SRV)

① 울펜스버거(Wolfensberger)가 '정상화'라는 용어 대신에 사용한 용어

② 정의 : 사회적 평가 절하의 위험에 있는 사람을 위하여 가치 있는 사회적 역할을 개발하고 지원하며 방어하기 위하여 문화적으로 가치 있는 수단을 가능한 한 많이 이용하는 것

29

모범답안

3)	• 특성 : 학습된 무기력 • 동기 유발 전략 : 아동의 능력 안에서 성공할 수 있는 과제를 제공한다.

Check Point

⊘ **학습된 무기력**

피할 수 없거나 극복할 수 없는 환경에 반복적으로 노출된 경험으로 인하여 실제로 자신의 능력으로 피할 수 있거나 극복할 수 있음에도 불구하고 스스로 그러한 상황에서 자포자기하는 것이다. 학습된 무력감이라고도 한다. …(중략)… 특수교육에서 학습된 무기력이 중요시되는 이유는 장애학생들이 학교나 가정에서 학습이나 적응행동에서 실패의 경험이 지나치게 누적되는 경우 학습된 무기력으로, 연습에 의해서 향상될 수 있음에도 어떠한 시도조차 하지 않을 수 있기 때문이다. 따라서 교사는 이들이 적절한 성취감을 맛볼 수 있도록 과제를 분석하여 제시하여야 한다(국립특수교육원, 2018 : 517-518).

30

[모범답안]

3)	• ㉠ 지역사회 모의수업 • ㉡ 학교 매점에서 화폐 계산하기 • 차이점 : 지역사회 모의수업은 지역사회의 장면이나 과제를 교실 수업으로 끌어와 모의 활동을 하는 것이고, 지역사회 참조교수는 학교의 공간 내에서 지역사회에서 필요한 기술을 간접적으로라도 연습할 수 있는 기회를 갖는 것이다.

31

[정답] ⑤

[해설]

① 정신지체에서 지적장애로 용어가 변경되었다. 정신지체라는 용어는 장애를 한 개인이 지닌 '결함'의 의미로 본다면, 지적장애라는 용어는 장애를 한 개인이 지닌 잠재력과 맥락이 잘 맞지 않아 생기는 '제한된 기능상태'라는 의미로 본다.

② 11차 정의는 10차 정의와 동일하게 지능지수의 절사점을 평균으로부터 2표준편차 이하로 한다. 그러나 75 이상도 포함하도록 하여 지원대상의 범위를 넓힌 것은 8차 정의에 해당한다.

③ 11차 정의의 인간 기능성에 대한 개념틀은 ICF 모델과 일치한다.

④ 지원 모델에서는 일상적이고 보편적인 지원이 이루어지는 것이 아닌 한 개인의 발달, 교육, 이익, 개인적 안녕을 촉진하고 그 개인의 기능성을 향상시키기 위한 개별화된 지원이 이루어진다.

[Check Point]

(1) 정신지체와 지적장애

역사적으로 한 개인이 장애가 있다고 할 때 그것은 무엇을 의미하는가에 대한 관점이 변화되어 왔고, 이러한 관점이 보다 명확하게 정의에 반영될 필요가 있었기 때문이다.

① 정신지체라는 용어에는 개인의 내적 조건에 의해 기능이 제한된 상태가 장애라는 관점이 내포되어 있다.

② 지적장애라는 용어에는 그 개인이 갖고 있는 잠재력과 맥락(context)이 잘 맞지 않아 생기는 제한된 기능 상태가 '장애'라는 관점이 내포되어 있다.

③ WHO의 ICF 모델에서도 제한된 기능 상태란 신체 기능 및 구조와 개인 활동상에서의 문제로부터 기인하는 '장애'라고 보았으며, 더 나아가 이 모델에서 제시한 신체 기능(손상된 지적 기능성)과 활동(적응행동에서의 제한성) 영역은 지적장애에 대한 조작적 정의에서 구체화된 진단기준과 일맥상통한다. 지적장애라는 용어의 채택은 이러한 AAIDD와 WHO의 장애에 대한 변화된 관점을 반영한 결과라고 볼 수 있다.

출처 ▶ 송준만 외(2016 : 28-29)

(2) 지적장애의 정의 변화

9차 (1992년)	정신지체는 현재 기능에 실질적인 제한성이 있는 것을 지칭한다. 정신지체는 유의하게 평균 이하인 지적지능과 동시에 그와 연관된 적응적 제한성이 두 가지 혹은 그 이상의 실제 적응기술 영역들, 즉 의사소통, 자기관리, 가정생활, 사회성 기술, 지역사회 활용, 자기지시, 건강과 안전, 기능적 학업교과, 여가, 직업기술의 영역에서 존재하는 것으로 특징 지어진다. 정신지체는 18세 이전에 나타난다.
10차 (2002년)	정신지체는 지적 기능과 개념적·사회적·실제적 적응기술로 표현되는 적응행동의 양 영역에서 심각한 제한성을 보이는 것이다. 이 장애는 18세 이전에 시작된다. 이러한 정의를 적용하기 위해서는 다음과 같은 가정들이 반드시 전제되어야 한다. • 현재 기능성에서의 제한성은 그 개인의 동년배와 문화에 전형적인 지역사회 환경의 맥락 안에서 고려되어야 한다. • 타당한 평가는 의사소통, 감각과 운동 및 행동 요인에서의 차이뿐만 아니라 문화와 언어에서의 다양성도 함께 고려되어 실시되어야 한다. • 한 개인은 제한성만 갖고 있는 것이 아니라 동시에 장점도 갖고 있다. • 제한성을 기술하는 중요한 목적은 그 개인에게 필요한 지원이 무엇인지 파악하기 위해서다. • 개별화된 적절한 지원이 장기간 제공된다면 정신지체인의 생활기능은 일반적으로 향상될 것이다.
11차 (2010년)	정신지체 용어가 지적장애라는 용어로 변경된 것을 제외하고는 10차 정의와 동일하다.

(3) 지적장애의 개념과 ICF의 장애 개념 간 관련성

ICF / AAMR	건강 조건	신체 기능과 구조	활동	참여	맥락적 요소
지적능력		★			
적응행동			★		
참가, 상호작용, 사회적 역할				★	
건강	★	★			
상황					★

(4) 지원모델

① 지원모델은 개인의 능력과 환경의 요구 사이의 부조화 및 개인적 성과를 향상으로 이끄는 개별화된 지원의 제공 사이의 관계를 묘사한 것

② 지적장애를 개인의 결함보다는 기능의 상태로 개념화하고 개인과 환경 간의 잠재적 부조화를 다룸.

③ 지원모델을 통해 설명되고 있는 내용

   ㉠ 지적장애인들이 경험하는 자신의 능력과 환경적 요구 간의 불일치로 인해 지원에 대한 요구가 생기게 되고,

   ㉡ 이러한 지원 요구를 바탕으로 개별화된 지원계획을 개발하고 적용하여,

   ㉢ 그 개인이 좀 더 독립적이게 되고, 더 나은 대인관계를 갖고 사회에 기여하고, 학교나 지역사회에서의 활동 참여가 증진되며, 더 높은 삶의 만족도를 느끼게 되는 성과를 얻게 된다.

32

[정답] ③

[해설]

ㄴ. 지역사회 중심 교수는 체계적인 교수 계획에 의해 이루어진다. 이와 같은 특징은 현장학습과의 차이이기도 한다.

ㄹ. 지역사회 중심 교수의 효과를 극대화하기 위해서는 장애의 정도와 유형에 상관없이 지역사회에 접근할 수 있어야 하고, 특수학급의 수업 맥락이 아닌 아동의 지역사회 통합이라는 큰 맥락에서 이루어져야 한다.

Check Point

⊘ 일반사례 교수법의 절차

1단계 교수영역 결정하기	교수영역은 학습자가 배운 행동이 수행될 다양한 자극 상황을 포함하는 환경이어야 하며, 학습자의 특성, 학습자의 의사소통 능력, 학습자의 현행수준, 수행환경의 특성 등을 고려해야 한다.
2단계 지도할 기술을 과제분석하고 관련된 모든 자극과 반응을 조사하기	교수 영역에서 일어날 수 있는 모든 자극과 반응을 조사한다.
3단계 교수와 평가에 사용될 교수의 예를 결정하기	선정한 예는 교수영역 내의 모든 관련 자극과 모든 반응 변수를 포함하는 대표적인 예 중에서 최소한의 것이어야 한다.
4단계 교수 순서를 계열화하고 교수하기	모든 교수 사례를 한 회기 내에 중재하도록 계열화하고, 한 회기에서 모두 중재할 수 없다면 한 번에 한두 가지 사례를 교수하고 중재 회기마다 새로운 사례를 기존에 학습한 사례에 더하여 교수한다. 또 일반적인 사례를 먼저 교수하고 예외적인 사례를 교수하도록 구성한다.
5단계 비교수 상황에서 평가하기	교수한 기술의 일반화를 알아보기 위해 비교수 상황에서 학습자의 수행을 검토한다.

33

정답 ①

해설

ㄷ. 기능적 접근을 적용한 교육과정의 개발은 아동의 필수 전제기술 습득과는 상관없이 아동의 현재와 미래 환경에서 필요한 기술들을 교사가 조사하고 그 기술들을 가르치는 하향식 접근 방법이다.

ㄹ. 학생이 일정한 능력 수준을 갖추기 전에는 상위의 독립적 기술을 가르치지 않는다는 것은 준비도 가설과 관련된 발달적 접근에 대한 내용이다.

ㅁ. 기술을 습득하기 위해서는 좀 더 많은 시간을 필요로 하는데, 학습의 단계와 위계에 따라 영역별로 발달 단계에 맞추어 학습해야 한다는 것은 발달적 접근의 내용에 해당한다.

Check Point

⊘ **교육과정 구성을 위한 접근(교육과정적 접근)**

① 발달론적 접근

　㉠ 개념
　　• 인간의 발달은 위계적 구조를 이루며 점차 상위과정으로 분화되어 가는 과정에 있다는 인지주의 심리학의 발달이론을 바탕으로 하는 접근 방식으로, 이에 따른 교육과정 구성 강조
　　• 발달론적 접근에서는 아동들이 위계적 기술단계에서 전 단계를 습득하여 준비되어야 다음 단계의 내용을 학습할 수 있다고 봄.
　　• 아동이 독립적으로 기술을 사용할 능력이 있기 전에는 기술들을 가르치지 않는다는 '준비도 가설'에 따라 나이가 많은 아동들에게 가르칠 기술들을 생활연령보다는 정신연령에 근거하여 선택. 따라서 생활연령에 적절한 기술들보다 발달에 필수적인 기술들을 통해 발달을 촉진하는 상향식 접근법으로 교육과정 개발

　㉡ 장점
　　• 체계적 교수 가능
　　• 수업을 아주 작은 단계로 나누어서 할 수 있음.
　　• 기능 영역과 순서에 따른 분명한 계획 수립 가능
　　• 기초적인 기능을 학습하게 함.

　㉢ 단점
　　• 정상발달 순서 및 필수 선수기술 습득의 강조로 기능적 기술의 교수가 이루어지지 않는 '준비성 함정'에 빠질 가능성

　　• 교수를 위해 선정되는 기술이 실제 사용되는 자연적 환경과 맥락을 참조하지 않을 가능성
　　• 활동을 수행하는 데 일반아동이 수행하는 방법을 강조함으로써 그 활동의 결정적인 결과를 성취하는 데 다른 대안적인 효과적 방법들의 모색에 소홀

② 기능론적 접근(생태학적 접근)
　㉠ 장애아동이 현재 및 미래 환경에서 독립적으로 생활하고 기능하기 위해 필요한 기능적 기술들을 지도해야 한다는 접근 방식으로 해당 관점이 반영된 교육과정의 구성 주장
　㉡ 환경과의 상호작용을 강조하는 맥락에서 생태학적 접근이라고 볼 수 있음.
　㉢ 기능론적 접근은 아동과 환경에 대한 상호적 관계에 초점을 맞추는 것으로 최근 장애아동의 평가와 중재에서 새롭게 시도되는 접근 방법
　㉣ 중도 지적장애 아동의 특성을 고려한 교육과정을 구성할 때 적합한 접근 방법
　　• 기능적이고 생활연령에 적합한 기술을 실제 환경에서 교수하기 때문에 아동의 일반화 능력을 가정하지 않아도 되며, 교수할 것으로 판별될 기술들은 사회적 타당화에 의해서 기능적이고 적절한 것으로 결정
　㉤ 기능론적 접근을 적용한 교육과정의 개발은 아동의 필수 전제기술 습득과는 상관없이 아동의 현재와 미래 환경에서 필요한 기술들을 교사가 조사하고 그 기술들을 가르치는 하향식 접근법

34

모범답안

1)	① 기능적으로 의미 있는 상황에서 교수할 수 있도록 학습기회를 구성한다. ② 유아가 하루 일과 전체를 통해서 교수목표를 충분히 연습할 수 있도록 다양한 기회를 조성한다.

Check Point

(1) 활동 중심 삽입교수의 정의
활동 중심 삽입교수는 유아교육기관의 하루 일과나 활동 중에 장애 유아가 개별화교육계획의 교수목표를 연습할 수 있도록 특정 시간을 선정하고 짧지만 체계적인 교수를 실행함으로써 유아로 하여금 필요한 기술을 자연적인 환경에서 성공적으로 사용할 수 있게 도와주는 방법이다(이소현, 2020 : 437).

(2) 활동 중심 삽입교수를 위한 일반적인 지침
① 활동 중심 삽입교수는 하루 일과와 활동 중 삽입된 학습기회를 이용한다.
② 활동 중심 삽입교수는 그 성과를 보장하기 위하여 학습기회가 충분히 주어지도록 계획되고 실행되어야 한다.
③ 활동 중심 삽입교수는 그 성과를 보장하기 위하여 체계적인 계획과 실행을 필요로 한다.
④ 활동 중심 삽입교수는 일반 유아교육과정 내에서 일과와 활동이 진행되는 중에 장애를 지닌 유아의 개별화교육계획상의 교수목표를 교수하는 과정이므로 그 성과를 보장하기 위해서는 유아교사와 특수교사 간의 긴밀한 협력이 전제되어야 한다(이소현, 2011 : 278-280).

(3) 활동 중심 삽입교수를 위한 학습 기회 구성
교사는 학습 기회를 구성할 때 다음과 같은 점을 주의해야 한다.
① 수정된 교수목표를 활동 중에 삽입하여 교수하기 위한 기회를 조성할 때 교사는 기능적으로 의미 있는 상황에서 교수할 수 있도록 학습기회를 구성해야 한다. 즉, 가르쳐야 하는 기술이나 행동이 활동의 맥락상 자연스럽게 교수되도록 해야 한다.
② 교사는 삽입교수가 가능한 기회를 식별하고 조성하는 것 외에도 유아가 하루 일과 전체를 통해서 교수목표를 충분히 연습할 수 있도록 다양한 기회를 조성해야 한다. 이것은 삽입교수를 통하여 유아가 기존의 기술을 연습하는 것 외에도 새로운 기술이나 개념을 학습할 수 있기 때문이다(이소현, 2011 : 284).

(4) 기타
① 장애유아는 일반 교육과정에 참여하는 것만으로는 자신에게 필요한 모든 학습 기회를 제공받을 수 없으며, 활동 중심 삽입교수는 이와 같은 사실을 전제함으로써 그 중요성이 강조된다. 즉, 대부분의 유아교육 프로그램이 하루 일과 전체를 통해서 학습의 기회를 제공하는 것은 사실이지만 장애 유아에게는 이러한 기회를 인식하고 학습할 수 있도록 구체적인 보조와 지원을 필요로 한다는 것이다.
② 그러므로 장애유아를 교육함에 있어서 교사의 가장 중요한 역할 중 하나는 개별화교육계획에 포함된 교수목표를 습득할 수 있도록 학습기회를 제공하는 것이다. 이를 위해서는 기존의 교육과정이 운영되는 중에 특별히 계획된 교수 장면을 포함시켜야 한다(이소현, 2020 : 436).

35

[모범답안]

4) 우정활동

[해설]

4) 우정활동이란 집단 애정활동이나 집단 사회화 등으로 사용되어 온 상호작용 증진을 위한 개별화된 자연적 교수법들을 총칭하는 용어로 노래나 게임 활동 등에 친사회적인 반응을 삽입함으로써 교사가 직접 활동을 수정하고 실행하는 것이다.

Check Point

(1) 우정활동
① 우정활동은 기존의 교육과정 내에서 사용하는 노래, 율동, 게임, 놀이 활동 등을 약간 수정하여 유아들이 사회적 행동을 학습하고 서로 간의 상호작용을 하도록 촉진하는 방법이다.
　예 '호키포키'라는 동요를 율동과 함께 부르는 활동을 할 때 '다 같이 오른발을 안에 넣고'라는 가사 대신 '다 같이 마주보고 인사하며'와 같이 인사하기, 악수하기, 안아 주기, 칭찬하기, 어깨 두드리기 등의 사회적 행동을 삽입하여 유아 간 상호작용이 발생하도록 도와줄 수 있다.
② 우정활동은 교사가 유아의 사회적 행동을 연습할 수 있는 반복적인 기회를 제공할 수 있다는 것과 또래 상호작용을 촉진하는 좀 더 지원적인 맥락을 조성해 줄 뿐만 아니라 이러한 활동을 통하여 장애유아에 대한 또래의 태도에 영향을 미침으로써 전반적인 학급 분위기를 또래 관계 형성을 위한 긍정적인 분위기로 전환해 준다는 장점을 지닌다(이소현, 2011 : 173).

(2) 학령기 또래 아동과의 사회-의사소통 촉진방법
① 자연적 중재는 사회적 상호작용 및 의사소통 기술의 교수를 위해서 사용되어 온 방법들 중 '자연적인 교수법'으로 분류되는 방법들을 의미한다.
② 자연적인 중재는 방법론적 측면에서 다음과 같은 특성을 지닌다.
　㉠ 학급 내 놀이 활동과 같은 자연적인 상황에서 발생한다.
　㉡ 아동이 특정 사회적 기술을 보이거나 또래 문화에 참여할 수 있는 기회를 포착해야 한다.
　㉢ 필요한 자원이 발생하거나 제공될 수 있도록 활동을 구성해야 한다.
　㉣ 학습 기회에 참여함으로써 발생하는 자연적 결과가 아동에게 흥미롭고 보상적이어야 한다.

③ 자연적 중재의 방법으로는 우발교수와 우정활동(friendship activities)을 들 수 있다.

　㉠ 우정활동이란 집단 애정활동이나 집단 사회화 등으로 사용되어 온 상호작용 증진을 위한 개별화된 자연적 교수법들을 총칭하는 용어다.

　㉡ 노래나 게임 활동 등에 친사회적인 반응을 삽입함으로써 교사가 직접 활동을 수정하고 실행하는 것이다. 교사의 직접적 교수는 또래 상호작용을 격려하고, 긍정적인 또래 상호작용을 관찰할 수 있도록 사회적 행동에 대한 또래 모델을 제공하며, 또래 상호작용과 관련된 친사회적 행동을 연습시키고, 또래 상호작용을 인지하고 칭찬하는 것을 포함한다.

　㉢ 우발교수와 우정활동의 유사점은 새로운 사회-의사소통 기술을 학습하고 이미 학습한 기술을 정교화하고 일반화할 수 있는 부가적인 기회를 제공한다는 것이다.

　㉣ 우정활동은 매일 10~15분 동안 집단을 대상으로 실시되기 때문에 우발교수에 비해 교사의 더 많은 준비를 필요로 하며, 우발교수보다 더 많은 사회-의사소통 기술의 기회를 제공할 수 있다는 차이점이 있다(송준만 외, 2016 : 458-460).

36

모범답안

1)	㉠ 사회적 ㉡ 간헐적
2)	㉢ 선택적 주의집중
3)	• 현재 기능성에서의 제한성은 그 개인이 동년배와 문화에 전형적인 지역사회 환경의 맥락 안에서 고려되어야 한다. • 타당한 평가는 의사소통, 감각과 운동 및 행동 요인에서의 차이뿐만 아니라 문화와 언어에서의 다양성도 함께 고려되어 실시되어야 한다.

해설

3) 지적장애가 있다고 하더라도 동일한 특성을 가진 학생들의 집단인 특수학급에서는 수업 참여나 다른 학생들과의 의사소통에 무리가 없을 수 있다. 그러나 지적장애 학생의 기능상 제한성 유무와 정도는 지적장애 학생과 동년배 그리고 지적장애 학생이 속해 있는 문화에 전형적인 지역사회 환경의 맥락 내에서 판단되어야 한다. 지능검사 결과만 제시된 점 그리고 학생이 지원요구 파악 및 지원방안을 구체화하기 위하여 필요하다면 추후 관찰 및 검사를 실시하도록 한 점은 다양한 측면에서의 평가가 이루어지지 않았음을 의미한다.

Check Point

(1) 주의집중
지적장애는 선택적 주의집중과 주의집중 유지에 어려움을 보일 수 있음.

주의집중	선택적 주의집중	수행 중인 과제에 필요한 자극에는 주의를 기울이고 관련 없는 자극은 무시하는 것
	주의집중 유지	시간의 흐름에 따라 일정시간 동안 환경에서 방해하는 자극을 억제하면서 집중된 주의 유지

(2) 단기기억
① 단기간의 사용을 위해 정보를 보유하는 것으로, 몇 초나 몇 분에 걸쳐 내용을 회상할 수 있는 능력으로 투입된 정보를 조작하는 것 강조
② 장기기억 속에 저장된 정보가 반드시 단기기억으로 되돌아와 재생되기 때문에 작동기억이라고 함.

(3) 지적장애 정의를 적용할 때 전제되어야 하는 필수적인 가정
① 현재 기능성에서의 제한성은 그 개인이 동년배와 문화에 전형적인 지역사회 환경의 맥락 안에서 고려되어야 한다.
② 타당한 평가는 의사소통, 감각과 운동 및 행동 요인에서의 차이뿐만 아니라 문화와 언어에서의 다양성도 함께 고려되어 실시되어야 한다.
③ 한 개인은 제한성만 갖고 있는 것이 아니라 동시에 강점도 갖고 있다.

④ 제한성을 기술하는 중요한 목적은 그 개인에게 필요한 지원이 무엇인지 파악하기 위해서다.

⑤ 개별화된 적절한 지원이 장기간 제공된다면 지적장애인의 생활기능은 일반적으로 향상될 것이다.

37

모범답안

4)	㉣ 목표 설정 ㉤ 목표 및 계획 수정

해설

4) 자기 결정력 증진을 위한 구체적인 교수 모델들이 개발되었다. 그중 하나가 자기 결정 학습 교수 모델(SDLMI)이다. 이 모델은 자기 규제된 문제해결과 자기 결정력을 증진시킬 수 있도록 개발되었다. 이 모델은 교사가 학생에게 어떻게 자신을 옹호하는지 가르칠 수 있는 체계로서 3개의 교수단계(목표 세우기-행동하기-계획 목표 수정하기)로 구성되어 있는데, 학생이 일련의 질문에 답하고, 교사가 학생의 자기 지시된 학습을 지원할 수 있도록 돕는 교육적 목록을 지원하고 있다(이정은, 2015: 130-131).

Check Point

⊙ 자기결정 교수학습 모델(SDLMI)

① 이 모델은 교사가 학생에게 어떻게 자신을 옹호하는지 가르칠 수 있는 체계로서 '목표 설정 → 계획 및 실행 → 목표 및 계획 수정'의 3단계로 구성된다.

② 자기결정 학습 교수 모델의 각 단계에는 아동이 해결해야 될 4가지 문제, 교수목표, 교수지원이 포함된다.

㉠ 학생질문: 학생은 각 단계의 질문에 답하기 위해 요구를 충족하는 목표를 설정하고, 목표에 적합한 계획을 구상하고, 계획을 완수하기 위해 행동을 수정함으로써 자신의 문제해결을 조정해 나간다. 학생에게 학생질문을 사용하도록 지도하는 것은 자기조정적 문제해결 전략을 지도하기 위해서이다.

㉡ 교수목표: 학생이 각 단계의 문제를 해결하는 것을 돕기 위한 교수 과정의 길잡이 역할을 한다.

㉢ 교수지원: 각 단계에서 학생이 학습을 스스로 주도할 수 있게 돕는 역할을 한다.

③ 자기결정 교수학습 모델의 단계별 내용

[1단계: 목표 설정]

☐ 성취해야 할 학생의 과제: 나의 목표는 무엇인가?

☐ 교수적 지원: 흥미, 노력, 교수적 요구에 대한 학생의 자기 평가 등

• 학생 질문 1: 내가 무엇을 배우길 원하는가?
• 교사 목표

• 학생 질문 2: 내가 그것에 대해 알고 있는 것은 무엇인가?
• 교사 목표

• 학생 질문 3: 내가 모르는 것을 배우기 위해서 나는 어떤 변화가 필요한가?
• 교사 목표

• 학생 질문 4: 이 일이 일어나도록 하려면 무엇을 할 수 있는가?
• 교사 목표

[2단계: 계획 및 실행]

☐ 성취해야 할 학생의 과제: 나의 계획은 무엇인가?

☐ 교수적 지원: 자기일정 계획 등

• 학생 질문 5: 내가 모르는 것을 배우기 위해 나는 무엇을 할 수 있는가?
• 교사 목표

• 학생 질문 6: 내가 행동하는 데 방해가 되는 것은 무엇인가?
• 교사 목표

• 학생 질문 7: 이러한 장벽을 제거하기 위해 내가 할 수 있는 것은 무엇인가?
• 교사 목표

• 학생 질문 8: 언제 내가 행동할 것인가?
• 교사 목표

[3단계: 목표 및 계획 수정]

☐ 성취해야 할 학생의 과제: 내가 배운 것은 무엇인가?

☐ 교수적 지원: 자기평가 전략 등

• 학생 질문 9: 내가 어떤 행동을 했나?
• 교사 목표

• 학생 질문 10: 어떤 장벽이 제거되었는가?
• 교사 목표

• 학생 질문 11: 내가 모르는 것과 관련하여 어떤 변화가 있었는가?
• 교사 목표

• 학생 질문 12: 내가 알기 원하는 것을 알고 있는가?
• 교사 목표

38

모범답안

1) 용어: 최소위험 가정 기준

Check Point

⊘ **지적장애 학생의 교육과정 구성 및 운영을 위한 기본 전제**

① 연령에 적합한 교육과정
- 지적장애학생의 교육과정은 생활연령에 적합한 내용으로 구성되고 적용되어야 한다.

② 궁극적 기능성의 기준
- ㉠ 중도장애학생을 위한 교육목표로서, 그들이 성인이 되어 최소제한적 환경에서 일반인들과 함께 자신의 잠재력을 최대한 발휘하여 기능하기 위해 개개인이 꼭 소유하고 있어야 할 요소들
- ㉡ 성인기의 통합된 환경에서 최대한 독립적이고 생산적으로 활동하기 위해 반드시 필요한 요소들을 갖추도록 지도해야 한다는 개념

③ 최소위험 가정 기준
- ㉠ 결정적인 자료가 있지 않는 한 교사는 학생에게 최소한의 위험스러운 결과를 가져오는 가정에 기반하여 교육적 결정을 내려야 한다는 개념
- ㉡ 지적장애학생이 배우지 못할 것이라는 점이 증명된 것이 없기 때문에, 결정적인 증거가 없는 한 아무리 지적장애의 정도가 심하더라도 최선의 시도를 통해 교육 가능성 신념을 실현해야 한다.

④ 영수준의 추측
- ㉠ 학급에서 배운 기술들이 실제 사회생활에서 일반화하지 못할 수도 있다는 전제에 기반을 두고, 배운 기술들을 여러 환경에서 일반화할 수 있는지를 시험해 봐야 한다는 개념
- ㉡ 일반화가 되지 않을 경우에는 기술이 사용될 실제 환경에서 가르쳐야 한다.

⑤ 자기결정 증진
- ㉠ 자기결정: 선택할 수 있는 범위를 고려해서 적절한 결정을 하고, 자율적 의지와 독립성, 그리고 행동에 대한 책임을 가지는 개인의 능력
- ㉡ 지적장애학생은 자기결정의 권리를 가지고 자신의 삶을 통제하고 스스로 옹호할 수 있는 기회와 경험을 가져야 한다.

39

모범답안

1) 교수법: 활동 중심 삽입교수

Check Point

(1) 활동 중심 삽입교수의 이해

① '활동 중심 중재'와 '삽입 학습 기회'의 두 가지 유사한 교수전략의 개념을 혼합한 용어로, 유치원의 하루 일과에 따라서 진행되는 활동에 교수활동을 삽입하여 장애 유아의 교수목표가 성취되게 하는 교수전략

② 유아교육기관의 하루 일과나 활동 중에 장애 유아가 개별화 교육계획의 교수목표를 연습할 수 있도록 특정 시간을 선정하고 짧지만 체계적인 교수를 실행함으로써 유아로 하여금 필요한 기술을 자연적인 환경에서 성공적으로 사용할 수 있게 도와주는 방법

③ 대부분의 학습은 일과와 활동이 운영되는 중에 유아가 자신의 흥미와 선호도를 기반으로 활동에 참여하게 될 때 이러한 참여가 학습 기회로 연계되면서 발생함. 그러나 장애 유아는 일반 교육과정에 참여하는 것만으로는 자신에게 필요한 모든 학습 기회를 제공받을 수 없으며, 활동 중심 삽입교수는 이와 같은 사실을 전제함으로써 그 중요성이 강조됨.

④ 일반적으로 다음과 같은 세 단계로 이루어짐.
- ㉠ 1단계: 유치원 교육과정에 따라 장애 유아의 교수목표를 수정한다.
- ㉡ 2단계: 교수목표를 학습할 수 있는 학습 기회를 구성한다.
- ㉢ 3단계: 삽입교수를 계획하고 실시하고 평가한다.

출처 ▶ 이소현(2020 : 436-438)

(2) 활동 중심 삽입교수의 중요성

① 활동 중심 삽입교수는 유아교육기관의 학급 운영과 활동 진행에 큰 변화를 요구하지 않는다는 장점을 지닌다.

② 장애 유아를 별도로 분리해서 교육할 필요가 없다.

③ 학급 내 자연적인 환경에서 교수가 일어나기 때문에 새로 습득한 기술의 즉각적이고도 기능적인 사용 능력을 증진시킬 수 있다.

④ 유아교육기관의 하루 일과 및 활동 전반에 걸쳐 삽입 학습 기회가 체계적으로 제공됨으로써 새롭게 학습한 기술의 사용 능력이 다양한 상황으로 일반화될 수 있다.

출처 ▶ 이소현(2011 : 271-277)

40

모범답안

1)	자율성, 자기조절, 심리적 역량, 자아실현
2)	• 기호: ⓜ • 구성 요소: 자기인식
3)	ⓗ 일반사례교수법 ⓐ 지도내용: A 슈퍼마켓에서 교수하기 ⓞ 지도내용: B 슈퍼마켓에서 일반화 정도 평가하기

Check Point

(1) 자기결정

① 자기결정이란 한 사람이 자신의 인생의 주체로서 중요한 결정을 함에 있어서 다른 사람에게 의존하지 않고 본인 스스로 책임을 지는 것을 의미

② Wehmeyer는 자율성, 자기조절, 심리적 역량, 자아실현 등을 자기결정의 네 가지 특성으로 제시

(2) 자기결정의 특성(영역)

특성(영역)	내용 및 요소
자율성	부모로부터의 정서적인 분리, 자신의 삶에 대한 개인적 통제의식의 발달, 개인 가치체계의 확립 및 성인 세계에서 요구되는 행동과제 수행을 포함하는 개념으로 개인이 부당한 외부영향이나 간섭 없이 자신의 선호도, 흥미 혹은 독립적인 방식으로 자율적으로 행동하는 것
자기조절	행동결과의 바람직한 여부를 평가하고 필요한 경우엔 자신의 계획을 수정하고, 어떻게 행동해야 하는가에 관한 결정을 할 그런 환경에 대처하기 위한 반응목록이나 자신의 환경을 자기가 확인할 수 있도록 해주는 복잡한 반응체계
심리적 역량	기질, 인지 및 동기를 포함한 자각된 통제의 다양한 차원들을 말하는 용어로 심리적 역량을 갖춘 방식으로 행동하는 사람은 자신이 자기에게 중요한 환경에 대한 통제력을 가지고 원하는 성과를 성취하는데 필요한 기능을 소유하고, 만약 자신이 그러한 기능을 적용하기를 선택하면 인지된 성과가 이루어질 것이라는 믿음에 토대를 두고 그렇게 행동하는 것
자아실현	자기결정이 된 사람은 지식을 활용할 수 있는 방식으로 행동하기 위해 종합적이고 상당히 정확한 자신에 대한 지식과 자기의 강점과 약점을 이용한다는 점에서 그들은 자아를 실현하고 있는 중임. 이런 자기인식과 자기지식은 자신의 환경에 대한 해석과 함께 경험을 통해서 형성되고 주요한 다른 강화 및 자기행동에 대한 귀인의 영향을 받음.

41

모범답안

1)	생태학적 목록법
2)	청소기로 청소하기는 학생의 현재와 미래의 모든 환경에서 필요한 기술이기 때문이다.

해설

2) (가)에서 교사가 언급한 기준이란 '여러 생활 영역에 걸쳐서 중요하거나 유용한 기술'을 의미한다.

• 여러 문헌에서 공통적으로 제시하고 있는 기능적 기술의 우선순위 결정 기준은 다음과 같다. ① 하나 이상의 환경에서 필요한 기술인가? ② 학생의 현재와 미래의 모든 환경에 필요한 기술인가? ③ 학생의 생활연령에 적합한 기술인가? ④ 학생의 독립성을 증가시킬 수 있는 기술인가?

• 현재와 미래의 환경을 파악하고, 그 환경의 하위 환경에서 요구되는 활동들을 살펴본 후 (나)의 '청소기로 바닥을 밀어 청소할 수 있다.'를 학습 목표로 설정한 것은 학습 목표에 해당하는 내용이 현재와 미래의 모든 환경에 필요한 기술이라는 것을 확인하였기 때문이다.

42

모범답안

ⓖ	언어·청각 기억력
ⓛ	시각적 처리와 퍼즐

43

모범답안 개요

행동특성	학생 A는 개념적 적응기술과 사회적 적응기술의 사용에는 어려움이 없으나 실제적 적응기술의 수행에 어려움이 있다.
○○카페가 적합한 이유	• 실습지의 직무 　－ 바리스타 수업을 받았음. 커피내리기, 화장실 청소는 지원을 통해 수행 가능 　－ 주문 및 서빙, 손님 응대 가능 　－ 복무규정을 준수하는 데 문제 없음. • 실습지의 구성원 : 고등학생과 대학생 아르바이트 등 친하게 지낼 만한 또래가 있음. • 실습지의 문화 : 장애인과 함께 근무한 경험이 있어 장애인에 대한 이해가 전반적으로 높음.
실습 전 갖추어야 할 기술	• 기술 : 독립적으로 대중교통 이용하기 • 선정 이유 : 카페가 학생 A의 집에서 지하철로 20분 거리이나 어머니는 학생 A의 출퇴근을 지원할 여건이 안 되기 때문이다.

해설

학생 A의 행동 특성과 적응행동 유형과의 관련성은 다음과 같다.

상황평가 결과	적응행동의 예	관련 적응기술	비고
출근 시간을 잘 지킨다.	규칙준수	사회적	○
맡은 일은 끝까지 마무리한다.	사회적 책임감	사회적	○
메뉴판의 음식명을 읽을 수 있다.	읽기	개념적	○
손님과 다른 직원들에게 인사를 잘 하고 친절하다.	대인관계 기술	사회적	○
다른 사람의 도움 없이는 화장실 청소를 하지 못한다.	화장실 청소	실제적	×
음식 주문 번호와 일치하는 번호의 테이블에 음식을 가져간다.	수 개념	개념적	○
화폐의 종류는 구분하나,	돈(화폐) 개념	개념적	○
음식 값을 계산하는 데는 어려움이 있다.	돈(화폐) 사용	실제적	×

44

모범답안

4) ㉢ 숙달(또는 유창성)

Check Point

⊘ 학습 단계(일반화의 과정)

학습(또는 일반화)은 습득 → 숙달 → 유지 → 일반화의 단계를 거쳐 완성된다.

습득	• 교수목표 : 아동이 목표기술을 정확하게 수행하도록 돕는 것을 강조한다. • 습득을 위한 전략에는 빈번한 교수 제공하기, 아동의 참여 기회 늘리기 등이 있다.
숙달	• 교수목표 : 아동이 과제를 정확하고 빠르게 완수하도록 하는 것이다. • 숙달을 위한 전략에는 아동의 학습 시 교사의 참여 줄이기, 완성된 과제에 한하여 피드백 제공하기 등이 있다.
유지	• 교수목표 : 높은 수준의 수행을 유지하는 것이다. • 유지는 시간이 지나도 한번 습득한 행동을 지속적으로 할 수 있는 것을 뜻하기 때문에 '시간에 대한 일반화'라고 한다. • 유지를 위한 전략에는 간헐 강화계획, 과잉학습, 분산연습, 학습한 기술을 기초로 새 기술 교수하기 등이 있다.
일반화	• 일반화는 자극 일반화와 반응 일반화로 구분할 수 있다. • 자극 일반화란 어떤 자극이나 상황에서 어떤 행동이 강화된 결과, 그와는 다른 어떤 자극이나 상황에서도 그 행동이 일어날 가능성이 증가하는 것을 의미한다. 　－ 자극 일반화를 위한 전략에는 자연스러운 상황에서 가르치기, 훈련 상황을 일반화가 일어나야 할 상황과 비슷하게 조성하기, 여러 다양한 상황을 이용하기, 훈련 시 광범위한 관련 자극 통합하기 등이 있다. • 반응 일반화란 어떤 자극이나 상황에서 어떤 행동이 강화된 결과, 동일한 자극이나 상황에서 이와는 다른(학습되지 않은) 행동이 일어날 가능성이 증가하는 것을 말한다. 　－ 반응일반화를 위한 전략에는 충분한 반응사례로 훈련하기, 훈련 상황에서 의도적으로 아동이 다양한 반응을 하도록 만들어 주기 등이 있다.

PART
04

45

모범답안

1)	㉠ 선택적 주의집중 ㉡ 초인지
2)	자기기록(또는 자기점검)

Check Point

⊘ 초인지와 실행기능

① 초인지

주어진 일이나 문제를 해결하고 수행하기 위해서 어떠한 전략을 사용해야 할지 계획하고, 어떤 전략이 가장 효율적인지를 평가하며 노력의 결과를 점검하는 능력

> **초인지**
>
> 메타인지 또는 상위인지라고도 한다. 인지에 대한 인지 또는 사고에 대한 사고이며, 인지 활동을 계획·수행·감독하는 능력이다. 구체적으로 문제해결 과정에서 문제해결에 필요한 정보를 파악하기 위해 전략을 수립하고, 문제해결 단계와 전략을 의식적으로 사용하며, 문제해결의 결과를 반성하고 평가하는 능력을 의미한다. 초인지적 지식과 초인지적 기능으로 구분하는데, 초인지적 지식은 인지적 과제를 수행할 때 자신이나 타인의 인지적 능력과 과정·정보를 인식하는 능력이고, 초인지적 기능은 인지(학습)를 조절하고 감독하는 능력으로 인지 과정에 계획, 점검, 평가 등이 포함된다(특수교육학 용어사전 : 460).

② 실행기능

㉠ 다양한 맥락과 영역에서 자신이 설정한 목적을 달성하기 위해 인지적 과정을 통제하고 운영하는 시스템(김애화 외, 2012 : 60)

㉡ 환경적 요구에 대한 인지적·행동적 반응의 유지 및 전환 간의 균형을 유지하는 능력으로, 더 장기적인 목표 지향적 행동을 가능하게 하며, 관련된 지식의 탐색, 추상화 및 계획 능력, 의사결정 기술, 행동 개시, 자기감찰, 인지적 유연성, 즉각적이고 반사적인 반응의 억제 등을 포함하는 광범위한 능력

㉢ 실행기능을 구성하는 대표적인 하위 요인
- 계획하기
- 작업기억
- 선택적 주의집중
- 생각 및 과제 전환하기
- 부적절한 자극을 억제하기

> **실행기능**
>
> 최선의 문제해결을 위해 어떤 전략을 언제, 어디서, 어떻게 적용할 것인지를 알고 적용하는 기능이다. 심리학자들이나 신경과학자들 사이에서는 인지 조절과 동일한 개념으로 사용되고도 있다. 문제해결 과정에서는 자신이 현재 어느 위치에 있는지를 알아 적절히 조절하는 자기점검과 자신의 행동을 계획하고 진행하고 평가하는 자기조절(self-regulation) 등이 있다(특수교육학 용어사전 : 293).

46

모범답안

(가)	일반사례교수법
(나)	지역사회 참조 교수

해설

(가) 지역사회 중심 교수를 체계적으로 지도하는 방법에 해당한다.

(나) 학교 안에서 지역사회 중심 교수를 구현하기 위한 방법에 해당한다.

47

모범답안

3)	우정활동

해설

3) 우정활동은 기존의 교육과정 내에서 사용하는 노래, 율동, 게임, 놀이 활동 등을 약간 수정하여 유아들이 사회적 행동을 학습하고 서로 간의 상호작용을 하도록 촉진하는 방법이다. 우정활동은 교사가 유아의 사회적 행동을 연습할 수 있는 반복적인 기회를 제공할 수 있다는 것과 또래 상호작용을 촉진하는 좀 더 지원적인 맥락을 조성해 줄 뿐만 아니라 이러한 활동을 통하여 장애 유아에 대한 또래의 태도에 영향을 미침으로써 전반적인 학급 분위기를 또래 관계 형성을 위한 긍정적인 분위기로 전환해 준다는 장점을 지닌다. 따라서 교사는 기존의 교육과정의 흐름 속에서 어떻게 우정활동을 삽입하여 활용할 수 있을지에 대하여 주의 깊게 살피고, 활동을 진행한 후에는 활동을 통하여 연습한 사회적 행동이나 증진된 상호작용이 유지되고 일반화될 수 있도록 관심을 기울여야 할 것이다(이소현, 2011 : 173).

48

모범답안

3) 부분참여의 원리

해설

3) 부분참여란 중도·중복장애 학생이 어떤 활동이나 과제의 모든 면 또는 단계에 참여하지 못하더라도 그가 할수 있는 활동의 일부분에라도 최대한 의미 있는 참여를하게 하는 것을 의미한다. '중도장애 학생들이 활동에 충분히 참여할 수 없다 하더라도 학생이 포함되도록 허용하면 부분적으로 참여할 수 있다고 제안하는 것'이다.

49

모범답안

1)	페닐케톤뇨증을 가지고 태어난 학생에게 식이요법을 통해 정신지체가 되지 않도록 하였다.
2)	다음 중 택 1 • 부모의 약물 남용 • 부모의 음주 • 부모의 흡연 • 부모의 양육 거부 • 부모의 자식 포기 • 아동학대 및 유기 • 가정폭력 • 부적절한 안전 조치 • 사회적 박탈 • 다루기 힘든 아동의 행동
3)	②, 아이들이 자전거를 탈 때 사고로 인해 뇌 손상을 입지 않도록 안전모를 쓰게 하는 것은 1차적 예방이기 때문이다.
4)	① ⓐ 나비가 꽃에 앉아 있어요. ⓑ 나비가 앉아 있는 곳은 어디지요?(또는 나비는 어디에 앉아 있나요?) ② 정신지체 학생은 정보의 재인이 어려운데 매개 전략은 기억학습에 효과적이기 때문이다.

해설

1) 3차 예방에는 다운증후군 학생이 정기적인 갑상선 기능검사를 통해 신체적 손상을 예방하는 경우, 지적장애 학생에게 행동지원을 통해 활동 제한성을 예방하는 경우등이 해당한다.

Check Point

(1) 예방의 종류 및 목표

단계	정의 및 목표
1차 예방	• 질병이나 장애 자체의 출현을 예방하기 위한 지원 • 목표: 개인의 건강 상태 증진
2차 예방	• 이미 어떤 상태나 질병의 영향을 받고 있는 개인에게서 장애나 증상이 나타나는 것을 예방하는 지원 • 이미 발생한 위험요인의 영향을 감소시키거나 제거시키는 단계 • 목표: 위험 요소를 지닌 개인의 판별과 장애 발생을 예방하는 중재의 연계
3차 예방	• 장애로 인해 나타날 수 있는 기능상의 어려움을 최소화하기 위한 지원 • 장애를 가진 아동을 돕는 단계 • 목표: 전반적인 기능성 향상

(2) 쌍연합학습전략(매개전략)

① 매개전략은 자극과 반응을 연결시키는 과정으로 자극제시에 사용되는 언어적 매개 혹은 관계에 역점을 둔다. 단어 학습에 사용되며, 쌍연합학습(paired associate learning)이라고도 한다.

② 우선, 두 개의 자극을 함께 제시하고 그 다음에는 자극을 하나만 제시하고 마지막으로 두 자극 사이의 관계를 말하여 회상(수행)을 돕는다. 이 때 과제가 얼마나 학습자에게 의미 있는가 또는 사물이나 단어가 얼마나 친숙한 것인가가 학습에 영향을 미친다. 즉, 친숙하고 익숙한 과제나 단어 혹은 사물일 때 학습이 더 잘 된다.

③ 예를 들어, '사과', '소년' 두 개의 어휘를 단어카드로 제시하고, 교사는 "소년이 사과를 먹고 있다."라고 말을 하여, 두 개의 어휘를 하나의 문장으로 만든다. 그리고 나서 학생들에게 "소년이 먹고 있는 것은 무엇이지?"라고 물으면서 '사과'의 단어카드를 보이면, 학생들이 "소년이 사과를 먹고 있다."라는 문장을 상기하면서 '사과'라는 어휘를 말하게 한다(백은희, 2020: 226).

50

모범답안

강조점 1	생태학적이며 다면적인 관점에서 장애를 개념화한다.
강조점 2	개인의 기능을 향상시키기 위한 개별화된 지원이 하는 역할의 중요성을 제시한다.

해설

- 지적장애란 무엇인가를 이해하기 위한 접근방법에는 '지적장애를 조작적으로 정의하는 방법', '지적장애와 다른 요인들 간의 관계를 이론적 모델을 통해서 이해하는 방법'이 있다(송준만 외, 2019 : 31). 지적장애와 다른 요인들 간의 관계를 이론적 모델을 통해서 이해하는 방법과 관련하여 AAIDD의 11차 매뉴얼에 의하면 "5가지 차원들과 지원이 인간 기능성에 작용하는 역할에 대한 묘사"를 인간 기능성에 대한 개념적 틀의 2가지 주요 구성요소(AAIDD, 2011 : 38)로 제시하고 있다. 이에 대해 송준만 등(2019 : 32)은 "지적장애를 이해하기 위해서 생태학적 접근을 하고 있으며, 인간 기능성에 대한 다섯 가지 차원(지적 능력, 적응행동, 건강, 참여, 맥락)의 요인들과의 관계와 중개적 역할을 하는 지원으로 구성되어 있다"고 설명하고 있다.
- 이와 같은 구성 요소에 기초하여 볼 때 인간 기능성에 대한 개념적 틀은 지적장애를 '인간 기능성에서의 제한성'이라는 관점에서 정의하고, 생태학적이면 다면적 관점에서 장애를 개념화하며, 개인의 기능을 향상시키기 위한 개별화된 지원이 하는 역할의 중요성을 제시하고 있다(송준만 외, 2019 : 31).

Check Point

⊘ 인간 기능성의 개념적 틀
① 인간 기능성에 대한 다차원적 모델은 AAIDD에 의해 1992년 매뉴얼에서 처음으로 제안
② 2002년 매뉴얼에서 더 정교화
③ 인간 기능성에 대한 개념적 틀은 2가지 구성 요소를 가지고 있음.
   "5가지 차원들과 지원이 인간 기능성에 작용하는 역할에 대한 묘사, 인간 기능성에 대한 이 틀은 지적장애의 표출(manifestation)이 지적 능력, 적응행동, 건강, 참여, 맥락 및 개별화된 지원 사이에서 역동적이고 상호적 관여를 포함하는 것을 인정한다(AAIDD, 2011 : 38).
④ 세계보건기구에 의해 제안된 기능성, 장애 및 건강의 국제 분류(ICF) 모델과 일맥상통함.

51

모범답안

이점	사회적으로 가치 있는 역할을 부여함으로써 통합학급에서 장애학생의 이미지와 개인적 역량에 긍정적인 영향을 줄 수 있다.
기호와 문제점	㉡ 이전 시간에 수행한 쓰기 과제 완성에 너무 많은 시간과 노력을 기울이게 하는 것은 다른 활동에 참여할 기회를 상실하게 하는 참여기회 상실 유형에 해당한다. ㉢ 적극적으로 활동에 참여하도록 허락하는 대신에 관찰만 하도록 하는 것은 수동적 참여 유형에 해당한다. ㉣ 상자가 움직이지 않게 붙잡는 한 가지 활동만 하도록 하는 것은 전반적인 활동에의 참여 기회를 막는 근시안적 참여 유형에 해당한다.

Check Point

(1) 부분참여의 원리 개요
① 부분참여의 원리란 중도·중복장애아동이 어떤 활동이나 과제의 모든 면 또는 단계에 참여하지 못하더라도 그가 할 수 있는 활동의 일부분에라도 최대한 의미 있는 참여를 하게 하는 것을 의미한다.
② 부분참여의 원리의 핵심은 일반 또래들이 참여하는 활동에 함께 참여하기 위하여 굳이 기술을 독립적으로 행할 수 있어야 할 필요는 없다는 것이다. 대신에 다른 형식을 통해서 기술의 기능을 행할 수 있는 조정이 적용될 수 있다.
③ 부분참여의 원리는 장애인들에게 사회적으로 가치있는 역할을 부여함으로써 그들의 이미지와 개인적 역량에 긍정적 영향을 준다는 이점이 있다.

(2) 잘못된 부분참여의 원리 적용 유형

수동적 참여	장애를 가진 학생들이 자연스러운 환경에 배치되었으나 적극적으로 활동에 참여하도록 허락하는 대신에, 또래들이 활동에 참여하는 것을 관찰하는 기회만 제공되는 것이다.
근시안적 참여	교사가 교육과정의 관점들 중 한 가지 혹은 몇 가지만을 좁은 시야로 집중하고, 학생이 학습의 전반적인 기회들로부터 이득을 보지 못하도록 하는 것이다.
단편적 참여	학생이 몇몇 활동들에 비정기적으로 참여하는 것을 말한다.
참여기회 상실	학생이 독립적으로 활동하기 위해 너무 많은 시간과 노력을 기울이게 함으로써 학생으로 하여금 더 많은 수의 활동들에 참여할 기회를 상실하게 하는 것을 말한다.

52

모범답안

㉠	기술 결함이며, 기본 학습과정의 결함(또는 기술을 배우는 기회의 부재)으로 인해 나타나다.
㉡	수행력 결함이며, 동기 유발 부족(또는 행동 수행 기회의 부족)으로 인해 나타난다.

Check Point

⊘ 사회적 기술 결함 유형

기술 결함	• 사회적 기술 결함은 적응적이거나 사회적인 방법으로 행동하는 데 필수적인 사회적 능력이 없거나 위계적인 행동을 수행하는 데 있어서 중요한 단계를 알지 못하는 것이다. • 기술 결함은 기본 학습과정에서의 심한 결함, 기술을 배우는 기회의 부재가 원인이 될 수 있다. • 사회적 기술의 획득 결함을 중재할 때는 직접지도, 모델링, 행동시연, 코칭 등의 기법을 이용하는 것이 효과적이다.
수행력 결함	• 개인의 수행력 결함은 주어진 행동을 수행하는 방법은 알지만 인정할 만한 수준에서 행동을 수행하지 못하는 것이다. • 수행력 결함은 동기 유발 부족과 관련이 있고 행동을 수행하는 기회 부족이 그 원인이 될 수 있다. • 아동이 학급 상황에서 행동을 수행하지 못하지만 학급 밖에서 행동을 수행할 수 있는 경우는 수행력 결함이다. 또한 과거에 행동을 수행하는 것이 관찰된 경우 기술 결함이라기보다는 수행력 결함이라고 볼 수 있다. • 수행력 결함은 선행사건과 후속결과를 조절함으로써 개선될 수 있으며, 또래주도, 유관강화, 집단강화를 중재방법으로 사용한다.
자기통제 기술 결함	• 자기통제 기술 결함 유형의 사회적 능력 결함을 가진 사람은 특정 유형의 정서적 각성 반응이 기술의 습득을 방해하기 때문에 특정한 기술을 배우지 못한다. • 학습을 방해하는 정서적 각성 반응으로는 불안을 들 수 있다. 불안으로 인하여 사회적 기술을 획득하지 못할 때는 불안을 줄이기 위한 둔감법이나 홍수법과 더불어 자기대화(self-talk), 자기감독, 자기강화 등을 함께 사용한다. • 분노는 사회적 능력의 습득을 방해하는 또 다른 정서적 각성 반응이다. 강화기법, 집단강화, 가벼운 혐오기법(꾸중, 격리, 반응대가, 과잉교정)과 같은 행동 감소 절차를 적용한다.

자기통제 수행력 결함	• 자기통제 수행력 결함이 있는 아동은 그들의 사회적 기술 목록에 특정 기술이 있지만 정서적 각성 반응과 선행사건 또는 후속결과 통제 문제 때문에 기술을 수행하지 못한다. 아동은 기술을 수행하는 방법을 알고 있지만 부적절하고 일관성 없이 사용한다. • 충동성은 자기통제 수행력 결함의 예다. 충동성이나 불충분하게 반응하는 경향은 정서적 각성 반응으로 고려할 수 있다. 충동적인 아동은 또래나 교사와 적절하게 상호작용하는 방법을 알고 있지만 부적절한 행동을 초래하는 반응양식인 충동성 때문에 일관성이 없다. 이러한 아동들을 지도하기 위하여 부적절한 행동을 억제하는 자기통제 전략, 변별기술을 지도하는 자극통제 훈련, 적절한 사회적 행동을 증대시키는 유관강화 등을 이용한다.

53

모범답안

• 시침과 분침을 구별할 수 있도록 한다.
• 과제를 정확하고 빠르게 완수할 수 있도록 연습기회를 늘린다.(또는 학생의 학습활동 시 교사의 참여를 줄인다, 완성된 과제에 한하여 피드백을 제공한다.)
• 2: 모형 시계와 학습지보다는 실물 시계를 활용하는 것이 일반화에 효과적이기 때문이다.
• 5: 하루 일과를 순서대로 배열하기는 학생의 현행 수준인 시간의 전후 개념에 해당하는 활동이기 때문에 후속학습 내용으로는 부적절하다.

Check Point

⊘ 학습 단계(수행 수준의 위계)

습득	• 교수목표: 학생이 목표기술을 정확하게 수행하도록 돕는 것을 강조한다.
	• 습득을 위한 전략
	  - 빈번한 교수 제공하기
	  - 학생의 참여 기회 늘리기
	  - 정확한 수행을 위해 피드백을 집중적으로 제공하기
	  - 오류를 줄이기 위해 다양한 촉진 제공하기 등

숙달	• 교수목표: 학생이 과제를 정확하고 빠르게 완수하도록 하는 것이다.
	• 숙달을 위한 전략
	  - 정해진 시간 내에 과제를 완성하도록 연습기회 늘리기
	  - 학생의 학습활동 시 교사의 참여 줄이기
	  - 완성된 과제에 한하여 피드백 제공하기 등

유지	• 교수목표 : 높은 수준의 수행을 유지하는 것이다. • 유지는 시간이 지나도 한번 습득한 행동을 지속적으로 할 수 있는 것을 뜻하기 때문에 '시간에 대한 일반화'라고 한다. • 유지를 위한 전략 　－ 간헐 강화계획 　－ 과잉학습 　－ 분산연습 　－ 학습한 기술을 기초로 새 기술 교수하기 등	
일반화	• 일반화는 자극 일반화와 반응 일반화로 구분할 수 있다.	
	자극 일반화	• 자극 일반화란 어떤 자극이나 상황에서 어떤 행동이 강화된 결과, 그와는 다른 어떤 자극이나 상황에서도 그 행동이 일어날 가능성이 증가하는 것을 의미한다. • 자극 일반화를 위한 전략 　－ 자연스러운 상황에서 가르치기 　－ 훈련 상황을 일반화가 일어나야 할 상황과 비슷하게 조성하기 　－ 여러 다양한 상황을 이용하기 　－ 훈련 시 광범위한 관련 자극 통합하기 등
	반응 일반화	• 반응 일반화란 어떤 자극이나 상황에서 어떤 행동이 강화된 결과, 동일한 자극이나 상황에서 이와는 다른 (학습되지 않은) 행동이 일어날 가능성이 증가하는 것을 말한다. • 반응 일반화를 위한 전략 　－ 충분한 반응사례로 훈련하기 　－ 훈련 상황에서 의도적으로 학생이 다양한 반응을 하도록 만들어 주기 등

54　　　　　　　　　　　　2016 중등B-7

모범답안

㉠의 특징	다음 중 택 2 • 개인의 활동, 서비스, 지원은 그의 꿈, 관심, 선호도, 강점, 잠재력을 근거로 한다. • 개인에게 중요한 사람들은 생활 유형 계획하기에 포함되어야 하고, 정보화된 결정과 통제할 기회를 가져야 한다. • 개인은 자신의 경험을 바탕으로 의미 있는 선택을 통해 결정해야 한다. • 개인은 가능할 때 자연적 지원과 지역사회 지원을 활용한다. • 활동 및 지원 서비스는 개인의 관계, 지역사회통합, 존엄과 존중을 성취할 수 있는 기술을 키운다. • 개인의 기회와 경험은 최대화되어야 하며, 현재의 규범과 재정적인 제약 내에서 융통성이 발휘되어야 한다. • 계획하기는 협력적이고 순환하며, 지속적으로 개인에게 위임하는 것을 포함한다. • 개인은 자신의 관계, 가정, 일상적 일과에 만족해야 한다.
㉣의 절차	교육과정영역 정하기 → 각 영역에서 현재와 미래 환경 확인하기 → 하위 환경으로 나누기 → 하위 환경의 활동 결정 및 활동 목록 만들기 → 각 활동을 위해 필요한 기술 정하기

Check Point

(1) 개인중심계획의 원칙(특징)

　※ 개인중심계획의 특징으로 소개되는 문헌(Wehmeyer et al., 2019 : 230)도 있다.

① 개인의 활동, 서비스, 지원은 그의 꿈, 관심, 선호도, 강점, 잠재력을 근거로 한다.

② 개인에게 중요한 사람들은 생활 유형 계획하기에 포함되어야 하고, 정보화된 결정과 통제할 기회를 가져야 한다.

③ 개인은 자신의 경험을 바탕으로 의미 있는 선택을 통해 결정해야 한다.

④ 개인은 가능할 때 자연적 지원과 지역사회 지원을 활용한다.

⑤ 활동 및 지원 서비스는 개인의 관계, 지역사회통합, 존엄과 존중을 성취할 수 있는 기술을 키운다.

⑥ 개인의 기회와 경험은 최대화되어야 하며, 현재의 규범과 재정적인 제약 내에서 융통성이 발휘되어야 한다.

⑦ 계획하기는 협력적이고 순환하며, 지속적으로 개인에게 위임하는 것을 포함한다.

⑧ 개인은 자신의 관계, 가정, 일상적 일과에 만족해야 한다.

출처 ▶ 이정은(2015 : 56-57)

(2) 기능적 생활중심 교육과정과 생태학적 목록

① 기능적 생활중심 교육과정(또는 기능적 교육과정, 생태학적 교육과정)이란 학습자의 생활, 경험, 흥미, 관심, 필요, 활동 등을 중심으로 구성된 교육과정이다.

② 기능적 기술의 필요도와 선호도를 조사할 때는 생태학적 목록을 작성하는 것이 유용하다.

- 생태학적 목록은 다음과 같은 단계에 따라 작성된다.

단계	내용	설명
1	교육과정 영역 정하기	구체적인 기술들을 가르치고 삽입해야 할 상황, 맥락으로 사용될 교육과정 영역을 정함.
2	각 영역에서 현재 환경과 미래 환경 확인하기	현재 주거환경은 일반 아파트나 주택일 수 있지만 미래 환경은 장애지원을 받는 아파트, 그룹홈 혹은 시설일 수 있음.
3	하위 환경으로 나누기	각 학생들에게 필요한 활동을 파악하기 위해 그 활동이 일어날 수 있는 환경을 자세히 구분함.
4	하위 환경의 활동 결정 및 활동 목록 만들기	• 무엇이 가장 적절한 활동인지 결정하기 전에 다양한 변인을 고려해야 함. • 학생의 생활방식에 대한 정보를 제공함.
5	각 활동을 위해 필요한 기술 정하기	• 활동을 가르칠 수 있는 단위 수준이나 과제분석으로 나누는 일이 필요함. • 의사소통, 근육운동, 문제해결력, 선택하기, 자기관리와 같은 요소의 기술을 익힘.

55

[모범답안]

1)	① 자신에 대한 이해 ② 수단적 일상생활활동
2)	지역사회 모의수업
3)	또래와 함께 책 읽기
4)	ⓒ 연령에 적합한 교육과정 측면에서 6학년인 민기에게 동화책의 내용이 생활연령에 적절하지 않기 때문이다. ⓑ 궁극적 기능성의 기준 측면에서 성인이 되어 최소제한적 환경에서 이용할 수 있는 버스타기 기술은 미리 가르쳐야 하기 때문이다.

[해설]

3) 자연적 지원이란 주어진 환경 내에서 자연스럽게 제공될 수 있는 인적 및 물적 자원을 통해 지원되는 것을 의미한다. 예를 들어 가족이나 직장 동료, 친구, 이웃들로부터 자연스러운 일과 내에서 지원이 제공되는 경우를 들 수 있다.

[Check Point]

(1) 자기옹호기술

개인이나 집단이 자신들의 욕구와 이익을 위하여 스스로 어떤 일에 대하여 주장하거나 실천하는 과정

(2) 일상생활동의 유형

① 일상생활 수행 능력은 기본적 기술을 요구하는 기본적 일상생활활동(ADL)과 더 진보된 문제해결 능력과 사회적 기술, 그리고 더 복잡한 환경적 상호작용을 요구하는 수단적 일상생활활동(IADL)으로 구분

기본적 일상생활활동	자기관리, 기능적 이동성, 성적 표현, 수면과 휴식 등
수단적 일상생활활동	의사소통 도구 사용, 건강 관리 및 유지, 재정 관리, 음식 준비와 청소하기, 지역사회로의 이동성 등

② 지적장애인의 기본적 일상생활 기능과 수단적 일상생활 기능은 이동성과 인지 수준의 영향을 받기 때문에 일상적인 신체활동과 운동기능을 강화함으로써 이동성을 증진하고 유지시켜야 함.

(3) 지적장애 학생의 교육과정 구성 및 운영을 위한 기본 전제

연령에 적절한 교육과정	• 지적장애 아동의 교육과정은 생활연령에 적합한 내용으로 구성되고 적용되어야 한다. • 중도 지적장애 아동 역시 일반 또래 아동들을 위한 활동에도 참여할 필요가 있다. • 기능적이고 연령에 적합한 행동들은 자연적인 환경에서 더 쉽게 강화될 것이며, 결과적으로 학습된 행동들은 유지가 용이하다.
궁극적 기능성의 기준	• 중도장애 아동을 위한 교육목표로서, 그들이 성인이 되어 최소제한적 환경에서 일반인들과 함께 자신의 잠재력을 최대한 발휘하여 기능하기 위해 개개인이 꼭 소유하고 있어야 할 요소들 • 아동과 가족의 선호도, 생활연령의 적합성, 문화적 요소를 고려해야 한다.
최소위험 가정 기준	• 결정적인 자료가 있지 않는 한 교사는 아동에게 최소한의 위험스러운 결과를 가져오는 가정에 기반하여 교육적 결정을 내려야 한다는 개념 • 한 아동을 교육하기 위해 드는 비용이 향후 보호 혹은 관리를 위해 드는 비용보다 더 크지 않으며, 오히려 교육을 통해 독립성이 향상되고 관리가 쉬워지거나 관리할 부분이 줄어들 수 있도록 하는 기술을 배울 수 있다면 실제로 비용 효과적인 면에서 더 이득이 되는 것이다. 따라서 지적장애 아동이 배우지 못할 것이라는 점이 증명된 것이 없기 때문에, 결정적인 증거가 없는 한 아무리 지적장애의 정도가 심하더라도 최선의 시도를 통해 교육 가능성 신념을 실현해야 한다.
영수준의 추측	• 학급에서 배운 기술들이 실제 사회생활에서 일반화하지 못할 수도 있다는 전제에 기반을 두고, 배운 기술들을 여러 환경에서 일반화할 수 있는지를 시험해 봐야 한다는 개념 • 일반화가 되지 않을 경우에는 기술이 사용될 실제 환경에서 가르쳐야 한다. • 지역사회중심 교수, 기능적 교육과정 • 아동들이 기능적 기술들을 자연스럽게 습득할 것이라고 추측하는 대신 지적장애 아동들에게 성인이 된 이후에 필요한 기술들을 가르치는 교육과정을 적용해야 한다.
자기결정 증진	• 사기결성: 선택할 수 있는 범위를 고려해서 적절한 결정을 하고, 자율적 의지와 독립성, 그리고 행동에 대한 책임을 가지는 개인의 능력 • 자기결정을 잘하는 사람은 질적인 삶을 위해 바람직한 목표를 설정하고 성취할 수 있다. • 지적장애 아동은 자기결정의 권리를 가지고 자신의 삶을 통제하고 스스로 옹호할 수 있는 기회와 경험을 가져야 한다. • 자기결정 증진에 유익한 기술: 선택하기, 의사결정, 문제해결기술, 목표설정 및 달성, 독립성, 자기평가와 자기강화, 자기교수, 자기옹호와 리더십, 효능성 및 성과 기대에 대한 긍정적 귀인, 자기인식, 자기지식 등

56

모범답안

㉠	약체 X 증후군
㉡	다운증후군

Check Point

⊘ 다운증후군

① 지적장애의 가장 일반적인 생물학적 원인
② 원인(유형): 비분리, 전위, 섞임증
③ 염색체의 비분리로 인해 21번 염색체가 3개가 된 결과가 전체 다운증후군의 약 95% 정도로 가장 많음.
④ 다운증후군의 행동표현형
   ㉠ 언어적 또는 청각적 과제보다는 시공간적 과제수행에 강점
   ㉡ 지능에 비해 강한 적응기술
   ㉢ 명랑하고 사회적인 성격
   ㉣ 성인기에 흔한 우울증

57

모범답안

1)	㉠ 생태학적 목록법	
2)	㉡ 지역사회 모의수업 ㉢ 지역사회 참조 교수	
3)	① 일반사례교수법 ② 신호등이 있는 횡단보도 건너기를 지도할 교수 사례와 평가할 사례를 결정한다.	

해설

2) ㉡ 기능적 기술 습득을 위해 교실에서 상황극, 게임을 한 것이므로 지역사회 모의수업에 해당한다.
   ㉢ 유치원 내에서 이루어졌기 때문에 지역사회 참조 수업이라고 할 수 있다.

3) 일반사례교수법은 '교수영역 결정하기 → 지도할 기술을 과제분석하고 관련된 모든 자극과 반응을 조사하기 → 교수와 평가에 사용될 교수의 예를 결정하기 → 교수 순서를 계열화하고 교수하기 → 비교수 상황에서 평가하기'의 단계로 이루어진다.

58

모범답안

2)	민지가 자신이 좋아하는 나뭇잎을 학교 주변에서 찾을 수 없다는 결정적인 자료(증거)가 없고 위험스러운 상황을 가정할 수 없음에도 교사가 임의로 나뭇잎을 제공했기 때문이다.
3)	주의집중 시간이 증가할 것이다.
4)	사회적 적응기술
5)	ⓐ 자율성 ⓑ 자기조절

해설

2) 최소위험 가정 기준이란 결정적인 자료가 있지 않는 한 교사는 아동에게 최소한의 위험스러운 결과를 가져오는 가정에 기반하여 교육적 결정을 내려야 한다는 개념이다.

4) 사회적 책임감, 자존감, 규칙 따르기, 희생당하는 것을 피함 등은 사회적 적응기술에 해당한다.

5) ⓐ 세호가 찾고 싶은 나뭇잎을 스스로 표시하도록 하는 것은 부당한 외부의 영향이나 간섭 없이 자신의 선호도, 흥미 혹은 독립적인 방식으로 자율적으로 행동하도록 하는 것이므로 자율성에 해당한다.

ⓑ 자기조절이란 자신의 행동에 대하여 스스로 통제하거나 조정할 수 있는 능력으로 행동결과의 바람직한 여부를 평가하고 필요한 경우엔 자신의 계획을 수정하도록 한다. 이에 비춰볼 때 세호가 자신이 찾은 나뭇잎을 표시하여 파악할 수 있도록 하는 것은 자신이 찾고 싶은 나뭇잎과 찾은 나뭇잎을 비교하여 결과를 평가하고 필요한 경우 계획을 수정(더 찾을 것인가 아니면 찾기를 멈출 것인가)할 수 있도록 하는 것이기 때문에 자기조절에 해당한다.

Check Point

☑ 적응행동의 영역(10~11차 정의)

개념적 적응기술	언어, 읽기와 쓰기, 돈·시간·수 개념 등
사회적 적응기술	대인관계 기술, 사회적 책임감, 자존감, 피괴성, 순진성(즉, 경계심), 규칙 따르기/법 준수, 희생당하는 것을 피함, 사회적 문제해결 등
실제적 적응기술	일상생활 활동(개인적 관리), 작업 기술, 돈 사용, 안전, 건강 관리, 여행/이동, 일정/일과 계획, 전화 사용 등

59

모범답안

㉠	지원 빈도
㉡	지원 유형

Check Point

☑ 지원정도척도

① 특징
  ㉠ 지원정도척도(Supports Intensity Scale ; SIS)는 지원이 각 활동에 얼마나 자주 요구되는지(빈도), 지원할 때마다 얼마나 많은 시간이 소요될 것인지(지원시간), 어떤 유형의 지원이 필요한지를 구체적으로 평가
  ㉡ SIS는 인쇄용지와 지필형식, CD-ROM으로 된 전자검사, SIS 온라인 웹기반 검사, 태블릿이나 노트북 또는 데스크용으로 된 표준화된 검사로 지원 요구에 대한 객관적인 평가를 통해 어느 지원 영역에 어떤 유형의 지원이 얼마나 빈번하게 제공되어야 하는지 등을 분석한 후 개별화된 지원계획을 수립할 수 있도록 함.

② 강점
  ㉠ SIS는 전통적인 평가와 다르게 사람들이 부족한 것을 보지 않고 사회에서 성공적으로 살아가기 위해 개인이 필요로 하는 일상의 지원이 무엇인지를 봄.
  ㉡ SIS는 직접적이고 타당한 결과 제공
  ㉢ SIS는 직접 의사소통을 하면서 각 장면마다 개인의 참여를 요구하여 지원의 유형, 빈도, 강도 측정
  ㉣ 가족, 장애인 친구, 사례관리자와의 면담을 통해 어떻게 개인이 성장하고 있는지를 고려
  ㉤ SIS 점수는 장애인의 개별화지원계획을 수립하는 데 도움을 줄 뿐만 아니라, 개인의 요구 순위 및 필요한 지원 영역을 시각적으로 제공해 줌으로써 서비스 결정을 하는 데 실질적인 정보 제공

③ 구성
  ㉠ 검사의 대상 연령 : 16~72세까지
  ㉡ 검사도구의 구성 : 면접지, 3개 장의 프로파일
    • 1장 : 지원요구척도로 49개의 생활 활동으로 구성
    • 2장 : 안전과 옹호에 대한 보충용 검사로 자기옹호, 돈과 재정생활, 자기 신체 보호, 법적인 책임을 경험하기, 조직에 참여하기, 법적 서비스 받기, 결정하기, 다른 사람을 옹호하기의 8개 활동으로 구성
    • 3장 : 의학적이고 행동적인 특별 지원 요구로서 15개의 의학적인 상태와 13개의 문제행동이 나열되어 있음.

60

모범답안 개요

서론	생략
본론	• 지도 초기 단계부터 일반화를 고려해야 하는 이유 　과제 수행에 대한 거부감이 크며, 과제를 습득하는 　데도 어려움이 있으며, 배운 내용을 일반화하는 데 　있어서도 어려움이 있기 때문에 지도 단계부터 일 　반화를 고려하는 것이 필요하다. • 학생 S의 정의적 측면에서의 문제와 해결을 위한 　교수법 　－ 문제 : 반복된 실패로 인한 학습된 무기력의 문 　　제를 갖고 있다. 　－ 교수법 : 학생 S의 수준을 고려하여 성공 가능성 　　이 높은 실제 경험을 제공함으로써 성공을 경험 　　할 수 있도록 한다. • 자극 일반화와 반응 일반화 　－ 자극 일반화 : 어떤 자극이나 상황에서 어떤 행 　　동이 강화된 결과, 그와는 다른 어떤 자극이나 상 　　황에서도 그 행동이 일어날 가능성이 증가하는 것 　－ 반응 일반화 : 어떤 자극이나 상황에서 어떤 행 　　동이 강화된 결과, 동일한 자극이나 상황에서 이 　　와는 다른(학습한 것과는 다른) 행동이 일어날 　　가능성이 증가되는 것 • 자기점검 방법의 장점 　－ 행동에 대한 기록은 아동과 교사에게 행동에 대 　　한 확실하고 구체적인 피드백을 제공한다. 　－ 반응 효과가 있어서 기록 자체만으로도 원하는 　　방향으로 행동이 변화될 수도 있다. • 유지의 중요성과 자기점검 방법 　－ 필수적인 기초단위 기술이 유지되지 않는다면 후 　　속 학습에 심각한 방해가 될 뿐만 아니라 지적장 　　애를 가진 학생들이 기능적 기술을 지속적으로 　　사용할 수 없기 때문에 중요하다. 　－ 다른 사람들의 강화나 도움이 없더라도 스스로 　　자신의 행동을 관리하며 유지할 수 있도록 하는 　　자기점검과 함께 자기평가, 자기강화의 방법을 　　함께 지도한다.
결론	생략

Check Point

(1) 자기점검의 장점

① 자기기록은 자기 행동의 양이나 질을 관찰하고 측정하여 스스로 기록하는 방법으로 자기점검이라고도 하고 있다. 행동에 대한 기록은 학생과 교사에게 행동에 대한 확실하고 구체적인 피드백을 줄 수 있다. 비교적 쉽고 간단한 자기기록 기술은 반동 효과가 있어서 기록자체만으로도 바람직한 방향으로 행동이 바뀐다는 특성이 있다. 이러한 특성은 자기기록이 행동 변화에 효과가 있는 이유와도 관련이 있다. 즉, 자기기록은 그 자체가 스스로 자기 행동을 감독하게 하여 자기기록이 자기가 주는 보상이나 자기가 주는 벌로서 작용하고, 자기기록이 환경 단서로 작용하여 학생에게 자기 행동의 잠정적 결과를 인식하게 하는 것을 더욱 증가시키기 때문에 행동을 변화시킬 수 있는 것이다. 이런 효과가 있는 자기기록은 시간이 좀 더 지나고 학생이 자기기록에 익숙해지면 효과가 감소할 수도 있기 때문에, 추가로 다른 자기관리 기술과 함께 쓰는 것이 더 효과적이다(양명희, 2016 : 480).

② 자기기록된 자료는 학생과 교사에게 행동에 관한 구체적인 피드백을 제공한다. 이 정보는 어떤 강화 인자가 유용한지를 결정하는 데에 사용될 수 있다. 어떤 경우에 행동에 대한 자료 수집은 행동에 대한 반응 효과를 가질 수도 있다. 행동은 자기 기록 절차의 기능만으로 원하는 방향으로 변화될지도 모른다. 이것만 해도 자기기록은 행동 변화 기법으로 기능하는 것이다(Alberto et al., 2014 : 498).

(2) 유지

① 행동 변화를 위한 중재나 프로그램이 끝난 뒤에도 필요할 때마다 변화된 행동을 할 수 있는 것
② '시간에 대한 일반화'라고도 함.
③ 학자에 따라서는 유지를 일반화보다 앞선 순서로 보기도 하고, 거꾸로 일반화를 유지보다 앞선 단계로 보기도 한다. 그러나 유지는 시간에 대한 일반화라고 설명할 수 있기 때문에 유지와 일반화의 단계는 분명하지 않을 수 있다.

출처 ▶ 양명희(2016 : 148)

61

모범답안

1)	수행 중인 과제에 필요한 자극에는 주의를 기울이고 관련 없는 자극은 무시하는 것이다.

62

모범답안

ⓒ 자연적 지원

해설

ⓒ 자연적 지원이란 주어진 환경 내에서 자연스럽게 제공
될 수 있는 인적·물적 자원을 통해 지원되는 것을 말
한다(송준만 외, 2019 : 36).

63

모범답안

ⓐ 자기 효능감
ⓒ 클라인펠터 증후군

Check Point

(1) 자기 효능감

① 자기 효능감은 낯설고 스트레스가 많은 상황에서 성공
적으로 행동을 수행할 수 있다고 믿는 능력에 대해 가
지는 주관적 기대로 매우 구체적인 통제 신념으로 고려
된다.

② 자기 효능감은 Bandura의 사회인지학습이론에서 유래
한 것으로 상황에 대한 개인의 기술적 대처 능력에 대
한 주관적 예측으로, 인지 심리학에 있어서는 개인의 내
적 수행능력으로, Skinner에 있어서는 성취에 대한 기
대 요인으로 해석된다.

③ 학업 성취의 귀인에 있어서 학습의 문제를 가진 장애아
동들은 반복되는 실패경험으로 인하여 어려움의 이유
를 노력의 부족보다는 불충분한 능력의 탓으로 돌리는
경향이 있다. 다시 말해 이들은 학업의 문제뿐 아니라
능력이 부족하기 때문에 노력해도 소용이 없다고 믿는
동기의 문제도 함께 가지고 있는 것이다. 여기에서 자기
효능감이 중요성을 가지게 되며, 자기 효능감의 향상은
학습자가 상황을 통제할 수 있다고 믿도록 하여 자기
조정 학습의 방향을 이끈다(백은희, 2005 : 208).

(2) 클라인펠터 증후군

① 남성이 여분의 X염색체를 갖게 될 때 발생(보통 XXY)
② X염색체 수가 많을수록 지적장애의 정도가 심함.
③ 모든 남성들이 지적장애를 갖게 되는 것은 아님.
④ 언어와 관련된 학습장애의 출현율이 비교적 높은 편

64

모범답안

• 엔젤만 증후군

Check Point

✓ 엔젤만 증후군

① 모계 유전된 15번 염색체 장완의 부분적 결손이 주원인
② 혀의 움직임이 자유롭지 못해 음식을 씹거나 삼키는 데
어려움.
③ 행동문제, 소두증, 발작, 지적장애의 특성을 보임.
④ 행동표현형
　ⓐ 여러 차례 부적절한 웃음이 어린 사람들 사이에 특
　　징적
　ⓑ 모든 연령대에 걸쳐 일반적으로 행복한 성향을 보임.
　ⓒ 과잉행동과 수면장애가 어린 사람들 사이에 보임.

65

모범답안

• 교육환경 차원 : 중도·중복장애인을 분리하지 않고 일
반인의 교육환경과 동일하거나 최대한 유사한 환경에서
교육하여야 한다.
교육내용 차원 : 중도·중복장애인에게도 일반인에게 적
용되는 교육내용과 동일하거나 가장 유사한 내용이 적용
되어야 한다.
• ⓒ 사회적 역할의 가치화

Check Point

(1) 정상화의 시작

① 정상화는 장애인이 사회 주류의 규준과 패턴에 가능한
한 유사한 일상생활의 패턴과 조건을 즐겨야 한다는 이
상을 구체화한 원리이며 철학이다. 1959년 덴마크정신
지체서비스의 의장이었던 Bank-Mikkelson은 "정신지
체인이 가능한 정상에 가까운 생활 조건에서 살아가도
록 하기 위하여"라는 덴마크 정신지체인법 성명에서 최
초로 정상화를 언급하였다.

② 스웨덴정신지체아동협회의 의장이었던 Nirje에 의하여
"장애인이 사회의 생활방식과 일반상황에 가능한 한 가
까운 생활조건과 삶의 형태를 누릴 수 있도록 하는 것"
으로 정의되었다.

③ 이와 같이 정상화는 "장애인이 사회 주류의 규준과 패턴에 가능한 한 유사한 일상생활의 패턴과 조건을 즐겨야 한다는 이상(理想)"을 구체화 한 개념이다. 정상화의 관심은 장애인이 생활하고 일하는 장소에서 그들의 교육, 여가활동 및 인권을 가능한 한 정상적으로 만드는 데 있다. 그러므로 정상화는 특별한 처치, 고립 및 시설을 떠나 장애인이 일반인과 동일한 권리, 자유 및 선택을 즐기는 것을 보장하는 데로 이동할 것을 요청하였다.

(2) Wolfensberger와 사회적 역할의 가치화

① 정상화는 1970년대와 1980년대 미국에서 Wolfensberger에 의하여 사회학의 주요한 원리로서 정교화되었다.

② Wolfensberger는 사회-정치적 이상에 기초하여 지적장애와 정신건강에 곤란을 지닌 사람부터 사회에서 평가 절하되고 일탈한 모든 집단에까지 적용하도록 그 초점을 확장하여 정상화를 "사람이 가치 있는 사회적 역할을 확립하고 유지할 수 있도록 하기 위하여 문화적으로 가치 있는 수단을 이용하는 것"이라고 정의하였다.

③ Wolfensberger는 "사회에서 어떤 집단, 특히 장애인들이 평가 절하된 사회적 역할을 가진다는 그의 관심을 반영하여 역할 기대, 일탈 및 공공 지각의 개념을 중심으로 하여야 한다"고 주장하였다.

④ Wolfensberger는 정상화라는 용어를 포기하고, 대신 '사회적 역할의 가치화(social role valorization)'라는 용어를 채택하였다. 그는 사회적 역할의 가치화를 "사회적 평가 절하의 위험에 있는 사람을 위하여 가치 있는 사회적 역할을 개발하고 지원하며 방어하기 위하여 문화적으로 가치 있는 수단을 가능한 한 많이 이용하는 것"으로 정의하였다. 따라서 정상화는 Wolfensberger(1983)에 의하여 사회적 역할의 가치화로 개념이 정교화되었다고 할 수 있다.

⑤ 이와 같이 정상화는 장애인이 생활하고 공부하고 일하는 장소에서 그들의 주거, 교육, 직업 활동 등을 가능한 한 정상적으로 만드는데 초점을 두고, 장애인을 특별한 처치나 고립 또는 시설을 떠나 일반인과 동일한 권리, 자유 및 선택을 즐기는 데로 이동할 것을 요청하였다. 이러한 정상화의 원리는 교육에서 중도 장애아동들이 그들의 요구에 적절한 처치를 제공하는 분리교육을 필요로 할 수밖에 없다는 입장에서 장애아동을 가능한 한 최소 제한적 환경에 배치하여야 한다는 개념을 확립하여 주류화를 요구하는 배경이 되었다.

출처 ▶ 정동영(2017 : 40-43)

66 2020 유아B-2

모범답안

4) 활동 중심 삽입교수

Check Point

(1) 활동 중심 삽입교수

① 활동 중심 삽입교수는 일반 유아교육과정을 운영하는 중에 장애 유아에 대한 교수활동을 삽입하여 실시함으로써 장애유아의 일반교육과정 접근과 함께 개별 교수목표를 동시에 성취할 수 있게 해주는 교수 접근으로 '활동 중심 중재'와 활동 중에 교수 기회를 삽입하는 '삽입 학습 기회'의 두 가지 교수전략의 개념을 혼합한 용어이다. 즉, 활동 중심 삽입교수는 유아교육기관에서 진행되는 일과 및 활동 중에 장애유아가 교수목표를 학습하게 하기 위하여 교수 장면을 삽입하는 것을 말한다.

② 활동 중심 삽입교수에서 삽입이란 유아에게 의미 있고 흥미로운 활동을 확장하거나 수정하거나 조정함으로써 유아에게 교수목표를 연습할 기회를 제공하는 것을 의미한다. 삽입교수는 일반교육과정에 참여하는 것만으로는 유아에게 필요한 모든 학습 기회를 제공할 수 없다는 사실을 전제로 하기 때문에 교사는 체계적인 계획 하에 삽입 학습 기회를 제공할 수 있어야 한다.

출처 ▶ 이소현(2011 : 269-270)

(2) 생활 속의 삽입교수

생활 속의 삽입교수는 아동 초기 특수교육 및 학령기 중증 장애 학습자 교육에 시행되어온 증거 기반 수업이다. 생활 속의 삽입교수에는 학습자의 일과와 활동 속의 구체적 학습 기회를 목표로 삼는 게 포함된다. 예를 들면 점심시간에 학습자의 의사소통 기술(선택하기, 요청하기, 맛있고 맛없음에 대한 의견 말하기 등), 사회성 기술(점심식사 일정 따르기, 동료나 성인과 의사소통 등), 자립 기술(포크 사용하기, 치우기 등) 등을 연습할 수 있는 우연학습의 기회이다(곽승철 외, 2019 : 144).

67

모범답안

3) 주하는 ○○○에만 친구 이름을 넣어 부르게 한다.

해설

지문 돋 보기

- 민정이는 좋아하는 또래들과 어깨동무를 하고 노래 부르게 한다. : 부분참여가 아닌 참여의 형태에 해당한다. 대집단 활동에서의 어려움을 보이는 민정이의 부분참여를 위해서는 민정이가 대집단 활동의 일부분에라도 참여할 수 있도록 하는 방안이 제시되어야 한다.
- 주하는 ○○○에만 친구 이름을 넣어 부르게 한다. : 일상생활에서 자주 사용하는 3음절의 단어로 말하는 주하의 특성을 고려하고 있다. 이는 노래 전체를 부르는 것은 어렵더라도 친구 이름을 넣어 부분적으로 활동(친구 이름 넣어서 노래해 보기)에 참여할 수 있도록 하는 방법이기 때문에 부분참여의 원리가 적용되었다고 할 수 있다.
- 바닥에 원형 스티커를 붙여 놓고 자리를 이동하며 노래 부르게 한다. : 교수방법에 해당하는 내용으로 부분참여라고 할 수 없다.
- 리듬패턴은 그림악보로 제공한다. : 수업 시간에 제공된 교수매체의 유형에 대한 설명으로 부분참여와는 관련이 없다.
- 유아가 익숙하게 다룰 수 있는 리듬악기를 제공한다. : 수업을 위한 교수매체의 제공과 관련된 것으로 부분참여와는 관련이 없다.
- 소미가 친구들에게 리듬악기를 나누어 주도록 한다. : 활동3의 내용, 즉 리듬악기를 연주해 보라는 활동3의 목표 그리고 하위 활동 과제와 무관하다. 따라서 부분참여와 관련이 없다. 소미의 부분참여를 위해서는 수줍음이 많고 활동 참여에 소극적인 소미를 활동 목표 달성을 위한 하위 과제에 일부분이라도 참여시키기 위한 방안이 제시되어야 한다.

3) 부분참여란 중도·중복 장애아동이 어떤 활동이나 과제의 모든 면 또는 단계에 참여하지 못하더라도 그가 할 수 있는 활동의 일부분에라도 최대한 의미 있는 참여를 하게 하는 것을 의미한다.

68

모범답안

2) 숙달(또는 유창성)

해설

2) 학습 단계는 습득, 숙달, 유지, 일반화의 과정을 거친다. ㉠에서 '더 짧은 시간 내에 15번 정확하게 수행'은 과제를 정확하고 빠르게 완수하도록 하는 것이므로 숙달(또는 유창성)에 해당한다.

69

모범답안

| 4) | 다음 중 택 1
• 독립성 및 인간관계 향상
• 사회공헌 기회 증진
• 개인적 안녕과 삶의 만족감 향상 |

해설

4) 지원모델에 제시되어 있는 개인적 성과의 내용 중 '학교와 지역사회 환경에서의 활동 참여 증진'은 최 교사의 대화 내용(학교뿐 아니라 지역사회 환경에서의 활동 기회 증진)에 포함되어 있으므로 제외한다.

Check Point

◇ 지원모델

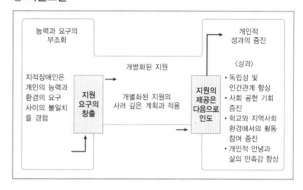

① 개인의 능력과 환경의 요구 사이의 부조화 및 개인적 성과를 향상으로 이끄는 개별화된 지원의 제공 사이의 관계를 묘사한 것
② 지적장애를 개인의 결함보다는 기능의 상태로 개념화하고 개인과 환경 간의 잠재적 부조화를 다룸.
③ 지원모델을 통해 설명되고 있는 바는 다음과 같음.
  ㉠ 지적장애인들이 경험하는 자신의 능력과 환경적 요구 간의 불일치로 인해 지원에 대한 요구가 생기게 되고,
  ㉡ 이러한 지원 요구를 바탕으로 개별화된 지원계획을 개발하고 적용하여,
  ㉢ 그 개인이 좀 더 독립적이게 되고, 더 나은 대인관계를 갖고 사회에 기여하고, 학교나 지역사회에서의 활동 참여가 증진되며, 더 높은 삶의 만족도를 느끼게 되는 성과를 얻게 된다.

70

모범답안

㉠	부조화
㉡	자기관리

Check Point

(1) 2015 개정 특수교육 교육과정 핵심역량

교육과정이 추구하는 인간상을 구현하기 위해 교과 교육을 포함한 학교 교육 전 과정을 통해 중점적으로 기르고자 하는 핵심역량은 다음과 같다.

가. 자아정체성과 자신감을 가지고 자신의 삶과 진로에 필요한 기초 능력과 자질을 갖추어 자기 주도적으로 살아갈 수 있는 자기관리 역량

나. 문제를 합리적으로 해결하기 위하여 다양한 영역의 지식과 정보를 처리하고 활용할 수 있는 지식정보처리 역량

다. 폭넓은 기초 지식을 바탕으로 다양한 전문 분야의 지식, 기술, 경험을 융합적으로 활용하여 새로운 것을 창출하는 창의적 사고 역량

라. 인간에 대한 공감적 이해와 문화적 감수성을 바탕으로 삶의 의미와 가치를 발견하고 향유하는 심미적 감성 역량

마. 다양한 상황에서 자신의 생각과 감정을 효과적으로 표현하고 다른 사람의 의견을 경청하며 존중하는 의사소통 역량

바. 지역·국가·세계 공동체의 구성원에게 요구되는 가치와 태도를 가지고 공동체 발전에 적극적으로 참여하는 공동체 역량

(2) 누가 중도장애 학생인가?

중도장애(severe disabilities)라는 말이 문헌에서 많이 사용되지만, 단 하나의 권위 있는 정의가 존재하지는 않는다. 특수교육 용어의 보편적 출처인 미국장애인교육법(IDEA, 1997)에서는 중도장애에 대해 정의하지 않았으며, 관련된 연방법규에서는 13개의 장애유형을 정의하고 있는데, 그 중 여러 유형이 중도장애로 간주될 수 있는 학생들을 포함하고 있지만(예 자폐, 맹-농, 정신지체, 중복장애, 외상성 뇌손상) 해당 유형의 모든 학생이 중도장애를 가지고 있는 것은 아니다.

중도장애를 설명하는 많은 정의들이 인지, 신체, 감각, 행동 및 기능적 손상과 같은 결함에 초점을 맞추었지만, 이러한 정의들은 불행히도 한 인간으로서의 중도장애인에 대해서는 별로 말해주는 바가 없다. 어느 정도 확실하게 말할 수 있는 것은 중도장애인은 장애특성이나 능력, 교육적 필요에 있어서 매우 다양한 이질적인 집단이라는 것이다. 그들이 갖고 있는, 장애와 관련 없는 다른 특성들(예 흥미, 선호도, 성격, 사회경제적 수준, 문화적 배경 등)도 일반 사람들과 마찬가지로 다양하다. 중도장애인들이 서로 공통적으로 가지고 있는 것은 집중적이고 지속적인 지원(support)에 대한 요구이다. 종종 중도장애인들은 출현율이 낮은 장애를 가지고 있다고 표현되기도 하는데, 이는 중도장애인이 일반인의 1% 미만으로 추정되기 때문이다.

국제기구인 TASH(중도장애인 협회)는 그들이 옹호하는 중도장애인에 대해 다음과 같이 표현하였다.

> 통합된 지역사회에 참여하고, 다른 모든 시민과 유사한 삶의 질을 향유하기 위하여, 하나 혹은 그 이상의 중요한 생활영역에서 지속적인 지원을 필요로 하는 사람을 말한다.
> 지원은 이동, 의사소통, 자기관리와 같은 생활 활동과, 지역사회 주거, 고용, 자족(self-sufficiency)에 필요한 학습을 위해 요구될 수 있다(TASH, 2000).

Snell은 중도장애인의 다양성과 일생에 걸친 지원의 필요성뿐 아니라, 중도장애인들이 "학습할 능력"을 가지고 있다는 점을 상기시켰다. 이는 언급할 필요가 없을 정도로 당연하게 보이기도 하지만, 1980년대 초까지만 해도 심한 중도장애인들이 학습할 수 있는가와 이러한 판단이 그들의 교육권에 어떻게 영향을 미칠 수 있는가에 대해 전문 문헌상에 열띤 논의가 이루어졌다. 어떤 사람들은 심한 중도장애 아동의 교육 가능성과 교육방법에 대해 의문을 제기한 반면, 장애의 정도에 상관없이 모든 아동의 교육 추구를 옹호하는 설득력 있는 논의를 펴는 사람도 있었다. Baer가 지적했듯이 모든 학생들이 학습할 수 있다고 생각하는 접근은, 학생들이 자신에게 유용한 기술을 학습하는 데 따른 잠재적인 유익함뿐 아니라, 교수-학습에 관한 우리 자신의 이해를 넓히는 기회를 제공한다.

모든 사람의 교육을 지지하는 입장은 IDEA에 포함된 완전취학(zero reject)의 연방정부의 원칙과 일치한다. 완전 취학 조항은 모든 학령기 아동이, 장애의 정도와 상관없이 무상의 적절한 공교육을 받을 권리가 있음을 명시하였다. 완전 취학 원칙은 티모시 v. 로체스터 교육청의 판례에서 확인되었다. 중도중복장애학생이 지역 공립학교의 입학이 거부되었는데, 이는 학교 측에서 학생이 교육으로부터 혜택을 받기에는 너무 장애가 심하다고 판단했기 때문이었다. 미국 연방법원에서는 학교 측의 판단에 동의하였지만, 항소심에서는 1심의 판결을 번복하고 IDEA의 핵심 요소인 완전 취학의 원칙을 강력히 재확인하였다.

출처 ▶ Snell et al.(2009 : 2-3)

71

모범답안

- 프래더-윌리 증후군
- ⓒ 학급에서 배운 기술들이 실제 사회생활에서 일반화 하지 못할 수도 있다는 전제에 기반을 두고, 배운 기술들을 여러 환경에서 일반화할 수 있는지를 시험해 봐야 한다는 개념이다.
  - ⓔ 지역사회 참조 교수

72

모범답안

2)	다음 중 택 2 • 유아교육기관의 학급 운영과 활동 진행에 큰 변화를 요구하지 않는다. • 장애 유아를 별도로 분리해서 교육할 필요가 없다. • 학급 내 자연적인 환경에서 교수가 일어나기 때문에 새로 습득한 기술의 즉각적이고도 기능적인 사용 능력을 증진시킬 수 있다. • 유아교육기관의 하루 일과 및 활동 전반에 걸쳐 삽입학습 기회가 체계적으로 제공됨으로써 새롭게 학습한 기술의 사용 능력이 다양한 상황으로 일반화될 수 있다.

해설

2) 활동 중심 삽입교수는 유아교육기관의 하루 일과나 활동 중에 장애 유아가 개별화교육계획의 교수목표를 연습할 수 있도록 특정 시간을 선정하고 짧지만 체계적인 교수를 실행함으로써 유아로 하여금 필요한 기술을 자연적인 환경에서 성공적으로 사용할 수 있게 도와주는 방법이다(이소현, 2020 : 437).

73

모범답안

1)	자기옹호

Check Point

⊘ 자기결정 행동의 구성 요소

구성 요소	설명
선택하기 기술	• 자기결정의 핵심 요소 • 학생은 자신의 요구와 선호도를 확인하고 이에 대해 의사소통하기 위해서 선택할 기회를 가져야 함.
문제해결 기술	스스로 문제를 확인하고 분석하여 잠정적인 해결책을 찾은 후에 가장 적절한 방안으로 문제를 해결하는 것(문제와 가능한 해결책을 판별하기)
의사결정 기술	• 하나의 상황에서 여러 가지 해결책 중 어느 것이 가장 좋을지를 결정하는 기술(가능한 한 최선의 정보에 근거하여 결정 내리기) • 서로 다른 해결책의 결과에 대해 이해하는 것 포함
목표 설정 및 성취 기술	• 자신의 목표가 무엇인지 확인하기, 목표와 관련한 자신의 현 위치 파악하기, 행동을 위한 계획 세우기, 목표를 향한 자신의 진전도 평가하기 기술 포함 • 자신의 학습에 좀 더 책임감을 갖도록 하는 데 효과적인 기술
자기관리 기술	• 자신의 행동을 조절하기 • 자기점검, 자기평가, 자기강화 포함
자기옹호 및 리더십 기술	자기옹호기술 : 자신의 믿음을 옹호하는 능력(또는 자기 자신의 요구와 욕구 알리기)
자기 효능	자신이 특정한 목표를 수행하거나 성취할 수 있다고 믿는 것
자기 인식과 자기 지식	• 자기 인식 : 자신의 강점이나 능력, 자신의 약점이나 제한점 등을 이해하는 능력 • 자기 지식 : 자신의 특성을 사용하는 방법에 대해 하는 것
자기교수 기술	• 문제해결을 촉진하기 위해 혼잣말하기 • 타인의 직접적인 도움 없이 새로운 정보와 기술을 배우기
내적 통제소재	결과들을 통제할 수 있다고 믿기

74

모범답안

1)	① 최소위험 가정 기준 ② 기능적 생활 중심 교육과정(또는 기능적 교육과정, 생태학적 교육과정)
3)	① 자기교수 ② 내가 배운 것은 무엇인가?

해설

1) ② '학생의 생활, 경험, 흥미 등을 중심으로 현재 필요한 것이면서 미래의 가정과 직업, 지역사회, 여가활동 등에 활용될 수 있는 생활 기술'이란 기능적 기술을 의미하며, 이와 같은 기능적 기술을 중심으로 지도하는 교육과정의 유형은 기능적 생활 중심 교육과정이다.

3) ① 자기교수는 문제해결을 촉진하기 위해 혼잣말하기 혹은 타인의 직접적인 도움 없이 새로운 정보와 기술을 배우기 등으로 설명된다.

Check Point

(1) 기능적 생활 중심 교육과정

① 개념 : 학습자의 생활, 경험, 흥미, 관심, 필요, 활동 등을 중심으로 구성된 교육과정

② 특징 : 경도 장애학생을 대상으로 할 수 있는 전통적인 학업 중심 교육과정보다는 실생활에서 활용할 수 있는 기능을 중심으로 가르치자는 취지에서 시작된 중등도 및 중도 장애학생을 대상으로 한 교육과정

③ 교육프로그램의 주요 내용 : 학교에서 교과활동에 의한 지식, 이론적 접근보다는 실생활에 필요한 기능적 기술과 자신을 관리할 수 있는 기술들이 교육프로그램의 주요 내용

(2) 자기결정 교수학습 모델(SDLMI)

① 자기결정력 증진을 위한 구체적인 교수 모델

② 목표 설정 → 계획 및 실행 → 목표 및 계획 수정의 3단계로 구성

③ 모델의 각 단계에는 아동이 해결해야 될 네 가지 문제, 교수목표, 교수지원 포함

④ 자기결정 교수학습 모델의 단계별 내용

[1단계 : 목표 설정]

☐ 성취해야 할 학생의 과제 : 나의 목표는 무엇인가?

☐ 교수적 지원 : 흥미, 노력, 교수적 요구에 대한 학생의 자기평가 등

• 학생 질문 1 : 내가 무엇을 배우길 원하는가?
• 교사 목표

• 학생 질문 2 : 내가 그것에 대해 알고 있는 것은 무엇인가?
• 교사 목표

• 학생 질문 3 : 내가 모르는 것을 배우기 위해서 나는 어떤 변화가 필요한가?
• 교사 목표

• 학생 질문 4 : 이 일이 일어나도록 하려면 무엇을 할 수 있는가?
• 교사 목표

[2단계 : 계획 및 실행]

☐ 성취해야 할 학생의 과제 : 나의 계획은 무엇인가?

☐ 교수적 지원 : 자기일정 계획 등

• 학생 질문 5 : 내가 모르는 것을 배우기 위해 나는 무엇을 할 수 있는가?
• 교사 목표

• 학생 질문 6 : 내가 행동하는 데 방해가 되는 것은 무엇인가?
• 교사 목표

• 학생 질문 7 : 이러한 장벽을 제거하기 위해 내가 할 수 있는 것은 무엇인가?
• 교사 목표

• 학생 질문 8 : 언제 내가 행동할 것인가?
• 교사 목표

[3단계 : 목표 및 계획 수정]

☐ 성취해야 할 학생의 과제 : 내가 배운 것은 무엇인가?

☐ 교수적 지원 : 자기평가 전략 등

• 학생 질문 9 : 내가 어떤 행동을 했나?
• 교사 목표

• 학생 질문 10 : 어떤 장벽이 제거되었는가?
• 교사 목표

• 학생 질문 11 : 내가 모르는 것과 관련하여 어떤 변화가 있었는가?
• 교사 목표

• 학생 질문 12 : 내가 알기 원하는 것을 알고 있는가?
• 교사 목표

75

모범답안

1) ① 지역사회 모의수업
② 일반화

해설

1) ① '밖에 나가기 어렵다'는 것과 '학교에 마트가 없는 경우' 적용할 수 있는 지역사회 중심 교수의 유형을 고려한다.
② 다양한 사례를 가르쳐 배우지 않은 환경에서도 수행할 수 있도록 하는 것은 (자극)일반화에 해당한다.

76

모범답안

㉠	개인중심계획
㉡	지원정도척도(또는 지원강도척도)

Check Point

⊘ 개별화된 지원 평가, 계획 및 감독을 위한 과정
① 1단계 : 바람직한 삶의 경험과 목표의 판별
- '개인중심계획'의 활용 요구
- 개인중심계획의 특징 : 개인의 꿈, 선호하는 것, 흥미에 초점을 맞추는 것
- 개인중심계획의 주요 목적 : 한 개인에게 무엇이 중요한 것인가를 찾아내는 것
② 2단계 : 지원요구의 패턴과 강도 결정
- 표준화된 도구나 관찰 혹은 심층 면담 등을 통해 다양한 삶의 영역에서 필요한 개인의 지원요구를 평가하는 것 포함
- 현재 지원요구를 측정할 수 있는 유일한 표준화 검사 방법 : 지원정도척도
- 지원정도척도의 구성
  - 지원 빈도 : 특별 지원, 즉 대다수의 비장애인에게 일반적으로 필요한 빈도 이상의 지원이 표적 활동 각각에 대해 얼마나 자주 필요한지와 연계
  - 일일 지원시간 : 지원을 제공하는 날에 지원을 준비하는 데 일반적으로 소용되는 시간을 의미
  - 지원 유형 : 어떤 사람이 참여해야 하는 활동을 할 때 필요할 수 있는 지원의 성격
③ 3단계 : 개별화된 계획의 개발
④ 4단계 : 진보의 감독
⑤ 5단계 : 평가

77

모범답안

- 실제적 적응기술

해설

지문 돋보기

하위 기술	적응행동의 유형
컵라면 가격 알기	실제적
종업원에게 인사하기	사회적
종업원에게 질문하기	사회적
계산하고 구입하기	실제적
컵라면 뚜껑 열기	실제적
컵 안쪽에 보이는 선까지 물 붓기	실제적
면이 익을 때 까지 기다리기	실제적
빈 용기 정리하기	실제적

- 학생 F가 어려움을 보이는 적응행동 하위 유형 : CHECK POINT의 적응행동 하위 유형에 대한 설명, KNISE-SAB(국립특수교육원 적응행동검사) 관련 내용 및 2010년 중등1차 13번 문항, 2014년 중등B 논술 1번 문항을 종합적으로 정리하면 금전에 대한 개념(때 화폐 종류 알기 혹은 화폐의 액면가와 단위 알기)은 개념적 적응기술로 분류되며 금전 관리(때 계산하기)는 실제적 적응기술로 분류된다.

Check Point

(I) 적응행동 하위 유형

개념적 적응기술	• 인지, 의사소통 및 학업 기술과 같은 개념적인 기술을 의미한다. • 구체적으로는 언어 읽기와 쓰기, 돈 개념, 자기지시와 같은 내용이 있다.
사회적 적응기술	• 사회적 기대와 다른 사람의 행동을 이해하고 사회적 상황에서 자신이 어떻게 행동해야 하는 것이 적절한지를 판단하는 기술이다. • 사회적 기술의 주요한 구성 요소는 사회적 이해, 통찰, 판단 및 의사소통이다. • 대인관계, 책임감, 자기존중, 속기 쉬움, 규칙 준수, 법률 준수, 희생되는 것을 피하는 것 등이 그 내용이 된다.
실제적 적응기술	• 평범한 일상생활을 해 나가는 데 있어 독립된 인간으로서 자신을 유지해 가는 기술을 말한다. • 독립을 최대한으로 성취하기 위해 자신의 신체적 능력을 사용하는 기술을 말한다. • 감각운동 기술, 자기관리 기술(잠자기, 목욕하기, 화장실 사용하기, 먹기, 마시기), 안전기술(위험 피하기, 손상 예방하기) 등을 토대로 한다.

출처 ▶ 송준만 외(2019 : 166-167). 내용 요약 후 인용

(2) KNISE-SAB의 검사 영역별 소검사 내용

영역	영역의 의미	소검사
개념적 적응행동검사	구체적인 현실의 실제가 아니라 학문적 상황에서 성공하는 데 필요한 기술	언어이해, 언어표현, 읽기, 쓰기, 돈 개념, 자기지시
사회적 적응행동검사	사회적 기대와 다른 사람의 행동을 이해하고 사회적 상황에서 자신이 어떻게 행동하는 것이 적절한지를 판단하는 기술	사회성 일반, 놀이활동, 대인관계, 책임감, 자기존중, 자기보호, 규칙과 법
실제적 적응행동검사	평범한 일상생활 활동을 해 나가는데 있어 독립된 인간으로서 자신을 유지해 가는 데 필요한 실제적 적응기술	화장실 이용, 먹기, 옷 입기, 식사 준비, 집안 정리, 교통수단 이용, 진료 받기, 금전 관리, 통신수단 이용, 작업기술, 안전 및 건강 관리

출처 ▶ 송준만 외(2019 : 170)

78 　　　　　　　　　　　　　2022 유아B-6

[모범답안]

3) 지역사회 모의수업

[해설]

3) 현장체험학습에 필요한 기술을 연습할 있도록 교실 환경을 꽃 축제의 코너와 유사하게 꾸몄다 : 교실에서 이루어지는 지역사회 중심 교수전략 중 지역사회 모의수업을 의미한다.

Check Point

⊘ **지역사회 중심 교수(지역사회 기반 교수)의 유형**
① 지역사회 중심 교수
② 지역사회 참조 교수
③ 지역사회 모의수업

79 　　　　　　　　　　　　　2022 초등B-3

[모범답안]

2) 숙달 능력(또는 유창성 능력)

[해설]

2) 숙달 단계에서의 목표는 아동이 과제를 정확하고 빠르게 완수하도록 하는 것이다.

[지문 돋보기]

• ABAB 규칙을 습득하였으나 : 습득 단계를 지남
• 가끔 순서가 틀리고, 모양을 찾는 데 시간이 오래 걸렸다. : 아직은 완벽하게 숙달되지 못했음을 의미한다.

80

모범답안

2)	① 파지 ② 다음 중 택 4 탄수화물, 단백질, 지방, 비타민, 무기질, 물
3)	① 단백질 성분이 함유된 음식은 피한다. ② 실제적 적응기술

해설

2) 관찰학습은 주의집중, 파지, 재생, 동기화의 네 가지 하위 과정으로 구성된다. [B]의 내용 중 범주화하기, 시연하기, 노랫말 만들어 부르기 등은 모두 파지를 위한 활동 내용이다.

3) 페닐케톤뇨증은 페닐알라닌을 티로신이라는 아미노산으로 전환시키는 효소의 활성이 선천적으로 저하되어 페닐알라닌이 축적돼서 생기는 단백질 대사장애이다. 혈중의 페닐알라닌 측정 검사를 통해 선별할 수 있으며, 치료는 페닐알라닌이 적은 특수 분유를 먹는 식이요법으로 시작한다. 페닐케톤뇨증 아동의 부모는 자세한 영양교육을 받아 특수 조제품을 올바르게 사용해야 하며, 정확하게 식단을 계획해서 아동이 먹어서는 안 되는 식품은 다른 식품으로 대체해야 한다(송준만 외, 2019 : 92).

81

모범답안

㉠	맥락
㉡	전형적인 수행에 기초한다.

해설

㉡ 적응행동의 평가는 매일의 일과와 변화하는 상황 동안에 한 개인의 최대한의 수행이 아닌, 전형적인 수행에 기초하며, 적응기술 제한성은 자주 다른 적응기술 영역들에서의 강점과 공존하고, 적응기술들에서 한 개인의 강점과 제한성은 개인의 동년배에게 전형적인 보통의 지역사회 환경들의 맥락 안에서 기록되며, 개인의 개별화된 지원요구에 연결되어 있다(AAIDD, 2011 : 40−41).

82

모범답안

- 다운증후군
- 전반적인 기능성의 향상
- ㉢ 지역사회 중심 교수
  ㉣ 일반사례교수법

Check Point

⊘ 예방의 종류 및 예방지원의 목적(AAIDD, 2010)

예방의 종류	개념	예방지원의 목적
1차 예방	질병이나 조건 및 장애로의 발전을 예방하는 전략	건강 상태 증진
2차 예방	현재 조건이나 질병을 가진 개인들이 장애 혹은 그 징후가 나타나는 것을 예방하는 전략	위험 요소를 지닌 개인의 판별과 장애 발생을 예방하는 중재의 연계
3차 예방	전반적인 기능성에서 장애의 결과를 (완전히 제거할 수는 없지만) 감소시키는 전략	전반적인 기능성의 향상

83

모범답안

2)	난 또 못 넘어뜨릴 거야

해설

2) 학습된 무기력은 어려운 과제에 대하여 아예 포기하거나 문제를 해결하려고 시도하지 않는 것을 말한다. 심지어 그들이 스스로 할 수 있는 과제나 상황에서도 자신들은 할 수 없다고 믿는다.

84

모범답안

1)	행동 결과를 운명이나 행운 혹은 다른 사람과 같은 외부의 힘에 의해 이루어진 것으로 본다.
3)	① 지역사회 중심 교수 ② 자기결정

해설

1) 통제소재는 성과의 원인관계를 어디에 두느냐의 문제로 어떤 사람이 자신의 긍정적 혹은 부정적 행동 결과를 어떻게 지각하는가를 의미하며 내적 통제소재와 외적 통제소재로 구분된다.

내적 통제소재	긍정적이든 부정적이든 행동 결과를 자신의 것으로 간주하는 것이다.
외적 통제소재	행동 결과를 운명이나 행운 혹은 다른 사람과 같은 외부의 힘에 의해 이루어진 것으로 보는 것이다.

3) ① 지역사회 중심 교수(CBI)란 생태학적 접근을 통해 지역사회에서의 기능을 증진시키기 위하여 사용되는 교수적 접근으로 자연적이고 실제적인 환경에서 기능적이고 의미 있는 기술을 지도하는 것이다. 제시된 내용 중 '현장체험학습을 통해 학교 근처 도서관으로 가서 직접'은 지역사회 중심 교수에 대한 단서가 된다.

② [A]의 내용을 자기결정의 주요 특성과 관련지어 살펴보면 다음과 같다.

지문 톢 보기

내용	주요 특성
도서관에서 다른 사람에게 의존하지 않고 책을 대출함	자율성
그림책을 성공적으로 대출하는 경험을 통해 자기 효능감을 느끼게 함	심리적 역량
자기 자리에 앉아 정해진 시간 동안 큰 소리로 이야기하지 않음	자기조절

따라서 제시된 내용은 자기결정 행동의 주요 특성인 자율성, 자기조절, 자아실현, 심리적 역량 중 특정한 특성에 관한 것이 아니므로 포괄적인 의미에서 자기결정이라고 답하는 것이 타당하다.

85

모범답안

1)	① 수단적 일상생활활동 ② 일반학생과 활동하고 상호작용하기 위해
2)	① 자연적 지원 ② 영수준의 추측
3)	리더십

해설

1) ① 일상생활활동의 유형(또는 일상생활 기술)은 기본적 기술을 요구하는 기본적 일상생활활동(ADL)과 더 진보된 문제해결 능력과 사회적 기술, 그리고 더 복잡한 환경적 상호작용을 요구하는 수단적 일상생활활동(IADL)으로 나눌 수 있다.

기본적 일상생활활동	자기관리, 기능적 이동성, 성적 표현, 수면과 휴식 등이 포함된다.
수단적 일상생활활동	의사소통 도구 사용(휴대전화 사용하기), 건강관리 및 유지, 재정 관리, 음식 준비와 청소하기, 지역사회로의 이동성 등이 포함된다.

② 지적장애 학생의 교육과정은 생활연령에 적합한 내용으로 구성되고 적용되어야 한다. 왜냐하면 일반학생과 활동하고 상호작용하기 위해서는 연령에 적합한 기술이 필요하기 때문이다.

2) ① 지원은 자연적 지원과 서비스를 중심으로 제공되는 지원으로 구분된다.

자연적 지원	주어진 환경 내에서 자연스럽게 제공될 수 있는 인적 및 물적 자원을 통해 지원되는 것이다.
서비스를 중심으로 제공되는 지원	한 개인의 자연스러운 환경의 일부가 아닌 사람이나 장비 등에 의해 제공되는 지원을 의미한다.

② 영수준의 추측은 학급에서 배운 기술들이 실제 사회생활에서 일반화하지 못할 수도 있다는 전제에 기반을 두고, 배운 기술들을 여러 환경에서 일반화할 수 있는지를 시험해 봐야 한다는 개념이다. 일반화가 되지 않을 경우에는 기술이 사용될 실제 환경에서 가르쳐야 한다.

3) 자기옹호의 구성 요소 중 집단의 역동성과 역할, 조직적 참여에 대한 설명이 제시되어 있다.

✅ 자기옹호의 구성 요소

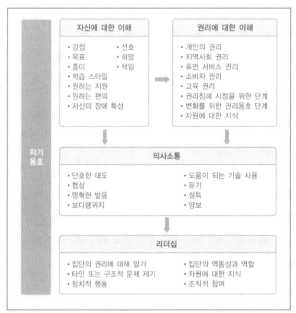

86

모범답안

- ㉠ 학습된 무기력
- ㉡ 자기 조정적 문제해결
  - ㉣ 행동계획을 변경하도록 학생을 돕기

해설

㉠ 지적장애 아동은 잦은 실패로 인해 환경이나 사건 내에서 스스로 행동을 조절할 수 없다고 느낄 때 자신에 대해서 매우 낮은 기대를 하고, 과제를 열심히 하지도 않고, 과제를 빨리 포기하는 등의 학습된 무기력을 보여 결과적으로 자신의 능력보다 낮은 과제 수행을 보이므로 기대된 실패가 현실로 나타나게 된다.

㉡ 학생 A의 특성 중 '목표를 세워 본 경험이 부족하고, 교사나 부모의 도움을 받아 과제를 수행하려고 함'을 고려할 때 학생 질문은 학업, 사회, 행동, 전환과 같은 어떤 내용영역에서 자기 조정적 문제해결 과정을 지도하기 위한 것이다. 학생 질문들은 각 교수 단계에서 문제해결 순서를 통해 학생을 안내하도록 구성되었다. 네 개의 질문은 각 단계별로 다르지만, 문제해결 순서는 동일한 단계(문제 확인하기 → 문제를 해결하기 위한 잠재적 해결 방법 확인하기 → 문제해결에 관한 방해물 확인하기 → 각 해결 방법의 결과 확인하기)를 거친다.

(1) 자기결정 교수학습 모델의 구성

학생 질문	학업, 사회, 행동, 전환과 같은 어떤 내용영역에서 자기 조정적 문제해결 과정을 지도하기 위한 것이다.
교사 목표	학생이 각 단계의 문제를 해결하는 것을 돕기 위한 교수 과정의 길잡이 역할을 한다.
교수적 지원	각 단계에서 학생이 학습을 스스로 주도할 수 있게 돕는 역할을 한다.

(2) SDLMI 3단계

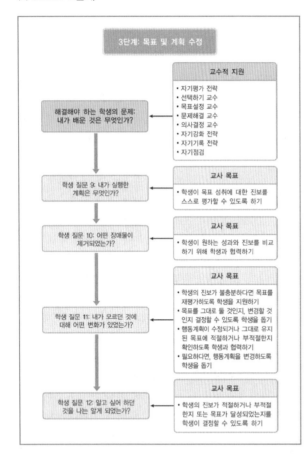

(모범답안)

• ⓛ 플립러닝

(해설)

지문 돋보기

- • 혼합수업 : 혼합형 학습(Blended Learning), 혼합 학습
- • 가정에서 사전 학습을 하고 학교에 와서 심도 있게 수업에 참여하는 학습자 중심의 교수 방법 : 플립러닝의 개념
- • 사전 학습을 통해 개념을 충분히 습득함으로써 본 수업에서는 토론이나 활동 수행 시간 등을 충분히 확보할 수 있지요. : 플립러닝의 목적
- • 학생이 사전 학습을 수행하지 않으면 본 수업에 차질이 생길 수도 있어 준비가 많이 필요합니다. : 플립러닝의 문제점
- • 다른 학생들보다 과제를 더욱 세분화하거나 구체적으로 가르쳐 주세요 : 과제를 작은 단계로 나누어 제시, 과제를 구체적으로 수정
- • 학년도 시작 후 2주 이내에 구성되고 : 개별화교육지원팀의 구성 기한
- • 학생의 보호자, 특수 교사, 담임 교사, 진로담당 교사 등이 참여 : 개별화교육지원팀의 구성원

ⓛ 플립러닝은 '거꾸로 학습', '역전학습', '역 진행학습', '반전학습'으로 불리기도 하는데, 사전에 온라인 및 디지털 콘텐츠를 활용하여 개별적으로 교수자의 강의를 듣고, 교실에서는 과제를 포함한 다양한 학습 활동을 수행하는 교수방법이다(박성익 외, 2016 : 342).

- • 플립러닝은 먼저 학습자가 '사전학습'으로 강의 영상 시청과 활동지 작성 등을 실행하면, '교실 수업'에서는 사전학습의 확인·점검, 개별 및 협력 활동, 학습 정리가 이루어진다. 플립러닝에서 수업을 뒤집는 목적은 기존의 수업방식에서 역으로 수업 전에 수업내용을 먼저 공부하고, 교실에서는 심화학습에 참여하는 것으로, 학생이 또래 및 교사와 함께 있는 동안 최대한 학습에 참여할 수 있도록 하는 것이다(송준만 외, 2022 : 360).

88

[모범답안]

㉠	개인적 안녕
㉡	일반적인 지원

Check Point

☑ 지원체계의 요소

요소	설명
선택 및 개인적 자율성	• 선택하기와 자기결정을 발휘할 기회 • 법 앞에 한 개인으로 인정받고, 비장애인과 함께 동등한 기초에서 법적 능력을 누림 • 의사결정 지원을 통해 촉진됨
통합 환경	• 장애인과 비장애인이 통합되고 가치 있게 여겨지는 자연적 환경 등 • 접근성이 자원, 정보 및 관계에 제공됨 • 지원은 성장과 발달을 장려하기 위해 제공됨 • 기회는 자율성, 능력 및 관계성과 관련한 심리적인 요구를 충족하기 위해 제공됨
일반적인 지원	• 모든 사람이 이용 가능할 수 있는 지원 • 자연적 지원 • 테크놀로지 • 보철 • 생애를 통한 교육 • 정당한 편의(또는 합리적 조정) • 존엄성과 존중 • 개인적 강점/자산
전문화된 지원	교육자, 의학적으로 훈련된 요원, 심리학자, 정신과 의사, 간호사 및 작업·물리 및 언어 치료를 제공하는 종사자들에 의해 제공하는 전문적으로 기반된 중재, 치료 및 전략

89

[모범답안]

• ㉠ 다차원적
• ㉡ 지원요구척도
   ㉢ 요구 순위
• ⓓ, 하위집단 분류는 지원요구 강도에 기초해야 하기 때문이다.(또는 하위집단 분류는 지원요구 강도에 따른 분류가 선호되기 때문이다.)

[해설]

㉠ 인간 기능성에 대한 다차원적 모델은 지적장애를 '인간 기능성에서의 제한성'이라는 관점에서 정의하고 다음과 같은 점을 강조한다.
   • 생태학적이며 다면적인 관점에서 장애를 개념화한다.
   • 개인의 기능을 향상시키기 위한 개별화된 지원이 하는 역할의 중요성을 제시한다.
㉡ 한 개인의 지원요구는 자기보고나 지원요구척도 등을 통하여 평가될 수 있다. 지원요구에 대한 객관적인 평가를 통해 어느 지원 영역에 어떤 유형의 지원이 얼마나 빈번하게 제공되어야 하는지 등이 분석된 이후에 개별화된 지원계획이 개발되어야 한다(송준만 외, 2022 : 35).
   • 지원정도척도(SIS)는 인쇄용지와 지필 형식, CD-Rom으로 된 전자검사, SIS 온라인 웹기반 검사, 태블릿이나 노트북 또는 데스크용으로 된 표준화된 검사로 지원요구에 대한 객관적인 평가를 통해 어느 지원 영역에 어떤 유형의 지원이 얼마나 빈번하게 제공되어야 하는지 등을 분석한 후 개별화된 지원계획을 수립할 수 있도록 한다(송준만 외, 2022 : 176).
   • 개인의 지원요구의 평가는 현재의 신뢰롭고, 타당하고, 개인적으로 실시되는, 종합적이며 그리고 지적장애인에게 규준화되고 지원요구 백분위점수를 산출하는 표준화된 지원요구 척도를 기반으로 한다(AAIDD, 2022 : 112).
㉢ SIS 점수는 장애인의 개별화지원계획을 수립하는 데 도움을 줄 뿐만 아니라, 개인의 요구 순위 및 필요한 지원 영역을 시각적으로 제공해 줌으로써 서비스 결정을 하는 데 실질적인 정보를 제공한다(송준만 외, 2022 : 176-177).

ⓐ 95% 신뢰구간(즉, 획득한 점수에 측정의 표준오차 (SEM)의 두 배를 더하거나 뺀 값)은 개인의 진점수 가 속하는 확실성을 확립하는 데 사용되어야 한다 (AAIDD, 2021).

ⓒ 적응행동은 다음을 의미한다.

- 발달적이고 연령에 따라 복잡성이 증가한다.
- 개념적, 사회적 및 실제적 적응기술들로 구성된다.
- 연령에 따른 기대 및 특정 맥락들에서의 요구와 관련이 된다.
- 개인의 가정, 학교, 직장 및 여가에서의 최대 수행이 아닌, 전형적인 수행에 근거하여 평가된다.
- 동년배 또래에게 전형적인 지역사회 환경들을 참조하여 평 가된다.

ⓓ 선호되는 하위집단 분류는 지원요구 강도에 기초한 다. 하위 집단 분류의 다른 잠재적인 목적은 개념적, 사회적 및 실제적 적응행동 제한성의 정도를 묘사하 거나 혹은 지적 기능성 제한성의 정도를 묘사하는 것이다(AAIDD, 2021).
- 2021년 AAIDD 지침서에서도 지적장애 영역에서 의 분류는 진단 이후에 진행되는 선택사항이고, 분류가 되어야 한다면 지원 정도에 따른 분류체계 가 가장 적절하다고 하였다(송준만 외, 2022: 39).

90

모범답안

1)	영수준 추측
2)	① 지역사회 참조 교수 ② 다음 중 택 1 • 지역사회 참조 교수를 적용할 경우, 위험한 상황에 처할 수 있는 내용 등을 먼저 실행해 볼 수 있다. • 시간을 절약하고 위험성 등을 줄일 수 있다.
3)	① ㄹ, 다양한 자극과 반응이 포함되는 대표적인 예 중에 서 최소한의 예를 선정해야 하기 때문이다. ② 비교수 상황에서 학습자의 수행을 평가한다.

해설

1) 영수준의 추측이란 학급에서 배운 기술을 실제 사회생 활에서 일반화하지 못할 수도 있다는 전제에 기반을 두 고, 배운 기술을 여러 환경에서 일반화할 수 있는지를 시험해 봐야 한다는 개념이다. 일반화되지 않을 경우에 는 기술이 사용될 실제 환경에서 가르쳐야 한다. 지역사 회 중심 교수와 기능적 교육과정의 적용이 그 예이다 (송준만 외, 2022: 234).

2) ① 실제 지역사회의 도서실이 아닌 유치원 안에 있는 도서실을 이용하여 기능적 기술을 가르치는 교수방 법은 지역사회 참조 교수에 해당한다.

② 지역사회 참조 교수나 지역사회 모의수업 등의 방법 은 지역사회 중심 교수보다 시간을 절약하고 위험성 을 줄일 수 있다. 또한 지적장애 학생이 준비 없이 외부에서 직접 지역사회 중심 교수를 적용할 경우 위험한 상황에 처할 수 있는 내용 등을 지역사회 참 조교수나 지역사회 모의수업 등을 통해 먼저 실행해 보는 이점도 있다(송준만 외, 2022: 251).

3) ① 교수 영역이 정해지면 그 영역 범위와 관련된 자극 과 반응의 다양성의 모든 범위를 조사한다. 교수 전 영역의 자극과 반응 다양성을 조사하여 교수를 실시 하기 위하여 공통의 특징을 갖는 자극으로 묶고 일 정한 반응으로 나타는지 분류한다. 즉, 교수하고 평 가할 사례를 선택한다. 교수 사례를 선택할 때에는 모든 자극 상황과 그때 요구되는 모든 반응이 포함 되는 대표적인 사례이면서 최소한의 사례를 선택한 다(송준만 외, 2022: 252).

91

모범답안

1)	활동 중심 삽입교수

92

모범답안

1)	궁극적 기능성의 기준
3)	① 분산 연습(또는 분산 시행) ② 습득한 기술의 유지에 효과적이다.

해설

1) 지적장애 학생의 교육과정내용을 결정할 때는 궁극적 기능성의 기준을 고려해야 한다. 이는 중도장애 학생을 위한 교육목표로서, 그들이 성인이 되어 일반인과 함께 자신의 잠재력을 최대한 발휘하여 기능할 수 있도록 하기 위한 것이다. 그리고 사회적·직업적·가정적으로 통합된 성인기 사회환경에서 최대한 생산적이고 독립적으로 활동하기 위해서 개개인이 반드시 소유하고 있어야 할 요소들이다. 이러한 기준은 학생이 성인으로서 또는 다음 해나 5년 후에 궁극적으로 일하게 될 환경에서 학생과 가족의 선호도, 생활연령의 적합성(또래와 비교하기), 문화적 요소를 고려해야 한다는 것이기도 하다. 따라서 지적장애 학생의 교육과정은 '생태학적 접근'에서 논의되어야 한다(송준만 외, 2022 : 233-234).

2) ① '낱말을 읽을 기회를 나누어 제시하는 것', '집중적으로 연습하기 보다는 하루 동안 여러 번에 걸쳐'는 분산 연습에 대한 단서가 된다.

Check Point

⊘ 학습 단계

습득	• 교수목표 : 학생이 목표기술을 정확하게 수행하도록 돕는 것을 강조한다.
	• 습득을 위한 전략
	  – 빈번한 교수 제공하기
	  – 학생의 참여 기회 늘리기
	  – 정확한 수행을 위해 피드백을 집중적으로 제공하기
	  – 오류를 줄이기 위해 다양한 촉진 제공하기 등

숙달	• 교수목표 : 학생이 과제를 정확하고 빠르게 완수하도록 하는 것이다.
	• 숙달을 위한 전략
	  – 정해진 시간 내에 과제를 완성하도록 연습기회 늘리기
	  – 학생의 학습활동 시 교사의 참여 줄이기
	  – 완성된 과제에 한하여 피드백 제공하기 등

유지	• 교수목표 : 높은 수준의 수행을 유지하는 것이다.
	• 유지는 시간이 지나도 한번 습득한 행동을 지속적으로 할 수 있는 것을 뜻하기 때문에 '시간에 대한 일반화'라고 한다.
	• 유지를 위한 전략
	  – 간헐 강화계획
	  – 과잉학습
	  – 분산연습
	  – 학습한 기술을 기초로 새 기술 교수하기 등

일반화	일반화는 자극 일반화와 반응 일반화로 구분할 수 있다.

일반화	자극
	일반화
		• 자극 일반화란 어떤 자극이나 상황에서 어떤 행동이 강화된 결과, 그와는 다른 어떤 자극이나 상황에서도 그 행동이 일어날 가능성이 증가하는 것을 의미한다.
		• 자극 일반화를 위한 전략
		  – 자연스러운 상황에서 가르치기
		  – 훈련 상황을 일반화가 일어나야 할 상황과 비슷하게 조성하기
		  – 여러 다양한 상황을 이용하기
		  – 훈련 시 광범위한 관련 자극 통합하기 등

	반응
	일반화
		• 반응 일반화란 어떤 자극이나 상황에서 어떤 행동이 강화된 결과, 동일한 자극이나 상황에서 이와는 다른 (학습되지 않은) 행동이 일어날 가능성이 증가하는 것을 말한다.
		• 반응 일반화를 위한 전략
		  – 충분한 반응사례로 훈련하기
		  – 훈련 상황에서 의도적으로 학생이 다양한 반응을 하도록 만들어 주기 등

93

모범답안

1)	ⓛ 사회적 적응기술 ⓒ 실제적 적응기술
3)	① 생태학적 목록 ② 과잉일반화

3) ① 생태학적 목록은 학생들이 현재와 미래의 생활에서 기능을 발휘하기 위해 필요한 개별 기술을 찾을 수 있는 방법을 제공하는 가치 있는 조사표 혹은 관찰지 또는 평가도구이기도 하다(송준만 외, 2022: 247).

  ② 지적장애 학생은 한 가지를 배우면 다른 것에 지나치게 적용하는 과잉일반화의 문제를 타나내기도 한다.
- 특정 행동이 지나치게 포괄적인 자극 범주에 의해 통제된 결과를 일컫는다. 지시 사례나 상황과 어느 정도 유사한 자극이지만 목표행동을 보여서는 안 되는 상황이 있다. 이러한 상황에서 학습자가 그 유사 자극에 반응하여 목표행동을 보인다면 이를 과잉일반화라 한다(Cooper et al., 2018)

94

모범답안

2)	① 부분참여의 원리 ② 학생으로 하여금 더 많은 수의 활동들에 참여할 기회를 상실하게 하고 있다.

해설

2) ① 부분참여란 중도·중복장애 학생이 어떤 활동이나 과제의 모든 면 또는 단계에 참여하지 못하더라도 그가 할 수 있는 활동의 일부분에라도 최대한 의미 있는 참여를 하게 하는 것을 의미한다.

  ② 민우가 최대한으로 독립적으로 참여할 수 있도록 하는 데만 초점을 둠으로써 음식 만들기의 다른 활동에 참여할 기회를 잃고 있다. 따라서 ⓒ은 잘못된 부분참여의 원리 적용 유형 중 참여기회 상실에 해당한다.

Check Point

◇ 잘못된 부분참여의 원리 적용 유형

수동적 참여	장애를 가진 학생들이 자연스러운 환경에 배치되었으나 적극적으로 활동에 참여하도록 허락하는 대신에, 또래들이 활동에 참여하는 것을 관찰하는 기회만 제공되는 것
근시안적 참여	교사가 교육과정의 관점들 중 한 가지 혹은 몇 가지만을 좁은 시야로 집중하고, 학생이 학습의 전반적인 기회들로부터 이득을 보지 못하도록 하는 것
단편적 참여	학생이 몇몇 활동들에 부정기적으로 참여하는 것
참여기회 상실	학생이 독립적으로 활동하기 위해 너무 많은 시간과 노력을 기울이게 함으로써 학생으로 하여금 더 많은 수의 활동들에 참여할 기회를 상실하게 하는 것

95

모범답안

- ⓒ 영수준의 추측

01

정답 ②

해설

두 교사의 대화 내용은 직접교수법에 관한 것이다. 직접교수법의 특징은 크게 내용 조직 방식과 교사의 수업 진행 방식에서 찾아볼 수 있다. 먼저 내용을 조직하고 제시할 때 논리적 위계와 과제 분석 기법 원리를 적용한다. 즉, 직접교수법 주장자들은 기본적으로 학습장애 아동과 같이 학업부진 아동이 잠재력이나 현재 학습능력에 있어서 훨씬 불리한 위치에 있다고 전제한다. 따라서 이들에게는 스스로 원리나 내용을 깨닫도록 하기보다는 교사가 직접 명료하게 가르쳐 주어야 한다. 교사의 수업 진행 방식과 관련하여 직접교수법에서는 기본적으로 자극과 반응 간의 관계에 관한 행동주의적 입장을 취한다. 이에 따르면, 기본적으로 인간은 환경으로부터 영향을 받기 때문에 환경을 잘 설계하면 얼마든지 목표로 하는 학습상태에 도달하도록 할 수 있다. 이때 환경과 학생을 매개하는 것이 바로 교사와 학생 사이의 의사소통 과정이다. 이 의사소통 과정은 대체로 교사가 학생에게 내용을 전달해 주는 과정이 중심을 이룬다. 다분히 행동주의적 사고방식에 토대를 두고 있는 직접교수법에 따르면, 교사의 의사소통 방식이나 교재가 학생들에게 일차적으로 애매하지 않고 분명해야 한다. 정확하고 뚜렷하게 원하는 행동을 보여주고 학생들로 하여금 실행해 보도록 하는 것이다. 그리고 결국에 가서는 혼자서도 할 수 있도록 도움을 주는 정도를 점점 줄여 나간다(이대식 외, 2016 : 279-280).

ㄷ. 교사는 애매하지 않고 분명하게 학생의 인지적 능력과 동일한 수준의 질문을 한다.

ㅁ. 질문에 대한 아동의 정반응이 증가하면 교사는 언어적 암시를 점차 감소시킨다.

02

정답 ⑤

해설

명시적 교수란 분명하고 정확하면서 애매하지 않게 내용을 전달하는 것이다(김동일 외, 2016 : 275). 문제에서 4, +, 2 등은 모두 추상물에 해당한다. 이 중 4와 2에 대한 이해를 좀 더 구체화시키기 위해(또는 분명히 하기 위해) 각각의 숫자 위에 반구체물에 해당하는 동그라미 그림을 추가적으로 제시하였다.

Check Point

(1) 명시적 수업을 위한 요소

어떤 수업이 명시적이려면 다음과 같은 요소들을 포함해야 한다.

① 문제를 풀거나 과제를 해결해야 하는 상황이라면 교사가 먼저 그것을 어떻게 풀거나 해결하는지 학생들이 이해하기 쉽게 시범을 보여 주어야 한다. 이때 중요한 점은 시범은 어디까지나 학생이 이해하고 따라 할 수 있을 정도로 명쾌하고, 구체적이며, 분명해야 한다는 것이다.

② 시범 후에 곧바로 학생이 문제를 풀거나 과제를 해결하도록 요구하기보다는 비계설정 원리를 적용하여 점진적으로 지원을 감소해 나가면서 궁극적으로 학생이 혼자 해결해 나갈 수 있도록 한다.

③ 초기 학습 단계에서 다른 것과 혼동하거나 정확하게 이해하지 못하는 일이 없도록 가급적 충분하고 다양한 예를 동원하여 변별 연습을 확실하게 시킨다.

출처 ▶ 김동일 외(2016 : 275)

(2) 교수매체의 연속적 특성

① 특수교육 교육과정 중 기본교육과정을 적용받는 학생은 물론 학습장애 학생의 수학과 교육에도 교수매체의 연속적 특성[구체물(concrete) → 반구체물(semiconcrete) → 추상물(abstract)]을 이용한 수업은 효과적이다.

② Ginsberg에 의하면 수학 학습은 단계적인 과정으로 단계가 점차적으로 증가하는 연속체이므로, 수학 학습이 진행됨에 따라 지식은 구체적인 것에서 추상적인 학습으로, 불완전한 것에서 완전한 지식으로 그리고 비체계적인 것에서 체계적인 사고로 구축된다는 것이다. Rivera와 Bryant 역시 수학 개념을 지도하기 위한 보조교재 및 교구 등은 일반적으로 구체물 – 반구체물 – 추상물 등의 순서에 따라 사용하는 것이 효과적임을 언급했다.

③ Miller와 Mercer에 의해 제시된 구체적인 것에서 추상적인 학습으로의 학생 발달을 도와주기 위한 연속적인 세 단계의 수학교육은 다음과 같다.

㉠ 구체화 단계: 아동들이 실제적인 학습자료를 이용하는 단계로 환경에서 접할 수 있는 블록, 주사위, 카드나 자리 값 막대기 등을 이용한다. 아동은 신체적으로 만지고 이동하고 수 문제를 해결하기 위하여 이들 물체를 조작한다.

㉡ 반구체화 단계: 학생이 구체화 단계의 기술을 성취하면 교육은 반구체화나 표현 단계로 진보한다. 학생은 그림이나 종이로 만든 타일을 이용하여 수학 문제의 해결에 필요한 구체적인 물건을 표현한다.

㉢ 추상화 단계: 이 단계에서 학생들이 수학적 문제를 해결하기 위하여 반구체화 그림이나 타일 없이 단지 수만을 이용한다.

출처 ▶ 김남진 외(2017 : 178)

(3) 기본적인 수학 개념 이해
① 수학 개념을 지도하기 위해서는 일반적으로 구체물-반구체물-추상물 등의 순서에 따라 보조 교재나 교구 또는 구체물(예 콩, 블록, 나무젓가락, 빨대, 사탕, 모형 과일 등)을 사용하는 것이 효과적이다.
② 수학적 추리 또한 이러한 'CSA' 순서에 따라 지도하는 것이 효과적이다.
③ 하지만 학습장애 아동들은 주의가 산만하고 구체물을 다루는 데 서투르기 때문에 지나치게 주의를 끄는 요소를 갖추었거나 크기와 촉감 때문에 다루기 힘든 것(예 바둑알, 콩알 등) 등은 가급적 사용하지 말아야 한다. 때로는 구체물보다 반구체물을 사용하는 것이 더 효과적인 경우도 있다.

출처 ▶ 김동일 외(2016 : 287)

03

[정답] ①

[해설]
• 유창성이란 빠르고(속도) 정확함을 의미한다.
• 기본 연산의 숙달 정도는 보통 10% 이하의 오류를 보이는 경우로 하는 것이 좋다. 일부 학자들은 20%를 주장하기도 하나, 이후 연산에서 기본 연산이 차지하는 중요성에 비추어 봤을 때 적어도 90% 정도는 정확하게 연산을 해야 할 것이다. 보다 복잡한 연산을 위해서는 단순 연산 해결 능력이 유창해야 하지만, 수학학습장애 학생들의 경우 문제해결 전략이나 절차는 훈련이나 연습으로 어느 정도 습득이 가능하더라도 특히 단순 연산을 빠르고 정확하게 처리하는 능력에서 일반학생들과 큰 차이를 보인다(김동일 외, 2016 : 293-294).

04

[정답] ③

[해설]
ㄱ. 질문지는 응답 형식에 따라 구조적 질문지와 비구조적 질문지로 나뉜다. 구조적 질문지가 반응이 나올 만한 여러 개의 유목 혹은 선택지를 미리 주어 선택하게 하는 방법이라면, 비구조적 질문지는 주어진 질문에 대해 비교적 자유롭게 반응하도록 하는 방법으로 자유반응형 질문지라고도 불린다(황정규 외, 2020 : 171). 자유반응형은 질문에 자유롭게 응답하는 측정방법으로, 예를 들어 '귀하가 가장 중요시 하는 가치가 무엇인지 설명하시오' 등 질문에 명예라든지, 권력이라든지, 경제력이라든지 등의 의견을 진술하는 질문 형태이다(성태제, 2020 : 145).
보기에 제시된 자기보고법은(서술형은) 서면이나 면대면 인터뷰를 통해 사회적 기술과 관련된 자기 상태를 표현하는 방식이다. 교우도 검사나 평정척도검사 등도 넓은 의미로는 자기보고에 의존하지만, 매우 구조화되어 있다는 점에서 자유서술식의 자기보고나 인터뷰와는 차이가 있다. 서술형 자기보고법은 시행이 간편하고 짧은 시간에 많은 사람을 대상으로 많은 문항을 물어볼 수 있다는 점에서 편리하고 간편하다. 또한 자료를 수량화하여 통계 처리하고 이를 수나 표로 제시할 수 있다. 반면 단점은 사회적 타당도를 보장할 수 없다는 점이다. 행동과 생각의 괴리도 문제다. 특정 상황에서 특정 사회적 기술을 구사해야 한다는 것을 이야기할 수 있다는 것과 실제로 그렇게 하는 것과는 특히 경쟁적인 대안 행동이 가능할 경우에는 별 관련이 없다(이대식 외, 2016 : 322). 따라서 신뢰도와 사회적 타당도를 보장할 수 없다고 하는 것이 적절하다.

ㅁ. 지명도 측정법(또는 또래지명법)은 신뢰도가 높고 타당하기는 하지만, 어떤 아동이 훈련의 결과로 사회적 기술을 갖게 되었어도 실제로 또래들에게 그러한 변화가 감지되기까지는 일정한 시간이 걸린다.

Check Point

(1) 질문지법 : 자기보고방법
① 질문지의 특징
㉠ 질문지는 어떤 문제에 관하여 작성된 일련의 질문에 대해 피험자가 대답을 기술하도록 하는 방법이다.
㉡ 장점 : 많은 사람을 대상으로 단시간에 실시할 수 있고 그 결과 또한 비교적 신속하게 처리 가능
㉢ 정의적 특성을 측정하기 위한 예비적 탐색으로 활용 가능
② 질문지의 분류
질문지는 응답 형식에 따라 구조적 질문지와 비구조적

질문지(＝ 자유반응형 질문지)로 나뉜다.

㉠ 구조적 질문지
- 반응이 나올만한 여러 개의 유목 혹은 선택지를 미리 주어 선택하게 하는 방법
- 장점 : 미리 구체적이고 제한된 선택지를 주기 때문에 결과 처리가 수월

㉡ 비구조적 질문지
- 주어진 질문에 대해 비교적 자유롭게 반응하도록 하는 방법
- 장점 : 반응자가 자유롭게 그리고 창의적으로 반응할 수 있으며, 특히 표출된 행동 뒤에 숨은 잠재적 행동으로의 동기, 흥미, 태도, 가치관, 의견 판단 등에 관한 정보 파악 가능
- 질적으로 접근하고자 할 때나 구조적 질문지를 제작하기 위한 사전조사 혹은 탐색조사로서 의의

③ 질문지법의 장점과 결함

질문지법의 가장 큰 장점은 간편성이다. 다른 방법에 비해 적은 자원으로 많은 자료를 짧은 시간에 얻을 수 있다. 질문자와 응답자의 관계가 비교적 원만히 이루어질 수 있다. 면접이나 관찰에서는 직접 대면하기 때문에 피험자에게 영향을 미쳐서 결과가 왜곡·편파되게 나올 가능성이 많다. 따라서 피험자의 의견, 태도, 감정, 가치관 등과 같은 자아의 심층적인 심리는 질문지가 효과적이다. 질문지는 자기 자신의 감정이나 정서, 태도에 비해 비교적 구사하기 쉬운 언어를 매개로 하기 때문에, 또 익명으로 대답을 요구하는 경우가 많아 잠재적 행동 특성을 측정하기가 용이하다.

그러나 질문지는 언어능력, 표현능력에 의존하는 바가 크기 때문에 그러한 능력이 신뢰성 없으면 질문지의 결과도 믿을 수 없다. 또한 질문지에 보여 준 의견이 '거짓'인지에 대해서는 확인하기 어렵다.

출처 ▶ 황정규 외(2016 : 171-172)

(2) 사회적 기술 평가 방법

또래지명법 (지명도 측정법)		대상 아동이 또래에게 어떻게 인지되고 있는지를 알아보는데 유용한 방법
	단점	• 신뢰도가 높고 타당하기는 하지만 거부되는 아동의 경우 그 이유가 해당 아동이 사회적으로 무관심하기 때문인지 아니면 적극적으로 배척당하기 때문인지 구별하지 못한다. • 문제행동을 보이는 학생을 신뢰도 높게 추출해 낼 수는 있지만, 교사로 하여금 훈련을 시킬 구체적인 문제행동이나 사회적 기술에 대해서는 정보를 제공해 주지 않는다. • 어떤 아동이 훈련의 결과로 사회적 기

행동평정척도		술을 갖게 되었어도 실제로 또래들에게 그러한 변화가 감지되기까지는 일정한 시간이 걸린다.
		사회적 기술 소유 정도를 아동 자신, 또래, 부모 혹은 교사로 하여금 평정하게 하는 방법
	장점	• 짧은 시간에 많은 항목을 조사할 수 있다. • 연구자나 조사자가 의도한 측면을 적절한 문항 개발을 통해 비교적 구체적으로 자세히 알아볼 수 있다. • 서로 다른 상황이나 집단 내에서 아동의 사회적 기술 상태를 상대적으로 비교해 볼 수 있다.
	단점	• 실제 특정 환경에서 특정 시간에 피험자가 특정 사회적 기술을 구사할 것인지에 대해서는 거의 알려 주는 바가 없다 : 사회적 기술이 무엇이고 어떻게 해야 하는지 아는 것과 실제로 행하는 것 간에는 차이가 있기 때문 • 검사의 결과는 전적으로 피험자의 반응에 의존하기 때문에 피험자의 실제 사회적 기술의 구사보다는 피험자의 주관과 감정 그리고 의도에 따라 결과가 달라질 수 있다. • 평정척도 자체의 특성에서 오는 타당성의 문제이다. 예 5점 척도 '아주 그렇다'와 '약간 그렇다'(4점), '보통이다'(3점), '약간 그렇지 않다'(2점), '항상 그렇지 않다'(1점)에서 '보통'과 '아주 그렇지 않다' 간 차이는 2점이고 '항상 그렇지 않다'와 '아주 그렇지 않다' 간 차이는 4점이다. 하지만 이것이 후자가 전자의 두 배를 의미한다고 볼 수는 없다.

자기보고법 (서술형)	서면이나 면대면 인터뷰를 통해 사회적 기술과 관련된 자기 상태를 표현하는 방식
직접 관찰법	• 관찰 상황을 어떻게 구성하느냐에 따라 구조화된 환경에서의 관찰과 비구조화된 환경에서의 관찰로 나눌 수 있다. • 관찰내용은 수량화하거나 유목화할 수 있는 것뿐만 아니라 질적인 사항까지 포함해야 한다. • 관찰의 성공 여부는 관찰도구의 치밀성에 따라 달라진다.
행동 간 기능(적) 연쇄성 분석	• 사회적 기술 문제 진단에서부터 문제해결에까지 이르도록 해주는 진단 및 처방 방법 • 문제나 지도 방법을 미리 정하지 않고 구체적이고도 종합적인 문제행동과 그 환경 변인의 기능 평가 자료에 근거하여 그때그때 형성된 가설에 따라 문제와 지도 방법을 결정한다.
사회적 거리 추정법	일련의 문항을 제시하고 한 명의 학생에 대해 모든 학생들에게 반응하도록 함으로써 특정 개인이 집단을 수용-거부하는 정도는 물론 집단이 특정 개인을 수용-거부하는 정도를 분석할 수 있다.

05 _____ 2009 중등1-38

정답 ④

해설

ㄱ. A가 보이는 인지결함 문제를 측정하여 그 기술을 향상
시키는 방법은 인지처리과정 결함 접근법(또는 인지처
리 결함 접근법)에 해당한다.

ㄹ. 중재반응 모델은 학습 문제를 해결하기 위해 일단 효과
적인 개입을 투입하고 본다는 측면에서 문제해결식 접
근이라고도 할 수 있다(이대식, 2020 : 84). 즉, 기존의
학습장애 선별 방법이 특정 시점에서의 또래 간 횡단적
인 자료 분석에 근거하고 있다면, 중재반응 모델은 효과
적인 교육을 투입하고 난 후 서로 다른 두 시점에서 그
영향을 분석 대상으로 하고 있다는 점에서 종단적인 문
제해결식 접근이라고 할 수 있다(김동일 외, 2016 : 60).

ㅁ. 지능지수와 학업성취도의 차이를 확인하는 진단 모델
은 능력-성취 불일치 모델에 해당한다.

Check Point

(1) 중재반응 모델

① 개요

　㉠ 조기선별과 조기중재를 강조한 모델이다.

　㉡ 교육환경에서 제공되는 다양한 교육적 중재에 대한
　　아동의 반응을 연속적인 과정으로 평가하여 학습장
　　애를 진단하는 모델이다.

　㉢ 효과적인 교육적 중재를 제공했음에도 불구하고 학
　　생이 중재에 반응하는 정도가 또래 학생들에 비해서
　　현저하게 낮을 때 학생을 학습장애로 진단한다.

　㉣ 중재에 반응하는 것을 단순히 수행 수준만 보는 것
　　이 아니라 중재에 반응하는 정도를 볼 때 '이중 불일
　　치'를 사용한다.

② 목적

　㉠ 선별과 예방을 통하여 위기에 처한 아동들을 선별하
　　고 그 진전도를 분석함으로써 조기예방이 가능하도
　　록 한다.

　㉡ 모든 아동을 위한 일반교육 교육과정이 가능하도록
　　하고 효과적인 중재를 제공함으로써 조기중재를 가
　　능하도록 한다.

　㉢ 효과적인 중재에 대한 아동의 반응을 통해 학습장애
　　를 결정한다.

③ 유형

　• 3단계 예방모델

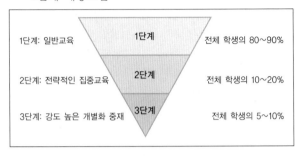

1단계: 일반교육	1단계	전체 학생의 80~90%
2단계: 전략적인 집중교육	2단계	전체 학생의 10~20%
3단계: 강도 높은 개별화 중재	3단계	전체 학생의 5~10%

(2) 인지처리과정 결함 접근법

① 인지적 처리과정 변인이나 해당 교과 기본 학습 기능에
서의 수행 정도를 바탕으로, 개인 내 혹은 개인 간 여타
기능의 수행 정도와 어떤 차이가 있는지 그리고 그러한
차이가 해당 교과의 학업성취도 차이를 얼마나 설명하
는지 등을 확인하는 방법

② 인지처리과정은 미국 장애인교육법(IDEA 2004)의 정
의에 포함된 '기본적 심리과정'과 동일한 개념으로 학습
장애의 역사를 충실히 반영하고 있다.

(3) 능력-성취 불일치 모델

① 학습장애를 "추정되는 지적 잠재력과 기본적 학습과정
의 실제 학업성취 사이의 현저한 불일치"로 정의한다.

② 능력-성취 불일치 개념은 학습장애가 '기대치 않은 저
성취'를 보인다는 점을 강조하며, 기대치 않은 '저성취'
를 보이는지 여부를 '능력-성취 불일치'를 통해 평가할
것을 제안하였다.

③ 이러한 형식의 진단은 소위 '능력-성취 불일치 모델'이
라고 불리며, 최근까지 학습장애 진단과정에서 가장 많
이 적용되었던 진단 모델이었다.

④ 능력-성취 불일치 모델의 유형에는 학년수준편차에
의한 판별, 기대학령에 의한 판별, 표준점수에 의한 판
별, 회귀공식에 의한 판별 등이 있다.

06

정답 ②

해설

지문 돋보기

- '목차를 보면서 자신이 생각하는 것을 말해보도록 하고': 예측하기
- '학습 과제에 대한 질의·응답 과정': 질문하기
- '학생들에게 한 단락을 읽고, 요약': 요약하기
- '잘못된 내용을 어떻게 수정하고, 평가하는지': 명료화
- '점진적으로 모든 책임을 학생들이 맡아서 진행할 수 있도록 지도하였다.': 비계설정 교수법 강조

③ 과정중심 교수법은 임상적 상황이나 특수학급에서 사용되는 학습전략 프로그램을 일반학급 상황에서 사용할 수 있도록 만들어진 학급통합모형이다.

④ 전략중재 교수법은 주로 중등학교에 재학 중인 학습장애 학생을 위해 개발된 것으로 읽기, 수학, 내용 교과(사회·과학), 시험 준비, 노트필기, 시간관리와 같은 전반적인 학습활동의 성공적 수행을 위해 요구되는 구체적 학습전략을 포함하고 있다.

⑤ 통합전략 교수법은 대부분의 학습전략 프로그램들이 임상 상황이나 특수학급 상황에서 활용하기 위해 개발되었으며, 이러한 '특수한' 상황에서 학습전략 교육이 일어나기 때문에 학습장애 학생들이 일반학급에서 학습전략을 일반화하여 적용하는 데 제한점을 갖는다고 지적한 Ellis가 제안한 학습전략 프로그램이다.

Check Point

(1) 상보적 교수의 개념

① 상보적 교수(또는 호혜적 교수)는 교사와 학생이 구문과 관련된 토론에 적극적으로 참여함으로써 구문 이해와 이해 모니터링 모두를 촉진할 수 있는 상호작용적인 교수전략이다.

② 예측하기 전략, 질문 만들기 전략, 명료화하기 전략, 요약하기 전략으로 구성된다. 4가지 전략은 순서대로 한 번 사용하고 끝나는 것이 아니라, 문단별(또는 한 두 문단별)로 순환적으로 사용한다.

③ 교사와 학생의 글에 대해 구조화된 대화를 통해 학생의 읽기이해력을 향상시키는 것을 목적으로 한다.

④ 학습방법은 교사와 학생의 대화를 통하여 학생의 초인지적인 이해를 촉진시키고, 그 절차를 역할놀이 해 보면서 학생이 익힐 수 있도록 하는 상호교수이다.

⑤ 비계설정 교수법을 강조한다. 즉 교사는 학생과의 대화를 통해 요약하기, 질문 만들기, 명료화하기, 예측하기 전략의 사용을 가르치고, 점차적으로 학생이 대화를 이끌어 갈 수 있도록 돕는다.

(2) 상보적 교수 구성 전략

예측하기	예측하기는 글을 읽는 목적을 설정하는 데 도움을 준다. 즉, 학생은 자신이 예측한 내용이 맞는지 여부를 점검하면서 글을 읽게 된다. 글을 읽기 전에는 글을 전반적으로 훑어봄으로써 앞으로 읽을 내용에 대해 예측하게 하고, 글을 읽는 중간에는 지금까지 읽은 내용을 바탕으로 앞으로 이어질 내용을 예측하게 한다.
질문 만들기	질문 만들기는 학생이 자신이 읽은 글에서 중요한 내용에 집중할 수 있도록 돕는 전략이다. 학생이 해당 문단을 읽으면서, 그 문단의 중요한 내용을 반영한 질문을 만들도록 한다. 이때 질문을 만드는 데 필요한 키워드 등을 사용할 수 있는데, 이러한 키워드는 글의 장르에 따라 달라질 수 있다.
명료화하기	명료화하기는 학생이 자신의 글에 대한 이해 여부를 점검하도록 돕는 전략이다. 즉, 학생이 자신이 모르는 단어나 이해하지 못한 내용이 있는지를 점검하고, 자신이 이해하지 못한 부분에 대해 명료화한 후에 다음 문단으로의 읽기를 진행한다.
요약하기	요약하기는 학생이 자신이 읽은 글의 내용을 정리하고, 중요한 내용을 기억하는 것을 돕는 전략이다. 즉, 학생은 이야기 글의 경우에는 이야기 문법 요소를 중심으로 내용을 요약하고, 설명글의 경우에는 문단별 중심내용을 중심으로 전체 글의 내용을 요약할 수 있다.

(3) 과정중심 교수법

① 과정중심 교수법은 임상적 상황이나 특수학급에서 사용되는 학습전략 프로그램을 일반학급 상황에서 사용할 수 있도록 만들어진 학급통합모형이다.

② 과정중심 교수법은 전략 계획, 부호화 전략, 협동적 교수-학습, 교과내용을 프로그램의 구성 요인으로 포함하고 있다.

전략 계획	성공적인 과제수행을 위한 일련의 행동 계열에 대한 계획 활동으로서, 어떻게 주어진 과제를 성공적으로 수행할 것인가와 관련된 요인이다.
부호화 전략	주어진 정보를 처리하는 방식과 관련된 것으로서, 크게 순차적 부호화와 동시적 부호화로 구성된다.
협동적 교수-학습	교수-학습활동의 주도권과 책임감을 교사와 학생이 공유하도록 할 것과 점차 학생중심의 학습활동이 이루어질 수 있도록 교수활동이 계획·실행되어야 함을 나타내 준다.
교과내용	학습전략 학습과 함께 고려되어야 할 중요한 요인의 하나로서, 다른 세 요인들이 실제 사용되고 있는 교과내용을 통해 적용되어야 함을 의미한다.

(4) 전략중재모형(전략중재 교수법)

① 전략중재모형(strategies intervention model)은 미국 캔자스 대학교의 학습장애연구소가 개발한 교과별 학습전략 프로그램으로, 전략중재모형에 대한 경험적 연구 결과는 학습장애 학생들을 위해 학습전략이 효과적으로 가르쳐질 수 있으며, 이 학생들이 일반학급에서 성공적으로 학습활동을 수행하는 데 학습전략 교육이 효과적임을 보여 준다.

② 전략중재모형은 주로 중등학교에 재학 중인 학습장애 학생을 위해 개발된 것으로 읽기, 수학, 내용 교과(사회·과학), 시험 준비, 노트필기, 시간관리와 같은 전반적인 학습활동의 성공적 수행을 위해 요구되는 구체적 학습전략을 포함하고 있다.

③ 전략중재모형에 근거한 학습전략 교육은 8단계로 이루어진다.
　㉠ 사전평가와 연습
　㉡ 전략 서술
　㉢ 전략의 모델링
　㉣ 구어의 정교화와 시연
　㉤ 교사의 통제가 있는 연습과 피드백
　㉥ 심화연습과 피드백
　㉦ 습득의 확인과 피드백
　㉧ 일반화

(5) 통합전략 교수법

① 대부분의 학습전략 프로그램들이 임상 상황이나 특수학급 상황에서 활용하기 위해 개발되었으며, 이러한 '특수한' 상황에서 학습전략 교육이 일어나기 때문에 학습장애 학생들이 일반학급에서 학습전략을 일반화하여 적용하는 데 제한점을 갖는다고 지적한 Ellis가 제안한 학습전략 프로그램이다.

② 일반화를 고려한 효과적인 학습전략 교육을 위해서는 일반학급 상황에서 내용학습과 함께 학습전략 학습이 일어날 수 있도록 하는 것이 필요하다고 제안하였다.

③ 통합전략 교수모형은 네 단계로 구성된다.

학습내용에 대한 소개 단계	주안점은 학습전략에 대한 학습보다는 교과내용에 대한 학습에 주어진다. 이때 교사는 성공적인 내용학습에 필요한 학습전략이 교수활동을 통해 어떻게 적용되는지 보여 줌으로써 후속 단계에서 이들 학습전략이 어떻게 활용될 수 있는지에 관한 간접 경험을 제공하게 된다.
구조화 단계	전 단계에서 교사가 보여 준 학습전략에 대한 구체적 설명 및 어떻게 이를 활용할 수 있는지에 대한 모델링이 교사와 학생 간의 상호작용을 통해 이루어지게 된다.
적용 단계	학습한 내용에 대해 학습전략이 어떻게 적용되는지를 내용-전략 통합의 측면에서 살펴보게 되며, 학생들은 교사의 도움과 협동학습을 통해 학습전략을 실제 교과내용에 적용해 보는 경험을 하게 된다.
확장 단계	유사한 다른 교과내용이나 상황에 대해 학습전략들을 확장하여 적용해 볼 수 있는 기회가 주어지게 된다. 이 단계에서의 주안점은 습득된 학습전략의 변형 및 일반화 능력을 향상시키는 데 주어진다.

④ 통합전략 교수모형은 네 가지 특성을 가지고 있다.
　㉠ 교수적 학습경험과 구성적 학습경험을 통합하는 학습활동이 강조된다.
　　• 이는 학습전략 학습의 주도권이 각 교수 단계가 진행됨에 따라 교사에게서 학생에게로 이행되도록 프로그램이 구성되어 있는 것과 관련된다.
　㉡ 지시적 설명과 대화적 학습활동이 통합되어 있다.
　　• 학습 초기에는 주로 교사가 성공적인 학습활동을 위해 필요한 학습전략을 설명하지만, 단계가 진행됨에 따라 교사와 학생 간, 학생 상호 간 대화를 통해 학습전략에 대한 이해 및 적용 활동이 이루어지게 된다.
　㉢ 동료학생들 간의 협동학습을 강조한다.
　　• 동료학생들 간의 협동학습은 세 번째 단계인 적용 단계에서 주로 이루어지며, 학생들이 상호 자신의 이해와 문제에 대한 정보를 교환함으로써 동기적 측면과 인지적 측면에서 학습활동을 더 성공적으로 이끌 수 있다는 잠재적 장점을 갖는다.
　㉣ 학습전략에 대한 분석적 활동을 포함하고 있다.
　　• 분석적 활동이란 학생들이 습득해야 할 학습전략이 어떻게 구성되어 있으며, 구성 요인들 간의 기능적 관계가 어떻게 이루어졌는지에 대한 인지적 이해를 촉진시키기 위한 활동이다.
　　• 분석적 활동은 학습전략에 대한 분명한 인식이 학습전략의 습득, 적용, 일반화에 긍정적인 영향을 미칠 수 있음을 반영하는 것이라고 볼 수 있다.

출처 ▶ 김동일 외(2016 : 374-377), Mercer et al.(2010 : 574)

07

정답 ②

해설

지문 돋보기

- 첫 번째 그래프는 학급 전체 그리고 소집단 간 수행 수준과 진전도를 비교하는 것으로 소집단이 두 가지 측면 모두에서 낮음을 알 수 있다.
- 두 번째 그래프는 지혜를 제외한 소집단과 지혜의 수행 수준과 진전도를 비교하는 것으로 지혜는 소집단에 비해 수행 수준, 진전도 모두에서 유창성 점수가 낮은 것으로 나타났다. 이와 같이 중재반응 모델은 성취 수준과 진전도 모두를 비교하여 두 가지 측면 모두에서 낮을 때 학습장애로 진단하는 이중 불일치를 사용한다.

① 지혜에게 기대하는 학업성취 수준과 실제 학업성취 수준 사이에 차이가 발생하면 학습장애로 진단 : 능력-성취 불일치 모델 중 학년수준 편차에 의한 판별 혹은 기대학령에 의한 판별

③ 지혜의 지능지수에 기초하여 설정된 기대 수준 범위에 실제 성취 수준이 포함되어 있지 않으면 학습장애로 진단 : 능력-성취 불일치 모델 중 회귀공식에 의한 판별

④ 지혜의 인지적 처리과정 특성을 분석하여 학업성취의 문제가 지혜의 심리처리과정에 의한 것으로 확인되면 학습장애로 진단 : 인지처리 결함 접근법

⑤ 지혜의 잠재능력 점수와 성취 수준 점수를 표준점수로 바꾼 후, 그 차이가 1~2 표준편차 이상으로 나타나면 학습장애로 진단 : 능력-성취 불일치 모델 중 표준점수에 의한 판별

Check Point

⊘ 이중 불일치 현상

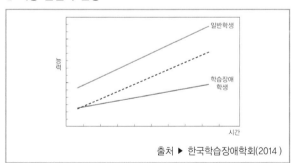

출처 ▶ 한국학습장애학회(2014)

중간의 점선은 일반학생의 발달선과 평행한 선이며 일반학생보다 수행 수준은 낮지만 발달률은 동일한 가상의 선을 의미한다. 시작점을 보면 일반학생과 학습장애 학생이 초기부터 차이를 나타내며 시간이 경과할수록 일반학생에 비해 학습장애 학생의 수행 수준은 발달률도 떨어짐을 알 수 있다. 따라서 학습장애 아동이 이중 불일치 문제를 가지고 있다는 것은 초기 수행 수준의 차이와 발달률의 차이가 있음을 의미한다.

08

정답 ④

해설

지문 돋보기

- 민수 : 날씨에 관한 문장을 읽고, 해당하는 그림을 찾게 하거나 꽃의 모양 변화를 시간의 흐름에 따라 쓴 세 개의 문장을 읽게 하고, 그림 순서를 찾게 하는 활동은 문장의 내용을 이해할 수 있을 때 가능하다.
- 은지 : 몇 개의 학용품을 제시하고, '지'로 시작하는 것을 찾게 하는 것은 변별이며, '자'와 '추'를 만들 수 있는 네 개의 낱자 카드를 제시하고, '자'를 만들어 보게 하는 활동은 합성에 해당한다.
- 주혜 : 자신의 이름표를 읽고 신발을 찾게 하는 활동과 교실 상황에서 지켜야 할 규칙에 들어있는 '조용히'를 지적하고 읽게 하는 활동은 단순히 단어를 읽게하는 데서 그치는 것이 아니라 단어를 빠르게 소리내어 읽고, 단어의 의미를 파악하는 단어인지(또는 단어재인)에 해당한다.

Check Point

(1) 음운인식

말소리를 식별하는 능력으로 같은 소리로 시작되는 단어와 다른 소리로 시작되는 단어를 인식하는 능력, 단어를 구성하는 음소를 셀 수 있는 능력, 단어를 구성하는 소리들을 합성, 분절 또는 조작할 수 있는 능력 등을 말한다(김애화 외, 2012 : 152).

(2) 단어인지

단어인지는 단어를 빠르게 소리내어 읽고, 단어의 의미를 파악하는 능력을 의미한다. 단어인지와 음독을 동일한 개념으로 사용하는 경우가 있으나, 음독은 단어인지보다는 좁은 개념이다. 음독은 낱자(군)-소리의 대응관계를 활용하여 낯선 또는 모르는 단어를 읽는 과정을 의미한다. 음독은 단어인지를 위해 반드시 이루어져야 하는 과정이기 때문에, 단어인지 교수에서 음독이 차지하는 비중은 상당히 크다(김애화 외, 2012 : 159).

(3) 읽기이해

읽기이해는 자신의 선행지식과 글에서 제시되는 정보를 연결하여 의미를 형성해 가는 과정을 의미하며, 이는 읽기 교수의 궁극적인 목적이다(김애화 외, 2012 : 191).

09 ··········

[정답] ①

[해설]

도식 조직자(또는 그래픽 조직자, 그래픽 조직도)를 이용하면 텍스트의 구조를 시각화하여 요소들 사이의 관계를 빨리 인식할 수 있으며, 정보를 효과적으로 저장하고 회상할 수 있고, 말로 설명될 수 없는 개념을 명확히 할 수 있는 이점이 있어서 내용 학습에 곤란을 경험하는 학습자들을 위한 교수에서 많이 활용되고 있다(특수교육학 용어사전 : 136).

ㄷ. 직접교수법에 대한 설명이다.

ㄹ. 직접교수법에 대한 설명이다.

ㅁ. 직접교수법에 대한 설명이다.

ㄹ. 과잉학습이란 적정 수준의 기술 수행 습득 후에도 계속 더 연습시키는 방법을 의미한다.

Check Point

(1) 그래픽 조직자

① 텍스트와 그림을 결합시켜 개념, 지식, 정보를 구조화하여 제시하는 시각적인 체계이다. 도식 조직자나 도해 조직자로도 불린다.

② 글의 중요한 개념과 이를 설명하고 있는 요소를 그림으로 나타내어 중요 개념과 용어를 지도할 때 유용하다. 글의 내용과 구조를 파악하거나, 학습내용을 오랫동안 기억하고 회상하는 데 효과적이다.

③ 그래픽 조직자는 텍스트의 내용이 어떻게 서로 관련되는가를 나타내는 수형도, 단어의 의미 확장이나 단어 사이의 관계를 나타내며 언어 지식이나 언어 영역의 공통점을 나타내는 벤다이어그램, 하나의 주제를 중심으로 관련되는 어휘나 사실을 열거하고 범주화하는 의미 지도, 내용을 맵(map)으로 정리하여 입체적으로 나타내는 마인드맵 등으로 구분된다.

④ 그래픽 조직자를 이용하면 텍스트의 구조를 시각화하여 요소늘 사이의 관계를 빨리 인식할 수 있으며, 정보를 효과적으로 저장하고 회상할 수 있고, 말로 설명될 수 없는 개념을 명확히 할 수 있는 이점이 있어서 내용 학습에 곤란을 경험하는 학습자들을 위한 교수에서 많이 활용되고 있다.

출처 ▶ 특수교육학 용어사전(2018 : 136)

(2) 직접교수법의 특징

① 교수전략으로서는 철저하게 학습 향상을 위한 피드백을 주고, 잘못된 반응을 보일 때는 정확하고 신속하게 이를 교정해 준다.

② 아동들이 지루하지 않게 학습진도를 빠르게 이끌어 나가면서 숙달 정도를 높인다. 그러면서도 아동들의 적극적인 참여를 유도한다.

③ 교사가 이러한 교수활동을 능숙하게 해 나갈 수 있도록 숙달될 때까지 바람직한 교수활동의 시범과 체계적인 보조를 제공한다.

④ 교수활동이 종료되면 지속적으로 학생들의 학업성취 정도를 평가하되, 평가내용은 교수활동에서 다루었던 것과 밀접하게 관련이 있어야 한다. 중요한 것은 실제 아동들이 투여한 시간을 최대한 증가시킴으로써 효율적이고 밀도 있는 학습이 이루어지도록 하는 것이다.

출처 ▶ 김동일 외(2016 : 280)

(3) 직접교수법 실행 절차

단계	설명
[1단계] 학습목표 제시	학습목표는 관찰 가능하고 측정 가능한 행동, 행동이 발생할 조건, 수용 가능한 행동 수행을 위한 준거를 포함해야 한다.
[2단계] 교사 시범	• 학습목표에서 요구하는 행동을 소리 내어 생각말하기(think-aloud) 기법을 활용하여 어떻게 전략을 사용하는지 시범 보인다. 　－ 전략 사용의 이유와 핵심 요소를 제시하고 전략 사용 방법을 직접 시범 보인다. • 교사의 시범 후 교사와 학생의 질문과 대답 활동을 통해 학생의 내용 이해 정도를 확인한다. 　－ 교사는 필요한 경우에 촉진과 피드백을 사용하여 학생의 대답을 요구한다.
[3단계] 안내된 연습	• 학생이 해당 기술을 교사와 함께 연습하는 단계이다. • 교사는 질문하고, 연습이 부족하여 발생하는 실수를 확인하고, 오류를 정정하며, 필요한 경우에는 재교수를 실시한다. • 학생 모두가 전략을 수행해 볼 수 있는 충분한 기회를 제공한다. • 실제보다 쉬운 연습과제부터 전략을 연습하도록 하여 자신감을 심어준다.
[4단계] 독립적 연습	• 학생은 독립적으로 과제를 수행한다. • 독립적 연습은 안내된 연습에서 높은 성공률(90~100%)을 보일 때 실시한다. • 교사는 교실을 돌아다니며 학생들이 과제를 제대로 수행하는지 점검하고 어려움을 보이는 학생에게 도움을 제공한다. 　－ 독립적 연습 단계에서의 교사 피드백은 안내된 연습에서의 피드백처럼 빠르게 제공되지 않는다.

10

정답 ③

해설

ㄱ. 학생에게 알파벳 문자 a, n, t와 음소의 대응관계를 가르친 후 ant를 어떻게 발음하는지 가르치려고 한다. : 음운분석적 접근법(또는 발음 중심 접근법)

ㄴ. 의미 중심 접근법에서는 단어와 문장 전체를 하나의 단위로 하여 의미 이해에 중점을 둔다. 이러한 접근은 읽기 활동과 쓰기 활동을 함께 강조함으로써 균형 있는 학습 활동이 가능하다.

ㄷ. 영어 단어 자체를 문자해독의 단위로 설정하고, 문자해독의 기능을 가르치기 위해 사용되는 단어들을 철자나 발음이 유사한 book, cook, look과 bat, cat, hat으로 구성하려고 한다. : 언어학적 접근법

Check Point

☑ **단어인지 지도 방법**

① 발음 중심 접근법(또는 해독 중심 접근법) : 음운분석적 접근법(종합적 방법, 분석적 방법), 언어학적 접근법

② 의미 중심 접근법 : 통언어적 접근법, 언어경험 접근법

11

정답 ②

해설

ㄱ. 심상화(visualization) : 마음속에 조암광물(석영, 장석, 흑운모 등)의 이미지를 형상화하여 조암 광물의 종류를 기억하도록 도와준다. 심상화란 기억을 향상시키기 위해 마음속에 이미지를 형상화시키는 기억 전략을 의미한다.

ㄷ. '활로 방어한 장군이다'라는 문장을 만들어 광물(활석, 방해석, 장석)의 상대적인 굳기 순서를 기억하도록 도와주는 학습전략은 어구 만들기이다. 핵심어 전략은 목표 어휘와 아동이 이미 알고 있는 단어 중 목표 어휘와 청각적으로 비슷한 어휘, 즉 키워드를 연결하여 목표 어휘를 가르치는 방법이다.

ㄹ. 안내 노트는 교사는 수업 시간에 다룰 중심내용 및 주요 어휘 등에 대한 개요와 학생이 필기할 수 있는 공간을 넣음으로써, 학생이 수업을 들으면서 필기를 하도록 작성된 것이다.

Check Point

(1) 기억 전략

① 문자전략

두문자법	• 기억하고자 하는 각 단어의 앞 글자를 따서 암기하는 방법이다. • 축소형과 정교형으로 구분된다.	
	축소형	결과물이 의미 없는 단어인 경우 예 주요 행성 : 수금지화목토천해
	정교형	결과물이 의미 있는 단어인 경우 예 미국 5대호 : HOMES(정교형)
어구 만들기	기억하고자 하는 각 단어의 앞 글자로 시작하는 단어를 조합하여 어구를 만드는 방법이다. 예 활석, 방해석, 장석 → 활로 방어하는 장군이다.	

② 핵심어 전략

㉠ 목표 어휘와 아동이 이미 알고 있는 키워드를 연결하여 목표 어휘를 가르치는 방법

㉡ 키워드는 아동이 이미 알고 단어 중, 목표 어휘와 청각적으로 비슷한 어휘일 것

③ 페그워드법

㉠ 순서에 맞게 외워야 하는 내용을 학습할 때 사용하는 것(=말뚝어 방법)

㉡ 페그워드는 숫자와 비슷하게 발음되는 쉬운 단어들을 의미

㉢ 고정된 정보를 사용하는 것이 핵심으로 순서 혹은 번호가 매겨진 정보 암기에 유용

(2) 학습 안내지의 종류

학습 안내지	교과서의 중심내용 및 주요 어휘에 관한 질문으로 구성
워크시트	교과서의 중심내용 및 주요 어휘에 관한 개요 제시
안내노트	중요 사실, 개념 및 관계성 등을 기록하도록 표준 단서와 특정 여백을 남겨두어 아동에게 수업을 안내하도록 하는 교사 제작 인쇄물

PART

05

12

[정답] ①

[해설]

ㄴ. 음운처리에 문제가 있을 경우에는 낱자-음소의 대응 관계에 초점을 두어 철자 교수를 실시하는 것이 효과적이다. 그러나 학생 A에게 나타나는 철자 오류 유형은 표기처리 오류('소리나는 대로 표기되는 낱말을 쓸 때에는 어려움이 없지만, 음운변동이 일어나는 낱말을 쓸 때에는 철자의 오류가 많다.')이므로 음운변동 규칙별로 단어를 묶어서 소개하고, 같은 음운변동 규칙이 적용되는 단어끼리 분류하는 활동을 적용하는 것이 바람직하다.

ㄷ. 초안을 쓸 때는 문법, 철자보다 내용을 생성하고 구성하는 데 초점을 맞춘다. 구두점 찍기, 철자법, 문장구조, 철자 등 어문규정에 맞추어 글쓰기를 하도록 지도하는 것은 편집하기 단계이다.

ㄹ. 학생의 관심 등을 고려하여 다양한 주제를 제공하는 것은 계획하기 단계에서 이루어진다.

Check Point

☑ 쓰기 과정적 접근의 절차

단계	내용
계획하기	• 글쓰기 주제를 선택한다. • 쓰는 목적(정보제공, 설명, 오락, 설득 등)을 명확히 한다. • 독자를 명확히 한다(또래 학생, 부모, 교사, 외부 심사자). • 목적과 독자에 기초하여 작문의 적절한 유형을 선택한다(이야기, 보고서, 시, 논설문, 편지 등). • 쓰기를 위한 아이디어를 생성하고 조직하기 위한 사전활동을 한다(마인드맵 작성, 이야기하기, 읽기, 인터뷰하기, 브레인스토밍, 주제와 세부항목 묶기 등). • 교사는 학생과 협력하여 글쓰기 활동에 참여한다(내용을 재진술/질문을 한다. 논리적으로 맞지 않는 생각을 지적한다).
초고 작성하기	• 일단 초고를 작성하고, 글을 쓸 때 수정하기 위한 충분한 공간을 남긴다. • 문법, 철자보다 내용을 생성하고 구성하는 데 초점을 맞춘다.
내용 수정하기	• 초고를 다시 읽고, 보충하고, 다른 내용으로 바꾸고, 필요 없는 부분을 삭제하고, 옮기면서 내용을 고친다. • 글의 내용을 향상시키고 다양한 시각을 제안할 수 있도록 또래집단(글쓰기 도우미 집단)을 활용하여 피드백을 제공한다.
편집 하기	• 구두점 찍기, 철자법, 문장구조, 철자 등 어문규정에 맞추어 글쓰기를 한다. • 글의 의미가 잘 전달될 수 있도록 문장의 형태를 바꾼다. • 필요하다면 사전을 사용하거나 교사로부터 피드백을 받는다.
게시 하기	• 쓰기 결과물을 게시하거나 제출한다(학급신문이나 학교문집에 제출한다). • 적절한 기회를 통하여 학급에서 자기가 쓴 글을 다른 학생들에게 읽어 주거나 학급 게시판에 올려놓는다.

13

[정답] ⑤

[해설]

① 읽을 내용과 관련하여 학생들이 이미 알고 있는 배경지식을 활성화시킨다. : 읽기 전 전략 중 브레인스토밍 또는 예측하기

② 읽기 전 활동으로 제목 등을 훑어보게 하여 읽을 내용을 짐작하도록 한다. : 읽기 전 전략 중 예측하기

③ 글의 구조(text structure)에 대한 지도를 하여 글의 중요한 내용을 파악하도록 한다. : 읽기 중 전략 중 글 구조에 대한 교수

④ 중심내용과 이를 뒷받침하는 세부 내용을 확인하여 문단의 중요한 내용을 파악하도록 한다. : 읽기 중 전략으로 중심내용 파악하기

⑤ 사실과 의견을 구분할 수 있는 그래픽 조직자를 사용하여 글의 내용을 시각적으로 조직할 수 있도록 한다. : 제시된 글의 유형은 설명글(또는 설명식 글)이며 글의 구조는 비교대조형에 해당한다. 설명글이므로 주관적 의견은 포함되지 않는다. 비교대조형 설명글은 일반적으로 두 개 이상의 사건, 현상, 또는 사물을 서로 비교하는 형식을 취한다. 이때 비교 대상 간에 존재하는 차이점과 공통점이 무엇인지를 파악하는 것이 중요하며, 이러한 활동을 수행하는 데 그래픽 조직자를 사용하면 도움이 될 수 있다.

Check Point

☑ 읽기이해 증진을 위한 교수전략

읽기 전 전략	읽기 중 전략	읽기 후 전략
• 브레인스토밍 • 예측하기	• 글 구조에 대한 교수 • 중심내용 파악하기	• 읽기이해 질문에 답하기 • 읽기이해 질문 만들기 • 요약하기

① 브레인스토밍 : 선행지식 생성하기, 선행지식 조직하기, 선행지식 정교화하기의 단계로 진행

② 예측하기 : 글을 읽기 전에 글의 제목, 소제목, 그림 등을 훑어본 다음, 앞으로 읽을 글에 대한 내용을 예측하는 활동

③ 글 구조에 대한 교수 : 대표적인 글의 구조에 대해 명시적으로 가르치는 것. 즉, 이야기 글의 경우에는 이야기 문법에 대한 명시적 교수를 실시하는 것을 의미하며, 설명글의 경우에는 나열형 구조, 비교대조형 구조, 원인결과형 구조 등을 명시적으로 가르치는 것

④ 중심내용 파악하기 : 해당 문단의 중요 내용을 찾고 이를 자신의 말로 표현하는 전략

⑤ 읽기이해 질문에 답하기 : 교사가 읽은 글의 내용에 관한 질문을 만들어 학생에게 제시하고, 학생은 질문에 대한 답을 하는 형식으로 수업을 진행

⑥ 읽기이해 질문 만들기 : 읽기이해 질문에 학생이 답하는 데 그치는 것이 아니라, 학생이 스스로 읽기이해 질문을 만드는 전략

⑦ 요약하기 : 읽은 글의 전체내용을 종합적으로 파악하여 필요 없는 내용은 버리고 중요한 내용에 초점을 맞추어 정리하는 것을 돕는 전략

14

2010 중등1-18

정답 ③

해설

「장애인 등에 대한 특수교육법 시행령」 제10조의 특수교육대상자 선정 기준에 의하면 학습장애를 지닌 특수교육대상자는 "개인의 내적 요인으로 인하여 듣기, 말하기, 주의집중, 지각(知覺), 기억, 문제해결 등의 학습기능이나 읽기, 쓰기, 수학 등 학업 성취 영역에서 현저하게 어려움이 있는 사람"으로 명시되어 있다.

① 자릿값에 따라 숫자를 배열하는 데 어려움이 있다. : 수학

② 음소를 듣고 구별하거나 조작하는 데 어려움이 있다. : 듣기[미국 장애인교육법에 의하면 듣기 장애는 음소수준(예 말소리 구별 및 음소 조작의 어려움), 어휘 수준, 문장 수준, 의사소통 수준에서의 듣기 문제를 모두 포함한다.]

④ 주의가 쉽게 산만해지고 주의를 지속하는 데 어려움이 있다. : 주의집중

⑤ 수학 알고리즘의 단계를 잊어버리거나 새로운 정보를 기억하는 데 어려움이 있다. : 기억

15

2011 유아1-11

정답 ①

해설

ㄷ. 구성주의 관점에 해당한다.

ㅁ. 인지주의 관점에 해당하는 내용이다.

16

정답 ④

해설

③ 2008년 개정 특수학교 기본 교육과정에 명시되어 있는 관련 내용은 다음과 같다.

IV. 교육과정 편성 · 운영 지침

1. 기본 지침

… (중략) …

나. 기본 교육과정

… (중략) …

(3) 교과는 필요에 따라 통합 교육과정으로 편성·운영할 수 있으며, 직업 교과는 고등학교 선택 중심 교육과정 전문·직업 교과 중에서 학교의 여건에 맞는 것을 선택적으로 편성할 수 있다.

기본 교육과정을 적용하는 학교의 대다수 학생들은 발달상의 장애를 가진 학생들로서 이들은 전이 능력이 부족하고 세분화된 사고 체계를 잘 형성하지 못하여 자기중심적인 사고를 하며, 일반화 능력이 부족하여 전통적으로 구획을 정해 놓은 교과 내에서는 지식과 기능의 습득이 어렵다. 그리고 인지적 발달에 있어서 개념적이고 추상적인 사고 단계에 이르지 못하기 때문에 보고, 듣고, 만져보는 직접적인 경험을 통해서 사고를 더 잘 확장시킬 수 있으며, 자신의 주위 환경에서 일어나는 일들로부터 시작하여 새로운 사실들을 습득하게 되는 경향이 강하기 때문에 생활을 중심으로 한 교육과정의 통합이 필요하다. 따라서 기본 교육과정의 교과는 필요에 따라서 통합교육과정을 편성, 운영하도록 권장하고 있다(특수학교 교육과정 해설(Ⅰ), 2009 : 97).

④ 그래픽 조직자를 이용의 이점 중 하나는 말로 설명될 수 없는 개념을 명확히 할 수 있다(특수교육학 용어사전, 2018 : 136)는 것이다. 따라서 추상적 사고가 요구되지 않는다.

17

정답 ④

Check Point

⊘ 언어경험 접근법

① 읽기 활동과 말하기, 듣기, 쓰기 등의 활동을 통합하여 프로그램 구성

② 아동의 학습동기 유발을 통해 적극적인 학습참여 유도

③ 언어경험 접근에서 사용되는 읽기 자료는 학생들이 경험한 이야기를 중심으로 구성

④ 수업절차

1단계 토의하기	• 교사는 아동들이 최근 경험에 대해 자유롭게 말할 수 있도록 동기를 부여하고, 주제에 대해 함께 토의한다. • 주제는 개인적으로 중요하고 흥미로운 것은 무엇이든 허용한다.
2단계 구술하고 받아쓰기	• 아동이 교사에게 자신의 이야기를 말하면, 교사는 기본 읽기 교재를 만들기 위해 아동의 말을 받아쓴다. • 교사는 아동의 말을 교정하지 않고 그대로 적어 자신감을 손상시키지 않도록 한다.
3단계 읽기	• 교사는 아동이 말한 대로 정확하게 기록했는지 확인하기 위해 받아 적은 글을 아동에게 읽어 주고, 확인이 되면 이야기가 친숙해질 때까지 여러 번 읽도록 하며, 필요하면 도움을 준다. • 읽기를 어려워하는 아동이 있으면 함께 읽고, 다음에 묵독을 통하여 모르는 단어를 표시하고 다시 소리내어 읽는다.
4단계 단어학습	언어 경험이야기를 읽은 후 다양한 활동을 통해서 새로 나온 단어나 어려운 단어 또는 배우고 싶은 단어를 학습한다.
5단계 다른 자료 읽기	• 아동들은 자신이 구술한 이야기 읽기에서 다른 이야기책을 읽는 과정으로 나아간다. • 이러한 절차를 통해 아동의 능력과 자신감이 발달한다.

⑤ 장점

㉠ 언어활동의 다양한 측면들을 통합함으로써 아동이 자신의 언어활동, 환경과의 접촉, 일상적 생활경험에 더 민감해지도록 함.

㉡ 자신의 경험을 중심으로 한 읽기 자료의 구성은 읽기 활동에 대한 학생들의 학습동기를 높여주는 기능 수행

⑥ 단점

㉠ 계열성을 갖는 구체적인 읽기 기능에 대한 체계적인 교육을 제공하지 않음.

㉡ 읽기 활동이 아동의 경험과 어휘력에 의존하는 데 비해, 어휘력 계발을 위한 구체적 프로그램이 존재하지 않음.

18

정답 ⑤

해설

① 표준화된 사회성 기술 검사를 실시하여 평가하므로 제3유형에 해당한다.

② 자기보고서를 작성하게 하여 평가하므로 제3유형에 해당한다.

③ 역할 놀이를 이용한 평가이므로 제3유형에 해당한다.

④ 수업 시간이나 쉬는 시간, 놀이 활동 시간 등 자연스러운 상황에서 어른을 대하는 태도나 친구들과의 대화예절이 적절한지 관찰하여 평가하는 제2유형에 해당한다.

⑤ 교장 선생님, 부모님, 또래 친구 등 주요 인물들에게 의견을 물어 평가하는 제1유형에 해당한다.

Check Point

☑ 사회적 타당성을 기준으로 사회적 기술을 측정하는 방법의 유형(Gresham)

유형 1	• 본질적으로 사회적 타당성을 확보하고 있는 방법 • 사회기관(학교, 정신건강 기관 등)이나 주요 인물들(부모, 교사, 또래)이 평가에 참여 • 또래로 부터의 수용이나 거절(또래지명법 활용), 친구 관계, 교사나 부모의 판단, 직장 동료나 고용주의 판단, 공식적인 기록 등을 포함 • 제한점 　− 단기간의 중재효과를 검증하기에는 너무 둔감 (사회적 행위에 얼마나 변화가 있어야 사회적 타인들이 이를 인정할 것인가 하는 문제인데, 대개는 아주 눈에 띄는 변화가 있어야만 타인들이 이를 알아챌 수 있기 때문)
유형 2	• 본질적으로 사회적 타당성을 완전히 확보하지는 않지만 유용한 정보 제공 • 대상자를 자연스러운 환경에서 관찰하는 방법(학교 운동장, 직업 훈련 기관의 쉬는 시간, 지역사회 내 시설 이용 등) • 관찰하고자 하는 상황이 자연적이어야 하겠지만, 의도적으로 상황을 구조화하여 사회적 기술의 특정 측면을 집중적으로 관찰할 수도 있음. • 제한점 　− 사실적인 정보를 제공해 줄 수 있지만 다양한 정보원 활용의 어려움. 　− 정보 수집 방법이 한정적임.
유형 3	• 가장 불완전한 사회적 타당성을 보이는 형태 • 측정 결과는 자연적인 상황에서의 행동이나 교사, 부모의 사회적 기술에 대한 판단과 별로 관계가 없음. • 역할놀이를 통한 검사, 행동적 역할 수행 검사, 사회적 문제해결 측정, 사회적 인지 측정 등 포함 • 자기평가나 자기보고 혹은 자기성찰에 근거한 질문지법 등 포함

19

정답 ①

해설

ㄱ. 받아올림의 개념을 이해하지 못하는 전략오류로, 자릿수를 고려하지 않고 답을 기입하였다.

ㄴ. 세로 덧셈식은 일의 자리부터 수를 더해야 한다(즉 자릿값을 고려하여 일의 자리부터 수를 더해야 한다)는 개념을 모르는 전략오류로, 자릿값을 고려하지 않고 모든 수를 하나씩 모두 더하고 있다. 따라서 지도 방법으로는 순서에 따라 자릿수를 맞춰 계산하는 것을 돕기 위해 형광펜이나 세로 줄을 표시하여 도움을 주거나, 격자 표시가 된 종이, 가림판을 사용한다. 가르기와 모으기 그리고 수직선을 이용한 활동은 덧셈과 뺄셈의 기본 개념을 익히는 데 사용되는 방법에 해당하는 것으로 부적절하다.

ㄷ. 받아내림의 개념을 이해하지 못하는 전략오류로, 받아내림을 하지 않고 큰 수에서 작은 수를 빼고 있다.

ㄹ. 분수를 바르게 이해하지 못하고 있다. 따라서 주어진 전체 크기의 색종이를 동일한 크기로 4개, 6개로 나눈 후에, 그 중 빗금 친 색종이의 수를 세 보도록 한다.

Check Point

☑ 오류별 지도 방법

① 받아올림의 오류 : 시각적 단서를 제공한다. 순서 방법과 구분선 등의 안내를 제공한 뒤 점차적으로 지원을 감소해가며 일반화를 형성한다.

② 절차상의 오류 : 순서 방법과 구분선 등의 안내를 제공한 뒤 점차적으로 지원을 감소시킨다.

③ 받아내림의 생략 : 명시적 교수법을 바탕으로 구체물, 반구체물, 추상물의 순서로 십진법의 개념을 형성한 후 피감수와 감수의 관계를 이해하고 뺄셈에서 발생하는 보존의 개념을 습득한다.

④ 분수에 대한 개념 오류 : 등분, 멀티큐브를 통해 분수의 개념과 표시 방법을 지도한다.

20

정답 ④

해설

④ 언어성 학습장애의 특성과 교수 방안이다.

Check Point

(1) 비언어성 학습장애 아동의 특성

신경생리학적 특성	• 비언어성 학습장애가 보이는 일차적 문제는 촉각-지각, 시공간적 지각, 심리운동적 협응, 주의력에서 나타나며, 이차적 문제로는 시각적 주의집중, 신체적 기능, 비언어적 정보의 기억, 문제해결 능력을 들 수 있다. • 신경생리학적인 원인으로는 뇌 우반구의 발달 결손으로 추정되며 우반구에 후천적 뇌 손상을 입은 성인들에게서도 비언어성 학습장애를 가진 성인들과 같은 현상을 발견할 수 있다.
의사소통 및 인지적 특성	• 비언어성 학습장애아의 대다수는 언어적 유창성과 기계적인 언어수용능력, 청각적 정보의 기억능력이 매우 발달되어 있다. • 비언어성 학습장애의 인지적 결손은 특히 시지각적 부분과 공간 지각에서 눈에 띄게 나타나는데, 비언어성 학습장애집단은 비장애집단보다 시각적 정보와 공간적 정보의 재생에서 크게 떨어지는 수행 수준을 보인다.
학습적 특성	학습적인 측면에서 비언어성 학습장애는 읽기독해, 수학적 논리력과 계산능력, 과학, 쓰기 분야에서 낮은 학업성취를 야기하는 원인으로 작용한다.
사회·정서적 특성	• 비언어성 학습장애 아동은 학습장애의 다른 유형에 속하는 아동이나 비장애아동에 비해 상대적으로 심각한 사회·정서적 문제를 가질 수 있다. • 학령기의 사회적 기술 발달 및 교우관계 형성 경험이 성인기의 사회적 적응과 밀접한 관계를 가짐을 고려할 때, 이 아동들이 적절한 중재 없이 성인기에 돌입하는 경우 이들에게 반사회적 성향이나 정신질환적 문제, 중등 이상 교육에서의 자퇴 등이 일어날 높은 가능성을 제시하였다.

(2) 비언어성 학습장애 아동을 위한 지원 방안

복잡한 과제는 한꺼번에 제공하기보다는 세분화하여 순서별로 나누어 제공한다.

② 교사는 비언어성 학습장애 아동에게 학교 및 지역사회 내에서 지켜야 할 규칙이나 규정에 대해 반복적으로 이야기해준다.

③ 비어언성 학습장애 아동이 비언어적인 정보를 통해 상대방의 감정 및 의도를 파악하는 방법을 습득하도록 게임이나 동영상 등을 활용한다.

④ 효과적인 사회적 기술 목록을 작성하여 직접적으로 교수함으로써 비언어성 학습장애 아동이 습득할 수 있도록 도와준다.

⑤ 수업 중 교사는 수업내용 및 자료에 대한 틀만 제공해주거나 수업 중 중심내용을 제시하는 OHP를 이용한다.

⑥ 하루 일과 일정을 미리 제공해 주어 비언어성 학습장애 아동이 혼동하지 않도록 도와준다.

21

정답 ②

해설

제시문을 통해 학생의 글을 읽어보면 논지를 유지하는 데 있어 어려움이 있음을 알 수 있다(컴퓨터 게임은 나쁘다 → 많다 → 재미있다 → PC방 → 게임을 많이 하면 나쁘다). 이러한 문제점을 개선하기 위해서는 대주제를 바탕으로 글의 구조를 한 눈에 제시하는 그래픽 조직자를 활용한 학습이 효과적이다.

Check Point

(1) 정밀교수

① 특정한 교수방법이 아닌 아동의 학업 수행을 면밀히 모니터링하기 위한 방법

② 교사는 매일의 평가를 통해 이루어지는 정밀교수를 적용하여 교수기법의 성공과 실패를 기록하고 문서화할 수 있으며, 아동의 진보를 촉진하여 일정 수준의 교육적 향상을 가능하게 할 수 있음.

③ 정밀교수는 교수전략이라기 보다는 교수적 모니터링 기법으로 여겨야 함.

(2) 그래픽 조직자

① 텍스트에 포함된 주요 정보의 조직화를 돕기 위하여 '거미줄(web)'이나 다이어그램을 사용하도록 지도하는 것

② 전략의 특징

㉠ 시각적 자료 및 공간적 표현을 활용하여 교과내용을 조직적으로 파악하도록 돕는다.

㉡ 정보들이 어떻게 연관되어 있는가를 시각적으로 보여준다.

㉢ 글 내용의 논리적인 구조를 보여 준다.

㉣ 다양한 교과내용을 독해하는 데 사용될 수 있다.

도식 조직자

텍스트와 그림을 결합시켜 개념, 지식, 정보를 구조화하여 제시하는 시각적인 체계이다. 그래픽 조직자나 도해 조직자로도 불린다. 글의 중요한 개념과 이를 설명하고 있는 요소를 그림으로 나타내어 중요 개념과 용어를 지도할 때 유용하다. 글의 내용과 구조를 파악하거나, 학습내용을 오랫동안 기억하고 회상하는 데 효과적이다. 도식 조직자는 텍스트의 내용이 어떻게 서로 관련되는가를 나타내는 수형도, 단어의 의미 확장이나 단어 사이의 관계를 나타내며 언어 지식이나 언어 영역의 공통점을 나타내는 벤다이어그램, 하나의 주제를 중심으로 관련되는 어휘나 사실을 열거하고 범주화하는 의미지도, 내용을 맵(map)으로 정리하여 입체적으로 나타내는 마인드맵 등으로 구분된다. 이러한 도식 조직자를 이용하면 텍스트의 구조를 시각화하여 요소들 사이의 관계를 빨리 인식

할 수 있으며, 정보를 효과적으로 저장하고 회상할 수 있고, 말로 설명될 수 없는 개념을 명확히 할 수 있는 이점이 있어서 내용 학습에 곤란을 경험하는 학습자들을 위한 교수에서 많이 활용되고 있다(특수교육학 용어사전 : 136).

(3) 페그워드 기법

① 순서에 맞게 외워야 하는 내용을 학습할 때 사용하는 것으로, 페그워드는 숫자와 비슷하게 발음되는 쉬운 단어들을 의미(=말뚝어 방법)

② 과학 교과에서 독립적으로 적용되기도 하고, 키워드 전략과 접목하여 함께 사용하기도 함.

③ 고정된 정보를 사용하는 것이 핵심으로 순서 혹은 번호가 매겨진 정보(예 지하철 노선도, 요일 순서, 버스 정류장에서 집까지의 랜드마크가 되는 물건이나 장소 등)를 암기하는 데 특히 유용

(4) 심상화 기법

① 심상(imagery, visualization)
   ㉠ 기억전략
   ㉡ 기억을 향상시키기 위해 마음속에 이미지를 형상화시키는 것

② 특수교육에서는 쓰기 및 독해를 향상시키기 위한 기억전략으로 소개됨.

※ '심상화 전략', '심상재현 전략', '심상 만들기 교수전략'으로 번역, 사용되고 있음.

㉠ 낱말 쓰기 능력을 향상시키기 위한 이 방법은 아동들로 하여금 낱말의 낱글자 기억을 위해 적절한 낱말을 마음속에 그려보게 하는 방법이다. 심상화 전략은 다음과 같은 단계를 사용한다(백은희, 2020 : 282).

   • 교사는 아동이 읽을 수는 있으나 칠판이나 쓰는 종이 위에 낱말을 바르게 적을 수 없는 단어를 선정하여 쓴다.
   • 아동은 큰 소리로 단어를 읽는다.
   • 아동은 단어의 낱글자를 읽는다.
   • 아동은 단어를 종이 위에 쓴다.
   • 교사는 아동으로 하여금 눈을 카메라처럼 생각하고 단어를 자세히 관찰하여 이를 마음에 새겨두라고 말한다.
   • 교사는 아동이 눈을 감고 단어의 각 낱글자를 마음속으로 하나씩 떠올리면서 큰소리로 말하도록 한다.
   • 교사는 아동이 단어를 적어보도록 하고 단어가 정확하게 쓰였는지 점검한다.

㉡ 심상재현 전략은 독자가 텍스트의 주요 내용을 기억하도록 돕기 위하여 마음속으로 이미지를 그리도록 지도하는 것이다. 이 전략의 특징은 다음과 같다(한국학습장애학회, 2014 : 143).

   • 글의 내용을 회상할 수 있는 때와 장소를 인출하도록 돕는다.
   • 이야기 상황이나 주제어를 시각적 상으로 그려서 기억하도록 돕는다.
   • 읽은 글의 내용을 오랫동안 기억하게 한다.
   • 효과적으로 주요 내용을 연결하고 요약할 수 있도록 돕는다.
   • 글의 내용과 관련된 영상을 마음속에 형성하는 동시에 사실 정보를 명제로서 부호화하도록 돕는다.

(5) 빈칸 채우기

① 불완전한 문장이나 담화를 제시하고 이를 완성하게 하는 활동

② 빈칸 채우기에서는 어휘를 단서로 주는 경우도 있고, 특정한 문법을 활용하도록 지시하는 경우도 있음. 또한 아무 단서 없이 의미가 통하는 문장을 만들도록 하는 경우도 있음.

• 괄호 안의 어휘를 이용하여 _____에 알맞은 말을 쓰세요.

> 우리 가족은 아버지, 어머니, 저, 동생 모두 4명입니다. 아버지는 회사에 _____(다니다). 어머니도 _____(회사원이다). 아버지와 어머니는 운동을 _____(좋아하다). 그래서 주말에 운동을 많이 _____(하다). 동생은 _____(고등학생이다). 동생은 기타를 아주 잘 _____(치다).

22
2011 중등1-30

[정답] ③

[해설]

지문 돋 보기

(가) 헤게-커크 앤 커크 읽기 교수법
(나) 신경학적 읽기 교수법
(다) '본문을 훑어보고' : 조사하기(Survey)
    '질문을 한 뒤' : 질문하기(Question)
    '본문을 읽고' : 읽기(Reading)
    '찾은 답을 되새기고' : 다시 말하기(Recite)
    '다시 검토' : 복습하기(Review)

① 절차적 촉진은 절차적으로 학생의 발달을 촉진시킨다는 의미로 일종의 비계에 해당한다. 쓰기 과정에 있어 Bereiter 등(1982) 등은 절차적 촉진을 기술하였는데, 이는 학습자가 이미 가지고 있는 지식과 기술을 보다 완전하게 활용하도록 하기 위해 실행할 과제요구를 줄여 주는 것이다. 쓰기의 경우에 교사는 과정의 단계를 촉구하거나, 복잡한 과정 전체에 걸쳐 학생이 많은 의사결정을 하도록 도와줌으로써 촉진적 지원을 제공할 수 있다. 절차적 촉진은 계획하기, 문장 만들기 및 편집하기에 적용시킬 수 있다(Schloss et al. 2011 : 301).

④ 정교화 전략은 새로운 정보를 학습할 때 이미 학습한 지식기반을 활용하여 이미 알고 있는 것과 새로운 것을 연결시킴으로써 학습효과를 증가시키는 전략을 말한다. 새로운 지식과 선행 지식, 혹은 다른 교과 내용과 통합하거나 연결하는 활동이 대표적인 정교화 활용 형태이다. 정교화 전략의 활용과정에서는 논리적 추론, 예시의 이용, 세부 사항, 여타 정보 연결, 둘 이상의 항목 연결 심상 형성, 문장 생성 등의 작용이 일어난다. 정교화 전략의 예로는 의역하기, 요약하기, 유추하기, 노트하기, 질의 응답하기 등이 있다(이대식, 2020 : 255).

Check Point

(1) 전통적 읽기 교수법

페르날드(Fernald) 읽기 교수법	아동들이 가능한 한 많은 감각들을 사용하는 것을 배워 읽기 학습에 있어 부가적인 경험이나 단서들을 갖게 되는 것. 즉, 한 아동이 어떤 특정 감각양식에 취약하다면 다른 양식들이 정보를 얻는 데 도움을 줄 것
길링햄(Gillingham) 읽기 교수법	학생들이 읽기, 철자법, 필기 과제를 할 때 요구되는 모든 감각적 양식들을 동원하여 문자와 그들의 소리를 연결하는 것을 배워야 한다고 제안 ⇨ 학생들은 문자를 보고(시각), 그것을 소리내어 말하고(청각), 그 소리를 듣고(청각), 그것을 쓰는(운동감각) 것 등을 배워야 함.
헤게-커크 앤 커크 (Hegge-Kirk-Kirk) 읽기 교수법	광범위한 연습의 제공, 문자와 그 소리 간의 관계를 단순화함으로써 학생들이 음소-자소의 관계를 기억하는 데 도움을 주기 위해 고안됨.
신경학적 각인 읽기 교수법	학생들은 읽기 과제 수행 시 자신의 목소리와 타인의 목소리를 함께 들음으로써 유창성과 관련된 읽기 기능을 더 효과적으로 획득할 수 있음.

(2) SQ3R 방법

다양한 교과내용를 공부하면서 학생은 효과적인 공부기술을 발달시켜야 한다. Robinson에 의해 고안된 SQ3R 방법은 특히 사회과나 과학과에서 널리 사용되고 있다. 이 방법은 학습문제를 가진 학생들에게 더 나은 공부기술에 대한 체계적인 접근법을 제공하고 다음의 단계를 따른다.

① 조사하기(Survey) : 읽기자료의 개요를 얻기 위해 학생은 전체 과제물을 훑어본다. 이때 앞으로 등장하게 될 주요 사항을 살펴보기 위하여 제목을 보고 도입부나 요약을 읽는다. 또한 지도나 표, 그래프, 그림과 같은 시각적 자료를 조사해야 한다. 이러한 조사하기 방법은 읽기를 통하여 학생이 발전하고 사실을 조직화하는 틀을 제공한다.

② 질문하기(Question) : 주의 깊게 책을 읽게 하기 위하여 학생으로 하여금 대답할 수 있을 만한 문제를 만들어 보게 한다. 질문은 책에 나온 대제목과 소제목을 바꾸어 말하게 할 수 있다.

③ 읽기(Reading) : 질문에 대한 답을 찾을 의도로 책 읽기를 한다. 학생은 책을 찬찬히 읽으면서 메모를 할 수 있다.

④ 다시 말하기(Recite) : 읽기자료와 정리 노트를 멀리 놓고 짧고 간단하게 질문에 대한 답을 한다. 이는 학생이 학습한 것에 대해 확고하게 하고 정보를 기억하도록 도와준다.

⑤ 복습하기(Review) : 학생이 읽기자료를 복습하고 전 단계에서 찾아낸 질문의 답을 확인하기 위하여 자료의 일부나 자신이 작성한 노트를 다시 읽어 내용을 기억하고 있는지를 점검한다. 또한 각 제목하의 핵심 사항에 대해 정리할 수 있다. 이러한 복습과정은 학생이 학습한 것에 대한 강화가 되어 읽기자료의 내용을 보다 잘 기억하는 데 도움을 준다(서선진 외, 2010 : 393-394).

(3) RIDER 기법
시각적 이미지 진략

R	Read the sentence (문장 읽기)
I	Imagine a picture of it in your mind (문장에 대해 마음속으로 이미지 그리기)
D	Describe how the new image differs from old (새로운 이미지가 예전의 것과 어떻게 다른지 기술하기)
E	Evaluate to see that the image contains everything (이미지에 모든 것이 포함되어 있는지 평가하기)
R	Repeat as you read the next sentence (다음 문장에서도 반복하기)

출처 ▶ 김자경 외(2007 : 92)

23

정답 ⑤

해설

① 제시된 자료만을 통해서는 현지의 어려움이 단기기억력의 결함에 의한 것인지를 알 수 없다.

② 현지는 목표점수에 반응(성취) 점수가 연속적으로 도달하고 있지 못하므로 현재의 증거기반 교수방법을 변경하여 제공하는 것이 바람직하다.

③ 수학 연산학습장애로의 판별 여부는 현지에 대한 개별화된 중재 이후, 중재가 성공적이지 못한 경우 적격성 판정 과정을 거쳐 최종적으로 결정되어야 한다.

④ 이중 불일치의 확인을 위해서는 은지의 반응 점수를 세 학생의 목표점수(성취수준), 목표점수의 기울기(발달선)와 비교해야 한다.

⑤ 민수는 6주차부터 연속적으로 목표점수를 초과하고 있으므로 개인목표를 재설정하고 현재보다 조금 더 높은 수준의 문제해결 활동을 간헐적으로 제공할 필요가 있다.

24

정답 ④

해설

① 주요 어휘 등 학습내용을 기억하게 하는 데 도움이 된다. : 그래픽 조직자의 특징(장점)

② 지도 과정에서 구어와 위의 조직자를 모두 사용함으로써 학생의 능동적인 참여를 유도한다. : 그래픽 조직자의 특징(장점)

③ 가을 운동회에 관한 글과 사진을 함께 보여주고, 여러 가지 어휘나 개념, 정보를 구조화하여 제시할 수 있다. : 그래픽 조직자의 특징(장점)

④ 선행자극, 학생반응, 귀결사건의 구성을 중요한 원리로 한 교수전략을 적용하고자 한 것이다. : 응용행동분석의 원리에 따른 교수원리(ABC 또는 3요인 유관분석)를 의미한다.

⑤ 가을 운동회와 관련된 중요한 정보(예 장소-샛별학교 운동장)를 선택하도록 하고, 관계가 없는 정보(예 활동-등교하기)를 생략하도록 유도한다. : 그래픽 조직자 활용 시 유의사항

25

정답 ③

해설

(가) 직접교수법은 행동주의 원리를 따른다. 따라서 추상적인 용어를 사용해서는 안 되며 관찰 가능한 용어를 써서 학습목표를 기술하여야 한다. (가)에서 학습목표 제시에 관한 설명은 옳으나 학습 목표(잎 모양 본뜨는 방법을 안다)에서 '안다'는 추상적 용어에 해당한다.

(다) 안내된 연습은 학생이 해당 기술을 교사와 함께 연습하는 전략이다. 따라서 학생 A가 답을 하지 못하면 도움(피드백)을 제공하고 안내를 해야 하며 필요한 경우 재교수를 실시해야 한다.

Check Point

(1) 직접교수법의 개념

① 학업에 초점을 맞추어 아동들이 고도로 참여하며, 교사가 구조적으로 위계화한 교재를 사용하는 교사 주도적인 수업이다.

② 또한 원리나 내용의 의미를 깨닫게 하는 것이 아니라 행동주의 이론에 입각하여 연속적이고 구조화된 학습자료를 명시적이고 반복적으로 제공하여 아동이 자신이 해결하여야 할 과제가 무엇인지 분명히 알게 해주는 교사 중심의 수업이다.

(2) 직접교수법의 특징

① 교수전략으로서는 철저하게 학습 향상을 위한 피드백을 주고, 잘못된 반응을 보일 때는 정확하고 신속하게 이를 교정해 준다.

② 아동들이 지루하지 않게 학습진도를 빠르게 이끌어 나가면서 숙달 정도를 높인다. 그러면서도 아동들의 적극적인 참여를 유도한다.

③ 교사가 이러한 교수활동을 능숙하게 해 나갈 수 있도록 숙달될 때까지 바람직한 교수활동의 시범과 체계적인 보조를 제공한다.

④ 교수활동이 종료되면 지속적으로 학생들의 학업성취 정도를 평가하되, 평가내용은 교수활동에서 다루었던 것과 밀접하게 관련이 있어야 한다. 중요한 것은 실제 아동들이 투여한 시간을 최대한 증가시킴으로써 효율적이고 밀도 있는 학습이 이루어지도록 하는 것이다.

PART
05

(3) 직접교수법의 실행 절차

단계	설명
[1단계] 학습목표 제시	학습목표는 관찰 가능하고 측정 가능한 행동, 행동이 발생할 조건, 수용 가능한 행동 수행을 위한 준거를 포함해야 한다.
[2단계] 교사 시범	• 학습목표에서 요구하는 행동을 소리 내어 생각말하기(think-aloud) 기법을 활용하여 어떻게 전략을 사용하는지 시범 보인다. 　- 전략 사용의 이유와 핵심 요소를 제시하고 전략 사용 방법을 직접 시범 보인다. • 교사의 시범 후 교사와 학생의 질문과 대답 활동을 통해 학생의 내용 이해 정도를 확인한다. 　- 교사는 필요한 경우에 촉진과 피드백을 사용하여 학생의 대답을 요구한다.
[3단계] 안내된 연습	• 학생이 해당 기술을 교사와 함께 연습하는 단계이다. • 교사는 질문하고, 연습이 부족하여 발생하는 실수를 확인하고, 오류를 정정하며, 필요한 경우에는 재교수를 실시한다. • 학생 모두가 전략을 수행해 볼 수 있는 충분한 기회를 제공한다. • 실제보다 쉬운 연습과제부터 전략을 연습하도록 하여 자신감을 심어준다.
[4단계] 독립적 연습	• 학생은 독립적으로 과제를 수행한다. • 독립적 연습은 안내된 연습에서 높은 성공률(90~100%)을 보일 때 실시한다. • 교사는 교실을 돌아다니며 학생들이 과제를 제대로 수행하는지 점검하고 어려움을 보이는 학생에게 도움을 제공한다. 　- 독립적 연습 단계에서의 교사 피드백은 안내된 연습에서의 피드백처럼 빠르게 제공되지 않는다.

26

정답 ①

해설

ㄱ. 영희는 큰 수에서 작은 수를 빼고 있다. 따라서 받아내림 절차의 지도가 필요하다.

ㄴ. '큰 수로부터 이어 세기' 전략은 기초 덧셈 전략이므로 부적절하다. 학생 A의 경우 받아내림에 대한 개념이 없으므로 다음과 같은 전략을 적용하는 것이 적절하다.
   • 수 모형(낱개 모형, 십 모형)을 이용하여 윗자리의 숫자인 피감수를 제시하고, 아랫자리의 숫자인 감수만큼 제거하도록 한다. 이때 일의 자리부터 감수를 제거하도록 하고, 피감수의 낱개 모형 수가 부족하면 십 모형 1개를 낱개 모형 10개로 교환하여 제거하도록 한다.
   • 십의 자리에서 받아내리는 절차를 수식으로 나타내어 계산하는 연습을 하게 한다.

ㄷ. 문장제 문제는 문제해결에 관련된 정보와 그렇지 않은 정보를 선별하는 것이 중요하다.

ㄹ. 이 문제의 유형은 결합형에 해당한다.

ㅁ. 문장으로 되어 있는 정보를 그림이나 도식으로 나타내는 표상교수는 문제해결에 필요한 정보를 파악하여 의미 있게 형성할 수 있어, 문제의 유형을 파악할 수 있다.

27

정답 ⑤

해설

㉠ '줄기가'를 '줄기를'이라고 읽는 것은 형식형태소 대치 오류에 해당한다.

㉡ 대치 오류는 글에 있는 것 이외의 낱말로 대치하여 읽는 경우를 말한다(이경화, 2014 : 186). '바람이'를 '밤이'라고 읽는 것과 같은 의미 대치 오류에 해당한다.

㉢ 읽기 유창성을 향상시키기 위해서는 글에 포함된 단어의 약 90% 이상을 정확하게 읽을 수 있는 글을 선택하여 읽기 유창성 교수에 사용한다.

Check Point

⊘ 읽기 유창성 오류 유형

대치	• 의미 대치(제시된 어절을 다른 의미 단어로 대치하는 경우) **예** 어머니가 그만 견디다 못해 청개구리를 <u>내쫓았지</u>. → 어머니가 그만 견디다 못해 청개구리를 <u>쫓아냈지</u>. • 무의미 대치(제시된 어절을 무의미 단어로 대치하는 경우) **예** <u>아무리</u> 어린 신랑이지만 너무 졸라댔다. → <u>아무른</u> 어린 신랑이지만 너무 졸라댔다. • 형식형태소 대치(제시된 어절에서 어미, 조사 등 형식 형태소를 다른 형식 형태소로 대치하는 경우) **예** 하루는 배고픈 <u>여우가</u> 산길을 어슬렁거리고 있었어. → 하루는 배고픈 <u>여우는</u> 산길을 어슬렁거리고 있었어.
생략	• 전체 어절 생략(제시된 어절의 전체가 생략된 경우) **예** 죽지 않고 살려는 욕심은 같았나 봅니다. → ( ) 않고 살려는 욕심은 같았나 봅니다. • 형식형태소 생략(제시된 어절에서 어미, 조사 등 형식 형태소가 생략된 경우) **예** 옛날에 시골 마을에 똥을 빨리 누는 사람이 살았대. → 옛날 시골 마을에 똥을 빨리 누는 사람이 살았대.
첨가	• 전체 어절 첨가(새로운 단어나 어절이 첨가된 경우) **예** 산속에서 <u>자라는</u> 익모초 말이에요. → 산속에서 <u>잘 자라는</u> 익모초 말이에요. • 형식형태소 첨가(제시된 어절에 어미, 조사 등 형식 형태소가 첨가된 경우) **예** <u>사또</u>, 죄송하지만 잠깐 볼일 좀 보고 오겠습니다. → <u>사또는</u>, 죄송하지만 잠깐 볼일 좀 보고 오겠습니다.
반복	• 전체 어절 반복(제시된 어절 전체를 반복하는 경우) **예** 옛날에 <u>시골</u> 마을에 똥을 빨리 누는 사람이 살았다. → 옛날에 <u>시골 시골</u> 마을에 똥을 빨리 누는 사람이 살았다. • 첫음절 반복(제시된 어절의 첫음절을 반복한 경우) **예** <u>하루는</u> 배고픈 여우가 산길을 어슬렁거리고 있었어. → <u>하 하루는</u> 배고픈 여우가 산길을 어슬렁거리고 있었어. • 부분 어절 반복(제시된 어절의 일부를 반복한 경우) **예** 캬, <u>정말이로구나</u>. → 캬, <u>정말 정말이로구나</u>.
자기 교정	오류를 보인 후 자기 스스로 교정하여 정반응하는 경우 **예** 캬, <u>정말이로구나</u>. → 캬, <u>장멸, 정말이로구나</u>.

출처 ▶ 김애화 외(2013 : 176)

28 ··· 2012 중등1-19

정답 ⑤

해설

ㄱ. 쓰기 유창성을 높이는 목적으로 베껴 쓰기 교수를 적용할 경우에는 학생이 제한된 시간 동안 베껴 쓰기를 한 다음, 학생이 베껴 쓴 글자의 수를 기록하게 한다(김애화 외, 2013 : 230). 따라서 학생의 쓰기 유창성을 향상시키기 위해서는 문장을 빠르고 정확하게 베껴 쓰도록 지도할 필요가 있다. <자료 1>의 경우 3분 동안 베껴 쓴 글자의 수가 상당히 적다고 할 수 있다.

  • 쓰기 유창성은 글자와 단어를 알아볼 수 있도록 정확하게 그리고 속도감 있게 쓰는 능력이다. 글씨를 알아볼 수 있게 쓰더라도 철자가 정확하지 않은 경우와 철자가 정확하더라도 글씨를 알아볼 수 없게 쓴 경우 모두 쓰기 유창성 문제를 유발한다. 특히 이들 두 요소는 쓰기의 궁극적 목적이라 할 수 있는 작문과 직간접적으로 연관되어 있으므로 체계적인 분석과 교수 필요하다(한국학습장애학회, 2014 : 160).

ㄴ. 손글씨 쓰기에서는 자세, 연필잡기, 공책의 위치가 중요하다. 많은 교사들은 학생들의 쓰기 구성 요인의 습득에 도움이 되는 자세, 연필, 공책의 위치 전략을 이용하고 있다(정대연, 2020 : 175). <자료 1>의 경우 글씨가 줄을 따라 바르게 정렬되어 있지 않고 크기도 일률적이지 못하기 때문에 자세, 연필, 공책의 위치를 점검할 필요가 있다.

ㄷ. 학생이 스스로 혹은 또래와 함께 체크리스트를 활용하여 문법적 오류를 점검하도록 한다.: <자료 1>과 <자료 2>에서 구두점의 생략, 띄어쓰기의 오류 등 문법적 오류가 발견된다. 쓰기 능력을 향상시키기 위해 스스로 혹은 또래와 함께 점검할 수 있도록 하는 전략을 지도할 필요가 있다.

ㄹ. 문장 지도를 할 때, 두 문장을 연결 어미로 결합하여 하나의 문장으로 만들 수 있도록 지도한다.: 찬바람이 불어서 날씨가 춥다.

ㅁ. 작문 지도를 할 때, 도식조직자를 활용하여 주제에 대해 아이디어를 생성하고 조직하도록 지도한다.: 15분 동안 작성한 글의 양을 고려할 때 도식조직자(그래픽 조직자)를 활용하여 주제에 대한 아이디어를 생성하고 조직하여 내용을 충분히 쓸 수 있도록 해야 한다.

29

【모범답안】

1)	• 기호와 이유: ⓒ 반복 읽기의 주된 목적은 읽기 유창성 능력을 향상시키기 위한 것이다. • 기호와 이유: ⓒ 반복 읽기를 통해 유창성이 향상되면, 글을 해독하는 것보다 글의 내용 파악에 중점을 둘 수 있어 읽기 이해능력이 향상된다.
2)	(⑤) → (③) → (①) → (②) → (④)
3)	• 이유: 절차상 3주 연속으로 목표선의 점수보다 낮을 경우 전략을 교체하는 것으로 되어 있기 때문이다. • 수정 방법: 다음 중 택 1 　- 중재 시간을 늘려서 제공한다. 　- 중재 횟수를 늘려서 제공한다.

【해설】

1) ⓒ 반복 읽기 전략의 주목적은 유창성을 향상시키기 위한 것이다.

　ⓒ 반복 읽기 전략을 통해 독해(또는 읽기이해) 활동에 더욱 집중할 수 있게 된다.

2) ① 반복 읽기 전략을 주 2회 10분씩 실시한다. : 중재(반복 읽기) 실시

　② 매주 1회 1분간 CBM 구두 읽기검사를 실시한다. : 진전도 분석을 위한 형성평가

　③ 또래의 성장 속도를 고려하여 소영이의 목표선을 설정한다. : 목표선 설정

　④ 소영이의 점수가 3주 연속으로 목표선의 점수보다 낮을 경우 전략을 교체한다. : 형성평가 결과에 기초한 진전도 분석

　⑤ 반복 읽기 전략을 적용하기 전에 소영이에게 실시한 3회의 CBM 구두 읽기검사 점수의 중앙치를 찾는다. : 기초선 설정을 위한 기초평가 실시 및 목표선 설정을 위한 중앙치 찾기

3) (나)의 ④에 의하면 진전도 분석방법은 '소영이의 점수가 3주 연속으로 목표선의 점수보다 낮을 경우 전략을 교체'하는 것을 기준으로 하고 있다. 읽기 발달선(성장선)을 진전도 분석방법으로 사용한 경우라면 읽기 발달선의 기울기가 목표선의 기울기보다 작기 때문에 중재 전략을 변경할 수 있다. 그러나 제시된 목표선 아래에 있는 점수는 연속 2주에 그치고 있으므로 남은 기간 동안은 반복 읽기 전략을 교체하지 않고 중재 시간을 늘리거나(10분 → 10분 이상), 중재 횟수를 늘리는(주 2회 → 주 3회) 방법 등을 통해 읽기 능력의 향상 정도를 살펴볼 수 있다.

【Check Point】

(1) 읽기 유창성 향상을 위한 교수방법

짝과 함께 반복 읽기	• 읽기 유창성이 좋은 또래 친구와 짝을 이루어 소리 내어 반복 읽기 • 구성 요소 및 절차 　- 짝 정하기(아동 A, 아동 B) 　- 아동 B의 수준에 적합한 글 선택하기 　- '짝과 함께 반복 읽기' 절차를 명시적으로 설명하고 연습하기 　- '짝과 함께 반복 읽기' 적용하기
끊어서 반복 읽기	• 끊어 읽기＋반복 읽기 • 구성 요소 및 절차 　- 끊어서 반복 읽기 활동에 필요한 읽기 지문 준비하기 　- 교사가 끊어 읽기 시범 보이기 　- 아동과 함께 끊어 읽기 연습하기 　- 아동이 독립적으로 끊어서 반복 읽기

(2) 검사점수를 활용한 진전도 분석방법

① Data Points 이용하기

　㉠ 아동의 검사점수가 4회 이상 연속하여 목표선 아래로 떨어지면, 교수법 변경 가능

　ⓒ 또는 아동의 검사점수가 3회 이상 연속하여 목표선 위로 올라가면, 목표 상향조정 가능

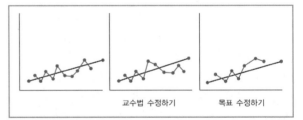

② 읽기 발달선 이용하기

　㉠ 읽기 발달선(또는 성장선)은 아동의 학습진전도를 요약하여 나타내어 아동에 대한 교수 프로그램의 효과성을 한눈에 알아볼 수 있게 해줌.

　ⓒ 읽기 발달선 이용하기에서는 읽기 발달선의 기울기와 목표선의 기울기를 비교하여 교수 수정에 대한 의사결정 실시

　• 읽기 발달선의 기울기가 목표선보다 훨씬 작으면, 중재전략 변경

　• 읽기 발달선의 기울기가 목표선과 같다면, 현재의 교수법 계속 사용

　• 읽기 발달선의 기울기가 목표선보다 크면, 목표 상향조정 가능

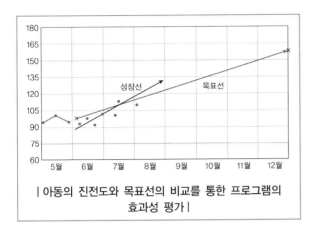

| 아동의 진전도와 목표선의 비교를 통한 프로그램의 효과성 평가 |

⑤ 곱셈, 나눗셈이 적용되는 문장제 문제의 유형 : 배수비교형, 변이형

덧셈, 뺄셈이 적용되는 문장제 문제의 유형	곱셈, 나눗셈이 적용되는 문장제 문제의 유형
변화형 : 어떤 대상의 수가 변화하는 형태의 문제로, 시작, 변화량, 결과의 관계를 파악해야 하는 문제	배수비교형 : 목적 대상을 비교 대상의 배수 값과 관련지어야 하는 문제로, 목적 대상, 비교 대상, 대상과 비교의 관계를 파악해야 하는 문제
결합형 : 대상 간의 관계가 상위/하위 관계 형태의 문제로, 상위 개념, 하위 개념 1, 하위 개념 2의 관계를 파악해야 하는 문제	변이형 : 두 대상 간의 관계가 인과관계로 진술되어 있고, 이 둘 사이 인과관계 값 중 하나를 파악해야 하는 문제
비교형 : 두 대상 간의 차이를 비교하는 형태의 문제로, 비교 대상 1, 비교 대상 2, 차이의 관계를 파악해야 하는 문제	

30
2013추시 초등B-1

【모범답안】

1)	문제를 해결하는 데 필요한 정보에 주의를 기울이지 않았다.
2)	반구체물 수준으로, 오리와 거위를 그림이나 선을 이용하여 2차원적으로 제시한다.
3)	비교형

【해설】

1) '오리 4마리+오리 2마리'를 '오리 4마리+거위 3마리+오리 2마리'로 풀이하였다. 이는 '오리'에 더욱 주의를 기울여야 했음에도 불구하고 그렇지 못한 것을 의미한다. 결과적으로 오리 4마리+거위 3마리+오리 2마리의 답을 9로 제시한 것은 단순연산 오류는 없음을 나타낸다.
2) CSA 순서란 명시적 교수의 수준으로 구체물−반구체물−추상물의 순서로 제시하는 것을 의미한다(2009 중등1−11 기출 참조).
3) 문장제 문제의 유형으로는 덧셈과 뺄셈을 적용하는 변화형, 결합형, 비교형과 곱셈과 나눗셈을 적용하는 배수비교형과 변이형이 대표적이다.

【Check Point】

⊘ 표상교수
① 표상이란 문제를 읽고 문제의 유형을 파악하는 것을 의미하며, 일반적으로 이 과정에서 그림이나 도식 활용
② 도식을 적용하기 위해 도식 확인 → 표상 → 계획 → 문제 해결과 같은 네 가지 문제해결 절차 적용
③ 문장제 문제해결을 위한 표상교수에서 문장제 문제 유형에 대한 표상을 명시적으로 교수하고, 이를 다양한 문제에 적용하도록 지도하는 데 초점을 둘 것
④ 덧셈, 뺄셈이 적용되는 문장제 문제의 유형 : 변화형, 결합형, 비교형

31
2013 중등1−31

【정답】 ④

【해설】

【지문 돋보기】

A 영역	• 일반학생 집단 : 평균 범위 • IQ 75 이상 읽기부진 집단 : 평균 범위	비교 불가
B 영역	• 일반학생 집단 : 평균 범위 • IQ 75 이상, IQ 70~75 미만 읽기부진 집단 : 평균 범위	비교 불가
C 영역	• 일반학생 집단 : 평균 범위 • IQ 75 이상, IQ 70~75 미만 읽기부진 집단 : −1표준편차 이하	비교 가능

T 점수는 평균 50, 표준편차 10의 표준점수이다($T = 10Z + 50$). 따라서 원점수가 평균치와 동일하다면(Z점수 = 0) T 점수는 50이 된다.

㉠ 일반학생의 T 점수는 A와 C영역에서는 평균 이상, B영역에서는 평균 이하로 나타났다.
㉡ 백분위는 표를 통해서는 정확한 수치 산출이 어렵다. T 점수가 40점이라면 −1표준편차이므로 하위 16%(정상분포 곡선에서 왼쪽 극단에서 −1SD까지 차지하는 면적)임을 추정할 수는 있다. IQ 70 이상 75 미만 읽기 부진 학생들의 A 영역 결과인 34.8은 −1표준편차와 −2표준편차 사이에 위치하므로 하위 16%ile의 범위에 해당한다.

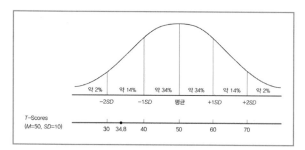

T-Scores
(M=50, SD=10)

30 34.8 40 50 60 70

ⓒ A~C 영역 점수의 특성과 인지처리과정 결함 접근법과의 관련성은 다음과 같다.

- A 영역 : 일반학생 집단의 점수는 평균 범위이며, 읽기부진 집단의 점수는 IQ 수준에 따라 평균 범위와 평균 이하의 범위에 위치하는 것으로 각각 나타났다. 특히 IQ 75 이상 읽기부진 집단의 T점수가 평균 범위 안에 있기 때문에 일반학생 집단과의 비교를 통해 어떠한 인지처리과정 변인이 읽기부진의 문제를 유발시켰는지 파악하는 것을 어렵게 한다.

- B 영역 : 일반학생 집단과 (IQ 수준에 상관없이) 읽기부진 집단 모두 T점수가 평균 범위 안에 분포한다. 따라서 두 집단 간 인지처리과정 변인의 차이를 구분하기 어렵다.

- C 영역 : 일반학생 집단의 T점수는 평균 범위, 읽기부진 집단은 IQ 수준에 상관없이 평균 범위 이하의 T점수인 것으로 나타났다. 따라서 일반학생 집단과 읽기부진 집단 간 인지처리 능력 차이를 명확히 파악할 수 있다.

32

정답 ①

해설

평가 결과는 학생 A가 읽기 이해 능력이 부족함을 보여주고 있다.

ㄱ. 본문을 읽기 전에 제목을 읽고 글의 내용을 예측하도록 하는 예측하기(또는 예견하기)는 사전지식 활성화에 도움이 되는 전략이다.

ㄴ. 단서를 활용하여 글에서 중심내용을 찾고 이를 자신의 말로 표현하도록 지도하는 중심내용 파악하기는 읽기 이해에 중요한 역할을 하며, 특히 설명글의 이해에서 더욱 중요한 역할을 차지한다.

ㄷ. 일견단어 접근법은 해독 중심이 아닌 의미 중심의 프로그램이다. 제시문의 특성(글의 구조)에 맞는 읽기 프로그램이라고 할 수 없다.

ㄹ. 개념 지도는 목표 어휘의 정의, 예, 예가 아닌 것으로 구성된 그래픽 조직자다(김애화 외, 2013 : 186). 이와 같은 그래픽 조직자를 활용하면 비교 대조 형식의 글을 더욱 명확하게 이해할 수 있다.

ㅁ. 보기의 좌측은 설명글의 구조 중 인과관계 형식의 글에, 우측은 나열형 형식의 글에 적합하다. 설명글의 구조 중 비교대조형의 유형 지도에 적합한 그래픽 조직자는 다음과 같다.

주제	사과와 오렌지의 비교		
비교대상	사과		오렌지

주요개념	차이점	공통점	차이점
종(種)		과일	
모양		동그랗다	
색깔	연두색, 빨간색		주황색
맛		시거나 달다	

| 비교대조형 설명글의 구조 파악을 돕기 위해 사용될 수 있는 내용 조직자 |

33

정답 ②

해설

(나) 문법과 철자에 초점을 두는 것은 편집 단계이다.

(라) 학생이 주도적으로 내용을 표현할 수 있도록 하는 것은 초고작성 단계에서 이루어지며, 편집 단계에서는 글의 의미가 잘 전달될 수 있도록 문장의 형태 바꾸기 활동이 이루어지는 데 필요하다면 사전을 사용하거나 교사로부터 피드백 받기가 모두 가능하다.

Check Point

◎ 쓰기 과정적 접근

글쓰기 준비 단계	• 글쓰기 주제 선택하기 • 쓰는 목적(정보제공, 설명, 오락, 설득 등)을 명확히 하기 • 독자를 명확히 하기(또래 학생, 부모, 교사, 외부 심사자) • 목적과 독자에 기초하여 작문의 적절한 유형 선택하기(이야기, 보고서, 시, 논설문, 편지 등) • 쓰기를 위한 아이디어를 생성하고 조직하기 위한 사전활동하기(마인드맵 작성, 이야기하기, 읽기, 인터뷰하기, 브레인스토밍, 주제와 세부항목 묶기 등) • 교사는 학생과 협력하여 글쓰기 활동에 참여(내용을 재진술/질문하기, 논리적으로 맞지 않는 생각 지적하기)
초고 작성 단계	• 초고 작성, 글을 쓸 때 수정하기 위한 충분한 공간 남기기 • 문법, 철자보다 내용을 생성하고 구성하는 데 초점 맞추기
수정 단계	• 초고를 다시 읽고, 보충하고, 다른 내용으로 바꾸고, 필요 없는 부분을 삭제하고, 옮기면서 내용 고치기 • 글의 내용을 향상시키고 다양한 시각을 제안할 수 있도록 또래집단(글쓰기 도우미 집단)을 활용하여 피드백 제공하기
편집 단계	• 구두점 찍기, 철자법, 문장구조, 철자 등 어문규정에 맞추어 글쓰기 • 글의 의미가 잘 전달될 수 있도록 문장의 형태 바꾸기 • 필요하다면 사전을 사용하거나 교사로부터 피드백 받기
쓰기 결과물 게시 단계	• 쓰기 결과물을 게시하거나 제출하기(학급신문이나 학교문집에 제출) • 적절한 기회를 통하여 학급에서 자기가 쓴 글을 다른 학생들에게 읽어 주거나 학급 게시판에 올려놓기

출처 ▶ 김동일 외(2016 : 240)

34

정답 ②

해설

지문 돋 보기

학생 A	공통적으로 받아올림을 잊어버린 받아올림 오류로 요소기술 오류에 해당함.	
학생 B	공통적으로 받아올림을 잊어버린 받아올림 오류로 요소기술 오류에 해당함.	
학생 C	62-47	두 가지 오류를 모두 생각할 수 있음 • 큰 수에서 작은 수를 빼는 형태의 받아내림 오류로 전략오류에 해당함. • 받아내림을 하지 않은(잊어버린) 받아내림 오류로 요소기술 오류에 해당함.
	35-7	받아내림을 하지 않은 받아내림 오류로 요소기술(잊어버린) 오류에 해당함.

㉠ 학생 A는 자릿수를 고려하여 덧셈을 하고는 있으나 일의 자리에서 받아올림을 한 수를 십의 자리에서 더하지 않고 답을 기입하였다는 것이다. 이는 받아올림 오류에 해당한다.

㉡ 덧셈구구표는 학생이 다양한 덧셈구구들 간의 관련성을 이해하도록 도와준다. 예를 들어 학생은 덧셈구구표를 보고, 덧셈식에서 두 수의 위치가 바뀌어도 답은 똑같다는 공통점을 발견할 수 있다. 이것이 '교환법칙'인데, 학생은 교환법칙을 이해함으로써 100개의 덧셈구구 대신 55개의 덧셈구구만을 외우면 된다(김애화 외, 2012 : 287). 두 자릿수 이상의 덧셈 교수에서 받아올림 지도는 받아올림을 해야 하는 계산식에서 답을 적는 곳에 □칸을 제공한다. 또는 자릿수를 맞춰 계산하는 것을 돕기 위해 형광펜이나 세로 줄을 표시하여 도움을 주거나, 격자 표시가 된 종이를 사용한다.

㉢ 34 곱하기 6에서 일의 자리값은 올바르게 표시되어 있으나 십의 자리에서는 6과 30의 곱한 값만 나오고 일의 자리에서 올림한 20은 더하지 않았음을 알 수 있다. 따라서 받아올림 오류에 해당한다.

㉣ 곱셈에서의 받아올림을 지도하기 위해서는 상위 자릿수로의 받아올림을 한 수와 상위 자릿수의 곱을 진행한 후 덧셈을 하도록 하는 방법 혹은 부분 곱을 사용하여 계산하도록 하는 방법을 적용한다. 시각적 표상교수는 문장제 문제를 해결하기 위하여 사용하는 시각적 전략교수로 학생의 오류와 관련이 없으며, 수 계열은 연속되는 수에 관한 것(예 빠진 수 채워 넣기)으로 학생의 오류와 관련이 없다.

PART

05

ⓜ 일의 자리까지 **뺄셈**을 할 때 작은 수에서 큰 수를 **빼지** 못하기 때문에 앞의 십의 자리에서 10을 빌려와 **빼는** 과정과 십의 자리에서 빌려 주고 남은 수를 표시하는 것이 빠져 있어 답에서 오류가 생길 수 있으므로 시각적 단서인 □칸을 넣어 풀이하는 과정을 눈으로 볼 수 있도록 하였다.

35

모범답안

2)	ⓔ 목표어휘와 학생이 이미 알고 있는 키워드를 연결하여 목표어휘를 가르치는 방법이다. ⓜ 순서에 맞게 외워야 하는 내용을 숫자와 비슷하게 발음되는 쉬운 단어들을 사용하여 학습하는 방법이다. • 차이점: 핵심어법은 아동이 이미 알고 있는 단어 중 목표어휘와 청각적으로 비슷한 어휘를 사용하고 페그워드법은 숫자와 비슷하게 발음되는 쉬운 단어를 이용한다.

36

모범답안

1)	⊙ 음절 변별 ⓛ 선생님이 단어를 따로따로 나눠서 말할 거예요. 그러면 여러분이 듣고 합쳐서 말하는 거예요. /드-아-을/
2)	읽기 이해 지도
3)	심상 만들기
4)	음운인식 능력은 읽기 능력과 높은 상관이 있으며, 향후 읽기 능력을 예측하는 강력한 변인이기 때문이다.

해설

(가) 민호는 단어인지에 어려움이 있다고 볼 수 있으며 영주는 또래에 비해 읽기 수준이 낮은 특성을 보인다.

(나) 문제의 전반적인 맥락을 통해 볼 때 민호가 '노래방'을 '놀이방'이라고 읽은 것, '학교'라는 단어는 읽을 수 있지만 '학'과 '교'라는 글자는 따로 읽지 못하는 것과 관련하여 특수학급 김 교사가 다양한 읽기 지도 방법 중 음운인식 지도 방법을 선택하여 지도한 이유는 음운인식이 읽기 능력과 높은 상관이 있으며, 더 나아가 향후 읽기 능력(단어인지, 읽기 유창성, 읽기이해 포함)을 예측하는 강력한 변인임을 고려하였기 때문이라고

볼 수 있다. 즉 음운인식 훈련을 통해 '노래방'과 '놀이방'은 서로 다른 말소리임을 식별할 수 있는 능력을 길러줄 수 있으며, '학교'를 '학'과 '교'로 분절 혹은 합성하는 훈련을 통해 추후 단어인지에 도움을 줄 수 있음을 반영하였다고 볼 수 있다.

Check Point

☑ 읽기 이해 증진을 위한 교수법

교수법	내용
관련 지식 자극하기	학생들이 읽기 자료의 주요 내용들을 논리적이고 의미 있게 서로 연결하고, 글의 내용을 중심으로 적절한 추론을 내릴 수 있도록 학생들을 도와주는 역할 수행
질문하기	학생들이 글의 주요 내용에 주의를 기울이도록 유도하고, 글의 전체 내용을 단계적으로 요약할 수 있도록 도와주고, 학생 스스로가 글을 읽는 동안 글의 내용에 대한 자신의 이해를 점검해 볼 수 있도록 도와주는 기능 수행

심상 만들기	• 학생들이 주요 내용을 효과적으로 연결·요약할 수 있도록 도와주기 위해 주로 활용
	• 심상 만들기 교수전략의 예
	  – 학생들에게 글을 읽는 동안 마음속에 글의 내용에 대한 심상을 만들어 보도록 요구하기
	  – 글을 읽고 난 후 글의 내용을 대표할 수 있는 그림을 그리도록 요구하기
	  – 글을 읽는 동안 글 속에 들어 있는 삽화를 보면서 글의 내용과 관련지을 수 있도록 유도하기

효과적인 학습동기 교수 전략	• 효과적인 학습동기 교수전략의 사용은 학생들이 읽기활동에 적극적으로 참여하도록 유도함으로써 궁극적으로 학생들의 읽기 능력 향상에 도움을 주는 기능 수행
	• 학생들의 읽기활동에 참여하는 동기는 내재적 동기요인과 외재적 동기요인으로 구분
	  – 내재적 동기요인: 글의 내용에 대한 관심, 새로운 내용에 대한 학습 호기심 등
	  – 외재적 동기요인: 교사의 요구에 순응하기, 교사로부터 인정받기, 친구들과 경쟁하기 등

37

(모범답안) 의미특성분석

해설

지문 돋 보기

- 목표 어휘 : 경도, 위도
- 목표 어휘의 주요 특성
  - 지구 표면의 주소
  - 세로로 그어진 줄
  - 가로로 그어진 줄
- 목표 어휘와 목표 어휘의 주요 특성 간 관계 표시 방법 : 그래픽 조직자에 '+' 또는 '−'로 표시

의미특성분석은 목표 어휘와 그 어휘들의 주요 특성들 간의 관계를 격자표로 정리하는 방법으로 아동들은 각 개념이 각 특성과 관련이 있는지(+ 표시) 없는지(− 표시)를 분석하여 해당 개념의 의미를 폭넓게 이해할 수 있다.

38

(모범답안) 큰 가수를 기준으로 이어세기

해설

지문 돋 보기

- (가)에서 학생 A의 덧셈 특성을 보면 세 자리 수의 덧셈 문제를 풀 수는 있으나, 문제를 푸는 데 시간이 오래 걸리고, 주어진 시간 내에 문제를 풀려고 할 때, 오답 비율이 높아지기 때문에 정해진 시간 내에 문제를 효율적으로 풀 수 있는 전략이 필요함을 알 수 있다.
- (나)의 풀이 과정을 보면 학생 A는 두 수의 크기와 상관없이 앞의 수를 기준으로 '이어세기'를 하고 있는 것으로 나타났다.

효율적인 기초 덧셈 전략으로 큰 가수를 기준으로 이어세기, 부분인출 및 직접인출 등이 있으나 부분인출이나 자동인출은 전략에서 제외하고 답할 것을 요구하고 있다.

Check Point

⊘ 효율적인 기초 덧셈 전략

큰 가수를 기준으로 이어세기	큰 가수를 기준으로 이어세기를 하기 위해서는 다음과 같은 선행지식과 기술이 필요하다. • 덧셈식의 순서와 상관없이 효율적인 순서로 연산을 할 수 있다는 것을 알아야 한다. • 두 수 중 큰 수를 변별할 수 있어야 한다. • 1이 아닌 곳에서 시작하여 셀 수 있다.	
부분인출 및 직접인출	• 부분인출 및 직접인출을 통해 덧셈의 기본셈(덧셈구구)을 빠르고 정확하게 할 수 있도록 도와주어야 한다. • 덧셈구구 교수 단계	
	1단계	학생이 덧셈구구의 기본 개념을 이해하도록 가르친다.
	2-1단계	사칙연산구구표를 이용하여 학생이 다양한 덧셈구구들 간의 관련성을 이해하도록 도와준다.
	2-2단계	덧셈구구표를 점진적으로 소개하여 학생이 이를 효율적으로 학습할 수 있도록 도와준다.
	3단계	학생들이 2단계에서 학습한 사칙연산구구를 자동화할 수 있도록 반복·누적하여 연습할 수 있는 기회를 제공하여야 한다.
두 자릿수 이상의 덧셈 교수	한 자릿수 덧셈 계산이 유창하게 되면, 두 자릿수 이상의 덧셈 교수를 실시한다.	

39

모범답안 읽기 유창성, 읽기이해

해설

지문 톺아보기

- (가) 낱말 읽기 평가 결과 20점 만점 중 19점을 획득할 정도로 개별 단어인지에는 문제가 거의 없는 것으로 나타났다.
- (나) 학생 A는 음독 과정에서 대치, 첨가 등의 오류를 보이는 것으로 나타났다.
- (다) 읽은 글의 주요 내용에 대해 묻는 교사의 질문에 대해 학생 A는 바르게 답하지 못하는 것으로 나타났다.

- (가)를 통해 음운변동이 적용되는 낱말 읽기('묻어'), 낱자와 소리의 대응관계를 이용한 낱말 읽기('환자') 등 단어인지에는 이상이 없음을 알 수 있다.
- 단어인지에는 큰 문제가 없는 학생 A가 (나)와 같이 문장을 소리에서 읽는 과정에서는 대치, 첨가 등의 오류를 여러 차례 보이므로 읽기 유창성에 문제를 보이고 있다고 할 수 있다. (가)와 (나)의 결과를 종합적으로 살펴보면 학생 A는 개별단어 수준에서는 단어인지 능력에 문제가 없으나 글 수준에서의 읽기 유창성에는 어려움을 보이고 있다.

Check Point

⊘ 읽기 유창성과 단어인지

『National Reading Panel』(2000) 보고서가 발표되기 전까지 읽기 유창성의 결함은 단어인지의 결함에서 기인한다고 가정하여, 읽기 유창성 향상을 위해 읽기 유창성 교수를 실기하기보다는 단어인지 교수에 초점을 두는 경우가 많았다. 그러나 단어인지 교수와 읽기 유창성 교수가 읽기 유창성에 미치는 영향을 비교한 연구 결과를 통해 읽기 유창성이 읽기 교수의 중요한 요소로 평가되기 시작했다. 여러 연구에서 단어인지 교수가 단어인지 능력 향상에는 효과적이었으나 읽기 유창성 향상을 이끌지 못하는 것으로 보고되었다. 또한 개별 단어 수준에서의 유창성을 강조한 교수와 글 수준에서의 읽기 유창성을 강조한 교수의 효과를 비교한 연구에서도 글 수준에서의 읽기 유창성을 강조한 교수가 읽기유창성 향상에 더 효과적임을 보고하였다(김애화 외, 2013 : 172).

40

모범답안

㉠	• 쓰는 목적을 명확히 하기 • 작문을 위한 아이디어를 생성하고 조직하기 위한 사전활동 하기
㉡	음운처리 중심 교수법

해설

㉠ 학생 A가 쓴 글의 특징은 다음과 같다.
- 글의 주제가 명확하지 않다. TV와 신문의 공통점과 차이점이 명확히 드러나 있지 않다.
- 글의 흐름이 논리적이지 않다.
- 관련 내용이 부족하다.
- 철자의 오류가 있다.

따라서 학생 A가 쓴 글의 특징을 볼 때 계획하기 단계에서는 글을 쓰는 목적을 명확히 하고 마인드맵 작성, 주제와 세부항목 묶기 등의 사전 활동이 이루어져야 한다.

㉡ '멸로'(별로), '왜야하면'(왜냐하면), '여능'(예능), '스포즈'(스포츠), '귀즈'(퀴즈) 등과 같이 오류가 발견된 단어들은 음운처리에 오류가 있음을 보여준다. 즉 낱자와 소리 대응관계에 맞춰 소리나는 대로 표기하면 되는 단어들을 잘못 쓴 경우에 해당한다. 따라서 음운처리 중심 교수법을 적용한다.

Check Point

(1) 철자의 오류 유형

음운처리 오류	소리 나는 대로 표기되는 단어를 쓸 때, 소리가 다른 단어로 잘못 쓰는 오류
표기처리 오류	소리 나는 대로 표기되지 않는 단어를 정확하게 쓰지 못하는 오류
형태처리 오류	단어를 구성하는 형태소에 대한 인식이 부족하여 나타나는 오류

(2) 철자 특성에 따른 철자 교수법

음운처리 중심 교수법	• 낱자－소리 대응관계를 활용한 파닉스 교수법을 적용한 철자 교수법 • 기본 자음(단자음)과 기본 모음(단모음) ⇨ 이중모음 ⇨ 겹자음 순으로 가르치기 • 주의: 시각적인 형태나 발음이 비슷한 낱자를 동시에 가르치지 않기

⇩

표기처리 중심 교수법	• 한글 철자 오류에서 가장 빈번하게 나타나는 것 : 한글의 음운변동 현상 때문 ① 음운변동(7종성, 연음, 비음화, 설측음화, 구개음화, 된소리되기, 축약, ㅎ탈락, 겹받침) 규칙별로 단어를 묶어서 소개하는 방법 ② 문장 안에서 단어의 쓰임을 인식할 수 있도록 하는 방법

⇩

형태처리 중심 교수법	• 어간－어미(어근－접사), 시제, 동음이의어를 고려한 철자 교수법 ① 용언의 기본형과 활용형을 연결하여 교수하는 방법 ② 문장 안에서 단어의 쓰임을 인식할 수 있도록 하는 방법

41

[모범답안]

교수방법	상보적 교수법
용어	명료화하기

Check Point

(1) 상보적 교수법

구문과 관련된 토론에 적극적으로 참여함으로써 구문 이해와 이해 모니터링 모두를 촉진할 수 있는 상호작용적인 교수전략

① 비계설정 교수법 강조

② 학습방법을 교사와 학생의 대화를 통하여 대화하면서 학생의 초인지적인 이해를 촉진시키고, 그 절차를 역할놀이 해 보면서 학생이 익힐 수 있도록 하는 상호교수

③ 교사와 학생이 글에 대해 구조화된 대화를 통한 학생의 읽기 이해력 향상이 목적

(2) 상보적 교수의 4가지 전략

예측하기	• 예측하기는 글을 읽는 목적을 설정하는 데 도움을 준다. • 글을 읽기 전에는 글을 전반적으로 훑어봄으로써 앞으로 읽을 내용에 대해 예측하게 하고, 글을 읽는 중간에는 지금까지 읽은 내용을 바탕으로 앞으로 이어질 내용을 예측하게 한다.
질문하기	• 질문 만들기는 학생이 자신이 읽은 글에서 중요한 내용에 집중할 수 있도록 돕는 전략이다. • 학생이 해당 문단을 읽으면서, 그 문단의 중요한 내용을 반영한 질문을 만들도록 한다. 이때 질문을 만드는 데 필요한 키워드 등을 사용할 수 있는데, 이러한 키워드는 글의 장르에 따라 달라질 수 있다.
명료화하기	• 명료화하기는 학생이 자신의 글에 대한 이해 여부를 점검하도록 돕는 전략이다. • 학생이 자신이 모르는 단어나 이해하지 못한 내용이 있는지를 점검하고, 자신이 이해하지 못한 부분에 대해 명료화한 후에 다음 문단으로의 읽기를 진행한다.
요약하기	• 요약하기는 학생이 자신이 읽은 글의 내용을 정리하고, 중요한 내용을 기억하는 것을 돕는 전략이다. • 학생은 이야기 글의 경우에는 이야기 문법 요소를 중심으로 내용을 요약하고, 설명글의 경우에는 문단별 중심 내용을 중심으로 전체 글의 내용을 요약할 수 있다.

(3) 상보적 교수 단서 카드의 예시

〈예측하기〉	〈질문 만들기〉
나는 _____에 대해 읽게 될 것이라고 생각한다.	누가? 무엇을? 언제? 어디서? 왜? 어떻게? 만일?
〈명료화하기〉	〈요약하기〉
• 어려운 단어 − 다시 읽기 − 어려운 단어가 포함된 문장, 앞 문장과 뒤 문장 읽기 − 단어형태 분석해 보기 − 사전 찾기 • 이해가 되지 않는 내용 − 다시 읽기 − 문맥의 뜻을 파악하기 위해 앞 문장과 뒤 문장을 읽어 보기 − 친구 또는 교사와 이야기하기	이 글의 내용은 _____ _____ _____ _____

출처 ▶ 김애화 외(2013)

42

모범답안

(가)	또래지명법(또는 지명도측정법)
(나)	FAST 전략

해설

(나) 상황 맥락 중재는 학교, 가정, 또래관계 등의 상황 맥락 안에서 필요한 사회적 기술을 선택하고, 선택된 상황 맥락에서 사회적 기술을 가르칠 것을 강조한다. 여기에는 FAST 전략과 SLAM 전략 등이 있다. FAST 전략은 다음과 같은 4단계에 따라 지도한다.
- 일단 행동을 멈추고 생각 : Freeze and Think(멈추고 생각하기)
- 다양한 대안을 모색 : Alternative(대안 모색하기)
- 최적의 해결 방안일지 선택 : Solution Evaluation (최적의 대안 찾기)
- 수행 : Try it(대안 수행하기)

Check Point

(1) 사회적 기술 평가 방법

자기보고법 (서술형)	서면이나 면대면 인터뷰를 통해 사회적 기술과 관련된 자기 상태를 표현하는 방식	
또래 지명법 (지명도 측정법)	대상 아동이 또래에게 어떻게 인지되고 있는지를 알아보는 데 유용한 방법	
	단점	• 신뢰도가 높고 타당하기는 하지만 거부되는 아동의 경우 그 이유가 해당 아동이 사회적으로 무관심하기 때문인지 아니면 적극적으로 배척당하기 때문인지 구별하지 못한다. • 문제행동을 보이는 학생을 신뢰도 높게 추출해 낼 수는 있지만, 교사로 하여금 훈련을 시킬 구체적인 문제행동이나 사회적 기술에 대해서는 정보를 제공해 주지 않는다. • 어떤 아동이 훈련의 결과로 사회적 기술을 갖게 되었어도 실제로 또래들에게 그러한 변화가 감지되기까지는 일정한 시간이 걸린다.
행동평정 척도	사회적 기술 소유 정도를 아동 자신, 또래, 부모 혹은 교사로 하여금 평정하게 하는 방법	
	장점	• 짧은 시간에 많은 항목을 조사할 수 있다. • 연구자나 조사자가 의도한 측면을 적절한 문항 개발을 통해 비교적 구체적으로 자세히 알아볼 수 있다. • 서로 다른 상황이나 집단 내에서 아동의 사회적 기술 상태를 상대적으로 비교해 볼 수 있다.

	단점	• 실제 특정 환경에서 특정 시간에 피험자가 특정 사회적 기술을 구사할 것인지에 대해서는 거의 알려 주는 바가 없다 : 사회적 기술이 무엇이고 어떻게 해야 하는지 아는 것과 실제로 행하는 것 간에는 차이가 있기 때문 • 검사의 결과는 전적으로 피험자의 반응에 의존하기 때문에 피험자의 실제 사회적 기술의 구사보다는 피험자의 주관과 감정 그리고 의도에 따라 결과가 달라질 수 있다. • 평정척도는 자체의 특성에서 오는 타당성의 문제이다.
직접 관찰법		• 관찰 상황을 어떻게 구성하느냐에 따라 구조화된 환경에서의 관찰과 비구조화된 환경에서의 관찰로 나눌 수 있다. • 관찰 내용은 수량화하거나 유목화할 수 있는 것뿐만 아니라 질적인 사항까지 포함해야 한다. • 관찰의 성공 여부는 관찰도구의 치밀성에 따라 달라진다.
행동 간 기능적 연쇄성 분석		• 사회적 기술 문제 진단에서부터 문제해결에까지 이르도록 해주는 진단 및 처방 방법 • 문제나 지도 방법을 미리 정하지 않고 구체적이고도 종합적인 문제행동과 그 환경 변인의 기능 평가 자료에 근거하여 그때그때 형성된 가설에 따라 문제와 지도 방법을 결정한다.
사회적 거리 추정법		일련의 문항을 제시하고 한 명의 학생이 모든 학생들에게 반응하도록 함으로써 특정 개인이 집단을 수용-거부하는 정도는 물론 집단이 특정 개인을 수용-거부하는 정도를 분석할 수 있다.

(2) 학습장애 아동의 사회적 기술지도

	목적	문제 상황에서 반응하기 전에 학생이 문제를 주의 깊게 생각하고, 대안을 모색하여 각 대안의 결과를 예측함으로써 최선의 대안을 선택할 수 있도록 한다.
FAST 전략	전략	• Freeze and Think(멈추고 생각하기) • Alternative(대안 모색하기) • Solution Evaluation(최적의 대안 찾기) • Try it(대안 수행하기)
SLAM 전략	목적	타인에게 부정적 피드백을 들을 때, 적절하게 받아들이는 것을 돕는다.
	전략	• Stop whatever you are doing.(지금 하고 있는 일을 멈춰라.) • Look the person in the eye.(상대방의 눈을 바라보라.) • Ask the person a question to clarify what he or she means.(상대방이 말한 것이 어떤 의미인지 명확하게 말해 줄 것을 요청하라.) • Make an appropriate response to the person.(상대방에게 적절한 반응을 하라.)

43

모범답안

(가)	정밀교수
(나)	자기교정법

해설

(가) 정답과 오답의 수를 표로 작성, 매일 측정된 결과의 변화를 A에게 보여주기, 그래프와 표로 자신의 진전을 확인할 수 있어서 학습 목표를 달성하는 데 도움 등과 같은 표현은 모두 정밀교수의 과정을 보여주고 있다.
  • 교육과정 중심 사정(CBA) 중 한 가지 방법 : 교육과정 중심 측정, 정밀교수, 포트폴리오 사정은 CBA의 세 가지 예이다(Prater, 2011 : 164).

(나) '학생 B의 학습 특성상 학생이 주도적으로 학습할 수 있는 방법', '자기 점검과 자기교수법을 변형시킨, 철자법을 스스로 확인하는 방법'을 단서로 활용한다.

Check Point

(1) 교육과정 중심 사정

① 교육과정 중심 사정(CBA)을 사용하는 교사는 그들이 가르치는 교육과정 또는 교육 내용과 사정도구를 연계시킨다.

② CBA에서 교수를 위해 사용되는 실제 교육과정 자료는 사정을 위해 활용되고, 직접 관찰과 학생 수행의 기록은 교수적 결정을 내리기 위해 활용된다.

교육과정 중심측정 (CBM)	• CBA의 형식적 유형 • CBM을 사용하는 교사는 시간제한 검사와 학생 수준의 도표화를 포함한 표준 절차 적용 • 다음 요소에 의해 다른 교실 사정과 구분됨. 　- CBM은 표준화된 것임. 측정되는 행동과 측정하는 동안의 절차는 구체적으로 정해져 있음. 　- CBM은 검사 과정과 자료가 지속적으로 남으면서 장기간 사용될 수 있음. 　- 매주 검사는 학년 말에 기대되는 수행을 반영하는 내용 포함

| 정밀교수 | • CBM과 유사점
　－ 시간제한 검사를 통한 유창성과 자료 비율, 학생 수행 결과를 도표화하고 평가한다.
　－ 필요한 경우 교육과정 또는 교수 변화가 이루어진다.
• CBM과의 차이점(편저자 주: 역서에는 교육 과정 중심 사정과의 차이로 되어 있으나 내용상 CBM으로 보는 것이 타당함)
　－ CBM 검사는 연간 교육과정에 포함된 모든 기술을 사정하지만, 정밀교수는 작은 단위(예 구구단의 2단에만 해당)를 사정한다.
　－ 정밀교수는 오로지 기준 성취 차트만 사용한다.[기준 성취 차트는 자료점을 절대적으로 보여주기 보다는 비례적으로 보여줌. 예를 들어, 학생의 곱셈 문제 풀기 비율이 분당 10단위에서 20단위로 향상되었다면, 변화비율(2배)은 같은 시간 동안 1분에 5단위에서 10단위로 향상된 학생과 같다는 의미] |
| 포트폴리오 사정 | • 포트폴리오를 만드는 일반적인 목적
　－ 학생 최고의 작품을 전시하기 위해
　－ 학생의 성장이나 진전을 보여주기 위해
　－ 목표기준의 수행을 증명하기 위해 |

출처 ▶ Prater(2011 : 164-167) 요약 정리

(2) 자기교정법

① 아동 자신이 쓴 단어와 정답을 비교하여, 자신이 잘못 철자한 단어를 확인하여 수정한 후, 단어를 바르게 베껴 쓰는 방법

② 가리고, 기억하여 쓰고, 비교하기 포함

정답	아동이 기억하여 쓰기	자기교정	자기교정	자기교정
무릎	무릅	무릎	무릎	무릎
닮았다	닳았다	닮았다	닮았다	닮았다

• 표 설명: 첫째 칸에는 정답을 제시하고, 둘째 칸에는 정답을 먼저 살펴본 다음 정답을 가리고 기억하여 단어를 쓰도록 한다. 그다음 정답과 비교하여 틀린 부분에 체크하고, 셋째 칸에는 올바른 철자를 자기교정하여 쓰도록 한다. 이와 같은 과정을 넷째 칸과 다섯째 칸에 반복한다.

44

모범답안

(가)	©, 고체, 액체, 기체 사이의 순환적 변화를 이해하는 데 적절한 그래픽 조직자의 유형은 순환형(순환도)이기 때문이다.
(나)	• K : 융해와 용해에 대해 알고 있는 것을 기록하게 한다. • W : 융해와 용해에 대해 알고 싶은 내용을 기록하게 한다. • L : 융해와 용해에 대해 알게 된 사실을 요약하게 한다.

해설

© 의미특성분석표는 격자표를 사용하여 '+', '-'를 표시하는 방법이다.

Check Point

(1) 그래픽 조직자의 종류

유형	그래픽 조직자의 형태	활용 가능한 내용의 예시
순환형 (순환도)		• 물질의 순환 • 먹이사슬
연속형 (순서도)		• 역사적 사건의 발발 및 촉발 요인 • 문제해결 과정
계층형 (흐름도)		• 동식물의 종 분류 • 정부 조직도
비교·대조형 (벤다이어그램)		• 식물과 동물의 유사성과 차이점 • 원인류와 영장류의 특징 비교
개념형		• 이야기 속 인물 간 관계 • 과학의 관련 개념 연결
매트릭스형		• 과학실험 결과의 기록 • 역사적 사건의 영향력 기술

출처 ▶ 한국학습장애학회(2014)

(2) K-W-L 전략

K-W-L 전략은 3단계로 구성된다.

① 읽을 글의 제목에 대해 자신이 이미 알고 있는 것에 대해 기록한다(K: what I Know).

② 앞으로 글을 읽음으로써 배우고 싶은 내용을 기록한다(W: what I Want to know).

③ 글을 다 읽은 후, 자신이 글을 통해 배운 것을 요약한다. 특히 요약을 할 때는 글의 중심내용에 초점을 맞춘다(L: what I Learned).

45

[모범답안]

2)	㉠ 일의 자리, 십의 자리에 대한 자릿값의 개념은 있으나, 시간, 분, 초에 대한 자릿값의 개념이 없다. ㉡ 초단위 계산 과정에서 받아내림을 하지 않았다.
3)	받아내림을 할 때, 일의 자리에 있는 값은 '10'이 늘어나고, 십의 자리에 있는 값은 '1'이 줄어든다는 것에 대한 시각적 단서를 제공한다.

[해설]

2) 시·공간 지각의 어려움으로 인해 시간 단위를 고려하지 못한 채 시와 분(10시와 1분), 분과 초(30분과 19초)를 같은 자리에 써서 계산하고 있음을 확인할 수 있다. 무조건적으로 자릿값만 맞췄음을 의미한다.

3) 빈칸을 이용하는 것은 시공간 지각에 어려움이 없는 특성을 이용한 것이다. 시각적 촉진 방법으로 '반구체물을 활용', '가림판을 이용' 등도 가능하다.

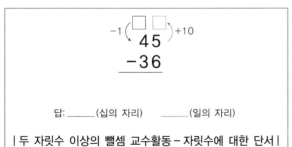

| 두 자릿수 이상의 뺄셈 교수활동 - 자릿수에 대한 단서 |

46

[모범답안]

명칭	시험전략(또는 시험보기 전략)
기술	다음 중 택 1 • 쉬운 것을 먼저 한다. • 어려운 질문은 넘어간다.
기호와 이유	㉠, 전략 사용의 이유와 핵심 요소를 제시하고 전략 사용 방법을 직접 보인 후 설명을 끝내는 것이 아니라 교사와 학생이 질문과 대답 활동을 통해 학생의 내용 이해 정도를 확인해야 하기 때문이다. ㉡, 연습과제에서 학생이 전략을 잘못 사용했을 때 교정적 피드백을 통해 오류를 정정하고 필요한 경우 재교수를 실시하여야 오류를 반복할 가능성이 낮아지기 때문이다.

[해설]

[지문 톺 보기]

교수활동	직접교수의 단계
• 이전 시간에 배운 내용을 점검한다. • 수업 목표를 진술한다.	학습목표 제시
• 선다형 문항을 풀이하는 전략을 설명한다. • 전략을 촉진하면서 전략을 사용하여 문제 푸는 방법을 시범 보인다.	교사 시범
학생이 배운 대로 전략을 연습해 볼 수 있도록 과제를 제시하고, 교사는 전략 사용을 촉진한다.	안내된 연습
전략을 다시 확인하고 주어진 시간 동안 독립적으로 전략 사용을 연습하게 한다.	독립된 연습

• 적용할 수 있는 기술

학생 A의 문제는 "한 시간 내내 끙끙거리며 잘 모르는 문제만 풀고 있는 것 같았어요."란 대화 내용에 근거하여 유추할 수 있다. 따라서 쉬운 것을 먼저 하게 하거나 어려운 질문은 넘어가는 기술을 적용할 수 있다.

• 잘못된 내용

㉠ 직접교수법은 설명하기, 시범 보이기, 질문하기, 활동하기의 단계로도 소개된다. 처음에 교사는 언어적으로 설명하고 시범 보이고, 교수학습에서 이차적인 책임을 진다. 질문하기 단계에서는 교사와 학생이 내용 파악을 위한 질문과 대답 활동이 주를 이룬다. 그리고 활동하기 단계에서는 점차 독자 혼자서 연습함으로써, 학습의 책임권이 교사 책임에서 교사/학생 책임으로 공유되고, 점차 완전한 학생 책임으로 이행된다(이경화, 2014: 292).

ⓒ 전략을 잘못 사용하였을 때 교정적 피드백 없이 같은 문제를 다시 제공할 경우 오류를 반복할 가능성이 높다. 따라서 오류를 정정하고 필요한 경우에는 재교수를 실시해야 한다.

Check Point

(1) 일반적 시험전략

모든 목적에 적합한 또는 일반적 시험전략에는 ① 학업적 준비, ② 물리적 준비, ③ 태도 개선, ④ 불안 감소, ⑤ 동기 개선이 있다(Prater, 2011 : 273-274).

학업적 준비	학생들이 언제 그리고 무엇을 공부해야 하는지에 대해 설명한다. 특히 학생은 어떤 내용을 공부해야 하는지 알아야 한다. 교사는 학생이 시험 치게 될 기술과 지식에 대해 명시적이어야 한다. 학생은 또한 사용될 시험 질문의 유형(**예** 논술, 참/거짓, 선긋기, 선다형)을 알아야 한다.
물리적 준비	학생이 특히 시험을 치기 전에 건강하고, 적절하게 음식을 섭취하고, 밤에 충분히 휴식을 취해야 함을 의미한다.
태도 개선	학생은 시험을 치는 것에 대해 건강하고 긍정적이고 확신에 찬 태도를 가져야 한다. 교사는 학생의 시험 태도를 평가해야 하고, 그 결과에 근거하여 중재해야 한다. 예를 들어, 학생이 자신의 표준을 너무 높게 설정한다면 합리적인 수준의 개선 목표를 설정하도록 도와준다. 만약 학생이 부정적인 시험 결과를 받는 것에 대해 두려워한다면 노력에 대해 강화해 주고 지원하는 환경을 조성해 주어야 한다.
불안 감소	불안은 자주 학생의 시험 수행을 방해할 수 있다. Scruggs 등은 불안 감소를 위한 전략을 다음과 같이 제시한다. • 다양한 시험 형식을 경험하게 한다. • 시험 치는 기술을 가르친다. • 시험이 시행되는 동안 행해지는 평가적인 언급을 줄인다. • 학생이 작업에 임하고 자신들의 시간을 현명하게 사용하도록 과제수행 행동의 자기 점검법을 가르친다. • 긴장을 푸는 데 자기 점검 절차를 사용한다.
동기 개선	노력에 대한 외적 강화를 제공하는 것, 적절한 귀인을 가르치고 격려하거나 또는 성공/실패가 학생의 통제 밖의 힘에 의한 것이 아니라 개인의 노력에 기인하게 하는 것, 학생이 시험을 치는 상황에서 성공하도록 그들 자신이 통제하는 전략을 사용하게끔 격려하는 것에 의해 성취될 수 있다.

(2) 특정 시험전략

특정 시험전략은 주로 두문자어로 만들어지는데, 이는 학생이 성공적으로 시험을 치기 위해 완수해야 할 전략 단계를 가르친다.

시험 준비	FORCE(Wehrung–Schaffner & Sapona, 1990) • Find out(찾아낸다. : 시험에서 다루게 될 것과 질문의 유형이 무엇인지) • Organize(정리한다. : 공부에 필요한 모든 자료를 수집함으로써) • Review the material(자료를 복습한다.) • Concentrate and make a cue sheet(집중하고 큐시트를 만든다.) • Early exam(예행시험 : 반복하거나 짝이 질문하게 함으로써 연습한다.)	
시험 치는 동안	DETER(Strichart & Mangrum, 2002) • Directions, read them (지시사항을 읽는다.) • Examine the test(시험지를 살펴본다.) • Time, check it(시간을 점검한다.) • Easy ones first(쉬운 것을 먼저 한다.) • Review my work(나의 답안을 검토한다.)	PIRATES(Hughes & Schumaker, 1991) • Prepare to succeed(성공하도록 준비한다.) • Inspect the instruction (지시사항을 점검한다.) • Read, remember, reduce (질문을 읽고, 정보를 기억하고, 줄인다.) • Answer or abandon(질문에 답하거나 포기한다.) • Turn back(다시 돌아간다.) • Estimate(답을 추정한다.) • Survey(답을 제대로 하였는지 훑어본다.)
	SCORER(Carman & Adams, 1984) • Schedule time(시간을 계획한다.) • Clue words, look for (단서를 주는 단어를 찾는다.) • Omit difficult questions (어려운 질문은 넘어간다.) • Read carefully(주의 깊게 읽는다.) • Estimate answers(정답을 추정한다.) • Review your work(자신의 답안을 검토한다.)	SNOW(Scruggs & Mastropieri, 1992) • Study the question(질문을 숙독한다.) • Note important points (중요한 점을 메모한다.) • Organize important information before writing(쓰기 전에 중요한 정보를 조직화한다.) • Write directly to the point of the question (질문의 요지에 따라 쓴다.)

47

모범답안

2)	다음 중 택 1 • 안전띠(또는 착용)라는 단어의 뜻을 알아보기 위해 글을 다시 읽기 • 안전띠(또는 착용)라는 단어가 포함된 문장, 앞 문장과 뒤 문장 읽기 • 안전띠(또는 착용)의 단어형태 분석해 보기

해설

2) 어려운 단어를 이해하기 위한 방법 중 '사전 찾기'는 (가)의 내용('사전 찾기를 포함하여')에 포함되어 있으므로 제외한다.

• 어려운 단어에 대한 명료화를 위한 방법으로는 '다시 읽기', '어려운 단어가 포함된 문장, 앞 문장과 뒤 문장 읽기', '단어형태 분석해 보기', '사전 찾기'등이 있다.

• 이해가 되지 않는 내용에 대한 명료화 방법으로는 '다시 읽기', '문맥의 뜻을 파악하기 위해 앞 문장과 뒤 문장을 읽어보기', '친구 또는 교사와 이야기하기' 등이 있다.

• 문제는 어려운 단어에 대한 명료화 방법을 묻고 있으며 사전찾기에 대해서는 (가)에 제시되어 있다.

Check Point

⊘ 상보적 교수 단서 카드의 예시

〈예측하기〉	〈질문 만들기〉
나는 _____에 대해 읽게 될 것이라고 생각한다.	누가? 무엇을? 언제? 어디서? 왜? 어떻게? 만일?
〈명료화하기〉	〈요약하기〉
• 어려운 단어 − 다시 읽기 − 어려운 단어가 포함된 문장, 앞 문장과 뒤 문장 읽기 − 단어형태 분석해 보기 − 사전 찾기 • 이해가 되지 않는 내용 − 다시 읽기 − 문맥의 뜻을 파악하기 위해 앞 문장과 뒤 문장을 읽어 보기 − 친구 또는 교사와 이야기하기	이 글의 내용은 _____ _____ _____ _____

출처 ▶ 김애화 외(2013)

48

모범답안

3)	① 준수는 수업내용을 요약하는 데 어려움이 있기 때문에 안내노트를 이용하면 수업내용을 조직하고 이해를 증진시키는 데 도움이 된다. ② 글자를 쓰는 데 많은 노력이 필요하기 때문에 안내노트를 이용하면 노트필기의 정확성과 효율성을 향상시킬 수 있다.
4)	결합지식 수준의 준수가 자신의 선행지식과 연결하여 새로운 어휘를 이해하고 어휘력을 확장시키는 데 효과적이기 때문이다.(또는 결합지식 수준의 준수에게 목표 어휘와 관련된 다양한 어휘들 간의 관계를 파악할 수 있게 함으로써 어휘의 의미를 깊이 있게 이해할 수 있도록 하기 때문이다.)

해설

4) '단어와 정의를 연결할 수 있음.', '어휘의 의미를 깊이 이해하는 데 어려움이 있음.' 등의 특징은 준수의 어휘지식 수준이 현재 결합지식 수준임을 나타낸다. 따라서 의미지도의 이용은 어휘 간의 관련성을 이해하도록 도와주며, 또한 완성된 의미 지도에 대한 활발한 논의는 의미 지도의 효과를 극대화하여 어휘지식 수준을 이해지식 수준으로 향상시킬 수 있다.

• 의미 지도는 학생이 자신의 선행지식과 연결하여 새로운 어휘의 의미를 이해하고 어휘력을 확장하는 데 유용한 방법이다(김애화 외, 2013 : 186).

Check Point

(1) 내용 강화법
① 내용 교과의 정보를 더 잘 조직, 이해, 기억하도록 하기 위해 교사가 주요 교과 내용을 잘 전달하는 데 중점을 두고 사용하는 폭넓은 기법들을 통칭하여 부르는 용어
② 내용강화법의 종류 : 안내노트, 그래픽 조직자, 기억증진 전략, 학습전략(상보적 교수, 직접교수법, 정밀교수 등) 등

(2) 학습 안내지
① 교과서의 중심내용이나 주요 어휘 등의 학습을 돕기 위해 제작한 학습지
② 목적에 따라 학습 안내지, 워크시트, 안내 노트로 구분

학습 안내지	교과서의 중심내용 및 주요 어휘에 관한 질문으로 구성
워크시트	교과서의 중심내용 및 주요 어휘에 관한 개요 제시
안내노트	중요 사실, 개념 및 관계성 등을 기록하도록 표준 단서와 특정 여백을 남겨두어 아동에게 수업을 안내하도록 하는 교사 제작 인쇄물

(3) 어휘지식 수준에 따른 교수법

결합지식 교수법	• 사전적 정의 • 키워드 기억 전략 • 컴퓨터 보조 교수
이해지식 교수법	• 의미 지도 • 개념도 • 개념 다이어그램 • 의미 특성 분석 • 어휘 관련시키기 활동 • 질문-이유-예 활동
생성지식 교수법	• 빈번한, 풍부한, 확장하는 어휘교수 • 다양한 장르의 책을 다독

49 2017 중등A-12

【모범답안】

ⓛ
• 일견단어 교수법: 반복적인 노출을 통해 주어진 단어의 시각적 형태를 기억하도록 하고, 단어의 시각적 형태와 음과 의미를 서로 연합시키도록 하는 방법
• 이유: 단어를 사진과 함께 반복적으로 노출시킴으로써 단어의 시각적 형태와 음 그리고 사진을 통한 의미를 서로 연합시킬 수 있기 때문이다.

ⓒ 사회적 타당도

【해설】

【지문 돋보기】

일반사례분석: 일반사례분석은 전통적인 과제분석 절차를 확장하여 수행 상황에서의 단계와 자극 변인을 나타낸 개념이다. 예를 들면, 현금 인출기는 장소나 위치에 따라 각양각색이다. 은행에 따라 다를 수 있고, 기계 종류에 따라 다를 수 있다. 그러나 교사가 지역 내에 있는 모든 현금 인출기에 대한 과제분석과 훈련을 하기보다는 상황에서 가장 일반적인 변인이 될 은행을 골라 훈련하면 훨씬 쉽게 접근할 수 있을 것이다(김형일, 2014: 193-194).

ⓛ 일견단어 교수법은 낱말을 구성하는 말소리 체계에 대한 분석 없이 글자를 빠르게 읽을 수 있도록 지도하는 방법으로도 정의할 수 있다.
• 메뉴판에서 음식명 읽고 선택하기 활동에 적합한 이유: 학생 N은 시각적 단서를 구별할 수 있기 때문에 사진과 글자를 구별할 수 있다. 따라서 글자와 그림을 동시에 반복적으로 노출시킴으로써 학생 N은 단어의 시각적 형태와 음 그리고 사진에 의한 의미를 서로 연합시킬 수 있게 되는 것이다.

ⓒ 사회적 타당도는 어떤 연구 목적이나 교수방법이 연구자나 개발자 개인뿐만 아니라 다른 사람들에게서 공감을 얻을 수 있는지 평가하여 객관화하는 것을 말한다(2019 초등A-1 기출).

Check Point

(1) 일견단어
낱말재인 시 낱말을 흘낏 보는 것만으로도 그 의미를 파악할 수 있는 단어이다. 일견단어는 낱말을 구성하는 말소리 체계에 대한 분석 없이 글자를 빠르게 읽어 내는 것으로, 글자의 모양을 통해 식별되는 것이 아니라 그 낱말을 구성하는 모든 정보가 눈에 익어서 단번에 정확하게 그 낱말을 확인하게 한다(특수교육학 용어사전: 359 기출).

(2) 통문자 학습
의미를 지닌 덩어리를 중심으로 가르치는 교수방법이다. 음소나 글자를 중심으로 언어를 가르치는 것과 대조적이다. 언어의 기본 단위는 의미이며 의미의 구성은 사고의 행위로 본다. 따라서 언어활동이 의미 이해의 과정이 되도록 아동의 사고력을 신장시키는 데 중점을 둔다. 말하고, 듣고, 쓰고, 읽는 행위는 의미구성 과정이므로 언어의 말하기, 듣기, 읽기, 쓰기를 총제적이고 통합적으로 지도한다(특수교육학 용어사전, 2018: 347).

50

모범답안

오류	① 문제해결에 필요한 정보와 불필요한 정보를 구별하지 못한다.(또는 중요한 정보를 선택하지 못하는 선택적 주의집중력의 부족을 보인다.) ② 곱셈식을 먼저 계산한 후 덧셈 계산을 해야 하는데 덧셈 후 곱셈을 하였다.
㉠	문제해결 계획 세우기
㉡	필요한 단계와 연산기호를 결정하자.

해설

(가) 문제해결을 위한 식을 세울 때, 여학생 수의 3배인데 남학생 수의 3배로 식을 세웠다. 사칙연산의 연산 순서에 맞춰 제시된 문제를 풀이하면 다음과 같은 순서로 이루어져야 한다.

$$(66 + 365 \times 3)$$
$$= 66 + 1{,}095$$
$$= 1{,}161$$

Check Point

(1) 문장제 문제해결 전략

핵심어 전략	• 일반적으로 문장제 문제에 많이 등장하는 단어들에 연산을 연계시켜 문제를 해결하도록 하는 방법 • 자칫 과잉일반화를 초래하여 학생들이 문제의 전체 맥락을 파악하는 대신 특정 단어에만 지나치게 주의를 집중할 경우 오답에 도달하게 만들 가능성이 있다.
시각적 표상화 전략 (표상교수)	제시된 문제 상황을 그림이나 도식으로 나타내어 문제해결을 시도하는 방법
인지 전략의 훈련 (전략교수)	• 문장제 문제해결에 소요되는 과정을 단계별로 나누어 이행해 나가는 과정과 방법상의 절차에 관한 훈련 방법 • 인지 전략을 자발적이고 자율적으로 활용할 수 있도록 하기 위해서는 자기점검 전략이나 자기교수 전략과 같은 메타인지 전략을 활용하여 자발적으로 활용할 수 있는 능력을 키워주는 것이 중요하다.
문제 자체의 조절	• 방법1: 문장제 응용문제의 소재를 일상생활에서 일어나는 사례를 중심으로 구성하는 방법 • 방법2: 문장제 응용문제의 구조와 용어를 조절함으로써 문제의 난이도를 낮추는 방법 • 궁극적으로 학생들에게 다양한 문장제 응용문제를 해결할 수 있는 능력을 형성시키는 것에 초점을 두어야지, 문제 자체를 조절함으로써 난이도를 낮추어 학습성취를 향상시키는 방법은 적절하지 않다.

컴퓨터 보조 수업	• 컴퓨터 보조 학습의 효과는 사용된 전략과 그 전략의 훈련 방식 그리고 교수 설계상의 특징에 의해 달라진다. • 아울러 비용 문제, 교사의 프로그램 개발 능력, 장비 구비 현황, 학생들의 준비 정도 등도 고려되어야 한다.

(2) 인지 전략과 자기조절 초인지 전략을 적용한 전략 교수

인지 전략 단계	자기조절 초인지 전략		
	말하기 (자기교수)	묻기 (자기질문)	점검하기 (자기점검)
1. 문제 읽기	"문제를 읽자. 이해하지 못하면 다시 읽자."	"문제를 읽고 이해했는가?"	문제를 풀 수 있을 만큼 이해했는지 점검하기
2. 문제를 자신의 말로 고쳐 말하기	"중요한 정보에 밑줄을 긋자. 문제를 나의 말로 다시 말해 보자."	"중요한 정보에 밑줄을 그었는가? 문제가 무엇인가? 내가 찾는 것은 무엇인가?"	문제에 있는 정보 확인하기
3. 그림이나 다이어그램으로 문제를 표상하기	"그림이나 다이어그램을 만들자."	"그림이 문제에 적합한가?"	그림이 문제 속 정보와 비교하여 어긋나는지 점검하기
4. 문제해결 계획 세우기	"필요한 단계와 연산기호를 결정하자."	"만약 내가 ~을 한다면 답을 얻을 수 있는가? 다음에 해야 할 것은 무엇인가? 몇 단계가 필요한가?"	계획이 잘 세워졌는지 점검하기
5. 답을 어림해 보기	"어림수를 찾아 머릿속으로 문제를 풀고 어림값을 쓰자."	"올림과 내림을 했는가? 어림수를 썼는가?"	중요한 정보를 사용하였는지 점검하기
6. 계산하기	"정확한 순서대로 계산하자."	"내가 한 답은 어림값과 비교하여 어떠한가? 답이 맞는가? 기호나 단위를 잘 썼는가?"	모든 계산이 올바른 순서대로 이루어졌는지 점검하기
7. 모든 과정이 옳은지 점검하기	"계산을 점검하자."	"모든 단계를 점검했는가? 계산을 점검했는가? 답은 맞는가?"	모든 단계가 맞는지 점검하기, 만약 틀렸다면 다시 하기, 필요한 경우 도움을 요청하기

51

모범답안

㉠	비교·대조형(또는 밴다이어그램)
㉡	연속형(또는 순서도)
㉢	• 단계명: 단락 요약(또는 문단 요약) • 활동 − 또래교사가 단락을 먼저 읽고 또래학습자가 다시 읽기 − 단락이 끝날 때 또래학습자가 단락 요약하기 − 또래학습자의 단락 요약하기에 대해 또래교사는 오류 교정해 주기

Check Point

☑ **또래지원 학습전략(PALS)**

파트너 읽기, 단락(문단) 요약, 예측 릴레이 등 세 가지의 구조화된 활동으로 구성

파트너 읽기	• 성취 수준이 높은 학생이 먼저 소리 내어 큰 소리로 읽고, 이어서 성취 수준이 낮은 학생이 동일한 부분을 다시 읽는다. 읽기 수준이 높은 학생이 듣고 발음, 내용, 어휘 등에 대해 질문하고 필요하면 설명과 시범을 보인다. • 활동 내용 구체화 − 또래교사가 먼저 읽고 또래학습자가 다시 읽기 − 또래학습자가 읽을 때 또래교사는 오류 교정해 주기 − 또래학습자가 읽은 내용을 다시 말하기
단락 (문단) 요약	• 성취 수준이 높은 학생은 책을 읽은 학생들에게 단락이 누구 혹은 무엇에 관한 것인지, 그리고 그 누구와 무엇에 있어 가장 주요한 것이 무엇인지 물어봄으로써 주제를 확인하게 유도한다. 요약에 대해서 오류가 있을 경우 이를 수정해 준다. • 활동 내용 구체화 − 또래교사가 단락을 먼저 읽고 또래학습자가 다시 읽기 − 단락이 끝날 때 또래학습자가 단락 요약하기 − 또래학습자의 단락 요약하기에 대해 또래교사는 오류 교정해 주기
예측 릴레이	• 글을 읽은 학생에게 다음에 읽을 내용이 무엇인지 예상하게 한다. • 활동 내용 구체화 − 또래교사와 또래학습자는 다음에 읽을 내용에 대해 예측하기 − 또래교사와 또래학습자는 예측한 내용이 옳은지 확인하기

52

모범답안

2)	㉡ 탈락(또는 음소탈락) ㉢ 대치(또는 음소대치)

해설

2) ㉡ 음운인식 단위는 음소이며 음운인식 과제 유형은 탈락이다.
　 ㉢ 음운인식 단위는 음소이며 음운인식 과제 유형은 대치에 해당한다.

53

모범답안

2)	① 핵심어 전략 ② 건너뛰며 세기
3)	단순연산 오류

해설

2) ② 건너뛰며 세기는 덧셈, 곱셈에서 사용할 수 있다. 몇 씩 건너뛰며 몇 번을 세는지 알아보기, 같은 수를 여러 번 더하여 전체 수를 알아보는 활동은 덧셈에서 곱셈으로 자연스럽게 넘어가는 경험을 제공한다. 건너뛰며 세기는 곱셈의 기초가 된다.
3) 410m + 230m의 경우 백의 자리에서의 연산오류, 740m + 320m의 경우도 백의 자리에서 연산오류가 발생하였는데 받아올림이나 자릿값의 오류에 따른 결과가 아닌 4+2, 7+3을 바르게 연산하지 못한 결과이다.

54

모범답안

(가)	표기처리 오류
㉠	시간 지연법

해설

(가) '가미'(감이), '가믈'(감을), '두리서'(둘이서), '마싰게'(맛있게), '머겄습니다'(먹었습니다)는 모두 소리나는 대로 표기한 예에 해당한다.

㉠ 문제에서 '가리고 베껴 쓰기' 전략을 적용한다고 이미 제시되어 있다. 따라서 큰 틀에서의 교수법이 아닌 교수법을 실행하는 데 있어 적용된 시간지연 절차를 파악하는 것이 적절하다. 전략을 적용함에 있어 최초에 단어를 가린 후 '5초 동안' 기다리도록 했고, 틀린 경우 교정적 피드백을 제공한 후에도 '5초 동안' 기다렸음은 가리고 베껴쓰기를 적용함에 있어 시간 지연법을 적용했음을 의미한다. 하나의 회기 내에서의 과정과 시간만 제시되어 있을 뿐 후속 회기에 적용할 시간에 대해서는 구체적인 언급이 없으므로 시간 지연법의 하위 유형으로 구분하여 제시하는 것은 불가능하다.

Check Point

(1) 음운변동의 종류

대치 (교체)	어떤 음운이 다른 음운으로 바뀌는 현상	(1) 음절의 끝소리 규칙 (2) 비음화(비음동화), 'ㄹ'의 비음화 (3) 유음화 (4) 두음 법칙('ㄹ', 'ㄴ'의 두음 법칙) (5) 된소리되기(경음화) (6) 구개음화 (7) 'ㅣ'모음 역행 동화(전설모음화)
축약	두 음운이 하나의 음운으로 줄어드는 현상	(1) 모음 축약(반모음화) (2) 자음 축약[거센소리되기(유기음화)]
탈락	두 음운 중에서 어느 하나가 없어지는 현상	(1) 자음군 단순화 (2) 모음 탈락 (3) 자음 탈락
첨가	형태소가 합성될 때 그 사이에 음운이 덧붙는 현상	(1) 'ㄴ'첨가 (2) 'ㅅ'첨가

출처 ▶ 김홍범 외(2021 : 224)

---

(2) 점진적 시간 지연과 지속적 시간 지연

① 점진적 시간 지연

0초 시간 지연 간격을 활용한 초기 교수를 한 후에, 교수자는 정반응이 습득되었다면 해당 학습자가 독립적으로 반응할 수 있도록 하고, 정반응이 아직 습득되지 못했다면 촉진을 기다릴 수 있게 하면서, 서서히 회기 전반에 걸쳐 시간의 양을 점차 더 많이 늘리는 방향으로 시간 지연의 간격을 늘린다.

② 지속적 시간 지연

지속적 시간 지연 절차와 함께 사용되는 지연 간격은 단 두 가지이다.

㉠ 초기 교수가 첫 회기에 발생할 때의 0초 시간 지연 간격이다.

㉡ 교수자가 유창성을 위해 규명한 마지막 지연(3초)으로 모든 후속 회기들에 사용된다.

55

모범답안

• ㉢ 두문자어전략

56

[모범답안]

- ㉠ 표현력

- ㉡ 단어인지

- ㉢ 글을 읽을 때 개별 단어를 해독하고 단어의 의미를 파악하는 데 인지적 자원을 많이 사용하기 때문에 상대적으로 읽기이해에 사용할 인지적 자원이 부족하기 때문이다.

- ㉤ 새로운 자료보다는 학생이 90% 이상을 정확하게 읽을 수 있는 글을 선택하여 반복하여 읽도록 하는 것이 효과적이기 때문이다.

- ㉥ 배경 효과음이 있는 것을 사용하면 글 읽기에 집중할 수 없기 때문이다.

Check Point

⊘ 효과적인 읽기 유창성 교수의 일반적인 특성 및 유형

특성	• 동일한 글을 소리 내어 반복하여 읽도록 한다. • 유창하게 읽는 사람이 시범을 보인다. • 체계적인 오류 교정 절차를 적용하여 오류를 교정한다. • 일주일에 세 번 이상의 교수를 실시한다. • 글에 포함된 단어의 약 90% 이상을 정확하게 읽을 수 있는 글을 선택하여 읽기 유창성 교수에 사용한다.
교수 유형 — 짝과 함께 반복 읽기	• 읽기 유창성이 좋은 또래 친구와 짝을 이루어 소리 내어 반복 읽기 • 구성 요소 및 절차 – 짝 정하기(아동 A, 아동 B) – 아동 B의 수준에 적합한 글 선택하기 – '짝과 함께 반복 읽기' 절차를 명시적으로 설명하고 연습하기 – '짝과 함께 반복 읽기' 적용하기
교수 유형 — 끊어서 반복 읽기	• 끊어 읽기 + 반복 읽기 • 구성 요소 및 절차 – 끊어서 반복 읽기 활동에 필요한 읽기 지문 준비하기 – 교사가 끊어 읽기 시범 보이기 – 아동과 함께 끊어 읽기 연습하기 – 아동이 독립적으로 끊어서 반복 읽기

※ 읽기 유창성 교수 유형 중 짝과 함께 반복읽기는 짝(동료)과 함께 그리고 끊어서 반복읽기는 교사와 같이 이루어진다. 두 교수 유형 모두 동일한 글을 소리 내어 반복하여 읽도록 하는 특성이 있다.

57

[모범답안]

2)	① ⓑ, 주로 짝과 함께 반복하여 읽게 한다(또는 교사와 함께 반복하여 읽게 한다). ② ⓒ, 묵독보다는 음독 읽기 연습을 충분히 제공한다.
3)	동형검사는 난이도가 동등해서 제공되는 중재에 대한 학생들의 진전도를 지속적으로 파악할 수 있기 때문이다.
4)	ⓐ 과학적으로 검증된(또는 이론에 기반한, 증거 기반의) 반복읽기 전략 중재에 대하여 학급 전체 학생들이 적절한 반응을 보였기 때문이다. ⓑ 과학적으로 검증된 반복읽기 전략 중재가 학생의 특성과 맞지 않았기 때문이다.

[해설]

2) ⓒ 음독보다는 묵독 읽기 연습을 충분히 제공한다. : 묵독 시 오류를 발견할 수 없기 때문에 음독(소리내어 읽기) 읽기 연습이 이루어져야 한다.

3) CBM의 장점 중 하나는 진전도 모니터링을 위한 CBM 검사의 유용성이다. 규준에 기반한 전통적인 학업성취도 검사들은 상당히 짧은 기간에 실시된 교수전략이 효과적인지를 평가하기 위한 목적으로 사용될 수 없다. 왜냐하면 그러한 검사들은 시간이 지나더라도 변화가 적은 검사점수를 제공하기 위한 목적으로 개발되었기 때문이다(한 검사에서 학생의 점수는 짧은 기간에는 변화하지 않는다는 것을 가정한다). 또한 그러한 전통적인 검사들은 반복적으로 검사가 가능한 충분한 동형검사의 문항을 갖고 있지 않다. CBM을 통해 진전도 모니터링을 할 수 있는 이유는 반복적인(그것이 매일이라고 할지라도) 측정형식으로 인하여 난이도가 동등한 검사지를 사용할 수 있기 때문이다(여승수 외, 2015 : 23).

4) ⓐ 전체 학생을 대상으로 이루어지는 1단계에 적용된 중재에서 학급 학생들은 제공된 중재에 대하여 적절한 반응을 보였음을 알 수 있다. 그러나 하위 10% 학생의 경우는 제공된 중재에 대하여 적절한 반응을 보이지 않고 지속적으로 낮은 성취 수준을 보여주고 있다. 이는 제공된 중재가 학생들의 특성과 맞지 않음을 의미하는 것이므로 2단계에서는 새로운 중재 방법을 적용시켜야 한다.

(1) 교육과정중심측정

① 특징

  ㉠ 특수아동들의 수업활동에서 활용되고 있는 읽기 자료들을 사용해 개발할 수 있기 때문에 수업활동과 그 결과를 직접적으로 반영할 수 있다.

  ㉡ 교육과정중심측정은 주별 또는 격주별로 검사를 반복적으로 실시함으로써 아동의 상대적인 서열보다는 교육 프로그램 제공에 따른 학습기능의 성장을 평가하는 것에 관심을 갖는다.

  ㉢ 특수아동의 성장에 대한 평가 결과는 현재 특수아동에게 제공되고 있는 교육 프로그램의 효과성에 대한 형성적 평가 자료로서 활용된다.

  ㉣ 지금까지의 경험적 연구들은 교육과정중심측정 검사가 평균 .90 이상의 높은 신뢰도와 .70 이상의 준거지향 타당도를 가지고 있는 것으로 보고하고 있다.

② 실행 단계

측정할 기술 확인하기	어떤 기술을 측정할 것인가를 결정해야 하는데 아동의 필요에 따라 한 가지 이상 기술을 측정할 수도 있다.
검사지 제작하기	• 측정할 기술이 결정되면 그 기술과 관련된 향후 1년간의 교육과정을 대표할 수 있는 검사지를 제작한다. • CBM 기간에 실시할 검사의 횟수와 동일한 숫자의 동형검사를 제작한다. • 읽기, 철자법, 셈하기의 핵심적 기법을 고려하여 검사지를 제작한다.
검사의 실시 횟수 결정하기	• CBM은 향후 1년간 해당 기술영역에서의 아동의 진전을 점검하게 되는데 이 과정에서 주 2회 검사를 실시할 것이 권장된다. • 주당 2회, 최소 7회 이상 검사하는 것이 바람직하다.
기초선 점수 결정하기	• 기초선 점수를 결정하기 위해 3회의 검사점수가 필요하며 3회의 점수 중 중앙값이 기초선 점수가 된다. • 기초선 점수는 아동의 진전 여부를 결정하는 데 기초가 되는 시작 점수이다.
목표 설정하기	해당 학년이 끝날 때 기대되는 목표점수를 결정한다.
목표선 설정하기	• 목표선: 현 기초선 단계의 수행 수준과 일정 기간 후 도달해야 할 성취 수준을 연결하는 선 • 기초선 설정 이후 아동의 진전을 점검할 때 근거가 된다. • 목표선 대신에 진전선을 그릴 수도 있다.

(2) 중재반응 모델의 3단계 예방 모델

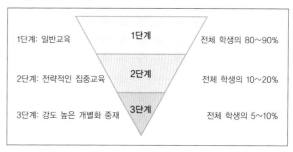

1단계	① 일반 아동의 학습능력보다 낮은 성취수준과 느린 성장속도를 보이는 학생을 선별하는 단계 ② 일반교육환경에서는 모든 학생들이 일반교사로부터 과학적으로 검증된 교수법을 통해 중재 받음.
2단계	① 교육과정에서 기대된 기준을 성취하지 못한 학생들에게 그들의 학습능력과 특성을 고려하여 전략적으로 집중교육 제공 ② 전략적 집중교육에서는 학생들의 요구에 맞추어 중재계획을 세워야 하고 중재 결과는 CBM을 통해 적절한 간격으로 평가하고 진전도 모니터링 실시 ③ 1단계보다 더 자주 진전도 모니터링을 하고 한 달에 적어도 두 번 이상은 평가 실시
3단계	① 1단계와 2단계에서 중재에 대한 반응이 없었거나 기대된 기준을 성취하지 못한 학생들에게 특수교육 서비스와 같은 강도 높은 개별화 중재 제공 ② 중재는 1단계에서 제공했던 것과 2단계에서 지원되었던 전략적인 중재를 더 향상해서 제공할 수도 있고, 중재 빈도와 지속시간을 증가시켜서 제공하여 학생의 수행 수준과 발달률을 촉진시킬 수도 있음. ③ 특별히 훈련된 일반교사, 특수교사 등이 교수 담당 ④ 표준화된 평가, CBM, 오류분석, 면접, 관찰, 기능적 행동평가 등 모두가 포함되며, 직접평가에 의해 측정하여 학생이 어느 면에서 결함이나 부족함이 있는지 평가

58

모범답안

㉠	시공간 능력
㉡	자동화(또는 인출 능력)

해설

지문 돋보기

(가) 학생 G
· 102, 51, 48중 가장 큰 수를 제외한 두 수의 최대공약수를 구하도록 하고 있으나 학생 G는 주어진 세 수의 최대공약수를 구하고 있다.
· 풀이 과정이 상당히 복잡하게 정리되어 있다.

㉠ 학생 G가 보이는 숫자의 복잡성, 문제를 푸는 위치의 상실 등은 수학학습장애 학생의 인지적 특성 중 시공간 능력의 결여를 의미한다.

㉡ 유창성을 위해서는 반복·누적된 연습기회의 제공을 통해 곱셈연산 구구를 자동화할 필요가 있다.

· 곱셈구구의 궁극적 목적은 학생이 계산 과정을 거치지 않고 바로 장기기억에서 답을 인출할 수 있도록 하는 것이다. 이를 위해 곱셈의 개념, 곱셈식, 몇 배 개념 등을 이해하도록 하고, 그다음 충분한 연습을 통해 곱셈구구의 기본셈을 빠르고 정확하게(즉, 유창하게) 할 수 있도록 이끌어 내야 한다(김애화 외, 2012 : 296). 곱셈구구 교수 단계별 구체적 내용은 'cheak point (2) 곱셈구구 교수 단계' 참조.

· 기본 연산의 숙달 정도는 보통 10% 이하의 오류를 보이는 경우로 하는 것이 좋다. 일부 학자들은 20%를 주장하기도 하나 이후 연산에서 기본 연산이 차지하는 중요성에 비추어 봤을 때 적어도 90% 정도는 정확하게 연산을 해야 할 것이다. 받아내림과 받아올림이 필요하고 계산 결과가 10을 초과하는 덧셈이나 뺄셈 그리고 이를 기반으로 하는 곱셈이나 나눗셈의 과제는 수 세기나 손가락 셈으로는 한계가 있다. 가장 중요한 것은 기본 연산이 빠르고 정확하게 이루어지도록 자동화시키는 것이다. 보다 복잡한 연산을 위해서는 단순 연산 해결능력이 유창해야 하지만, 수학학습장애 학생들의 경우 문제해결 전략이나 절차는 훈련이나 연습으로 어느 정도 습득이 가능하더라도 특히 단순 연산을 빠르고 정확하게 처리하는 능력에 있어서 일반학생과 큰 차이를 보인다. 일단 기본 연산이 어느 정도 가능하면 시각적 촉진이나 언어적 촉진, 보조선 등을 사용하여 필요한 절차나 단계를 정확하게 밟아 나가도록 한다(김동일 외, 2016 : 293-294).

Check Point

(1) 수학 학습장애 아동 특성
① 인지적 특성

기억 능력	수학 학습장애 아동은 일반아동에 비해 작동기억에 결함이 있다.
언어 능력	낮은 언어 능력은 문장제 문제해결에 어려움을 겪는 수학 학습장애 아동들이 보이는 대표적인 특성이다.
시공간 능력	· 시공간 능력은 수학 연산을 수행하고, 수의 크기 개념을 형성하고, 정신적으로 표상된 수직선과 같은 공간적인 형태에서 정보를 표상하고 조작하기 위해 필요하다. · 그래프 읽기, 자릿값에 따라 숫자 정렬하기, 도표를 해석하고 이해하기, 기하학적 그림 이해하기 등의 수학 활동을 할 때 시공간 능력이 요구된다. · 시공간 능력의 결여는 수학 학습장애 아동의 수학적 특성으로 언급되기는 하지만, 시공간 능력이 수학 학습장애 아동의 수학 능력에 미치는 영향에 대한 검증은 추후 연구를 통해 보다 많이 이루어져야 한다.
주의집중 능력	· 주의집중 능력은 기초적인 수 세기부터 간단한 연산, 여러 단계를 거쳐야 하는 복잡한 연산문제를 해결하는 데까지 요구된다. · 문장제 문제를 해결할 때도 관련 없는 정보를 걸러내고 필요한 정보에만 집중하는 능력이 필요하다. · 특히 주의집중 능력은 연산 능력에 유의한 영향을 미치는 것으로 보고되었다. · 수학 학습장애 아동은 일반아동에 비해 주의집중에 어려움을 보인다.
처리 속도	· 처리 속도는 수학문제를 해결하는 데 걸리는 시간과 밀접하게 관련이 있다. · 처리 속도는 정확성과 유창성을 구성 요소로 한다. · 느린 처리 속도는 연산 능력에 유의한 영향을 미치는 것으로 보고되었다. · 느린 처리 속도는 수학 학습장애 아동의 특성 중 하나이다.

② 수학 영역별 특성

영역	특성
수학 개념 이해	• 취학 전 기본적인 수학개념(크기, 양, 대소, 순서 등)의 습득 정도가 미약하다. • 취학 이후에 학습하게 되는 좀 더 고차원적이고 추상적인 수학 개념(집합, 확률, 함수 등) 이해와 학습에 어려움을 겪는다.
문장제 응용문제	• 문제를 읽고 이해하는 데 필요한 기본 읽기 능력, 기본 계산 능력, 그리고 단기기억능력이 부족하다. • 주어진 응용문제를 수학적으로 해결하기에 용이하도록 표상하는 능력이 부족하다. • 보통 아동들보다 훨씬 비효과적인 문제해결 전략을 이용한다.
도형 및 공간 지각	• 공간 시각화 능력이 취약하다. • 공간, 거리, 크기, 순서 등을 지각하는 능력이 상대적으로 취약하다. • 공간지각상의 어려움은 이차적으로 자리 수 정렬 수의 방향 인식 등에 어려움을 야기할 가능성이 있다. • 숫자를 도치하여 읽는다거나(예 6과 9, 41과 14 등) 숫자의 크기를 균형 있게 맞추지 못해 자릿수를 배열하지 못하는 등의 특성을 보인다. • 미세한 시지각 기능이 요구되는 수학적 기호를 잘못 보거나 빠뜨릴 수 있다. • 지각-운동 협응능력의 결함으로 인해 숫자를 균형 있게 쓰지 못하거나 연산과정에서 보조 숫자나 보조선을 미숙하게 활용하는 등의 특징을 보인다.

(2) 곱셈구구 교수 단계

1단계	곱셈의 개념, 곱셈식, 몇 배 개념 등을 학생이 이해하도록 가르쳐야 한다.
2-1단계	곱셈연산 구구표를 이용하여 학생들이 다양한 구구 간의 관련성을 이해하도록 도와야 한다.
2-2단계	• 곱셈연산 구구표를 점진적으로 소개하여 학생이 이를 효율적으로 학습하도록 도와야 한다. • 학생이 곱셈구구를 한꺼번에 외우는 것이 아니라, 더 쉽게 외워지는 순서에 따라 점진적으로 외우게 하는 것이 좋다.
3단계	• 학생이 2단계에서 학습한 곱셈연산 구구를 자동화할 수 있도록 반복, 누적된 연습기회를 제공하여야 한다. • 사칙연산 구구의 자동화를 위해 연습을 할 때, 교사는 다음의 세 가지 절차를 활용하는 것이 좋다. 첫째, 새로 학습한 구구를 집중적으로 반복하기 둘째, 새로 학습한 구구와 이전에 학습한 구구를 섞어서 누적 반복하기 셋째, 새로 학습한 구구의 숙달 정도를 평가하기

59 _____

모범답안

- ㉠ 사회적 능력
- ㉡ 최적의 대안 찾기
- ㉢ 다음 중 택 2
  - 교사(또는 부모)를 대상으로 구조화된 면담(또는 비형식적 면담)을 실시한다.
  - 또래를 대상으로 또래지명법을 실시한다.
  - 자연스러운 환경(또는 구조화된 환경)에서 학생 N을 직접 관찰한다.

해설

㉠ 사회성 기술 ⓢ 사회적 기술

㉡ 상황 맥락 중재는 학교, 가정, 또래관계 등의 상황 맥락 안에서 필요한 사회적 기술을 선택하고, 선택된 상황 맥락에서 사회적 기술을 가르칠 것을 강조한다. 여기에는 FAST 전략, SLAM 전략 등이 있으며 FAST 전략은 '멈추고 생각하기-대안 모색하기-최적의 대안 찾기-대안 수행하기'의 순으로 진행된다.

㉢ 사회적 타당도란 어떤 연구 목적이나 교수방법이 연구자나 개발자 개인뿐만 아니라 다른 사람들에게서 공감을 얻을 수 있는지 평가하여 객관화하는 것이다.

- 문제에서는 구체적으로 사회적 타당도를 높일 수 있는 방법, 각기 다른 정보 제공자와 평가 형태를 조건으로 하고 있기 때문에 지문에 제시된 측정에 의한 방법보다 사회적 타당도를 높이기 위해서는 사회기관이나 중요한 타인들로부터 정보를 입수하는 방법, 사회적 행위를 관찰하는 방법 더욱 타당하다. 여기에 정보 제공자와 평가 형태를 모두 포함해야 하므로 부모(또는 교사)와 같이 중요한 타인을 대상으로 면담을 실시하거나 또래를 대상으로 하는 또래지명법이 적절하다.

☑ 사회적 타당성을 기준으로 사회적 기술을 측정하는 방법의 유형(Gresham)

유형 1	• 본질적으로 사회적 타당성을 확보하고 있는 방법
	• 사회기관(학교, 정신건강 기관 등)이나 주요 인물들(부모, 교사, 또래)이 평가에 참여
	   - 부모나 교사들에게 구조화된 면담이나 비형식적인 면담을 통해 아동들의 사회적 기술에 대한 정보를 다양하게 입수
	   - 또래로 부터의 수용이나 거절(또래지명법 활용), 친구 관계, 교사나 부모의 판단, 직장 동료나 고용주의 판단, 공식적인 기록 등을 포함
	• 제한점
	   - 단기간의 중재효과를 검증하기에는 너무 둔감(사회적 행위에 얼마나 변화가 있어야 사회적 타인들이 이를 인정할 것인가 하는 문제인데, 대개는 아주 눈에 띄는 변화가 있어야만 타인들이 이를 알아챌 수 있기 때문)

유형 2	• 본질적으로 사회적 타당성을 완전히 확보하지는 않지만 유용한 정보 제공
	• 대상자를 자연스러운 환경에서 관찰하는 방법(학교 운동장, 직업 훈련 기관의 쉬는 시간, 지역사회 내 시설 이용 등)
	• 관찰하고자 하는 상황이 자연적이어야 하겠지만, 의도적으로 상황을 구조화하여 사회적 기술의 특정 측면을 집중적으로 관찰할 수도 있음.
	• 제한점
	   - 사실적인 정보를 제공해 줄 수 있지만 다양한 정보원 활용의 어려움.
	   - 정보 수집 방법이 한정적임.

유형 3	• 가장 불완전한 사회적 타당성을 보이는 형태 • 측정 결과는 자연적인 상황에서의 행동이나 교사, 부모의 사회적 기술에 대한 판단과 별로 관계가 없음. • 역할놀이를 통한 검사, 행동적 역할 수행 검사, 사회적 문제해결 측정, 사회적 인지 측정 등 포함 • 자기평가나 자기보고 혹은 자기성찰에 근거한 질문지법 등 포함

모범답안

• ㉠ 사전적 정의를 찾는 방법은 목표 어휘의 의미를 표면적인 수준에서 이해할 수 있도록 하는 정도이기 때문에 충분한 이해 수준으로 이끌 수 있도록 지도한다.(또는 사전적 정의를 찾는 방법은 해당 어휘를 어떻게 활용할 것인가를 가르치는 데 한계가 있으므로 해당 어휘를 다양한 상황에서 활용할 수 있도록 지도한다.)

• ㉡ 사실적 이해 질문(또는 문자 그대로의 이해 질문, 내용에 대한 문자적 이해 질문)

• ㉢ 왜 베먼 할아버지는 존시를 위해 그림을 그렸을까요?

해설

㉠ 사전적 정의를 찾는 방법은 목표 어휘의 의미를 간단하게 이해하는 데는 도움이 되지만, 여기서의 어휘이해 정도는 다소 표면적인 수준이고, 충분한 이해 수준을 이끄는 데는 한계를 지닌다. 또한 이 방법은 실제로 해당 어휘를 '어떻게 활용할 것인가'를 가르치는 데 한계가 있다(김애화 외, 2012 : 183).

㉡ 사실적 이해 질문은 '누가', '무엇을', '어디서', '언제' 등과 같이 내용이 표면적으로 드러나는 부분을 이해했는지를 파악하는 질문 유형이다.

㉢ 추론적 이해 질문(또는 해석적 이해 질문)은 '왜', '어떻게'와 관련된 질문이다.

Check Point

(1) 어휘의 의미 파악 지도 방법

① 어휘의 의미 파악 지도 방법의 첫 번째 단계는 해당 어휘의 의미를 국어사전에서 찾지 않고, 앞뒤 문장과 해당 어휘가 있는 문장의 문맥상으로 추측해 내는 단계이다.

② 두 번째 단계는 국어사전에서 찾아 어휘의 의미를 파악하는 단계인데, 가장 고전적이고노 확실한 방법이다. 이때에는 문맥을 보고 그 가운데서 적절한 뜻을 찾아 알아내야 한다.

③ 세 번째 단계는 의미를 파악한 어휘를 기억하고 또 잘 활용하기 위한 단계이다. 이 단계에서는 해당 어휘가 들어 있는 문장이나 텍스트를 여러 개 준비해 읽거나 듣고 여러 담화 환경에서 그 어휘가 사용되는 경우를 알아 그 뜻을 명확하게 인지하도록 한다.

출처 ▶ 초등학교 국어(3-1) 교사용지도서(교육부, 2019 : 300)

(2) 어휘지식 수준에 따른 교수법

① 결합지식 교수법

사전적 정의	• 교사가 학생에게 목표 어휘의 사전적 의미를 찾아보도록 하는 방법으로, 전통적인 어휘 교수법 중 하나 • 사전적 정의를 찾는 방법은 목표 어휘의 의미를 간단하게 이해하는 데는 도움이 되지만, 어휘이해 정도는 다소 표면적인 수준이고, 충분한 이해 수준을 이끄는 데는 한계 • 학생이 실제로 해당 어휘를 '어떻게 활용할 것인가'를 가르치는 데 한계
키워드 기억전략	• 목표 어휘와 학생이 이미 알고 있는 키워드를 연결하여 목표 어휘를 가르치는 방법 • 키워드: 학생이 이미 알고 있는 단어 중에서 목표 어휘와 청각적으로 유사한 어휘
컴퓨터 보조 교수	• 컴퓨터를 어휘지식 습득에 활용하는 방법 • 컴퓨터를 어려운 어휘의 정의를 제공하거나, 어려운 어휘를 쉬운 어휘로 바꿔주는 등의 방법에 활용 가능

② 이해지식 교수법

의미 지도	• 목표 어휘를 중심으로 이와 관련되는 어휘를 열거하고, 그 어휘들을 그래픽 조직자를 활용하여 범주화하고, 각각의 범주에 명칭을 부여하는 방법 • 학생이 자신의 선행지식과 연결하여 새로운 어휘의 의미를 이해하고 어휘력을 확장하는 데 유용한 방법
개념도	목표 어휘의 정의, 예, 예가 아닌 것으로 구성된 그래픽 조직자
개념 다이어그램	개념 비교표를 만들어서 아동이 개념의 특성(반드시 갖추어야 하는 특성, 가끔 갖추고 있는 특성, 절대 갖추고 있지 않은 특성), 예와 예가 아닌 것 등을 비교함으로써 목표 개념을 이해하도록 도와주는 방법
의미 특성 분석	• 목표 어휘와 그 어휘들의 주요 특성들 간의 관계를 격자표로 정리하는 방법 • 목표: 목표 어휘를 관련 어휘 및 학습자의 선행지식과 연결함으로써 학습자의 어휘에 관한 이해의 정도를 확장시키는 것
어휘 관련시키기 활동	이미 학습한 어휘의 의미를 강화하고 확장시키는 방법으로, 유의어, 반의어 및 유추 어휘를 찾는 형식으로 구성
질문-이유 -예 활동	해당 어휘를 사용한 이유를 이야기하고, 해당 어휘와 관련된 자신의 경험을 예로 들어 이야기해 보는 활동

③ 생성지식 교수법

빈번한, 풍부한, 확장하는 어휘교수	• 풍부한 어휘교수: 단순히 어휘의 정의를 제시하는 것 이상의 교수로서, 목표 어휘의 다양한 의미를 이해하고 관련 어휘 및 학습자의 선행지식과 연결 짓도록 하는 것 • 확장하는 어휘교수: 학생이 수업 시간에 학습한 어휘를 다양한 상황에서 활용할 수 있도록 하는 교수를 의미 • 목적: 학생이 어휘를 다양한 맥락에서 반복적으로 접함으로써 단순히 정의를 아는 것에 그치는 것이 아니라, 목표 어휘와 관련 어휘의 관계 및 다양한 맥락에서의 의미를 파악함으로써 점차적으로 어휘에 관한 '소유권'을 갖도록 하는 것
다양한 장르의 책을 다독	학생이 책을 읽다가 모르는 어휘가 나오면 스스로 파악할 수 있도록 돕는 전략

(3) 읽기 활동을 통한 내용 이해

읽기 활동을 통한 내용 이해는 크게 단어 이해, 내용에 대한 문자적 이해, 추론적 이해, 평가적 이해, 감상적 이해로 나누어 볼 수 있다(김동일 외, 2016: 157).

① 단어 이해
읽기 자료의 전체 내용을 이해하는 데 중요한 기초가 되며, 내용에 대한 기억에도 중요한 역할을 수행

② 문자적 이해
읽기 자료에 쓰인 내용을 있는 그대로 의미화할 수 있는 능력

③ 추론적 이해
㉠ 읽기 자료에 나타난 정보를 있는 그대로가 아닌 개인적 경험, 지식, 직관을 이용해 가설화할 수 있는 능력
㉡ 예를 들어 지금까지의 내용을 중심으로 앞으로 계속될 이야기를 예상해 보는 것, 자료 읽기를 통해 배운 내용을 다른 상황에 어떻게 적용할 수 있는지 가설화해 보는 것 등

④ 평가적 이해
독자의 지식, 경험, 가치 체계를 중심으로 읽기 자료에 포함된 내용의 정확성, 저자의 의도, 정보의 유용성 등을 판단하는 것

⑤ 감상적 이해
㉠ 읽기 활동 자체를 통해 심미적 만족을 갖게 되는 상태
㉡ 예를 들어 성경과 같은 경전 읽기를 통해 삶의 모습이나 진리를 발견해 가는 과정

(4) 읽기 이해 질문의 유형

읽기 이해 질문의 유형 혹은 질문의 유형은 학자에 따라 다양하게 제시되는데, 읽기 수준에 따른 읽기 이해 질문의 유형은 다음과 같다.

① 사실적 사고를 요하는 질문(나오는 인물은 누구인가?)

② 추론적 사고를 요하는 질문(그 인물은 다음에 어떻게 되었을까?)

③ 비판·평가적 사고를 요하는 질문(그 인물이 한 행동은 옳은 것인가?)

출처 ▶ 초등학교 국어(3-1) 교사용지도서(교육부, 2019 : 79)

61

모범답안

1)	ⓒ 학습장애는 지능이 정상이어야 하기 때문이다. ⓔ 다른 장애로 인해 학습문제가 유발되었을 때는 해당 아동을 학습장애로 판별할 수 없기 때문이다.
2)	① 중재반응 모델 ② 다음 중 택 1 • 학습장애를 과잉 혹은 잘못 판별하는 것을 감소시킬 수 있다. • 문화적으로나 언어적으로 다른 소수민족 아동들에 대한 장애아동으로의 과잉판별을 줄일 수 있다. • 교육과정중심평가와 아동의 진전에 대한 지속적인 모니터링을 통하여 아동 판별의 전통적인 방법보다 더 수업에 관련된 자료를 제공한다.

해설

1) ㉠ 장애인 등에 대한 특수교육법 제16조 제4항 : 진단·평가의 과정에서는 부모 등 보호자의 의견진술의 기회가 충분히 보장되어야 한다.

ⓒ 학습장애로 판별하기 위해서는 지능이 정상이어야 함을 기본으로 한다.

ⓒ 지능이 평균 이상임에도 낮은 학업성취도를 보인다고 해서 모두 학습장애로 판별해서는 안 된다. 감각장애로 인해 낮은 학업성취도를 보이는 경우 또는 환경적, 문화적, 경제적 실조에 의해 학습문제가 유발되었을 때는 해당 아동을 학습장애로 판별할 수 없다.

ⓔ 장애인 등에 대한 특수교육법 제36조 제1항 : 특수교육대상자 또는 그 보호자는 다음 각 호(특수교육대상자의 선정, 교육지원 내용의 결정 사항, 학교에의 배치, 부당한 차별)의 어느 하나에 해당하는 교육장, 교육감 또는 각급학교의 장의 조치에 대하여 이의가 있을 때에는 해당 시·군·구 특수교육운영위원회 또는 시·도 특수교육운영위원회에 심사청구를 할 수 있다.

2) ① '학급의 모든 학생을 대상으로 하는 첫 번째 단계', '소집단 활동', '진전도를 지속적으로 살펴봐야 할 것 같다' 등은 중재반응 모델을 설명하는 단서에 해당한다.

② 학습장애 적격성 판별 측면에 해당하는 장점만 기술하도록 한다.

Check Point

(1) 학습장애 정의의 공통 요소

① 평균 이하의 학업성취도

ㄱ 읽기와 쓰기 그리고 셈하기에서 평균 이하의 학업성취도를 보이는 아동이 모두 학습장애를 갖고 있다고는 할 수 없다.

ㄴ 반대로 평균 이상의 학업성취도를 보이는 아동이 학습장애로 판별될 가능성은 없다.

② 개인 내 차이

ㄱ 평균 이하의 학업성취도가 학업과 관련된 전 영역에 걸쳐 나타나는 것은 아니다.

ㄴ 이는 곧 많은 영역에서 평균 이상의 성취도를 보이지만 특정 영역에 대해서는 평균 이하의 성취를 보임을 의미한다.

③ 중추신경계의 이상

ㄱ 지능이 정상임에도 불구하고 특정 영역에 있어서만 평균 이하의 성취도를 보이는 이유는 명확하지 않으나 여러 가지 상황들을 고려했을 때 학습장애가 나타내는 특성들은 중추신경계의 이상에 의한 것으로 유추하고 있다.

ㄴ 흔히 중추신경계의 이상은 그 장소와 범위를 명확히 파악할 수 없을 만큼 너무나 미약하다는 의미에서 미세뇌기능장애라고도 불린다.

④ 심리적 과정의 문제

ㄱ 심리적 과정 : 우리가 정보를 받아들이고 장기기억에 저장하기까지 그리고 장기기억에 저장된 정보를 인출하고 표현하기까지의 일련의 과정

ㄴ 심리적 과정의 문제를 의심하는 이유 : 정보의 습득 및 처리에 있어 중추적인 역할을 담당하고 있는 중추신경계의 이상은 인간이 정보를 습득하고 처리하는 과정에 이상을 유발하고 이로 인해 성취에 어려움을 보인다고 생각하기 때문이다.

⑤ 다른 장애의 배제

ㄱ 지능이 평균 이상임에도 낮은 학업성취도를 보인다고 해서 모두 학습장애로 판별해서는 안 된다.

ㄴ 감각장애로 인해 낮은 학업성취도를 보이는 경우 또는 환경적, 문화적, 경제적 실조에 의해 학습문제가 유발되었을 때는 해당 아동을 학습장애로 판별할 수 없다.

(2) 중재반응 모델의 장점과 문제점

① 장점

　㉠ 장애 위험이 있는 학생들을 불일치 모델보다는 조기에 발견하여 교육하기 때문에 실패할 때까지 기다리는 것을 최소화한다.

　㉡ 학습장애를 과잉 혹은 잘못 판별하는 것을 감소시킬 수 있다. 사회, 경제, 문화적 요인으로 학업문제를 가진 학생들이 학습장애로 판별될 가능성을 감소시킬 수 있으며 조기중재가 이루어지기 때문에 학습장애로 판별되는 것을 감소시킨다.

　㉢ 문화적으로나 언어적으로 다른 소수민족 아동들에 대한 장애아동으로의 과잉판별을 줄일 수 있다.

　㉣ 아동의 결함에 초점을 맞추는 것이 아니라 아동을 더 성공하도록 하는 방법을 찾는 데 초점을 맞춘다.

　㉤ 교육과정중심평가와 아동의 진전에 대한 지속적인 모니터링을 통하여 아동 판별의 전통적인 방법보다 더 수업에 관련된 자료를 제공한다.

　㉥ 교육을 하고 평가를 하여 학생들의 수행 수준과 진전도를 점검하고 교육에 반영하기 때문에 교육-평가-교육계획을 서로 유기적으로 연계시킬 수 있다.

② 문제점

문제점	내용
특정학습장애의 조기 판별에 따른 문제와 '실패대기모델(wait-to-fail)'의 재생산	• 조기 판별이 되지 않는 학생이 있음(지능이 높으면서 또래 아동 수준의 성취인 경우). • 비언어성 학습장애의 판별이 어려움. • 기본언어과정 학습장애는 평생에 걸쳐 계속됨(기본 언어과정 외에 다른 중재를 받지 못한다면 중대한 실패에 봉착하게 되어 결과적으로 또 다른 wait-to-fail이 됨).
신뢰성 및 타당성을 위한 학문성 구축 문제	• 낮은 타당도 • 증거에 바탕을 둔 것이 무엇을 의미하는지, 어떤 준거가 적용되는지가 문제 • 특정 학습장애의 조기 발견에만 집중, 특정 학습장애 아동을 위한 포괄적/장기적 안목의 서비스와 평가 경시
거짓-긍정으로 불어나는 학습장애 아동 수의 문제	유치원의 초기 수준에서 하는 측정은 유치원 말기나 초등학교 수준에서 하는 것보다 훨씬 더 부정확하므로 필요가 없는 학생에게 집중적인 중재를 하게 되는 것이 심각한 문제가 됨.

62

모범답안

• ㉡ 예측하기

　㉢ 그래픽 조직자(또는 계층형 그래픽 조직자)

해설

㉡ 예측하기는 글을 읽기 전에 글의 제목, 소제목, 그림 등을 훑어본 다음, 앞으로 읽을 글에 대한 내용을 예측하는 활동이다(김애화 외, 2013 : 193).

Check Point

◎ 예측하기 전략(미리보기 전략)

① 미리보기는 글을 읽기 전에 제목이나 차례, 소개문이나 요약문, 도표나 삽화 등을 미리 살펴보는 것을 말한다.

② 미리보기 활동은 글의 내용을 대략적으로 파악하는 데 유용하다.

③ 글의 내용과 관련된 배경 경험이나 배경지식을 떠올리면서 관심을 가질 수 있게 한다.

출처 ▶ 초등학교 국어(3-1) 교사용지도서(2019 : 75)

63

모범답안

㉠	쓰기 유창성
㉡	직접교수법

64 ·········· 2021 유아A-5

2021 유아A-5

(모범답안)

2)	① (긍정적 교실 지명과 부정적인 교실 지명 모두로부터 결합된 정보를 통해) 또래들 사이에서 사회적 위치 향상을 목표로 하는 중재가 필요한 학생을 선별하기 위한 것이다.(또는 대상 아동이 또래에게 어떻게 인지되고 있는지를 알아보기 위한 것이다.) ② 짝이 되었으면 하는 친구 3명과 짝하기 싫은 친구 3명은 누구인가요?

Check Point

☑ 또래지명법

① Moreno가 제안 한 것으로 가장 보편적으로 사용되고 있는 사회성 측정 기법

② 지명도 측정법, 교우도 검사라고도 함.

③ 대상 아동이 또래에게 어떻게 인지되고 있는지를 알아보는 데 유용한 방법

④ 방법 : 조사자는 응답자에게 그들이 함께 공부하고 싶고, 놀고 싶고, 옆에 앉고 싶은 학급 친구를 적게 하는 방식

⑤ 단점
  - ㉠ 신뢰도가 높고 타당하기는 하지만 거부되는 아동의 경우 그 이유가 해당 아동이 사회적으로 무관심하기 때문인지 아니면 적극적으로 배척당하기 때문인지 구별하지 못함.
  - ㉡ 문제행동을 보이는 학생을 신뢰도 높게 추출해 낼 수는 있지만, 교사로 하여금 훈련을 시킬 구체적인 문제행동이나 사회적 기술에 대해서는 정보를 제공해 주지 않음.
  - ㉢ 어떤 아동이 훈련의 결과로 사회적 기술을 갖게 되었어도 실제로 또래들에게 그러한 변화가 감지되기까지는 일정한 시간이 걸림.

65 ·········· 2021 초등A-6

2021 초등A-6

(모범답안)

1)	① 아동이 교사에게 자신의 이야기를 말하면, 교사는 아동의 말을 받아쓴다. ② 다른 학생의 이야기(또는 다른 이야기책)

(해설)

1) 언어경험 접근법은 일반적으로 '토의하기 – 구술하고 받아쓰기 – 읽기 – 단어학습 – 다른 자료 읽기'의 과정으로 이루어진다(2011 초등1-20 기출).

Check Point

☑ 언어경험 접근법 수업절차

1단계 토의하기	• 교사는 아동들이 최근 경험에 대해 자유롭게 말할 수 있도록 동기를 부여하고, 주제에 대해 함께 토의한다. • 주제는 개인적으로 중요하고 흥미로운 것은 무엇이든 허용한다.
2단계 구술하고 받아쓰기	• 아동이 교사에게 자신의 이야기를 말하면, 교사는 기본 읽기 교재를 만들기 위해 아동의 말을 받아쓴다. • 교사는 아동의 말을 교정하지 않고 그대로 적어 자신감을 손상시키지 않도록 한다.
3단계 읽기	• 교사는 아동이 말한 대로 정확하게 기록했는지 확인하기 위해 받아 적은 글을 아동에게 읽어주고, 확인이 되면 이야기가 친숙해질 때까지 여러 번 읽도록 하며, 필요하면 도움을 준다. • 읽기를 어려워하는 아동이 있으면 함께 읽고, 다음에 묵독을 통하여 모르는 단어를 표시하고 다시 소리내어 읽는다.
4단계 단어학습	언어 경험이야기를 읽은 후 다양한 활동을 통해서 새로 나온 단어나 어려운 단어 또는 배우고 싶은 단어를 학습한다.
5단계 다른 자료 읽기	• 아동들은 자신이 구술한 이야기 읽기에서 다른 이야기책을 읽는 과정으로 나아간다. • 이러한 절차를 통해 아동의 능력과 자신감이 발달한다.

66

모범답안

1)	의미특성분석
2)	① 먼저, 다음으로, 마지막으로 ② 나열형(또는 열거식 구조)
3)	해당 문단의 중요 내용을 찾고 이를 자신의 말로 표현하도록 한다.

해설

1) 의미특성분석은 목표 개념과 그 개념의 주요 특성 간의 관계를 격자표로 정리하는 방법으로, 학생들은 각 개념이 각 특성과 관련이 있는지(＋ 표시) 없는지(－ 표시)를 분석하여 해당 개념의 의미를 폭넓게 이해할 수 있게 한다(김애화 외, 2013 : 334).

2) ① 설명글의 특성을 보여주는 말을 찾는 문제로 나열형 설명글은 여러 가지 중요 사실들을 동등한 수준에서 제시하고 이를 설명하는 형식을 갖는다. 비교대조형의 경우는 '이와 비슷하게, 둘 다, 모두, 그리고, 반면, 하지만, 그런, ~보다, ~와는 반대로' 등의 비교대조 구조를 이해하는 데 도움이 되는 단서 단어(김애화 외, 2012 : 194-195)를 가르친다.

3) 학생이 작성한 활동 결과는 갯벌의 이로움을 설명하는 중심 생각이 아니라 부연 설명에 해당한다. 따라서 문단의 중심내용을 파악하기 위한 활동이 필요하다. 중심내용 파악하기는 해당 문단의 중요 내용을 찾고 이를 자신의 말로 표현하는 전략이다.

Check Point

(1) 설명글의 구조

나열형	• 여러 가지 중요 사실들을 동등한 수준에서 제시하고 이를 설명하는 형식을 가진다. • 일반적으로 이 유형의 설명식 글은 전체 글의 주제, 주요 개념 설명에 포함된 세부 개념들로 구성된다고 할 수 있으며, 도식을 이용하여 학습자가 구성요소들을 파악하면서 글을 읽게 되면 글에 대한 이해와 기억이 촉진될 수 있다.
비교 대조형	• 일반적으로 두 개 이상의 사건, 현상 또는 사물을 서로 비교하는 형식을 취한다. • 비교 대상 간에 존재하는 차이점과 공통점이 무엇인지를 파악하는 것이 중요하며, 이러한 활동을 수행하는 데 시각 보조도구를 사용하면 도움이 될 수 있다.
원인 결과형	• 현상이나 사건이 촉발되게 한 원인과 그로 인해 발생한 결과를 설명하는 형식으로 구성된다. • 각 결과를 확인하고 그 결과와 관련된 원인 요인들을 파악하는 것이 글을 이해하는 데 중요한 부분을 차지하게 된다.

(2) 중심내용 파악하기

① 해당 문단의 중요 내용을 찾고 이를 자신의 말로 표현하는 전략

② 글을 읽고 중심내용을 찾는 것은 읽기이해에 중요한 역할을 하며, 특히 설명글의 이해에서 더욱 중요한 역할 차지

③ 중심내용을 파악하는 전략은 중심내용을 찾는 방법에 초점을 맞추어 교수 진행

문단에서 중심 문장 찾기

중심 문장이란 그 문단에서 가장 중심이 되는 문장을 말한다. 한 문단에서 중심 문장을 조직하는 방법에는 다섯 가지가 있다.

• 중심 문장이 문단의 처음에 오는 경우 : 필자는 문단의 첫 문장에서 핵심적인 메시지를 이야기하고 관련 정보를 가지고 부연 설명을 한다.
• 중심 문장이 문단의 끝에 오는 경우 : 필자는 주제에 대해 상세한 세부 내용을 제시한 다음, 끝에 가서 중심 생각을 진술한다.
• 중심 문장이 처음과 끝에 오는 경우 : 필자는 첫 문장에서 중심 생각을 말하고, 세부 내용을 제시한 뒤에 마지막 문장에서 중심 문장을 한 번 더 강조한다.
• 중심 문장이 문단 중간에 오는 경우 : 상세한 정보를 제시한 뒤에 중심 생각, 다시 세부적인 내용을 추가한다.
• 중심 문장이 직접 진술되어 있지 않은 경우 : 단서를 이용해 중심 생각이 무엇인지를 찾아내어 독자 자신의 말로 그것을 표현해 낼 수 있어야 한다.

출처 ▶ 초등학교 국어(3-1) 교사용 지도서(교육부, 2018 : 337)

---

④ 일반적으로 3단계로 구성

1단계	각 문단이 '무엇' 또는 '누구'에 관한 내용인가를 파악하기
2단계	각 문단에서 '무엇' 또는 '누구'에 관해 가장 중요한 내용 파악하기
3단계	1~2단계에서 파악한 내용을 10어절 이내의 문장으로 표현하기

67 .... 2021 초등B-2

Check Point

모범답안

1)	㉠ 평균 ㉡ 표준
3)	① 학급 전체 아동의 CBM 점수 ② 학급 전체 아동과의 비교에서 성취도와 진전도가 모두 낮은 경우 중재에 반응하지 않은 것으로 평가한다.

해설

1) 표준점수 비교 공식은 학년수준편차 공식과 기대학령 공식의 측정적 비판을 어느 정도 상쇄시키는 반면, 여전히 평균으로의 회귀현상의 문제를 내포하고 있다. 평균으로의 회귀현상은 두 측정값이 완전한 상관이 아닐 때 나타나는 현상이다. 표준점수 비교 공식은 지능과 학업성취 값이 완벽한 상관이라는 것을 가정한다. 즉, 지능지수가 100인 학생은 학업성취 점수도 100, 지능지수가 85인 학생은 학업성취 점수도 85일 것으로 가정한다. 그러나 지능지수와 학업성취 점수가 완전한 상관이 아닐 때, 지능지수가 100 이상인 학생의 학업성취 점수가 지능지수보다 낮게 나타나는 경향을 보이는 반면, 지능지수가 100 이하인 학생의 학업성취 점수는 지능지수보다 높게 나타나는 경향을 보인다. 이러한 평균으로의 회귀현상으로 인해 표준점수 비교 공식은 지능이 높은 학생을 과잉 판별하고 지능이 상대적으로 낮은 학생은 과소 판별하는 문제가 있다(김애화 외, 2013 : 115).

3) 중재반응모형 1단계에서 영호의 중재반응 수준을 평가하기 위해서는 모든 학생들을 대상으로 실시한 CBM 점수가 필요하다. 이를 통해 전체집단과 영호의 진전도 비교가 가능하기 때문이다. 전체 집단과 영호의 수행수준과 진전도를 분석한 후 전체 집단보다 낮은 성취도를 보이는 동시에 진전도가 낮은 경우 중재에 반응하지 않은 것으로 평가하고 2단계로 넘어가기 위해 선별된다.
   • 다음의 그래프는 중재반응모형 1단계의 결과(2019 초등B-3 기출)를 보여준다.

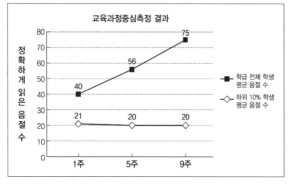

교육과정중심측정 결과

⊘ 이중 불일치

① 이중 불일치란 학생이 중재에 반응하는 정도에 있어 같은 반 학생들보다 낮은 성취수준을 보이면서 동시에 학습 진전도가 낮은 경우를 학습장애로 진단하는 것으로 학습의 수행 수준과 발달 속도를 모두 고려하는 것이다.

② 이중 불일치 현상을 그래프를 통해 살펴보면 다음과 같다.

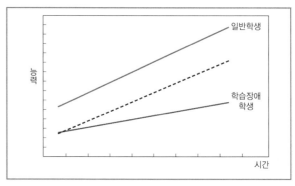

㉠ 중간의 점선은 일반학생의 발달선과 평행한 선이며 일반학생보다 수행 수준은 낮지만 발달률은 동일한 가상의 선을 의미한다.

㉡ 시작점을 보면 일반학생과 학습장애 학생이 초기부터 차이를 나타내며 시간이 경과할수록 일반학생에 비해 학습장애 학생의 수행 수준은 물론 발달률도 떨어짐을 알 수 있다.

㉢ 따라서 학습장애 아동이 이중 불일치 문제를 가지고 있다는 것은 초기 수행 수준의 차이와 발달률의 차이가 있음을 의미한다.

68

모범답안

- ㉠ 해독(또는 음독)
- ㉡ 소리내어 반복읽기(또는 반복읽기)
- ㉢ 교사 시범
  ㉣ 교사는 질문하고, 연습이 부족하여 발생되는 실수를 확인하고, 오류를 정정하고, 필요한 경우 재교수를 실시한다.(또는 학생이 배운 대로 전략을 연습해 볼 수 있도록 과제를 제시하고, 전략 사용을 촉진한다.)

해설

㉠ 해독(또는 음독)이란 낱자(군)-소리의 대응관계를 활용하여 낯선 또는 모르는 단어를 읽는 과정을 의미하며, 단어인지(또는 단어재인)란 단어를 빠르게 소리내어 읽고, 단어의 의미를 파악하는 능력을 말한다. (가)에서 '문자를 보고 말소리와 연결'은 음독을, '문자를 보고 말소리와 연결하여 의미를 이해하는 능력'은 단어인지에 해당한다.

㉣ 안내된 연습은 학생이 해당 기술을 교사와 함께 연습하는 전략이다. 교사는 질문하고, 연습이 부족하여 발생되는 실수를 확인하고, 오류를 정정하고, 필요한 경우 재교수함으로써 학생을 지원하는 데 쉽게 적용될 수 있다(한국학습장애학회, 2014 : 276).

Check Point

(1) 학생이 소리내어 반복읽기를 할 수 있는 방법
학생들이 반복해서 구두 읽기를 연습할 수 있는 방법에는 학생-성인 읽기, 함께 읽기, 테이프 활용하여 읽기, 짝과 읽기, 역할수행 등이 있다(한국학습장애학회, 2014 : 137-139).

① 학생-성인 읽기
  ㉠ 학생은 성인과 함께 일대일로 읽는다.
  ㉡ 성인은 교사, 부모, 보조교사, 개인교사 등이 될 수 있다.
  ㉢ 성인이 먼저 본문을 읽으면서 유창하게 읽는 시범을 보인다. 이때 학생은 성인의 도움과 격려를 받으면서 같은 내용을 읽는다. 아주 유창하게 읽을 수 있을 때까지 학생은 반복해서 읽는다.

② 함께 읽기
  ㉠ 학생은 교사(또는 유창하게 읽는 성인)와 함께 읽는다.
  ㉡ 너무 길지 않고 학생들 대부분이 독립적으로 읽을 수 있는 수준의 책을 선택하는 것이 좋다. 아동이 내용을 예측할 수 있는 책은 특히 함께 읽기에 유용하다.
  ㉢ 학생들은 교사와 함께 전체를 세 번에서 다섯 번은 읽어야 한다. 그 후 학생은 독립적으로 책을 읽을 수 있어야 한다.

③ 테이프 활용하여 읽기
  ㉠ 학생은 테이프를 활용하여 읽기를 통해 유창하게 읽는 내용을 들으면서 책을 읽게 된다.
  ㉡ 교사는 학생의 독립적 읽기 수준에서 책을 선택하고, 유창하게 읽는 책의 테이프 기록을 준비해야 한다. 이때 테이프는 음향 효과나 음악이 함께 나와서는 안 된다.
  ㉢ 먼저 테이프에서 나오는 소리를 들으면서 각 단어를 지적하고, 다음으로 학생은 테이프를 따라 읽기를 시도해야 한다. 테이프의 도움 없이 학생이 독립적으로 읽을 수 있을 때까지 테이프를 따라 읽는다.

④ 짝과 읽기
  ㉠ 짝과 읽기는 짝이 된 학생들이 돌아가면서 서로서로 큰 소리로 책을 읽는다.
  ㉡ 더 유창하게 읽는 학생이 덜 유창하게 읽는 학생과 짝이 된다(반드시 더 유창하게 읽는 학생과 유창하게 잘 읽지 못하는 학생이 서로 짝이 될 필요는 없다. 교사의 지도를 받은 이야기를 반복해서 읽기 위해 같은 읽기 수준의 학생이 짝이 될 수도 있다).
  ㉢ 더 잘 읽는 학생이 유창하게 읽는 시범을 보인다. 그러면 다른 학생이 같은 내용을 큰 소리로 읽는다. 유창하게 읽는 학생은 다른 학생의 단어 인지를 돕고 피드백을 제공한다. 유창하게 독립적으로 읽을 수 있을 때까지 읽기를 반복한다.

⑤ 역할수행
  ㉠ 역할수행에서 학생들은 또래나 다른 사람들과 함께 책 속에서 주어진 역할을 연습하고 수행한다.
  ㉡ 학생들은 대화가 많은 책 속의 내용을 먼저 읽는다. 학생들은 말을 하면서 주인공 역할을 하게 된다. 여기에서는 내용을 반복해서 유창하게 읽도록 해야 한다.

(2) 직접교수의 구성 요소

수업목표	• 교사 주도적 수업은 학생의 기대되는 결과를 제시해야 하고 수업 목표는 관찰 가능하고 측정 가능한 행동, 행동이 발생할 조건, 수용 가능한 행동 수행을 위한 기준의 세 가지 요소를 포함해야 한다. • 예를 들어, 교사가 철자 쓰기 목록의 단어를 읽어 주면(행동발생 조건) 수민이는 10개의 단어 철자를 100% 정확하게(성취기준) 쓸 것이다(행동)라는 수업목표를 세운다.
주의집중 단서	• 수업 시작 전, 교사는 주의집중 단서를 이용하여 학생의 관심을 얻어야 한다. 학생은 수업내용과 교사의 설명을 보고 듣고 집중하는 상황에 참여해야 한다. • 따라서 교사는 지도하고 있는 내용과 학생의 능력, 경험, 주의집중 행동 등에 근거하여 주의집중 단서를 선택한다.

예상 단계	• 성공적인 수업은 예상 단계에서부터 시작된다. 예상 단계를 통해 학생의 사전지식을 연결하고 새로운 수업을 촉진할 기억 또는 연습들을 유발할 수 있다. • 학생들은 자신의 관심을 그날의 학습에 집중할 수 있다.
검토, 선행학습 확인 및 목표 진술	• 교사는 이전에 학습한 자료를 복습하고 사전에 필요한 요소를 확인하고 학습 목적을 제시하거나 유도한다. 이 세 가지 구성 요소는 다른 순서로 이루어질 수 있으며 때로는 유사하거나 중복될 수 있다. • 특히 목표 진술은 수업에 대한 개요를 제공하는데, 이는 학생에게 수업 시간 동안 무엇을 배울지 예상할 수 있는 '생각의 틀'을 제공한다.
교수와 모델링	• 교수목표에서 요구하는 행동을 구체적으로 제시하는 것이다. • 모델링은 행동주의적 모델링과 인지주의적 모델링을 포함한다. 행동주의적 모델링은 기술의 실제 시연을 의미하고, 인지주의적 모델링은 시범 보이는 사람의 사고과정을 이해하는 데 있어서 학생을 도울 수 있는 자기대화를 포함한다. • 자기대화를 제공할 때, 교사는 학생이 과제를 수행하는 동안에 그들이 생각하는 것을 명확히 이야기한다. 이는 교사로 하여금 과제뿐만 아니라 과제를 완수하는 데 사용된 전략도 함께 보일 수 있도록 한다. 교사는 필요한 때 촉진과 피드백을 사용하여 학생들의 대답을 요구해야 한다.
안내된 연습	• 교사가 행동을 시범 보이면(📮 해당 수업의 행동목표) 학생은 직접적인 감독 하에 수업목표를 학습할 기회를 가지게 된다. • 안내된 연습은 학생이 해당 기술을 교사와 함께 연습하는 전략이다. 교사는 질문하고, 연습이 부족하여 발생되는 실수를 확인하고, 오류를 정정하고, 필요한 경우 재교수함으로써 학생을 지원하는 데 쉽게 적용될 수 있다.
독립연습	• 학생이 독립적으로 과제를 수행하도록 기대되며 교사의 피드백이 안내된 연습에서처럼 빠르게 제공되지는 않는다. 전통적 교수에서는 독립연습이 숙제의 형태로 제시되는 경우가 있다. • 독립연습은 학생이 안내된 연습에서 높은 성공률(90~100%)을 보이기 전까지 시작되어서는 안 된다.
마무리	• 교사는 학습내용을 요약하고 검토하고 이를 이전에 학습한 내용 또는 경험과 통합함으로써 수업을 마무리한다. • 교사가 시간의 흐름을 잃거나 수업을 끝내는 데 필요한 시간을 잘못 판단하여 마무리 시간을 제공하는 데 실패하는 경우가 있으므로 타이머를 활용하는 방법 등을 통해 수업내용을 통합할 수 있는 기회를 갖도록 한다.

출처 ▶ 한국학습장애학회(2014 : 274-276)

(3) 직접교수법의 실행 절차

단계	설명
[1단계] 학습목표 제시	학습목표는 관찰 가능하고 측정 가능한 행동, 행동이 발생할 조건, 수용 가능한 행동 수행을 위한 준거를 포함해야 한다.
[2단계] 교사 시범	• 학습목표에서 요구하는 행동을 소리 내어 생각말하기(think-aloud) 기법을 활용하여 어떻게 전략을 사용하는지 시범 보인다. − 전략 사용의 이유와 핵심 요소를 제시하고 전략 사용 방법을 직접 시범 보인다. • 교사의 시범 후 교사와 학생의 질문과 대답 활동을 통해 학생의 내용 이해 정도를 확인한다. − 교사는 필요한 경우에 촉진과 피드백을 사용하여 학생의 대답을 요구한다.
[3단계] 안내된 연습	• 학생이 해당 기술을 교사와 함께 연습하는 단계이다. • 교사는 질문하고, 연습이 부족하여 발생하는 실수를 확인하고, 오류를 정정하며, 필요한 경우에는 재교수를 실시한다. • 학생 모두가 전략을 수행해 볼 수 있는 충분한 기회를 제공한다. • 실제보다 쉬운 연습과제부터 전략을 연습하도록 하여 자신감을 심어준다.
[4단계] 독립적 연습	• 학생은 독립적으로 과제를 수행한다. • 독립적 연습은 안내된 연습에서 높은 성공률(90~100%)을 보일 때 실시한다. • 교사는 교실을 돌아다니며 학생들이 과제를 제대로 수행하는지 점검하고 어려움을 보이는 학생에게 도움을 제공한다. − 독립적 연습 단계에서의 교사 피드백은 안내된 연습에서의 피드백처럼 빠르게 제공되지 않는다.

69

모범답안

㉠	불일치 모델 → 중재반응 모델
㉡	적응행동검사 → 기초학습기능검사

해설

지문 돋보기

- '효과가 검증된 교수법': 증거기반 혹은 과학적으로 검증된, 이론에 기반한
- '학생의 성취 정도에 진전을 보이지 않거나': 진전도 파악
- '또래들에 비해 성취 정도가 심각하게 낮게 나타나는 경우': 성취수준 파악

Check Point

✅ 특수교육대상자 선별검사 및 진단 · 평가 영역(장애인 등에 대한 특수교육법 시행규칙 제2조)

구분		영역
장애 조기 발견을 위한 선별검사		1. 사회성숙도검사 2. 적응행동검사 3. 영유아발달검사
진단 · 평가 영역	시각장애 · 청각장애 및 지체장애	1. 기초학습기능검사 2. 시력검사 3. 시기능검사 및 촉기능검사(시각장애의 경우에 한함) 4. 청력검사(청각장애의 경우에 한함)
	지적장애	1. 지능검사 2. 사회성숙도검사 3. 적응행동검사 4. 기초학습검사 5. 운동능력검사
	정서 · 행동장애 자폐성장애	1. 적응행동검사 2. 성격진단검사 3. 행동발달평가 4. 학습준비도검사
	의사소통장애	1. 구문검사 2. 음운검사 3. 언어발달검사
	학습장애	1. 지능검사 2. 기초학습기능검사 3. 학습준비도검사 4. 시지각발달검사 5. 지각운동발달검사 6. 시각운동통합발달검사

70

모범답안

- ㉠ 핵심어 전략
  학생들이 전체 맥락을 파악하는 대신 특정 단어에만 지나치게 주의를 집중하여 오답에 도달하게 될 가능성이 있다.
- ㉡ $4 \times 3 = ?$
- ㉢ 동형

해설

㉠ 일반적으로 많이 쓰이는 핵심어 전략은 문제에 빈번히 등장하는 일련의 특정 단어들(예'모두', '얼마나 더', '각각' 등)과 같은 가감승제 중 하나의 계산법을 연합시킨다. 예를 들어, '모두'라는 말이 나오면 덧셈을 하도록 학생들을 지도하고, 문제를 이해할 때 우선 그러한 단어들을 찾아내도록 훈련하는 것이다. 그러나 핵심어 전략을 이런 식으로 지도할 경우는 학생이 문제에 포함된 다른 정보는 무시한 채 숫자나 핵심어에만 집중하는 등 교사가 의도하지 않은 결과가 나타날 수 있다(한국학습장애학회, 2014 : 236). 핵심어 전략은 자칫 과잉일반화를 초래하여 학생들이 문제의 전체 맥락을 파악하는 대신 특정 단어에만 지나치게 주의를 집중할 경우 오답에 도달하게 만들 가능성이 있다(김동일 외. 2016 : 298).

㉡ CSA 순서를 묻는 것으로 CSA 순서란 구체물-반구체물-추상물의 순서로 제시하는 것을 의미한다(2013추시 초등B-1 기출).

㉢ 동형검사를 제작할 때에는 두 검사가 동일한 내용을 측정하여야 하며, 동일한 형태의 문항과 문항 수, 그리고 동일한 문항난이도와 문항변별도를 가져야 한다(성태제, 2019 : 347).

PART 05

71 ....

모범답안

3)	① 대치
	② 탈락

해설

3) 음운인식의 하위 기술은 음운인식 단위와 음운인식 과제 유형으로 구분할 수 있다. 음절 수준에서의 음운인식 과제 유형은 변별, 합성, 분리, 분절, 탈락, 대치로 구분된다.

Check Point

⊘ **음운인식 하위 기술(음절)**

음운인식의 하위 기술		예시 과제
음운인식 단위	음운인식 과제유형	
음절	변별 (sound matching)	앞에 있는 종이에 그림들이 있어요. ('사자, 두부, 버섯, 고추' 그림을 각각 손으로 짚으면서) 이 그림은 '사자, 두부, 버섯, 고추'예요. ○○가 /두/로 시작하는 그림을 찾으세요. [답: 두부]
	분리 (isolation)	• 선생님을 따라 하세요. /버섯/(학생이 '버섯'이라고 따라 한다.) /버섯/에서 첫소리가 무엇이죠? [답: 버] • 선생님을 따라 하세요. /선풍기/(학생이 '선풍기'라고 따라 한다.) /선풍기/에서 가운뎃소리가 무엇이죠? [답: 풍]
	분절 (segmenting)	• 선생님을 따라 하세요. /두부/(학생이 '두부'라고 따라 한다.) 이번에는 ○○가 /두부/를 따로따로 나눠서 말해 주세요. [답: 두-부] • 선생님을 따라 하세요. /고양이/(학생이 '고양이'라고 따라 한다.) 이번에는 ○○가 /고양이/를 따로따로 나눠서 말해 주세요. [답: 고-양-이]
	합성	• 선생님이 단어를 따로따로 나눠서 말할 거예요. 그러면 ○○가 듣고, 합쳐서 말하는 거예요. /고-추/ [답: 고추] • 선생님이 단어를 따로따로 나눠서 말할 거예요. 그러면 ○○가 듣고, 합쳐서 말하는 거예요. /지-우-개/ [답: 지우개]
탈락		• 선생님을 따라 하세요. /고추/(학생이 '고추'라고 따라 한다.) 이번에는 /고/를 빼고 말해 보세요. [답: 추] • 선생님을 따라 하세요. /자전거/(학생이 '자전거'라고 따라 한다.) 이번에는 /자/를 빼고 말해 보세요. [답: 전거]
대치		• 선생님을 따라 하세요. /공부/(학생이 '공부'라고 따라 한다.) 이번에는 /부/를 /기/로 바꾸어 말해 보세요. [답: 공기] • 선생님을 따라 하세요. /무지개/(학생이 '무지개'라고 따라 한다.) 이번에는 /지/를 /니/로 바꾸어 말해 보세요. [답: 무니개]

72

모범답안

1)	① 단어인지 읽기장애 ② 예측하기
3)	① 타악기에는 어떤 악기가 있나요? ② 나열형

해설

1) ① 읽기장애는 단어인지 읽기장애, 읽기 유창성 읽기장애, 읽기이해 읽기장애로 구분된다. 이와 같은 읽기장애의 하위 유형 중 단어인지 읽기장애는 개별 단어를 정확하게 읽는 데 어려움을 갖는 장애를 의미한다.
   - /북/에서 /ㅂ/를 /ㄱ/로 바꾸어 말하면 /국/이 되는 것을 알지 못함: 음운인식은 읽기 능력과 높은 상관이 있으며, 더 나아가 향후 읽기 능력(단어인지, 읽기 유창성, 읽기이해 포함)을 예측하는 강력한 변인으로 밝혀졌다(김애화 외, 2013: 155)
   - /장구/를 /가구/로 읽고 의미를 이해하는 데 어려움이 있음: 단어인지는 단어를 빠르게 소리내어 읽고, 단어의 의미를 파악하는 능력을 의미한다(김애화 외, 2013: 159).

3) 질문하기 교수전략은 학생들의 글에 대한 이해력을 증진시키기 위해 주로 사용되는 교수방법으로, 학생들이 글의 주요 내용에 주의를 기울이도록 유도하고, 글의 전체 내용을 단계적으로 요약할 수 있도록 도와주고, 학생 스스로가 글을 읽는 동안 글의 내용에 대한 자신의 이해를 점검해 볼 수 있도록 도와주는 기능을 수행한다(김동일 외, 2016: 209-210).

Check Point

✓ 질문하며 읽기

① 읽기 시기별 질문
   - ㉠ 읽기 전에는 읽기 목적에 대한 질문, 글의 내용을 예측하는 것과 관련된 질문, 글의 내용에 대해 배경지식을 활성화하는 것에 대한 질문이 주를 이룬다.
   - ㉡ 읽기 중에는 글의 내용에 대한 질문이 주가 되는데, 글에서 중요한 내용이 무엇인지에 대한 질문, 빠진 내용(추론)은 무엇인지에 대한 질문, 연상이나 상상을 위한 질문 등이다. 또한 읽기 전에 예측한 것이 맞는지, 글의 내용과 관련된 배경지식을 활성화하는 것도 읽기 중 질문의 내용이다.
   - ㉢ 읽기 후에는 주로 글의 중심 내용이나 주제, 줄거리 등을 정리해 보는 것과 관련된 질문, 읽은 글에 대한 활용(적용)에 대한 질문 등이 중심이다.

② 읽기 수준별 질문
   - ㉠ 사실적 사고를 요하는 질문(**예** 나오는 인물은 누구인가?)
   - ㉡ 추론적 사고를 요하는 질문(**예** 그 인물은 다음에 어떻게 되었을까?)
   - ㉢ 비판·평가적 사고를 요하는 질문(**예** 그 인물이 한 행동은 옳은 것인가?) 등

③ 질문의 성격에 따른 분류
   - ㉠ 주어진 글의 내용에 대한 질문(**예** 인물이 한 일은 무엇인가?)
   - ㉡ 글을 읽는 방법에 대한 질문(**예** 차례를 보고 내용을 예상해 볼까?)
   - ㉢ 자신의 인지 행위에 대한 질문(**예** 줄거리를 잘 이해하며 읽고 있는가?) 등

출처 ▶ 초등학교 국어(3-1) 교사용 지도서(2019: 79)

PART
05

73 _____

모범답안

- ㉠ 내용 수정하기
- ㉡ 구두점 찍기, 철자법, 문장구조, 철자 등 어문규정에 맞추어 교정한다.(또는 맞춤법, 문장구조, 구두점 등을 수정하고, 글의 의미가 잘 전달되도록 문장의 형태를 바꾼다.)
- 음운처리 오류
  ㉣ 16

해설

㉠ 내용 수정하기(또는 교정하기)는 초안 형태의 글을 수정하는 것으로 내용, 어휘, 문장구조, 아이디어 배치 등을 교정한다. 초안을 읽고 내용을 보충하거나, 바꾸거나, 불필요한 부분을 삭제한다.

㉡ 편집하기는 맞춤법과 문법을 수정하는 과정으로, 맞춤법, 문장구조, 구두점 등을 수정하고, 글의 의미가 잘 전달되도록 문장의 형태를 바꾼다(한국학습장애학회, 2014: 181).

(나) 철자 오류 유형: '토요일', '일요일', '쉬고' 등과 같이 소리 나는 대로 표기하는 단어의 철자에서 오류를 보이는 음운처리 오류 유형이다.

㉣ 단어 속에서의 글자, 문장과 문단 속에의 글자, 산문 내에서의 단어에 관한 유창성은 제한된 시간 안에 쓰인 글을 대상으로 하여 맞게 쓴 총 단어 수, 정확한 단어 수, 정확한 음절 수, 정확한 철자 수, 순서에 맞는 단어 수로 보기도 한다(김동일, 2016: 231). 따라서 음절 단위로 쓰기 유창성 값을 산출할 경우 전체 19개의 음절 중 3개 음절에서 오류가 발견되었으므로 쓰기 유창성 값은 16이 된다.

74 _____

모범답안

- 또래지명법(또는 지명도측정법, 교우도 검사)
- ㉡-㉢-㉠-㉣

해설

[A] 또래지명법은 대상 아동이 또래에게 어떻게 인지되고 있는지를 알아보는 데 유용한 방법이다. 예컨대, 피험자들은 특정 집단에서 가장 좋아하는 친구와 가장 싫어하는 친구 몇 명을 우선순위에 따라 지목하고, 그 결과를 통해 교우도를 작성하는 것이다. 측정 결과에 따라 학급 내의 아동들은 인기 아동, 거부되는 아동, 논란의 여지가 있는 아동 그리고 무관심한 아동으로 구별될 수 있다. 이 방법은 신뢰도가 높고 타당하기는 하지만 거부되는 아동의 경우 그 이유가 해당 아동이 사회적으로 무관심하기 때문인지 아니면 적극적으로 배척당하기 때문인지 구별하지 못한다는 단점이 있다. 또한 문제행동을 보이는 학생을 신뢰도 높게 추출해 낼 수는 있지만, 교사로 하여금 훈련을 시킬 구체적인 문제행동이나 사회적 기술에 대한 정보를 제공해 주지 않는다(김동일, 2016: 322).

Check Point

⊘ SLAM

① 목적: 타인에게 부정적 피드백을 들을 때, 적절하게 받아들이는 것을 돕는다.

② 전략

㉠ Stop whatever you are doing.(지금 하고 있는 일을 멈춰라.)

㉡ Look the person in the eye.(상대방의 눈을 바라보라.)

㉢ Ask the person a question to clarify what he or she means.(상대방이 말한 것이 어떤 의미인지 명확하게 말해 줄 것을 요청하라.)

㉣ Make an appropriate response to the person.(상대방에게 적절한 반응을 하라.)

75

모범답안

- ㉠ 선행 조직자
  ㉡ 어구 만들기
- ㉢ 시연 전략
- ㉣ 스콜, 고상 가옥, 플랜테이션은 열대기후의 특징으로, 사막, 오아시스, 관개농업은 건조기후의 특징으로 묶어서 제시한다.

해설

㉠ 그래픽 조직자 또는 도식 조직자는 학생들에게 개념과 사실에 관련된 사항을 시각적으로 제시해 주며, 특정 개념/사실과 관련된 정보와 정보들 간의 연관성을 알기 쉽게 전달하기 위해 사용된다. 그래픽 조직자는 언제, 어떤 용도로 사용하느냐에 따라 선행 조직자, 수업 조직자, 마무리 조직자로 나뉘기도 한다(한국학습장애학회, 254-255).

㉡ 글자 전략은 열거된 개념이나 내용을 기억하는 데 사용되는 전략으로, 일반적으로 두문자법 혹은 각 행의 첫 글자를 따서 문장을 만드는 어구 만들기 전략이 이에 해당한다(김애화 외, 2013 : 330-331).

㉢ 시연 전략은 나중에 회상해 낼 것을 생각하고 미리 기억해야 할 대상이나 정보를 눈으로 여러 번 보아 두거나 말로 되풀이해 보는 것으로, 기억력을 증진시키는 데 사용되는 전통적인 전략이다(특수교육학 용어사전, 2018 : 88).

㉣ 조직화 전략은 제시된 기억 자료를 그것이 가지고 있는 속성에 따라 의미 있는 단위로 묶어서 기억하는 방법을 말하는데, 군집화(chunking)와 범주화(categorization)가 대표적인 전략이다(특수교육학 용어사전, 2018 : 88).

Check Point

✓ **그래픽 조직자의 종류**

선행 조직자	• 교수계열에서 수업 준비를 위해 활용되는데, 수업을 본격적으로 시작하기 전에 제시되고 교수에 대한 정보를 제공해 준다. • 이전 차시와 본 수업내용 간의 연결에 초점을 둔다. • 보통 다음과 같은 활동을 포함한다. 　－ 이전 차시에 대한 정보 제공 　－ 이미 학습한 개념과 새로운 개념 간의 관련성 제시 　－ 해당 수업에서 다룰 내용에 대한 소개 　－ 수행해야 할 과제나 교수 원리에 대한 설명 　－ 주요한 어휘나 개념에 대한 소개
수업 조직자	• 수업 중 제시하는 내용의 구조와 핵심사항을 강조하기 위하여 사용될 수 있다. • 개념도와 같은 표나 그래픽, 학습지침의 형태를 활용할 수도 있다.
마무리 조직자	• 교수의 계열상 마지막에 제공된다. • 해당 수업에서 다룬 핵심사항을 정리하거나 학생의 이해 정도를 평가하는 자료로 사용될 수 있다.

76

모범답안

2)	작문 쓰기장애
3)	① 내용 수정하기 ② 다음 중 택 1 • 어문규정에 맞추어 교정하세요. • 글의 의미가 잘 전달될 수 있도록 문장의 형태를 바꾸세요. • 필요하다면 사전을 사용하거나 선생님으로부터 피드백을 받으세요. • 친구와 서로 바꾸어 읽어보고 철자, 구두점 등을 표시하여 교정하도록 하세요.

해설

지문 돋보기

(나) [B]는 수아가 작문을 함에 있어 계획하기, 글의 구성, 글의 내용, 관련 어휘 떠올리기, 글의 논리적 전개 등 활동 전반에 어려움이 있음을 보여주며, 이와 같은 문제점에 대한 중재 방안으로 과정중심 글쓰기 중재 전략을 적용하고 있다.

3) ① 쓰기 과정적 접근은 계획하기, 초고 작성하기, 내용 수정하기, 편집하기, 게시하기의 단계로 이루어진다.
② 교정(즉 편집하기) 단계에서의 주된 활동은 다음과 같다.
　• 구두점 찍기, 철자법, 문장구조, 철자 등 어문규정(즉, 쓰기의 기계적 측면)에 맞추어 교정한다.
　• 글의 의미가 잘 전달될 수 있도록 문장의 형태를 바꾼다.
　• 필요하다면 사전을 사용하거나 교사로부터 피드백을 받는다.
　• 또래교수를 사용한 편집하기 전략을 적용할 수도 있다(서로의 글을 읽고 철자, 구두점, 완전한 문장인지 여부, 문단 들여쓰기 여부 등을 표시하여 교정하기).

Check Point

(1) **학습장애의 하위 유형(미국 장애인교육법)**

하위 유형	포함되는 장애 유형
읽기장애	• 단어인지 읽기장애 • 읽기 유창성 읽기장애 • 읽기이해 읽기장애
쓰기장애	• 철자 쓰기장애 • 작문 쓰기장애
수학장애	• 연산 수학장애 • 문제해결 수학장애
구어장애	• 듣기 장애 • 말하기 장애
사고장애	• 실행기능의 경험 및 인지전략 사용 능력의 부족 • 자기조절 능력의 결함

PART
05

77

[모범답안]

㉠	등분제
㉡	문제 읽기

[해설]

㉠ 등분제는 어떤 수를 똑같이 몇으로 나누는가를 구하는 것으로 '개수'의 개념이다. 등분제 개념이 담긴 문제에는 '똑같이 나누면'과 같은 어휘가 많이 제시된다. 등분제의 개념은 분수의 개념이 되므로 이에 대한 철저한 이해가 필요하다. 이에 반해 포함제는 어떤 수 안에 다른 수가 몇 이나 포함되어 있는가를 구하는 것으로 '횟수'의 개념이다. 포함제 나눗셈 개념을 묻는 문제에는 일반적으로 '~씩'이라는 어휘가 들어간다(김애화 외, 2013 : 300-301).

Check Point

(1) 사칙연산의 의미

덧셈 (+)	• 합병 : [예] 빨간 구슬 5개와 흰 구슬 2개를 합하면 얼마인가? • 첨가 : [예] 꽃병에 꽃이 5송이 있다. 2송이를 더 꽂으면 꽃은 모두 몇 송이인가?
뺄셈 (-)	• 구잔(덜어내기 : take-away) [예] 사과 7개에서 5개를 먹으면 몇 개 남는가? • 구차(비교하기 : comparison) [예] 귤 7개와 사과 5개 중 어느 것이 얼마나 많은가?
곱셈 (×)	• 두 집합의 순서쌍으로 나타나는 곱집합의 원소의 수 : a×b=n(A×B) - 자연수에만 가능 [예] 세 가지 다른 모양의 티셔츠와 두 가지 다른 바지를 입을 수 있는 경우의 수(3곱하기 2) • 동수 누가(반복된 덧셈, repeated addition) [예] 사과 세 개씩 두 봉지가 있다. 사과는 모두 몇 개인가?
나눗셈 (÷)	• 등분제(fair sharing) [예] 사과 15개를 3사람에게 똑같이 나누어 줄 때 한 사람이 몇 개를 차지하는가? • 포함제(반복된 뺄셈, repeated subtraction) [예] 사과 15개를 한 사람에게 3개씩 주면 몇 사람에게 줄 수 있는가?

출처 ▶ 남윤석 외(2021 : 278)

(2) 단순계산을 돕기 위한 학습전략 : DRAW 전략 [예] 17×4 = □

D	계산 기호 확인(Discover the sign) : 어떤 계산 활동을 요구하는 문제인지 수학 기호를 확인하라. [예] 요구되는 계산 활동이 곱셈임을 기호(×)를 보고 확인한다.
R	문제 읽기(Read the problem) : 문제를 읽으라. [예] 17 곱하기 4는?
A	문제 풀기(Answer or draw and check) : 직접 답을 구하거나 다른 대안적 방법을 이용하여 답을 구하라. [예] 계산식을 통해 답을 아는 경우 다음 단계로 넘어가고, 모르는 경우 그림(17개의 물건이 4묶음 있는 그림에서 전체 개수 구하기)을 통해 답을 구하는 활동을 한다.
W	최종 답 쓰기(Write the answer) : 최종적인 답을 답란에 기입하라. [예] 문제에 주어진 □에 자신이 구한 답을 적는다.

출처 ▶ 김동일 외(2016 : 383). 내용 요약정리

78 _____

[모범답안]

- ㉠ 명료화하기
- ⓐ, 교사와 학생은 구조화된 대화를 통해 읽기이해 능력을 향상시키도록 한다.
- ㉡ 일반화
  ㉢ 다른 환경에서도 그래픽 조직자 전략의 사용을 확실하게 한다.

[해설]

ⓐ 상보적 교수는 비계 설정 기법을 대표하는 접근으로 읽은 글에 관한 교사와 학생 사이의 구조화된 대화를 통해 학생의 초인지적 이해를 향상하는 것을 목적으로 한다(한국학습장애학회, 2014 : 294).

ⓒ 예측하기는 글을 읽기 전에는 글을 전반적으로 훑어봄으로써 앞으로 읽을 내용에 대해 예측하게 하고, 글을 읽는 중에는 지금까지 읽은 내용을 바탕으로 앞으로 이어질 내용을 예측하게 한다(한국학습장애학회, 2014 : 295).

ⓓ 키워드는 글의 장르에 따라 달라질 수 있다. 예를 들어, 이야기 글의 경우에는 누가, 언제, 어디서, 무엇을, 어떻게, 왜 등의 키워드를 사용할 수 있다(한국학습장애학회, 2014 : 295).

Check Point _____

⊘ **전략중재모형**

① 전략중재모형은 미국 캔자스 대학교의 학습장애연구소에서 수년간의 경험적 연구 결과를 근거로 개발한 교과별 학습전략 프로그램이다. 전략중재모형에 대한 경험적 연구 결과는 학습장애 학생들을 위해 학습전략이 효과적으로 가르쳐질 수 있으며, 이 학생들이 일반학급에서 성공적으로 학습활동을 수행하는 데 학습전략 교육이 효과적임을 보여 준다.

② 이 프로그램을 개발한 연구자들은 학습전략 프로그램의 효과적 구성을 위해서는 ㉠ 내용학습과 관련된 선수지식이나 기능에 대한 교육, ㉡ 장기적이고 집중적인 학습전략 훈련, ㉢ 내적인 사고과정을 보여 줄 수 있는 설명과 실연의 효과적 활용, ㉣ 개인적 노력을 강조할 수 있는 정의적 요인, ㉤ 다양한 상황에서의 학습전략의 일반화에 대한 강조와 관련된 교수전략들이 포함되어야 한다고 제안한다.

③ 전략중재모형의 단계는 다음과 같다.

단계	목적
[1단계] 사전평가와 약속	학생이 새로운 전략을 학습하도록 동기화하고 교수를 위한 기초선을 수립한다.
[2단계] 전략 서술	새로운 전략의 명시적, 내재적 과정 및 단계를 명확하게 보여 준다.
[3단계] 전략의 모델링	전략의 사용에 관련된 인지적인 행동과 신체적인 행동을 시연한다.
[4단계] 구어의 정교화와 시연	전략의 이해를 명확히 하고 학생의 개입을 촉진한다.
[5단계] 교사의 통제가 있는 연습과 피드백	통제된 자료에서 연습하며 자신감과 유창성을 수립하고 점진적으로 전략 사용의 책임을 학생에게로 넘겨준다.
[6단계] 심화연습과 피드백	좀 더 발전된 자료(예 일반교실이나 과제와 관련된 자료)와 상황들에서 연습을 제공하고 점진적으로 전략 사용과 피드백에 대한 책임을 학생에게로 옮겨 간다.
[7단계] 습득의 확인 및 일반화 약속	숙달을 문서화하고 자기 조절적 일반화의 근거를 수립한다.
[8단계] 일반화	다른 환경에서도 전략의 사용을 확실하게 한다.

출처 ▶ 김동일 외(2016 : 375-376), Mercer et al.(2010 : 574)

79 _____

[모범답안]

1) 일견단어

[해설]

1) 아동의 문자 해독 기능을 향상시키기 위해 통언어적 접근에서 사용하는 방법은 일견단어 교수방법이라고 할 수 있다. 즉, 반복적인 노출을 통해 주어진 단어의 시각적 형태를 기억하도록 하고, 단어의 시각적 형태와 음과 의미를 서로 연합시키도록 하는 것이다(김동일, 2016 : 204).

PART

05

80

모범답안

1)	① 읽기 유창성 ② 반복읽기
2)	① 표상교수 ② 동물원에는 25마리의 말이 있습니다. 이 중 8마리를 다른 곳으로 옮기면 몇 마리가 남습니까?(또는 동물원에는 조랑말 17마리, 얼룩말이 8마리로 총 25마리의 말이 있습니다. 이중 얼룩말을 빼면 몇 마리가 남습니까? 등)
3)	일 모형 10개를 십 모형 1개로 바꿔 더할 수 있음을 지도한다.

해설

1) ① 읽기 유창성이란 글을 빠르고 정확하게, 그리고 적절한 표현력을 가지고 읽는 능력을 의미한다. 즉, 읽기유창성은 정확도, 속도 및 표현력이라는 세 가지 특성을 포함하는 개념이다(김애화 외, 2013 : 171). ㉠은 표현력 부족으로 인해 의미를 명확하게 전달하고 있지 못함을 의미한다.

   ② 읽기 유창성 중재연구를 종합적으로 분석한 결과에 따르면, 동일한 글을 소리 내어 반복하여 읽는 것이 읽기 유창성 향상에 효과적인 것으로 나타났다(김애화 외, 2013 : 172).

2) ② 변화형이란 어떤 대상의 수가 변화하는 형태의 문제로, 시작, 변화량, 결과의 관계를 파악해야 하는 문제이다(김애화 외, 2013 : 307). 따라서 시작에 해당하는 전체 말의 수에서 변화량에 해당하는 내용(조랑말 17마리 또는 얼룩말 8마리)을 빼주는 형식을 갖추어 제시하는 것이 바람직하다.

Check Point

⊘ 읽기 교수 영역

영역	내용
읽기 선수 기술	• 향후 읽기 능력을 갖추기 위해 필요한 선수 기술 • 활자지식, 자모지식, 음운인식, 듣기이해를 포함하는 개념
단어인지	단어를 빠르게 소리 내어 읽고, 단어의 의미를 파악하는 능력
읽기 유창성	글을 빠르고 정확하고 표현력 있게 읽는 것
어휘	개별 단어에 대한 지식뿐 아니라 문맥에서 단어의 의미를 유추하고, 단어와 단어 사이의 연관성 이해 및 문맥에 적절한 단어를 활용하는 능력을 포함
읽기이해	• 글과의 상호작용을 통해 글의 의미를 파악하는 능력 • 읽기 교수의 궁극적인 목적

81

모범답안

- ㉠ 비교대조
- ㉡ 개념비교표
- ㉢ 한가운데의 형태소를 분석해 보세요.
- ㉣ K-W-L 전략

해설

㉠ 글의 유형은 이야기 글, 설명글로 구분되며, 설명글의 구조는 나열형, 비교대조형, 원인결과형 구조로 구분된다. (나) 읽기 자료에 제시된 내용을 보면 고체와 액체를 서로 비교하고 있음을 알 수 있기 때문에 글의 구조는 비교대조형으로 분류된다.

㉢ 단어 형태 분석 전략은 단어를 구성하는 형태소를 파악하여 모르는 어휘의 뜻을 파악하도록 돕는 것을 의미한다(김애화 외, 2013 : 191). 따라서 교사의 발화는 형태소 분석(파악)에 초점을 두어 제시되어야 한다.

Check Point

⊘ 문맥 분석 전략과 단어 형태 분석 전략

① 학생이 책을 읽다가 모르는 어휘가 나오면 스스로 파악할 수 있도록 돕는 전략을 가르쳐야 한다. 이러한 전략들의 예로는 문맥 분석 전략과 단어 형태 분석 전략 등을 들 수 있다.

② 문맥 분석 전략은 모르는 어휘가 포함된 문장을 읽거나, 앞뒤 문장을 읽으면서 어휘의 뜻을 유추하도록 돕는 것을 의미한다.

③ 단어 형태 분석 전략은 단어를 구성하는 형태소(예 어근/접사, 어간/어미)를 파악하여 모르는 어휘의 뜻을 파악하도록 돕는 것을 의미한다.

출처 ▶ 김애화 외(2013 : 191)

82

모범답안

㉠	시공간
㉡	자기교수 전략(또는 말하기)

해설

㉡ 특수 교사의 발화 내용 중 "분수 덧셈 문제를 해결하기 위해 여러 단계를 거치는 동안 학생 B가 스스로 문제 해결 과정을 점검해 보도록 하고 있어요."는 자기조절 초인지 전략의 사용을 의미한다. 자기조절 초인지 전략은 인지 전략의 각 단계에 자기교수(말하기, 자기교시), 자기질문(묻기), 자기점검(점검하기)과 같은 자기조절 전략을 적용하여 문제를 해결하는 방법이다. 문제에서 교사는 소리내어 생각말하기(think-aloud) 기법을 활용하여 어떻게 전략을 사용하는지 시범보이고 있으므로 자기조절 초인지 전략 중 자기교수(말하기)에 해당한다.

PART
05

김남진
KORSET 특수교육학 기출분석 1

정답 및 해설

초판인쇄 | 2024. 3. 20. **초판발행** | 2024. 3. 25. **편저자** | 김남진

발행인 | 박 용 **발행처** | (주) 박문각출판 **등록** | 2015년 4월 29일 제2015-000104호

주소 | 06654 서울특별시 서초구 효령로 283 서경 B/D **팩스** | (02) 584-2927

전화 | 교재 주문 (02) 6466-7202, 동영상 문의 (02) 6466-7201

저자와의
협의하에
인지생략

ISBN 979-11-6987-877-7 / ISBN 979-11-6987-876-0(세트)